本书由腾讯基金会、北京曹雪芹文化发展基金会资助出版

曹 | 学 | 文 | 库

胡德平
张书才 主编

从曹学
到
红学

刘上生 著

浙江古籍出版社

图书在版编目(CIP)数据

从曹学到红学/刘上生著. —杭州:浙江古籍出
版社,2024.4
(曹学文库 / 胡德平,张书才主编)
ISBN 978-7-5540-2833-9

Ⅰ.①从… Ⅱ.①刘… Ⅲ.①曹雪芹(1715－1763)
－人物研究②红学－研究 Ⅳ.①K825.6②I207.411

中国国家版本馆 CIP 数据核字(2024)第 006227 号

曹学文库

从曹学到红学

刘上生　著

出版发行	浙江古籍出版社	
	(杭州市体育场路 347 号　邮编:310006)	
网　　址	https://zjgj.zjcbcm.com	
责任编辑	石　梅	
封面设计	吴思璐	
责任校对	吴颖胤	
责任印务	楼浩凯	
照　　排	浙江大千时代文化传媒有限公司	
印　　刷	浙江海虹彩色印务有限公司	
开　　本	710mm×1000mm　1/16	
印　　张	30.25	
字　　数	512 千	
版　　次	2024 年 4 月第 1 版	
印　　次	2024 年 4 月第 1 次印刷	
书　　号	ISBN 978-7-5540-2833-9	
定　　价	92.00 元	

如发现印装质量问题,影响阅读,请与市场营销部联系调换。

前　言

　　20 世纪 20 年代，以胡适、顾颉刚、俞平伯等先贤为代表开启的"新红学"时代，也可看作"曹学"研究之发轫。"新红学"反对索隐派的"本事说"，倡导科学的考证方法。但胡适的"自叙说"也引来了后来学者的质疑与商榷。不过，我们必须承认：真实可靠的文献史料、科学严谨的考证方法，确是曹雪芹相关研究（又简称"曹学"）的立足之本。

　　"曹学"一词最早由顾献梁先生在 20 世纪 40 年代提出，并在 1963 年发表《"曹学"创建初议》一文，倡议"以'曹学'取'红学'而代之"，认为"曹学"应该成为每一所大学里"文学系的必修课，文学院及其他学院的选修课"，因为"'曹学'不是一朝一夕之功，也不是一人一家之事，那是需要大家的努力"①。余英时先生 1979 年在《近代红学的发展与红学革命》一文中也提出这一概念，以周汝昌先生《红楼梦新证》为例，谈及"新红学"的趋向，认为"考证派红学实质上已蜕变为曹学了"。虽然余先生的本意是批判，但他在另一篇文章中，却又讲到红学研究中存在着两个世界，"一个是曹雪芹所经历过的历史世界，一个则是他所虚构的艺术世界"，并认为两个世界"无法截然划分"②，显然肯定了"曹学"与"红学"的不可分割。二者你中有我，我中有你，虽然各有侧重，却又互相融合，互为补充，相辅相成，并驾齐驱。张书才先生认为，"红学"主要解决"是什么"的问题，"曹学"则不仅要解决"是什么"的问题，还要解决"为什么"的问题。《红楼梦》讲了什么，传达了什么样的思想，它为什么伟大？曹雪芹是谁，他为什么要写《红楼梦》，以及他为什么能创作出这么伟大的作品？孟子说："颂其诗，读其书，不知其人，可乎？是以论其世也。"（《孟子·万章下》）我们吟诵古人的诗文、研读

---

① 　《作品》第 4 卷第 1 期，1963 年。
② 　余英时《红楼梦的两个世界》，上海社会科学院出版社 2002 年版，"自序"第 2 页。

古人的著作，不了解他们的为人，可以吗？我们当然应该研究他们所处的时代，考察他们的思想经历，即知人论世。因此，我们说，"曹学"的内涵包括曹雪芹的生平思想、作品、时代及其作品的传播和影响。

从胡适发表《红楼梦考证》(1921)，到周汝昌出版《红楼梦新证》(1953)，再到吴恩裕的《有关曹雪芹八种》(1958，1963 年扩展为"十种"出版，又于 1980 年汇辑成《曹雪芹丛考》出版)、《曹雪芹佚著浅探》(1979)、《考稗小记》(1979)，史景迁的《曹寅与康熙》(1963)，冯其庸的《曹雪芹家世新考》(1980)、《曹学叙论》(1992)，吴新雷、黄进德的《曹雪芹江南家世考》(1983)，王利器的《李士桢李煦父子年谱》(1983)，舒成勋口述、胡德平整理的《曹雪芹在西山》(1984)，中国曹雪芹研究会编的《曹学论丛》(1986)，何锦阶的《曹寅与清代社会》(1989)，朱淡文的《红楼梦论源》(1992)，王畅的《曹雪芹祖籍考论》(1996)，刘上生的《走近曹雪芹》(1997)，李广柏的《曹雪芹评传》(1998)……迈入新世纪，又有刘上生的《曹寅与曹雪芹》(2001)，胡德平的《说不尽的红楼梦》(2004)，胡绍棠的《楝亭集笺注》，张书才的《曹雪芹家世生平探源》(2009)，方晓伟的《曹寅评传·年谱》(2010)，黄一农的《二重奏：红学与清史的对话》(2014)、《红楼梦外：曹雪芹〈画册〉与〈废艺斋集稿〉新证》(2020)，樊志斌的《曹雪芹文物研究》(2020)，胡文彬主编的《曹寅全集》(2023，包括胡绍棠、胡晴校注的《楝亭集》，段启明、秦松鹤校注的《曹寅戏曲集》，张书才编注的《曹寅奏疏集》三种，另有胡文彬辑注的《楝亭集外集》和校补的《楝亭书目》两种也即将出版)等等，伴随"新红学"走过的一百年，"曹学"研究可谓硕果累累。此外，裴世安主持辑录的《曹雪芹文物资料》《曹雪芹生卒年资料》，以及《曹雪芹研究》和《红楼梦学刊》两大曹、红学研究期刊也都参与并见证了"曹学"发展的历程。曹雪芹家世生平的脉络已越来越清晰地呈现在我们眼前，曹雪芹人文精神的光芒，不仅照亮了过去的中国社会，也必将照耀一代又一代中国人的心灵。

张书才先生在《曹学断想》一文中说："就曹学研究而言，目前仍需着力于史料的发掘，以期澄清史实，运用历史文献、文物遗迹、调查资料三者结合的三重证据法，对既有的聚讼日久的一些问题重新进行学理层面的探讨，并不断发现、研究和解决新的课题，全面地了解曹雪芹生活时代的社会状况及其独特的家世遭际与人生经历，弄清造就曹雪芹、产生《红楼梦》的历史条件和时代背景，从而为更加准确地认知曹雪芹、阐释《红楼梦》提供可靠的基础。"①

---

① 《曹雪芹研究》2018 年第 3 期。

胡德平先生在《探寻"曹学"之路》一文中,也为我们指引了几条新时期的"曹学"研究路径:一是细化曹雪芹生活时代的研究,二是延长"曹学"的证据链条,三是用大数据搜集海内外文献资料,四是以大百科全书的视角观察历史。他说:"如果我们将曹雪芹生活时代的历史事实与《红楼梦》中透露出来的时代信息对照的话,将大大拓宽曹学的研究范围,从经济、思想、美学、艺术、宗教等各个角度均可展开细致深入的研究。"①

北京曹雪芹学会自 2010 年成立以来,秉承其前身中国曹雪芹研究会的立会宗旨,致力于研究和收集、整理曹雪芹家族的文物、文献资料和相关非物质文化遗产,推动对曹雪芹的家世、生平、思想及其作品和时代的认识,致力于对曹雪芹精神、《红楼梦》文化的大众化传播,并倡导"《红楼梦》精雅生活"走入百姓日常。在出版方面,除了每年四期的学术期刊《曹雪芹研究》,学会还陆续出版了《说不尽的红楼梦——曹雪芹在香山》《红楼梦八旗风俗谈》《种芹人曹霑画册〉论争集》《曹雪芹家族文化探究》《大观园之谜》《红楼梦贾府建筑布局研究》《文史链接:〈红楼梦〉与曹雪芹的世界》《考稗小记——曹雪芹红楼梦琐记(增订本)》等曹、红学专著,以及《曹寅全集》《续琵琶笺注》《虚白斋尺牍笺注》《红楼梦(蒙古王府藏本)》《红楼梦脂评汇校本》等曹、红学研究必备的古籍文献。

现在,我们又联合浙江古籍出版社陆续推出以张书才、刘上生、朱淡文等学者为代表的曹学研究者的成果,编入"曹学文库"。本套丛书由胡德平会长和张书才先生共同主编。需要说明的是,学术发展有其阶段性,"曹学文库"系列图书,虽经作者补充修订,仍尽可能保留着学者最初的研究观点。虽然新的文物文献的发现会对前期研究结论有补充和修正,但这样处理也能很大程度上反映"曹学"推进的完整过程。

总之,"曹学文库"这套书旨在为当代读者"认识曹雪芹、读懂《红楼梦》"提供翔实可靠的参考资料,希望得到广大读者的认可,也欢迎有志曹学研究的学者朋友们不吝赐教。

北京曹雪芹学会

2024 年 1 月 18 日

---

① 《曹雪芹研究》2014 年第 1 期。

自序　探寻走近曹雪芹的心灵通道

只有走近曹雪芹才能走进《红楼梦》。

这是我数十年读红研红,从"曹学"到"红学",并致力于二者沟通的深切体悟。探寻走近曹雪芹的心灵通道,虽然至今仍然在路上,但皓首伏枥,矢志不渝。

走进《红楼梦》与走近曹雪芹不是同一件事。前者对象是作品,后者对象是作家。它们似乎分别属于"红学"和"曹学"。虽然"红学""曹学",都还是传统意义上的"学问"(如同经史子诸"学"),而非现代学科,不过已形成大体被认同的边界和学术范畴。冯其庸就曾把"曹学"和"红学"分别称为"外学"和"内学",又写了专著《曹学叙论》,指出"曹学的诞生是一种自然趋势"。① 在实际操作中,"曹学"与"红学"各自朝着以作家为中心和以作品为中心的不同方向发展,并取得了可观成绩。作品与作家的关系是子与母的关系,子由母生。当有人企图割断这种生命联系(否定曹雪芹的著作权)之时,起来捍卫母亲的神圣权利便成为理所当然的事情,这大概就是"红学"之外"曹学"会被强化的原因。但"曹学"的生命力之根本,又来自它与"红学"的联系和沟通。这又是母子相依为命的道理。记得《走近曹雪芹》刚出版时,一位朋友开玩笑地对我说:"现在曹雪芹的著作权还有人质疑,你的论述就像建筑空中楼阁。"没有想到,在市场化环境里,这种质疑的噪声竟变成了各种非曹否曹怪论的混声合唱。在视小说为"小道",文网严密的旧时代难以自明和被充分记载的伟大作家的生平和著作权竟然至今

---

① 冯其庸《关于当前〈红楼梦〉研究中的几个问题》,载《北方论丛》1981 年第 2 期,《曹学叙论》,光明日报出版社 1991 年版。

遭到某些人否定并以此为荣,这是传统文化的悲哀。但事实俱在,创作过程不妨深入探讨,著作权却不容否定。"尔曹身与名俱灭,不废江河万古流。"不过,这也使人们更加认识到"红学"与"曹学"共存共荣的关系,认识到"曹学"概念的边界性和文史性意义,认识到"曹学"把一切打着"红学"旗号非曹否曹、实际挖"红学"根基的伪学理所当然地排除在外,鲜明地树立和维护了文化伟人的旗帜,弥补了"红学"概念(它本源于戏谑词语)的模糊性;也使读者更加明确不能把《红楼梦》作为一般文学经典作品来读,懂得了只有走近曹雪芹才能走进《红楼梦》的道理。

基于当时对"曹学"与"红学"关系的认识,二十多年前,在提交 1997 年北京国际红学研讨会的论文中,我提出并阐述了"曹学"与"红学"的内在沟通的问题,①认为这种沟通包含由表及里的三个层面:本体(著作权)层面、文本(故事)层面和心理层面,与此对应的研究方法分别是考据学、叙事学和心理学方法。文章着重阐述了第三层面即"心理视点",实现"内在沟通"的方法和目标:在文献考证和文本研读的基础上,着力研究和揭示包衣曹家的精神传承及其对曹雪芹创作的影响。这样做,实际上也是为曹雪芹的著作权提供更多的内证材料,同时更深入地解读《红楼梦》的内在意蕴。这不是为"自传说"寻找依据,而是为了按照作者的指示,寻找"将真事隐去"与"用假语村言"之间的桥梁通道。今天,把这种实现"内在沟通"的努力称为"探寻走近曹雪芹的心灵通道",也许更能贴切地表达意旨。

时移世易,年华老大。检点自己这些年来的努力,有限的成果,就是汇集为 20 世纪末和 21 世纪初的两本专著《走近曹雪芹》和《曹寅与曹雪芹》,还有《中国古代小说艺术史》的《红楼梦》专章专节、学术随笔集《探骊:从写情回目解味红楼梦》,②以及从 20 世纪八九十年代以来发表于《红楼梦学刊》《曹雪芹研究》《红楼梦研究》等刊物上的一批零散文字。退休后中断研究十来年,落后于时势和同仁,直到近年才有所恢复。现在有机会把它们编选成集,对于我自己,是一个回顾和总结;对于感兴趣的同仁和读者,则更便于了解和阅读。为了显示脉络,分为三编。上编主要研究包衣曹家的精神传承,以及相关生平事迹考证;中编重点是包衣曹家精神传承对曹雪芹和《红楼梦》的影响,这些考证和研究都属

---

① 见本书中编《论"曹学"与"红学"的内在沟通——心理视点中的"曹学"》。

② 刘上生《走近曹雪芹——〈红楼梦〉心理新诠》,湖南师范大学出版社 1997 年版;《曹寅与曹雪芹》,海南出版社 2001 年版;《中国古代小说艺术史》,湖南师范大学出版社 1993 年版;《探骊:从写情回目解味红楼梦》,浙江古籍出版社 2019 年版。

原创;下编则是历年对曹雪芹创作和《红楼梦》文本的专题研讨,时间跨度更大。各编内文章均以写作和发表年代为顺序,个别文章(如《论"曹学"与"红学"的内在沟通》)略有提前,以显示思考的某种涵盖意义。为了尽可能全面反映自己的研究状况,摘录了《走近曹雪芹》等论著的部分章节,标题成文。① 除了个别文章有较多修改已特别说明以外,其他一仍其旧,只补充注释,部分作了"附记"。有的文章笔者后来已更正或放弃其观点(如"高鹗续书说"),但因当时已产生影响,故仍未修改,以便读者了解 20 世纪八九十年代以来"曹学""红学"一角的历史原貌,也可以看出笔者与时俱进自我修正的前行轨迹。

在探寻走近曹雪芹的心灵通道的历程中,有两个问题体会较深。

一是关于包衣曹家精神传承的探讨。

本人提出研究包衣曹家"精神传承"的命题,认为它是与曹雪芹家世血缘关系探讨同样重要,甚至在某种意义上更为重要的问题。因为《红楼梦》是作家的精神产品。曹雪芹接受的当然是整个中华民族历史文化优秀传统的精神传承,这种传承来自家庭内外两个方面,而家世精神传承过去研究较少。家庭血缘关系只提供了包括血肉生命在内的物质基础和生活环境;精神传承则直接影响创作本身。依据现代心理学理论,可以找出一条与家世血缘链条相应的种属(人性)—民族集体意识无意识—家族家庭(及有关社会环境)集体意识无意识—个体意识无意识的精神传承链条。②

精神传承研究的基础是文献考证。老一辈红学家的历史性贡献奠定了后来者的学术起点。③ 考证表明,入清百年曹家史,铭刻着两次"末世"劫难:与明末民族劫难相联系的从辽东汉族地方官属沦为满洲包衣的家族劫难和与康雍乾政局更替相联系的家族由盛转衰至败落的劫难,这就使百年曹家史融合着丰富复杂的民族史和王朝政治史内容。曹家的根本身份是满洲旗分内务府包衣汉人,其社会地位则具有包衣(世仆)、仕宦双重性,前者不可改变,后者则依政局形势和主奴关系而变化。包衣曹家绝不能等同于《红楼梦》中的贵族贾府。

① 这些选文都是出版前未先行发表的。另外入选的《中国古代小说艺术史》和《曹寅与曹雪芹》中的几篇,则是出版前已发表的,按发表时原貌编入本集。

② 参见刘上生《走近曹雪芹——〈红楼梦〉心理新诠》第一章《走向心灵的通道》。

③ 包括胡适、吴世昌、吴恩裕、周绍良等人,见《曹学叙论》。周汝昌《红楼梦新证》(人民文学出版社 1976 年版)、冯其庸《曹雪芹家世新考》(上海古籍出版社 1980 年版,2008 年增订本)等尤其贡献卓著。

张书才依据大量史料明确论定曹家属"包衣汉军",不能混同于一般满洲旗人,这一论述具有重要基础意义。① 这是我们认识的基点,也是包衣曹家精神人格具有二重性特征的根本原因。偏离这一认识基点,就会陷入迷误。

精神传承的研究对象是内在心灵,现代心理学重视实证材料和记忆材料显示的心理意义。谱系记载的中断,从曹锡远到曹雪芹六代档案代际衔接的困难,在一定程度上可以通过对心理信息的分析加以弥补。笔者从曹氏家族远世记忆和近世记忆中发掘其内蕴的民族心理信息就是一种尝试。② 文本材料当然最为重要,包衣曹家有着优良的文武教育传统,但文本缺失。③ 幸好有曹寅这盛衰传承的关键一代,留下了从官方话语(奏折文书)、社交话语到私人话语(诗文曲创作)的丰富材料,特别是他继承"言志""缘情"的民族文化传统,把《楝亭集》作为自我抒情工具,让我们能够找到通向隐秘内心的路径、打开精神库藏的钥匙。在现有条件下,我们必须充分利用曹寅及其相关研究的成果,至于这一链条上的其他缺失,还有待于文献材料的发现和研讨来弥补。

精神传承的研究需要寻找和发现精神传承链条上的联结焦点,它们能集中显示精神传承的本质内涵。笔者在对曹寅早期生平——童幼入侍、佩笔侍从、伥童经历等事实和新材料的考证中,发现过去人云亦云的曹寅"为康熙伴读"等光鲜亮丽外衣下,其实隐藏着清代包衣制度和童奴制度双重受害者的悲苦事实,由此提出曹寅"童奴生涯"的命题,并揭示了这一命题与《红楼梦》反奴文化创造的内在联系。④ 对曹寅"任职郎署"时期研究空白的填补,有助于全面认识康熙与曹寅以及包衣曹家的复杂关系,由此深化认识曹寅对曹雪芹和《红楼梦》的深刻影响。笔者在对《楝亭集》和《红楼梦》文本的研读中,意识到关键词语(不是片言只语)和意象构思的相似、接近甚至复现,是一条重要联系渠道。祖孙不同文本中石头意象包涵的"爱石情结",祖孙不同"秦淮风月"经历的"情"的

---

① 张书才《曹雪芹旗籍考辨》,载《红楼梦学刊》1982 年第 3 辑;《曹雪芹家世生平探源》,白山出版社 2009 年版。

② 参见刘上生《走近曹雪芹——〈红楼梦〉心理新诠》第一章、第二章,及本书有关论文。

③ 康熙二十三年《江宁府志》卷十七《曹玺传》云:"公承其家学,读书洞彻古今,负经济才,兼艺能,射必贯札。"参见熊赐履《挽曹督造》诗、吴之振《题曹子清工部楝亭图》诗等,载周汝昌《红楼梦新证》304、334 页,人民文学出版社 1976 年版。又,据黄龙《曹雪芹与莎士比亚》所记英人菲利普同曹頫交往印象,曹頫也有文才,参见周汝昌《泣血红楼 曹雪芹传》77 页,作家出版社 2014 年版。

④ 参见刘上生《曹寅童奴生涯探析——〈南辕杂诗〉"旧日伥童半服官"的另类解读》,载《曹雪芹研究》2018 年第 1 期。

追求内蕴，由此得到揭示。在《走近曹雪芹》及其他论文中，笔者重点阐述了在曹家由盛转衰至败落，亦即曹雪芹时代，包衣曹家在两重人格外衣包裹下特有的强固的民族忠诚和反奴人格——自由心性追求，以及从曹寅到曹雪芹包含着进步女性观的"情"的追求，它们最终成为曹雪芹创作的三大情结：盛衰怀旧情结，回归情结和悼红情结，通过作者的双向艺术投射在《红楼梦》中留下了深刻印记。

在《曹寅与曹雪芹》一书里，笔者通过专题研究，进一步总结了曹寅精神世界的三个二重性特征：政文异向的双重忠诚、身心相悖的双重人格和情理分离的双重追求。可以说，这就是包衣曹家精神传承的基本内容。现在，笔者正努力把这种研究向上（曹锡远、曹振彦、曹玺）向下（曹颙、曹頫、曹霑、曹棠村）延伸，力求探求出完整的精神传承链条。

包衣曹家的精神传承，不只是后代对前辈的被动接受。社会政治局势和主奴关系的变化对家族（家庭）的影响，个体成长的环境和个性发展，决定了精神传承的内容和方向。这些因素，在家族命运发生巨大转折之时，尤其显得重要。

研究精神传承，不但要看到影响，更应特别重视超越。由于主奴关系和曹家命运的变化，以及曹雪芹的自我成长，前代身心相悖的双重人格，终于转化为曹雪芹"身为下贱，心比天高"的反奴叛逆人格，前代对民族文化传统的接受，转化为呼吸时代新风的超越性哲思和理想追求。例如，同样有"爱石情结"，曹寅仍然寄托传统的"士不遇"的"不材"之愤；曹雪芹却创造"情根石"表达对人类精神命运的思考。同样接受佛禅影响，曹寅以安禅逃禅平衡内心，曹雪芹却改造佛理以为己用，宣扬"情"观和平等理想。曹寅的襟怀没有超越自我、家庭和儒家的"仁民爱物"，曹雪芹的博爱覃思，却包涵宇宙变易之"道"、历史盛衰之"理"、关注众生（尤其是闺阁奴仆弱者）的哀乐荣悴之"命"等等人类的永恒性命题。

这些观点大体反映了笔者研究的成果和结论。笔者至今仍然坚持这些观点。

由于材料和认知的限制，以及心理研究的特殊性，在研究中，深感"度"的把握的困难。例如，关于包衣曹家的民族意识及其对曹雪芹的影响问题。一方面，顺康两朝的宠信和入旗满化，使包衣曹家保持着政治愚忠而绝不可能萌发"反清复明"的思想；另一方面，清代的包衣奴役和民族歧视政策、曹家自身强固的民族本根意识，又导致政治的离心和文化情感的回归，形成"政文异向的双重忠诚"的人格特点，特别是雍乾两朝政局变化造成的家族败亡，更推动离心回归倾向的发展，以至曹雪芹采取"出旗为民"的行动以示决裂。这些，都必然在《红楼梦》中留下印记。但以何种方式、留下多少,尚待深入探讨,笔者也进行了某些探索。现在看来,这些探索虽有合理之处,有些却也难免主观而缺乏实证。收入集中,还是为了给解决这一学术难题留下自省和研讨空间。至于曹雪芹晚年的生存状态,是否"出旗为民",从吴恩裕到胡德平等,学界已做了大量的实地考察和传说收集工作,本人所论,也只是一种推想。

二是关于"真事"与"假语"的研究。

研读《红楼梦》,是否应该关注"真甄假贾"即"真事"与"假语"的问题?回答是肯定的。因为"将真事隐去""用假语村言"是"作者自云"的基本写法,而且在第1回用回目"甄士隐"(真事隐)、"贾雨村"(假语存)两个谐音人物明白表示出来。任何尊重作家曹雪芹的人都会认真对待这一提示。它包含着作家写作这部具有"自叙传"性质小说的深刻用意,也包含着对"稗史"小说传统和诗史哲文化艺术传统的全面继承、融合和超越。

"真事"研究是极其重要的"红学"课题。因为它不仅是开启《红楼梦》之门的密码和钥匙,而且是确认曹雪芹创作权的坚强内证。在文献记载阙如且难以为继的条件下,揭示包衣曹家及有关家族与《红楼梦》内容的联系,就成为从走近曹雪芹到走进《红楼梦》的最好通道。过去在这方面存在的问题,一是对"真事"的理解过于狭隘,二是对"真事"的研究方法误入歧途。

何谓"真事"?"真事"就是创作本事,即作为创作构思依据的现实生活内容。笔者认为,就《红楼梦》而言,所谓"真事"包含两个方面的内容:首先,"真事"当然是指隐含于小说"假语"之中的包衣曹家和作者自我经历之事,以及以写作原型进入小说的曹家亲友所历所知之事。这是由小说的"自叙传"创作动机所决定的。在这个层面上,"真事"与"假语"的关系就是生活原型与艺术变形(改造)的关系。这些"真事"或有脂批提示可寻线索,或有文献资料可资印证,为研究提供了方便。笔者和同仁们多年来对"真甄假贾"的问题作了许多探索。但具体结论,则因解读和引证可生歧义。如脂批所云,作者"实历经风月波澜,尝遍情缘滋味,始结此木石因果",但"木石情缘"与作者情感经历的具体联系内容(人物、事件、过程、结局等)仍然需要探索①。

并非所有"真事"都可以从脂批中求得。通过相关历史文献与小说文本的

---

① 参见朱淡文《红楼梦论源》第二编第二章,江苏古籍出版社 1992 年版;刘上生《走近曹雪芹——〈红楼梦〉心理新诠》第四章。

对照研究,也是索解红楼"真事"之"谜"的一条途径。例如,笔者在周汝昌、冯其庸、赵冈等考证基础上,对曹氏家族集体记忆(近世记忆和远世记忆)在小说文本的投影、包衣曹家史在贾府早期家奴身上的投影的探讨;^①又如,徐恭时、吴新雷等关于苏州李煦家族与《红楼梦》关系的考证,冯其庸关于曹雪芹出生于苏州李府的推想,皮述民关于"苏州李府半红楼"的论述,^②以及一些学者对小说人物原型的探讨等,^③都是具有学术意义的。

我们还应该从更宽广的意义上理解"真事"的内涵。它还包括虽未必有原型却符合特定时代背景因而具有某种史料价值之事。在这个意义上,"真事"与"假语"的关系,就是历史真实与艺术虚构的关系。对"真事"的研究就是对《红楼梦》独特认识价值的探索。胡德平在论述《红楼梦》"文史交响共生"的特点时举例,第16回王熙凤对其娘家掌管对外贸易一事竟如是说:"那时我爷爷单管各国进贡朝贺的事,凡有的外国人来,都是我们家养活。粤、闽、滇、浙所有的洋船货物都是我们家的。"并分析道:"这段话形象地描述了当时中外双方在贸易认识上的落差,话语中既有'天子南库',粤海关广东十三行的历史素材,又真实反映了清朝上层对近代贸易的愚昧认识。我认为这是作者文史互文最经典的一节。"^④这里,他不是去考证小说中"王家"的具体原型,而是深入揭示其文学—史学价值,显示出独特的认识深度。"文史共生"的命题,既区别于把《红楼梦》等同于历史实录的"自传说",又区别于把它混同于一般小说或文学著作的"虚构说"。它富有创意地指出了走近这部伟著的另一条独特通道。人们从《红楼梦》中看到贾府所反映的清代贵族家庭等级制度、奴隶制度以至东方贵族虚

---

① 参见刘上生《走近曹雪芹——〈红楼梦〉心理新诠》第二章;《贾府早期家奴与包衣曹家之痛》,载《曹雪芹研究》2018第3期;《从曹寅诗注到曹雪芹改曲词》,载顾斌、宋庆中主编《红楼梦研究》(贰),香江出版社2018年版。冯其庸《曹雪芹家世新考》第十一章、第十三章,文化艺术出版社1997年版。周汝昌《泣血红楼　曹雪芹传》第一章,作家出版社2014年版。赵冈《曹氏宗谱与曹雪芹的上世》,见胡文彬、周雷编《海外红学论集》200至208页,上海古籍出版社1982年版。

② 参见冯其庸《曹雪芹家世新考》第十二章;徐恭时《那无一个敢思君》,载《红雪缤纷录》,阅文出版社2019年版;吴新雷、黄进德《曹雪芹江南家世丛考》,黑龙江教育出版社2000年版;皮述民《苏州李家与红楼梦》,台湾新文丰出版公司1996年版。

③ 参见戴逸《曹雪芹与平郡王福彭》,载《戴逸文集》中《乾隆帝及其时代》;胡文彬《平郡王福彭与红楼梦》,载《咸阳师范学院学报》2007年第3期;沈治钧《红楼梦成书研究》434至442页,中国书店2004年版;朱淡文《红楼梦论源》154至195页;樊志斌《曹雪芹传》111至113页,中华书局2012年版等。

④ 胡德平《说不尽的红楼梦》(增订本)"再版前言",中华书局2019年版。

荣奢靡无可挽回地走向衰败的历史进程；看到"金陵十二钗"的构想与明末清初上层社会女性以及不同阶层情女才女的联系；看到贾宝玉的"女清男浊"说与南宋赵师孟至清初萌动的提高女性地位的社会思潮的联系；看到贾宝玉的"四书以外，杜撰的太多"的异端言行与清初疑古反朱反八股思潮（阎若璩、谢济世、李塨等）的联系；看到贾宝玉的同性情友与乾隆以来"男风"特质的联系；看到贾府诸多西洋用品与"西学东渐"之风浸染上层的联系；看到"乱烘烘你方唱罢我登场"的《好了歌注》与清初以来高层权力斗争，特别是与影响曹家命运的乾隆初胤禄、弘晳"逆案"的联系；甚至看到北京四月"送春"与小说中芒种节"饯花神"等等数不胜数的习俗的联系①——种种"真事"，既是文学，也是历史。只要我们把研究越做越深，越做越细，《红楼梦》"文史共生"的价值就可以得到更充分呈现，曹雪芹的著作权也就可以得到更加充分有力、无可辩驳的支撑。中国古代长篇小说从史叙（包括史传和神魔传说）到他叙（世情小说）到自叙是一个伟大的历史进步过程，18世纪中叶几乎同时出现的《红楼梦》和《儒林外史》都具有鲜明的"自叙传"内容，而前者尤为突出，这绝不是偶然，而是作家在时代新思潮推动下自我觉醒个性张扬的产物和小说艺术成熟的标志。② "自传说"的失误并不能导致对《红楼梦》"自叙传"特色的否定。鲁迅在《中国小说史略》中就肯定"谓《红楼梦》乃作者自叙，与本篇开篇契合"。这已成为海内外"红学"界的普遍共识。"真事"研究大有可为，我们绝不可因为怕贴上"自传说"标签而自废内功。只要认识和方法正确，就一定能继续增益"红学"。

研究和确认"真事"的基本方法是实证，即文献（包括传说记载）、文本和脂批的相互印证，以及在此基础上的合理推论。"自传说"的失误，从认识上说，是把小说（"假语"）等同于史传（"真事"），在方法上，则是"曹贾互证互等"。但其考证仍不失可取之处。"索隐派"则失误更甚。"索隐"的盛行和难以断绝，有其

---

① 分别参见萨孟武《红楼梦与中国旧家庭》，岳麓书社1988年版；刘敬圻《明清小说补论》中《〈红楼梦〉少年女仆现象补说》，北方文艺出版社2016年版；[美]高彦颐《闺塾师：明末清初江南的才女文化》，江苏人民出版社2005年版；樊志斌《曹雪芹传》112至114页；廖仲安《〈红楼梦〉思想溯源一例》，载《光明日报》1977年12月3日；刘上生《走近曹雪芹——〈红楼梦〉心理新诠》256至258页、143至145页；周汝昌《泣血红楼　曹雪芹传》175至189页、190至199页；李大博《从〈红楼梦〉的"同性爱恋"看曹雪芹的"超前之思"》，载《曹雪芹研究》2015年2期；方豪《红楼梦西洋名物考》，浙江人民美术出版社2017年版；邓云乡《红楼风俗谭》，中华书局1987年版。

② 参见刘上生《走近曹雪芹——〈红楼梦〉心理新诠》43至44页，周汝昌《泣血红楼　曹雪芹传》435页。

主客观原因。由于曹家盛衰与康雍乾时政的联系、由于包衣曹家民族意识与明清易代历史的联系、由于《红楼梦》"此书不敢干涉朝廷"的表白与文本中若隐若现的时政描写或暗示的矛盾(如"坏了事"的王爷和"同难同荣"的王府,如喻示元春命运的判词曲词等),以及若干"红楼"之"谜"的难解(如秦氏之死等),都留下了"索隐"想象的空间。而古代绵远流长的"索隐"解经和谶应解谜,则留下了肢解割裂、穿凿附会的方法论传统。新老"索隐派"误解或曲解"真事"内涵,而置文本"假语"性质和内容于不顾,以主观臆想取代实事求是的学术规范。如果说,当年蔡元培《石头记索隐》还是观念和方法错误的求"真"索隐,那么,现当代"索隐派"则不再为学术求"真",而抱着现实的功利目的,或为了耸人听闻,有的甚至企图借此推翻曹雪芹的著作权。① 这是更为严重的方向性背离。这些事实说明,以科学的"真事"研究否定"索隐派"的种种谬说,还任重道远,这不仅是观点和方法的矫枉归正,也是捍卫曹雪芹著作权和《红楼梦》研究正确方向的大事。

从某种意义上可以说,"真事"研究属于"曹学"范畴,"假语"研究则属于"红学"范畴,研究"真事"与"假语"的关系,就是实现"曹学"与"红学"的沟通。"假语"是"假语村言"的简称,它包括《红楼梦》作为语言的艺术作品的方方面面,而不只是指艺术虚构和审美创造。这里特别需要强调的是,《红楼梦》的"假语"同样有其独特性,它是在中国数千年文化和文学艺术传统土壤上,在前近代新风吹拂熏染下,伟大作家以天才创造和心血浇灌的举世无双的艺术奇葩,并不是叙事学典型论或任何中外理论的产物。在天才创造面前,任何理论都是蹩脚的。我们强调中国特色,也应重视和强调《红楼梦》的特色,因为根据马克思主义哲学原理,矛盾的特殊性决定事物的性质。无论"真事"的考索,还是"假语"的探究,都不能忘记这一点。例如,《红楼梦》"无朝代年纪可考""不欲着迹于方向"的虚时空叙事设置,就绝不止是一种意在避祸的掩饰手段,而是精心设计的"假作真时真亦假"的哲理性模糊化艺术处理,整部小说的叙事时空因此显得微观清晰而宏观模糊;书中主要人物(特别是贾宝玉)年龄大小的矛盾,固然是创作过程所致,但作者予以保留并不时凸显却深有用意;黛玉葬花吟诵长诗而宝玉哭倒在地,宝玉在月下朗读《芙蓉女儿诔》而黛玉从湖中的芙蓉花影中走出,这些在写实情节中的非写实细节,俯拾可见;大观园构想将"省亲别墅"与居住院落捏合在一起,显然违背作者所强调的"事体情理"却成功地展示了《红楼梦》

---

① 如所谓吴梅村、冒辟疆、洪昇、顾景星等人著书说,都是着意"反清复明"的"索隐"。

的"两个世界"。多重叙事口吻(超级叙事者、石头叙事、全知和限知叙事)的错综混杂、中断叙事进程或借书中人物之口表达作者意念的"溢出性"议论①、语言的文白夹杂和转换等等,这些艺术处理并不符合传统叙事规范和叙事学理论要求,而被称为"诗性叙事",②甚至遭人诟病,被程本等删削窜改,事实上都是曹雪芹"令世人换新眼目"(第1回)、"破陈腐旧套"(第54回)、"别开生面,另立排场"(第78回)的艺术创新精神的体现。笔者并非盲目崇曹,③不主张一切以曹雪芹之是非为是非,认为后四十回续作和程本百二十回本的功过都需要公正评价。但应该承认,现在从"假语村言"角度对曹雪芹的艺术创造经验的研究还很不够。笔者多年来在人物艺术、叙事艺术、写实艺术、表意艺术、诗性叙事、回目构想等方面作了一些初步探索,但离真正解味"假语"还相距甚远。④

从理论上或者概念上论述"真事"与"假语"的关系并不困难,但要从艺术创造的角度揭示曹雪芹"将真事隐去""用假语村言"的具体手法、经验、成就乃至思理,还是"红学"中的一个重大课题。笔者从戚蓼生序"一声也而两歌,一手也而二牍"的感悟中获得启示,提出了"双向艺术投射"的观点,并进行了初步论述。但面对《红楼梦》的伟大创造,仍不免觉得单薄狭小。应该承认,"真事"只是作品中的某种底色,而"假语"才是充分展示其创作天才和艺术能动性的广阔世界和自由天地。"自传说"企图寻找小说中艺术形象与某一生活原型的完全对应关系之所以失败,就是不懂得作者对"真事"隐与现、投射与改造的处理,必须遵循艺术形象心营意造的自身规律。整体设计的"真甄假贾"固然有迹可循,但具体形象与情节的"真""假"联系,究竟是完全的着意构思安排,还是在"假语"创作中思维联想、自我经验记忆自然融合甚至随机嵌入的结果?抑或二者兼而有之?有无艺术规律可循?笔者还想与同仁们一起进一步探索。

当然,必须承认,对绝大多数读者而言,《红楼梦》"假语村言"的文学性质是更重要的,审美欣赏是其兴趣所在。他们并不需要了解"真事"。对"真事"与"假语"关系的追寻,对作者初心本意的追寻只是极少数人的事。不然,曹雪芹

---

① 参见刘上生《探骊:从写情回目解味红楼梦》。

② 参见张平仁《红楼梦诗性叙事研究》,首都师范大学出版社2017年版。该书以"主题的情感化和审美化""结构的空间化""时间的失序化""视角的上位化与泛化""意涵的模糊化""细节的韵味化"等概括"诗性叙事"特征。

③ 参见本书下编《曹雪芹的创作难题和程高本的突破——试论〈红楼梦〉艺术构思的内在矛盾》。

④ 参见刘上生《中国古代小说艺术史》第三章、第七章、第八章,《探骊:从写情回目解味红楼梦》,及编入本书的论文。

当年何以会发出带有千古之问意味的"谁解其中味"的慨叹呢？

我愿意做一个追寻者，并且相信自己并不孤单。

二十多年前，在《走近曹雪芹》的自序中，笔者写下了这样几段话，它们至今还是我的心声：

> 斯人已逝，高山仰止。我们如何"走近"？
>
> 他为我们留下了太多的空白和遗憾。他的家世、生平甚至著作的若干重大问题，至今还是迷雾重重。不断有新说和新的发现，也不断有新的质疑和辨伪。"假作真时真亦假。""红学""曹学"，处处是胜地与宝藏，也几乎处处有泥塘和陷阱。但是，热爱《红楼梦》的人们，而且是越来越多的人，从来没有放弃对它的膜拜、迷恋和探寻——"所谓伊人，在水一方。"那是向茫无涯际的彼岸的跋涉。我想，这就是中国人的精神，也就是《红楼梦》的精神。
>
> 当我们走近了曹雪芹，就意味着真正走进了《红楼梦》。
>
> 心灵的追寻也许无法完全实现。但接近可以加深理解，理解又可以导致接近。这也许正是曹雪芹题诗"满纸荒唐言，一把辛酸泪。都云作者痴，谁解其中味"所期待的。他在那个时代，太伟大太孤独了。
>
> 我希望这本小书，能成为与在《红楼梦》中永生的灵魂的一次对话。
>
> 我希望我的探询，能得到他的积极回应。
>
> 心证意证，斯可云证。
>
> 斯可云证，是立足境。

2020 年 10 月定稿于深圳

目　录

上　编

中　编

下　编

|上　编|

祖功宗德：家族记忆和民族本根意识

家族盛衰史是《红楼梦》的主要叙事内容之一。它是以作者曹雪芹的家族盛衰记忆作为基本素材创作的。它既包括入清以来成为清朝皇帝包衣和内臣的曹家祖辈近世记忆，也包括作为汉民族子孙和历代汉王朝开国功臣后裔的家族远世记忆。过去，人们比较重视近世记忆即曹家百年盛衰对曹雪芹的影响，却忽视了远世记忆作为家族集体无意识所具有的文化和民族之根的意义，实际上也就忽视了汉民族意识和文化传统对作家的影响。

盛衰记忆形成曹雪芹的怀旧情结，是《红楼梦》创作的重要心理驱力。从小说开头"作者自云"起，曹雪芹从来不掩饰自己对"天恩祖德"的追怀。"万物本乎天，人本乎祖。"（《礼记·郊特牲》）所谓"天恩"，乃是古代"天人合一"观念中，对家族和个体命运主宰——天意的一种神秘崇拜，并非专指帝王，特别是其主子清朝皇帝之"恩"；而"祖德"，则包涵家族文化传承的全部内容。"祖功宗德"和往昔风月繁华之盛，成为作者进行"末世"批判的镜子。曹雪芹是封建社会和贵族统治阶级的批判者，却未必是他的包衣世家的叛逆。他不但亲历了家族末世的繁华和衰败，更从这个清朝皇帝奴隶家族保存的集体记忆中继承了极其宝贵的精神遗产。现在，让我们撩起一角，从《红楼梦》对贾府祖先的描述入手，进行一番心灵的追寻。

一篇"绝大典制文字"

熟悉中国古代文化的人，都会对《红楼梦》第 53 回[①]"除夕祭宗祠"留下深刻印象。用宏博富丽之笔写大场面，小说中不止一次。但写得如此恭谨精细而

---

① 本书所引《红楼梦》回目及原文，除特别说明外，均据中国艺术研究院红楼梦研究所校注本《红楼梦》，人民文学出版社 1982 年版。

又如此庄严肃穆的"绝大典制文字"（王府本回首总批）①则唯此而已。作者精心选择了一位名字具有特殊寓意的人物薛宝琴（谐"保秦"，分析详后）作为视点，写她初次进入贾氏宗祠因而"细细留神打谅"，"就宝琴眼中款款叙来，首叙院宇匾对，次叙抱厦匾对，后叙正堂匾对。字字古艳"（王府本回首总批）。让宗祠面貌和祭祖过程得以从外到内、从始至终全面展示出来（其实，宝琴作为家族外人是不可能参与或观看贾府祭祖过程的，所以这只能看作是作者的特意安排）：

> 且说宝琴是初次，一面细细留神打谅这宗祠，原来宁府西边另一个院子，黑油栅栏内五间大门，上悬一块匾，写着是"贾氏宗祠"四个字，旁书"衍圣公孔继宗书"。两旁有一副长联，写道是："肝脑涂地，兆姓赖保育之恩；功名贯天，百代仰蒸尝之盛。"亦衍圣公所书。进入院中，白石甬路，两边皆是苍松翠柏。月台上设着青绿古铜鼎彝等器。抱厦前上面悬一九龙金匾，写道是："星辉辅弼。"乃先皇御笔。两边一副对联，写道是："勋业有光昭日月，功名无间及儿孙。"亦是御笔。五间正殿前悬一闹龙填青匾，写道是："慎终追远。"旁边一副对联，写道是："已后儿孙承福德，至今黎庶念荣宁。"俱是御笔。里边香烛辉煌，锦幛绣幕，虽列着神主，却看不真切。只见贾府人分昭穆排班立定：贾敬主祭，贾赦陪祭，贾珍献爵……礼毕，乐止，退出。众人围随着贾母至正堂上，影前锦幔高挂，彩屏张护，香烛辉煌。上面正居中悬着宁荣二祖遗像，皆是披蟒腰玉；两边还有几轴列祖遗影。……俟贾母拈香下拜，众人方一齐跪下，将五间大厅，三间抱厦，内外廊檐，阶上阶下两丹墀内，花团锦簇，塞的无一隙空地。鸦雀无闻，只听铿锵叮当，金铃玉佩微微摇曳之声，并起跪靴履飒沓之响。一时礼毕，贾敬贾赦等便忙退出，至荣府专候与贾母行礼。

从叙事意图看，这是小说写贾府之盛的最后一个大过节、大场面，在家族盛衰史上具有转折点的暗示意义；从表现意图说，则是对小说开头作者自述的"天恩祖德"的有意呼应和具象强化，渗透着一个没落子弟对祖先功德勋业和家族往昔繁华的追慕和缅怀。这一段描写，其素材几乎可以肯定来自作者的童年记忆。它所描写的祭祖仪式，正反映了虽入旗籍，但仍保持汉族文化观念和传统的包衣曹家的生活实际。这种观念和传统，就是实现家族情感凝聚和事业传承的最重要的精神纽带——祖先崇拜。正如同包含原始崇拜的巫术礼仪对于形

---

① 陈庆浩《新编石头记脂砚斋评语辑校》616页，中国友谊出版公司1987年版。下面"王府本回首总批"同此。

成原始人类集体无意识的特殊意义一样,宗祠祭祖,对于儿童和所有后代,也是形成和强化家族集体无意识的最重要的教化过程。

这里有两个值得探讨的问题:一是它所描写的祭祖仪式的民俗性质,二是它称颂的"祖功宗德"所包含的家族记忆内容。

首先,我要特别指出,曹雪芹描写的这段祭祖仪式的民族特性。有人认为,贾府祭祖是满俗,或包含了满俗,这是没有根据的。小说中写男性贵族主祭,主妇捧放羹饭酒馔,完全是汉族品官家祭之礼(见阮葵生《茶余客话》卷五"品官家祭",《颜元集·礼文手钞》卷五"祭礼")。按古礼,"舅没则姑老不与于祭","若或自欲与祭,则特位于主妇之前"。贾母在贾府身份特殊,为突出她的尊长地位,贾府在贾敬祭神位后,另安排了贾母在正堂主拜神像,但众人仍按左昭右穆、男东女西排列跪拜如仪。这里没有任何满俗的痕迹。满族信萨满教。家祭有"跳家神""祭天""换锁"等仪式,保存浓厚的原始信仰和巫术礼仪色彩。① 入关以后,满族逐渐汉化,但内务府包衣汉军反而习染满礼。② 曹雪芹在此详写祭祖过程,与下文将分析的祖先崇拜内容一样是着意展现包衣曹家的民族忠诚精神的特笔。

当代美籍华人作家秦家骢在他的生动描述自己苦苦寻找家族祖先和家族九百年繁衍历史之根的著名传记文学《宗族之恋:一个中国家族的九百年繁衍史》中写道:"很多年我没有听到过我的祖先们的呼唤,但是,一旦听到了他,就成为一种不可抑制的激情。"③在《红楼梦》这部具有"自叙传"性质的小说中,贾府祖先(宁荣二公)具有崇高的地位。他们既是家族的创业者,又是家族命运的守护神和先知。第5回中警幻转述宁荣二公对家族"运终数尽"的忧思,第75回贾氏宗祠发出的警告贾珍等不肖子孙的神秘长叹,都表现着作者的祖先崇拜观念。

在以血缘宗法家族为基本结构的中国封建社会里,祖先崇拜自然成为一种强固的民族文化心理。《礼记·祭法》载,有虞氏"祖颛顼而宗尧",夏后氏"祖颛顼而宗禹",殷人"祖契而宗汤",周人"祖文王而宗武王"。从《山海经》《左传》到

---

① 参见杨锡春《满族风俗考》中《满族民间祭祀》一文及所引《宁安县志》,黑龙江人民出版社1991年版。

② [清]福格《听雨丛谈》卷六云:"八旗汉军祭祀,从满洲礼者十居一二,从汉人礼者十居七八。内务府汉姓人,多出辽东旧族,如满洲礼者十之六七,如汉军礼者十居三四耳。"

③ [美]秦家骢《宗族之恋:一个中国家族的九百年繁衍史》,舒逊、曼予译,人民文学出版社1993年版。

《史记》，由上古神话传说历史化家族化演变而成的帝王诸侯世系，《诗经》中的《玄鸟》《生民》等商周民族史诗性歌谣，《离骚》中诗人屈原开宗明义"帝高阳之苗裔兮，朕皇考曰伯庸"的自矜表述，历代史籍纪传、族谱家谱的世系追寻，代代相传的宗庙祭礼，都是这种集体无意识的典型表现。追宗溯祖与光宗耀祖，成为维系家族生存和发展的基本心理动力。"慎终追远"，其意义主要不在血缘寻根，而在于通过保存家族集体记忆实现心理认同和精神传承，因而，体现"祖功宗德"、荫庇后世的家族先辈人物，就成为这种集体记忆的主要内容：

> 凡祖者，创业传世之所自来也；宗者，德高而可尊，其庙不迁也。
>
> 祖其有功者，宗其有德者，百世不迁之庙也。[①]

当家族命运同民族历史命运发生密切联系的时候，"祖功宗德"的追叙，就不仅是弥足珍贵的家族记忆，而且包含着民族集体记忆的特定内容；而家族的创伤性经历，则更使这种记忆变得沦肌浃髓，意味深长了。

家族远世记忆：曹良臣、曹彬到曹参

曹雪芹是重视"祖功宗德"的。他在自己的作品中不放过任何机会来宣扬"自国朝定鼎以来，功名奕世，富贵传流""赫赫扬扬，已将百载"的家族荣耀，如第 2 回叙"皇上因恤先臣"额外赐贾政主事衔后升员外郎，隐写康熙五十四年（1715）曹𬱟补放江宁织造时予主事之职，五十六年（1717）升员外郎；第 3 回以御书"荣禧堂"匾隐写康熙三十八年（1699）第三次南巡时御赐"萱瑞堂"匾；还是第 3 回，以"荣禧堂"联"座上珠玑昭日月，堂前黼黻焕烟霞"隐写曹家三代任江宁织造"佐天子垂裳黼黻之治"（叶燮《楝亭记》）；第 16 回借赵嬷嬷称扬江南甄家"接驾四次"隐写康熙南巡四次以江宁织造府为行宫；以至第 54 回贾母谈戏特地提到曹寅的《续琵琶》的《胡笳十八拍》等等。但是，第 53 回贾氏宗祠的描写，其中所显示的一切，从宁荣二祖"披蟒腰玉"的遗像，"先皇御笔"所书"星辉辅弼"，及楹联"勋业有光昭日月，功名无间及儿孙"等"俱是御笔"看，贾府祖先乃是功业卓著、辅佐帝王的开国元勋，这显然绝不是仅有一般军功的曹振彦和供职内务府的包衣奴仆曹玺、曹寅等曹雪芹祖辈所能比拟的。

《辽东曹氏宗谱》所载有关入清以来曹雪芹祖辈功名材料的大体情况是：

---

① 参见《礼记·祭法》，陈灏注，上海古籍出版社 1987 年影印版。

锡远，从龙入关，归内务府正白旗；子贵，诰封中宪大夫；孙贵，晋赠光禄大夫。

振彦，锡远子，浙江盐法道，诰授中议大夫；子贵，晋赠光禄大夫。

玺，振彦长子，康熙二年任江南（按：应为江宁）织造，晋工部尚书（按：死后封赠），诰授光禄大夫。

寅，玺长子，康熙三十一年督理江宁织造，四十三年巡视两淮盐政，累官通政使司通政使，诰授通奉大夫。①

看来，王府本回首总批"最高妙是神主'看不真切'一句"，确是意味深长地暗示了贾府祖先（宁荣二公）形象创造的模糊性和综合性特点。他们绝不是（或主要不是）以曹雪芹的近世祖辈为原型，显然有着更悠远深厚的"祖功宗德"内容萦绕牵系着包括作者在内的曹氏子孙的情感。靖本该回回前总批，王府、有正本第 54 回回前总批均有诗云：

积德子孙到于今，旺族都中首吾门。堪悲立业英雄辈，遗脉谁知祖父恩。②

包衣曹家绝非"都中旺族"，也无"立业英雄"。但是，如果我们把曹雪芹的家族集体记忆从近世向远祖延伸，那么，问题就可迎刃而解了。

如同其他家族一样，曹氏家族也十分重视通过族谱、家谱、传记以至文字交往材料保存自己的集体记忆。"国有本系，家（有）谱牒，皆所以纪昭穆而统族类也。"（曹明试《曹氏重修族谱序》）据《浭阳曹氏族谱》所附《曹氏历代修谱源流表》，从元至正五年（1345）至清光绪三十四年（1908），563 年间，丰润曹氏共修谱 9 次。③ 至于辽阳曹氏，与曹雪芹家族同一始祖（曹俊）的曹礼（曹俊三房）后裔从顺治十八年（1661）至同治十三年（1874），213 年间，也曾对《辽东曹氏宗谱》重修多次（不少于 3 次），并于同治重修后改名《五庆堂重修曹氏宗谱》。可以想见，作为曹俊四房曹智后裔的内务府包衣——江宁织造曹家，也必定有自己的谱系记载。④ 只可惜迄今我们还无法找到，而只能从《五庆堂谱》保存的曹

① 《辽东曹氏宗谱》全名为《五庆堂重修辽东曹氏宗谱》，1962 年发现，1963 年在北京"曹雪芹逝世二百周年纪念展览会"展出。1980 年冯其庸《曹雪芹家世新考》全文收录，上海古籍出版社出版。1990 年北京燕山出版社影印出版。

② 陈庆浩《新编石头记脂砚斋评语辑校》619 页。

③ 参见冯其庸《曹雪芹家世新考》第九章，文化艺术出版社 2008 年版。

④ 《辽东曹氏宗谱》载十世曹振彦次子尔正"一谱作鼎"，十一世曹尔正"另谱名鼎"，说明四房一支确另有谱记。

俊诸房的残缺资料和其他方面去搜寻。即使如此,我们也发现,在曹雪芹家族"祖功宗德"的远世记忆中,有几位特别值得重视并对作家可能产生影响的人物。

1. 明开国功臣曹良臣(? —1372)

顺治十八年(1661)曹士琦《辽东曹氏宗谱叙言》云:

> 元末群雄并起,鼻祖良臣,聚众自保。后值明太祖起淮右,承元统,率众归附。累随征伐,建立奇功,以元勋(封宣宁侯,追)封安国公。长子泰,袭宣宁侯。次子仪,封丰润伯。三子俊,以功授指挥使,封怀远将军;克复辽东,调金州守御,继又调沈阳中卫,遂世家焉。(据《五庆堂谱》正本,括号内文字,系副本所增。)

是以曹良臣为辽东曹氏之始祖。谱中并载《明宣宁侯赠太师安国公忠壮公功臣录》《明太师安国公忠壮公赞》《御祭太师安国公忠壮公文》等传赞祭文共七篇。《功臣录》中,朱元璋封赐良臣铁券文称良臣"东征西战,功绩昭著,可与汉唐诸名将媲美矣……是用加尔爵禄,使尔子孙世世承袭"。御祭文称良臣"名世忠臣,爵及子孙","报效忠勤,日星昭著"。

据冯其庸先生考证,曹良臣并非辽东曹氏《五庆堂谱》的真正始祖。良臣只有一个儿子曹泰,袭爵宣宁侯,后"坐蓝玉党死,爵除"(《明史·曹良臣传》)。《五庆堂谱》的真正始祖是谱中称为良臣三子的曹俊,他与良臣并非父子。"但这一点,曹士琦时代(按:指顺治十八年士琦作序时)的这些曹氏子孙看来都不了解。相反,可能他们世代相传的倒就是这篇序言里写的。"①冯其庸先生的推断是有理由的。这也就是说,以曹良臣为始祖确是当时辽东曹俊子孙的集体记忆。作为曹俊三房曹礼一支(曹士琦等)如此,与士琦等同时代的四房曹智一支(曹锡远、振彦等)也必定如此。

这里有两点值得注意:

一是《辽东曹氏宗谱》以明初为起点、以明开国功臣曹良臣为始祖的寻"根"意义。明代是1127年北宋亡于女真(金)之后,汉民族重新恢复对中原地区和整个中国的统治,洗刷了近两个半世纪成为被压迫民族屈辱的时代。"四塞河山归版籍,百年父老见衣冠。"(高启《送沈左司从汪参政分省陕西汪由御史中丞

---

① 参见冯其庸《曹雪芹家世新考》第四章,68 页,上海古籍出版社 1980 年版。本篇中引冯文同此版本。

出》)所以,"在明代,明王朝被视为汉人复兴的重要时代"(牟复礼《剑桥中国明代史·导言》)。它应该成为汉民族历史的新起点。然而,当顺治十八年(1661)曹士琦为《辽东曹氏宗谱》作叙的时候,汉族政权又一次为女真(后金—清)政权所取代。《叙言》追叙辽东曹氏在明代"子孙蕃盛,在沈阳者千有余人,号为巨族。而金州、海州、盖州、辽阳、广宁、宁远,俱有分住者,其以文武功名显耀元宗,不可胜纪",后因"辽阳失陷,阖族播迁"云云,正是曹氏家族命运与汉民族命运息息相关的写照。其时,曹俊四房锡远、振彦已没籍为奴,三房也多被迫降清仕清。在这一家族苦难包含着民族灾难的特殊时代,《叙言》及《宗谱》对始祖明初开国功臣曹良臣的追溯确认,和对曹氏家族命运变迁的如实载记,显然具有保存家族集体记忆和民族集体记忆的双重意义。

二是明安国公曹良臣对《红楼梦》贾府祖先形象的原型意义。在《红楼梦》中,曹雪芹虽然借贾(甄)府盛衰史隐入了自己的家族盛衰记忆,但是,靠军功"九死一生挣下这产业"(第7回焦大语)的贾府祖先宁荣二国公爷的生活原型,却绝不是从龙入关,靠康熙个人宠信得以世袭织造的曹雪芹的近世祖辈,而被辽东曹氏宗族奉为始祖的出生入死战功赫赫的一朝开国元勋曹良臣却庶几近之。赵冈先生曾论及道:

> 《红楼梦》中的贾府上世,在某几处颇吻合曹良臣的历史,而与曹锡远等人迥异。曹良臣封安国公,是国公爷。他是开国功臣,是武人出身,当过兵,从死人堆里爬出来,曹泰袭爵后又被抄了家。不过,其盛衰过程很快,未曾经过百年之久。从曹锡远到曹寅,都不是正式武将出身,也无人有显赫战功,更无人封国公。《红楼梦》书中如此写法,不知是偶合,还是有所本故意为之。[①]

赵先生的论据还可以补充:甚至贾氏宗祠"先皇御笔"的楹联,也可从前引明太祖赐铁券文和祭文中找到相似语词。而且,赵先生后面的问题也是可以明确回答的:以曹良臣为"国公爷"某种原型,曹雪芹确是"有所本故意为之"的。其本,是《辽东曹氏宗谱》保存的集体记忆;其意,则是家族血缘寻根和民族寻根的双重意义。曹雪芹远绍"国公爷"——明王朝的开国元勋,显然既是为了隐去自己家族近世祖先的屈辱,更是为了确认和强调自己作为汉民族功臣子孙的身份。

---

① 赵冈《曹氏宗谱与曹雪芹的上世》,载胡文彬、周雷编《海外红学论集》,上海古籍出版社1982年版。

2. 北宋开国功臣曹彬(931—999)

康熙二十三年(1684)未刊稿本《江宁府志》卷十七《曹玺传》载：

> 曹玺,字完璧,宋枢密武惠王裔也。

又,康熙六十年(1721)《上元县志》卷十六人物传《曹玺传》：

> 曹玺,字完璧,其先出自宋枢密武惠王彬后。

冯其庸先生认为,后传是在前传基础上删节增补而成的。前传所出《江宁府志》编纂者于成龙,与曹玺同时,于任江宁知府,曹任江宁织造;于也是"奉天辽阳人",可能与曹玺是同乡,故他们之间必有交往,甚至可能有密切的交往。《上元县志》编纂者唐开陶则与曹頫同时,唐任上元县知事时,曹任江宁织造,也同样会有交往。所以：

> 这两篇传记材料应该说是比较可信的。其中关于曹家的家史和祖籍等的记述,其材料很有可能直接来自曹家。[1]

但曹彬至曹玺之世系,迄无可考。曹彬与五庆堂谱系的关系也不清楚。现存康熙九年(1670)丰润曹氏后裔曹鼎望所撰《曹氏重修南北合谱序》及光绪三十四年(1908)吕万绥撰《曹氏宗祠碑记》,叙"曹氏发源于真定灵寿,武惠公彬佐宋定天下",其三子玮后裔南徙至江西新建武阳渡,后由武阳而北,卜居河北丰润、辽东铁岭卫,过程颇详。然丰润曹谱(《浭阳曹氏宗谱》)世系不及曹振彦、玺、寅一支。那么,究竟是因为曹雪芹的远祖属"武阳别支分迁他省者不可追续"(《曹氏宗祠碑记》)之列,还是因为其是武惠的其他支系(曹彬共七子)的后裔,或者如冯其庸先生所推论,灵寿曹(彬)子孙南迁后实际分为江西、山东、丰润、铁岭四家,辽东曹是从山东曹迁去的?[2] 或者竟如曹士琦所言,系"以简编所载附会训后"(《辽东曹氏家谱叙言》),借以宣扬"祖功宗德"？难以论定。但不论是何原因,有一点可以肯定:在曹玺时代,曹雪芹的先辈们确认自己是曹彬的苗裔,并以曹彬的功勋业绩为家族集体记忆的更早的光荣起点。

曹彬,北宋初年大将。宋太祖乾德二年(964)任都监,参加灭后蜀之役。开宝七年(974)任统帅灭南唐,下金陵。旋任枢密使,太宗初决策灭北汉。在统一中国的战争中起过重要作用。卒,追封济阳郡王,谥武惠。《宋史·曹彬传》称

---

[1]　冯其庸《曹雪芹家世新考》附录二,318 至 319 页。

[2]　冯其庸《曹雪芹家世新考》,《又记》,377 至 378 页。

"彬为宋良将第一"。

在曹雪芹的祖辈父辈(玺、寅、颙、頫)记忆里有着崇高地位的这位远祖元勋,在他们儿孙的心中留下了怎样的印象,在《红楼梦》中有着怎样的投影?

读《宋史·曹彬传》,首先引人注目的是曹彬幼时抓周的叙述:

> 彬始生周岁,父母以百玩之具罗于席,观其所取。彬左手持干戈,右手取俎豆,斯须取一印,他无所视。人皆异之⋯⋯节帅武行德见其端悫,指谓左右曰:"此远大器,非常流也。"

这很容易使人联想起《红楼梦》第2回冷子兴关于贾宝玉抓周的描述:

> 那年周岁时,政老爹便要试他将来的志向,便将那世上所有之物摆了无数,与他抓取。谁知他一概不取,伸手只把些脂粉钗环抓来。政老爹便大怒了,说:"将来酒色之徒耳!"因此便大不喜悦。

仔细比较便可发现,不但二者叙事结构一致(都包含情境—动作—反应评价三个部分),而且后者的叙述方式甚至语词似乎都有从前者脱胎的印记。这绝非一般的模仿。如果我们承认,贾宝玉身上有着作者人生经历和性格的投影,那么就不能不承认,曹雪芹的描写,正是对他所敬慕的远祖曹彬的意味深长的独特回应。爱武和怡红,走向外部世界和退回心灵自我,正是创业祖先与末世子孙的两个时代两种取向相反的人生选择。贾宝玉当然并非"酒色之徒",但这一人物的出现的确预示着他的家族创造进取精神的衰颓没落。当曹家彻底败落之后,曹雪芹在自悔无材补天,憧憬于对"天恩祖德"的梦幻般的记忆之时,他的脑海里,一定重新浮现出这位幼年抓周显示出"远大器,非常流"的功勋煊赫的老祖宗的伟岸形象。

出于对远祖曹彬的敬慕,曹雪芹甚至不自觉地按照"武惠"的美德来塑造贾府祖先的形象。按《说文》:"惠,仁也。"《谥法解》"柔质慈民曰惠","爱民好与曰惠"(据张守节《史记正义》)。曹彬虽为著名武将,然"性仁敬和厚""仁恕清慎","平居,于百虫之蛰犹不忍伤⋯⋯总戎专征,而秋毫无犯,不妄戮一人"(《宋史·曹彬传》)。其最为人称道之事,为灭南唐破金陵前,令诸将焚香为誓,"克城之日不妄杀一人","(李)煜之君臣,卒赖保全。自出师至凯旋,士众畏服,无轻肆者"(同上)。贾府祖先亦以军功起家,而"贾氏宗祠"门联并无一字言及兵戎征伐,却称"兆姓赖保育之恩","至今黎庶念荣宁",令人联想到曹彬的仁德惠爱。这种仁德惠爱且成为曹氏子孙为宦的传统。前引《江宁府志》《上元县志》两篇《曹玺传》曾记载曹玺、曹寅的德政。玺任江宁织造时,革除过去众奸丛巧、机户受累的种种积弊，"上下有经，赏赉以时，故工乐且奋。天府之供，不戒而办。岁比祲，公捐俸以赈，倡导协济，全活无算，郡人立生祠碑颂焉"。寅兼两淮盐政，"期年，疏贷内府金百万，(商)有不能偿者，请豁免。商立祠以祀"，正是"武惠"的遗风。

《红楼梦》中，贾政自称"自祖宗以来，皆是宽厚以待下人"。作为曹家影子的江南甄家，系"钦差金陵省体仁院总裁"。此为作者虚拟之官名。明洪武四年(1371)定亲王府城东门曰"体仁门"(《明史·舆服志四》)；清顺治三年(1646)建紫禁城太和中和等殿、体仁等阁成(《太祖世皇帝实录》卷二十八)。乾隆十三年(1784)始有"体仁阁大学士"之称(《清史稿·职官志一》)。正文中的"金陵省体仁院总裁"之名，或系由此联想虚拟而成。① 而其实则寄寓追怀当年远祖曹彬金陵"体仁"及近祖曹玺、曹寅等保育百姓之恩，颂扬"祖功宗德"之意。甲戌脂批云："此衔无考，亦因寓怀而设。"②寓怀者，此之谓乎？ 如果说，曹雪芹在贾(甄)府祖先的形象中，较多地投射了明"国公爷"曹良臣出生入死的传奇光辉，那么，同为战将的宋枢密武惠郡王曹彬则以其仁德完善了这一艺术创造。

3.汉开国功臣曹参(？—前190)

这是曹寅时代的事。

康熙二十九年(1690)四月，曹寅以内务府广储司郎中兼佐领，出为苏州织造，继承六年前曹玺的事业。玺任江宁织造时在府署手植楝树，筑草亭，教二子(寅、宣)读书。寅既至苏，筑"怀楝堂"，绘《楝亭图》，向友人征集诗文题咏，寄托对亡父的怀念和孝思(实际上，题《楝亭图》在曹玺逝后就开始了)。这种行动本身就包含了古代知识分子弘扬家业家声的尊祖内容，因而题咏自然也就不约而同地指向对曹寅家世和"祖功宗德"的称扬。值得注意的是，这些颂扬，既抛开了曹振彦时代被《辽东曹氏宗谱》奉为始祖的曹良臣，也越过了曹玺时代家族记忆中的远祖曹彬，竟一直追溯到汉初大将、后任丞相的平阳侯曹参(有的还联系到曹操，下论)。试举数例：

> 籍甚平阳，羡奕叶，流传芳誉。(纳兰性德《满江红·为曹子清题其先人所构楝亭，亭在金陵署中》)
>
> 平阳苗裔，谯国英雄；承天子命，作服江东。(尤侗《楝亭赋》)
>
> 高门衍世泽，贵胄属平阳。(张渊懿《楝亭图跋诗》)

---

① 参见冯其庸、李希凡主编《红楼梦大辞典》315页，文化艺术出版社1990年版。

② 陈庆浩《新编石头记脂砚斋评语辑校》49页。

平阳开载记当年,手植灵根俯碧川。(徐林鸿《楝亭图跋诗》)

平阳姓氏重江乡,父子同官世泽长。(杨雍建《楝亭图跋诗》)

汉代数元功,平阳十八中。传来凡几叶,世职少司空。(阎若璩《赠曹子清侍郎四律》)①

这种追溯称颂,当然不一定有家谱或史籍的依据。就作者而论,也许还包含着交际酬酢的客套成分。但指向如此一致,这就意味着一定得到了《楝亭图》主曹寅的认可。(其中如纳兰、尤侗等,同曹寅关系还相当密切。)

据《史记·曹相国世家》,曹参,沛县人,曾为沛县狱吏,从刘邦起义,屡立战功。汉朝建立,封平阳侯。曾任齐相九年,协助汉高祖平定陈豨、英布等异姓诸侯王,后继萧何为汉惠帝丞相。

也许因为曹寅的祖父曹振彦顺治七年(1650)曾任山西平阳府吉州知州,对"平阳"的追溯更具有了虚实双重含义。但尊崇曹参并视其为曹家始祖肯定是意味深长的。当曹寅一家早已成为满洲旗人的时候,这种对汉初历史人物的并无史籍依据的家世溯源、追寻和接续,除了一般地称领"祖功宗德"以外,是否还包含着强调曹家的汉民族本根的深刻用意呢?(平阳,又是传说中华夏即汉族先祖尧的帝都。②)就曹寅而言,他的认同和首肯,是否在祖先崇拜中,寄寓着保持民族历史记忆的特殊情感呢?我的回答是肯定的。同《辽东曹氏宗谱》以明初曹良臣为始祖一样,历史上溯了一千五百余年,家族之根和民族之根又同时汇聚到曹参一人身上,这是一种何等强固的集体无意识心理啊。

作为旁证,我想特别提到靖本第18回眉批中引用的庾信《哀江南赋序》中的一段话,批者是曹氏家族人畸笏叟:

是知并吞六合,不免轵道之灾;混一车书,无救平阳之祸。呜呼,山岳崩颓,既履危亡之运;春秋迭代,不免去故之悲。天意人事,可以悽怆伤心者矣!

已有论者指出引文中包含的民族兴衰和王朝兴亡之感,但我要进一步指出"平阳之祸"在这里的双重语境含义,即它同时暗寓与民族命运相联系的曹氏家族的历史劫难。它表明"平阳"确已成为具有曹氏家族之根和民族之根双重所

---

① 周汝昌《红楼梦新证·史事稽年》309、328、336、345、348、373、389页,人民文学出版社1976年版。

② 尧都平阳,见于西晋皇甫谧《帝王世纪》:"帝尧始封于唐。"孔颖达疏:"尧都平阳,舜都蒲坂……皆在冀州。"南宋郑樵《通志》云:"(尧)以侯伯践帝位,都平阳,号陶唐氏。"

指的符号。

曹寅时代对曹参的追慕，是否会成为家族的遗传基因，为孙子曹雪芹所接受呢？要回答这个问题，不妨读一读《红楼梦》第29回清虚观打醮神前拈戏一段：

> 贾珍一时来回："神前拈了戏，头一本《白蛇记》。"贾母问："《白蛇记》是什么故事？"贾珍道："是汉高祖斩蛇方起首的故事。第二本是《满床笏》。"贾母笑道："这倒是第二本上？也罢了。神佛要这样，也只得罢了。"又问第三本，贾珍道："第三本是《南柯梦》。"贾母听了便不言语。

神前拈戏，如同元春省亲时点戏，是一种带有神秘暗示意义的情节。元春点戏是喜时伏悲、预示悲剧结局。这里则借神佛意旨，选出三个剧目，递相连接，暗示贾府的创业—兴盛—衰败史，当时贾府正盛，故贾母特喜《满床笏》，而对预兆衰败之《南柯梦》默不作声。值得注意的是"神"拈的第一本《白蛇记》，连博闻的老祖宗也不知道，可见当时很少演出。如果说，演此戏借刘邦斩蛇起义当皇帝隐喻贾府祖先创业，那是不当的，甚至可能触犯禁忌。那么，"神佛要这样"，是何用意？我以为只有一个解释，即确认家族之根。因为刘邦起义故事中必定包含着曹参追随刘邦建功立业开国封侯之事，按照曹寅时代对始祖曹参的追溯，这正是曹家创业之始、曹氏"祖功宗德"之始。曹雪芹同祖父曹寅一样，把家族集体记忆和祖先崇拜一直追寻到了汉初曹参，这不是很明白的事？事实上，从曹雪芹的近世祖辈到远世祖先，能在完全意义上体现贾氏宗祠匾额"星辉辅弼"（武将文相）地位的，只有曹参一人。

民族本根的确认和追寻

综上所述，我们可以看到在入清以后，从曹振彦、曹玺到曹寅及其子孙，曹家"祖功宗德"的集体记忆呈现出不断前伸的动态过程，而以汉初为终点。现依记忆时代、材料依据、追溯始祖、朝代、所封爵位五项排列如下：

曹振彦时代	《辽东曹氏宗谱》	曹良臣	明朝	宣宁侯（世袭）、安国公（追封）
曹玺时代	《江宁府志》等	曹彬	北宋	济阳郡王，谥武惠王
曹寅时代	《楝亭图》题咏等	曹参	汉朝	平阳侯（世袭）

这几位被奉为曹家远祖的人物，其共同特点是：

1. 都是汉民族王朝的开国功臣。

2. 都是武将出身，"从死人堆里爬出来"，"九死一生挣下这产业"。

3. 都有子孙袭爵或继业。（其中曹参子出、出子奇、奇子时、时子襄、襄子宗皆袭侯，凡五传。宋无世袭制，曹彬七子，皆为官。都是真正的"满床笏"。）

4. 都在曹雪芹的心灵中留下了投影。这种投影的集合体，便是小说《红楼梦》中的开国元勋贾府祖先宁荣二公。他们是满洲包衣汉人曹家集体记忆中的历史骄傲，是民族振兴和家族创业精神的象征，是曹家往昔荣耀和兴旺发达的根本，是后代福祉的源泉和人生事业成就的楷模，是末世子孙反思自省的镜鉴。

曹雪芹申明他的小说"无朝代年纪可考"，如同第53回祭宗祠中描写神主"看不真切"一样，其深刻意图之一，便是通过模糊手法，对自己的家族历史进行大综合、大概括、大改造，隐藏世代包衣的近世百年耻辱，显耀开创汉民族王朝基业的远祖光荣。于是，我们便从"将真事隐去"的"假语村言"里，听到了他的心声：一个身为满洲奴隶的汉民族子孙的深哀剧痛和精神忠诚。

最后，要附带论及曹雪芹家族记忆中的曹操。

在曹寅和曹雪芹的朋友中，都有人提到曹操。除前引尤侗《楝亭赋》以"平阳苗裔，谯国英雄"并提外，还有人专指曹操为曹家之远祖。如徐秉义《楝亭图跋诗》："曹公种德垂无穷，清门济美班资崇。谯国一家光黼黻，江南两地补山龙。……"尤为人熟知的是敦诚《寄怀曹雪芹霑》诗："少陵昔赠曹将军，曾曰魏武之子孙。君又无乃将军后，于今环堵蓬蒿屯。……"不过敦诚特以曹霸同雪芹相连，意在感叹曹氏后裔之萧条凄凉，似非确写家世。就文韬武略、功业成就而言，历史上的曹操不愧为值得曹家认宗崇拜的祖先英雄，何况有人还以曹操父子（操、丕、植）之雄杰比并于曹寅父子（玺、寅、宣）。曹寅写过传奇《续琵琶》，对曹操赎蔡琰表示赞赏，甚至让曹操自我辩解："人道俺，问鼎垂涎汉神器，叹举世，焉知就里？俺待要武平归去解戎衣，不知几处称王，几人称帝！今日里，高会两班齐，对清樽，要吐尽英雄气！"（第31出《台宴》中的《北醉花阴》曲）但传说和小说中的曹操（即普通民众的集体记忆形象）却是一个野心篡汉的奸雄，这就使他无论如何不能为曹氏子孙所接受。曹寅有《题启南先生〈莫砎铜雀砚图〉》诗云："未央宫中一尺瓦，不知遗恨漳河下。锡花雷布谁作模，鸳鸯离合无真假。阿瞒心雄无厌足，平生只欠西陵哭。飞来铜雀亦幸恩，可怜难覆如花肉。与奸作瓦罪莫辞,与人作砚遭磷淄。……君不见琼林宝藏无不收,王莽之头斩蛇剑。"①直呼阿瞒,遣辞严厉,与王莽并提,更可见对其篡汉的谴责。这与《红楼梦》第 2 回贾雨村论历代扰乱天下之大恶者,并提王莽、曹操完全一样(并提的还有野心篡晋的桓温、篡唐的安禄山及汉奸秦桧等)。这表现了曹寅祖孙坚决维护汉民族(以汉朝为喻指符号)政权地位的鲜明态度。这不是封建正统观,而是一种特殊历史条件下的民族心理。这与曹氏家族保存的对曹参、曹彬、曹良臣等历代汉民族政权开国功臣的集体记忆的心理内涵是完全一致的。

现在回过头来,再看看 53 回祭宗祠时,作者选择宝琴(谐"保秦")②作为视点,"偏就宝琴眼中款款叙来",其强调于"祖功宗德"的追慕中暗寓保存民族记忆的深刻用心,不是更明白了吗?

【补论】从坚持本民族姓氏看包衣曹家的民族本根意识

姓氏是民族特性的重要标志。入清以后汉军子弟特别是内务府汉军姓氏满洲化风气很盛。福格《听雨丛谈》卷一云:"八旗姓氏……凡子孙命名,各以其行派为称,不系本氏。"此即所谓"称名不举姓"(吴振棫《养吉斋丛录》)。福格本人就是如此(其家属内务府黄旗,本姓冯)。据滕绍箴《清代八旗子弟》一书提供的材料:

> 内务府附满洲姓氏的尼堪(满语汉族人)、台尼堪和抚顺尼堪,无论是人数,还是户数,三代以内,随满俗"称名不举姓"的人、户,最低是百分之四十四,最高达百分之八十。五世内,随满俗的,最低是百分之四十九,最高达百分之九十六点八。足见内务府包衣汉军随满俗"称名不举姓"的比例相当高。换句话说,内务府包衣汉军子弟的姓氏基本上满洲化了。他们在姓氏方面,渐融于满洲之中。③

在这一潮流中,包衣曹家却世代坚守汉姓,不曾有一人随满俗。王钟翰《内务府世家考》列举清代内务府三旗汉姓名门显宦可称世家者 15 家,从满俗称名

---

① [清]曹寅《楝亭集·楝亭诗钞》卷五,上海古籍出版社 1978 年影印版。

② 古代北方和西方的邻族称汉人(华夏族)为"秦人",见《史记·大宛列传》《汉书·匈奴传》《汉书·西域传》《佛国记》等。

③ 滕绍箴《清代八旗子弟》,中国华侨出版公司 1989 年版。

不举姓者 12 家,改满姓者 1 家,未从满俗者仅 2 家,^①即曹寅及其内兄李煦。李煦三代,而曹家入清至雪芹六代。甚至子孙命名取字也都以汉文化元典为依据。如曹寅字子清,依《尚书·舜典》"夙夜惟寅,直哉惟清";曹宣字子猷,依《诗·桑柔》"秉心宣犹,考慎其相";曹颙字孚若,出《易·观卦》"盥而不荐,有孚颙若";曹頫字昂友,出《易·系辞》"仰(昂)以观于天文,俯(頫)以察于地理";曹天佑,出《易·大有》"自天佑之,吉无不利";曹雪芹名霑,出《诗·信南山》"既霑既足,生我百谷"。^② 即此一端,也可以看出曹家的自觉民族观念。

（原载《走近曹雪芹——〈红楼梦〉心理新诠》第二章第一节,"补论"据第一章第二节,湖南师范大学出版社 1997 年版）

---

① 王钟翰《内务府世家考》,参见《郑天挺纪念论文集》524 至 541 页,中华书局 1990 年版。
② 参见朱淡文《红楼梦论源》128 至 129 页,江苏古籍出版社 1992 年版;周汝昌《红楼梦新证·人物考》65 至 66 页。王利器据《诗·信南山》"既霑既足,生我百谷。……曾孙寿考,受天之祜",认为曹天佑后改名曹霑,见《马氏遗腹子·曹天佑·曹霑》,载《红楼梦学刊》1980 年第 4 辑。

包衣曹家的反奴人格和自由心性传承

"百年望族"曹家的不幸，并非百年之后盛极而衰才到来，而是在百年之前没满为奴之时开始的。

后金天聪四年(1630)至八年(1634)间，被俘后曾编入"旧汉兵"的曹振彦及全家被拨入满洲正白旗主多尔衮属下，为旗鼓佐领下人，成为满洲贵族的包衣。[①] 清顺治七年(1650)，多尔衮病卒。次年，正白旗归顺治帝自将，其包衣与正黄、镶黄两旗包衣(统称上三旗包衣)组成内务府，曹家遂成为皇室家奴，系内务府正白旗包衣第五参领第三旗鼓佐领下人。旗鼓佐领，即"包衣汉人编立的佐领"(《御制增订清文鉴》卷三)。

世代包衣，从根本上规定了曹家子孙的身份和社会地位。然而，过去人们大多只重视曹家在康雍乾三朝兴衰浮沉变化的一面，却忽视了其包衣下人身份地位根本未变的一面，忽视了曹家"功名奕世，富贵传流"的百年仕宦史，同时又是一家汉民族子孙在异族统治歧视下的百年奴隶史。严重的人身奴役和精神奴役创伤，是永远烙印在包衣汉人曹家心灵上的"红字"。奴隶意识和反奴人格心理的并存和冲突，作为最重要的家族精神遗产，代代相传，直到在他们的末世子孙曹雪芹笔下，终于化成了回归自由和回归民族的呼唤。

双重歧视与压迫

满族是带着浓厚的奴隶制残余进入封建社会并入主中原的。与汉族不同，

[①] 参见冯其庸《曹雪芹家世新考》90 至 91 页，文化艺术出版社 2008 年版。张书才、黄一农认为，锡远父子于沈阳城破被俘后，即入旗成为包衣，旗主先后有阿济格、多铎、多尔衮等，见张书才《曹雪芹家世生平探源》14 页，白山出版社 2009 年版；黄一农《二重奏：红学与清史的对话》32 至 34 页，66 至 67 页，中华书局 2015 年版。

"八旗世族,奴主之分尚严"①,"主仆之分,满洲尤严"(陈康祺《郎潜纪闻三笔》)。掳掠汉族军民为奴,并在本民族内实行奴隶压迫,是努尔哈赤八旗军队迅速强大起来的重要原因。这一情况,在后金与明战争初期即努尔哈赤攻占辽东期间尤为严重。"国初时,俘掠辽沈之民,悉为满臣奴隶。"(昭梿《啸亭杂录》)魏斐德在《洪业——清朝开国史》中引用托伯特《清朝的内务府》、史景迁《曹寅和康熙皇帝》等书提供的资料指出,后来被满族所役使的奴仆,大多是在抚顺和沈阳被俘的汉族民户。"有人对汉族奴隶进行过统计,在813人中,有532个沈阳人,83个辽阳人,66个抚顺人。这些城市都是1618—1621年间陷落的。"②"世居沈阳地方"的曹锡远恰罹其难。

入关以后,清王朝一直强调"严主奴之分",把维护清贵族特权统治的主奴等级制度作为基本国策。包衣是旗下奴仆的一种,汉语意译为"家的"或"家里的"(家奴)。与农耕奴仆(壮丁)不同,包衣是在旗人农奴主家内执役的奴仆。"在法律上,他们的隶属、居住、生活、婚娶全无自由,而且他们的奴籍是子孙相续的,非得主人的特许不能脱离。""凡编入包衣的,子孙世世永在包衣,惟遇立功绩,或罪案昭雪,或其他特别原因(如奉特旨),才可以发出包衣。"③内务府(上三旗)包衣为皇家世仆,下五旗包衣为王公世仆。凡包衣旗人,无论其为包衣满洲人、蒙古人,还是包衣汉人(汉军),均为"包衣下贱",而包衣汉人地位最低。

清初,清统治者利用旗籍制度对汉人实行分化。"旗民分治",制造了旗外汉人与旗籍汉人的隔离。旗籍汉人,又有外八旗汉军与内务府(上三旗)包衣汉军(汉姓人)及下五旗包衣汉军身份地位的区别。其中包衣汉姓人被收入《八旗满洲氏族通谱》。雍正十三年(1735)十二月初一日,乾隆帝谕旨编纂《通谱》时戒毋得"分别满汉"。然而,后来《通谱凡例》却明白写道:

> 乾隆五年十二月初八日奏定:蒙古、高丽、尼堪、台尼堪、抚顺尼堪等人员从前入于满洲旗分内,历年久远者,注明伊等情由,附于满洲姓氏之后。

这条凡例表明,"分别满汉"的旨意是明确的。曹家即列入卷七十四"附载

---

① 郭则沄主编《知寒轩谭荟》稿本甲集卷三,北京出版社2015年版。参见周汝昌《红楼梦新证》123页,人民文学出版社1976年版。

② [美]魏斐德《洪业——清朝开国史》60页注③、61页注②,辽宁人民出版社1995年版。

③ 参见郑天挺《探微集》88至89页,中华书局1980年版;莫东寅《满族史论丛》143页,人民出版社1985年版。

满洲旗分内之尼堪姓氏"类目之下。而此时曹家归旗,已历六代,但清统治者对"尼堪姓氏"仍然区别对待。而《通谱凡例》同时却规定:"汉军、蒙古旗分内有满洲姓氏实系满洲者,应仍编入满洲姓中。"①

中国第一历史博物馆研究员张书才先生曾根据大量档案史料,论述旗籍包衣汉人的民族地位。指出,清朝皇帝根本没有把包衣汉人看作满洲人,与满洲旗人一体对待。即使是同为皇帝奴仆的内务府三旗包衣汉军、满洲、蒙古,基本身份相同,但在很多问题上受到不同对待,有着不同的等级地位。例如:内务府三旗汉军佐领、满洲佐领在披甲、护军以及官学生的额数不同,汉军均少于满洲;在考试制度上,内务府三旗汉军归并八旗汉军考试,内务府三旗满洲归并八旗满洲考试;在职官制度上,包衣汉军除由内务府至京堂有时补满缺外,一般均照八旗汉军例补汉军缺或汉缺,而包衣满洲则一律照八旗满洲例补满缺;即使是在内务府仕进和升转,包衣满洲也优于包衣汉军。②

清廷对旗籍包衣汉人族源十分重视,并严禁冒籍满洲。张先生列举,康雍年间,在补授内务府属官员时,必须注明应升人员的族籍。如雍正七年(1729)十月初五日《署内务府总管庄亲王允禄等奏请补放内府三旗参领等缺折》:

讷苏肯管领下副内管领乌什哈,当差共二十九年,原任赞礼郎徐成宗之子,汉人。

尚志舜佐领下护军校曹宜,当差共三十三年,原任佐领曹尔正之子,汉人。

曹宜即曹雪芹叔祖,曹寅堂弟。此时曹家入满洲旗已经百年,仍被视为汉人。乾隆、嘉庆时期,清廷对曹家一类包衣汉人的旗籍和族源更加重视,强调"此等原系汉人,并非满洲","汉军及包衣人员等,有冒入满洲籍者,本人照冒籍例斥革,咨送之都统、佐领等官照蒙混造册例分别议处"(《钦定会典事例·八旗都统》)。并一再申明:

本人如系包衣佐领、管领者,满洲即写满洲,蒙古即写蒙古,汉军即写汉军。(《内务府来文·人事类》)

上述规定并非一纸空文,而是被严格执行的。如乾隆三十三年(1768)乡试,楚维荣、楚维宁本是内务府包衣汉人,卷面亲填满洲,经顺天府参奏,照冒籍

---

① [清]弘昼等奉敕编《八旗满洲氏族通谱》,辽沈书社 1989 年影印版。
② 参见张书才《曹雪芹旗籍考辨》,载《红楼梦学刊》1982 年第 3 辑。

例斥革。又内务府包衣文生员扎拉芳、积寿、五太、阿布达等四人,皆系陈蛮子(旧汉人),考生员时混入满洲取进,并一律照例斥革(《内务府来文·人事类》)。①

"原系汉人,并非满洲",在"首崇满洲"的基本政策下,界线异常分明,它决定了包衣汉人无论地位如何上升,也无法进入统治民族的核心行列,而难逃民族歧视的命运。

张先生指出:"由于清代是一种主奴之分、民族等级都异常森严的封建制度,这就决定了内务府汉军旗人的身份地位不仅低于身为国家平民的外八旗满洲、蒙古、汉军人,而且低于同为皇室家奴的内务府三旗满洲和蒙古人,受着双重的歧视与压迫。一方面,他们是'内府世仆''包衣下贱',处于旗人社会的底层,既受着皇室主子的剥削与压迫,又受到平民旗人的'贱视';另一方面,他们'原系汉人,并非满洲',在满、蒙、汉三种旗人中等级地位最低,受着民族歧视与压迫。并且,内务府汉军旗人所受的这双重歧视与压迫,特别是旗人间的民族歧视与压迫,在雍正、乾隆年间日见其严重,从而进一步加速了包衣汉人的急剧分化和外向。而曹雪芹既隶内务府汉军旗籍,又恰是生活成长在雍乾时期,且家庭中经变落,从备受皇帝宠信的'簪缨望族'一变而为受到革职抄家惩处的废员子弟,毫无疑问,他对这双重的歧视与压迫必然会有着比一般旗人更为痛切的体验和感受。"②

人身压迫和民族歧视,这是压在包衣汉人头上的两座大山。曹家入清以来的百年兴衰史,就是这样与百年为奴史相表里的。曹雪芹心中何止汹涌着末世的辛酸,更深藏着饮恨六代的血泪!

没有理由否认包衣汉军曹家的奴役创伤和奴隶意识的深刻烙印。但是,如果曹家祖孙父子真正如他们反复表白的那样,已成为匍匐在主子脚下的蝼蚁犬马,那么,一个完全被压断了脊梁的家族,又怎么可能养育出像曹雪芹这样有着铮铮傲骨的伟大后裔呢?难道曹雪芹血管里流淌着的不是他的祖父辈们的血液吗?

关于曹锡远"来归"

现在,我想从目前还很有限的资料中寻找和发掘曹氏家族精神遗产的另一

---

① 参见张书才《谈"忌讳"问题》,载《红楼梦学刊》1995 年第 3 辑。
② 张书才《曹雪芹旗籍考辨》。

方面,即没身为奴却又不甘为奴的一面,失去自由却热烈向往自由的一面,蒙受屈辱却执着地维护人格的一面,概而言之,是为反奴意识和自由心性。

首先需要提出来的,是曹雪芹的五世祖曹锡远(世选、宝)。

据康熙二十三年(1684)稿本《曹玺传》称"王父宝宦沈阳",康熙六十年(1721)《曹玺传》云"大父世选,令沈阳有声"[①],曹锡远曾是明朝的沈阳地方官吏。其职务应为自辽东曹氏远祖曹俊任沈阳中卫指挥以来子孙历代承袭的世职(包括指挥使、指挥同知、指挥佥事等)。

冯其庸先生论及曹锡远时说道:"我认为'令沈阳有声'的这种说法,很可能是传文作者的溢美之词。曹锡远也许当时在沈阳有一定的职务,但职位不会很高,因为在《清实录》里,我们仔细检查天命、天聪、崇德这一段时期,凡明朝的降将降官,一般都有记载,独不见曹锡远,这一点至少说明他地位不高(或者他并未归附,但这一点可能性不大,因谱文还说他是从龙入关)。"[②]在这里,冯先生提出了一种他认为"可能性不大"的推测:曹锡远并未归附。

曹锡远归附的事,不见于两篇《曹玺传》,二传只说"振彦从入关","扈从入关",不及锡远。《辽东曹氏宗谱》则载:"锡远,从龙入关,归内务府正白旗。"《八旗满洲氏族通谱》载:"曹锡远,正白旗包衣人,世居沈阳地方,来归年分无考。"而《宗谱》所载曹锡远至曹天佑材料,主要来源是《氏族通谱》,那么,《宗谱》所云"从龙入关",似并无依据。他的儿子曹振彦倒确是跟随正白旗主多尔衮有所作为,立了军功的。值得注意的另一情况是,从《辽东曹氏宗谱》所载看,在"辽阳失陷,阖族播迁"的历史劫难中,曹俊后裔唯独四房曹智一支的曹锡远沦为包衣,而其他各房(义、仁、礼、信)皆未罹此厄运(见《八旗满洲氏族通谱》卷七十四)。从《宗谱》记载最详的三房曹礼(五庆堂谱主)一支与曹锡远同时的第十世诸人看,曹绍中、曹得先、曹得选,均随明将孔有德降后金,见《清史稿·孔有德传》所附孔有德所携降官名单;曹纯中,顺治五年(1648)与左良玉子梦庚降清,世袭阿达哈哈番(轻车都尉);曹得功,官游击,原为孔有德部将,随孔有德叛明,后随祖大寿降后金;曹得爵,辽东岁贡生,康熙五年(1666),知云南临安府。唯有沈阳指挥使曹全忠(权中)未载明情况。第十一世曹士琦,贡生,顺治二年(1645),任徽州府婺源县知县;德先,绍中长子,从龙授阿思哈尼哈番(男爵);仁先,绍中次子,从龙累授甲喇章京;义先,绍中子,从龙入关,授梅勒章京。第十

---

① 参见冯其庸《曹雪芹家世新考》第五章,上海古籍出版社1980年版;吴新雷、黄进德《曹雪芹江南家世丛考》1页《关于曹雪芹家世的新资料》,黑龙江教育出版社2000年版。

② 参见冯其庸《曹雪芹家世新考》第五章。

二世曹盛祖,德先长子,顺治二年应选二等精奇尼哈番(子爵),特命驻广西总兵。其中绍中、德先、盛祖祖孙三代,均在鼎革之际效力清廷。对照三房诸人降清或仕清的经历和记载,可以推知,四房的明沈阳中卫指挥曹锡远同三房沈阳中卫指挥使曹全忠(权中)二人,均未降清和仕清。按照努尔哈赤对降金汉人实行"恩养"(满语"乌吉黑")的政策,"若有人怨恨其国,来投我等,且尽心效力,我等必不使其为奴仆、小人",降则不至为奴,而且降官还能得到任用(一般职位较原职相对较低,然后以功升迁)。据魏斐德《洪业——清朝开国史》引述的资料,在征服辽东后所任命的汉族官吏中,就有 11 人是明卫所军官,而曹锡远不在其列,足可证明他绝非降官。故命运大不相同。

昭梿《啸亭杂录》卷二:"国初时,俘掠辽沈之民,悉为满臣奴隶。文皇帝悯之,拔其少壮者为兵,设左右两翼,命佟驸马养性、马都统光远统之……盖虽曰旗籍,皆辽沈边氓及明之溃军败卒。"

福格《听雨丛谈》卷一:"内务府三旗,分佐领、管领。其管领下人,是我朝发祥之初家臣;佐领下人,则当时所置兵弁。"

曹家是旗鼓佐领下人,可见曹锡远和曹振彦被俘掠后即成为"当时所置兵弁"。锡远未仕或任职。振彦于天聪四年(1630)孟夏,曾任佟养性属下"旧汉兵"中地位不高的"教官"(见《大金喇嘛法师宝记》碑阴题名)。可能他原是明军中一个小军官,归附后金以后当时并未升任。但随后又于该年九月改为"致政"(见《重建玉皇庙碑记》碑阴题名)。① 张志栋《李大中丞实政录序》称李士桢晚年"致政归"。又,杜臻《李公士桢墓志铭》称士桢"年六十九,致政归"。致政,即辞职,致仕。曹振彦名署"致政"显然意味着已被解除教官职务,而且"致政"肯定不是官衔(此碑阴题名均未署衔,仅列香火道士、助工信士、画匠、木匠等职务)。曹振彦这一职务变动的原因是什么,与曹锡远的态度有无关系,难以弄清,但振彦全家不久就成为多尔衮家奴却是事实。《清太宗实录》卷十八载,天聪八年(1634)甲戌,"墨尔根戴青贝勒多尔衮属下,旗鼓牛录章京曹振彦,因有功,加半个前程"。振彦任包衣旗鼓佐领(包衣人小头目,统领300 人),以功受赏,这时曹家地位才开始上升。此时距曹锡远、曹振彦被俘,已经十四年了。

康熙六年(1667)十一月廿六日,曹锡远(世选)以孙贵诰命赠资政大夫职,可见他至迟已于是年去世,距被俘四十余年,成为包衣人也已三十余年了。

---

① 参见冯其庸《曹雪芹家世新考》附录二。

资料不足,无法了解锡远之为人。但他以一明朝地方官吏,并不为保全功名利禄投降,以致没身为奴,虽被迫归附,却毫无建树,不仕新朝。从历史记载所留下的模糊影子里,可以肯定,他有着迥异于同时代同家族的三房和其他各房绝大多数降清仕清者甚至他的儿子曹振彦的思想性格。也许,这是一位并不刚烈(刚烈者大都死节)却很顽强地保持自己的尊严节操的人。作为由明入清的始祖,他的生活和思想方式,肯定会对后人产生深刻影响。

一脉相承的自由心性追求

现在来看曹寅,这位康熙的宠臣和亲信,这位使曹氏家族入清后达到鼎盛,而又为他的孙子曹雪芹所崇敬怀念的人物,在承前启后的历史进程中,在人格追求上,留下了怎样的精神遗产。

由曹寅亲自编选,“手自刊落”(郭振基《〈楝亭诗别集〉题后》)、“取前后诸作,录其惬心者”(顾昌《〈楝亭诗别集〉叙》)的《楝亭诗钞》①,置于第一卷的第一首诗是《坐弘济石壁下及暮而去》:

> 我有千里游,爱此一片石。徘徊不能去,川原俄向夕。浮光自容与,天风鼓空碧。露坐闻遥钟,冥心寄飞翮。

这是一首自由心性的颂歌。天人合一,神与物游,这是一种何等自由的逍遥境界。可惜这种自由是短促的,“及暮而去”的诗人只能把他的追求和向往寄之于飞鸟。对自由的歌颂正反映出诗人在现实的压迫下并不曾获得自由,其原因就在于他是皇家的奴仆,包衣人。自由是人的本质属性。失去自由的人,对自由心性的渴望,才更具人格力量。《楝亭集》卷首诗的设置,绝非随意之举。

《楝亭诗别集》卷二有《暮游弘济寺石壁回宿观音阁中》五古一首。从抒情基调、意象创造和语词运用看,似与《坐弘济石壁下及暮而去》作于同时。诗以纪游为主,但情感内涵更为鲜明沉重。一开头就写道:

> 羁身婴世网,高兴久淹积。此行抱奇怀,遥见一片石。浮光逐清景,荡漾欣所适。……

陶渊明《归园田居》诗“少无适俗韵,性本爱丘山。误落尘网中,一去三十

---

① [清]曹寅《楝亭集·楝亭诗钞》。本文所引《楝亭集》作品及有关序跋文字,皆据上海古籍出版社 1978 年版《楝亭集》影印本。

年。羁鸟恋旧树,池鱼思故渊",以"尘网"喻官场。"羁身婴世网"却显然严重也沉重得多,这正是一个堕入人世即失去自由的包衣仆役的痛苦心声。尽管山水奇美,令他陶醉,但他能得到的只是片刻的忘情和休息,他承受着身不由己的驱遣催迫:

> 睹兹移我情,顿觉烦尘释。下方暮钟动,急转心促迫。

"婴世网"对他是一种注定的人生命运。亦官亦奴,非官亦奴,甚至官也许可以不做,但自由却绝不会有。作为内务府包衣,他必须为皇室当差服役,而且此生此世,"世代子孙,长远服役,亦当有不敢纵肆之念"。为奴的痛苦是不能明说也难以言状的。

这两首诗作于何时,颇值得考究。按《楝亭诗钞》是依年代顺序编列的。卷一第二首诗《宿来青阁》作于康熙十七年(1678)。朱淡文、徐恭时先生考证是年春,曹寅曾南下至江宁、苏杭及临海一带。① 弘济寺、观音阁都是南京燕子矶附近的名胜,则所谓弘济石壁即指燕子矶石崖。② 那么,此二诗亦作于此次南行之时,故前诗有"我有千里游"之句。当时曹玺正任江宁织造,曹寅到南京,得以回家省亲。游此地名胜,亦应心情畅快。再从曹寅此时境遇看,康熙十七年,寅廿一岁。据张伯行《祭织造曹荔轩文》:"比冠而书法精工,骑射娴习,擢仪尉,迁仪正。"可知正是在此年前后,康熙又把曹寅提升为銮仪卫侍卫,正值青春年少而又深荷恩宠之时,而曹寅乃有"羁身婴世网"之叹,有"爱此一片石,徘徊不能去"之情,明明家在咫尺,反而以"我有千里游"(即奉命远行)之句开头,且作为整部诗集的卷首句,这确是意味深长的,没有极深的隐痛苦衷,断不至作此诗句,亦不至意有未尽连作两首。

曹寅是包衣曹家的幸运者。此后不久,康熙二十三年(1684),曹寅又被任命为正白旗包衣第五参领第一旗鼓佐领。奔父丧后,曾奉旨协理江宁织造,升内务府慎刑司郎中,转会计司郎中,再转广储司郎中,仍兼佐领。康熙二十九年(1690),出为苏州织造,三十一年(1692)调江宁织造,四十三年(1704)起与李煦轮流巡视两淮盐政,累官通政使司通政使,奉旨刊刻《全唐诗》《佩文韵府》,"帝曰作朕股肱耳目,岂徒南国之力臣"(张云章《祭曹荔轩通政文》)。他对康熙充满着感恩戴德、捐糜顶踵、效犬马蝼蚁之诚的奴性忠心。这有他所有的奏折包

---

① 参见朱淡文《红楼梦论源》第一编第二章,江苏古籍出版社 1992 年版;徐恭时《越地银涛何处寻》,载《曹学论丛》。

② 参见石昕生《"弘济石壁"解》,载《红楼梦学刊》1990 年第 3 辑。

括密折为证。然而，谁能想到他的内心还掩藏着那么深的人生苦痛？谁能想到他在功名利禄、皇帝宠信之外还有着那么强烈的自由心性追求呢？

《楝亭集》中的自由心性之歌，绝非一二篇什，它是贯注于曹寅全部作品中的重要情感基调。即使是那些抒写闲情逸致以及反映他后期优裕生活的吟花弄草之作，也看得出作者有意无意透露出的淡泊和麻木。但最具特色的，是他叹行役之苦和抒羁因之悲的两类作品。对此，本人将另作专文论述。① 试举数句诗为例："尘役苦无厌，俯躬自彷徨。"（《楝亭诗钞》卷一《不寐》）"回身感旅宦，辕辙何时休？"（《楝亭诗钞》卷一《赵北口》）"危机忌一踏，密网结千层。"（《楝亭诗别集》卷二《圈虎》）"生憎围人控骄马，绝爱牧儿飘纸鸢。"（《楝亭诗钞》卷三《三月六日登鼓楼看花》）"孤村流水连翩意，绣幕金笼那易知。"（《楝亭诗钞》卷五《鸦鸣歌》）……这些作品所写的那种无穷无尽而又无法摆脱的行役辛劳，那种对羁因之物的特殊敏感和对自由的强烈渴望，充分表达了一位皇室包衣奴仆失去自由和尊严的悲愤。"心比天高，身为下贱"。这是真正的自由心性之歌，也是不甘为奴的奴隶的人格尊严之歌。

自由心性和民族忠诚，看似不相关联，实则都来自曹家没满为奴的地位，来自"包衣下贱"所受的人身奴役和民族歧视，即人权的被剥夺。前者是对自由的剥夺，自由心性追求就是对这种剥夺的反抗；后者是对（民族）平等的剥夺，民族忠诚则是对这种剥夺的反抗。因之，回归自由和回归民族，就成为这个带着创业英雄祖先遗传基因的包衣世家的集体无意识，即潜在本能追求。这种追求在一定的条件下可能通过家族的某些代表人物化为显性表现甚至成为自觉意识。曹寅比起他的那位被迫归附却不肯仕清的曾祖曹锡远，在新王朝里，更多一些幸运，也更多一些矛盾，并在历史上留下了更为清晰的印记。他的奏折，他的作品，他的全部政治、社会和文化活动，都表现出奴性与反奴性——自由心性，他具有对清室主子的奴性忠诚与潜意识的民族忠诚并存的双重特征，这种双重性格，成为曹氏家族精神遗产的典型形态。它将如何在矛盾中运动发展，以及后世子孙将从祖辈身上接受哪些遗产，就既取决于客观环境的变化，也取决于接受个体的生活遭遇和主观意志了。

---

① 参见刘上生《走近曹雪芹——〈红楼梦〉心理新诠》第三章第二节，177 至 182 页，湖南师范大学出版社 1997 年版；及本书中编《〈楝亭集〉与〈红楼梦〉》。

曹雪芹的回归情结和"出旗为民"探讨

作为"百年望族"同时又是百年包衣世家曹氏的末世子孙曹雪芹,实现了家族和自己回归自由和回归民族的愿望没有? 追求这一愿望的实现与《红楼梦》的创作有无联系? 又有何联系?

曹寅手定《楝亭集》卷首诗是以"爱此一片石"开头的自由心性之歌(《坐弘济石壁下及暮而去》),曹雪芹的《红楼梦》则以石头神话作为叙事的起点,并以石头作为自我人格的寓体。而大荒山无稽崖下那块顽石"天不拘兮地不羁,心头无喜亦无悲"的自然情态与自由心性,又显然与乃祖笔下因"羁身婴世网"而产生的爱石之情(《暮游弘济寺石壁回观音阁中》)遥相呼应。"心有灵犀一点通",祖孙二人对石头都情有独钟,都借石头寄托对自由心性的向往和追求。《闻芷园种柳》(《楝亭诗钞》卷二)等诗以"白石"自喻的意象,和"不材"不遇之感,显然又与青埂峰顽石"无材不堪入选,自怨自叹"的描写暗中贯通。与石头神话有联系的,还有另一首长诗《巫峡石歌》(《楝亭诗钞》卷八):

> 巫峡石,黝且斓,周老囊中携一片,状如猛士剖余肝。坐客传看怕殒手,扣之不言沃以酒。将毋流星精、神蛟食,雷斧凿空摧霹雳。娲皇采炼古所遗,廉角磨砻用不得。或疑白帝前、黄帝后,滴堆倒决玉垒倾,风煦日暴几千载,漩涡聚沫之所成。胡乃不生口窍纳灵气,崚嶒骨相摇光晶? 嗟哉石,顽而矿……

这是一首咏物诗,但从浪漫想象,到语词运用,都可以看到曹雪芹吸收借鉴的痕迹。诗云"娲皇采炼古所遗,廉角磨砻用不得",《红楼梦》中说"无材不堪入选",娲皇弃之不用(甚至连对女娲的称呼——娲皇都一样),都寄托"不材"之愤;诗云"胡乃不生口窍纳灵气",《红楼梦》中写"自经锻炼之后,灵性已通";诗云"嗟哉石,顽而矿",《红楼梦》中屡称"顽石",正是一脉相承。不过曹寅笔下的"巫峡石"主要是一种具有审美形态与警世意味的自然景观,而曹雪芹笔下的"情根石"却是具有丰富的形而上内涵的人格寓体。而《红楼梦》的另一神话"木石情缘"的发生地"三生石",也包含着与三峡有关的故事传说(见唐袁郊《甘泽谣·圆观》)。

还要指出,曹寅笔下对巫峡石"岭峨""崚嶒"的形象描绘,不仅启发了《红楼梦》的构思,还使人们联想起雪芹"嶙峋支离"的石头丹青。敦敏《题芹圃画石》诗云:

傲骨如君世已奇,嶙峋更见此支离。醉余奋扫如椽笔,写出胸中魂
磊时。①

这块象征着曹雪芹人格特征的傲骨铮铮的奇石,又正是对《红楼梦》开头那
块灵性已通的顽石"无材不堪入选"的形象诠释。而曹雪芹的这种以石头自喻
的傲骨,又使人依稀看到乃祖曹寅笔下圈虎、病鹤形象"困极声犹厉,耽余气忽
腾""忍饥已倔强,延颈还高窥"②所寄寓的主体人格力量。

由此看来,《红楼梦》开头的石头神话和曹雪芹对石头人格意蕴的嗜爱,实
在可以说来自曹寅的石头情结:《楝亭集》卷首的爱石诗——自由心性之歌,《巫
峡石歌》的浪漫想象,"白石""苍苔"意象中的"不材"之愤(《闻芷园种柳》诗)③,
以及类似石头意蕴的主体人格意志表现(《病鹤》《圈虎》诗)等等。祖孙之间是
一脉相通的。

这种个别作品之间的传承联系不过是一个典型例子。但它却集中表现了
曹雪芹对包衣世家最宝贵的精神遗产——自由心性人格和民族忠诚的自觉继
承。不同的是,曹雪芹比他的祖父辈更少奴颜媚骨,甚至可以说,他已经完全抛
弃了他的祖父辈根深蒂固的犬马"恋主"的奴性心理。这种性格和品质,不但迥
出于流俗,而且首先与他的身份、地位和处境产生了尖锐的矛盾。

曹雪芹生活的时代,包衣曹家与其皇室主子的关系发生了重大的变化,终
于导致曹家百年盛世的终结。生于康熙末年,在雍正年间度过青少年时代的雪
芹,已经无缘像他的祖父那样亲身感受清室主子的关怀宠信而感激涕零了,他
从懂事起,耳闻目睹的,乃是作为奴才的嗣叔曹頫所受到的皇帝主子一次次毫
不客气,甚至越来越严厉的教训、申斥、警告、惩戒,和曹頫乃至全家的惶惧惊恐
匍匐待罪之状;他更从自己家族(先是舅祖李煦)家产被抄没,罪人家属(雪芹也
在内)被遣送、发卖(李煦家口即如此)的惨痛巨变中,痛感包衣奴才任主子宰割
惩处的屈辱;而他,一个也曾过着锦衣纨绔、饫甘餍肥生活的孩子,仅仅因为生
于包衣之家,就注定了成为皇室和满洲人的奴隶,而且世世代代永远服役不可
变易的卑微地位和命运。作为包衣,他肯定也要受从皇室到内务府总管、司官
的层层驱使。从他的朋友张宜泉《题芹溪居士》"苑召难忘立本羞"诗句含意看,

---

① [清]敦敏《懋斋诗钞》抄本,一粟编《古典文学研究资料汇编红楼梦卷》6页,中华书局
  1963年版。
② 曹寅《楝亭诗别集》卷二《病鹤》《圈虎》,参见《走近曹雪芹》180至183页。
③ 参见《走近曹雪芹》第二章第四节,147至154页。

他也许还受过当年阎立本奉召作画"名与厮役等"的羞辱,《新唐书·阎立本传》载:

> 太宗与侍臣泛舟春苑池,见异鸟容与波上,悦之,诏坐者赋诗,而召立本俾状。阁外传呼:"画师阎立本!"是时已为主爵郎中,俯伏池左,研吮丹粉,望坐者羞怅流汗。归诚其子曰:"吾少读书,辞不减侪辈;今独以画见,名与厮役等。若曹慎勿习!"

比阎立本更不幸的是,曹雪芹本人就是仆役,而且无法使后代改变这一命运。他的家庭迭遭打击,几经变故,祖辈的社会荣耀和物质财富已销蚀殆尽,他已被抛到了包衣佐领下人即普通皇室奴隶的卑贱地位。比起他那位担任御前侍卫、包衣佐领而仍不免长年叹行役之苦、感羁囚之悲的祖父,他对于"羁身婴世网""尘役苦无厌"的生活,一定有着更加痛切的感受。如果说,主子对奴才的恩宠,可以强化犬马恋主的奴性忠诚,那么,奴隶一旦意识到自己所受的压迫凌辱,却正足以唤起人格自觉。"羹调未羡青莲宠"(张宜泉《题芹溪居士》)①,正是他对皇家主子情感疏离甚至憎恶的表现。他呼唤冲破牢笼的自由!对于一位世代奴隶之子,自由就是生命的根本意义和价值目标。这是百年前那场家族和民族的历史劫难中失去了的最可宝贵的东西。他渴望回归自由,从奴隶回归为真正的"人"。

与回归自由的强烈要求相联系的,是曹雪芹作为旗籍汉人回归民族的渴求。双重族籍带给包衣曹家的精神痛苦是,对于满人,他们是满洲旗分内尼堪姓氏,是"另册"中的汉人,仍不免在"首崇满洲"政策下受到民族歧视和屈辱;而对于旗外汉人,他们又是身份迥异的满洲旗人,从生活方式、习俗到心理都存在一条"非我族类"的鸿沟。从杜芥寄曹寅诗"异姓交情笃"隐谓"满汉出处,身份迥异"②,从现存资料反映曹雪芹交游圈子仅限于旗人,都可见这条鸿沟的实际存在。如果说,在曹寅时代,由于其职务的特殊需要和方便,也由于康熙朝较为开明宽松的政治环境和民族政策,曹寅得以与一些明末遗民和其他汉族文士建立比较密切的交往联系,实现情感和文化回归,那么,到了曹雪芹生活的雍乾时代,这两种条件都不存在了。曹雪芹已沦为一个既接受本民族文化传统,又与本民族文化主体——旗外汉人相隔离的普通内务府旗下包衣,而最高统治者的思想文化和民族政策也发生了重大变化。如果说,康熙政策顺应了清初满族迅

---

① [清]张宜泉《春柳堂诗稿》刊本,一粟编《古典文学研究资料汇编红楼梦卷》8 页。

② 参见周汝昌《红楼梦新证》316 页,人民文学出版社 1976 年版。

速接受先进汉文化的历史趋势；那么，雍乾的政策，在某种意义上就是为了遏止这一趋势，以保持满族作为统治民族的特权地位。雍正一面宣称"朕即位以来，视满汉臣工均为一体"（《雍正朝起居注》四年十二月二十六日），同时又强调"八旗满洲为我朝根本"（《上谕内阁》三年三月十三日），甚至禁止满汉通婚，防止满人汉化（这种通婚自入关以来就是被允许的）。乾隆在民族问题上似乎更为敏感。雍正为显示大度，曾于十一年（1733）谕旨禁刊写书籍讳避胡、虏、夷、狄等字，而乾隆御纂《四库全书》时，"其搜采各书，兼有自挟种族之惭，不愿人以胡字、虏字、夷字加诸汉族以外族人，触其忌讳，于是毁弃灭迹者有之，刊削篇幅者有之……以发扬文化之美举，构成无数文字之狱，此为满汉仇嫉之恶因"①。满汉一家，可以凝聚为向心力，而"满汉仇嫉"，则适足以增强离心力，使汉人的民族意识转因压迫歧视而复活。作为旗籍汉人的曹雪芹，也从自己的地位上感受到这种民族歧视的沉重。除了前述内务府包衣汉军地位与满洲、蒙古的种种政策性差异外，雍乾间为保护满洲人利益而采取的重要措施还有：

雍正七年（1729），开始清理混入"满洲册内"的开户汉人（摆脱奴仆身份另立户档的汉人）。

雍正八年（1730），谕旨"内务府人丁甚众，于充役当差之外，其闲散人丁亦可拨入八旗披甲"。是年以内务府人过继（按曹頫即为嗣子）养子各项人丁二千余名拨入各旗汉军。表明内府包衣汉人绝不能享有满洲人的特权。

乾隆三年（1738），命八旗包衣归汉军考试。清《皇朝文献通考·选举考》载："乾隆三年议准，包衣人员……此等原系汉人，因由满洲都统咨送，每有在满额内中式者，悉行改正，并饬严行禁止。"

乾隆四年（1739），清厘满洲、汉军籍贯，"内（务府）管领下……之旧汉人，均别册送部，归入汉军额内考试"（同上《学校考》）。福格《听雨丛谈》云："内（务府）三旗……每一管领下统有满、蒙、汉三项人。康熙年间，考试均归于满洲，今则汉姓人亦归于八旗汉军考试。"而实际上，按礼部规定，八旗汉军中式名额只有满洲、蒙古的一半。

乾隆五年（1740），奏定《八旗满洲氏族通谱》附"尼堪姓氏"于"满洲姓氏"之后。

这些事情，正发生在曹家受到雍乾二朝两次打击，身膺深创剧痛之时。一个具有高度文明和悠久传统的强大民族的子孙，由于被征服没身为奴，追随统

---

① 参见孟森《明清史讲义》下册第三章第八节 543 页，中华书局 1981 年版。

治民族百年之久,最终发现他们仍然无法摆脱被统治被歧视的地位,这难道不足以唤起他们的民族屈辱感与尊严感,并强化其对统治民族的疏离心理和向本民族归宗的强烈愿望吗?民族忠诚和自由心性的家族传承,"尼堪"姓氏和"包衣"地位的现实压迫,在曹雪芹身上发生了猛烈的碰撞,凝聚成奔腾冲突、喷薄欲出的情感冲击——回归情结:回归自由,回归民族。这不但化为他的现实行动,也成为催化他的创作的灵感契机和深层动力。

曹雪芹渴望的回归和自由在乾隆年间终于通过"出旗为民"得以实现。这倒不是清统治者的开明,而是他们为了解决日益严重的八旗生计问题而采取的保护满洲人特权利益的"甩包袱"措施。早在雍正初年,"出旗为民"的限制就逐渐放宽。雍正二年(1724)五月,允许内务府分档汉人出旗为民(《世宗实录》第二十卷第6页);三年(1725)议准,奴仆可通过正当手续赎身,转入民籍(《光绪会典事例》第一百十一卷);五年(1727)十二月,议准汉军闲散人丁准出旗为民(《世宗实录》第六十四卷15页)。至乾隆年间,又采取了一系列措施:

乾隆七年(1742)四月,准八旗汉军出旗为民。

乾隆十九年(1754)三月,准八旗奴仆出旗开户为民。

乾隆二十一年(1756),准八旗另记档案人出旗为民。又准王公府属佐领人丁出旗为民。

乾隆二十四年(1759),凡八旗户下人、家人,均准本主放出为民。①

曹雪芹究竟是否"出旗为民",无法找到有关记载,但根据曹雪芹晚年定居西山的生活方式、状况及与此相关联的精神状态,我以为是可以肯定的,理由是:

1. 从居处看。曹雪芹晚年居住在北京西郊一个环境幽雅、人迹罕至的偏僻山村里:"庐结西郊别样幽"(张宜泉《题芹溪居士》)、"寂寞西郊人到罕,有谁曳杖过烟林"(张宜泉《和曹雪芹西郊信步憩废寺原韵》)、"碧水青山曲径遐,薜萝门巷足烟霞"(敦敏《赠芹圃》)、"山村不见人,夕阳寒欲落"(敦敏《访曹雪芹不值》)。② 可见他已经离开内务府及其居地。

2. 从生活方式看。曹雪芹似过着离群索居的生活,甚至很可能是隐居。这一点,高阳、胡文彬先生据对敦氏兄弟、张宜泉等诗中"环堵""蓬蒿""薜萝门巷"

---

① 参见周汝昌《红楼梦新证》703、714、718、722页等;《满族简史》251页,中华书局1979年版。

② 见张宜泉《春柳堂诗稿》,敦敏《懋斋诗钞》,一粟编《古典文学研究资料汇编红楼梦卷》6至8页。

"衡门""居士"词语的诠释,①明确论定其所指皆为隐者或隐者所居。张宜泉诗句"苑召难忘立本羞",往事难忘,说明曹雪芹此时已不再为皇室当差即充当内务府仆役。雪芹的生活是孤独的,但又是自由的。在山村,他除去酒店买酒(或赊酒)外,有时游憩废寺,曳杖竹林,时或进城到槐园(敦敏别墅)、养石轩(明琳处)与朋友相聚,此外,则是"著书黄叶村"(敦诚《寄怀曹雪芹霑》)。②

3. 从生活状况和经济来源看。曹雪芹此时生活贫困,已失去内务府经济来源,完全是自谋生计。敦诚《赠曹雪芹》:"满径蓬蒿老不华,举家食粥酒常赊。衡门僻巷愁今雨,废馆颓楼梦旧家。司业青钱留客醉,步兵白眼向人斜。何人肯与猪肝食?日望西山餐暮霞。"此诗较全面地反映了这一情况。这里最值得注意的是"何人肯与猪肝食"一句,典出《后汉书》卷五十三《周黄徐姜申屠列传》:

> 太原闵仲叔者,世称节士⋯⋯客居安邑,老病家贫,不能得肉,日买猪肝一片。屠者或不肯与,安邑令闻,敕吏常给焉。仲叔怪而问之,知,乃叹曰:"闵仲叔岂以口腹累安邑耶?"遂去,客沛,以寿终。

高阳先生认为,此典意谓:"内务府对曹雪芹,连像安邑令对仲叔那种惠而不费的起码照料都没有,那当然是表示内务府跟曹雪芹已无任何关系,我甚至怀疑曹雪芹已经'开户'——为内务府所逐,出旗为民,应有的一份钱粮都领不到了。"③是否为内府所逐,尚可商榷,但高阳从敦诚用典推出的事实结论是可以成立的。不过单用本事比附尚觉未能尽意。按,"令"即"县官"。古代以"县官"代指公家(朝廷、官府),或直指天子、国家。《史记·绛侯周勃世家》司马贞索隐:"县官谓天子也,所以谓国家为县官者,《夏官》王畿内县即国都也。王者官天下,故曰县官也。"曹雪芹为皇室包衣,"县官"给食;既已摆脱包衣身份,则此经济来源自然断绝,故敦诚诗有"何人肯与猪肝食"之叹,用典极为巧妙,而所指明确,当事人一目了然。时过境迁,今天理解费一番周折罢了。总之,我以为,敦诚诗句是曹雪芹"出旗为民"的可靠证据。胡文彬释"司业"句为雪芹以设馆授业之钱买酒待客。④ 从诗意看,"司业""步兵"应同指一人,胡说近是。"设馆"可能是曹雪芹谋生之一途。此外,曹雪芹还靠"卖画"谋生(敦敏《赠芹圃》),

---

① 参见高阳《曹雪芹摆脱包衣身份考证初稿》,载香港《明报月刊》第 135 期;胡文彬《曹雪芹隐居实考》,载《红楼梦学刊》1983 年第 2 辑。

② 敦诚《四松堂集》抄本,一粟编《古典文学研究资料汇编红楼梦卷》1 页。

③ 高阳《曹雪芹摆脱包衣身份考证初稿》。

④ 胡文彬《曹雪芹隐居实考》。

甚至也许还曾做工维持生计(据敦诚《寄怀曹雪芹霑》"扬州旧梦久已觉,且著临邛犊鼻裈")。总之,曹雪芹既摆脱了皇家差役,也就得不到内务府那份钱粮了。

4. 从精神状态看。曹雪芹此时明显表露出一种虽物质上贫困但精神获得解脱自得其乐的自由心境,而已完全摆脱了当差服役时那种"羁身婴世网""尘役苦无厌"(曹寅诗)的痛苦压迫感。这从《红楼梦》第1回作者自云"虽今日之茅椽蓬牖,瓦灶绳床,其风晨月夕,阶柳庭花,亦未有伤我之襟怀笔墨者"一段即可看出。张宜泉《题芹溪居士》诗末云"借问古来谁得似?野心应被白云留","野心"即指闲散不受拘束之心,亦即自由心性,典出《唐才子传》卷十陈抟隐居,入宋后屡召不出作谢表中"一片野心,已被白云留住"之语。也可佐证曹雪芹此时心态。倘若仍为内务府包衣,一身傲骨嶙峋的曹雪芹是绝不会如此轻松自在而没有强烈情感反应的。

如此看来,曹雪芹晚年脱奴籍成为自由民,是很有可能的了。但脱奴籍——出旗为民,也还有几种情况,尚须进一步研究:

1. 从包衣旗人"抬身"为正身旗人,即成为满洲自由民。我以为这是不可能的。清朝为"严主仆之分",于包衣旗与满洲旗区分很严。"惟著有军功劳绩,或奉特旨,或由王公奏准,令其开出府属佐领(即脱奴籍),可归本王公所属旗下佐领,或归上三旗旗下佐领(即为旗下自由民),其父子兄弟闲散者,准其带出。"(《钦定大清会典事例》卷八百三十九)查《八旗满洲氏族通谱》卷七十四至七十八所附载尼堪姓氏,共729人(户),除8户为满洲旗人外,全部是包衣人。8户中,有2户是特旨从包衣拔出者,见卷七十四:

> 高名选,镶黄旗人。原隶包衣。雍正十三年九月奉旨:贵妃之外戚,著出包衣,入于原隶满洲旗分。
>
> 陈善道,镶黄旗人。原隶包衣。雍正十二年九月奉旨:勤妃母之外戚,著出包衣,入于本旗。

曹雪芹表兄福彭于乾隆元年至二年(1736—1737)管理正白旗满洲都统事务,其时曹家境况较雍正时已有所改善,但以福彭之地位和权力,尚未能改变曹家包衣身份。乾隆九年(1744)敕定之《八旗满洲氏族通谱》仍载明曹锡远一家为"正白旗包衣人"。乾隆十三年(1748)福彭去世,且曹家早已彻底败落,更不可能如此"出旗"。而且,如成为正身旗人,曹雪芹就可以享受旗人的特权和生活待遇。从前述其居西山时的经济状况、生活来源看,也绝非如此。况且,这与清统治者通过"出旗为民"甩掉一批汉人"包袱"以维护满洲旗人的特权、解决八旗生计的宗旨也是大相径庭,而绝不会被允许。

2.以内务府闲散人丁拨入八旗汉军。这有可能,但绝非定居西山时的曹雪芹生活归宿。雍正八年(1730)规定内务府"闲散人丁亦可拨入八旗披甲",并不意味解除奴籍,且"披甲"仍是另一种形式的充役当差,而曹雪芹此时已完全自由,并非住在军营或过着亦军亦民的生活。准此,谓曹雪芹在西山住正白旗健锐营(香山正白旗村 39 号旗下老屋)之说也就不能成立。

3.成为旗外汉人,即汉族自由民。排除了上述两种情况,这成为唯一的也是符合定居西山实际的可能。但以内务府包衣直接"出旗为民"是很困难的。《光绪会典事例》卷七百二十七载乾隆二十一年谕云:"至包衣汉军则皆系内务府世仆,向无出旗为民之例,与八旗汉军又自有别。"但清统治者既在雍乾时期逐步放开"出旗为民"的限制以解决八旗生计,而内务府闲散人丁日久又成为经济包袱,那么,决心摆脱奴仆地位和生活的人也就不难找到各种迂回途径和法令依据。这种途径我以为可能有三条:

①首先以内务府闲散人丁拨入八旗汉军,改变旗籍,再根据乾隆七年(1742)允许八旗汉军"出旗开户为民"之功令成为旗外汉人;

②首先从内务府包衣脱奴籍成为开户人(分档汉人),再根据雍正二年(1724)五月准内务府分档汉人出旗为民之谕旨成为旗外汉人;

③依乾隆十九年(1754)准八旗奴仆出旗开户为民之谕旨脱奴籍并出旗为民。

朱淡文先生据③项论定曹雪芹出旗时间为乾隆十九年(1754)。她在《红楼梦论源》中引乾隆十九年谕旨"八旗奴仆受国家之恩百有余年,迩来生齿甚繁,不得不酌为办理……"论析:

> 此旨既言及"八旗奴仆",则内务府上三旗包衣自应包括在内。故曹雪芹很可能于乾隆十九年甲戌迁居西山。这有脂评为证:在此年所作的第一回回前总评中,脂砚斋记"作者自云",已有"虽今日之茅椽蓬牖,瓦灶绳床,其风晨月夕,阶柳庭花,亦未有伤于我之襟怀笔墨者"诸语,显示此时曹雪芹已定居西郊。他已摆脱了内务府包衣的低贱身份,正式成为国家的自由民,因而才能有这种初获自由者的轻松舒畅与狷傲自信。①

周汝昌则综合①③项就旗籍变动问题进行推论。《红楼梦新证·史事稽年》乾隆十九年(1754)条下云:

---

① 朱淡文《红楼梦论源》第二编第一章。

按自乾隆七、八年为始,将八旗汉军,准许出旗为民,文官自同知以下,武官自守备以下,皆听自便。至是(按:指十九年),复将京城及各省汉军划出旗外,令其散处经营……凡言"八旗汉军",本不包内务府汉姓皇家世仆而言;但至乾隆时期,内务府旗汉姓人与八旗汉军之间,分别已逐渐模糊,一般人不知区辨,即称呼亦日益混淆。此种功令之"精神",恐亦不能不波及内务府人员。或疑曹雪芹隶内府籍,何以能得自便而散处山村?其来由应从此根寻。雪芹移居,岂其亦与出旗为民有关欤?虽无明文可证,而自其行迹观之,庐结郊西,已不复为封建主及统治集团服役,似属明显。此功令之时间与其移居之时间亦实相密迩,深可注意者也。

至于"出旗为民"即迁居西郊之具体时间,周汝昌推为乾隆二十年(1755)丙子前后。[1]

台湾高阳先生则提出"内务府逐出"说:

曹雪芹由于性情高傲,不愿自贬其人格,所以在无形中摆脱了包衣的身份,亦就失去了内务府对他作为一个上三旗包衣应有的照料……我甚至怀疑曹雪芹已经开户——为内务府所逐,出旗为民,应有的一份钱粮都领不到了。[2]

被逐原因,高阳谓为"不甘受辱","不受传差之召,即令内务府有所威胁,亦终不屈"。

高阳先生对曹雪芹性格和反奴思想与其包衣身份的冲突的分析是深刻的。但清政府对旗人户口的控制和出旗开户的管理却相当严格。《钦定大清会典事例》:"(雍正)五年覆准:八旗人丁三年编审一次,凡已成丁者皆入册,病故者开除。"包衣是皇家世仆,未必能摆脱于"无形"。内府"逐出"之说似也难成立。凡汉人没入旗籍,例因罪遣,而"出旗"则须恩诏。如方苞在康熙时因《南山集》案没入旗籍,后被雍正特诏赦归本籍,乾隆四年(1739)五月谕"方苞在皇祖时因《南山集》一案身罹重罪,蒙恩曲加宽宥,令其入旗(按:从轻发落,但仍为处分),在修书处行走效力。及皇考即位,特沛殊恩,准其出旗,仍还本籍……"可证。[3]"出旗"固然意味着作为旗人的某些优惠待遇的丧失,但对于没身为奴的汉人或亦军亦民的汉军,却又意味着旗籍统治的终结和人身自由的获取。非蒙恩诏或

① 周汝昌《红楼梦新证》714 至 717 页。
② 高阳《曹雪芹摆脱包衣身份考证初稿》。
③ 参见《清代七百名人传》下册 176 页《方苞传》,中国书店 1984 年版。

谕旨,不通过努力,是无法实现的。旗人被逐是一种严厉处分,乾隆二十一年谕:"嗣后问拟旗人罪名,务详犯案情节。如实系寡廉鲜耻、有玷旗籍者,不但汉军当斥令为民,依律发遣,即满洲亦当削其名籍,投畀远方。"①怎么反而可能摆脱包衣身份闲居呢?

关于曹雪芹"出旗为民"的迁居地点,没有任何可靠记载。张嘉鼎搜集的《曹雪芹传说故事》②、吴恩裕等记录的张永海老人(嘉鼎父)关于曹雪芹的传说,③胡德平整理、舒成勋口述的《曹雪芹在西山》,④为我们提供了一些各不相同的西山一带的传说。在一段时间里曾引起关于曹雪芹故居的争论。这些传说,以"拨旗归营"说(即曹雪芹回正白旗营房居住)为多。据张嘉鼎搜集整理的北京西山原镶黄、正白旗营地一带的民间传说,曹雪芹在离开内务府后,"拨旗"回到香山祖居(?)正白旗营地。具体地点,有的说是白家疃,有的说在樱桃沟附近,有的说在正白旗健锐营碉楼下面。按照这些传说,曹雪芹只是解除了内务府仆役身份,虽然获得了人身自由,但终无法回归本民族主体社会。但是他的心却始终是在自己被压迫、受歧视的民族同胞一边。

《曹雪芹传说故事》中搜集了好几个他帮助民人(汉人)惩治横行霸道的旗人子弟的故事(《庙会上》《治"骑人"》等),虽不足为据,但应大体反映了他的作为在当地民众中留下的印象。但这些传说均未涉及曹家内府包衣身份,或者把内务府包衣人与正白旗满洲人混为一谈。这就有悖于清朝的旗籍制度实际,尚待考究。惟张永海老人的谈话中提到有曹雪芹住民居的传说:

> 两年前听我儿子讲,有人说曹雪芹住在北辛庄杏石口,那是没有的事儿。他是旗人,必得住在旗里头。北辛庄是民居,出了健锐营的范围,他就不能住。那时候旗里和民居是分得很严的。

从这种反驳中隐约可见"出旗为民"的传说内容。不过,从曹雪芹晚年穷居西山的交往来看,似仍在旗人社会,或者说,其至交(敦氏兄弟、张宜泉等)仍是旗人。这就表明,他虽已"出旗",却由于种种原因(世代内府服役、旗民分离、在民地缺乏依倚)仍无法融入本民族主体社会。这确是个悲剧。

总之,我认为在乾隆十四年至十九年(1749—1754),在福彭故世、曹家在满

---

① 《钦定大清会典事例》卷七百二十七。
② 《曹雪芹传说故事》,光明日报出版社 1987 年版。
③ 吴恩裕《曹雪芹丛考》卷四,上海古籍出版社 1980 年版。
④ 《曹雪芹在西山》,文化艺术出版社 1982 年版。

洲旗内已失去任何依靠援助,雪芹倍感包衣汉人双重屈辱,对清统治阶级彻底绝望的情况下,他利用乾隆七年(1742)或十九年(1754)功令,终于迈出了人生决定性的一步——"出旗为民",实现了获得自由和民族归宗的双重愿望。这一事件在《红楼梦》中的艺术反映,就是"石头回归"构思的完成。准确地说,自乾隆七年有了"出旗为民"的可能性起,曹雪芹就在不久之后开始的《红楼梦》创作中,把对自由和民族回归的强烈渴望转化为"石头回归"的艺术构思,当他经过十年辛苦完成这一巨著全稿时,这一愿望已经成为现实。这就是前面朱淡文女士所引的甲戌本第1回中出现那一段"作者自云"充满轻松愉快和狷傲自信的原因。回归情结的现实消解和艺术转化相互联系,并且几乎同步完成。甚至我们不妨大胆推论,"石头回归"的艺术构思就是在争取"出旗为民"、回归自由和民族本根的现实奋斗中获得灵感和启示的。

关于曹雪芹"出旗为民"的具体细节,确还有些阙疑之处。但基本事实似可认定。本文的论述,意在探讨曹雪芹的回归情结的两个方面——现实生活与艺术创作的联系。而这一问题,过去并未引起人们注意,希望能够引起进一步探讨。

(原载《走近曹雪芹——〈红楼梦〉心理新诠》1997 年版)

[附记]本文节录自《走近曹雪芹——〈红楼梦〉心理新诠》第三章第一、二、三节。限于篇幅,也为了避免与已发表的其他论文在内容上的重复,作了一些删节,和删节后的连接。未能一一注明,可以参看原著。关于曹锡远、曹振彦、曹寅等曹家先人,本人有进一步的研究,可参看拙著《曹寅与曹雪芹》及有关论文。关于曹雪芹是否"出旗为民",以及在北京西山时期的居住生活,学界有热烈的探讨和实地考察,见胡德平《说不尽的红楼梦》(中华书局 2004 年版)、周汝昌《泣血红楼 曹雪芹传》(作家出版社 2014 年版)、樊志斌《曹雪芹传》(中华书局 2012 年版)等著作,本文未能一一列举。谨以拙见参加讨论。2019 年 5 月22 日写。

曹寅入侍康熙年代考

几种说法

曹寅何时离家赴京入侍康熙,是一个事关"红学"而又尚有争议的问题。邓之诚先生在《清诗纪事初编》卷六"曹寅"小传称:

> (康熙)十年,寅年十三,挑御前侍卫。[①]

此说(以下简称"十年说")曾为学者广泛引用。但邓先生未列出所论依据。应当指出,邓先生这里对曹寅年龄的计算,与传统的年龄计算方法并不一致。按古代出生之年为一岁(虚岁)的惯例(曹寅也是这样计算自己的年龄的。见后引《句容馆驿》诗注),康熙十年(1671),曹寅应为十四岁[寅生于顺治十五年(1658)]。邓先生所谓"年十三",是指周岁。

周汝昌先生在《红楼梦新证·史事稽年》"康熙十一年"条下,引述邓先生"见告出某书"之事,谓"寅自幼侍皇帝读",但在"康熙八年"条,他又推断其为"哈哈珠子"(侍卫男童),"疑与擒鳌拜不无关涉",是年曹寅十二岁。如此看来,周先生所论曹寅入侍康熙年代颇游移,似可定为康熙八年(1669)(以下简称"八年说"),惜无论据。[②]

近年,李广柏先生在《曹寅"伴读"之说不可信》一文中,除否定"伴读"之说外,还对曹寅入侍的年龄及年代作了考证:曹寅大概十七八岁时离开江南,上京做了侍卫。至于年代,李先生认为:

> 大概就在康熙十三年,或者稍后。[③]

---

① 邓之诚《清诗纪事初编》,上海古籍出版社1984年版。
② 周汝昌《红楼梦新证》276至277页,279至280页,人民文学出版社1976年版。
③ 李广柏《曹寅"伴读"之说不可信》,载《红楼梦学刊》1997年第4辑。

此说(以下简称"十三年说")的主要论据,是《楝亭文钞》中《祭郭汝霖先生文》关于"摄提之岁"(康熙十三年,1674)曹寅在广陵见到郭先生的记载及《楝亭诗钞》卷四《句容馆驿》"余十七岁侍先公馆此"的诗注。

"八年说""十年说""十三年说",几种说法究竟何者为是?也许这不仅仅是个年代问题,还牵涉到康熙帝对曹寅的态度。如果曹寅只是按照包衣子弟的通例,于十七八岁才赴京当差,那表明康熙此时对他并无特殊好感,倘若是在十三四岁即成童时或稍前被挑任(御前)侍卫,那就表明,少年时代的曹寅就引起了康熙帝的注意。这对曹寅与康熙帝的关系应有重要影响。当然,这种辨析,必须以材料为依据,尊重客观事实,而不能凭主观臆想。

自述与他述

曹寅及其亲友对于曹寅入侍康熙帝一事的记忆是相当深刻的,曾多次述及此事。

康熙四十三年(1704)曹寅《奏谢钦点巡盐并请陛见折》云:

> 念臣寅于稚岁备犬马之任,曾无尺寸之效,愚昧稚鲁,不学无术,蒙皇上念臣父玺系包衣老奴,屡施恩泽,及于妻子,有加无已……

稚岁,即幼年,未成年之时。又,康熙四十九年(1710)十月初二日《奏设法补完盐课亏空折》云:

> 窃念臣从幼豢养,包衣下贱,屡沐天恩。

这里的"豢养",实际上是当差领取官俸之意。如在家生活,则不能说"从幼豢养"云云。

康熙五十年(1711)三月初九日曹寅《奏设法补完盐课亏空折》:

> 臣自黄口充任犬马,蒙皇上洪恩,涓埃难报。①

黄口,原指雏鸟,后喻指儿童。如汉乐府民歌《东门行》:"上用仓浪天故,下当用此黄口儿。"黄口儿即是幼儿。

以上诸条,均为曹寅给康熙的奏折,内容必定真实无误。它们证明,曹寅必定是在少年时代即入侍康熙。这种入侍必定是由于康熙的亲自挑选即格外施

---

① 以上三条,见《关于江宁织造曹家档案史料》22、78、81页,故宫博物院明清档案部编,中华书局1975年版。

恩，因而曹寅才对康熙感激涕零，涓埃难报。

当然，"稚岁""黄口"只是少儿年龄段的模糊词语，并不指示具体年龄。曹寅写于康熙五十一年(1712)的《正月二十九日随驾入侍鹿苑二月初十日陛辞南归恭纪四首》(《楝亭诗钞》卷八)①其四则有句云：

> 束发旧曾充狗监，弯弧中岁度龙城。

"狗监"，《史记·司马相如列传》有"蜀人杨得意为狗监侍卫"，此处取其"侍上"之意。

曹寅在束发之年入侍康熙，在曹寅亲友的文字中也得到证实：

> 自结发侍内直。

——郭振基《楝亭诗钞别集序》

结发，此处义犹束发。郭振基自称"受业"(弟子)，与曹家"通门三世"。当然十分了解曹寅，他的说法与曹寅自述一致。

不过，在古代，束发只是男子从童年进入少年时代的一种发饰变化，它并不像标志男子成丁的"冠礼"和女子成年的"笄礼"那样有着严格的时间规定。它可能在成童之年(十五岁)，也可能稍早。所以，单纯从"束发"(结发)一词还难以确定曹寅入侍的年龄。

曹寅舅氏顾景星的说法略有不同。作于康熙十八年(1679)的《荔轩草序》云：

> 束发即以诗词经艺惊动长者，称神童。既舞象，入为近臣。

这里把"束发"与"舞象"作为两个年龄点，可见"束发"比"舞象"之年小。《礼记·内则》："成童，舞象，学射御。"成童之年始舞象(武舞)。陈皓注："成童，十五以上。"有些论者遂据此认定曹寅十五岁以后才入侍康熙。这显然是把入侍与入为近臣两个概念相混淆了。入侍，即曹寅所谓"充狗监"，郭振基所谓"侍内直"，只是侍卫当差，以后地位上升，进入品秩等级行列，才能说"为近臣"。《礼记·礼运》云："仕于公曰臣。"顾景星的序多处称扬其甥，他这句话的意思是曹寅十五六岁以后就在天子身边当官，也就是他另一首诗《赠曹子清》中的"官阶内府除"之意。他没有提到束发入侍，却说"束发即以诗词经艺惊动长者，称神童"，与"既舞象，入为近臣"一样，都是一种"有选择的褒扬"(拣最好的说)。

---

① [清]曹寅《楝亭集》，上海古籍出版社1978年影印版。以下所引郭振基、顾景星文，均见《楝亭集》。

可以肯定，从"充狗监""侍内直"到"为近臣"之间必有一个时段，一个过程。而"束发"（结发）则是这一时段的起点。曹寅入侍必在"舞象"之年即十五岁之前，这样，就与他奏折中自称"黄口充任犬马"等语义大体一致而不矛盾了。

如此看来，曹寅入侍康熙的时间，以曹寅自述的词语为准的，"十三年说"似太迟，"八年说"或"十年说"近是，但缺乏文献依据。那么，能否找到比较有说服力的可大体确定年代的依据呢？

康熙八年入侍说考证

研究曹寅入侍的年代，最好的办法是从可以确定创作年代而又与入侍时间较近的曹寅诗文中去寻找线索。在我看来，《楝亭诗别集》卷一中的《和桐初谷山署中寄怀原韵》一诗就是这样的作品：

> 朱夏盛炎燠，客怀杂悲喜。望云眼已穿，剖鲤心先拟。开心读素书，目击存深旨。故人怜我瘦，三载隔烽垒。空求豫章材，未吊湘江芷。懵腾天地中，潦倒干戈里。游咏盈篇章，愁积何时已。嗟予归故乡，索居近一纪。萧条金台树，泱潎浑河水。轮蹄白日逐，税驾安所止？劳生多一官，神交寄千里。悠悠汶上人，不见征尘起。

桐初，即叶藩，曹寅的朋友。杨钟羲《雪桥诗话》三集卷三谓曹寅在北京期间，与歙县姚潜、宜兴陈枋、昆山叶藩、长沙陶煊、邗江唐祖命"有燕市六酒人之目"[①]。《楝亭集》中述及与叶藩交谊之作颇多。谷山在山东，阳谷县因此山得名，疑即指阳谷。从诗末用"汶上"之典（出《论语·雍也》）看，叶藩当时任职于山东县署是不错的。诗从"故人"与"予"两面写，"故人怜我瘦，三载隔烽垒"，是分别三年，战事阻隔；"懵腾天地中，潦倒干戈里"，是战事未毕，时局未稳。这里所说的"懵腾天地"的"干戈"，只有一件事，就是爆发于康熙十二年（1673），至康熙二十年（1681）才完全平定的震动全国的"三藩之乱"。"三藩之乱"虽未及山东，但在平叛战争中，山东是康熙倚重的战略要地，尤其是阳谷所在的兖州。康熙十二年十二月，吴三桂刚发动叛乱，康熙帝就作了部署：

> 谕议政王大臣等，大兵进征楚蜀，若须援兵，自京发遣，难以骤至，且致士马疲劳，兖州地近江南、江西、湖广，太原地近陕西、四川，均属东西孔道，

---

① 杨钟羲《雪桥诗话》三集，北京古籍出版社1991年版。

可发兵驻防,秣马以待。①

叶藩既任职县署,戎务倥偬,诸事不顺,所谓"潦倒干戈"是也。叶藩曾拟南游,湖南、江西皆战乱重地,自然不得而往,此即"空求豫章材,未吊湘江芷"两句诗的意思。(豫章与湘江对举,可知指地名,即南昌,代赣地。)从此诗叙述所用的"现在进行时"语调看,当时战争并未结束,故由此可断定,本诗必写于康熙二十年(1681)十月清军攻陷昆明吴世璠自刭之前。从首句"朱夏盛炎燠"所显示的季节看,至迟应作于康熙二十年夏天。又由于《楝亭诗别集》所收作品大体以编年为顺序,而置于别集卷一本诗前的《闻恢复长沙志喜四首》作于康熙十八年(1679)春(十八年二月清军收复长沙),另一《喜雨纪事》诗描述康熙帝祈雨,"焚香毕祝御衣湿,雷电皆至天下欢"的情景,与《康熙起居注》康熙十八年四月十一日己卯"上躬诣天坛祈雨……致祭读祝甫毕,甘霖随降"的记载正相符合,可知该诗必作于康熙十八年夏。而由于从《喜雨纪事》诗到本诗之间,还依次编集了一些描述秋事秋景(如《奉使送桂花置潭柘竹亭下二首》《宿西内寄怀范次丞》等)及(次年)春事春景之作(如《春日感怀二首》《苔》《箨》等),故可以断定,《和桐初谷山署中寄怀原韵》一诗的创作时间,不能早于康熙十九年(1680)夏。又由于至康熙二十年,平叛已近尾声,故此诗极有可能即作于康熙十九年夏天。

诗的后一部分从自己方面写。"嗟予归故乡,索居近一纪。"这是说自己离开江南回到北京独居的时间将近一纪(十二年)。曹寅出生于北京,六岁时随父亲曹玺任江宁织造到南京,这里的"故乡"当然是指北京。从下文"萧条金台树"四句,可知"归故乡"后是在服役当差。金台即是黄金台,古燕地名,燕昭王求贤所筑。《水经注·易水》:"濡水……其一水东出,注金台陂……陂北十余步有金台。"浑河,即山西河北的桑干河,因流浊易淤而称,后更名为永定河。"轮蹄白日逐,税驾安所止"二句是说任职侍卫,扈驾巡游,四处奔走,劳碌不息。不直接说侍卫巡游,表明青年曹寅相当厌倦这种"王事靡盬,不遑启处"的生活。曹寅任侍卫期间的诗作,曾多次流露出这种情绪。如《楝亭诗钞》卷一的《读梅耦长西山诗》《卧龙岭》《不寐》《人日和子猷二弟仲夏喜雨原韵》《葛渔城》《赵北口》《黄河看月示子猷》,《楝亭诗别集》卷二《恒河》等。②"金台""浑河"就是侍卫巡

---

① 《清圣祖实录》康熙十二年十二月庚辰条。

② 参见刘上生《走近曹雪芹——〈红楼梦〉心理新诠》177 至 180 页,湖南师范大学出版社1997 年版。

游等差役的标志性地点。① 而作者告诉我们，这种离开父母独自一人的"索居"生活已"近一纪"了。一纪是十二年，"近一纪"则不应少于十年。十年以下就不好说"近一纪"而只能说"近十年"，也不会是整十年或十二年，那样就可以直截了当地说"十年"或"一纪"。这就是说，到写这首诗的时候，曹寅离家索居已经十年以上、十二年以下，或者说，已经索居十一年左右了。

前文已论，本诗写作时间可定为康熙十九年（1680）炎夏，至迟为康熙二十年（1681）炎夏，以此上推，则可断定，曹寅离家入侍康熙的时间，不会是康熙十年（1671）（离家已整十年或近十年），也不会是康熙十三年（1674）或以后（离家不到十年），而应在康熙八年（1669）或九年（1670）。康熙八年，曹寅十二岁；九年，曹寅十三岁，近成童之年，故可以"束发""结发"等词语表述。据福格《听雨丛谈》卷十二"哈哈珠子"条述及"国初大臣子弟以童稚入侍禁近者，不必尽是旗人"②，可知旗人子弟颇有"童稚入侍"者，曹寅正在此列。曹寅少年入侍的原因，恐怕与顾景星序所说"束发即以诗词经艺惊动长者，称神童"为康熙所闻有关，也可能与康熙的保母孙氏嫁曹玺后康熙对曹玺的宠信有关，也可能与二者都有关。至于入侍后是否曾"伴读"，尚难论定。但不论如何，曹寅以少年入侍康熙帝，这肯定是年轻的康熙皇帝破例挑选的结果。从此曹寅与康熙帝建立了主奴之间的密切的私人关系，并对曹家盛衰产生了深刻影响，这是确实无疑的。

佐证与余论

可资考定曹寅入侍康熙年代的另一个重要佐证，是收集在邓汉仪所编的《诗观二集》中的曹寅少年诗作《岁暮远为客》。全诗如下：

> 晓灯寒无光，驱马别亲故。残月堕枫林，荒烟白山路。
> 十年游子怀，惜此岁华暮。载咏无衣诗，何以蒙霜露？

关于此诗的情感内涵，后文将另有分析，就本论题而言，最重要的是"十年

---

① 例如，据《康熙起居注》，康熙十八年（1679）三月初二日丁酉，车驾出幸保定一路，至十四日己酉车驾还。这次巡游要经过易县，曹寅当有可能去燕下都遗址，凭吊黄金台。又，康熙十六年（1677）四月十四日壬戌，驻跸雄县赵北口，康熙十七年（1678）闰三月初五日，驻跸固安县城西，都必定渡过永定河（浑河）。"萧条黄金台，泱漭浑河水"，也许就是指这些巡游途中给曹寅留下深刻印象的标志性景物。这些巡游，路途都比较远，侍卫尤其辛劳。所以曹寅会有"轮蹄日夜逐，税驾安所止"的感慨。

② ［清］福格《听雨丛谈》，中华书局 1959 年版。

游子怀"一句。这种长期离家的生活,对少年曹寅当然是指进京入侍。诗中用《诗经·秦风·无衣》之典("王于兴师,修我戈矛")暗示自己当时任侍卫君主之武事。那么,如果能推知《岁暮远为客》一诗大概写于何时,曹寅入侍的年代就清楚了。刘世德先生在介绍《诗观》一书的编辑时说:

> 《诗观》,又名《天下名家诗观》,有初集、二集、三集之分。《诗观初集》十二卷,《诗观二集》十四卷,《诗观三集》十二卷,邓汉仪评选,现存康熙年间邓氏慎墨堂刊本。《初集》"凡例"的末尾,署"壬子初冬,邓汉仪书于慎墨堂","壬子"即康熙十一年(1672)。《二集》"凡例"的末尾,署"戊午七夕,慎墨堂自述","戊午"即康熙十七年(1678)。可知《初集》和《二集》分别定稿于康熙十一年和十七年前后。[①]

《诗观二集》既定稿于康熙十七年(1678)。那么,曹寅的《岁暮远为客》的写作时间则不可能晚于康熙十六年(1677)末,而且很可能就在此年(更早则不合理,见下文)。以此上推,则"十年游子"之曹寅离家时间有康熙六年(1667)、七年(1668)、八年(1669)(整十年或近十年)几种可能。但如定为康熙六、七年,则与前文所引作于康熙十九年(1680)的《和桐初谷山署中寄怀原韵》诗中"嗟予归故乡,索居近一纪"的记事时间相矛盾,且曹寅在《重修周栎园先生祠堂记》中曾回忆康熙六年周亮工监察十府粮储,"以余通家子,常抱置膝上命背诵古文"之往事,可确证此时尚未离家。两诗所述时间相互参照,则只有康熙八年最为恰当。既大体符合《岁暮远为客》诗"十年游子怀"之意(离家已八年),又符合《和桐初谷山署中寄怀原韵》诗"索居近一纪"之意(离家十一年)。

综上所述,曹寅离家入侍康熙的年代,应以"八年说"为是。其余诸说均缺乏依据。

曹寅担任侍卫之后,曾几次离开京城回到江南。据考可知,第一次在康熙十二年(1673)秋。这一次在南京,他登临古迹,写了《登鸡鸣寺》一诗,这是现存《楝亭集》中可考创作时代最早的诗篇。[康熙四十三年甲申(1704),他偕友重游鸡鸣寺,写《孟秋偕静夫子鱼尊五殷六过鸡鸣寺诗三首》自注"甲申重过,又三十一年"可证。]就在这一年冬天,平西王吴三桂发动叛乱,次年(十三年)三月,靖南王耿精忠反叛。三藩之乱初起,局势紧张,曹寅随父亲一起参加防守叛军的战斗:

---

① 刘世德《曹雪芹祖籍辨证》62页,中国大百科全书出版社1998年版。

> 昔我先司空，秉节东南……贼逆构变，摄提之岁（按：寅年，康熙十三年岁在甲寅），侨寄广陵，驱子若弟，补伍编行，以御疆隧。时予成童，绾角巍巍。先生嘉我，说诗秉礼……
>
> ——《祭郭汝霖先生文》

这里说的"驱子若弟，补伍编行"，显然是由于兵力不足采取的临时措施。证以《清圣祖实录》康熙十三年（1674）四月己酉载：

> 谕议政王大臣，江宁满兵，既派千人援浙，恐江宁兵单，可拨包衣佐领兵千名，八旗每佐领骁骑二名，往守江宁。

曹寅在京任侍卫，其军事编制又属所在正白旗包衣佐领。后来曾兼任正白旗包衣第五参领第一旗鼓佐领（《八旗通志》卷七《旗分志七》）。当"包衣佐领兵千名"奉康熙之命南下增援时，尚未北归的曹寅理所当然要留在江南参加平叛战斗。这也可以回答为什么曹寅早束发入侍，而到康熙十三年又在曹玺身边并见到郭汝霖先生的问题了。这与本文阐述的康熙八年（1669）入侍的观点并不矛盾。谨以此论就正于红学诸前辈及同仁。

（原载《中国文学研究》2000 年第 1 期）

佩笔侍从：曹寅"为康熙伴读"说辨正

"伴读"说质疑

作为曹雪芹的祖父和出身包衣汉人的著名文人，曹寅的生平事迹理所当然地具有非同寻常的意义而备受关注，特别是他和康熙皇帝的关系。曹寅曾为康熙伴读，就是广泛流传的一种说法。

"伴读"说的来源，是周汝昌先生引述他所听到的邓之诚先生亲口告诉他的话。最初见于1953年版《红楼梦新证》。1976年版《新证》修订本第七章《史事稽年》康熙十一年（1672）条下列"寅幼侍皇帝读"一事重申：

> 寅自幼侍皇帝读，邓之诚先生见告出某书……惟以书名失记，待检。

本来这里周文和周引邓的原话都是"幼侍皇帝读"，但作者随即就将其同古代的伴读制度挂上了钩。下文云：

> 皇帝幼学伴读，在明代由小太监充之，谓之小伴当。①

"侍"与"伴"一字之差，本来意义很有不同，但由此一来，二者界线就模糊起来，"侍读"就等于了"伴读"。此说一出，引述者颇多，《清代人物传稿》上编第五卷《曹寅传》云：

> 曹寅自幼具有了初步的文学修养，稍长即被召入宫做玄烨的伴读。②

《中国古代小说百科全书》"曹雪芹"条云：

---

① 周汝昌《红楼梦新证》279页，人民文学出版社1976年版。
② 《清代人物传稿》上编第五卷359页李丹慧撰《曹寅传》，中华书局1988年版。

祖父曹寅少为康熙帝伴读。①

《红楼梦大辞典》"曹寅"条云（又见"曹雪芹"条）：

十三岁即入官为伴读，御前侍卫。②

《清代内务府》云：

他（曹寅）幼年时做过康熙的伴读。③

朱淡文女士在《曹寅小考》《红楼梦论源》等论著中进一步论证了"伴读"说。她为"伴读"说找到的主要根据，是曹寅的朋友纳兰性德所写的《曹司空手植楝树记》一文中用了"伯禽抗世子法"的典故，典出《礼记·文王世子》"成王有过，则挞伯禽"，并引溥仪《我的前半生》中回忆自己年幼读书时设有伴读之事为证，朱淡文云：

身为康熙帝伴读的曹寅从少年时代就日侍帝侧，代康熙帝挨骂受训，与康熙帝结下了亲密的感情。人们总是难忘自己的少年友伴，皇帝又何尝例外……④

朱淡文对典故的阐释无疑加强了"伴读"说的说服力。

但近年伴读说颇有人质疑。李广柏先生《曹寅"伴读"之说不可信》一文可为代表。李广柏除认为周、邓口耳之传不足为据以外，主要理由，是他考证曹寅在康熙十三年（1674）后即十七八岁时才离家入京任侍卫，因而不可能为少年康熙伴读。⑤ 但此论据颇为脆弱。本人已据曹寅本人作品所述论证，曹寅确在康熙八年（1669）即十二岁左右即离家入侍康熙。⑥ 这样，李先生的质疑就难免落空。何况，简单的否定也难以解释曹寅与康熙的特殊关系。因此，对"伴读"说仍有继续研究之必要。

判断"伴读说"是否正确，先要弄清楚伴读的来由和性质。

伴读是为年幼的君王或皇子而设的陪伴读书人员。"成王有过，则挞伯

---

① 《中国古代小说百科全书》24 页，刘世德主编，中国大百科全书出版社 1993 年版。

② 《红楼梦大辞典》830、834 页，李希凡、冯其庸主编，文化艺术出版社 1990 年版。

③ 祁美琴《清代内务府》227 页，中国人民大学出版社 1998 年版。

④ 朱淡文《曹寅小考》，载《红楼梦学刊》1992 年第 3 辑；《红楼梦论源》19 至 20 页，江苏古籍出版社 1992 年版。

⑤ 李广柏《曹寅"伴读"之说不可信》，载《红楼梦学刊》1997 年第 4 辑。

⑥ 见本书上编《曹寅入侍康熙年代考》。

禽",伴读或古已有之。清代的伴读制度,不见于正式记载。唯有末代皇帝溥仪的回忆录《我的前半生》对自己幼年读书设"伴读"之事作过具体描述。

溥仪回忆,他六岁开始读书,但极不用功,学业很糟。于是:

> 我九岁的时候,他们想出一条促进我学业的办法,给我配上伴读的学生。伴读者每人每月可以拿到按八十两银子折合的酬赏,另外被赏"紫禁城骑马"。虽然那时已进入民国时代,但在皇族子弟中仍然被看做是巨大的荣誉。得到这项荣誉的有三个人,即:溥杰(溥仪之弟——引者注)、毓崇(溥伦的儿子,伴读汉文。溥伦系御前大臣——引者注)、溥佳(七叔载沣的儿子,伴读英文,从我十四岁时开始)。伴读者还有一种荣誉,是代书房里的皇帝受责。"成王有过,则挞伯禽",既有此古例,因此,在我念书不好的时候,老师便要教训伴读的人。

溥仪还描写了上课时进殿的次序和座位:

> 进殿也有一定程序:前面是捧书的太监,后随着第一堂课的老师傅,再后面是伴读的学生。

> 桌子北边朝南的独座是我的,师傅坐在我左手边面西的位子上,顺他身边的是伴读者的座位。这时太监们把他们的帽子在帽筒上放好,鱼贯而退,我们的功课也就开始了。①

以上回忆说明:

1. 清代皇宫伴读是根据需要临时设置的,设置的原因,是年幼的皇帝不认真读书,故设伴读以强化教学环境,督责皇帝学习。

2. 充当"伴读"的是皇族子弟,而不可能是皇宫奴仆。

3. "伴读"不是"侍(皇帝)读",他们的任务是陪伴皇帝读书而不是为皇帝服役。所以他们有座位,也有小太监服侍。他们是皇帝的"同学"。

对照上述描述和分析,曹寅"伴读"康熙说就显然难以成立:

第一,康熙自幼好学,无设置"伴读"之必要。

第二,曹寅是包衣子弟,只能为康熙服役,而没有资格充当"伴读"。

康熙二十三年(1684)十一月初四日,康熙皇帝南巡泊舟燕子矶,读书至三鼓,侍臣高士奇请求:"圣躬过劳,宜少节养。"康熙帝自述其幼年读书经历道:

> 朕自五龄即知读书。八龄践祚,辄以《学》《庸》训诂询之左右,求得大

---

① 溥仪《我的前半生》66 至 68 页,东方出版社 1999 年版。

意而后愉快。日所读者必使字字成诵，从来不肯自欺……必心与理会，不使纤毫扞格，实觉义理悦心，故乐此不疲……①

这说明，康熙本人自幼有极高的学习热情和主动精神，根本不需要用伴读督责。而且，曹寅于康熙八年（1669）十二岁进京入侍时，康熙帝早已于六年（1667）十四岁亲政，并于十六岁即康熙八年夏天除权臣鳌拜，既不同于未曾亲政即已退位的小皇帝溥仪，也不同于年幼即位而尚由叔父周公摄政的成王。"成王有过，则挞伯禽"这一条，完全不适用于早已君临天下、乾纲独断的康熙皇帝。

由此可见，所谓曹寅充当康熙"伴读"，甚至"代康熙帝挨骂受训"，"成为康熙帝少年友伴"云云，都是研究者的主观想象。既无此事实，也不合情理。曹寅虽然年幼，也只能是康熙身边的包衣奴仆，根本不可能获得与皇帝"同学"的地位。朱淡文所引纳兰《楝树记》以楝树比甘棠，即以曹玺（司空）比召伯，期待曹寅日后"建牙南服，踵武司空"，其意甚明，并没有以"伯禽抗世子法"比曹寅伴读之意。"伴读说"本为无根之谈，从"侍（皇帝）读"的传闻转出，人云亦云，遂为成说，又加寻绎，几成定论，这真是一件耐人寻味的事情。

关于"佩笔侍从"的考证

曹寅并非康熙的"伴读"，但确是康熙帝早年的学习侍从，以后又成为御前侍卫，以文武兼材确立了"天子近臣"的特殊地位，这才是历史的真实。

应该说，邓之诚所云曹寅"自幼侍皇帝读"确有其事。只是未能准确表述曹寅充当学习侍从的情况。用曹寅自己的话，他是"佩笔侍从"。

现列举有关材料如下：

第一，曹寅晚年所作《避热》诗其三［《楝亭诗钞》卷七，诗约作于康熙四十九年（1710）盛夏］有回忆年少入侍康熙情事的诗句云：

佩笔六番充侍从，筹更五夜坐将军。只今草碧滦京路，梦绕龙媒万马行。②

"佩笔"一词出旧、新《唐书·李彦芳传》。原指古代佩挂在腰带上的毛笔，

---

① 《康熙起居注》卷二，1249 至 1250 页，中华书局 1980 年版。

② ［清］曹寅《楝亭集·楝亭诗钞》卷七，上海古籍出版社 1978 年影印版。本文所引曹寅诗文，均据《楝亭集》。

以便随时记事。《旧唐书》传谓李靖五世孙彦芳进家藏太宗笔迹于唐文宗,文宗宝惜不能释手,"其佩笔尚堪书,金装木匣,制作精巧"。此词后人少用,但曹寅却用过两次。另一次见于《雨夕偶怀桐皋僧走笔得二十韵却寄》诗(《楝亭诗钞》卷四)。《避热》诗中的"佩笔""充侍从",当然是入侍康熙时之事。"佩笔"代指文事,与"佩剑""执戟"相对,但从此词出处及用法看,又明显带有纪实性质。这四句诗,首句言文事,次句言武事,后二句言出巡,都是诗人最难忘怀之事,故以"梦绕"结之。三层次的排列又体现了曹寅入侍从文事到武事(侍卫)的时间顺序,曹寅十二岁入侍,年龄幼小,又系康熙保母孙氏之子,有自幼"即以诗词经艺惊动长者,称神童"的美誉,佩笔充当康熙帝的学习侍从,自然是最为合适。"六番"表明曹寅曾多次任此差使,但入侍初"佩笔侍从"肯定是起点。

第二,曹寅舅氏顾景星所写《怀曹子清》诗(《白茅堂全集》卷二十二)首句云:

> 早入龙楼傔,还观中秘书。①

此诗写于康熙二十一年(1682)。就全诗构思线索看,从"早入龙楼傔"到"官阶内府除"到"导引谒宸居"等,是在按时间顺序叙述曹寅入侍后职务职位变化上升的情况,以示褒扬。

"早入"二句必为入侍初之事。官员上值曰"傔",曹寅"早入龙楼傔,还观中秘书",说明这种入值必在书房,必与读书有关,如果是一般侍卫,绝不可能"得观中秘书"的。只有在御书房侍从,才可能有这种机会。证以顾景星《荔轩草序》"甫曼倩待诏之年,腹娜嬛二酉之秘","娜嬛二酉",指传说神仙藏书洞府娜嬛福地及大小酉山(出伊世珍《娜嬛记》及《荆州记》),即喻指"得观中秘书"之"龙楼"②。而且顾诗以"早入龙楼傔"为起点的叙事时序,与前引《避热》诗以"佩笔六番充侍从"开始的回忆时序完全一致,正可互相印证。

第三,熊赐履《曹公崇祀名宦序》中云:

> 公长子某,且将宿卫周庐,持槖簪笔,作天子近臣。

---

① [清]顾景星《白茅堂诗文全集》四十六卷,有清康熙四十三年(1704)蕲州顾氏刻本等,齐鲁书社 1997 年出版。《怀曹子清》诗载卷二十二,参见周汝昌《红楼梦新证》298 页。

② "龙楼",天子所居。唐王建《元旦早朝》诗:"龙楼横紫烟,宫女天中行。"南唐李煜《破阵子(四十年来家国)》词:"凤阁龙楼连霄汉,玉树琼枝作烟萝。"此特指天子藏书处。曹寅又有词作《明月逐人来(自御园与高渊公踏月归村寓)》云"长念龙楼,待漏一丸冷雪",是任侍卫时寓郊外功德寺所作。可与顾景星诗句互参。见《楝亭集·楝亭词钞》,参见胡绍棠《楝亭集笺注》536 页,北京图书馆出版社 2007 年版。

康熙二十三年(1684)夏曹玺故后，邑人祀曹玺江宁县学名宦祠，并有诗歌，付梓时，熊赐履革职后正寓居金陵，为之序(见《经义堂集》卷四)。[①] 赐履曾任康熙侍读学士、经筵讲官，对康熙与曹寅的关系十分了解。序中以"宿卫周庐，持橐簪笔"从武事和文事两方面称誉曹寅"作天子近臣"之职责。

古代书史小吏，手持囊橐，插笔于头颈，侍立于帝王大臣左右，以备随时记事，称持橐簪笔，简称橐笔。《汉书·赵充国传》："(赵)卬家将军以为(张)安世本持橐簪笔，事孝武帝数十年。"注："张晏曰：橐，契囊也；近臣负橐簪笔，从备顾问，或有所纪也。师古曰：橐，所以盛书也；有底曰囊，无底曰橐。簪笔者，插笔于首。"元马祖常《奏对兴圣殿后诗》句："侍臣橐笔皆鹓凤，御士囊弓尽虎罴。"橐笔与囊弓文武对举，其义甚明。故后人又以代指笔墨生涯(文事)。熊序中的"持橐簪笔"，正与曹寅诗中的"佩笔侍从"相合。表明"佩笔侍从"之事亦为赐履所知。而且曹寅在任侍卫("宿卫周庐")之后仍然有持橐簪笔的任务。这种文武兼材，正是他深得康熙宠信，能"作天子近臣"的重要原因。

上述三种材料，皆极确凿，又互相印证，故可深信无疑。

"西学东渐"：侍从新知

曹寅的"佩笔侍从"究竟包含哪些内容？

"伴读说"把曹寅"伴读"或"侍皇帝读"同康熙举行经筵日讲甚至设置南书房联系起来，但康熙诏开经筵在九年(1670)冬十月，日讲则至十年(1671)四月才开始，南书房之设立更在十六年(1677)。而曹寅自康熙八年(1669)即已入侍。这说明，在举行经筵之前，康熙不但有日常的读书生活，必定还有某种听讲的学习安排。这使他需要"佩笔侍从"。

本人认为，在康熙八、九年间这种听讲学习，最重要的，是他向西洋传教士学习自然科学知识之事。

康熙帝兴趣广泛，求知欲强。自云除传统儒家文化外，"史汉以及诸子百家，内典，道书，莫不涉猎"[②]。而引起他对自然科学兴趣的则是他亲政前后的中西历法之争。他后来回忆："康熙初年间以历法争讼，互为评告，至于死者不知其几(按：指康熙四年杨光先攻讦汤若望等制造的冤案)。康熙七年闰月颁历

---

① 参见周汝昌《红楼梦新证》302 至 304 页。
② 《康熙起居注》卷二，1249 至 1250 页，中华书局 1980 年版。

之后,钦天监再题欲加十二月又闰,因而众说纷纷,人心不服……举朝无有知历者,朕目睹其事,心中痛恨,凡万几余暇,即专志于天文历法二十余年。"(《御制文集》第三集第十九卷)①康熙七年(1668),他通过亲自主持杨光先与南怀仁的当场日晷试验,认识到欧洲天文学、数学知识的精确实用。八年(1669)除鳌拜后,代表保守势力的钦天监正杨光先革职,南怀仁任钦天监副。从这时起,康熙皇帝开始了对西方自然科学的学习,时间尚在九年(1670)冬诏开经筵之前。曾经给康熙讲过课的法国传教士白晋在他给法王路易十四的报告(后译为《康熙帝传》)中这样描述康熙的学习内容:

> 虽然在皇帝所处的时代里,大臣和亲王们一点也不想致力于学习,而他却连续两年如此专心致志,以致把处理其他事务以外剩下的几乎全部时间,都花在学数学上了。同时,他把这个学习当作他最大的乐趣。
>
> 在那两年期间,南怀仁神父给他讲解了一些主要数学仪器的应用,并讲解几何、静力学、天文学中最有趣的和最容易理解的东西,还专门编写一些最通俗易懂的书籍。大约也就在这个时候,他想学我们的乐理,为此,他就起用了徐日升神父。这个神父,就为他用汉字写了有关这方面的著作,并叫人为他制作了各种乐器,甚至还教他用这些乐器来演奏一些乐曲。②

西洋传教士的最终目的,当然是为了宣扬其基督教义。但他们的确带来了当时先进的欧洲自然科学知识。少年康熙目光敏锐地抓住了这一求知机会。这种学习,包括书本知识和实践(如使用仪器等)。当然就需要小臣"佩笔侍从"。曹寅"早入龙楼"应该就是从这时开始的。由于这种学习,因三藩之乱等原因几度中断,而又恢复(经筵日讲情况相同)、延续,故寅诗称"佩笔六番充侍从"。

白晋是在康熙二十七年(1688)入京并在此后几年里与另几位传教士为康熙帝讲解自然科学的。他所描述的康熙学习情景可为了解"佩笔侍从"提供真实生动的佐证:

> 他还下令侍从,每天清晨把马从他的马厩里牵出来,接我们到皇宫里,晚上又把我们送回住所。皇帝委托他皇室里两个精通满语和汉语的大臣来帮我们写讲稿,并指定专人加以誊清。每天他还叫我们为他口述这些文章。他整天和我们一起度过:听课、复习,并亲自绘图,还向我们提出随时

---

① 参见宋德宣《康熙思想研究》169 页,中国社会科学出版社 1990 年版。
② [法]白晋《康熙帝传》,译文载《清史资料》第 1 辑,中华书局 1980 年版。

发现的疑问。然后，我们将文章留给他自己去反复阅读。他同时练习计算和一些仪器的使用，经常复习一些最重要的欧几里德定理，以便更好地记住那些论证。①

少年康熙肯定也是这样学习的：听讲、复习、操作、指定专人誊抄讲稿，在这一学习过程中，佩笔侍从接送教师，携带用具（仪器等），当然更要记录、誊抄（讲稿），与少年皇帝形影不离，紧相追随，充当学习助手，这就是曹寅的职责和作用。

曹寅侍从康熙向西洋传教士学习自然科学，在他的一生中留下了深刻的印记。康熙三十四年（1695），他得到一个雅州铜鼓，在仔细观察后，他推断：

> 鼓面若仪器，四纽峙立，疑可测验水土，以待知者。（《铜鼓歌》自注）

并作诗《铜鼓歌》（《楝亭诗钞》卷二）。这种视角，与只知吟弄风雅的传统士大夫文人很不相同，没有对自然科学仪器的兴趣和知识绝不可能有如此认识。康熙四十三年（1704）所作《砚山歌》（《楝亭诗钞》卷四）有"泰西郭髯持赠我，十砚陪列如排星"之句，可见他与西洋传教士一直有交往。《玻璃杯赋》赞美西洋科技工艺产品之精美。他所接受的传教士宣扬的"天国"观念，也成了他艺术想象的材料：

> 彼西隅之蠢生，睹三辰而立法……信天国以为巧，渺炎海而来航。
（《楝亭文钞》）

直到晚年患疟病危，他还特地托李煦向康熙乞求"圣药"：

> 必得主子圣药救我……若得赐药，则尚可起死回生。②

这里所说的"圣药"，就是康熙从传教士手中得到的对治疟有特效的西洋化学药物"金鸡纳霜"（奎宁）。可惜康熙派驿马星夜兼程，药未到，曹寅已经病故。但由此可见他对西药的认识。在17世纪和18世纪守旧的中国，曹寅有幸同他开明的君王和主子康熙皇帝一起，成为西方先进的自然科学技术的接受者，具有较为开阔的眼界。康熙一生提倡实学，重视实践，曹寅受康熙实学思想影响，刊刻《楝亭十二种》。曹寅任织造期间，在中西、中日经济文化交流中发挥过特殊作用，都与此有密切关系。

---

① ［法］白晋《康熙帝传》，译文载《清史资料》第1辑，中华书局1980年版。
② 《关于江宁织造曹家档案史料》98至99页，故宫博物院明清档案部编，中华书局1975年版。

然而这一重要事实过去却完全被忽视了。

经筵听讲与熊赐履

毋庸否认，作为佩笔小臣的曹寅，"侍皇帝读"，当然也包括充当康熙经筵听讲时的侍从。

康熙八年(1669)四月，给事中刘如汉请举行经筵，上嘉纳之。五月除鳌拜后，熊赐履上疏，以上即位后，未举行经筵旧典，谓宜慎选儒臣，以资启沃，并请备记言记事之职，设起居注官。九年(1670)冬十月，谕礼部举经筵，以熊赐履为翰林院掌院学士、起居注官，又充经筵讲官，十年(1671)四月，开经筵日讲。[①]曹寅于康熙八年被选拔入侍，恰值康熙帝准备举行经筵之时，绝非偶然。

曹寅与熊赐履的关系也因此不同一般。熊赐履因充讲官，于少年康熙帝有师生之谊。康熙帝在熊赐履退休回家之后，非常关注熊的情况，还委托曹寅执行一些特殊任务，其中包含着让曹寅对熊赐履执弟子之礼的要求。特别是康熙四十八年(1709)九月曹寅奏报熊赐履病故，康熙朱批："尔还送些礼去，才是。"十月奏报熊临终情形，曹寅报告"臣于前月已送奠仪二百四十两祭过，其子已收"，十一月奏报熊家家产及生活情形；五十五年(1716)曹频遵旨照看熊赐履之子情形[②]。这些奏折及朱批反映出康熙帝与曹寅对熊赐履的特别关注和礼仪，如果不是因为经筵听讲时曹寅曾侍从康熙，因而也对熊执弟子礼，是无须如此作为的。(周汝昌最早指出这一点。[③])此外，康熙十六年(1677)设南书房，命侍讲学士张英、中书高士奇入直进讲，曹寅也可能还在"佩笔侍从"。现存《楝亭集》和《楝亭图》题咏中与二人的诗文交往，或也从此时开始。

无疑，"佩笔侍从"对于曹寅一生具有重要意义，它是曹寅人生事业的起点。康熙酷爱学习，曹寅佩笔跟随，主仆密迩，较之一般的侍卫甚至大臣，有着更多的个人接触，康熙与曹寅的特殊关系及对曹寅的宠信由此开始。

它深刻影响了曹寅的思想性格和知识视野。曹寅是理学信徒，讲性命之学，这既来源于家教，显然也是经筵侍听濡染的结果。曹寅有较开放的眼光，知识广博，素质全面，也与侍从康熙得以广泛学习中外各种知识、视野得以开拓有

---

① 参见《清史稿·圣祖本纪》,《清代七百名人传》"熊赐履"条。《清代七百名人传》据中国书店 1984 年版。

② 《关于江宁织造曹家档案史料》65、74、138 页等。

③ 周汝昌《红楼梦新证》483 页。

密切关系。曹寅舅氏顾景星曾称赞寅自幼"长江南佳丽地，束发即以诗词经艺惊动长者，称神童"，但当他于康熙十七年(1678)应征来京城重见到已任御前侍卫的外甥时，仍不能不惊叹曹寅的知识才能的巨大进步，他用传统话语描述出这种包含文化新质因子的变化：

> 甫曼倩待诏之年，腹嬬嬛二酉之秘。贝多金碧，象数艺术，无所不窥；孤骑剑槊，弹棋擘阮，悉造精诣。与之交，温润优爽，道气迎人，予益叹其才之绝出也。[①]

由于所接受的传统文化以及传教士神学观念的局限，曹寅没有能够在思想上走得更远。但曹寅"佩笔侍从"所获得的精神财富，却成为他后来成就的基础，并为曹雪芹所继承和超越。

（原载《湖南师范大学社会科学学报》2000 年第 6 期）

[①]　顾景星《荔轩草序》，载曹寅《楝亭集》。

曹寅生平研究的一个盲区
——任职郎署时期的遭际与思想

康熙廿四年(1685)五月,曹寅携全家扶父枢北归并奉旨回京任职,至康熙廿九年(1690)二月外放苏州织造止,先后在内务府任慎刑司员外郎、会计司郎中、广储司郎中共计四载有余。这是曹寅人生经历中一段虽然短暂却极不寻常的时期。在此之前,曹寅从康熙八年(1669)童稚入侍,①至廿三年(1684)曹玺去世,扈从康熙皇帝十五年;在此之后,历任苏州、江宁织造,且专任江宁织造二十年,擢通政使司,兼两淮盐政,均深得康熙皇帝宠信。然而,在这一段时期,曹寅与康熙之间却出现了某种信任危机。它虽然并未改变二人关系的性质,但对曹寅的思想乃至包衣曹家的精神传承却产生了深刻的影响。曹寅的忘年挚友、明遗民杜岕于康熙廿八年(1689)在为其诗集《舟中吟》作序时,曾谓其"魁垒郁勃于胸中"②,所指就是这一时期的精神状态特征。但曹寅的这一段重要遭际和思想变化,至今还是其生平研究中的一个盲区,本人愿以对《楝亭集》及其他有关材料的研究,③弥补此缺陷,以期对曹寅其人和包衣曹家的历史有更全面的了解。

---

① 参见本书上编《曹寅入侍康熙年代考》。
② 见曹寅《楝亭集》,上海古籍出版社 1978 年影印版。
③ 《楝亭集》中,《楝亭诗钞》卷一,系曹寅康熙二十九年(1690)四月出任苏州织造以前的作品。其中《黄河看月示子猷》《北行杂诗》以下,可以确定为康熙廿四年(1685)五月离开江宁(返京)后至任职郎署时期的作品。另外,《楝亭诗别集》卷一、卷二中,也有一部分是本时期的作品。本人对这些作品的创作时间,均经考证。本文所引《楝亭集》中作品,只标明《楝亭诗钞》或《楝亭诗别集》卷数,不再标《楝亭集》。

《放愁诗》：人事变故与信任危机

对于曹寅本人和曹家，本时期最重要的事件是江宁织造继任的人事变故。据康熙廿三年（1684）未刊《江宁府志·曹玺传》：曹玺于是年六月"以积劳感疾，卒于署寝"，"是年冬，天子东巡抵江宁，特遣致祭。又奉旨以长子寅仍协理江宁织造事务，以缵公绪"。康熙六十年（1721）《上元县志·曹玺传》云："甲子卒于署，祀名宦。子寅……玺在殡，诏晋内少司寇，仍督织江宁。"两传均记载曹寅在父亲逝后奉旨协理江宁织造事务，可见确有其事。内少司寇，即内务府慎刑司郎官。清代内务府中有相当于外廷刑部的慎刑司。古代"司寇掌邦禁"（《尚书·周官》），有大司寇、少司寇等职。此以古官称呼。由侍卫官升任内府郎官，是康熙的精心安排。按清制，八旗文武各官遇有父丧，例于持服百日后，即入署办公。[1] 依此规定，任侍卫的曹寅必须在父丧百日后回京任职。这对一个接受了父丧守制三年的礼仪传统的汉人会是非常痛苦和难以承受的。所以，康熙命曹寅在玺故后以郎官职协理江宁织造，必是一种便其守丧尽哀的照顾性的临时委任。据祁美琴编《清代内务府三织造官员表》[2]，是年（康熙二十三年，1684）江宁织造由江苏巡抚余国柱署理。但曹寅既升内府郎官，即取得了出任织造的资格。这又未必不包含着康熙以曹寅继任曹玺的明显用意，也是曹寅和在江南生活了二十余年并置有产业的包衣曹家的心愿。从曹寅在康熙身边的地位，和康熙对曹寅的宠信，这种继承安排似乎也是顺理成章之事。然而次年，内务府郎中马桑格出任江宁织造［马桑格，满洲正白旗包衣人，其父马偏额于顺治十三年（1656）、十五年（1658），康熙五年（1666）三次任苏州织造］，[3] 而曹寅则奉命回京任郎官。发生这种变故的原因是什么，不得而知。但此事对曹寅和曹家的打击肯定是沉重的。曹寅作于此时的《放愁诗》（《楝亭诗别集》卷二）袒露了他的心曲。放愁，即驱逐愁苦。这是《楝亭集》中情调最为沉重的一首诗。诗全文如下：

> 哀兹渺身，包罗百忧。膏煎木寇，日月水流。我告昊天，姑为放愁。
> 天净如镜，明含万蠢。仰呼不应，口枯舌窘。摩抚劬劳，泣涕星陨。　　五脏六腑，疮痍未补。芒刺满腹，荼蘖毒苦。反照四顾，觅愁何所。　　南山有

① 郭柯义等《清朝典制》295 页，吉林文史出版社 1993 年版。
② 祁美琴《清代内务府》第八章，中国人民大学出版社 1998 年版。
③ 参见冯其庸《曹雪芹家世新考》403 至 404 页，文化艺术出版社 1997 年版。

松,脊令于飞。我今褰裳,采蘩采薇。白发坐堂,绿发立阶。良食衍尔,含饴哺孩。手足辑睦,琴瑟静偕。千春相保,咫尺莫乖。　丰获勤耰,饘粥伛偻。偶有旨酒,爰念好友。二簋相享,薄醉携手。俯察濠梁,傍嗤乌狗。骑马食肉,转背枯骨。仙人羡门,披叶跨鹿。菖蒲紫茸,金丹红熟。饱食生翼,风雷捧足。抱一以终,反魂于屋。千年万年,愁不敢出。

诗中“愁”意并不显豁,但抒情重心很清晰:“我告昊天,姑为放愁”,是“昊天”与“我”的“愁”的关系。诗中运用了涵义明确的象征符号。“星陨”喻父亡,古人云郎官上应列星,曹玺是以内府郎官外任织造的。与此相应,“昊天”既指皇天上帝,又隐喻当今皇上,观“天净如镜,明含万蠹”等诗句可知。而“仰呼不应,口枯舌窘”则是指由于皇上的不理解以致自己与家庭陷入极度困境:“摩抚劬劳,泣涕星陨。”劬劳,指嫡母孙氏,出《诗·凯风》“母氏劬劳”句。这是“放愁”的情感高潮。“疮痏”“芒刺”“荼檗”所喻,绝不只是丧父之痛,而是另有所指,综合其他材料,我判断很可能是曹玺故世后在继任织造问题上的不利于曹家和曹寅的种种流言,因此在曹寅心中引起的恐惧痛苦。所谓“仰呼不应”,恐怕正是曹寅或曹家向康熙帝告诉未果情景的写照。其中隐含着对“昊天”的深深失望。正因此,诗的后部分才以大量篇幅表达保身养家退隐的消极思想。由此看来,在曹玺故世之后,康熙与曹家和曹寅的关系确曾出现过某种紧张。这种紧张,大概在康熙南巡至江宁,曹寅奉旨协理织造而继任人事未定时最为突出。

但康熙皇帝显然也有他的考虑。一方面,他对曹玺的忠诚干练给予充分肯定,这才有南巡江宁时派人祭奠并追赠工部尚书衔之事。但另一方面,关于曹家的流言并不一定都是捕风捉影。明朝织造太监徇私作弊者代不乏人。清朝改派内府司员兼任织造,多有人因经济犯罪受到查处。曹玺任织造二十余年,在江南颇有产业,未必能两袖清风,一尘不染,仅就现存的《江宁织造曹玺进物单》①,一次向内宫进献那么多国宝级文物,就可见他的搜求能耐。当然,曹玺把这些无价之宝都进献给了皇帝,可见他的忠心,但这种“能耐”很可能成为嫉忌者或怀疑者制造“流言”的一个借口。特别是,“织造”一职,位卑而势重,向来被视为“肥缺”,“昏夜乞怜钻营奔竞”者大有人在,曹玺故世后,内务府中竞相觊觎,散布不利于曹家的流言,正可阻碍其子曹寅继任织造。面对上述种种复杂

---

① 《关于江宁曹家档案史料》5 至 6 页,未署年月,但有“江宁织造理事官加四级臣曹玺恭进”字样,《史料》置于康熙十七年《巡抚安徽徐国相奏销江宁织造支过俸饷文册》后。中华书局 1975 年版。

情况,康熙皇帝不能不心存疑虑,谨慎处置,至少需要一段时间的"审查"。这恐怕就是康熙最终决定让曹寅回京任职而由马桑格继任织造的原因。

但这对曹寅和曹家的打击肯定是巨大的。从康熙来说,这是服从于政治利益的人事安排,而从曹寅和曹家方面,却深感"信而见疑,忠而被谤"(《史记·屈原列传》)的专制政治厄运降临的紧张恐惧。这就导致《放愁诗》中"千年万年,愁不敢出"的最终情感压抑。有研究者把这首诗解释为曹寅协理织造时遭遇家庭矛盾时内心痛苦的表达,①这是不正确的。曹寅之弟曹宣一直在家侍父,尚未去内府当差,根本不具备继任曹玺的资格。因而认为曹寅任职会招致母亲孙氏与弟弟曹宣不满,纯系无稽之谈。

如果说,由于《放愁诗》辞意隐晦,上述分析中不能不包含着某些推断,那么,此后曹寅及其友人的一系列诗作则可以证明这种推断之不误。

康熙廿四年(1685)五月,曹寅扶父枢携家北归,杜岕赶来送行,登舟之时,作长诗《思贤篇》以赠。诗中以季札北游和曹植谒帝比曹寅此次进京之行。其述曹植云:

> 又有魏陈思,肃诏苦行役。翩翩雍丘王,恐惧承明谒。《种葛》见深衷,《驱车》吐肝膈。

前四句诗化用曹植《应诏诗》"肃承明诏,应会皇都"、《赠白马王彪》诗"谒帝承明庐",又特别添加"恐惧"二字,表明杜岕对曹寅心态有着深刻的了解。《种葛》《驱车》是曹植政治失意受君王曹丕猜忌时写作的两首诗。《种葛》以夫妻离异,比喻自己与君王关系的变化:"种葛南山下,葛藟自成阴。与君初婚时,结发恩义深。……弃置委天命,悠悠安可任?"《驱车》诗,借求仙之题材,寄托失意后欲高蹈弃世之意。"《种葛》见深衷,《驱车》吐肝膈"正是用曹植诗意暗写曹寅的"深衷"和"肝膈",这在前引曹寅的《放愁诗》中可找到印证。可见,作为曹寅好友的杜岕,已清楚地意识到了曹寅与康熙的关系中出现了某种信任危机,所以才在诗中谆谆劝诫曹寅"保身谓明哲""素位即自得""置身富贵外,蓬几何通塞""经纬救世言,委蛇遵时策"。这些劝诫,绝非一般的处世箴言,而是包含着作者对专制皇权下"伴君如伴虎"的君臣主奴关系的深刻认识,因而深得曹寅之心,曹杜遂成知交。

在乘舟北归的路上,曹寅写作了《北行杂诗》二十首和其他一些诗歌,表达了他对现实政治的感受,他尖锐地指斥:

①　朱淡文《红楼梦论源》第一编第三章,江苏古籍出版社 1992 年版。

尘面由来假，秋光即此真。云霏深地肺，虎豹据天津。

这近乎对现实政治的全盘否定，而关于皇帝，他只写了一句：

行在天山外，西风玉帐寒。

按，康熙廿四年（1685），并无御驾亲征边疆之事（仅有巡幸塞外之举），曹寅此语，似乎有某种"高处不胜寒"的寓意，既表达忠诚而又充满畏惧。

回京之后，有关曹家的流言在相当长的时间里并未得到澄清，曹寅和全家的处境一度相当困难。曹寅此时期的两首诗作可资为证。其一，是现存《楝亭诗别集》卷二的《子猷摘诸葛菜感题二捷句》，这两首小诗的重要意义，是把曹家遭际的真实原因作了更明确的喻示：

春阑青紫漫墙隅，蔓菁敷花味始腴。忽念南中桑叶长，错将薏苡谤明珠。

谱疏相因旧不差，情亲小摘慰年华。长安近日多蓪草，处处真花似假花。

诗当写作于康熙廿五年（1686）春，此时曹寅任职郎署，曹宣（子猷）则任职侍卫，兄弟二人相聚于北京，故有"忽忆南中"之语。此诗最值得注意的，是薏苡明珠典故的运用。按，薏苡明珠之语出马援故事。《后汉书·马援传》载，马援南征交趾，回师时载薏苡种实一车，"时人以为南土珍怪，权贵皆望之。援时方有宠，故莫以闻。及卒后，有上书谮之者，以为前所载还，皆明珠文犀。马武（马援部将）与於陵侯侯昱等，皆以章言其状。帝益怒，援妻孥惶惧，不敢以丧还旧茔，裁买城西数亩地藁葬而已，宾客故人莫敢吊会。严（马援兄弟马严）与援妻子草索相连，诣阙请罪……"曹寅用此典故，很明显是暗示曹玺在江南久任织造，曹家遭人嫉忌诽谤，及玺殡北归后，仍蒙此辱。这与《放愁诗》中的"芒刺满腹，荼蘖毒苦"所指是一致的。曹寅二诗又暗用刘伯温《家居危疑九日诗》"薏苡明珠千古恨，却嫌黄菊似金钱"句意。刘伯温曾受胡惟庸谗害。曹寅从一己一家之遭遇，观察历史和现实，得出了某种普遍性的结论。"长安近日多蓪草，处处真花似假花。"蓪草，即木通，两头相通，又称通脱木，蓪草可做假花。此二句既讽刺京城官风多伪，更慨叹是非混淆，真伪莫辨，正所谓"假作真时真亦假"。怨怼所指，似在"今上"。

《楝亭集》中还有一首写于此时期的引人注目的诗《题来鹤亭图（为石廪内兄赋）》，见于《楝亭诗别集》卷二，全诗如下：

　　李君话鹤双泪垂,命予更作来鹤诗。禽鸟得气义如此,侧死横生空尔为。徘徊不得意,翻身归故园。园中二子抱鹤泣,遂以此鹤名其轩。古时感恩鹤最少,徐家哭吊丁家老。今世应惭有此禽,携归莫傍长安道。余家紫楝摇天风,婆娑略与此鹤同。锦衣再拜伤局促,往往疾首呼苍穹。此树安能青万载,君家鹤亦磨人代。呜呼,人代磨灭今不可期,幸勿折我楝树枝。请君纵鹤向空去,泱漭白云无尽时。

　　石廪内兄,即曹寅之继室李氏之族兄李煦。曹寅前妻早故,续娶当在父丧守制三年之后,即康熙廿六(1687)、廿七(1688)年间。这两年李煦家庭遭遇了两件大事,一是其父广东巡抚李士桢因左都御史王鸿绪疏参其贪污不法、年老昏愦各款,于廿六年十一月奉旨以“年老例休致”,实即被罢官回京。二是任宁州知府的李煦于次年奉旨去职返京,充任内务府畅春苑总管,从此结束了包衣李家在朝廷(外廷)任朝官职的历史。(这一历史,包衣曹家早在曹寅祖父曹振彦去职后即已结束。)这两件事对于李煦和李家的打击,同曹寅与曹家所受的打击颇为相似,这才有“李君话鹤双泪垂”并引起曹寅强烈共鸣而作此诗之举。诗中的鹤与楝分别暗喻两家遭际的用意十分明显:“我家紫楝摇天风,婆娑略与此鹤同。”所谓“楝摇天风”,所谓“折楝树枝”,都暗示来自宫廷乃至最高层对曹家的打击,而“疾首呼苍穹”,则又是《放愁词》中“我告昊天”“仰呼不应”情感的继续。不同的是这首诗中包含着更深沉的身世之感。“锦衣”即“锦衣卫”,“锦衣再拜”喻指曹玺、曹寅父子两代都曾充任皇帝侍卫之职,“伤局促”,则喻指包衣世仆身份所造成的人身自由和仕途进取限制。① 由于曹李两家包衣身份相同,现实遭际相似(李士桢本姓姜,山东昌邑人,崇祯十五年清兵破城被俘,归李西来,即以李为氏,“从龙辽左”,与曹寅同为内务府正白旗包衣人),②故曹寅敢于在此诗中流露这种更深的悲痛。诗中对长安道的痛恨与前引《子猷摘诸葛菜感题二捷句》诗中“今日长安多蓬草”的指斥又是一致的,表明作者由一己一家之命运推及对现实政治的否定性认识已十分坚定而强烈。

　　总之,《放愁诗》—《子猷摘诸葛菜感题二捷句》—《题来鹤亭图》三点一线,连贯呼应,展示出这一时期曹家遭际和曹寅心灵世界的如下重要内容:

　　1.“错将薏苡谤明珠”。曹家遭遇严重的谤言,在相当长一段时间内未能澄

---

① 　清制:“内府人员惟充本府差役,不许外任部院。惟科目出身者,始与搢绅伍。”(《总管内务府现行则例》)这是对内府包衣仕宦的明显限制。

② 　王利器《李士桢李煦父子年谱》237 页,北京出版社 1983 年版。

清而陷于困境，这直接影响了康熙对曹寅的任用。

2."往往疾首呼苍穹"，但"仰呼不应，口枯舌窘"。曹寅与康熙之间出现了某种紧张关系和信任危机。它不但造成了曹寅的恐惧心理，而且导致他对专制皇权下的现实政治，特别是京城（以"长安"为代称）的宫廷政治和险恶世情的怀疑和否定。

3."锦衣再拜伤局促"。曹家的现实遭际加深了他对包衣奴仆地位和屈辱家世的认识，加强了他对所效忠的清皇室及其最高主子的离心倾向和摆脱现实束缚实现自由心性的追求。

离心：民族情感的复活

从曹寅自身来说，任职郎署，也是他人生道路的一大转折。因为这意味着他脱离了充当侍从和侍卫期间与最高主子的特殊的个人联系，而作为一名普通的郎官进入了内务府官僚衙门；意味着他从此失去了皇帝的直接庇护，也因曹玺故世而失去父亲的教诲指导，而不得不独自面对现实环境，在内务府这个特殊衙门里谋求自己的生存和发展。对曹寅来说，这是一种可怕的"边缘化"。

清代内务府等级森严。最高长官是总管内务府大臣，下设"内务府堂"及所属"七司""三院"等五十多个部门。"内务府堂"是内务府及总管大臣的办公处，设堂郎中、堂主事、委署主事等人。七司（广储司、都虞司、掌礼司、会计司、庆丰司、慎刑司、营造司）各设郎中、员外郎、主事等。三院（上驷院、武备院、奉宸院）衙门，分别设立总理或兼管王大臣管理，下设卿、堂郎中、主事等。其品秩从二品至九品及未入流。总管大臣为正二品，三院卿为正二品，郎中为正五品。内务府官员除了"内务府包衣缺"专门给内府奴仆提供仕进机会之外，还有一些职务特别是高级职位并不由或不能由内府包衣人担任。如总管内务府大臣，多由满洲侍卫、宗室王公等特简，府属郎中，特别是广储司六库郎中，也派部院官员"兼管"，实际上是监督内务府的工作。这些非包衣缺官员除了权力和品秩之外，对于内务府包衣缺出身的官员，还有一种身份地位和心理上的优势。[①] 曹寅身为郎中，职位和品秩都是中级官员，并不在底层，但作为"包衣下贱"，他也备尝等级压迫的滋味。《楝亭诗别集》卷三有《与曲师小饮和静夫来诗次东坡韵》诗，应作于康熙四十九年（1710）前后，其中有句云：

① 祁美琴《清代内务府》第四章，中国人民大学出版社 1998 年版。

来朝欠伸过早衙，廿年幸脱长官骂。

可见，二十年前的"长官骂"的创伤一直隐痛在心。

来自家庭和个人遭际两个方面的现实压迫，使曹寅置身于一种前所未有的与周围环境的冲突之中。在此以前，从自幼称"神童"，到少年"佩笔侍从"，到成长为年轻的御前侍卫官和包衣佐领，他一直在君父的双重庇护之下，一帆风顺。包衣曹家也呈蒸蒸日上之势。而自曹玺故后，"荼檗毒苦"接踵而至，这使曹寅开始清醒认识现实的阴暗和作为包衣汉人的自我与家庭地位的脆弱。

《病中冲谷四兄寄诗相慰信笔奉答兼感两亡兄四首》（《楝亭诗别集》卷二）很能表达他此时的处境和心情。其一云：

> 频拈柔翰怜生事，枉忆茅斋款段留。漫兴诗篇余竟病，伤心粉澡杂俳优。枣梨欢馨头将雪，身世悲深麦亦秋。往往人群避傺友，就中惟感赋登楼。

诗中以曹植、王粲自比。《三国志》裴注引《魏略》"植因呼常从取水自澡讫，傅粉，遂科头拍袒……诵俳优小说数千言"，与邯郸淳为戏。王粲《登楼赋》"虽信美而非吾土兮，曾何足以少留""冀王道之一平兮，假高衢而骋力。惧匏瓜之徒悬兮，畏井渫之莫食"，都是不得志的情态。但更值得注意的是"身世悲深麦亦秋"等句中流露的"家国同恨"的身世之感。（按，"麦秋"即"麦秀"之隐语，"麦秀"与"黍离"一样，都是古代寄寓国事兴亡的著名典故）。这实际上表明了自曹锡远被俘归附为奴以来包衣曹家沉睡的民族情感和家族情感的强烈复活。

这种民族情感复活的重要表现，是在这段时间里，身居北京的曹寅与江南的一批明遗民志士的密切的情感沟通和交往。这种交往虽然早在曹玺在世和曹寅少年时代即已开始，但应该说直到此时，他们中一些人才真正成为曹寅的知己。

曹寅对比自己年长四十余岁的杜岕（些山）满怀仰慕崇敬和强烈思念之情。曹寅返京任职后，杜岕的儿子杜琰（亮生）与杜濬的女婿叶藩先后来京，成为曹寅的挚友。曹寅同杜琰谈起对些山先生的思念，甚至多次在梦中见到他。些山闻知，即作《琰儿书来述荔轩屡梦予感赋奉怀即以代柬》一诗寄曹寅，诗中以"异姓交情笃，惟君知我心"表达挚情，寅收到诗柬，即写《些山有诗谢梦奉和二首时亮生已南旋》相寄：

> 述梦龙城雪，予惭尚有心。书来期不见，形在觉何深？荐甲敷春老，疑蕉数叶吟。俗情占反复，草阁倘重寻。
>
> 首夏江流稳，吴帆望不孤。归翻先客梦，杖只倩孙扶。隐几余清昼，乘车合异途。邈然如可待，还写扫花图。

对"俗情占反复"的丑恶世态的深切体验,使他倍加珍惜同这位遗民老人难得的人间真情,并在诗中表达了强烈的归属认同感:"乘车合异途"。据诗人自注,后一首诗运用了诗人过去赠杜岕的留别诗中"愿为筇竹杖"之句及些山集青莲句"闲为仙人扫落花"之句意,以表达他对这位人格如仙人般高蹈浊世的老人的深挚敬仰之情和追随之心。

康熙廿七年(1688),曹寅将自己的诗集《舟中吟》编定寄给两千里外的杜岕,请为作序。次年序成,曹寅极为珍视,晚年编写《楝亭诗钞》,仍将杜岕《舟中吟序》与另一遗民诗人顾景星《荔轩草序》置于卷首。

曹寅对坚辞己未博学鸿词科考试并归隐黄冈家乡的舅舅顾景星同样不胜怀念。这时期写的《送程正路之黄陂丞兼怀赤方先生》诗中写道:

> 嗜交尤念旧,汲引愧为郎。举辔黄州近,全身问楚狂。

末句以隐士楚狂接舆赞誉保持民族气节("全身")的舅氏顾赤方(景星)老人。

这一时期写给他所崇敬的另一遗民诗人杜濬(茶村)和朋友寒士吴炯(初明)的《腊十六夜玩月偶读茶村初明倡和诗寄怀次原韵》诗中有句:

> 风流开幕府,倔强卧云根。五字真强敌,天涯怅举樽。

"倔强"句,正是杜茶村坚贞气节的写照。末句表达了无尽的异地相思之情。

他的另一位遗民朋友姚潜(后陶),时在北京,是曹寅酒友。此时期曹寅写给他的《咏后陶香炉》中借物咏其志:

> 鼓铸旧型终不改,熏当小炷与谁同?可怜羔袖龙钟后,家世风棱画省东。

后陶原名景明,字仲陶,歙县人。后改名潜,字后陶,是仿效陶潜(渊明)不仕(新朝刘宋)之志。姚潜是明末大臣东林党人姚思孝之子,故以"鼓铸旧型终不改"喻其坚持节操的"家世风棱"。姚潜后由曹寅奉养二十余年,至八十五岁卒,并由其办理后事,成为曹寅与明遗民情谊善其始终的佳话。这已是曹寅任织造之后的事了。

上面所述,只是几个典型例证。曹寅在此时期交往的前明遗民,还有胡静夫、释大健(蒲庵)、朱赤霞等人。过去,有的研究者把曹寅与明遗民的交往,说成是奉康熙意旨而做的拢络对方、软化其反清意志的工作。事实证明了这种说法的荒谬。上述事例表明,正是康熙对曹家的信任危机和曹寅面对的现实困境,导致了他与清皇室的疏离和民族意识的复苏,推动了他和明遗民的接近和情感沟通。当然,这并没有改变他对清王朝及其最高主子的政治忠诚,但却强化了他关注本民族命运的文化忠诚心理。这种政文异向的双重忠诚后来成为曹寅最重要的思想人格特征之一。随着曹家与清朝最高统治者关系的变化,它必然进一步发展为向着本民族文化的强烈回归情结。①

个体意识的觉醒

杜岕等明遗民以外,这一时期,与曹寅交往颇多的还有一批流离京都的贫寒失意之士,他们是曹寅的酒友和诗友,又是其知己。曹寅在与他们的交往、诗文酬酢中倾诉着自己的积郁。

据杨钟羲《雪桥诗话》三集卷三记载,曹寅与歙县姚潜、宜兴陈枋、昆山叶藩、长沙陶煊、邗江唐祖命"有燕市六酒人之目"②。姚潜已见前述。陈枋字次山,著名词人陈维崧的再从侄,寅赠诗有"车似鸡栖屋似车,胡琴撞碎兴何如"句,用李贺诗句及陈子昂故事,写其坎坷失意之愤。叶藩是曹寅的至交,寅《送桐初南归》诗句"江南野客倦京华,秋色先严易水车",可知其在京城的遭际。陶煊、唐祖命事迹,据胡绍棠考证:长沙陶煊,字石溪,又字奉长,出身于文学世家,与门人张璨合辑《国朝诗的》,其盛京二卷选有曹寅诗15题,人称"足迹遍天下",或在京城时交结曹寅;唐祖命,字允甲,号耕坞,明季中书舍人,入清不仕,有《耕坞山人集》,曹寅与其交往,可能与姚潜类似,有共通的民族情感。③ 另有吴炯(字初明)兄弟,曾为曹寅的邻居,寅赠诗有"季子能贫道气矜"之句,又以"秃笔垂囊见,颠毛戴雪来"喻其赴边塞入幕无成,后与曹寅为终身之交。田登(字春帆,又字梅岑),江都人,家贫游于四方(《清初记事初编》卷一)。程令彰(字麟德),曹寅誉其"人品古淡"而引为同道(《和程令彰十八夜饮南楼》"为君古淡非今日,泥饮醇醪味得真"),有《高山流水》词相赠……曹寅与上述诸人(这些人无一旗人,都是汉人,很值得注意)的交游显然有着共同的思想与心理基础,

---

① 参见刘上生《走近曹雪芹——〈红楼梦〉心理新诠》第三章第一节、第三节,湖南师范大学出版社 1997 年版。

② 杨钟羲《雪桥诗话》三集。

③ 参见胡绍棠《曹寅与"燕市酒友"》,载《红楼梦学刊》2005 年第 2 辑,《楝亭集笺注》前言,北京图书馆出版社 2007 年版。

在燕市酒楼,深巷陋室,是他们倾听着曹寅的心声,而曹寅又把这一切形诸笔墨,留下了可贵的真实的生活和情感记录。

现以《一日休沐歌》(《楝亭诗钞》卷一)为例:

> 一日休沐无所为,槽头马鸣草满墀。一日休沐无所向,森森潘陆随车障。我名何幸入通籍,我胸何苦抱岑寂?君不见瓮城东出河桥滨,天街新雨道少人。右邻季主左白堕,中有深巷无嚣尘。巷深地僻秋苔绿,常时问饮不问卜。但闻剥啄即同心,何况往来僮仆熟。先生倔强复迂徐,先生好客唯蔬鱼。清时低赁伯通庑,残年高枕瞿昙书。叶子同居好心事,精思妙语摩金翅。程君磨盾亦奇才,一挥万汇驱风埃。人生友多不为过,床前莫叹青毡破。人生闲少不须愁,眼中西北有高楼。高楼酒热禺中巳,五年落叶君须记。高楼人冷日垂申,十日一别君休嗔。诸君诸君慎相见,长安容易改头面。隐囊纱帽吾何恋,不惜频来布亲串。江南稻蟹饶西风,暂时摆脱嘲吴侬。蒲帆数幅非难计,且看芙蕖映水红。

这首诗相当全面地描述了曹寅在京都的休闲生活。内务府压迫暂时得以解脱的十日一休沐的难得闲暇,他是在和隐居的"先生"(疑即姚潜,潜后皈禅)及叶藩、程令彰等朋友的相聚中度过的。"我名何幸入通籍,我胸何苦抱岑寂",概括了曹寅的尴尬处境和内心痛苦。他对友情的看重,聚饮的酣畅,是与他对"长安容易改头面"的政治与世情的险恶感受联系在一起的。

这一段时间,曹寅的饮酒诗很多,并且毫不掩饰他的人生和世事感慨:

> 已分云霞成过客,漫将屠钓劝闲人。……从此预饶休沐暇,与君唯有瓮中春。
>
> (卷一《喜叶桐初至》)
>
> 十年披素纨,相顾半老丑。……磨刓肘后章,莫易杯中酒。
>
> (卷一《五月十一日夜集西堂限韵》)
>
> 离乡浑识飘零雁,在世宜看早晚鸦。能置岁华杯勺里,一帆终古浩无涯。
>
> (卷一《和程令彰十八夜饮南楼》)
>
> 沉湎滑稽内,适俗恒浇漓。……所以寄末世,嗤嗤尤恐迟。
>
> (卷一《饮浭酒》)
>
> 荣枯付游戏,末路难为行。劝君一杯酒,旷达万古情。
>
> (《别集》卷一《饮酒四首》)

寂寞一杯酒,消磨万古才。短歌送春日,步绕黄金台。

(《别集》卷一《与从兄子章饮燕市中》)

枯目睨饮器,放诞为伴狂。……怜生捐死不旋踵,何以解忧惟杜
康。……锯檐作棹眠几人,长安游客大可畏。

(《别集》卷二《哭醉行》)

酒诗中显露出曹寅真实的自我。而这个"自我"平时是用皇室包衣内府郎
官的外衣严密包裹着的。在酒诗中,他发思古之幽情,抒不遇之愤懑,以放诞为
伴狂,视京城为畏途。甚至把当时的康熙盛世斥为"末世",把宦途称为"末路",确
是"魁垒郁勃",喷薄于胸,这位康熙亲手栽培的内府郎官已颇有些"另类"气味了。

这是曹寅人生道路上一个觉醒的阶段。康熙对曹家的信任危机所暴露的
封建政治痼疾,曹寅仕途挫折所感受到的世态炎凉,从反面推动了这位满洲旗
分内的汉人包衣被压抑的民族意识的觉醒,和由于主奴君仆双重伦理所压抑的
个体意识的觉醒。虽然这种觉醒的萌芽是微弱的,其时间也是短暂的,但其意
义和影响却至为深远。

沉重的精神创伤

康熙廿九年(1690)二月,曹寅出任苏州织造。五年京都郎官生活终于结
束,这也标志着康熙皇帝对曹家的信任危机的终结。曹寅轻松愉快,感激涕零,
重新向其主子靠拢。但是,这一段生活时常给他带来噩梦般的回忆,留下沉重
的精神创伤。

他对自己和包衣家庭的地位有了更清醒的认识,大约作于康熙三十年
(1691)的《闻蛙》一诗中,他从秋夜蛙声,写到蛙的命运,联想到自己,借物咏怀,
深自警醒:

长竿投罟媒,随手堕笭箵。贪残实口累,塞渊忌心秉。谁能犯虎乙,终
是絜鱼丙。一鸣胸已竭,合群气方骋。我官同蝈氏,清夜听闲冷。忽忆寒
蝉号,西风发深警。

贪残固然是祸,塞渊(诚实渊默,见《诗·燕燕》孔疏)和杰出超群却也遭忌。
不可冒犯上司,也不可得罪同僚。虽身居织造,实为"微末小人"(包衣奴仆);居
官虽可得意于一时,然处处危机潜伏,西风发警,好景不长。这正是曾经沧桑至
今心怀怵惕的诗人以蛙自喻用意之所在。(蝈氏,官名,见《周礼》"秋官蝈氏",

掌除蛙类动物。诗中"我官同蝈氏"，蝈氏即指蛙类。）

直到康熙四十年（1701），曹寅任江宁织造，备受康熙皇帝宠信之时，他在康熙南巡御赐匾额的"萱瑞堂"之西轩写作《东皋草堂记》，还发出如下感喟：

> 嗟乎！仕宦，古今之畏途也。驰千里而不一踬者，命也。一职之系，兢兢惟恐或坠，进不得前，退不得后，孰若偃仰箕踞于簋簏被襦之上之为安逸也！纡青拖紫，新人满眼，遥念亲故，动隔千里，孰若墦间之祭，持鸡渍酒，倾倒于荒烟丛篠之中，谑浪笑傲，言无忌讳之为放适也。

表现出浓重的宦途危机感和对"安逸""放达"的自由生活的向往。"一职之系，兢兢惟恐或坠"云云，其实并非曹寅当时的处境，而是过去遭际留下的恐惧心理的投影。

如果说，上述感叹只是一种纯粹的个人得失，那么，在康熙五十一年（1712），即去世当年所写的另一首长诗中，曹寅更有忧愤深广的意味了：

> 时豪侈狂谵，牾角自枝柱。卖威走群狐，塞穴多偯鼠。畴起往拯之，播祸及鷇乳。盲瞽践轵峗，喑瘖茹奇蛊。经义与治事，枘凿两龃龉。[①]

这里表露的认识，与二十多年前《北行杂诗》中云"云霾深地肺，虎豹据天津"一致。不同的是那时掺杂着家庭和个人遭际的愤懑，此时心态较为平和，却因其超越个人得失而更具有普遍性，也更为深刻沉重。"经义与治事，枘凿两龃龉"，儒家政治理想与封建政治现实的冲突，这种冲突所暴露的黑暗现实和封建政治危机，即使在康熙盛世也依然存在。可贵的是，曹寅作为英明的康熙皇帝的宠臣，对此保持着清醒的、理性的忧思，并敢于在诗歌中予以直接的揭露。这显然得益于前述任职郎署时期的事实教育和思想觉醒。

封建政治的危机感和个人命运的危机感，使曹寅最终成为一位智者。曾于康熙四十六至四十七年（1707—1708）在曹寅幕府校雠其祖父施闰章《学余全集》（由曹寅出资刊刻）的施瑮在怀念曹寅的《病中杂赋》诗自注中记载：

> 曹楝亭公时拈佛语，对坐客云："树倒猢狲散。"今忆斯言，车轮腹转。

按，"树倒猢狲散"一语出禅宗语录，又见宋庞元英《谈薮》："曹咏侍郎以秦桧之姻党而显，方盛时，乡里奔走承迎惟恐后，独其妻兄厉德新不然。……桧殂，咏贬新州，德新遣介致书于咏。启封，乃《树倒猢狲散赋》一篇。"曹寅引此

---

① 《楝亭诗钞》卷八《书院述事三十韵答同人见投之作兼寄前诗局诸君及汇南于宫绮园》。

语,似有以曹(咏)喻曹(己家)之意,是在曹家全盛时有预衰之隐忧。施瑮诗句"廿年树倒西堂闭,不待西州泪万行",即以"树倒"喻曹家之败。按,康熙四十六、四十七年是曹寅及包衣曹家事业的巅峰时期。其时曹寅已连续接康熙南巡驾幸四次,擢授通政使司,兼两淮盐政,又奉旨与平郡王联姻,乃有"树倒猢狲散"之预言,可见其对政局及家运始终保持极为清醒的头脑。而此语,遂成为对曹氏家族的警语。《石头记》庚辰本第 13 回眉批:

> '树倒猢狲散'之语,全(今)犹在耳,屈指三十五年矣,哀哉伤哉,宁不痛杀。①

批者似直接听过曹寅之语,故云"今犹在耳",时间当然在康熙五十一年(1712)曹寅去世之前,可见曹寅生前多次讲过,令家族中人印象甚深,而为尔后衰败事实所证实。

正是由于"树倒猢狲散"一语在曹家精神传承中的特殊意义,以家族盛衰史作为重要"真事"素材的曹寅孙子曹雪芹才会在《红楼梦》中赋予此语神秘的预言功能。第 13 回秦可卿托梦给王熙凤道:

> 如今我们家赫赫扬扬,已将百载。一日倘或乐极悲生,若应了那句"树倒猢狲散"的俗语,岂不虚称了一世的诗书旧族了!

第 22 回"制灯谜贾政悲谶语",贾府诸人第一个灯谜即是贾母制的"猴子身轻站树梢",谜底虽是"荔枝"(谐"离枝"),但庚辰、有正本皆有夹批:

> 所谓"树倒猢狲散"是也。②

可见贾母之谜也是因寓有曹寅的预言而成为谶语的。

经历或见证了曹家衰败的友人和亲人们都把曹寅当作一位智者。其实,曹寅并非先知,但他却有某种对未来的感悟。这种感悟能力追根溯源,乃是得益于任职郎署时期的政治和人生经历。这种经历导致他的民族意识和个人意识的觉醒,使他即使后来得到康熙的宠信,仍然能冷静地保持距离,洞烛世事,殷忧未来,并让这种睿智之光照耀着不朽的《红楼梦》。

(原载《红楼梦学刊》2001 年第 3 辑)

---

① 陈庆浩《新编石头记脂砚斋评语辑校》232 页有甲戌、庚辰眉批,中国友谊出版公司 1987 年版。

② 陈庆浩《新编石头记脂砚斋评语辑校》423 页。

曹寅的入侍年岁和童奴生涯
——对"康熙八年入侍说"的再论证

在学术领域,不是所有研究和争论问题的价值都是显而易见的。有些需要逐步剥露,才能显示其隐藏的意义。关于曹寅入侍年岁的探讨就是这样。笔者现在认识到,这不是一个简单的历史人物生平问题,其深层意义在于,是否能确认和揭示包衣子弟曹寅充当皇室童奴经历的事实,以及这一事实对曹家以至曹雪芹《红楼梦》创作的深刻影响。为了解决这一问题,坚持以曹寅本人的自述性材料提供的事实作为基础,分清是非,取得共识,很有必要,也有此可能。鉴于这一问题的价值,笔者拟对过去论述的"康熙八年入侍说"①再作补充论证。至于近几年对此问题的讨论,以及与笔者的商榷,笔者已在《关于曹寅早期生平研究两个问题的讨论和思考》②中作了评述,在此不再重复。

笔者对"康熙八年说"的研究由两项内容构成:一是作为认识基础的曹寅的自述性材料;二是可以具体确认入侍年岁的论证性材料。它们理所当然成为本文的论述基础。

自述性材料的证据链

曹寅有关经历的自述性材料,包括两个部分,一是给康熙皇帝的密折奏事,二是个人及友人的作品。

曹寅的奏事密折中,多次回忆自己自幼入侍的经历。这些自述性材料在研究中具有基础意义。

密折奏事制度始创于康熙皇帝。他特许宠信的臣下不经外廷,直接上书,

---

① 见本书上编《曹寅入侍康熙年代考》;《曹寅与曹雪芹》40 至 48 页,海南出版社 2001 年版。

② 刘上生《关于曹寅早期生平研究两个问题的讨论和思考》,载《曹雪芹研究》2017 年第 2 期。

由内务府上呈皇帝,借以了解世情宦情民情,并作为与亲信沟通的特殊渠道。因此,密折奏事除了一般奏议的官方文书特点外,还具有一定的私人隐秘性,留有某种个人信息空间,也多一些人性人情味。由于所有奏折,皆经御览,且多蒙御批,必然要求内容的绝对真实和措辞的精准稳妥,特别是涉及个人与君王关系的敏感话题,必须慎之又慎,绝不可有片言妄语,否则可能招致欺君之罪、杀身之祸。理解这一语境非常重要,它使我们可以确认其作为研究曹寅生平的第一手资料的意义。但以前,由于对此认识不足,以致一些研究歧见长期不得解决。现将涉及曹寅年幼侍上的主要材料列举并简论如下:

1.康熙四十二年(1703)《奏闻江南秋收丰登情形折》①:"臣寅自幼蒙豢养,得备下走之任,仰见我皇上轸念民生,宵衣旰食,无一刻不以水旱荒歉为急务。"

按此条中,"备",充任、充数之意。《汉书·萧望之传》:"吾尝备位将相。""下走",典故亦出《汉书·萧望之传》,唐颜师古注引应劭曰:"下走,仆也。"言趋走之徒,供人使唤的仆役。古人常用作谦卑之词。曹寅身为被"豢养"之包衣下贱,用此卑词,也符合其本义。下文"备犬马之任""充任犬马",义同。这是现存曹寅奏折中第一次涉及他与康熙帝特殊关系的内容。片言只语,却提供了清楚全面的信息:曹寅说,我从小侍奉皇上,亲眼见到皇上挂念百姓,日夜勤政,无时无刻不把农业收成、水旱灾害放在心上。不能否认曹寅奏折有奉承动机和夸饰谀词,但同样不能否认的是曹寅在这里陈述的"自幼"侍奉皇上的基本事实。这种侍奉,显然是有相当密切接触的日常生活服务,否则,不可能产生如此见闻感受。面对这种事实材料,曹寅究竟是年幼当差侍上,还是成年以后才当差,还有必要争论吗?

2.康熙四十三年(1704)《奏谢钦点巡盐并请陛见折》②:"念臣寅于稚岁备犬马之任,曾无尺寸之效,愚昧稚鲁,不学无术。"

3.康熙四十九年(1710)《奏设法补完盐课亏空折》③:"窃念臣从幼豢养,包衣下贱,屡沐天恩,臣虽粉骨碎身,难报万一。"

4.康熙五十年(1711)《奏设法补完盐课亏空折》④:"臣自黄口充任犬马,蒙皇上洪恩,涓埃难报,少有欺隐,难逃天鉴。"按此条中,"黄口",本指雏鸟的嘴,

---

① 此奏折见于易管《江宁织造曹家档案史料补遗(上)——康熙三十五年至五十九年的曹家奏折一一五件》,载《红楼梦学刊》1979年第2辑。

② 故宫博物院明清档案部编《关于江宁织造曹家档案史料》23页,中华书局1975年版。

③ 《关于江宁织造曹家档案史料》78页。

④ 《关于江宁织造曹家档案史料》82页。

借指儿童。《淮南子·氾论训》："古之伐国，不杀黄口，不获二毛。"高诱注："黄口，幼也。"隋代以不满三岁的幼儿为黄，唐代以刚出生的婴儿为黄。后来，十岁以下的儿童皆泛称"黄口"。引申指年幼无知的小孩，如汉乐府诗《东门行》："上用仓浪天故，下当用此黄口儿。"曹寅奏折用此语，显然表明其离家"充任犬马"时年龄稚幼，既非束发少年，更非弱冠成年。

现存曹寅奏折二百余件，始于康熙三十五年（1696），终于康熙五十一年（1712）逝世前，包含上述自述性内容的并不多。这说明曹寅处事措言是很谨慎的。自幼侍从并不是可以随时任意炫耀的资本，尤其是在皇帝面前，"套近乎"是高风险且未必有收益的事。只能在特定环境下，发挥特殊功能。从以上四折看，曹寅是颇费心思的。第一折颂圣；第二折谢恩；第三、四折反复申述自辩。曹寅很巧妙而又很实在地回忆年幼侍上往事，拉近自己与皇上的感情距离，袒露悃诚，借以献忠固宠。时机选择非常恰当，而材料运用又极其自然妥帖，故效果甚好，均蒙康熙朱批。以康熙四十二年（1703）奏折为例，笔者作过比较，在此前的多份奏折中，御批只有"知道了"三字；而在这份曹寅回忆"自幼"侍上的奏折上，康熙帝却很高兴地批了好几句话："闻江南收成，米价贱。朕心甚是喜悦。朕体安善。"显然，是奏折中的话打动了他。"自幼蒙豢养得备下走之任"，"稚岁备犬马之任"，"黄口充任犬马"，词语不同，涵义则一。这些绝不是一个成年以后才进宫当差的包衣奴仆能说和敢说的话。他可以说得很卑贱，但他绝不敢口出妄言，自取其祸。

在这里，我们不妨拿李煦的奏折作个比较。李煦受康熙帝宠信，有过于曹寅。他的奏折数量，是曹寅数倍。他更善于借密折奏事献媚取宠，例如每年都向皇帝上《祝寿折》，曹寅就从不为此。虽然他与曹寅同属内务府正白旗包衣，却因为父亲是方面大员，依制，他可以荫监生，不必进宫当差。他二十四岁就当了韶州府知府。但是，他没有曹寅"黄口充任犬马"的经历，就不敢同皇帝套近乎。在奏折里，他只能这样表述："窃念臣本包衣下贱，蒙恩特用。竭蹶有心，报称乏术。"（康熙三十二年《请安折》）"窃臣煦犬马微贱，感激圣恩，日深依恋。"（康熙三十三年《进端午龙袍折》）"切煦庸愚下贱，荷蒙皇上简用，滥膺织造之任。"（康熙三十四年《请预发采办青蓝布匹价银折》）[1]如此等等。曹寅的儿子连生（曹颙）是十八岁成人后由曹寅送进京当差的。他在康熙五十一年（1712）曹寅去世后所上的《奏曹寅故后情形折》中则如此提到父亲和自己："窃奴才祖

---

① 见王利器编《李士桢李煦父子年谱》262、266、267 页，北京出版社 1983 年版。

孙父子,世受国恩,涓埃未报。奴才故父一生叨沐圣主浩荡洪恩……奴才年当弱冠,正犬马效力之秋"①云云。即使同一种语境,不同的经历,就有着不同的话语。

依据上述自述性材料及其分析,人们不难得出结论:曹寅是年幼时进宫入侍的。当然,依例,包衣子弟年满十八岁当差。但皇室(以及王府)往往依据皇子幼主侍从陪伴的需要,征选幼童,也成惯例。清初鉴于晚明阉党乱政的教训,汰除太监,顺、康弱龄即位,尤其有此需要。这就出现了包括内务府包衣子弟在内的被称为"哈哈珠子"的年幼侍从群体。其底层,是担负最低贱差事的幼童包衣人,如康熙二年(1663)内务府满文题本提及的二十多个"打扫庭院之哈哈珠子",其中常保者,不满十二岁进宫。② 其上,则有作为幼主侍卫和皇子伴读的"哈哈珠子"。福格《听雨丛谈》卷十二"哈哈珠子"条,谓"皇子及诸王侍从小臣中有曰哈哈珠子者,清语为幼男之称"③。《中国历史大辞典》中释"哈哈珠子"曰:"满语男童之意。汉译小厮。清制,凡京旗子弟,年满十一或十三岁以下者,还选入皇宫或上书房,轮日入值,从事杂役。"④曹寅母舅顾景星《怀曹子清》诗首句"早入龙楼傫,还观中秘书"(《白茅堂集》卷二十二),所描写的正是曹寅幼年御书房入值的情景,可为参照。这条释文所提供的"哈哈珠子"的年龄区间(十一至十三岁)与拙文论证的曹寅入侍年龄也正相吻合。说白了,曹寅就是被选拔来当少年康熙童奴童仆的,这就是所谓进宫入侍的实质。在这一点上,十二岁进京入侍的曹寅既不同于十四岁以大臣子弟入侍禁近的宋荦,⑤甚至也不同于父亲即为伴读、自己五岁陪伴康熙帝读书的丁皂保,⑥他是以包衣子弟身份"充任犬马",侍候少年皇帝的。嫡母孙氏曾经担任幼年康熙的保母,以及曹寅本人"以诗词经艺惊动长者,称神童"⑦的美誉可能是他得以入选的条件。但

---

① 《关于江宁织造曹家档案史料》102 至 103 页,王利器编《李士桢李煦父子年谱》414 页。

② 转引自李文益《清代哈哈珠子考释——兼论满文 "hahajuse"与"haha jui"的翻译》,载《清史研究》2016 年第 1 期,59 至 60 页。李文对"哈哈珠子"问题作了较深入研究,认为至迟在康熙十二年,"哈哈珠子"变为专指伴读出身的皇子侍读及侍卫。

③ 福格《听雨丛谈》,中华书局 1959 年版。

④ 郑天挺主编《中国历史大辞典》(音序本)884 页,上海辞书出版社 2007 年版。

⑤ 《清史稿》卷二百七十四《宋荦传》:"宋荦,字牧仲,河南商丘人,权子。顺治四年,荦年十四,应诏以大臣子列侍卫。"

⑥ 丁皂保是丁应元之子,正黄旗包衣。丁应元为康熙伴读,皂保五岁,侍帝前。见盛昱辑《雪屐寻碑录》载丁皂保《恭志追赐御书奏对始末》碑文。

⑦ 顾景星《荔轩草序》,据曹寅《楝亭集》,上海古籍出版社 1978 年版。

我们切切不可忽视曹寅这一基本身份地位对他一生的影响。

曹寅在自己的作品中,多次回忆起早年的宫中经历。他和友人曾经用"束发旧曾充狗监"①"自结发侍内直"②等描述过他少年侍卫的经历,这是人们耳熟能详的。但本人认为,较之"束发"等词语,对于研究曹寅入侍年岁更具有时间提前意义的,是一个以前未曾重视的自述性材料。这就是见于《楝亭诗钞》卷五的《南辕杂诗》组诗二十首中的第二首:

> 五侯恩例尽珠鞶,旧日侲童半服官。
>
> 疲马屈长贪路远,菰芦丛里伴渔竿。(诗后原注:留别亲友。)

此诗写于康熙四十七年(1708)初曹寅自京返回江宁途中。③ 上年末,曹寅轮管盐差任满,进京复命。组诗内容丰富,情感复杂,本文难以详论。所引第二首用对照手法,以王侯贵族受恩赏赐的丰厚反衬内府官员包衣奴才往返奔波的辛劳,内寓不平之鸣。值得注意的是第二句"旧日侲童半服官"的自述内容。按,侲童,又叫侲子、侲僮。《康熙字典》释"侲"字,引《集韵》等曰:"音震。童子也。张衡《东京赋》:侲子万童。《注》:薛综曰:侲之言善也。善童,幼子也。《后汉书·礼仪志》云:先腊一日,大傩。选中黄门子弟年十岁以上,十二以下,百二十人为侲子,皆赤帻皂制,执大鼗以逐疫。又,《扬子·方言》:燕赵间谓养马者为侲。"④无论取哪一种意义,侲童都指从事贱役的儿童。⑤ "黄门"即宫禁之门。《汉书·霍光传》颜师古注:"黄门之署,职任亲近,以供天子,百物在焉。"清代设内务府,即以代黄门宦者侍卫从事之职。"服官"一词,除为官做官之义外,在西汉还是专掌宫廷衣着供应的官名。汉齐郡临淄和陈留郡因产锦缎,各设置服官。《汉书·元帝纪》颜师古注引如淳曰:"服官主作文绣,以给衮龙之服。"很明显,这就是清代织造署和织造官员的职责。不同的是,在汉代服官是朝廷命官,而清代织造署属内务府派出机构,织造官员由包衣奴才充当,不能与缙绅官僚

① 《楝亭诗钞》卷八《正月二十九日随驾入侍鹿苑二月初十日陛辞南归恭纪四首》。

② 郭振基《楝亭诗钞别集序》。

③ [清]曹寅《楝亭诗钞》卷五,参见胡绍棠《楝亭集笺注》240 至 246 页,北京图书馆出版社 2007 年版。

④ 《康熙字典》子集中,人字部,13 页,中华书局 1962 年同文书局原版。其中所引用《后汉书》,详见《后汉书》卷九十五《志第五·礼仪中》1390 页至 1391 页,岳麓书社 1994 年版。

⑤ 明末钱谦益《冬夜观剧歌为徐二尔从作》描写了从事表演的"侲童",有"侲童当筵广场沸"等句,其年龄也是"十三不足十一零",见《牧斋初学集》卷九。此年龄区段与前引《后汉书》相近,皆为幼童。

同列。① 所以曹寅在这里自称"半服官"其实是很辛酸的。曹寅的这句诗,用了几个汉代典故,但与当朝的对应很清晰,提供的信息也很丰富。包括他充作"伥童"的经历。这都是以前人们未曾注意和值得进一步研究的。对于本文论题的价值,则是曹寅"旧日伥童"的年龄信息,与前文所引清代"哈哈珠子"及奏折中自述性材料的年龄信息相互吻合,官方文献与个人写作、官方话语与私人话语的相互映照,形成了一条内容确凿的证据链,证明了曹寅充当童奴童仆的真实经历。事实胜于任何雄辩。

总之,曹寅奏折和诗作中的自述性材料,具有基础意义。它们为研究曹寅入侍年岁划定了年龄界限,使"成年说"失去了存在依据。下面需要进一步做的,就是对具体年代的考定了。

入侍年岁的考据认定和补充

能够考定曹寅入侍年代的论证性材料现已大体齐备。

拙文《曹寅入侍康熙年代考》对《楝亭诗别集》卷一的《和桐初谷山署中寄怀原韵》进行了解读。诗作如下:

> 朱夏盛炎燠,客怀杂悲喜。望云眼已穿,剖鲤心先拟。开心读素书,目击存深旨。故人怜我瘦,三载隔烽垒。空求豫章材,未吊湘江芷。懵腾天地中,潦倒干戈里。游咏盈篇章,愁积何时已。嗟予归故乡,索居近一纪。萧条金台树,泱漭浑河水。轮蹄白日逐,税驾安所止?劳生多一官,神交寄千里。悠悠汶上人,不见征尘起。

此诗表现了作者对别离三载的友人叶藩(字桐初)的怀念,并抒发了对自己长期离家索居、奔波服役的劳碌厌倦。从诗中所写战事情况和叶藩行踪,可判定诗作于康熙十九年(1680)夏天。这一点,论者没有争议。"嗟予归故乡,索居近一纪"是关键语句。"归故乡"即指进京入侍。自曹家"从龙入关",置业京畿,即以北京为故乡。"一纪"十二年,这是中国古人的常识性用法。"近一纪"应指十一年或十年,故据此可认定曹寅离家入京应在康熙八、九年间。对此拙文已详加论述。

如果说"近一纪"对"康熙八年说"的论证尚嫌单一薄弱。则《楝亭诗钞》卷

---

① [清]昭梿《啸亭续录》卷四:"内府人员惟充本府差使,不许外任部院。惟科目出身者,始许与搢绅伍。"参见刘上生《曹寅与曹雪芹》184页,海南出版社2001年版。

二的《松茨四兄远过西池,用少陵"可惜欢娱地,都非少壮时"十字为韵,感今悲昔成诗十首》其一可作重要印证。诗云:

> 西池历二纪,仍爇短檠火。簿书与家累,相对无一可。
>
> 连枝成漂萍,丛篠冒高笴。归与空浩然,南辕计诚左。

此诗写作于康熙三十三年(1694)。① "松茨四兄"即曹鈖,丰润曹鼎望之子。曹寅赴京前曹鈖曾随父亲到曹玺任职之江宁织造府,成为曹寅儿时玩伴。曹寅于康熙三十一年(1692)十一月以苏州织造兼任江宁织造,次年李煦接任苏州织造,故自康熙三十二年(1693)起,曹寅乃专任江宁织造,回到当年父亲衙署及住地。"西池"与其诗作中"西堂""西轩"等词语一样,代指织造府景物。康熙三十三年,曹鈖来访,曹寅感今思昔,而有此诗。这首诗感慨自己重返离开二十多年的旧地,事业无成,家境如昔,有后悔南下为宦之意。"历二纪",经过二十四年。曹寅于康熙三十二年回归江宁,倒推二纪之年,正是康熙八年(1669)离家赴京。诗句不是很清楚地证明了他的这段人生经历吗?

"索居近一纪""西池历二纪",曹寅的这种对于包含长时段意义的"一纪"词语的多次运用,且用词极为精审,恐怕不只是对语词习惯的遵循,更不是偶然巧合。它们表明,幼年长期离家服役,从康熙皇帝来说,自然是特殊恩典,对曹家也确是一种荣幸,但对一个远未成年的孩子,特别是世代包衣子弟,充当童奴童仆,曹寅的潜意识中却有一种刻骨铭心的隐痛。

曹寅的《岁暮远为客》诗可以作为"康熙八年说"的辅助论证材料。此诗《楝亭集》未收,见于清初诗人邓汉仪所编《诗观二集》。全诗仅八句:

> 晓灯寒无光,驱马别亲故。残月堕枫林,荒烟白山路。
>
> 十年游子怀,惜此岁华暮。载咏无衣诗,何以蒙霜露?

《诗观二集》编定于康熙十七年(1678)。那么曹寅此诗的写作时间不应迟于康熙十六年(1677)底(岁暮),很可能就是这年岁末。古代诗歌中,"十年"是个时间约数,八九近十皆可言之。诗意其实是很显豁的。从标题的"远为客"到诗中"别亲故""游子怀",至篇末"蒙霜露",一脉相通,表达离家思亲之情,"十年"则从时间上渲染了别情的强度和长度。写于康熙十六年的"十年游子怀"诗

---

① 《楝亭集》以编年为序,此诗见于《楝亭诗钞》卷二,其后一首诗《铜鼓歌》作于康熙三十四年(1695)春,其后卷三第一首诗《朱园看梅忆子猷次同人韵》也作于康熙三十四年春。现存《楝亭集》各版本均同此编序。故知所定写作年代无误。参见胡绍棠《楝亭集笺注》101—105 页。

句显示的曹寅离家年龄，与《和桐初谷山署中寄怀原韵》"索居近一纪"的时间意义是一致的。现在看来，有"西池历二纪"与"索居近一纪"的相互印证，《岁暮远为客》的意义更加清楚。曹家入关后，以北京为故乡，但此处"游子"却并非思乡而是离家思亲。古代农业社会家乡一体，游子怀乡即念亲。但如果家与乡分离，游子情中的思家念亲之情就自然凸现出来。这是人性本能。著名的《游子吟》"慈母手中线，游子身上衣"，就是这种情感的最动人展现。其中并无怀乡内容。曹寅写于北京时期的另一首诗《葛渔城》（《楝亭诗钞》卷一）同样用了"游子"一词：

> 清秋野色旷，游子不能止。落日下高原，驱车见墟里。万柳一烟静，森渺湖中水。湖水清且涟，造酒醇而旨。烹此罾底鱼，食彼场上米。孤云淡无营，飞鸟相与徙。骋目悦初心，畅悟达生理。

葛渔城位于曹寅故乡北京附近，①是他任侍卫扈从康熙行经之地。作者同样以"游子"自称，与《岁暮远为客》"十年游子怀"一致。只是具体情境不同，王事靡盬，有家难归。此诗更多一些无可奈何的排遣，而思亲之情只能隐含不发了。

学术研究当然可以各持己见，但只要尊重事实，尊重以事实材料为基础的研究方法，摒弃主观偏执，许多问题并不难取得共识。对曹寅入侍起点的研究也是这样。年幼入侍充当童奴是一个基本事实，认同这一事实，其他枝节问题，如康熙十三年（1674）曾回家侍父，并参加防守扬州的战斗等等，不难做出合理解释。

这里，我还想提出，尽可能避免主观误读对于正确研究的重要性。如曹寅幼年读书与塾师马銮的关系，本来作者已写得很清楚，"忆昔提携童稚年，追欢多在小池边"（《哭马伯和先生》）②，这就是一个髫龄男孩与家庭塾师的亲密感情写照。但把内容毫不相干的《戏送钱穆孙》中的"石桥执经予最少，十年同社夜台多"连在一起，硬说曹寅与马伯和有十年师生之谊，这就不符合事实。借此进一步否定曹寅年幼入侍，更无道理。马銮是曹寅蒙师，其人格行事为曹寅所崇敬，这有其作品为证。但曹寅从来没有描写过他向马伯和"执经叩问"，如同宋濂《送东阳马生序》所叙情景。"执经"应是社学之事。按，清初承元明之制，

---

① 据史为乐主编《中国历史地名大辞典》（中国社会科学出版社 2005 年第 1 版，2506 页）：葛渔城，亦名葛城，宋朝所建。古城在今河北省廊坊市东南二十四里葛渔城镇。

② 《楝亭诗别集》卷一。

令各直省的府州县置社学,每乡置社学一所。社师择"文义通晓,行宜谨厚"者充任,以教化为主要任务。是当时乡村公众办学的一种形式。凡近乡子弟,年十二岁以上,二十岁以下,有志学文者,皆可入学肄业,来去自愿。① 曹家向有重视理学传统,曹玺命曹寅入社学"执经"完全可能。但曹寅十二岁以后即赴京入侍,在社学时间不长,即使按"成年当差"说也不可能有十年同学。"十年同社夜台多"这句诗不是说他有许多"十年同社"去世,而是说,十年来,同在社学读过书的人很多都已去世了。这样解读才合乎事实情理。把这首诗作为否定曹寅年幼入侍的依据,当然是站不住脚的。

执其一端而叩,疑者尽可存疑。但我相信,在基本事实材料面前,关于曹寅入宫当差"少年说"与"成年说"的争论不会永无休止,而是可以结束了。

以童奴生涯研究为新起点

大约康熙八年(1669),十二岁的曹寅开始了他的皇室童奴生涯。十余年后,康熙二十一年(1682),他的舅父顾景星在《怀曹子清》一诗中用富有修饰的笔墨描述了入侍后的曹寅故事:

> 早入龙楼傻,还观中秘书。凤毛拟王谢,辞翰比应徐。
> 伐阅东曹冠,官阶内府除。文章光黼黻,宾客满簪裾。
> 爱汝金蝉贵,偏当绣虎誉。周旋辇下,导引谒宸居。②

这些文字和其他一些材料告诉人们,曹寅先是在御书房入值,几十年后回忆往事他曾用"佩笔充侍从"形象描述这种侍候少年康熙读书的童仆生涯。③ 后来到鹰鹞处当差,地位逐渐上升,成为侍卫官和内务府官员。④ 一路顺风,令人羡慕。但是,以气节深受曹寅敬重的顾景星老人不知道,就在他写出光鲜亮丽的诗句的前两年康熙十九年(1680)夏天,和前五年康熙十六年(1677)岁暮,

---

① 参见《辞海》(1999年音序缩印本)1862页"社学"条,上海辞书出版社出版。

② 《白茅堂集》卷二十二。

③ 参见刘上生《佩笔侍从:曹寅"为康熙伴读说"辨正》,载《湖南师范大学社会科学学报》2000年第6期。黄一农在其专著《二重奏:红学与清史的对话》中解释为"在御书房侍候笔墨"(122页及注4、注5),中华书局2015年第1版。

④ 张伯行《祭织造曹荔轩文》:"比冠而书法精工,骑射娴习,擢仪尉,迁仪正。"时为康熙十六七年。康熙二十一年前,曹寅以銮仪卫治仪正职兼任正白旗包衣第五参领第三旗鼓佐领。参见方晓伟《曹寅评传年谱》291、294、306页,广陵书社2010年第1版。

曹寅以"索居近一纪""十年游子怀"的悲凉心情和灰暗笔调写诗思家念亲,感叹命运。甥舅各展示了一个年少曹寅,合起来,就成了具有外与内、表与里、明与暗、阴与阳、奴与人两面的真实的完整形象。这是一个包衣子弟的血色清晨。在少年侍卫的无限风光背后,是包衣奴仆的屈辱辛酸。以至几十年后,他还在一首诗中用"呶呶驵卒谁可拟""廿年幸脱长官骂"等词句叙写曾经备受凌辱的皇宫生活。① 只有犬马恋主肝脑涂地的效忠才能换取主子的信任和豢养。他的内心有着怎样的挣扎! 读《楝亭集》,可以听到青少年曹寅"叹行役之苦,抒羁囚之悲,写不材之愤"的悲苦声音,听到包衣曹寅对独立自由人格的呼唤渴望。② 以童奴生涯为起点,曹寅浮游宦海,辕辙南北,坚守江宁,终于获得最高主子的宠信,一步一步把自己也把家族带上巅峰。然而,也正是这种特殊关系,使曹家之安危系于一人之生死,经不起专制王朝的任何风暴折腾。包衣曹寅的人生终点,"忽喇喇似大厦倾",又成为包衣曹家命运的轮回起点。

包衣制度和童奴制度并存,是清王朝浓厚奴隶制残余的突出特点。曹寅是这双重奴役制度的受害者。曹寅充当皇室童奴的经历,以及身受的奴役创伤,作为一种无意识积淀的家族记忆和精神传承,定会对他的后辈曹雪芹的经历和思想、对《红楼梦》的创作产生影响。小说中描写的从小服役的"家生子"和年少丫鬟奴仆身上,难道没有祖辈创伤记忆的投影吗? 曹寅入侍年代和童奴生涯的探讨,也许能够成为深入研究《红楼梦》的一个新入口。对于这个问题,笔者拟另文探讨。相信这种探讨,对于"红学"的开展,将是很有裨益的。

[原载顾斌、宋庆中主编《红楼梦研究(壹)》,2017 年版]

---

① 见《楝亭诗别集》卷三《与曲师小饮和静夫来诗次东坡韵》。按《楝亭集》基本编年可知,此诗应作于康熙三十九年(1700)。参见胡绍棠《楝亭集笺注》486 页。
② 参见刘上生《曹寅与曹雪芹》163 至 202 页。

曹寅童奴生涯探析

——《南辕杂诗》"旧日伥童半服官"解读

曹寅是否年幼进京当差？是否有过包衣童奴经历？这种经历包含哪些内容？这是对于曹寅本人乃至曹雪芹创作《红楼梦》有重要学术意义的问题，本人对此作过一些探讨，提出并阐述了曹寅于康熙八年（1669，十二岁）进京入侍、佩笔侍从等观点和"童奴生涯"的命题。① 最近，本人重读《楝亭诗钞》卷五的《南辕杂诗》组诗二十首，发现第二首中有非常重要的自述性材料，可以补充、丰富和拓展对曹寅童奴生涯以至生平研究的认识。《楝亭集》人所熟知，或见怪不怪。本文所论，系另类解读。作为一种探索，供学界同仁和有兴趣者参考。

"伥童"诗句的语义研究和自述性内容解读

《楝亭集》②中有两组《南辕杂诗》，各二十首。编入卷五的这组诗写作于康熙四十七年（1708）初。上年末，曹寅轮管盐差任满，进京复命。十二月十八日陛见，曹寅具折条陈织造事宜六款。四十七年二月初三日面奉圣谕，除修理机房、船只和停支买办银两三项准行外，另三项须核实再奏。曹寅奉命于二月十一日自兖州启程返江宁，③组诗即途中所写。应该说，曹寅的心情是颇为复杂的。本来，能够面圣并具折条陈，是很难得的机会。皇上如果看重自己的意见，也许对曹寅个人及其家族未来是大有好处的事情。但结果并不如意。所以曹

---

① 参见本书上编《曹寅入侍康熙年代考》；本书上编《佩笔侍从：曹寅"为康熙伴读"说辨正》；《曹寅与曹雪芹》，海南出版社 2001 年版；《关于曹寅早期生平研究两个问题的讨论和思考》，《曹雪芹研究》2017 年第 2 期；本书上编《曹寅的入侍年岁和童奴生涯》。

② ［清］曹寅《楝亭集》，本文所引《楝亭集》作品，均据上海古籍出版社 1978 年影印本。

③ 参见故宫博物院明清档案部编《江宁织造曹家档案史料》第 47、53、55 页，中华书局 1975年版。

寅肯定很有一种失落感，走得也就相当冷落凄清。这组《南辕杂诗》就是在这样的遭际和心理背景下写作的。这从开头布局就可以看出。作为纪行组诗，作者不从自己离京写起。第一首却写"宋蔡挺学士事"（自注），构思就颇耐人寻味，因为它与第二首正面写自己出行在气氛上形成鲜明对比。北宋熙宁五年（1072），龙图阁直学士蔡挺知渭州守边有方，神宗皇帝召见，有所垂询，帝"善之，下以为诸郡法"①。曹寅在诗中描写蔡挺出京时的情景："金鞍夹道拥朱軨，饯饮茶酥胜一时。解道玉关人易老，倩谁檀板播新词。"这不是自喻，而是与自己相形：蔡挺是学士大臣，曹寅是内府包衣；蔡挺面圣得到赏识，曹寅条陈一半未许；蔡挺出京荣耀而又热烈，曹寅返回疲惫而冷清。只有蔡挺"在渭久，郁郁不自聊，寓意词曲，有'玉关人老'之叹"的那首《喜迁莺》词能引起他抱负未就、年华老大的共鸣，然而，蔡挺能够享有"中使至，则使优伶歌之，以达于禁掖。神宗愍焉，遂有枢密之拜（按：指拜为枢密副使，见《宋史》本传）云"②的宠信优渥，曹寅却无法改变自己和家族世代包衣的命运。这使他在字里行间，歆羡之余不胜感叹。何况，京城的王公贵族享受不尽皇上给予的种种特权和赏赐，而为主子终生卖命的奴才却只落得"残年北去南来雁，过日东流西上鱼"（《楝亭诗钞》卷八《可亭过访即事口占》）。位卑命贱，种种不堪。对自己身份地位特别敏感的曹寅在"留别亲友"之际面对现实，不由自主地回想起自己的人生历程，于是写出了第二首诗：

> 五侯恩例尽珠鞶，旧日偾童半服官。
>
> 疲马屈长贪路远，菰芦丛里伴渔竿。（诗后原注：留别亲友。）

囿于见闻，本人迄今未发现对此诗的专题解说。仅见《汉语大词典》释"偾僮（亦作偾童）"为"童子"时引用了曹寅的"旧日偾童半服官"这句诗。后面又紧接着说"亦特指作逐鬼之用的童子"③。胡绍棠《楝亭集笺注》在解释此句诗时，则引用了《后汉书·礼仪志》中皇宫腊日大傩"偾子"驱疫的描述（见下文）。这段引文涉及"偾子（偾童）"的特殊语义，但他没有深究，仍引用注释为"幼子"，也没有对全句语意作出诠释。④ 语词的多义性和表意的模糊性，颇使此诗难以索

---

① 参见［元］脱脱等撰《宋史》卷三百二十八列传八十七《蔡挺传》，《点校本二十四史》，中华书局 2011 年版。

② 参见《宋史》卷三百二十八列传八十七《蔡挺传》，蔡挺《喜迁莺》词全文见《全宋词》，中有"岁华向晚愁思，谁念玉关人老"句。

③ 见《汉语大词典》第一卷 1369 页，汉语大词典出版社 1993 年版。

④ 见胡绍棠《楝亭集笺注》242 页，北京图书馆出版社 2007 年版。

解。但从另一面说，又正是诗歌语词的多义性和表意的模糊性为诗人的审美创造和情感抒发留下了足够的空间，特别是关键的第二句，意蕴深隐，有所寄托，后人阅读虽难免歧见，却有迹可循，细加寻觅，终能洞悉曲折。从全诗看，主旨是"留别亲友"，却为何从"五侯"说起？这就很耐人寻味。"五侯"作为源于古代五等诸侯爵位和汉成帝、桓帝等多次一日封五侯的典故，指世袭豪门贵族。①"五侯恩例尽珠鏊"写的是皇帝对贵族的赏赐，这与包衣曹家毫不相干，也是曹寅无法享受的。起笔明显语带婉讽。三四句写自己赶远路，人马疲惫，夜伴芦苇渔翁歇宿，才落到诗意本旨上来。这说明此诗构思仍用对照手法，以王侯贵族受恩赏赐的丰厚反衬内府官员包衣奴才往返奔波的辛劳，彰显出世事的不公和自己内心的不平，从而与第一首在情感脉络上紧密衔接。那么，第二句"旧日佽童半服官"是写什么人呢？似可作两种理解。如果作他述解释，"佽童"释为"儿童"，"服官"即做官，说"过去的孩子（或儿时玩伴）多半都做了官"，似乎可通，但这与第一句婉讽"五侯"贵族有什么关系，与三四句作者自述又有什么关联意义呢？因为曹寅自己已是内府官员，不可能形成映照。更何况，"佽童"一词在古代具有特指含义（见下文），释为"佽童半为官"既毫无现实依据，又直接与第一句所写贵族垄断政治的官场实际相矛盾。再者，从诗意上看，如前两句均作他述，则与后两句自述内容和语气都脱节，无法形成结构整体。基于以上分析，笔者认为，对"旧日佽童半服官"的他述解释难以成立，不符作者本意。相反，如果作自述理解，首句写"五侯"与后三句的自我描写构成鲜明对照，京城官场如此不堪，自己于种种无奈中凄然南下，"留别亲友"的诗意就豁然贯通了。这才是作者此诗的意旨所在。

那么，能否从语义学角度探索此诗句的自述性内容呢？这正是本文企图解决的问题。

笔者发现，从语言艺术看，全诗四句，首二句用典，且均用汉典。首句写"五侯"，次句写"佽童"，自成对应。"旧日佽童半服官"一句有两个关键词："佽童"和"服官"，用的都是汉代故事，作者正是以古喻今，写自己曾有的童奴经历和当前处境，从而与后二句的写实笔墨自然衔接。

先说"服官"。"服官"一词除了做官的常用意义外，还有一个特殊意义，就

---

① 见《汉语大词典》第一卷 368 页。又清代宗室爵秩中，也有大小两个五等。亲王、郡王、贝勒、贝子、入八分奉恩镇国公辅国公为大五等；不入八分镇国公辅国公、镇国将军、辅国将军、奉国将军、奉恩将军为小五等。参见［清］福格《听雨丛谈》卷一"五等"条，中华书局 1999 年版。

是汉代专掌宫廷服装供应的官职。《辞源》"服官"条云："汉代官名。汉齐郡临淄产纨縠，陈留郡襄邑产锦缎，在两地设服官，掌管宫廷服用的供应。在临淄者也称三服官。"①《汉书·元帝纪》颜师古注引如淳曰："服官主作文绣，以给衮龙之服。"很明显，这就是清代织造署和织造官员的职责。曹寅用"服官"一词，对应自指的含义很清楚。曹寅的朋友，清代考据学大家阎若璩《赠曹子清侍郎四律》诗就曾用"冰纨重汉官"之典称颂曹寅身任织造，并用"女勤襄邑杼，贡胜兖州丝"称颂其父子业绩。都是以汉官代指，语出同一典故。② 但不同的是，汉代服官是朝廷命官，而织造署是清代内务府派出机构，由包衣奴才充当，只能说是"内（务府）服官"，其地位根本不能与缙绅官僚同列。当时有些官僚文士就曾以"粗官"讥之。所以曹寅这里以"半服官"自称（当然诗中不好说"内服官"），其内心确实是很辛酸的。③"半"有"不完全"之意，这里显然是用自嘲语气写出内府官员与朝廷命官的地位区别。

再说"伥童"，又作伥子、伥僮。二词俱见张衡《二京赋》，而意义有别。《说文解字》："伥，僮子也。"《康熙字典》释"伥"字，引《集韵》等书曰："音震，童子也。"又引张衡《东京赋》薛综注曰："伥之言善也。善童，幼子也。"④在古代，"伥子""伥童（僮）"都是有特定所指的语词。"伥子"特指参与大傩驱疫仪式的儿童。张衡《东京赋》如此描写："尔乃卒岁大傩，殴除群厉。方相秉钺，巫觋操茢。伥子万童，丹首玄制。桃弧棘矢，所发无臬。飞砾雨散，刚瘅必毙。煌火驰而星流，逐赤疫于四裔。"⑤《后汉书·礼仪志》则记载云："先腊一日，大傩，谓之逐疫。其仪：选中黄门子弟年十岁以上，十二以下，百二十人为伥子，皆赤帻皂制，执大鼗。"在中黄门化装为"黄金四目，蒙熊皮，玄衣朱裳，执戈扬盾"的方相氏及十二兽带领下，逐恶鬼于禁中。并随中黄门舞蹈、欢呼、唱和，声势雄壮。⑥ 之所以用"伥子"，包含古人童婴崇拜，驱疫保护之意。"黄门"即宫禁之门。《汉

① 《辞源》月部 1479 页，商务印书馆 1980 年版。

② [清]阎若璩《潜邱札记》卷六，50 页，乾隆十年眷西堂刻本。

③ 参见方晓伟《曹寅评传年谱》所引宋荦、赵执信诗句，见该书 219 页、232 至 233 页，广陵书社 2010 年版。赵升《朝野类要》："粗官，武官及军官之自谦，或以为讥。"唐代重文轻武，不经台省而出为节镇者，人称"粗官"。参见《辞源》2385、3560 页，商务印书馆 1980 年版。

④ 见[汉]许慎《说文解字》卷八人部"伥"，中华书局 1963 年版。《康熙字典》子集中人部"伥"字条，中华书局 2004 年版。

⑤ [汉]张衡《东京赋》，见《文选》卷三，63 页，中华书局 1977 年版。

⑥ 《后汉书》卷九十五《礼仪志中》，《点校本二十四史》，中华书局 2011 年版。

书·霍光传》颜师古注："黄门之署，职任亲近，以供天子，百物在焉。"清代设内务府，即以代黄门宦者侍卫从事之职。"中黄门子弟"，在清代就是内务府包衣子弟了。

张衡《西京赋》中又有"侲僮"一词，指早期从事戏剧杂技表演的儿童。在描写百戏《东海黄公》后，有这样一段文字："尔乃建戏车，树修旃。侲僮程材，上下翩翩。突倒投而跟絓，譬陨绝而后联。百马同辔，骋足并驰。橦末之伎，态不可弥。"①这种纯技艺表演与傩祭无关，历代相传不衰。也作"侲子""侲童"。明唐顺之《轵架》诗之一："却讶缘橦诸侲子，倒投绝足试轻翻。"清陈维崧《贺新郎·初夏城南观剧并看小儿作偃师幻人诸杂戏》词中"曲终杂爨喧啴凑。有侲童，交竿缘橦，巧将身漏"的描写，都是儿童杂技表演。随着社会的进步，原来傩戏的巫术迷信观念逐渐消退，其中"侲子"的化妆假面表演等娱乐成分为城市戏剧舞台的"侲童"表演所吸收。钱谦益的《冬日观剧歌为徐二尔从作》中的"侲童"表演就更赏心悦目："侲童当筵广场沸，安西师子金涂眦。掷身倒投不触地，寻橦上索巧相背。须臾技尽腰鼓退，西凉假面复何在？险竿儿女心犹悸，满堂观者争愕眙。"②这里"侲子"与"侲童"（"侲僮"）合二为一，显示出融合的新貌。

以上引述，目的还在弄清曹寅诗句中"侲童"一词的实际含义。

从前引"旧日侲童半服官"诗句看，由于"服官"的对应自指意义已很清晰，因此，我们完全可以确认"旧时侲童"是自述而非他述性质，是指作者幼年的宫内活动而非宫外戏剧表演，只是由于时代变迁，宫内"侲童"活动也带有戏剧表演的特点。

本人还要指出，作为一个多义词，"侲"除了上述意义以外，另一所指语义是养马人。《康熙字典》释"侲"又曰："《扬子·方言》燕齐间谓养马者为侲。"③《汉语大词典》亦释"侲"曰："养马人。《后汉书·文苑传上·杜笃》：'虏儌侲。'李贤注：《方言》：'侲，养马人也。'"④现已知曹寅曾在养鹰鹞处当差，并与在上驷院当值的纳兰性德有交集，曹寅有"束发旧曾充狗监""马曹狗监共嘲难"的回忆诗句。养马当然是更低层次的服役。曹寅的诗句里有"呦呦驺卒谁可拟"的感叹。⑤《说文解字》："驺，厩御也。"即养马（兼驾车）之人。他还自称过"杂遝马

① ［汉］张衡《西京赋》，见《文选》卷二，49 页，中华书局 1977 年版。

② ［清］钱谦益《牧斋初学集》卷九，上海古籍出版社 1996 年版。

③ 《康熙字典》子集中人部"侲"字条，中华书局 2004 年版。

④ 《汉语大词典》第一卷 1369 页，汉语大词典出版社 1993 年版。

⑤ 《楝亭诗别集》卷三，《与曲师小饮和静夫来诗次东坡韵》。

曹官"①。《红楼梦》第 63 回写到贾府的早期"土番家奴",系"先人当年所获之囚赐为奴隶,只不过令其饲养马匹,皆不堪大用"。本人已有论述,认为这是借"土番家奴"暗写包衣曹家当年因战俘没满为奴的历史。"饲养马匹",既暗用《西游记》"弼马温"故事喻写因身为包衣而受歧视被压抑,又可能包含写实内容。② 曹寅诗句自述是"旧日伥童",能否据此推断曹寅曾有过养马童奴的经历呢? 当然不能排除。也许作为包衣幼童,参加表演和养马两种经历都有,因而曹寅巧妙地运用了"伥童"所指多义的表意功能,一语双关。这一点,也更可证明推断"旧日伥童半服官"之为自述绝非虚空臆想,而是言之有据。本文论述更注重"伥童"表演的经历,是因为"马曹"已有迹可寻,而"伥童"表演经历是以前曹寅研究所不曾发现的事情,更值得深入探讨。

曹寅有"伥童"经历,这一结论也许会使人惊诧和质疑。但确是事实,因为这是事主的自述。我们不能因为过去未曾发现而否定这一事实。相反,如果我们能重新研究过的材料并努力发掘新材料,曹寅的"旧日伥童"经历,就可能获得更多的佐证,曹寅研究就有可能由此引向深入。

清宫"伥童"表演与曹寅对表演艺术的热爱

就对曹寅生平研究的价值而言,本人认为,"旧日伥童半服官"诗句具有以下两个方面的重要意义:

一是佐证了曹寅年幼入宫当差的事实。"伥童"是年幼童子。《后汉书·礼仪志》已记载,汉代充作伥者的宫中子弟年龄在十岁至十二岁之间。明清宫中"伥童"待考。但前引钱谦益《冬夜观剧歌为徐二尔从作》中的小伶,包括表演导致"当筵广场沸"的"伥童",都是"十三不足十一零"的儿童。③ 这一年龄区间,与有关文献关于清代宫廷"哈哈珠子"十一至十三岁轮值的记载相近。④ 也与本人考证的曹寅于康熙八年十二岁时进京入侍的年龄区间一致。可以说,曹寅自述"伥童"经历是对其年幼入宫当差事实的进一步确认。因为对此论述材料已相当充分,此处不再赘言了。附带提一下,曹家向有重视理学传统,曹寅的

---

① 《栋亭诗别集》卷二,《送袁士旦游吴下二首》:"五湖归亦好,杂遝马曹官。"
② 参见本书中编《贾府的早期家奴和包衣曹家之痛》。
③ 参见钱谦益《牧斋初学集》卷九,上海古籍出版社 1996 年版。
④ 参见郑天挺主编《中国历史大辞典》(音序本)884 页"哈哈珠子"条,上海辞书出版社 2007 年版。

"伥童"经历是不可能发生在父母直接管教下的孩提时代的,而只可能发生在进宫后失去人身自由任凭长官支配的包衣子弟童奴身上,这个道理应该是显而易见的。

二是"伥童"经历将丰富我们对曹寅宫中童奴生涯的研究认识。过去,我们的研究只限于曹寅入宫当侍卫,"佩笔充侍从"等材料,现在看来是很不够的。当然,这里有两个问题需要解决:一是清代宫廷中是否有"伥童"的活动,这是确认曹寅"旧日伥童"的事实基础;二是曹寅"伥童"经历是否对他的人生造成影响,这是研究"旧日伥童"问题的意义所在,实际上也就是对"伥童"经历的佐证。本人认为,虽然目前资料有限,但对这两个问题却都可以做出初步的肯定回答。

先说第一个问题。清代宫廷节庆筵宴祭祀仪式繁多,入关后虽然企图极力保持本民族特色,但在文化融合大势下,满族萨满教的仪式和宫内娱乐活动对汉族傩戏及其他戏剧表演的吸收,都使得"伥童"表演依然成为重要角色。兹举数例。清初,满洲民间乐舞"莽式"(玛克式)在宫中十分流行。康熙皇帝曾谕称:"玛克式乃满洲筵宴大礼,典至隆重。"并为皇太后七旬大寿亲舞称觞。而康熙三十三年(1694)十二月十四日时任翰林院编修的汤右曾观看礼部排练乐舞"莽式"后作长诗《莽式歌》,称其为"如古者百戏之属",可以看出已经大量融入汉族傩戏、杂技及诸少数民族乐舞形式。与本文所论相关的是,此诗可以确认清宫满洲乐舞对汉代傩戏和伥子表演的吸收。全诗开篇即是:"季冬腊日烹黄羊,傩翁伥子如俳倡。嗔拳杂技闹里社,细腰叠鼓喧村场。"显然远承《后汉书》所记腊日大傩,但庄严的仪式感已被浓厚的民间娱乐色彩所替代,"傩翁伥子"的地位已降如"俳倡",而儿童表演的精彩处处令人叫绝:"盘空筋斗最奇绝,如电礚礚星光芒。解红俄作小儿舞,文衣绰缫颜赪霜。""双童夹镜技浑脱,晚出绝艺惊老苍。弄丸一串珠落手,舞剑百道金飞铓。"诗人以"我闻殿前陈百戏,缅昔制作传汉唐"二句,概括传承,画龙点睛。① 所以,这首诗完全可以作为曹寅宫中"旧日伥童"生活的有力佐证。此外,作为辅证,还可以举出赵翼在《檐曝杂记》卷一记述乾隆十六年(1751)皇太后六十寿辰盛况时所记:"自西华门至西直门外……每数十步间一戏台……伥童妙伎,歌扇舞衫,后部未歇,前部已迎。左顾方惊,右盼复眩。"②时任驻藏帮办大臣和宁(和瑛)写于嘉庆二年(1797)的《西藏赋》中有"伏腊岁时","吹颍人之云箫,声喧兜率;舞伥童之月斧,乐奏侏

① 〔清〕汤右曾《怀清堂集》卷五,《四库全书》集部七。

② 〔清〕赵翼《檐曝杂记》卷一,据湛贻堂《瓯北全集》本。

傩。此元旦之宴众番也"①的描写等,都可见"伶童"仍然成为节日庆典乃至宫廷娱乐舞台的重要角色。据《皋兰县续志》记载,远在西北的甘肃兰州,明清时"元宵前后四日,作粉粢,馈元肴,夜烟灯、箫管、彩帐、锦屏、秧歌、社火、伶童、番鼓,侈丽甲于陇右"。"伶童"表演已深入边远民间了。

可以想见,作为包衣子弟,曾经充当"旧日伶童"的曹寅有过怎样的活动,这种童年经历对他有着怎样刻骨铭心的影响。

这就联系到第二个问题。曹寅及其友人曾经多次提到他对表演艺术的热爱。作于康熙二十四年(1685)任职郎署期间的《贺新郎·与桐初夜话分韵》词,值得重视。全词如下:

> 澡粉移床话。晚亭前,商今略昔,一茶一蔗。世味堆盘谁借箸,除了犀杯玉斝。还除了,豆棚瓜架。千里吴莼凉沁肺,论掇皮,真可成风雅。幽州月,楼角挂。　　细腰鼓子骑梁打。笑当年,城南拉饮,城东走马。此日多愁兼善病,闲煞勾栏京瓦。争忘却,江山如画。回首清光天眼老,况诸君巷尽乌衣者。酒已罄,问鲑鲊。②

叶藩是曹寅至交,但并非曲坛中人。此词中却有三处与表演有关的描述,其中两处(澡粉、打腰鼓)是曹寅自为("澡粉"借曹植故事自喻,见下文),另一处(勾栏京瓦)是常到之娱乐场所。显然,这不是一般的兴趣,而是积习形成的癖好。朋友亲密"移床话"很自然,但"澡粉"即化妆表演显然是曹寅所好。词中的"细腰鼓子"正是前引《莽式歌》中的"细腰叠鼓"(也见于前引钱谦益《冬夜观剧歌为徐二尔从作》中的伶童表演),也就是曹寅童年参加类似演出的节目。可见"商今略昔,一茶一蔗",这种抚今思昔,不是感叹与叶藩的交往,而是自己的人生经历,包括从"伶童"到郎官的苦和甘。"澡粉(粉澡)"一词被曹寅多次运用,也绝非偶然。"澡粉"典出《三国志·王粲传》裴注引《魏略》述邯郸淳见曹植故事:"植初得淳甚喜,延入坐,不先与谈。时天暑热,植因呼常从取水自澡讫。傅粉,遂科头拍袒,胡舞五椎锻,跳丸击剑,诵俳优小说数千言讫。谓淳曰:'邯郸生何如邪?'于是乃更著衣帻,整仪容,与淳评说混元造化之端,品物区别之意,论羲皇以来贤圣名臣烈士优劣之差,次颂古今文章赋诔及当官政事宜所先后,又论用武行兵倚伏之势。乃命厨宰,酒炙交至。坐席默然无与伉者。及暮,淳

---

① 池万兴,严寅春校注《西藏赋校注》,齐鲁书社2013年版。
② 见《楝亭词钞》。

归,对其所知叹植之材,谓之'天人'。"①借曹植自喻,本为美誉。然而,《病中冲谷四兄寄诗相慰,信笔奉答兼感两亡兄四首》却有这样的诗句:"漫兴诗篇余竟病,伤心粉澡杂俳优。枣梨欢馨头将雪,身世悲深麦亦秋。"②单纯用典故本事是无法解说"伤心粉澡杂俳优"的,因为曹植"粉澡"并无伤心之处。但如果联系前引《莽式歌》所写清宫乐舞"傩翁侲子如俳倡"的地位和表演性质,以及曹寅"旧日侲童"的童奴经历,那么这种"伤心"的实际内容就容易理解了。"粉澡"一词之用还见于《题赠吴开文三首》诗。③ 从"故人零落独高闲,绝艺曾随供奉班"诗句,可知吴开文是曹寅当年任职侍卫时的友人,曾以绝艺供奉内廷,也因此而相交。重逢之际,曹寅用"中年陶写竹兼丝,粉澡何妨坐上施"二句描写当时的情景,丝竹是吴开文所长,"粉澡"则是曹寅所为,以艺会友,相得甚欢。在此时刻,当然暂时忘却了"伤心"之情。"粉澡(澡粉)"一词在不同场合的多次运用,绝非简单的借曹(植)自诩,而是一种对化妆表演艺术情趣的执着。人们完全可以从这里看到与"旧日侲童"经历的潜在联系。

再从知己亲友记述看,舅氏顾景星应是最了解曹寅人生经历的,其为曹寅早年自编诗集《荔轩草》所作序不但以"甫曼倩待诏之年,腹婳嬛二酉之秘"之典,赞曹寅"早入龙楼傔,还观中秘书"即幼年佩笔侍从的经历,而且还特地写下几句:"昔子建与淳于生(按:应为邯郸淳),分坐纵谈,蔗杖起舞。淳于目之以天人。今子清何多逊也?"④用曹植见邯郸淳的故事,暗示所谓"天人",除文武全能外,还包括言谈表演的才能。另一友人张大受在《赠曹荔轩司农》诗中还直接描述曹寅"有时自傅粉,拍袒舞纵横"⑤的兴致,并多次用"跳丸"之典,以曹植喻曹寅的表演才能。⑥ 这种才能和兴致显然都与"旧日侲童"的表演经历和训练密切相关。

总之,曹寅入宫后的童奴生涯肯定比人们现在所知丰富复杂。既不是传说的"年十三,挑御前侍卫"(邓之诚《清诗纪事初编》)那样风光,也未必是"既舞象,

① 见《三国志·魏书二十一·王卫二刘傅传第二十一》。

② 见《楝亭诗别集》卷二。

③ 见《楝亭诗别集》卷三《题赠吴开文三首》之三。

④ [清]曹寅《楝亭集》顾景星序。

⑤ [清]宋荦编《江左十五子诗选》卷六张大受《清溪集》。转引自周汝昌《红楼梦新证》488页,人民文学出版社1976年版。下一条同。

⑥ [清]张大受《匠门书屋文集》卷四《书楝亭银台诗后》"跳丸家法斗量才",《清溪集》《赠曹荔轩司农二首(选一)》"跳丸击剑讫,何如邯郸生"等。"跳丸"是古代百戏之一,以掷丸上下挥舞为戏,多见于杂技艺人表演。

入为近臣"(顾景星《荔轩草序》)那样快捷,甚至也不能用"佩笔侍从"或侍奉皇上简单概括。在十余年的侍卫岁月里,他侍从过康熙,也离开过康熙,并非始终做皇帝的亲随。作为一名包衣子弟或曰幼童包衣人,他肯定要经历种种磨难。曹寅虽名隶侍卫处,但"侍卫品级既有等伦,而职司尤有区别",福格曾列举种种低级杂务,如"又有上驷院司鞍、司辔侍卫二十七人。又有以侍卫之秩,别充尚茶、尚膳、上虞、鹰鹞房、鹘房、十五善射、善骑射、善鹄射,悉如古人侍中、给事之任。至善扑、善强弓两职,尤与内廷侍卫区别,几等于材官、武士之列矣"①。"佽童"很可能从有一技之长的包衣子弟中临时选拔充任。何况康熙皇帝为了培养少年侍卫吃苦耐劳的品质还有意识地让他们进行各种锻炼。清初法国传教士白晋(1656—1730)在《康熙帝传》中曾这样描述:"对于宫廷大臣,鞑靼人中最富贵显赫的官员以及鞑靼化了的汉人——即已经站到鞑靼人旗帜下的汉人的孩子,因怕他们放纵在萎靡和奢侈之中,他惯常的做法是叫这些孩子中的大部分去承担最疲劳、最艰苦的事务。"②曹寅幸运地经受了这些磨练,后来地位能够上升。可以想到,"旧日佽童"中还有多少终身默默无闻者? 当然,要完全弄清楚这个问题,既有线索可寻,也还有若干困难。例如,现知内务府掌礼司分掌本府祭祀与礼仪乐舞,下属有筋斗房;康熙中期管理宫廷戏曲的南府,设有掌管杂戏的跳索学;銮仪卫所属有专司吹打的卤簿乐队,③这些都是与曹寅"旧日佽童"经历可能有关的机构(曹寅至迟在康熙十六年前已供职于銮仪卫,后升治仪正)。但就事主本人而言,曹寅是何时何事以何种身份充当"佽童"的? 是临时性的服役还是职务的调动? 与曹寅在内务府其他职务的关系和顺序如何? 这些问题还需事实材料印证。现在可以肯定的,只能是"旧日佽童"的经历这一基本事实。

曹寅"佽童"经历对曹雪芹的影响

曹寅的童奴生涯研究尚待深入,但是,"旧日佽童半服官"的事实确认对于研究曹寅甚至曹雪芹的意义已经足够引起人们重视了。现代心理学认为,童年的经历和记忆对人一生的影响是至深至巨的。曹寅弟子王朝瑊在《棟亭词钞》

---

① 见[清]福格《听雨丛谈》卷一"侍卫"条,中华书局1999年版。
② 白晋《康熙帝传》译文,载《清史资料》第1辑,中华书局1980年版。
③ 参见温显贵《从教坊、南府到升平署——清代宫廷戏曲管理的三个时期》,载《湖北大学学报(哲学社会科学版)》2006年第2期。

序中引述:"公尝自言,吾曲第一,词次之,诗又次之。"①看来,曹寅的这种自我评价绝非随意和偶然。曹寅对"曲"的钟情其来有自。曹寅的戏剧创作从种类到作品都有自己的特色,他对戏曲的欣赏,对表演艺术的热爱,乃至出任织造后因收入有限常"公私困窘",却长期蓄养家伶等等的心理原因都有必要联系"旧日俳童"的经历进一步探讨。上文所论,已经提供了一些初步材料。

那么,作为一种家族精神传承,曹寅的"旧日俳童"经历及由此形成的艺术追求是否可能对曹雪芹及其创作《红楼梦》产生影响呢?这也是一个值得研究的问题。周汝昌先生曾多次引述过有关曹雪芹"放浪形骸,杂优伶中,时演剧以为乐"②的传说,《红楼梦》中丰富的戏剧生活、戏剧内容描写,《红楼梦曲》的创作,甚至小说写作中某些戏剧艺术手法的运用,都证明着作者的非同一般的戏剧艺术修养。曹雪芹没有从事戏剧创作,却富有戏剧艺术才华。他的朋友对此早有评价。第22回《寄生草》曲后有戚本双行批语:"看此一曲,试思作者当日发愿不作此书,却立意要作传奇,则又不知有如何词曲矣。"③他的好友敦诚在《四松堂集》留下了曹雪芹欣赏传奇的反应:"余昔为白香山《琵琶行》传奇一折,诸君题跋,不下几十家。曹雪芹诗末云:'白傅诗灵应喜甚,定教蛮素鬼排场。'亦新奇可颂。曹平生为诗大类如此,竟坎坷以终。"④这是除《红楼梦》外留存的唯一曹雪芹残诗,充满着戏剧化的奇妙想象。这种与祖父相同的兴趣和艺术修养绝非无源之水,而是一脉相承。曹寅的"旧日俳童"经历也许就是可以追溯的源头吧。

但曹雪芹又已不同于曹寅。具有包衣-仕宦双重身份的曹寅热爱戏曲和表演艺术,但又深藏着包衣奴仆被轻贱的悲哀,难免具有"伤心粉澡杂俳优"的自卑心理。而经历家族破败的包衣子弟曹雪芹已经从传统等级观念中挣脱出来,不但自身杂优伶以为乐,也在小说中描写和热烈赞扬与倡优为友的贵族公子勇敢的反叛行动,并把这种平等观念作为表达反奴文化理想的重要内容。第2回作者借贾雨村之口发出反奴宣言:"纵再偶生于薄祚寒门,断不能为走卒健仆,

---

① 见《棟亭词钞》。

② 参见周汝昌《曹雪芹小传》之"十四 身杂优伶",百花文艺出版社1980年版。又,周汝昌《红楼梦新证》701页,人民文学出版社1976年版。

③ 见《周汝昌校订批点本石头记》283页,译林出版社2011年版。

④ [清]敦诚《四松堂集》卷五《鹪鹩庵笔麈》,抄本现存国家图书馆善本部。

甘遭庸人驱制驾驭,必为奇优名倡。"①明确把"奇优名倡"与"走卒健仆"相对立,称颂其独立人格。贾宝玉的密友蒋玉菡、柳湘莲就都是这种"奇优名倡"类的人物(柳虽非优伶,却最喜串戏)。宝玉挨打后,对黛玉说:"就便为这些人死了,也是情愿的。"曹寅曾经追怀"粉澡"往事,不免"商今略昔,一荼一蔗"之感。但为了戏曲爱好和生活享乐,后期也蓄养家班童伶。在他的笔下,不时出现对"歌成粉絮飘筵上,梦醒银槎卧酒边"的声伎之乐的沉醉,也流露着"伤神"的复杂情感。②而曹雪芹却着力描写幼小离家的童伶丫鬟的悲苦和贾宝玉对他们的关怀爱护,这其中未尝不包含对祖父"旧日侲童"童奴生涯的想象体验和由此产生的深厚人文情怀。《红楼梦》中描写了以十二女伶为代表的童伶形象。龄官的痴情和独立个性,藕官、菂官的同性情谊,都深得贾宝玉敬重。但他尤其倾情保护弱小。以芳官形象为例。芳官是除晴雯以外贾宝玉最喜爱的丫鬟,宝玉与芳官的亲近,甚至引起晴雯的醋意(见第 62 回)。但与晴雯不同的是,宝玉对她并没有异性知己的亲密感情,而是一种类似对待小兄弟般的关心疼爱。芳官年纪小,也有些任性。芳官受干妈欺侮吵闹时,袭人、晴雯指责她,独宝玉说:"怨不得芳官。自古说,物不平则鸣。他少亲失眷的,在这里没人照看,赚了他的钱,又作践他,如何怪得?"这是宝玉对芳官疼爱的缘由,也是曹雪芹关爱童伶丫鬟群体情感的本质内涵。但他无力阻止悲剧的发生。贾府解散家班,芳官等进入大观园为奴,都是因为无家可归或有家难回所致。连赵姨娘都如此轻贱辱骂她们:"你是我银子钱买来学戏的,不过娼妇粉头之流,我家里下三等奴才也还比你高贵些的。"王夫人更是以"唱戏的女孩子,自然是狐狸精了"的荒谬逻辑将她们逐出大观园。走投无路,她们只能选择遁入空门,接受老尼姑的役使盘剥。第 77 回以"俏丫鬟含屈夭风流 美优伶斩情归水月"为回目,写晴雯之死和芳官等之遁,正是两类纯洁美丽而具有反抗性的童奴殊途同归的悲剧性结局。它体现了作者对包括"旧日侲童"在内的童奴童伶命运的深切悲悯。

曹雪芹没有戏剧作品,但他改过曲词。这就是《红楼梦》第 63 回里的《赏花时》曲词。此曲是芳官所唱,曲文出自汤显祖《邯郸记》第三出《度世》何仙姑唱词:"翠凤翎毛扎帚叉,闲踏天门扫落花。……"③但芳官把其中第二句改为"闲

---

① 本文所引《红楼梦》内容及原文,均据中国艺术研究院红楼梦研究所校注本《红楼梦》,人民文学出版社 1982 年版。

② 参见《楝亭诗别集》卷四《雪后和晚研澄江载酒人至兼忆真州昔年声伎之乐》,《楝亭诗钞》卷六《过海屋李昼公给事出家伶小酌留题》等。

③ 见汤显祖《邯郸记》第三出《度世》(《六十种曲》本),中华书局 1960 年版。

为仙人扫落花",此句出自李白《寄王屋山人孟大融》诗。而李白原诗是"闲与仙人扫落花"。经查,这一字之改出自曹寅所引杜苓集青莲句。曹寅在《楝亭诗钞》卷一《些山有诗谢梦奉和二首时亮生已南旋》末句"蘧然如可待,还写扫花图"后自注:"予留别有'愿为笻竹杖'之句,些山集青莲句有'闲为仙人扫落花',故及之。"①芳官改词当然是曹雪芹的作为。《红楼梦》中引述的昆弋曲目三十几个,《西厢记》《牡丹亭》等多引曲词。但引全支曲词的只有两处(另一处是22回宝钗生日的《寄生草》),而改曲词的只有宝玉生日这一处,改的又只有扫花词这一句,曹雪芹把原来的汤显祖曲词改成曹寅引用的经杜苓改易的李白诗句。这是《红楼梦》唯一的一次曲词改易。有现存脂评本(庚辰本、已卯本、戚序本、蒙府本)为证。可是,在程本系统,以至红学所的新校注本,这句曲词却都被改回成汤显祖的原句"闲踏天门扫落花",曹雪芹的这一改易并没有被接受。也许,后来者们认为这是芳官唱错了,需要更正。他们不理解曹雪芹的用意。限于篇幅,本文不能在此详论曹雪芹改易曲词的问题。但至少,它明确显示了曹雪芹与曹寅的继承关系和情感联系是毫无疑义的。既然贾宝玉是以作者本人为重要原型,《红楼梦》第5回宁荣二公阴魂称宝玉为"嫡孙",而曹寅又曾自号"西堂扫花行者",扫花词之改又来自曹寅,那么在宝玉生辰这个特殊日子的唱曲改词事件,人们很明显可以感受到曹雪芹借以表达怀念先祖的特殊敬意。而这种表达,并非生硬外加,而是通过完全艺术化的形式——芳官唱曲完成的。芳官又是一位身世凄苦,受宝玉特别疼爱,但又有些任性的童伶丫鬟,唱曲改词完全符合她的性格逻辑和特定情境。童伶丫鬟们的悲苦身世,可以使人看到"旧日伥童"等童奴生涯的影像。于是,汤显祖—李白(经过杜苓),曹寅—曹雪芹,旧日伥童—童伶丫鬟,扫花行者—扫花仙姑这些名称所代表的人物和形象就发生了重重叠叠的连接映照。这是一个多么奇妙的艺术画面!又有着多么深邃的思想内涵!仅仅把它作为曹寅和曹雪芹血亲关系的一个证据,这种认识也许都过于肤浅了。试想,如果"旧日伥童"的经历能得到进一步证实,包括艺术追求在内的从曹寅到曹雪芹的精神联系将增加多少丰富内容。目前的思考不过是一个起点罢了。

不可否认,在"曹学"与"红学"的联结中,从曹寅到曹雪芹是一条具有特殊价值的通道。学者和有志者们的努力,正在不断填补着这条通道上的空白。未

---

① 已卯本、庚辰本、蒙府本、戚序本皆作"闲为仙人扫落花",参见刘上生《从曹寅诗注到曹雪芹改曲词——兼论〈红楼梦〉第六十三回的表意艺术》,载顾斌、宋庆中主编《红楼梦研究(贰)》,香江出版社2018年版。

知之事、未解之谜还太多。我们不能故步自封，也不妄自菲薄。野老献芹，意在至诚。笔者的探索，只是在对作品的语义解读中，自觉有新的发现，以作引玉之砖。未必周全，也未必正确。期待着新材料的发现和补充，期待着学界同仁的讨论争鸣。相信这种探索和讨论，必将把曹寅研究和红学事业推向前进。

2017 年 7 月写于深圳

（原载《曹雪芹研究》2018 年第 1 期）

一条有关曹振彦和包衣曹家研究的重要材料

——王鼎吕"得归民籍"考析

近几年,曹寅与王焯的关系引起人们注意,[①]曹寅逝世后王焯的《挽曹荔轩使君十二首》被披露。其中第十二首涉及曹振彦。这是对现存极为稀少的曹振彦史料的重要补充。可惜人们大多只关心曹寅,并没有充分发掘和重视这一材料的隐含信息。在笔者看来,这是一份对研究曹振彦生平思想和包衣曹家精神传承有着重要意义的材料,笔者愿意陈述浅见,以就教于方家同仁。

关于明清宝坻之战

王焯(1651—1726),字子千,号盘麓、南村等。直隶宝坻(今属天津市)人。康熙时诗人,有诗集十余种。曾任刑部郎中、惠州太守、四川按察副使等。大约在康熙二十一年(1682)与曹寅相识于知交曹钤寓所,成为数十年好友。[②] 并在曹寅逝世后作诗十二首,回忆两人交谊。最后一首特别追叙两家世交之因缘,乃在曹寅祖父曹振彦对其父王鼎吕的救助之恩。

这首诗全文及作者自注如下:

> 三世论交七十年,君家祖德古名贤。感知未报虚先命,徒束生刍哭几筵。(注:国初先大人患难中获交于令祖,转运公护持指示,得归民籍。其详见《己丑病后寄公诗》注中。)

---

① 参见高树伟《王南村·风木图·曹寅——两份关于曹寅的新材料》,载《红楼梦学刊》2012 年第 2 辑。

② 参见宋健整理《王南村集》11 页《发现清初著名诗人王焯》及所附资料,天津古籍出版社2015 年版。

诗注极为重要。遗憾的是，找遍作者十几部诗集，[①]都没能发现他所说的《己丑病后寄公诗》及注，未知其详。不过仅仅从王煐的这首诗及注，人们已经可以大体了解事件的原委，即曹寅的祖父曹振彦（后任两浙都转运盐使司盐运使，故诗称"转运公"），曾经在"国初"于"患难"中救过王煐的父亲王鼎吕，使他"得归民籍"，王煐父子感恩戴德，这成为两家"三世论交七十年"的起点。

那么，王煐诗中所述的"祖德"是怎么一回事情呢？曹振彦是在什么情况下使王鼎吕"护持指示，得归民籍"的呢？这样一件事对于王家和曹家各意味着什么呢？

笔者对此进行了一番考索。

史料告诉我们，此事发生在清崇德元年（明崇祯九年，1636）的明清宝坻之战，因为这年皇太极改国号为"清"，所以身在清朝的王煐称为"国初"。[②]

《清太宗实录》和王先谦《东华录》对此次用兵记载较详细。据《清太宗实录》卷三十"崇德元年"，这年五月，皇太极命武英郡王阿济格等率兵伐明，九月己酉，阿济格遣使奏捷（文略），随后，皇太极给在宁锦待命的多尔衮和多铎的上谕对此有详细叙述：

> （乙卯）上谕奉命征西和硕睿亲王、和硕豫亲王等，近者往征燕京武英郡王有捷音至，赖上天眷佑，威声大振，克获城池，所在敌兵，无不披靡，我国出征将士俱无恙。朕心甚为慰惬，故令尔等知之。总计捷功，克十二城，败敌五十六次，或有获马甚多者，或有获五六匹以上者，共俘获人畜十七万九千八百二十，辎重等物无算。除粗恶外，已令人籍之以归矣。

其叙具体战役略引如下：

> 两黄旗、两红旗、镶蓝旗满洲蒙古共十旗攻定兴县，谭泰所领一旗兵，先登取之。拜尹图一旗兵独克安永县。叶臣一旗兵独克安州。两黄、两红、两白及镶蓝旗步兵及汉军共十旗兵合攻宝坻县，叶臣一旗兵穴其城，取

---

① 《清代诗文集汇编》收有王煐《忆雪楼集》《少作偶存》《田盘纪游》《涧上草》《蜀装》《芦中吟》《秋山吟》《崟衡游草》《并乡》《前后写忧》《还庚》等十余种，上海古籍出版社 2010 至 2012 年影印版。今人宋健编有《王南村集》，天津古籍出版社 2015 年版。王煐《挽曹荔轩使君十二首》载《芦中吟》。

② 清人称"国初"，指 1644 年顺治入关之前。如福格《听雨丛谈》卷一"满蒙汉旗分"条云"汉军乃辽东、三韩、三卫人民，国初称曰乌真超哈"；"笔帖式"条云"国初都沈阳时，未备文学翰林之职"等，中华书局 1984 年版。

之。……大军所向,在在成功如此,尔等闻之,自为欣悦。特谕。①

王先谦《东华录》对宝坻之战的叙述是:

> 两黄、两红、两白及镶蓝旗白奇超哈乌真超哈满洲蒙古汉人十固山合攻宝坻县,叶臣穴其城,取之。②

"白奇超哈"(《满文老档》第 28 册此处作"博奇超哈")、"乌真超哈"都是满语音译。"白奇超哈",张书才谓即为步兵。"乌真"满语意为"重的,沉重的","超哈"即"士兵","乌真超哈"即"重兵",因初建时与炮兵建立有关而得名。后成为"汉军"之名。《清史稿》志 105:"旧汉兵为乌真超哈。""乌真超哈曰汉军。"对照两条记叙,分别解释为"步兵"和"汉军"是正确的。《满文老档》记前方信使报告战事,关于宝坻之战叙述道:

> 宝坻县城四周皆放水,水深不能攻。见其桥毁处水浅,遂入壕内。沿壕掘洞,以毁其城。叶臣之孙戴萨喀先登。胡西(此处残缺)扬盖继之。城内有游击一员,知县一员,千总一员,时满蒙汉九旗兵攻克其城。③

满洲蒙古汉军十支部队合围攻宝坻,可见抵抗之激烈。计六奇《明季北略》则记载了知县被杀之事。该书卷十二"清兵入塞"条记载,明崇祯九年即清崇德元年(1636)七月:

> 初六丁未,清兵深入,掠山西。初八己酉,间道过昌平,降丁内应,城陷。……十六丁巳,攻宝坻,入之,杀知县赵国鼎。二十二癸亥,入定兴,杀家居少卿鹿善继,又入房山。都城戒严。④

据有关资料,宝坻"城被攻破,城内官员和民众被杀数千人,是为宝坻历史上死于战乱人数最多的一次。史称'丙子之难'"。⑤ 奇怪的是,《满文老档》对于此次入侵各地的战果,包括杀死、俘获人畜的情况记叙相当详尽,而于宝坻未置一词。是否对屠杀有所隐讳? 由于当时明王朝中央政权仍然存在,而清兵的

① 《清太宗实录》卷三十"崇德元年",《清实录》中华书局 1986 年影印本。
② [清]王先谦编撰《正续东华录》崇德一"九月己酉"条,撷华书局版,上海古籍出版社影印本。
③ 《满文老档》第十五函,26 册,中国第一历史档案馆、中国社科院历史研究所译注,中华书局 1990 年版。据"国学大师网"检索"乌真超哈",后金天聪八年(1634)定随固山额真行营之旧汉兵为"乌真超哈",顺治十七年(1660)定汉名为"汉军"。
④ [清]计六奇《明季北略》,中华书局 1984 年版。
⑤ 参见《宝坻话古今:宝坻城的演变》,载"宝坻微生活"2019 年 3 月 23 日。

入侵,并非"解民于倒悬",主要是为了掠取人畜,并且进行破坏和屠杀,因而遭到当地官民抵抗是必然的,这种抵抗也是完全正义的。这是对这场战争的基本性质的判断。

王鼎吕"得归民籍"史料考索

之所以需要了解这场战事,是因为事件的双方各在战场的一边。曹振彦在攻城的阿济格镶白旗麾下,而王鼎臣和他的父亲王溥则在协助县令赵国鼎守城。

关于王鼎吕在这场战事中的遭遇,主要有以下三条记载。一条是乾隆十年《宝坻县志》关于其父亲即王煐祖父王溥协助知县赵国鼎抗清全家殉难的记载:

> (王溥)字德涵,万历己酉乡举。甫读书即慨然以忠孝自命。垂髫矢恃,哀毁如成人。……崇祯九年,大兵猝至,溥助邑令赵国鼎死守。城破,或劝溥去,溥曰:"奈何负赵公?"但挥其子鼎吕出,曰:"先人一脉汝延之。吾毕命于此矣。"阖门男女殉者凡二十余人。事定,鼎吕归,乃号哭营葬。

一条是《宝坻县志》关于王鼎吕逃出的记载:

> (鼎吕)字翼明,溥之子也。明丙子城破,溥举家死于兵。鼎吕年十七耳。独与从侄烈得免。号哭营葬,并期功诸暴骸瘗之。

另一条是姜宸英为王鼎吕写的《翼明王君墓表》,其中关于王鼎吕出逃的过程写得较详细:

> 及明末被兵城陷,公一门自父通判公下,数十口尽罹其难,而王氏几不祀。独公与其从侄烈跳身得免。……当城陷时,公母李孺人先殁矣,通判公急命公出,公哀恋不忍,固遣之,不得已携幼弟缒城,遁伏潴田中三日,免,而幼弟竟失。归则号哭,营葬事。自通判公下,旁及期功,诸暴骸无不就穴者。时齿尚十七。以少也,外侮沓至,流寓京师数年,或侵其租入殆尽,悉隐忍,置不问……①

由于涉及所处时代的敏感话题,各条记载事有隐现。但可以看到一个非常悲壮动人的满门忠烈的抗清志士故事。年仅十七岁的王鼎吕在父亲的催促下

---

① 以上引文,参见宋健《王南村年谱》5 至 8 页,天津古籍出版社 2017 年版。另有《光绪顺天府志》等记载,大体相同,兹不赘引。

"跳身得免",留得一命。然而王鼎吕没能逃出虎口,他被清兵俘获。如果没有遇上曹振彦,他也会成为武英郡王带回盛京的"俘获人畜十七万九千八百二十"中的一个。至于从被俘到曹振彦使他"护持指示,得归民籍"的经过,也许同样由于涉及敏感话题,甚至涉及曹振彦的安全,各种记载均避而不提。幸好他的儿子王煐不忘救父之恩,特地在悼念曹寅的诗中叙及,否则,曹振彦的可贵义举就完全湮没了。现在,发现了王煐自述的第一手材料,事情的真实性就是绝对可靠而无可怀疑了。王煐把披露这一重要信息的时间点选在曹振彦及其儿子曹寅逝世后的康熙五十一年(1712),而不是父亲王鼎吕逝世后姜宸英作《墓表》的康熙三十六七年,①也意味深长,似可窥见这一事件的特殊政治性质,和刻意保护当事人的用心。

这显然牵涉到几个问题。第一,曹振彦必须在宝坻战场,他是以什么身份怎么来到宝坻的? 第二,他为什么能够救助王鼎臣? 如王煐所述"护持指示,得归民籍",像这种事情,没有一定的职权是做不到的。第三,他为什么要这样做? 在敌对的明清战场,这是有相当风险的事情,他敢于如此做,说明了什么?

在崇德元年(1636)之前,人们熟知的有关曹振彦的正式任职材料,是《清太宗实录》天聪八年(1634)的记载:"墨尔根戴青贝勒多尔衮属下旗鼓牛录章京曹振彦因有功加半个前程。"单纯凭这一条材料,人们很可能以为曹振彦就只是多尔衮麾下的仪卫亲兵(旗鼓)头目,或曰包衣佐领。就旗主的领属关系而言,这种说法大体不错。② 但事实上的领属关系层次可能更为复杂。多尔衮任镶白旗旗主是在天聪二年(1628),在此之前,旗主是其兄阿济格,这年三月,皇太极以"贝勒多铎欲娶国舅游击阿布泰之女,贝勒阿济格不奏请于上,又不与众贝勒议"等为由,夺了阿济格旗主之职,"上命罚阿济格……仍革固山贝勒任,以其弟贝勒多尔衮代之"。③ 至于阿济格何时开始任镶白旗旗主,学界尚无定论。④ 可见包衣曹家原是阿济格部属,后来旗主换了,但与阿济格的部属关系仍然未变。即阿济格虽然已非旗主,却还是包衣曹家的府主。崇德元年,皇太极下令,改旗鼓之名:"皇帝敕令驾下旗鼓及王贝勒旗鼓,今后俱不许称旗鼓。驾下旗鼓,满洲称凡担章京,汉人称旗手卫指挥。王贝勒旗鼓,满洲称摆塔大,汉人称长史。"

① 参见颂健《王南村年谱》240、328 页,天津古籍出版社 2017 年版。

② 张书才《曹寅全集·奏疏集·前言》,中华书局 2023 年版。

③ 《清太宗实录》卷四"天聪二年三月庚寅"条。

④ 黄一农认为,至迟在天命八年(1623)前,阿济格已任镶白旗旗主。参见《二重奏:红学与清史的对话》59 页,中华书局 2015 年版。

其职责,出征时率仅卫亲兵,平时则为管家。今存史料表明,崇德年间,曹振彦(或译作曹谨言、曹金颜,甚至邵振筵)确任镶白旗下长史,武英郡王下管家。①这才能够说明,为什么旗主多尔衮并未出征,而曹振彦却随阿济格出征。只因为他是府主阿济格的长史,统率一个半牛录(应为 450 人)的包衣汉人佐领。前引《清太宗实录》表明,宝坻之战有两白旗(正白、镶白)参加,作为镶白旗长史的曹振彦因此到了前线,这才有见到王鼎吕并施救的机会。

王鼎吕奉父命缒出城逃命,并非如姜宸英所言,潜伏在潴田(潴,积水之地)中三天逃脱,而是被清军俘获了,并且送到了曹振彦跟前,这才有王焴诗注所叙之事:

> 国初先大人于患难中获交于令祖,转运公护持指示,得归民籍。

"护持指示,得归民籍。"这是值得大书特书的八个字。它包含着异常丰富的信息内容和意义。从字面说,"护持",保护扶持照料;"指示",具体指点教导。由此四字,可知曹振彦对王鼎臣的态度和作为。"得归民籍"四字极为重要。"奴籍"和"民籍",对于王鼎吕,是除了生死之外的命运界限。而对于曹振彦,使王鼎吕免于为奴,回归家乡,就是他努力的目标和结果。虽然王焴未能提供更多的细节,无法还原彼时彼地的场景,但这一目标的最终实现,使我们有可能做一些合乎逻辑的推想。

这次清兵入关,意在骚扰、破坏和掠夺。从阿济格奏捷和皇太极上谕内容就可以看到,获取人畜财富是其最重要的目标。它反映了相对落后的满洲民族的生存和发展要求。掠取人口,就是为了增加劳动力和战斗力。所以,皇太极在前述上谕中特别提到,"除粗恶外,已令人籍之以归。""籍",就是登记造册。对于所俘获人口,就是进入"奴籍",而后再作为战利品,分配给贵族将士作为奖赏,成为"佐领下人""辛者库",或其他庄奴。像王鼎吕当时那样十七岁的年轻男子,尤为奴役之急需。由此可以想见,王鼎吕被俘后,进入奴籍的可能性有多大,而一旦进入奴籍,要摆脱厄运"得归民籍"又会多么困难,甚至不可能。而要使年轻男子王鼎吕逃脱为奴的命运,与当时清政权此次用兵的掠夺目标完全背道而驰。《大清律例》规定:"(俘囚)故纵者,不分官役,各与囚之徒、流、迁徙、充军同罪。"②在清初急需补充战斗力和劳动力的时代私纵俘囚肯定罪罚更重。

---

① 黄一农《二重奏:红学与清史的对话》46 至 55 页、59 页。

② 《大清律例》"捕亡"篇"徒流人逃"条。参见杜军强《私放在押人员罪法律适用探究》,郑州大学 2007 届硕士生学位论文。

天聪元年(1627),有生员岳起鸾上书,请求"与明和,应将汉人速行放还,否则亦当归其绅士",遭到皇太极痛斥:"至俘获士民,天之所与,岂可复还敌国耶?"并传谕众汉官议,结果是:"群臣力请曰:'此等之人,蓄谋向敌。不可不诛。'上从之。"①这位被杀的生员只不过提了不合时宜的建议,就被扣上可怕的罪名。而曹振彦更需有所行动,这样做,要冒着极大的政治和个人风险,弄得不好,将给自己和全家带来灭顶的灾祸。而从王鼎吕那面说,被俘之后,他不但担心自己的未来命运,更要面对眼前父母及殉难全家尸骨暴露在外、无人营葬掩埋的现实,可以想见,他会多么着急和痛苦!

这就是曹振彦和王鼎吕面对的严峻现实。在当时情况下,曹振彦想要实现这一目标,无疑困难重重。按照"得归民籍"语意分析,似乎是王鼎吕曾经一度已入"奴籍",而后才"得归民籍"。那么,这一"得归"的解救究竟是在宝坻当地完成的,还是被清军押到"盛京"(沈阳)以后才实现的? 按照前引有关史料的记载,王鼎吕后来"号哭营葬"其亲人的"暴骸",这就不可能离开宝坻太久或太远,而清兵此次行动是并不占领而只掠取人畜的。所以这一解救过程只能在很短的时间内实施完成。我们无法推知过程的细节。也许,曹振彦是利用了自己作为一位包衣汉人头目、阿济格统帅府长史的职权,以及通晓满汉两种语言的方便,来克服这些困难。例如,找出某种理由,将鼎吕列入皇太极所排除的"粗恶"不堪使用者,使其不"入籍";或者在入籍之初,尚未押送回程之时,让他得以脱逃;或者在"入籍"大局未定之时,为其巧妙改易,使其"得归民籍"……不论怎样做,都不难想象时间的紧迫和处置的艰难甚至风险,因为随着清军撤回关外,俘囚剃发易服,入籍已定,一切就难以挽回了。而在这一过程中,王鼎吕也许还可能遇到种种虐待伤害,是曹振彦的"护持指示",才让他受到保护指点,得以渡过难关,并且回归乡里,"号哭营葬"。从今天回想,在当时明清严重敌对形势和清政权严酷"奴籍"政策下,曹振彦能够使王鼎吕"得归民籍",简直是一个奇迹。难怪王煐会在父亲去世数十年后,仍念念不忘,要称颂曹振彦此举为"君家祖德古先贤",而崇德元年(1636)至曹寅逝世的康熙五十一年(1712),历振彦、玺、寅三代,正合"三世论交七十年"之意。

当然,由于王煐诗注过于简略,上述论述仍不免于推想。张书才先生提出另一种推想:此事是否也可能发生在顺治初年,因曹家在宝坻有授田,王鼎吕欲

---

① 《清太宗实录》卷二"天聪元年三月己巳"条。

带地投充(投充即为庄奴),而曹振彦助其归"民籍"?[1] 看来,这个问题的完全解决有待材料的进一步发掘考证。但曹振彦"护持指示"使王鼎吕"得归民籍"的基本事实及其意义是无可怀疑的。

"护持指示":曹振彦的义举和隐痛

曹振彦的义举对于王煐一家的意义显而易见,对于王煐与曹寅数十年交谊的意义已有人论述。然而,这一史实对于曹振彦和包衣曹家的意义何在,却是人们忽视的一个重要问题。

笔者认为,首先,它为我们揭示了曹振彦思想性格的一个重要方面。要分析曹振彦为什么能这样做,了解他的心理动机和过程是困难的,但却是有迹可循的。一个素昧平生的被俘获的宝坻年轻人,甚至是敌对的抗清志士的遗子,为什么能引起一位入满已久的包衣汉人头目曹振彦的深切关怀和同情,以至于使他敢于冒着风险给予救助? 他们的情感契合点在哪里? 王煐的诗注可以给我们提供答案,这个答案就是"得归民籍"所包含的信息内容。我们可以想象,这位十七岁小男孩为抗清全家殉难的身世,一定深深地触动了曹振彦的隐痛,因为十几年前后金天命六年(1621)努尔哈赤攻破沈阳城时,二十来岁的振彦正是同样被俘,与父亲和全家一起成为满洲包衣,而且世世代代无法改变其"奴籍"。虽然天聪三年(1629)皇太极选拔人才,"诸贝勒府以下及满洲蒙古家所有生员,俱令考试……得二百人,凡在皇上包衣下,及八贝勒等包衣下,及满洲蒙古家为奴者,尽皆拔出"[2],他也因此有幸成为"教官",但他一家的"奴籍"并未得到改变。可以说,"得归民籍"正是包衣曹家的心结和梦想。他不忍也不愿这位年轻人遭受他自己和包衣曹家受过的为奴之苦。如果真如有些人想象的那样,包衣奴才是主子的亲信,可以享受种种自由民没有的旗人特权和好处,他为什么不把王鼎吕带回去享受幸福,而要冒着风险给予救助呢? 事实是:无论在王鼎吕还是曹振彦心中,出"奴籍",归"民籍",都是当时脱离苦海的唯一抉择。尽管"民籍"并不意味着幸福,但对人的基本生存需求而言,自由乃是高于一切的价值。也许正是自己和全家浃肌沦髓的为奴之痛,和"己所不欲勿施于人"的仁爱情怀,以及血脉命运相连的民族同胞情感,驱使他做出了给予王鼎吕"护持指

---

① 张书才 2020 年 9 月 6 日致本人微信。
② 《清太宗实录》卷五"天聪三月"条。

示,得归民籍"的勇敢义举。

我们绝不应低估王鼎吕"得归民籍"事件对于曹振彦和包衣曹家的研究意义。可以说,在包衣曹家家世材料极其缺乏的今天,救助王鼎吕"护持指示,得归民籍"是一个重要的补充和突破口。它揭示了曹振彦隐秘的精神世界和人格修养的一个重要闪光点。过去,人们只看到曹振彦这位前明生员,入清后,历任"教官"、佐领、以"贡士"任州府官员,直到从三品盐运使,忠心耿耿步步上升的一面,曹振彦救助王鼎吕"得归民籍"的事件被发现,把他长期压抑掩埋的痛恨奴籍、向往民籍,痛恨奴役、向往自由的隐秘内心追求和敢作敢为的义勇精神推向了前台,闪耀出真正的人性光辉。按照这种思路,可以推想,也许曹振彦救助的并不止一人一事,可惜留下的历史记录太少太少,王煐诗及注的发现,已经弥足珍贵了。

王鼎吕"得归民籍"的发现和解读,也填补了包衣曹家精神传承研究的一个重要空白。本人在曹寅和曹雪芹研究中,发现了祖孙一脉相传的反奴情结和自由心性追求。本来,在清王朝"严主奴之分""严满汉之分"的基本国策下,世代为奴的包衣曹家的反奴情结和自由心性追求是一个完全合乎逻辑也合乎事实情理的人性命题。然而由于曹家一度享有的荣华富贵掩盖了这一基本事实,人们并未给予足够重视。而且,当试图把这种精神传承链条向上延伸时,还遇到了困难,出现了空白和断裂。空白和断裂带主要就是曹振彦一代。笔者曾经越过这一空白,寻找到前明武官曹锡远,从他被俘后拒绝出仕的倔强个性和不合作态度(这也许是其家族成为辽东曹氏中唯一沦为满洲包衣的一支的重要原因)发现家族传承渊源。[1] 但曹振彦的政治转向却使证据薄弱的探索遇到了困难。现在,王鼎吕"得归民籍"事件的发现和解读,使这一传承链条得到了完整的链接。原来,救助王鼎吕实现的"得归民籍"乃是被俘的曹振彦父子和全家的终世梦想,也是曹氏反奴情结后来得以延续并创造辉煌的起点。往后,是曹玺开始的与明遗民密切交往所隐含的民族回归情感。再往后,是曹寅的"身心相悖的双重人格",特别是他的奴性忠诚与反奴人格并存的复杂状态,他年少侍卫时期反复感叹"尘役苦无厌""辕辙何时休"的无法摆脱的行役之苦,他对亲友倾吐的"莫叹无荣名,要当出篱藩""身世悲深麦亦秋"的身世之感,他通过病鹤、羁马、笼鹰、圈虎等系列隐喻形象表达的羁囚之愤,他的爱石情结和作品石头意象

---

[1] 参见刘上生《走近曹雪芹——〈红楼梦〉心理新诠》170 至 174 页,湖南师范大学出版社 1997 年版;《曹寅与曹雪芹》11 至 18 页,海南出版社 2001 年版。

表达的自由心性追求。① 他对老友姚潜(1624—1709)侍养终身,不仅因为姚是气节高尚的明遗民,也还因为姚氏"值其妹家被祸,没入戚里为奴,不惜罄毁家赀,走京师,极尽谋虑,赎妹氏及孤甥以归",在这种义举里,我们依稀看到曹寅祖父振彦救助王鼎吕"得归民籍"的义举影子。② 直到曹雪芹,由于家庭变故、时代滋养和个性发展,祖辈的双重人格向"嶙峋更见此支离"的叛逆性人格转变,并通过《红楼梦》进行伟大的反奴艺术创造:他借助补天顽石隐喻"天不拘兮地不羁"的自由本性哲理,借晴雯、鸳鸯、龄官等形象奏出的"身为下贱,心比天高"的反奴人格强音,"纵再偶生于薄祚寒门,断不能为走卒健仆,甘遭庸人驱制驾驭"的"假语村言"(贾雨村言),通过贾宝玉"全放出去,与本人父母自便"传达的解放奴婢的理想,对等级奴役制度和奴性人格的揭露批判等等,以及曹雪芹晚年"出旗为民"争取人身自由的努力,③我们可以看到一条清晰的传承发展创新轨迹。④ 可以说,《红楼梦》不但凝聚着数千年的民族文化文学传承创造,也凝聚着作者及包衣曹家为奴的百年辛酸和反奴的百年梦想。

笔者认为,在曹雪芹家世研究中,存在着重材料考证、轻意义诠释,重血缘关系、轻精神传承的偏向。考证是基础,但没有意义诠释,材料的隐含信息就不可能得到充分的发掘和显示。王鼎吕"得归民籍"就是一个例子。当然,对包衣曹家精神传承的研究的意义远不止于弄清线索脉络,更在于加深对著作的博大深邃内涵的理解,并为曹雪芹著作权奠定独一无二、无可置辩的内证基础。因为只有走近曹雪芹,才能走进《红楼梦》。

包含曹振彦在内的包衣曹家的精神传承研究,正是走近曹雪芹的重要通道。

2020 年元月写,9 月改定

(原载《红楼梦学刊》2020 年第 6 辑)

---

① 参见刘上生《曹寅与曹雪芹》第三章,163 至 188 页。
② 参见方晓伟《曹寅评传年谱》205 页,广陵书社 2010 年版。
③ 参见刘上生《走近曹雪芹——〈红楼梦〉心理新诠》187 至 203 页。
④ 参见刘上生《论曹寅童奴生涯与〈红楼梦〉的反奴文化创造》,载《红楼梦学刊》2018 年第 1 辑。

|中　编|

论"曹学"与"红学"的内在沟通
——心理视点中的"曹学"

三个层面的"沟通"

从某种意义上说,20世纪的"红学"是以"曹学"作为新起点的。对曹雪芹生平及其家世的考证,成为新红学制胜旧红学索隐派的主要手段。从此以后,"红学"的每一步发展,几乎都离不开"曹学"。

"红学"与"曹学"的关系,就其一般意义而言,就是作品研究与作家研究的关系。由于研究对象的丰富、复杂、特殊和伟大,它们成了专门之"学"。因此,"红学"与"曹学"的沟通,必然遵循叙事性作品与作家联系的一般规律,但又必须体现《红楼梦》文本与作家联系的特殊规律。拙见以为,这种沟通可划分为由表及里的三个层面:本体层面、故事层面和心理层面。由于这三个层面实际上也是从三个视角——考据学、叙事学和心理学,研究同一问题的不同投影,所以,这种划分既具有认识论的意义,也具有方法论的意义。

本体层面,旨在确立作品与作家的根本联系。它解决的首要问题是文本归属与形成,前者即著作权,后者即创作过程,后一问题是前一问题的延续,故归根到底是著作权。新红学考证并确认了曹雪芹的著作权,奠定了"曹学"的地位和存在价值,建立了"曹学"与"红学"联系的根本通道,由此涌现了一批作者家世生平研究、创作过程研究、版本及脂批研究、探佚研究等"曹学"—"红学"著作,意义至为重大。这一层面的研究方法理所当然是也只能是考据。

故事层面,旨在确定文本内容与作家经验的关系。这一层面解决的问题,主要是文本内容性质和叙事特征。在这方面,新红学最大的功绩之一,是发现了《红楼梦》文本内容与作者家世生平的特殊关系,肯定了小说的自叙传性质。

它使得对作者家世生平的研究具有特殊意义，从而大大开拓了"曹学"领域。与此相联系的问题是文本叙事特征。"将真事隐去，用假语村言"，是《红楼梦》的基本写法，也是作家现实主义创作原则的独特表述，这已无异议。但是"真事"与"假语"的具体关系，换言之，即曹雪芹（及其家庭）所经历的历史世界和他所虚构的艺术世界的关系的具体阐释，作为叙事符号的"真甄假贾"意义的正确解读，需要以考据和叙事学研究的充分有效成果作基础，否则，"自传说"或"虚构说"各执一端，都难以自圆其说。由此可见，以叙事学为主视点，叙事研究与考据研究相结合，是本层面的方法论特色。这方面"曹学"与"红学"的沟通显然还大有可为。

"曹学"与"红学"在心理层面的沟通，是一种深隐的内在联系。从艺术心理学角度看，《红楼梦》所叙述的故事，乃是曹雪芹的精神载体和心灵投影。由于《红楼梦》文本内容的自叙传性质和"真事"与"假语"的二重性特征，因而，这一层面，就成为以心理学为主视点，心理研究、考据研究与叙事研究三结合的新天地。它与以考据为主视点的第一层面（本体层面），以叙事学为主视点的第二层面（故事层面），一起构成"曹学"与"红学"相沟通的各具理论方法特色而又交叉融合的层次分明的结构网络系统，展示出"曹学"推动"红学"并与"红学"共同繁荣的广阔前景。可惜的是，这一层面——依其特征，可称为心理视点的曹学，尚在拓荒。本文拟对此略加论述，以引起"红学"同仁和专家的重视。

心理视点：实证材料与记忆材料的心理意义

心理视点中的"曹学"，同样以实证研究作为基础，但它又有自己独特的领域和方法。实证研究的对象是物理世界，心理研究的对象是精神世界。实证研究注重材料的真实可靠，心理研究发掘材料的心理内涵。它既重视实证材料的心理意义，又重视虽非实证但却具有确切情感信息储存的记忆材料的心理意义。实证研究方法是考据，而运用现代心理学理论进行分析和阐释则是心理研究的方法特色。黄帝至今还无法用历史考古确证其人其事，但黄帝传说作为华夏子孙的远古集体记忆却有可供阐释的确切的民族心理内容。同样，曹雪芹家世的实际源流同曹氏家族关于自己祖先（特别是远祖）的集体记忆也不完全是一回事。就对《红楼梦》创作的意义而言，后者的重要性未必亚于前者。

根据冯其庸先生的考证:曹氏家族的入辽始祖是曹俊。[①] 但顺治十八年 (1661)曹士琦的《辽东曹氏宗谱叙言》和《五庆堂谱》却将明初开国功臣谥封安 国公的曹良臣奉为鼻祖[②],而曹俊并非曹良臣的儿子。从实证角度,曹良臣 是应该被否定的。但在心理视点中,曹良臣却是值得重视的。奉良臣为鼻 祖,是辽东曹氏至为宝贵的集体记忆。它反映了经历明末民族劫难、因"辽 阳失陷阖族播迁"(曹士琦《辽东曹氏宗谱叙言》)的曹氏家族对自己作为明 朝(公元 12 世纪以来统一中国的唯一汉民族王朝)开国功臣后裔和明代辽 东"巨族"的民族和家族自豪感,以及入清以后这种感情的挫折和失落。再往 上延伸,从冯其庸先生等发现的康熙二十三年(1684)未刊稿《江宁府志·曹玺 传》和康熙六十年(1721)《上元县志·曹玺传》[③],我们又看到了关于曹玺系宋 武惠王曹彬后裔的记载。虽然迄今为止,从曹彬到入辽始祖曹俊以至曹玺的世 系传承,找不到任何谱牒和其他文献记载,但是,由于上述二《志》,分别成于曹 玺弃世曹寅协理江宁织造和曹颙嗣任织造之时,以及主纂者于成龙、唐开陶与 曹家熟知的关系,因而"这两篇传记材料,应该说是比较可信的。其中关于曹家 的家史和祖籍等的记述,其材料很有可能直接来自曹家"。也就是说,它们肯定 反映了曹雪芹祖父辈对自己祖先的远世记忆和其中包含的民族与家族感情。 而从康熙二十九年(1690)曹寅为《楝亭图》征集的题咏中,人们又发现,对曹家 "祖功宗德"的颂扬,竟再上溯了一千余年,追述到了西汉开国功臣后封平阳侯 的曹参:"平阳苗裔,谯国英雄"(尤侗《楝亭赋》)、"高门衍世泽,贵胄属平阳"(张 渊懿《楝亭图跋诗》)、"籍甚平阳,羡奕叶,流传芳誉"(纳兰性德《满江红·题楝 亭图》)、"汉代数元功,平阳十八中。传来凡几叶,世职少司空"(阎若璩《赠曹子 清侍郎四律》)……[④]这种追溯称颂,当然更未必有谱系或史籍依据。就作者而 论,也许还包含交际酬酢的客套成分。但指向如此一致,这就意味着一定得到 了图主曹寅的认可。应该说,汉平阳侯曹参,这才是曹氏家族集体记忆的远祖 始点,血脉源头。可以作为佐证的是自署畸笏叟的曹氏家族后人在靖本第 18 回眉批中着意引用的庾信《哀江南赋序》中竟也有"平阳"一词:

是知并吞六合,不免轵道之灾;混一车书,无救平阳之祸。呜呼,山岳

---

① 冯其庸《曹雪芹家世新考》39 至 42 页,文化艺术出版社 1997 年版。

② 转引自冯其庸《曹雪芹家世新考》570 至 657 页,附录校本《五庆堂重修曹氏宗谱》。

③ 冯其庸著《曹雪芹家世新考》384 页《曹雪芹家世史料的新发现》,吴新雷、黄进德著《曹 雪芹江南家世丛考》1 页《关于曹雪芹家世的新资料》,黑龙江教育出版社 2000 年版。

④ 参见周汝昌《红楼梦新证》309、336、345、389 页,人民文学出版社 1976 年版。

崩颓，既履危亡之运；春秋迭代，不免去故之悲。天意人事，可以凄怆伤心者矣！①

可以肯定，在这段包含着民族兴衰和王朝兴亡感慨的文字里，"平阳之祸"不仅以晋喻明，而且暗寓与民族命运相联系的曹氏家族的历史劫难。② 而"平阳"，则成为包涵曹家家族之根和民族之根双重所指的符号。

曹良臣、曹彬、曹参，作为曹氏家族的远世祖先，都是查无实据的。但是，它们又都确实活在这个家族的集体记忆中，代代相传，并且动态地向上延伸，明—宋—汉。而这三位杰出人物的共同特点，则是他们都是汉民族王朝的开国功臣，都是武将出身，都"九死一生"开创了显赫的子孙家业（见《史记·曹相国世家》《宋史·曹彬传》及曹士琦《辽东曹氏宗谱叙言》）。因而对他们的追怀仰慕，显然是一种包含着民族历史记忆的家族记忆，它隐含着一个没满为奴的汉民族家庭子孙始终保持的精神忠诚和深哀剧痛。家族情感与民族忠诚的融合，这就是曹氏家族集体无意识的重要内容。

对"红学"来说，这个问题之所以值得研究和重视，是因为作为一种精神传承，它在曹雪芹的心灵和作品中留下了投影。这种投影的集合体，便是《红楼梦》中的贾府祖先宁荣二公形象。第53回"除夕祭宗祠"是曹雪芹用宏博富丽之笔所写的一篇"绝大典制文字"（王府本回首总批）。他精心安排了一位名字具有特殊寓意的人物宝琴（谐"保秦"）作为视点，写她初次进入"贾氏宗祠"因而细细"留神打谅"（其实，宝琴作为家族外人是不可能参与观看贾府祭祖过程的），借以从外到内展示宗祠面貌。在描述中，作者特别突出"先皇御笔"的"星辉辅弼"等匾额，和"勋业有光昭日月，功名无间及儿孙"等楹联，以及正堂上宁荣二祖"披蟒腰玉"的遗像，暗示贾府祖先乃是功业卓著辅佐帝王的开国元勋。这显然不是以包衣身份"从龙入关"仅有一般军功和供职内府的曹振彦、曹玺、曹寅等曹雪芹近世祖辈所可比拟的，然而却与曹良臣、曹彬、曹参这几位活在曹氏家族远世记忆中的汉民族王朝开国元勋颇为吻合。这里，且不说宁荣二祖形象与曹良臣这位"国公爷"多有相似之处（赵冈先生早曾指出这点③），也不说从第2回贾宝玉抓周的描述脱胎于《宋史·曹彬传》曹彬抓周的记载，可以看到末世子曹雪芹对他

---

① 陈庆浩《新编石头记脂砚斋评语辑校》315页，中国友谊出版公司1987年版。

② 西晋永嘉五年（311），匈奴人刘聪攻陷洛阳，晋怀帝被虏至平阳，遭杀害，西晋亡。这是汉民族王朝首次亡于外族。又，平阳又是传说中尧的帝都，见《帝王世纪》孔颖达疏。

③ 赵冈《曹氏宗谱与曹雪芹的上世》，载胡文彬、周雷编《海外红学论集》200至207页，上海古籍出版社1982年版。

的那位幼年抓周便显示"远大器,非常流"的远祖的敬慕和意味深长的独特回应,我想提出另一个不为人所重视的细节,第 29 回清虚观打醮神前拈戏:

> 贾珍一时来回:"神前拈了戏,头一本《白蛇记》。"贾母问:"《白蛇记》是什么故事?"贾珍道:"是汉高祖斩蛇方起首的故事,第二本是《满床笏》。"贾母笑道:"这倒是第二本上? 也罢了。神佛要这样,也只得罢了。"又问第三本,贾珍道:"第三本是《南柯梦》。"贾母听了便不言语。①

这里借神佛意旨,以三个剧目递相连接,暗示家族的盛衰史。《白蛇记》显然是寓创业。但如果演此戏是借刘邦斩蛇起义终成帝业隐喻贾府祖先创业,那是要犯"大不敬",招致祸殃的。只有一种解释可通,即此戏中包含着曹参追随刘邦起义建功立业开国封侯之事,按照曹氏家族的远祖记忆,这正是"祖功宗德"之始。曹雪芹通过这个戏,以假写真,确认自己的家族之根和民族之根。这同畸笏叟批语"平阳之祸"的用意是一样的。不过一以颂祖,一以伤今,情感侧重点不同罢了。由此看来,曹雪芹是封建社会和贵族统治阶级的批判者,却未必是他的包衣世仆之家的叛逆。他不但亲历了家族末世的繁华和衰败,更从这个清皇室奴隶家族保存的集体记忆中继承了极其宝贵的精神遗产——融化在祖先崇拜中的民族忠诚。由此,我们才可以解读第 53 回那篇一笔不苟而又恭谨精细地描写贾氏宗祠和祭祖仪式的庄严肃穆的"绝大典制文字"的真实内涵(关于祭祖仪式系用汉礼而非满礼的论述,详见拙著《走近曹雪芹》第二章第一节②),才可以明了作者选择"宝琴"(谐"保秦")作为视点,"偏就宝琴眼中款款叙来",暗寓于追怀"天恩祖德"中保持民族特性、民族情感的深刻用意,也才可以进而认识到作为曹氏家族重要精神传承的民族集体无意识,绝不是《红楼梦》中可有可无的内容或作者偶然的情感流露,而是一种推动曹雪芹创作的重要心理动力,并形成小说中一条隐蔽的情感曲线。联系清王朝所实行的"首崇满洲"的民族政策和曹家作为"旗籍汉人"所感受的民族歧视压迫,这一点本不难理解,但由于批判索隐派"反清复明"说时采取了连同脏水和洗澡的孩子一起泼出去的简单做法,问题反而变得复杂和模糊起来。现在,通过运用现代心理学理论,我们就可以充分揭示隐藏在曹氏家族情感和曹雪芹个体情感中的这一重要心理信息。

---

① 本文所引《红楼梦》内容及原文,均据中国艺术研究院红楼梦研究所校注本《红楼梦》,人民文学出版社 1982 年版。

② 参见刘上生《走近曹雪芹——〈红楼梦〉心理新诠》第二章第一节,湖南师范大学出版社 1997 年版。

精神传承研究的重要性

心理视点中的"曹学",同样以曹雪芹家世作为主要研究对象,但又有自己的阐释重点。家世研究重点在考证血缘关系,即遗传的生物学内容;心理研究重在探索精神传承,即遗传的心理学内容。家族(家庭)的精神传承当然以血缘关系为纽带,因此,不能离开家世考证的基础。但精神传承是在家族(家庭)的社会地位、社会文化环境与其主要成员的人生遭际、思想性格的冲突(性格与环境的关系)中形成的具有连续性的文化心理和人格心理传统,是比血缘关系更深刻、更强有力的心理脐带。对于以作品为其精神载体的作家,特别是曹雪芹这样以家族(家庭)史作为其小说重要叙事内容的作家,探索其血缘关系中的精神传承内核,对于揭示其创作和作品的心理奥秘,更是重要而又重要的事。

曹家是内务府包衣,这是人所共知的事实。但是,过去人们比较看重这种关系对曹家盛衰的影响,却比较忽视包衣世仆的身份地位给这个家族和曹雪芹本人造成的奴役创伤,及由此形成的精神性格。入清以后,曹家经历了百年盛衰,而百年盛衰的万事之本却是百年之前导致曹家没满为奴的那场民族和家族剧变,从心理角度考察,这也是形成曹氏家族精神传承的关键。如果说,曹氏家族的民族忠诚精神来源于他们所接受的民族文化传统和所经历的民族劫难;那么,在"主仆之分,满洲尤严"(陈康祺《郎潜纪闻》)的环境里,被迫为奴而又不甘为奴的自由心性就成为这个失去人身自由的奴仆世家的内在人格追求。当然,曹氏家族还有其他精神遗传基因,如曹寅所说的"程朱理必探"的理学家教传统,"好古嗜学"、骑射传家的文学武艺传统等等。但可以肯定地说,民族忠诚和自由心性乃是为其根本地位命运所决定了的家族精神传承的本质内容。

曹寅在入清以后的曹氏家族史中具有特别重要的承启地位,也是曹雪芹最崇敬并直接接受其影响的祖辈人物。(致使友人敦诚有过"雪芹曾随其先祖寅织造之任"[①]的误记。)把曹寅的履历、他给康熙的密折和他的《楝亭集》[②]对照阅读,我们会发现这位康熙宠臣的内心世界,存在着深刻的二重人格矛盾。一方面,是密折里那种蝼蚁自贱、犬马恋主、诚惶诚恐、效忠图报的卑微的奴才心态的反复表白:"窃臣寅身系家奴,蒙圣恩擢任,虽竭犬马之诚,难报高厚于万一"

---

① 〔清〕敦诚《四松堂集》抄本,见一粟编《古典文学研究资料汇编红楼梦卷》1页,中华书局1963年版。

② 〔清〕曹寅《楝亭集》,上海古籍出版社1978年影印本。本篇引文皆据此本,以下只注明卷数。

(《奏谢钦点淮盐并到任日期折》)、"臣蝼蚁下贱,过蒙圣恩,感激涕零,涓埃莫报"(《奏报自兖至宁一路闻见事宜折》)……①另一方面,却是其诗词自觉或不自觉地用各种方式流露的为奴的痛苦和不甘为奴的人格意志与自由理想追求。它们集中表现为两种情感内容,一是叹行役之苦,二是抒羁囚之悲。叹行役之苦,主要是他担任康熙侍卫和内府郎官时期(即任织造前)的作品,如"尘役苦无厌,俯躬自彷徨"(《楝亭诗钞》卷一《不寐》)、"我诵残春篇,慨焉叹行役。风露卧中宵,车马日枕藉。愧与名山邻,羞践世人迹。郁郁黄尘间,狂吟聊自适"(《楝亭诗钞》卷一《读梅耦长西山诗》)、"回身感旅宦,辕辙何时休"(《楝亭诗钞》卷一《赵北口》)。按,曹寅十二岁即"佩笔侍从"康熙,后担任御前侍卫,②屡随驾巡视,从猎。康熙十八年(1679),年廿二,已任銮仪卫治仪正,正四品。康熙二十三年(1684)后,又被任命为正白旗包衣第五参领第一旗鼓佐领。父丧后,协理江宁织造,诏升内府慎刑司郎官,仍兼佐领,直到康熙廿九年(1690)出任苏州织造,三十一年(1692)调江宁织造,备受康熙宠信,然而谁能想到他的内心掩藏着那么深的痛苦呢?诗中所发出的那种"王事靡盬,不遑启处"的呻吟,正是内务府包衣身受驱遣,不得自由,而又无法摆脱无穷无尽行役辛劳的生活写照。

抒羁囚之悲,这类在更深层次上表达作者内心情感的作品贯穿曹寅的一生,包括被称为"呼吸会能通帝座"的近二十年织造时期。这些作品多为咏物诗。曹寅对羁囚之物特别敏感,诸如圈虎、羁马、病鹤、笼鸟,甚至纸鸢风筝,都会引起他的强烈共鸣。这种心态,深刻映射出他的内心潜藏的为奴的悲哀。在这些借物寓志的诗作中,曹寅尽情倾吐自由人权被剥夺的悲愤和对自由与人的尊严的渴求。在他的笔下,失去自由备受欺凌的病鹤倔强地保持着自己的腾飞志向和高洁品格,这实际上就是诗人的自我写照:

> 白鹤翔高天,不受绊与羁。有时息毛羽,终焉触藩篱。哀鸣尔何为?纵步不能移。声随霜月苦,身被秋风欺。固知江海心,况乃云霞姿。忍饥已倔强,延颈还高窥。……(《楝亭诗别集》卷一《病鹤》)

在园囿中驯养的鹤群向往着野外的自由世界:

> 四鹤不同致,翛然神迥超。迭鸣如在野,群谪未归霄。深恨羽毛贵,谁加园囿遥。几时移密竹,休沐静相招。(《楝亭诗钞》卷二《北院鹤》)

---

① 《关于江宁织造曹家档案史料》23、47页,故宫博物院明清档案部编,中华书局1975年版。
② 现经考证,曹寅于康熙八年(1669)十二岁入宫,"佩笔侍从"康熙帝。见刘上生《曹寅与曹雪芹》第三章,海南出版社2001年版。

　　他痛恨一切羁囚之事,喜爱一切自由之物:"生憎圈人控骄马,绝爱牧儿飘纸鸢"(《楝亭诗钞》卷三《三月六日登鼓楼看花》)、"孤村流水连翩意,绣幕金笼那易知"(《楝亭诗钞》卷五《鸦鸣歌》)……不联系曹寅的皇家世仆的身份地位,人们怎能理解这位声隆江南、官至三品的康熙宠臣的深隐苦痛? 这是真正的自由心性之歌! 这是一位"心比天高,身为下贱"的奴隶的人格尊严之歌! 这是包衣曹家留给子孙的最宝贵的精神财富。

　　即使根据目前有限的材料,也可以发现大量事实,说明曹寅对曹雪芹的影响,和曹雪芹对祖父的特殊崇敬:曹雪芹刻骨铭心的"秦淮风月忆繁华",和他在《红楼梦》中的"备记风月繁华之盛",主要就是映射曹寅创造的曹家全盛时期生活;他在小说第13回借秦氏托梦拈出曹寅生前流露对家族前途隐忧的"树倒猢狲散"之语,作为对贾府命运的预言,第22回借贾母灯谜将此寓意又加以重复强调;第5回借警幻之口,述宁荣二公托其教诲嫡孙宝玉(按贾府世系,宝玉应为重孙),第29回借张道士之口,说宝玉像他爷爷("国公爷"),对自己与祖父的血缘与情感关系的特别暗示;第54回借贾母之口,述曹寅所作传奇《续琵琶》;曹雪芹字梦阮,与曹寅对阮籍的推崇的关系(见《赠洪昉思》诗"礼法谁尝轻阮籍");曹寅的风月诗酒情怀对曹雪芹个性的影响;曹寅诗中的"末世""无材"之愤在小说中的投影……但曹雪芹与他未曾睹面的祖父最重要的联系,乃是从这位先辈典范人物身上继承了自己家族的宝贵精神传统。曹寅的自由心性和人格意志,很容易使人联想到《红楼梦》中贾宝玉的个性自由追求和作为其性格寓体的那块"天不拘兮地不羁"的青埂峰顽石,联想到作为曹雪芹人格象征的自画石及敦敏的题诗"傲骨如君世已奇,嶙峋更见此支离"(《题芹圃画石》)。绝非偶然,曹寅的自由心性追求,也多次寄寓于爱石之情中。不妨说,《红楼梦》的石头构思,也来自曹寅的爱石情结。由曹寅亲自编选,手自刊落的《楝亭诗钞》卷首诗,就以"我有千里游,爱此一片石"开头,这首题为"坐弘济石壁下及暮而去"的五古就是一支天人合一、神与物游的自由畅想曲。而作于同时同地的另一首长诗《暮游弘济寺石壁回宿观音阁中》更明白地用"羁身婴世网,高兴久淹积"的语句表明这种自由追求的家族身世背景。也许是对祖父的着意回应,曹雪芹同样以石头故事作为自己小说的开头,而关于石头来自女娲补天所遗的神话构想,又明显可见曹寅《巫峡石歌》浪漫想象的痕迹,甚至祖孙二人对女娲的称呼(娲皇)也一样,都表现着对华夏祖先、汉文化本根的认同。当然,曹雪芹不仅仅是继承,他生活在与前辈完全不同的环境条件里,他已无缘像祖父那样因曾蒙受皇室主子的关怀恩宠而感激涕零,他所直接体验的是由于主奴关系的变化而带来的家族噩运和充当皇室仆役的精神屈辱。从他的朋友张宜泉《题芹溪居士》"苑召难忘立本羞"诗句含意看,他是蒙受过"名与厮役等"(参见《新唐书·阎立本传》)的严重羞辱的。这些体验和认识,对曹雪芹的心灵冲击和精神刺激是巨大而沉重的。[1] 家庭和个人地位的下降,又使他得以呼吸和接受晚明以来的先进思想和市民社会的自由空气,他终于摆脱了祖父辈奴性意识与自由心性并存的二重人格矛盾,而走向新的人格自觉和思想反叛。他也不仅仅把自己看作包衣曹家的末世子孙,他把被奴役的痛苦,扩展成为深厚博大的人道关怀。在《红楼梦》中,他对两个最不幸的社会群体——男权统治下的女子和等级制度底层的奴隶倾注了最大的同情,而把最热烈的赞歌奉献给个性自由理想和反奴人格的追求者和殉道者——宝玉、黛玉、晴雯等。在小说第2回他借"假语村言"明白宣称:

> 纵再偶生于薄祚寒门,断不能为走卒健仆,甘遭庸人驱制驾驭。

对于一个世代奴隶家族及其子孙,自由就是生命的根本意义和最高价值。曹雪芹用他的人生和艺术奋斗为他的奴隶家族奏响了生命的最强音。

以曹寅为代表的家族精神传承和曹雪芹对这种传承的接受改造,及其在《红楼梦》中的艺术投射,是一个有待充分研究的问题。既然《红楼梦》是一部以"真事"为基础、以家庭生活为题材的小说,既然曹雪芹与他的家庭(家族)生活命运和精神命运息息相通,并由此联结时代、民族和民众命运,获得深广的社会内容,那么,"曹学"对于"红学"就会有无可穷尽的意义,而心理视点的"曹学"以其独特的阐释和发现必将大有可为。

个体意识与无意识研究

心理视点中的"曹学",同样以曹雪芹生平思想研究作为中心,但又有自己的认识角度和层次。一般生平研究只考察作家的现实活动,即具有外在物质形式的生命内容,而心理研究则探索其精神活动。精神活动也有其物质形式和成果,如文字著述和其他现实言行。因此,这种探索,当然不能离开生平考证。但精神本身是非物质的,从物质形式表现入手,深入揭示其非物质的生命活动内容,这便是心理研究的视角。它既深化了实证研究,又可与实证研究相补充发明,心理研究同一般的思想研究也不同,思想研究只涉及意识到的心理内容,而

---

[1]　以上论述,参见刘上生《走近曹雪芹——〈红楼梦〉心理新诠》第三章第二、三节,湖南师范大学出版社 1997 年版。

心理研究还要探寻隐藏的潜意识——无意识世界。用弗洛伊德的比喻,意识只是浮在海面上的一角冰山,而无意识却是淹没在海水里的十分之九的冰山。这是人类的心理"黑箱"。要完全打开这个"黑箱",现在还是不可能的。但是借助于现代心理学的个体无意识和集体无意识理论,我们可以达到新的深度。

举一个例子,从在"悼红轩"创作《红楼梦》的曹雪芹与在"怡红院"生活的小说主人公贾宝玉的对应关系中,人们不难察知,贾宝玉的怡红心性,就是少年雪芹的自我投影;而曹雪芹的悼红情结,正是怡红心性受挫理想失落所致。那么,少年雪芹的怡红心性是怎样形成的呢? 以前,人们已经作过一些社会学的阐释。现在,我试从心理学的角度作某种补充。

小说第 2 回贾雨村叙甄宝玉的"顽劣憨痴种种异常"时说:

> 他令尊也曾下死笞楚过几次,无奈竟不能改。每打的吃疼不过时,他便"姐姐""妹妹"乱叫起来。后来听得里面女儿们拿他取笑:"因何打急了只管叫姐妹做甚? 莫不是求姐妹去说情讨饶? 你岂不愧些!"他回答的最妙。他说:"急疼之时,只叫'姐姐''妹妹'字样,或可解疼也未可知。因叫了一声,便果觉不疼了,遂得了秘法:每疼痛之极,便连叫姐妹起来了。"

按小说的"真甄假贾"手法,甄宝玉的故事应来自曹雪芹的直接生活体验"真事"。这里描写的甄宝玉情感心理值得深味。太史公曰:"夫天者,人之始也;父母者,人之本也。人穷则反本。故劳苦倦极,未尝不呼天也;疾痛惨怛,未尝不呼父母也。"(《史记·屈原贾生列传》)甄宝玉挨打而呼姐妹,反映了一种由于缺少父母慈爱(主要是母爱)而发生的无意识情感置换,证以第 3 回宝玉摔玉时贾母恐吓"还不好生慎重带上,仔细你娘知道了"。甄贾相映,说明在幼年雪芹心中母亲确已非慈爱而是威严的化身。按照弗洛伊德的理论,恋母情结是最早出现的个体无意识心理。如果曹雪芹是曹颙的遗腹子的考证可以成立,①那

---

① 曹雪芹的生父及生年,学术界有不同意见。李玄伯、王利器持曹颙遗腹子生于康熙五十四年(1715)说(李玄伯《曹雪芹家世新考》,载 1931 年《故宫周刊》,王利器《马氏遗腹子·曹天佑·曹霑》,载《红楼梦学刊》1980 年第 4 辑);吴新雷持曹颙遗腹子生于康熙五十年(1711)说(吴新雷、黄进德著《曹雪芹江南家世丛考》69 至 91 页);胡文彬持珍儿"遗腹子"康熙五十年生说(《书带小同开叶细——珍儿"遗腹子"摭说》,载《读遍红楼》,书海出版社 2004 年版);张书才论"珍儿"即曹寅长子曹颜,持曹颜遗腹子生于康熙五十年说(《曹雪芹家世生平探源》190 至 205 页,白山出版社 2009 年版);冯其庸持曹颙之子康熙五十四年说(《曹雪芹家世新考》290 至 291 页,文化艺术出版社 1997 年版);周汝昌持曹頫次子生于雍正二年(1724)说(《曹雪芹小传》25 页,华艺出版社 1998 年版)。

么,正常双亲家庭父严母慈的职能与情感角色分工,由于父亲曹颙早逝、寡母马氏必须承担起严父的管教职责(或者说,必须支持嗣叔曹頫的管教)而出现了紊乱,导致幼年雪芹既失父怙又少母慈。正是这种特殊的情感环境驱使他到"闺友闺情"中寻找母爱的替代和补偿。富有意味的是,在《红楼梦》中,从女娲到警幻的女神形象置换所包含的从原始母神崇拜到文明社会女性美崇拜这一人类集体无意识历程,同甄(贾)宝玉形象折射出的恋母情结置换为怡红心性的作家个体无意识历程,是如此契合对应。这就说明,上述心理分析,并非主观臆想,而是有着考证和文本(叙事)依据的,它正体现了心理视点的"曹学"的方法论特色。当然,由于实证材料的缺乏,和与文本联系的复杂,这种探索目前还必须谨慎行事。

历史的经验值得注意。如果说"曹学"曾经成为 20 世纪的"红学"的突破口,那么,可以预期"曹学"与"红学"的多层次、多渠道、全方位沟通必将迎来"红学"发展的新世纪。

(原载《中国文学研究》1998 年第 3 期)

[附记]本文是笔者参加 1997 年北京国际红学研讨会的论文。二十余年来,笔者一直坚持其基本观点,致力于实现"曹学"与"红学"的沟通。但具体论述有待修正之处。如关于曹雪芹的生父,在学界诸说中,文章取雪芹系曹颙遗腹子说,就只是一种可能性的推论。心理研究必须以实证材料作为基础,才能避免主观臆想。为保持原貌,收入本书时未作修改。

2019 年 5 月 22 日

《红楼梦》的真甄假贾
和曹雪芹的创作情结（上）

　　"将真事隐去，用假语村言"，是《红楼梦》的基本写法；真（甄）假（贾），是《红楼梦》的解读关键。这一点，读了"此开卷第一回也"的作者自白①，自然是毋庸赘言的了。困难在于对"真""假"的探索和诠释。因此，有所谓"旧红学"的索隐和"新红学"的考证。比较起穿凿臆测、支解分离的索隐，从作者的家世遭际去考证作品的本事，无论观点和方法都是一个很大的进步。这就是"自传说"（或"自叙传说"）虽然经历猛烈冲击而终于为红学界许多人所认同的原因。但"自传说"也有不能圆满之处，于是人们便用小说文体论（"虚构说"）补充甚或纠正之。这样做，当然很方便，但却把真（甄）假（贾）的真谛丢在了一边，似乎大逆曹公本意，无以服人。于是，攻自传之阙，寻本事之谜，成为新索隐派出现的契机。红学纷争，无有已时。如果在学术研究中，对对立的派别不是采取完全排斥和否定的态度，而是以理性的头脑、实践的尺度具体分析，那么，我们将会发现，即使方法完全错误的索隐，也未尝不包含某些合理因素，特别是他们那种执意探究小说深层内蕴的精神。如果谨慎择取，斟酌损益，甚至实现索隐、实证和现代心理学、艺术美学之间的某种联姻，这是否会更有利于红学的前进呢？

　　本着这一思路，本文拟对《红楼梦》的"真甄假贾"问题作进一步探讨。本文的基本观点是：在《红楼梦》的"假语村言"里，曹雪芹有意隐去了他的家庭"包衣-仕宦"双重身份和"满籍-汉姓"双重族别这一基本"真事"，寓意深远地寄托了他对汉民族本根和反奴-自由个性本根意义的寻求。民族归宗情结和自由本根情结，是《红楼梦》创作的深层心理动因，石头一身二任的总体构思和复合形象的创造，则是双重情结的艺术载体。

---

① 　本文所论《红楼梦》内容及引文，均据中国艺术研究院红楼梦研究所校注本《红楼梦》，人民文学出版社1982年版。

解开《红楼梦》的"真甄假贾"之谜,正确的方法,当然首先是"真""假"对照,弄清《红楼梦》的"假语村言"隐去的"真事"。在此基础上,再进一步探究,它们在"假语村言"里是怎样表现的,为什么要这样表现。这里有两种情况:一为隐含之"真事",可谓之"假"(贾)中之"真"(甄);一为隐没之"真事",姑谓之"假"(贾)外之"真"(甄)。二者颇不相同。前者与艺术形象有着对应联系,并通过形象描写直观显现,虽隐而可见,故较易把握;后者则是隐没得很深的人生经历和情感体验,由于种种原因,往往并不直接把艺术形象作为自己的对应物,而是首先作用于作家的创作心理,形成一种郁积纡曲、纠缠难解、不能自已的情结,转化为深层的创作冲动,最终蕴藏在作品的整体构思之中,故隐而难见。对"假外之真"的探寻当然比"假中之真"有更多困惑,一则资料不足,二则易生歧义,但仍有端倪可察。而且既然一般艺术虚构理论的解释只能浅尝辄止,那么,对这一特殊问题的深究就无法回避。上述几种方法的联姻,就不妨看作一次尝试。

本文将对此展开论述,以就教大方。

假中之真:"假语"隐含之"真事"

"假作真时真亦假"。"假中之真"是诠释"真甄假贾"的起点。如果不能确定现实曹家与艺术贾府即生活原型与艺术形象之间的对应关系,那么,就根本无法理解曹雪芹的创作原则,也就无法进入《红楼梦》的艺术本体。好在这一方面,"自传说"或"自叙传说"的考证家们已取得了大量成果。为了给下面探究"假外之真"提供必要的前提,试综述列举其要如下:

1. 第1回作者借石头之口,说明这是"亲自经历的一段陈迹故事","至若离合悲欢,兴衰际遇,则又追踪蹑迹,不敢稍加穿凿,徒为供人之目而反失其真传者","虽其中大旨谈情,亦不过实录其事"。

2. 明义《题红楼梦》组诗序云:"曹子雪芹出所撰《红楼梦》一部,备记风月繁华之盛,盖其先为江宁织府……余见其钞本焉。"明义为曹雪芹友人,这组最早的题红诗可能作于曹雪芹生前或死后不久。[1] 证以敦诚、敦敏兄弟赠雪芹诗中多有"秦淮风月忆繁华""秦淮旧梦人犹在""废馆颓楼梦旧家"等句,可知《红楼梦》所写之"风月繁华"正是曹子自叙。以下诸条,则具体显现着小说贾府所包

---

① [清]富察明义《绿烟琐窗集》。明义诗作时间,朱淡文认为当在乾隆二十四年(1759)至二十七年(1762)间,见《红楼梦论源》202页,江苏古籍出版社1992年版;周汝昌认为在乾隆三十五年(1770)或稍后,见《红楼梦新证》1072页,人民文学出版社1976年版。

含的现实曹家的生活内容。

3. 第 2 回叙荣宁二府俱在金陵,甄家也在金陵。甄(真)家即影射曹家。曹家三代四人(曹玺、曹寅、曹颙、曹頫)任江宁织造,家焉近六十年。同回叙林如海"点盐政""钦点出为巡盐御史",按康熙四十三年(1704)起,曹寅与李煦奉旨轮流兼两淮"盐政"(以前称巡盐御史)。

4. 第 2 回叙"皇上因恤先臣……遂额外赐了这政老爹(按:贾政)一个主事之衔,令其入部习学,如今现已升了员外郎了"。按康熙五十四年(1715)曹颙病故,曹頫过继为寅嗣子,并补放江宁织造,给予主事之职。五十六年(1717)十一月,曹頫升为员外郎。①

5. 第 3 回写"荣禧堂"联:"座上珠玑昭日月,堂前黼黻焕烟霞。"按:织造负责宫内及官用绸缎等纺织品,故时人多以黼黻之事称颂曹家。如熊赐履《挽曹督造》"黼黻九重劳补衮"、纳兰成德《曹司空手植楝树记》"于时尚方资黼黻之华"、叶燮《楝亭记》"佐天子垂裳黼黻之治"、王鸿绪《曹荔轩楝亭图》"惟帝日作服,黼黻资垂裳"等等。②

6. 第 4 回叙贾史王薛四家"连络有亲,一损皆损,一荣皆荣"。按:康熙以曹寅出任江宁织造,李煦任苏州织造,孙文成任杭州织造,即因其连络有亲,曾口谕"三处织造,视同一体"③。

7. 第 5 回警幻转述荣宁二公之语:"吾家自国朝定鼎以来,功名奕世,富贵传流,虽历百年,奈运终数尽……"第 13 回秦氏托梦于凤姐云:"如今我们家赫赫扬扬,已将百载。"按:从顺治元年(1644)曹振彦随正白旗主多尔衮入关(即所谓"国朝定鼎"),至雍正六年(1728)曹頫被抄家,至乾隆初(至迟为乾隆八年,1743 年)彻底破败,曹家兴衰史,恰近百年之数。

8. 第 5 回《红楼梦曲》:"好一似食尽鸟投林,落了片白茫茫大地真干净!"喻贾府败亡结局。按:乾隆八年(1743)夏屈复《消暑诗十六首·曹荔轩织造》:"诗书家计俱冰雪,何处飘零有子孙?"④曹家正悲惨至此。

9. 第 13 回秦氏托梦说:"一日倘或乐极悲生,若应了那句'树倒猢狲散'的俗语,岂不虚称了一世的诗书旧族了!"按:"树倒猢狲散"正是曹寅生前常说的

---

① 参见《关于江宁织造曹家档案史料》128、155 页,故宫博物院明清档案部编,中华书局1975 年版。

② 参见周汝昌《红楼梦新证》304、310、329、331 页,人民文学出版社 1976 年版。

③ 《关于江宁织造曹家档案史料》41 页。

④ [清]屈复《弱水集》卷十四《消暑诗十六首》。

寓有禅意的话。施琫《病中杂赋》诗自注云:"曹栋亭公时拈佛语,对坐客云:'树倒猢狲散。'今忆斯言,车轮腹转。"周汝昌《红楼梦新证》指出,"树倒"一语,"又出宋人《谈薮》,曹咏为秦桧戚党,初得势,后败,贬新州,厉德斯(按:一作'新')乃作《树倒猢狲散赋》以刺之,寅之拈此,亦自用曹姓故事"①。寅以曹寓曹,雪芹以贾寓曹,一脉相承。

10.第16回贾琏奶妈赵嬷嬷同凤姐等谈起当年太祖皇帝仿舜巡(暗指康熙南巡)事时说:"还有如今江南的甄家,嗳哟,好势派,独他家接驾四次。"按:甄家即影曹家,康熙三十八年(1699)、四十二年(1703)、四十四年(1705)、四十六年(1707)四次南巡,皆以江宁织造署为行宫,是为"接驾四次"。

11.第53回乌进孝对贾珍说:"(我兄弟)他现管着那府里(指荣府)八处庄地,比爷这边多着几倍。"按:据隋赫德《奏细查曹頫房地产及家人情形折》,曹家在江南"地八处,共十九顷六十七亩"②。乌进孝的黑山村虽未言地域,但从他说路上走了一个多月,所送年货又多鹿獐狍野猪羊等猎兽看,似在关外,此或暗指曹家祖籍奉天,今考证为辽阳(详冯其庸《曹雪芹家世新考》)。

12.第54回贾母指湘云道:"我象他这么大的时节,他爷爷有一班小戏……《续琵琶》的《胡笳十八拍》,竟成了真的了。"按:曹寅在苏州、江宁织造任上都蓄有家伶,见尤侗《题北红拂记》等。《续琵琶》为寅所作传奇。③

13.第63回探春抽得"日边红杏倚云栽"诗签,众人笑道:"我们家已有了个王妃,难道你也是王妃不成?"此签暗示探春结局。按《永宪录续编》载,"寅……二女皆为王妃"④,其长女适平郡王纳尔苏,次女适王子侍卫某。

14.第74回探春拒检时说:"你们今日早起不曾议论甄家,自己家里好好的抄家,果然今日真抄了。"按:甄家被抄,即曹家被抄。先有甄(真)事,后有贾(假)语,故贾府抄家写在80回后。

15.脂批于书中描写之人物、事件、对话甚至细节,多次指出实有其事。如甲戌本第25回侧批"句句都是耳闻目睹者。并非杜撰而有,作者与余实实经过",庚辰本第74回双行夹批"此等事作者曾经,批者曾经,实系一写往事"、第77回双行

---

① 周汝昌《红楼梦新证》517页。

② 《关于江宁织造曹家档案史料》187页。

③ 参见周汝昌《红楼梦新证》353至356页。

④ [清]萧奭《永宪录续编》(中华书局1959年版):"寅,字子清……母为圣祖保母,二女皆为王妃。"

夹批"此亦是余旧日目睹亲闻、作者身历之现成文字"等等。①

"假中之真"是小说"假贾真甄"的表层，它运用将某些现实生活素材融入"假语村言"的手法，从贾府盛衰的艺术描写中折射现实曹家盛衰经历，以书中某些主要人物的感情经历折射作者及其亲友的感情经历，"自传说"或"自叙传说"的主要论据也大体是这些。

假外之真：改造和隐没

"满纸荒唐言，一把辛酸泪。"单凭艺术与现实的线性对应，就能品出《红楼梦》的"味"吗？否。"假中之真"只是认识"假语村言"的基础，"假外之真"才是真甄假贾的核心。这是真假相分，即小说贾府对现实曹家着意改造的一面，也是小说对现实生活进行广泛艺术概括的一面。从心理学角度看，创作乃是作家的"白日梦"，因此，概括也是为了改造。揭示"假外之真"，我们才可以把握作家的深层创作心理，并进而探究小说的深隐内蕴。

运用比照方法，可以发现，在小说中这种改造主要表现在以下四个方面：

1. 隐去曹家世代包衣的奴仆身份，改造为一代王朝的勋爵世家。

《红楼梦》的贾府，系以军功起家的世袭上层贵族。第 7 回焦大对贾蓉说："你祖宗九死一生挣下这家业。"这位老奴常因曾跟从贾府祖先"出过三四回兵""从死人堆里把太爷背了出来"而自诩为贾府功臣。

贾府的一切皆来自祖先功业。从贾氏宗祠门联为"勋业有光昭日月，功名无间及儿孙""已后儿孙承福德，至今黎庶念荣宁"，且"俱是御笔"，可知贾府先人乃功业卓著之开国元勋。

曹家则是由明入清的包衣奴仆世家。在明末与后金的战争中，曹雪芹五世祖曹锡远（世选）——世袭沈阳中卫指挥使职——及其子振彦被俘降后金，振彦至迟在天聪八年（1634，明崇祯七年）拨入满洲正白旗，后任包衣汉人佐领。"'包衣'系满语音译，直译为'家里的'，意译为'家奴'，这意味着曹振彦及其父曹锡远已经沦为满洲贵族的家奴，而且将子子孙孙永为奴仆，除非有极其偶然的原因获主子同意出旗开户，其奴隶身份不能改变。"②这就是曹家的根本身份。

---

① 陈庆浩《新编石头记脂砚斋评语辑校》458、664、679 页，中国友谊出版公司 1987 年版。

② 郑天挺《探微集》88 至 89 页，中华书局 1980 年版。参见朱淡文《红楼梦论源》第一编第一章，江苏古籍出版社 1992 年版。

曹家在清朝的仕宦经历是从曹振彦开始的。顺治七年(1650),振彦以贡士出任山西平阳府吉州知州,后官至两浙都运盐使盐法道,似为文职出身。其子玺确有军功。冯其庸等人发现的康熙二十三年(1684)稿本《江宁府志》,六十年(1721)刊本《上元县志》曹玺传均载"随王师征山右有建绩"之语。但曹家并非因此而兴。其"风月繁华之盛",从根本上来自已转为"内务府包衣"(皇室奴仆世家)的曹玺、寅父子与康熙皇帝的密切主奴关系。玺妻孙氏"为圣祖保母"(萧奭《永宪录续编》),故玺为顺治拨入内廷侍卫后,康熙二年(1663),以内务府郎中"特简督理江宁织造",直任至二十三年卒于官,成为专任江宁织造的第一人(见《江南通志》卷一百五、《八旗通志》卷四十五《职官志》)。寅幼侍康熙读,少年入为康熙侍卫,自称"从幼豢养,包衣下贱,屡沐天恩"。玺卒后,寅于康熙二十九年(1690)出为苏州织造,三十一年(1692)兼江宁织造,至五十一年(1712)去世,康熙以"曹寅在彼处居住年久,并已建置房产,现在亦难迁移,此缺著即以其子连生(按:曹颙)补放织造郎中"(《内务府总管赫奕等奏请补放江宁织造折》)[1]。五十四年(1715)颙死,康熙痛惜之余,又因考虑"他的祖、父,先前也很勤劳。现在倘若迁移他的家产,将致破毁",命李煦从寅弟曹荃(宣)诸子中考察后,"特命曹頫承继宗祧,袭职织造,得以养赡孤寡,保全身家"(《内务府奏请将曹頫给曹寅之妻为嗣并补江宁织造折》《苏州织造李煦奏宣示曹頫承继宗祧袭职织造折》)[2]。可见曹家三代四人先后继任,并非织造可以世袭,而是康熙的特殊恩典。这与贾府那种世袭罔替的贵族根本不可同日而语。要之,没有"世代包衣"的身份,就没有曹家"世代簪缨"的地位,且即使获得了"世代簪缨"的地位,也仍然无法改变"包衣奴仆"的身份。《红楼梦》所隐去的,正是曹家这种可悲的"包衣-仕宦"双重身份。

2.隐去曹家由汉入满的族籍变化,改造为表面模糊、内涵清晰的汉民族本根和汉文化本位。

《红楼梦》称所叙故事,"第一件(按:可见其重要性)无朝代年纪可考"(1回)。但在实际描写中,又处处透露出当朝的信息。即以小说中提到的戏曲,就有清初李玉《一捧雪》、洪昇《长生殿》(17—18回)、邱园《虎囊弹》(22回)、范希哲《满床笏》(29回)、无名氏《混元盒》(54回),直到曹寅的《续琵琶》(54回)等。这种处理的重要目的之一,就是有意模糊乃至改造书中皇权的民族性质。书中

---

[1] 《关于江宁织造曹家档案史料》105页。

[2] 《关于江宁织造曹家档案史料》125、129页。

贾府的族别也不明显,但有重要暗示。第63回宝玉为芳官取番名"耶律雄奴"时,说了一番话:"雄奴二音,又与匈奴相通,都是犬戎名姓。况且这两种人自尧舜时便为中华之患,晋唐诸朝,深受其害。幸得咱们有福,生在当今之世,大舜之正裔,圣虞之功德仁孝,赫赫格天……我们正该作践他们,为君父生色。"明夷夏之辨,强调大舜"正裔",甚至带有轻视"夷狄"的大汉族主义思想,这是典型的汉民族本位观念,而绝非以少数民族入主中原的清统治者或旗人的思想。雍正在《大义觉迷录》中批驳具有强烈汉民族意识的吕留良强调"华夷之分"的"徒谓本朝以满洲之君入为中国之主"的言论时,辩护说"不知本朝之为满洲,犹中国之有籍贯","何得有华夷中外之论哉"。雍正十一年(1733)上谕云:"我朝肇基东海之滨,统一诸国,君临天下,所承之统,尧舜以来,中外一家之统也。"这是用"中外一家"掩盖清政权的民族压迫性质。引用上述文字对照,目的是说明曹雪芹以"无朝代年纪可考"为掩护,把实际上描述本朝的"假语村言"故事的主人公族别以至皇权性质改换成为汉民族本体,这可是大有深意的笔墨。小说叙贾府及其姻亲王、史、薛均祖籍金陵,见第4回"护官符",如贾府"宁国荣国二公之后,共二十房分,除宁荣亲派八房在都外,现原籍(金陵,按:故明都)住者十二房。"言外之意,是地地道道的汉人。

以汉入满,这正是曹雪芹着意隐去的曹家又一"真事"。曹家祖籍即辽阳(见吴葵之《吉州全志》卷三、嘉庆《山西通志》卷八十二、《大同府志》卷二十一、《敕修浙江通志》卷一百二十二、《重修两浙盐法志》卷二十二及《楝亭诗钞》等)。自从曹锡远、振彦降后金并入满洲正白旗又转内务府包衣之后,曹家就成为满洲旗人了。周汝昌《红楼梦新证·籍贯出身》章指出:《江南通志》所载曹寅、曹頫等都注明是"满洲人",注意那时的"满洲"不是说明地理上的意味,而是说明种族旗籍的。总之,到康熙时代的曹家,在制度上早已是满洲人了。故乾隆初年所修《八旗满洲氏族通谱》即将曹家列入"附载满洲旗分内之尼堪姓氏"类目之下,"尼堪"为满语"汉人"之义。这即是说,曹家既已被"抬旗",承认为满族(当时的统治民族)人,又被列入满族的"另册",因为是汉姓,这就仍然无法逃脱其他汉人所受的民族压迫和歧视命运。而这一命运又与曹家虽为"世代簪缨"却仍然无法改变其"包衣下人"的命运联系在一起。双重的荣耀("满人""仕宦")后面藏着双重的屈辱("汉姓""包衣"),这就难怪曹雪芹要极力隐去这一真事了。①

3.隐去曹家内务府官员外任织造的卑微地位，改造成权势煊赫、交通王侯的京师豪门。

《红楼梦》中贾府系一等公爵，位仅在诸王之下，列五等爵之首。宁荣二公与镇理齐治修缮六国公合称"八公"，为天子辅弼，故贾氏宗祠有"先皇御笔"所书"星辉辅弼"四字，可见位高权重。爵位世袭，至贾珍犹为三品威烈将军。元春晋封贵妃，贾府更成为外戚。与贾府"一损皆损，一荣皆荣"的王、史、薛三家，史系侯爵，王系伯爵，王子腾为京营节度使后升九省统制，薛家有百万富，现为皇商。四大家族是该省"最有权有势极富极贵"之势力。贾府的地位，还可以从其交游看出，宁府冢孙媳秦可卿死葬，四王八公均设路祭，规格逾常。朝中掌权太监经常往来，至于平时生辰年节吉凶庆吊，冠盖相属，书中都曾列出一长串王公权贵的名单。王熙凤可以利用贾府的名义使唤长安节度使（地方最高长官），可以用银子让都察院（最高检察机关）按其旨意办事。贾府权势之炙手可热，于此可见一斑。贾府属于上层贵族集团，殆无疑义。

曹家虽称显官，却远非贾府可比。曹家最大的荣耀来自康熙帝的个人宠信，来自皇帝主子对善能充当"股肱耳目"的家奴的特别垂青。诸如四次接驾、密折陈奏，进京陛见，朱批口谕，御书赐匾，加官晋级，诰命封赠，乃至曹玺死时亲临抚孤，曹寅病重时驿马送药，以及寅死颙继，颙死頫嗣，直接过问曹家家事等等。但这绝不意味着曹家进入了当时的上层统治集团，更非世袭封爵的贵族。曹振彦官至盐法道，正四品（据黄本骥《历代职官表》），曹玺以内务府郎中（正四品）任江宁织造，死后方封赠工部尚书，故人称"司空"。曹寅以正五品銮仪卫治仪正提升为内务府慎刑司郎官、会计司郎中、广储司郎中（正四品），出任苏州、江宁织造。康熙四十四年（1705）南巡，以预备行宫，勤劳诚敬，授通政使司（正三品）虚衔。康熙五十一年（1712）曹寅死，曹颙继任织造，次年补放内务府主事，正六品。曹頫继职，赐主事职，五十六年（1717）升员外郎，从五品。应该特别指出，织造（应称织造监督或督理织造）只是为皇室办事的人员。明代即在江宁、苏州、杭州设织造处（清仍此），由织造太监管理。清入关后，罢织造太

---

① 张书才《曹雪芹旗籍考辨》（载《红楼梦学刊》1982 年第 3 辑）根据大量档案史料，论述了包衣汉人的民族地位。指出，在清统治者"首崇满洲"的基本国策下，旗籍包衣汉人所受到的民族歧视是很严重的。强调他们"原系汉人，并非满洲"，并严禁冒充满洲。所以双重族籍的说法并不符合实际。本人在《走近曹雪芹——〈红楼梦〉心理新诠》一书中已据此作了更正。

监,归属工部。顺治十八年(1661)归隶内务府,三织造处各设监督一人,由内务府郎中、员外郎选任。① 所以,玺、寅、颙、頫任织造,均需带内务府官职,品级并不高。雍正曾多次蔑称"奉差职造人员"为"微末小人"。② 雍正十年(1732)五月上谕内阁曾严厉斥责:"织造本非大员,而在外体统任意僭越……妄诞已极,嗣后著严行禁止。倘有以片纸只字干谒地方官而不按品级规矩僭越妄行者,定行严重治罪。"此时曹家早已抄家。但仍可由此察知织造的实际地位。说穿了,这种由皇室奴仆"内务府包衣"升任的职务,虽因肩负某些皇家特殊使命而颇令人侧目,但其性质地位都同内官太监差不多,根本不可同外官和上层贵族相提并论。

正因为如此,所以从史料看,即使在曹家最为显赫最受康熙宠信的曹寅时期,其所交游,也主要是一批名士,而非王公贵族。这种交游,除了与曹寅的文学才华、气质及汉文化意识有关,除了(有学者推想)可能受康熙之托,有意识地做汉族知识分子的工作之外,也反映了曹家的实际政治地位。"因之,曹寅之于名士,都把他们尊之为座上客。"(王利器《李士桢李煦父子年谱前言》)③周汝昌先生在《红楼梦新证·史事稽年》里,曾汇集为曹寅《楝亭图》题咏之作,并分析指出:"综计流品,前明遗民颇在搜集,其次则多系戊午岁博鸿所举名流,再次则不甚显达而文名藉甚之士。"④在名士们的眼里,曹家确是"呼吸会能通帝座"(张云章《题仪真察院楼呈醝使曹李二公》)的特殊"使臣";其实,在王公贵族特别是皇室心中,"包衣下人"永远是供他们使唤服役的奴才。康熙四十七年(1708)九月废太子胤礽训词有云"(胤礽)赋性奢侈,著伊乳母之夫凌普为内务府总管。……凌普更为贪婪,致使包衣下人无不怨恨",这其中就包括康熙四十四年(1705)至四十七年间凌普随意从曹寅李煦处取去大宗银两之事(见《八贝勒等奏查报讯问曹寅李煦家人等取付款项情形折》)。⑤ 后来导致曹李两家受到雍正严惩的与皇八子胤禩、九子胤禟的关系应也属这类事件。故周汝昌认为:康熙皇子以江南织造衙门为其取钱取货的"庄号""代办处"⑥,这确是事实。《红楼梦》中,通过太监来贾府勒索银两,对此作了侧面的轻微得多的反映。因

---

① 参见李鹏年等著《清代国家中央机关概述》112 页,紫禁城出版社 1989 年版。

② 《朱批谕旨》第十三册李馥卷。

③ 王利器《李士桢李煦父子年谱》,北京出版社 1983 年版。

④ 周汝昌《红楼梦新证》374 页。

⑤ 《关于江宁织造曹家档案史料》60 页。

⑥ 周汝昌《红楼梦新证》473 页。

为贾府终究是真正的权贵，而曹家却是卑贱的下人。出于宠信，康熙曾亲自指配，以曹寅之女（改满姓姓曹佳氏）为平郡王纳尔苏妃，后生福彭，雍正末至乾隆初权重一时，这是曹家地位最高的一门亲戚。《红楼梦》中，元春为皇贵妃，显然是曹雪芹把姑母"提了一级"，这是他在小说改造现实曹家政治地位的着意用笔。

《红楼梦》中的贾府，祖籍金陵，袭爵京都，在关外有大量庄田。天颜咫尺，故贾府与皇室及中央机构均可发生直接的经常的密切关系。元春封妃后，贾母和王夫人可在规定时间（每月逢二、六）入宫探望，元春亦有可能蒙恩省亲；老太妃死，贾母和邢、王、尤氏婆媳祖孙等皆每日入朝随祭。由于位近中枢，也才有前述贾府与四王六公贵族集团的关系网络。可以说，贾府的显赫地位，既来自四大家族在祖籍的"有权有势极富极贵"的历史根基，也来自其在京师的现实政治联系。

曹家祖籍辽阳，长期任职并置产江南，入关后，曹家置祖茔于京都附近，曹玺、曹寅、曹頫死后皆归葬北方。但曹家的兴盛，曹家与皇室的关系，则主要是以江宁织造府为依托和基地的。可以说，不外放织造，曹家在京都就永远不过是皇家的侍卫奴仆和内务府的普通官员，就不可能取得充当康熙私人耳目和心腹的特殊身份，也就没有后来几十年的赫赫扬扬。"秦淮风月忆繁华"，这是曹雪芹刻骨铭心的往事。但是，在《红楼梦》里，曹雪芹却作了一个跟现实原型方向相反的位移。如果联系上述几个方面，就不难看出其用意，乃在以府第京师改造身份，在"假语村言"中，使包衣曹家变成真正的阀阅贵族之家。这确是艺术家曹雪芹的白日梦。

还应该指出，与这种旨在从根本上提高政治地位的艺术虚构相适应，曹雪芹对贾府的物质财富和物质生活也作了现实曹家所难以比拟的夸张描写。曹家人口，据隋赫德于曹頫抄家后向雍正报告："家人大小男女，共一百十四口"。而《红楼梦》中贾府人口上千。第5回贾宝玉说："如今单我家里，上上下下，就有几百个女孩子。"第52回麝月说："家里上千的人，你也跑来，我也跑来，我们认人问姓，还认不清呢。"杜世杰据小说各回描写统计，"贾府光是上夜的男女，就要三百人以上"[①]。如此看来，贾府绝不止千人，是现实曹家人口的8倍以上。贾府财产无确数。第72回贾琏因贾母寿辰用了几千两银子，几家人情又要三二千，周太监又来讨借（实为勒掯）一千两，感到困窘无奈，说："这会子再发

---

① 杜世杰《红楼梦考释》第三篇第三章第八节，中国文学出版社1995年版。

个三二百万的财就好了。"言外之意,贾府曾发过这种财,即财富至少达到三二百万两银子的程度。现实曹家如何?康熙四十四年(1705),曹寅、李煦曾为康熙南巡捐银修行宫,二人各捐二万两,很可能"不过是拿着皇帝家的银子往皇帝身上使"(第16回赵嬷嬷语),所以后来两人均亏欠数十万两银粮。即算所捐为家财而非挪公款,以捐十分之一计,估计曹家全盛时财产也不会超过二十万两。以李煦任织造三十年,与曹寅轮管两淮盐政十年,雍正元年(1723)查抄家产时估银十二万两可证。至于曹頫被抄家时,除房屋田地家人,"余则桌椅、床机、旧衣零星等件及当票百余张外,并无别项",仅外欠银本利共三万余两。① 可见,在"假语村言"中,作者对贾府的财富与消费的描写是被大大夸张了的。这有助于帮助我们认识《红楼梦》写实的艺术性质。第46回贾母为贾赦欲讨鸳鸯为妾,生气道:"他要什么人,我这里有钱,叫他只管一万八千的买。"一派财大气粗的口吻。并非嫁娶,买妾何用一万八千?后来贾赦花了八百两银子买了一个十七岁的女孩嫣红,这也不见得符合生活真实。李煦抄家时,家人女儿折价不过百十余两。如"马二夫妇,妾一人,女儿五人,婴儿一人,折银一百二十两"②。李煦于康熙五十二年(1713)用银八百两买五个苏州女子送给皇八子胤禩,应是最高品价。③ 贾赦何必用高出市价数倍乃至数十倍的价钱买人?这样写,不过是为了渲染贵族贾府的豪奢靡费而已。由此看来,秦氏之丧的隆盛也好,元春省亲的铺张也好,乌进孝送租的清单也好,贾母寿辰的贺礼也好,都既不是现实曹家的生活记录,也不能作为历史来读,它们都是曹雪芹笔下的幻想世界的组成部分。其构思意图,乃在改造现实,创造一个真正进入上层社会的贵族之家,并通过对家族悲剧的描写,把批判矛头指向腐朽没落的贵族统治阶级。

4. 隐去曹家兴衰系于皇室的政治背景,改造为对贵族家庭的内部观照。

《红楼梦》的基本内容之一是家族悲剧即贾府衰败史,小说艺术地展现出这一由于自身腐烂和内部矛盾最后导致外力打击而彻底败亡的过程,并把主要笔墨集中于贵族世家的内部观照即自我解剖上。第2回借冷子兴之口,对"外面的架子虽未甚倒,内囊却也尽上来了"的已呈衰势的贾府的内在矛盾作了全面分析,特别强调"更有一件大事……如今的儿孙,竟一代不如一代",成为以下家族悲剧展示的纲领。第44回琏凤之争,特别是第55回探春理家之后,更强化

① 《关于江宁织造曹家档案史料》205页、187至188页。

② 王利器《李士桢李煦父子年谱》504页。

③ 《关于江宁织造曹家档案史料》210页。

了家族内部权力斗争的描写,并多次借探春之口警告:"可知这样大族人家,若从外头杀来,一时是杀不死的⋯⋯必须先从家里自杀自灭起来,才能一败涂地!"(第74回)于是第80回以前遂有作为以后外抄(抄家)预演的自抄(抄检大观园)。应该承认,这是《红楼梦》的异常深刻之处。

现实曹家的衰败史内情尚待深入研究。一些红学家受《红楼梦》小说和脂批的启示,已开始把注意力转向对曹家内部矛盾的考索上(如朱淡文《红楼梦论源》),但现有材料仍更多地显示出曹家与皇室的主奴关系变化,特别是受康雍朝政局更迭的影响。康熙四十六年(1707),第六次南巡结束,曹家四次接驾任务完成。四十七年(1708)第一次废太子胤礽,皇室争权斗争加剧。四十九年(1710)八月廿二日康熙在李煦奏折上朱批首次提出织造亏空问题,表示极大的关切:"风闻库帑亏空者甚多,却不知尔等作何法补完?留心,留心,留心,留心!"十天以后,即九月二日康熙又在曹寅进晴雨录折上朱批:"两淮情弊多端,亏空甚多,必要设法补完,任内无事方好,不可疏忽。千万小心,小心,小心,小心!"①自此,亏空帑项,即成为康熙与煦、寅主奴间最关心的问题,也成为李煦于雍正元年(1723)、曹頫于雍正五年(1727)底先后获罪抄家的主要原因。雍正与乃父态度不同的是,康熙设法让其弥补,雍正则借口对其惩办。显然,在这里,经济问题成了政治斗争的手段。雍正上台后,为巩固统治,打击异己势力(包括父亲亲信),何况还发现曹、李两家与其政敌胤礽、胤禩、胤禟有牵连,小小的包衣奴才自然成为可怜的政治牺牲品。至于曹家在乾隆初的彻底败亡与当时皇室政治斗争的关系,虽然材料不足,但周汝昌先生等也进行了初步探究。总之,作为皇室奴仆的曹家兴衰命系皇室。所谓"成也萧何,败也萧何"。曹家之败亡,主要不是由于内部腐烂,而是外力打击,殆无疑问。在当时历史条件下,小说《红楼梦》隐去曹家衰败的政治背景是不得已,也是绝对必要的。这也许影响了对封建皇权政治的批判力量,但却加强了对贵族统治阶级的揭露和解剖深度,失之东隅,收之桑榆,也未尝不是好事。

总之,以"假中之真"观之,贾府颇似曹家,然以"假外之真"观之,则贾府大不类乎曹家。如前所述,这不仅仅因为作者借助虚构进行了艺术概括,也因为他出于隐衷,有意对现实原型进行了改造。这种隐衷是什么呢?就是他在"假语村言"中有意隐没的真事。特别是"包衣-仕宦"双重身份和"满籍-汉姓"的双重族籍,质而言之,没满为奴,是曹家入清经历的万事之本。世代包衣、内务府

---

① 《关于江宁织造曹家档案史料》77、78页。

官差、外任织造、密迩皇室、荣耀败辱，都由此而来。这是曹氏家族后人永远无法抹去的历史投影。到了曹家败落之际，随着雍乾两朝统治者"严满汉之分""严主奴之分"的政策的变化，这种投影就变得格外深厚和沉重，终于在曹雪芹身上凝聚成无法消解的心理情结，驱动着《红楼梦》的构思和创作。

（原载《红楼梦学刊》1996 年第 3 辑，注释有补充）

《红楼梦》的真甄假贾和曹雪芹的创作情结(下)

二重情结

"世之真能文者,比其初皆非有意于为文也。其胸中有如许无状可怪之事,其喉间有如许欲吐而不敢吐之物,其口头又时时有许多欲语而莫可所以告语之处,蓄极积久,势不能遏。一旦见景生情,触目兴叹,夺他人之酒杯,浇自己之垒块;诉心中之不平,感数奇于千载。"(李贽《焚书·杂说》)这就是文学创作的"情感动力说"。现代心理学把人的情感内驱力与外界压力之间的对峙和纠葛称为"情结"。创作就是"情结"的排解、疏泄、转移、升华。[①] 这种理论有助于揭示作家创作的深层心理奥秘。那么,驱动着曹雪芹在《红楼梦》中创造那么一个扑朔迷离的"真甄假贾"的艺术世界的是些什么情结,这些情结又是在怎样的内外冲突中形成和转化的呢?

既宣扬满汉一体,又严满汉之分;既重视主奴关系,又严主奴之别,是清统治者在民族关系和阶级关系上长期实行的双重政策。清统治者有时根据不同的政治形势和自己统治利益的需要,调整或强调政策的某一侧面。但从根本上说,严满汉之分,严主奴之别,是为这个政权的民族压迫和阶级压迫性质决定的。曹雪芹的二重创作情结就是在这样的历史与政策环境中在自己的现实体验里形成的。

1. 对旗籍汉人的歧视和曹雪芹的民族回归情结。

以思想统治和民族政策大体言之,康熙朝尚宽,雍正趋严,乾隆似宽而实

---

① 钱谷融、鲁枢元《文学心理学教程》10 页,华东师范大学出版社 1987 年版。

严。平定三藩之乱后，国内政局趋于稳定，康熙更重视对汉族知识分子的利用笼络（康熙生母佟妃——佟佳氏系汉军之女，恐怕也是一个因素），故文字狱甚少，雍正、乾隆朝则文字狱激增。雍正一面宣称"朕即位以来，视满汉臣工均为一体"（《雍正朝起居注》四年十二月二十六日），但同时又强调"八旗满洲为我朝根本"（《上谕内阁》三年三月十三日）。他极力维持满人的特权地位，甚至禁止满汉通婚，防止满人汉化。乾隆在民族问题上似乎较乃父更敏感。雍正为显示大度，曾于十一年（1733）谕旨禁刊写书籍讳避胡、虏、夷、狄等字，而乾隆御纂《四库全书》等时，"其搜采各书，兼有自挟种族之惭，不愿人以'胡'字、'虏'字、'夷'字加诸汉族以外族人，触其忌讳，于是毁弃灭迹者有之，刊削篇幅者有之……以发扬文化之美举，构成无数文字之狱，此为满汉仇嫉之恶因"①。

这种"满汉仇嫉"，对曹雪芹影响最大的，则是他作为旗籍汉人所感受的民族歧视。

清初，统治者利用旗籍制度对汉人实行分化。曹家作为上三旗包衣汉姓，地位高于汉军旗人，而汉军旗人又高于旗外一般汉人。郭则沄《知寒轩谈荟》云：

> 内务府包衣颇有由汉人隶旗者，其先亦多系罪人家属；而既附旗籍，即不复问其原来氏族，其子孙之入仕者，宦途升转，且较汉籍为优。

"不复问其原来氏族"，并未做到。乾隆即位后，雍正十三年十二月朔，命修《八旗满洲氏族通谱》，戒毋得"分别满汉"。然而后来《通谱凡例》中却明白写道：

> 乾隆五年十二月初八日奏定：蒙古、高丽、尼堪（满语"汉人"）、台尼堪、抚顺尼堪等人员从前入于满洲旗内，历年久远者，注明伊等情由，附于满洲姓氏之后。

曹家即列入卷七四"附载满洲旗分内之尼堪姓氏"类目之下。而此时距曹家归旗，至少在一百年以上，曹家已历六代，但清统治者对"尼堪姓氏"仍然另眼相看。而《通谱凡例》同时却规定"汉军、蒙古旗分内有满洲姓氏实系满洲者，应仍编入满洲姓中"。在姓氏问题上的民族观念和界线是十分清楚的。

还要指出，自雍正后期，内务府包衣汉人地位高于汉军的情况也在发生变化。雍正八年（1730），规定"内务府人丁甚众，于充役当差之外，其闲散人丁亦

---

① 孟森《明清史讲义》下册 555 页，中华书局 1981 年版。

可拨入八旗披甲"。是年以内务府人过继(按:曹頫即为嗣子)、养子等项人丁二千余名拨入各旗汉军,"视内务府汉姓人为汉军同类,亦自此滥觞"①。乾隆三年(1738),命八旗包衣,归汉军考试。清《皇朝文献通考·选举考》载:"乾隆三年议准:包衣人员……此等原系汉人因由满洲都统咨送,每有在满额内中式者,悉行改正,并饬严行禁止。"同书《学校考》载,乾隆四年(1739),清厘满洲汉军籍贯,"内(务府)管领下……之旧汉人,均别册送部,归入汉军额内考试"。故福格《听雨丛谈》云:"内(务府)三旗管领……每一管领下统有满、蒙、汉三项人。康熙年间,考试均归于满洲,今则汉姓人亦归于八旗汉军考试。"而实际上,按礼部规定,八旗汉军中式名额只有满洲、蒙古一半。"据此知自乾隆三四年为始,包衣人员与汉军之关系,对包衣人之观念与名称,遂皆逐渐发生变化。"②这与乾隆四年,乾隆帝查问内务府诸人来历,江宁织造李英奉旨陈奏家世支流,五年(1740)《八旗满洲氏族通谱》附"尼堪姓氏"于满洲姓氏之后,七年(1742)为解决"八旗生计"(实为甩包袱),准八旗汉军出旗为民(详见后文)等动向联系起来,显然可以看到清统治者为保护本民族利益与统治地位,对旗籍汉人加强了歧视性处置。而这些事情,正发生在曹家受到雍、乾二朝两次打击,曹雪芹身膺深创剧痛之时。一个具有高度文明和悠久传统的强大民族的子孙,由于被征服没身为奴,追随统治民族百年之久,最终发现他们仍然无法摆脱被统治被歧视的地位,这难道不足以唤起他们的民族屈辱感与尊严感,并强化其对统治民族的疏离心理和向本民族归宗的强烈愿望吗? 有人认为"清朝开国后百年的曹雪芹,除了血液里还有'汉'外,已是百分之百的满洲旗人",殊不知正是在中华历史长河里流淌了数千年的血液里的"汉",足以苏醒一切沉睡了、淡漠了的民族意识。

　　关于曹雪芹是否可能具有并表现民族意识的问题,在考证派批判索隐派"吊明揭清"说时曾加以否定。但事实并非如此简单。首先值得注意的,是雪芹祖父曹寅与一批以民族气节相尚的明遗民知识分子的密切交往,这些人包括马銮、杜濬、杜岕、钱秉镫、顾景星、姚潜、余怀、陈恭尹、朱赤霞、胡静夫、释大健、石涛(八大山人)、恽寿平等。其中马銮是寅幼时塾师,师生情笃;顾景星与寅为舅甥,过从甚密。二杜与黄周星、周蓼恤被称为"湖广四强",以孤介峻厉著称,而与寅为忘年交。杜岕长寅四十余岁,谊同兄弟,秉镫曾坚持抗清二十余年,却以八十一岁高龄拜候曹寅,临终前以子孙相托。还有一些虽然仕清但著作流露明

① 周汝昌《红楼梦新证》653 页,人民文学出版社 1976 年版。
② 周汝昌《红楼梦新证》691 页。

显民族意识的,如洪昇,其《长生殿》即为曹寅激赏并在织造府演出。过去,人们仅仅用曹寅为康熙笼络汉族知识分子来解释,其实更为根本的,恐怕是他们之间的民族文化情感的沟通和共鸣。杜岕寄寅诗有"异姓交情笃,惟君知我心"句(《琰儿书来述荔轩屡梦予感赋奉怀卸以代柬》),周汝昌根据杜岕曹寅相知甚深的交往及赠诗认为"'异姓'云云,隐谓满汉出处,身份迥异,非张王姓氏之义"①,是很精到的。这表明这位满洲包衣汉人既忠诚于主子又认同于汉民族文化的复杂心态得到遗民们的理解和接受。因此,曹寅才敢于向他们吐露深藏的忧惧:"称心岁月荒唐过,垂老文章恐惧成。"(《读洪昉思稗畦行卷感赠一首兼寄赵秋谷赞善》,《楝亭诗钞》卷四)朋友们也才敢于对曹寅提出处世的规箴:"经纬救世言,委蛇遵时策。"(杜岕《思贤篇》)"处乎才不才之间……功成而天下晏如,身同于磐石之安。"(叶燮《楝亭记》)他们有的以汉相曹参为其远祖,称寅为"平阳苗裔","汉代数元功,平阳十八中"(阎若璩《赠曹子清侍郎四律》),有的同他大谈有着鲜明汉民族历史印记的刘邦、孔明、郭子仪、李光弼和"宋南渡一二将相"(叶燮《楝亭记》)。这些显然绝非一般的文字应酬,而是心神默契。只是由于深受康熙宠信,曹寅的民族感情,尚是一种潜在的本能心态。②

曹雪芹崇敬祖父并深受其影响。曹寅自定《楝亭诗钞》以"我有千里游,爱此一片石"开卷(卷一《坐弘济石壁下及暮而去》),同样酷爱石头的曹雪芹以"石头记"叙事开头,这恐怕不是偶合,作为《红楼梦》发端的女娲补天遗石的神话构想,更可见曹寅《巫峡石歌》的痕迹。歌云"娲皇采炼古所遗,廉角磢砻用不得",书中说无材不堪入选,娲皇弃之不用;歌云"胡乃不生口窍纳灵气",书中写"自经锻炼之后,灵性已通";歌云"嗟哉石,顽而矿",书中屡称"顽石"。而另一神话木石情缘发生地三生石,也正包含着与三峡有关的故事(见袁郊《甘泽谣·圆观》)。特别值得提出的,是祖孙二人对女娲的称呼(娲皇)也一样,都表现着对华夏汉文化本根的认同。他们的血管里都流着自己祖先的血液。③

历史渊源、文化传承和雍乾两朝政治打击与民族歧视的现实体验,终于激活了曹家子孙昔日因荣宠而沉埋数十年的民族情感,并在曹雪芹心中掀起了波澜。

---

① 周汝昌《红楼梦新证》316 页。

② 参见刘上生《走近曹雪芹——〈红楼梦〉心理新诠》第一章第二节,19 至 21 页,湖南师范大学出版社 1997 年版。

③ 参见刘上生《走近曹雪芹——〈红楼梦〉心理新诠》第三章第二、三节,174 至 177 页、184至 186 页。

最早提出这一点的是曹雪芹的亲友和合作者脂砚斋。甲戌本第1回在"我把你这有命无运累及爹娘之物"一段处,有如下眉批:

> 八个字屈死多少英雄?屈死多少忠臣孝子?屈死多少仁人志士?屈死多少词客骚人?今又被作者将此一把眼泪洒与闺阁之中,见得裙钗尚遭逢此数,况天下之男子乎?

> 看他所写开卷之第一个女子便用此二语以订终身,则知托言寓意之旨,谁谓独寄兴于一情字耶?

> 武侯之三分,武穆之二帝,二贤之恨,及今不尽,况今之草芥乎?

> 家国君父,事有小大之殊,其理其运其数则略无差异。知运知数者,则必谅而后叹也。

这是脂批中政治色彩最浓的一段话。特别是把武侯(诸葛亮)与武穆(岳飞)联系起来,称为"二贤之恨",这是在汉民族遭受异族压迫欺凌统治的时代(首先是在南宋)产生的强烈民族情感。北宋为女真(金)所灭,南宋对金屈辱称臣,而清(后金)正是女真后裔,明亡于清,脂批所谓"及今不尽",所指为何,所谓"知运知数",在叹惜什么,不是很清楚吗?应该说,就曹氏先祖而言,家国君父之恨是联系在一起的。复苏了民族情感的曹雪芹当然不可能产生反清复明的思想,但他渴望洗雪由汉入满的耻辱,渴望实现民族回归的心愿是强烈而不可遏止的。这既成为他的现实要求,也是他构想和创作《红楼梦》的精神动力。不如此,他就永远无法平静地生活,这就是曹雪芹的心理情结。

2.包衣下人的屈辱和曹雪芹的反奴-自由本根情结。

"八旗世族,奴主之分尚严。"(郭则沄《知寒轩谈荟》)"主仆之分,满洲尤严。"(陈康祺《郎潜纪闻三笔》)这是因为满族是带着浓厚的奴隶制残余进入封建社会并定鼎中原的。

包衣是一种特殊的家奴。包衣对主人的世代人身依附地位,特别是内务府包衣为皇室世代服役所形成的密切关系,使包衣汉人较一般汉官奴仆甚至普通汉人更容易得到清统治者宠信。清代有些包衣甚至还当了尚书、巡抚、翰林、学士、大学士等显要官职,包衣的女儿也有人成为帝王后妃(但需抬旗或改姓)。但是,这些出身包衣的人物虽已跻身显贵,却并不意味着已经改变了和主家之间的奴仆关系。[①] 雍正四年(1726)十一月二十五日上谕云:

---

① 参见韦庆远等《清代奴婢制度》89页,中国人民大学出版社1982年版。

　　满洲风俗，尊卑上下，秩然整肃，最严主仆之分。……夫主仆之分一定，则终身不能更易，在本身及妻子，仰其衣食，赖其生养，固宜有不忍背负之心，而且世世子孙，长远服役，亦当有不敢纵肆之念。

　　他重申的是清王朝国法。奴隶印记和意识永远深烙在包衣人心上。我们看到，对于自己的这一名分和地位，曹家父子祖孙，即使在倍膺荣宠的康熙朝，也是非常清醒的，在他们的奏折里，处处流露着自轻自贱（自认非人——蝼蚁犬马）、诚惶诚恐、感激涕零、效忠图报的卑微心理："蒙皇上念臣父玺系包衣老奴，屡施恩泽，及于妻子，有加无已。"（曹寅《奏谢钦点巡盐并请陛见折》）"窃臣寅身系家奴，蒙圣恩擢任，虽竭犬马之诚，难报高厚于万一。"（曹寅《奏谢钦点巡盐并到任日期折》）"臣系家奴，何敢效外官支吾了事。"（曹寅《奏陈盐课积欠情形折》）"臣蝼蚁下贱，过蒙圣恩，感激涕零，涓涯莫报。"（曹寅《奏报自兖至宁一路闻见事宜折》）"奴才包衣下贱，自问何人，敢擅具折奏？缘奉圣旨，格外洪恩，蝼蚁感激之私，无由上达……奴才不胜泣血顶戴激切屏营之至。"（《曹寅之子连生奏曹寅故后情形折》）"窃念奴才祖孙父子，世沐万岁浩荡之恩，身家性命，皆出圣主之所赐，虽捐糜顶踵，粉骨碎身，莫能仰报高厚于万一。"（曹頫《奏谢继承父职折》）"窃念奴才包衣下贱，黄口无知，伏蒙万岁天高地厚洪恩。"（曹頫《奏谢继任江宁织造折》）……①

　　如果说，这种虔诚的奴性忠诚曾换来主子康熙的宽仁和关切，那么，在曹頫嗣职，特别是雍正上台之后，那种主奴之间的亲密感，便逐渐以至完全被惶惧畏罪的距离感所代替。康熙对曹頫已不同于寅父子，视为"无知小孩"，时有教训，令曹頫颇为紧张。康熙五十四年（1715）曹頫《覆奏家务家产折》语云："奴才跪读之下，不胜惶悚恐惧，感激涕零。""奴才若少有欺隐，难逃万岁圣鉴，倘一经察出，奴才虽粉身碎骨，不足以蔽辜矣。"已非复寅、颙时语言。雍正对曹頫很不满意，且越来越不满，这从雍正在曹頫奏折上的朱批中可以明显看到："只要心口相应，若果能如此，大造化人了。"（雍正二年正月初七日批）"凡事有一点欺隐作用，是你自己寻罪，不与朕相干。"（二年五月初六日批）"你们向来混账风俗惯了……主意要拿定，少乱一点。坏朕声名，朕就要重重处分，王子也救你不下了。"（二年《曹頫请安折》批）"（曹頫）原不成器，岂止平常而已。"（五年正月两淮盐政噶尔泰密折批，《雍正批谕旨》第47册）而曹頫则战战兢兢，惶恐待罪："窃念奴才自负重罪，碎首无辞……奴才实系再生之人，惟有感泣待罪。"（《奏谢准

---

① 《关于江宁织造曹家档案史料》22、23、25、47、102、111、128 页。

允将织造补库分三年带完折》)钱粮亏欠尚待追补,内务府又不断查出曹𫖯工作中的过失上报,见《内务府总管来保奏三织造售参价银比历年均少折》(雍正二年闰四月二十六日)、《内务府总管允禄等题孙文成曹𫖯等织造绸缎轻薄议处本》(雍正四年三月初十日)、《内务府奏御用裙面落色请将曹𫖯等罚俸一年折》(雍正五年六月二十四日)等,正是"山雨欲来风满楼"。主奴关系的紧张,最后终于带来了曹𫖯及其一家的厄运:雍正五年(1727)十二月曹𫖯因骚扰驿站案获罪,交部严审,同月"奉旨:江宁织造曹𫖯,行为不端……有违朕恩,甚属可恶",著查封曹𫖯家产(《上谕著江南总督范时绎查封曹𫖯家产》,雍正五年十二月二十四日)。①

曹家与康雍二帝主奴关系的变化,不仅由于二位主子对此包衣世家个人好恶亲疏感情有很大不同,而且也由于雍正继位后,为强化专制政治,着意改弦更张,舍乃父之"宽仁"而易之以严猛,所谓"人心玩愒已久,百弊丛生","若不惩创,将来无所底止"②。在"严主仆之分"上,他显得十分峻刻,反复阐述:"主仆之分,所以辨上下而定尊卑。天经地义,不容宽假。""主仆之分,等于冠履,上下之辨,关乎纪纲。"③雍正四年(1726)定惩治奴仆例,把满洲贵族严格的等级制度和严酷的惩治法规推广到汉人官僚家庭中(见前引十一月二十五日上谕)。他尤其憎嫌包衣下人,雍正元年(1723)十二月十九日,他在浙江巡抚李馥奏折上就"向来奉差织造人员"巧取余利,以饱私囊"种种恶习"等申斥批示:

> 此辈皆包衣下小人,虽奉严谕,或恐未必凛遵。倘蹈故辙,尔等断不可私相帮助。尔等声名之贤否,朕自有鉴察,岂肯以封疆大臣之去留,决定于微末小人之口……

我以为,他的这种态度,也许还与他在夺嫡斗争与继位以后,以其异母弟胤禩(皇八子)为主要对手有关。康熙晚年反复废立太子,胤禩颇得廷臣拥戴,以此引起康熙疑忌,五十四年(1715)十一月,康熙曾面谕诸皇子,申斥"胤禩系辛者库贱妇所生(按,其母良妃为包衣人之女),自幼心高阴险"。雍正上台后,视胤禩为死敌,既"最鄙视之,以为下贱所生",又害怕他的力量,直到改其名为"阿

---

① 《关于江宁织造曹家档案史料》132、133、157、163、165、157、161、174、181、182、185页。

② 《上谕内阁》八年五月初十日谕。

③ 中国第一历史档案馆档案:起居注册。

其那"，加罪圈禁，置之死地而后止。① 而雍正五年(1727)二月居然发现曹寅妻兄李煦曾买了五个苏州女子馈送胤禊为侍婢。这不啻火上浇油，被康熙"视为一体"的包衣曹家、孙家(孙文成)和李家于是年同时被处置，也就势在必然了。

上述材料，足以说明雍正"严主仆之分"的政策措施对曹雪芹生活和心理所可能造成的影响。生于康熙末年，在雍正年间度过青少年时代的雪芹，已经无缘像他的祖父那样亲身感受主子的关怀宠信而感激涕零了，他从懂事起耳闻目睹的，乃是作为奴才的嗣父曹頫所受到的皇帝主子一次次毫不客气，甚至越来越严厉的教训、申斥乃至全家的惶惧惊恐匍匐待罪之状；他更从自己家庭(以及舅祖李煦等)家产被抄没，罪人家属(雪芹也在内)被遣送、发卖(李煦家口即如此)的惨痛剧变中，痛感包衣奴才任主子宰割惩处的屈辱；而他，一个也曾过着锦衣纨绔、饫甘餍肥生活的孩子，仅仅因为生于包衣之家，也就注定了成为皇室和满洲人的奴隶，而且世世代代永远服役不可变易。从他的朋友张宜泉《题芹溪居士》"苑召难忘立本羞"诗句含意看，他也许还受过当年阎立本奉召作画"名与厮役等"(参见《新唐书·阎立本传》)的羞辱，这种体验和认识，对雪芹的心灵冲击和精神刺激是巨大而沉重的。如果说，主子对奴隶的恩宠，可以强化"犬马恋主"的奴性心理，那么，奴隶一旦意识到自己所受的压迫凌辱，却正足以唤醒起人格自觉。何况长期接受汉文化熏陶的曹雪芹，又最没有奴颜媚骨，而像"顽而矿"的石头一样一身傲骨嶙峋。他呼唤自由！对于一个世代奴隶之子，自由就是生命的根本意义和价值追求。他由此滋长的反奴意识，他对人身自由和个性自由的强烈渴望，同他作为"旗籍汉人"、身受民族歧视而产生的回归民族本根的强烈愿望，汇成一股汹涌在胸的感情狂潮，一股奔突于熔岩之中直欲喷薄而出的地火，最终成为《红楼梦》创作的巨大原始动力。

出旗为民和《红楼梦》的创作

曹雪芹渴望的回归和自由在乾隆年间终于得以实现。这倒不是清统治者的开明革新，而是他们为了解决日益严重的"八旗生计"问题而采取的保护满人利益的经济措施："现今八旗户口日繁，与其拘于成例，致生计日益艰窘，不若听从其便，俾得各自为谋。"(乾隆二十一年上谕)据史书记载，乾隆前期采取的措施有：

---

① 参见周汝昌《红楼梦新证》543、473 页。

乾隆七年(1742)四月,准八旗汉军出旗为民。

乾隆十九年(1754)三月,准八旗奴仆出旗开户为民。

乾隆二十一年(1756),准八旗另记档案人出旗为民。又准王公府属佐领人出旗为民。

乾隆二十四年(1759),凡八旗户下人、家人,均准本主放出为民。①

曹雪芹究竟于何年"出旗为民",无史料确切证明,但肯定与他迁居北京西郊有关。

朱淡文引乾隆旨"八旗奴仆受国家之恩百有余年,迩来生齿日繁,不得不酌为办理……"论析:

> 此旨既言及"八旗奴仆",则内务府上三旗包衣自应包括在内。故曹雪芹很可能于乾隆十九年甲戌迁居西山。这有脂评为证:在此年所作的第一回回前总评,脂砚斋记"作者自云",已有"虽今日之茅椽蓬牖,瓦灶绳床,其风晨月夕,阶柳庭花,亦未有伤于我之襟怀笔墨者"诸语,显示此时曹雪芹已定居乡郊。他已摆脱了内务府包衣的低贱身份,正式成为国家自由民,因而才能有这种初获自由者的轻松舒畅与狷傲自信。②

周汝昌则就旗籍变动问题进行推论。《红楼梦新证·史事稽年》乾隆十九年(1754)条下云:

> 按自乾隆七、八年为始,将八旗汉军,准许出旗为民,文官自同知以下,武官自守备以下,皆听自便。至是(按:指十九年),复将京城及各省汉军划出旗外,令其散处经营,此为清代史上一极为特殊之措施,而言清史者绝少提及。此亦不可纯作民族关系理解,实为阶段分化之反映。

> 凡言"八旗汉军",本不包内务府汉姓皇家世仆而言;但至乾隆时期,内务府旗汉姓人与八旗汉军之间,分别已逐渐模糊,一般人不知区辨,即称呼亦日益混淆。此种功令之精神,恐亦不能不波及内务府人员。或疑曹雪芹隶内府籍,何以能得自便而散处山村?其来由应从此根寻。雪芹移居,岂其亦与出旗为民有关欤?虽无明文可证,而自其行迹观之,庐结郊西,已不复为封建主及统治集团服役,似属明显。此功令之时间与其移居之时间亦实相密迩,深可注意者也。

---

① 参见周汝昌《红楼梦新证》703、714、718、722 页;《满族简史》251 页,中华书局 1979 年版。

② 朱淡文《红楼梦论源》143 至 144 页。

至于"出旗为民"即迁居西郊之具体时间,周汝昌推为乾隆二十一年(1756)丙子前后。[①] 徐恭时《曹雪芹传略》以为雪芹迁居应在乾隆十六年(1751)冬,原因不详。[②] 是年雪芹创作《红楼梦》已经批阅十载,增删五次,新稿基本写定。台湾高阳先生则认为曹雪芹因不甘受辱,而为内务府所逐,"出旗为民",亦可备一说,见香港《明报月刊》135 期高阳《曹雪芹摆脱包衣身份初稿》,但高文未考证时间。

我倾向于把时间从乾隆十九年(1754)稍向前推,定为《红楼梦》全稿初步完成之前。乾隆二十一年(1756)似太迟,十九年(甲戌)已经脂砚斋评,徐先生推断的时间似较合理,而未叙理由。因为事实上,乾隆七年(1742)之功令,已给了曹雪芹出旗为民的法律依据。乾隆谕旨明确指出,"八旗汉军"有"内务府王公包衣拨出者","如有愿改为原籍者,准其与该处人民一例编入保甲,有……外省可以居住者,不拘道里远近,准其前往入籍居住"。前引史料表明,将内务府闲散人丁拨入八旗汉军,自雍正八年(1730)即已开始,乾隆三年(1738)后,八旗包衣汉姓归汉军考试,"这样,包衣旗与汉军旗颇易混淆。如《红楼梦》的作者曹雪芹本系正白旗包衣,但《四库提要》、《清史稿·李锴传》附传、《清史列传》、《八旗文经》、《八旗画录》、《八旗艺文编目》,以至《枣窗闲笔》、《寄蜗残赘》诸书,皆谓为汉军"。这其中就有乾嘉时人裕瑞的《枣窗闲笔》,他自云所记曹雪芹情况(包括"为汉军")得之于前辈姻亲,即明兴、明仁、明义、明琳,当较为确实。[③] 乾隆七年谕旨虽然有"其中有从龙人员子孙,皆系旧有功勋,历世既久,无庸另议更张"的话,这是一种优惠政策。因为"出旗"固然意味着人身自由的获取,却也意味着旗人高于一般汉人的等级地位和可享受的优惠待遇的丧失。但也有人并不愿享受这种"优待",故谕旨说仍须"询问伊等有无情愿之处,具折奏闻"。从乾隆十九年谕旨称此事"见在遵照办理",可见从乾隆七年以来一直进行。乾隆七年以来,曹家发生了一些什么事呢?

乾隆八年(1743)前,由于又一次外力打击,曹氏家族彻底败落(见前引屈复《曹荔轩织造》诗)。

乾隆九年(1744)后,曹雪芹曾在右翼宗学任职一段时间,并结识敦诚、敦敏为友。

---

① 周汝昌《红楼梦新证》717 至 718 页。

② 参见《红楼梦鉴赏辞典》(上海古籍出版社 1988 年版)附录,徐恭时《曹雪芹传略》727 至 728 页,但徐未言出旗事。

③ 参见吴恩裕《曹雪芹佚著浅探》85 页,天津人民出版社 1979 年版。

　　乾隆十三年(1748)十二月,曹雪芹表兄平郡王福彭卒,雪芹表侄福彭子庆明、庆恒袭爵。但看来雪芹此时已从贵戚处备尝世态炎凉,从甲戌本第6回回首诗"朝叩富儿门,富儿犹未足。虽无千金酬,嗟彼胜骨肉",敦诚《寄怀曹雪芹霑》诗句"劝君莫叩富儿门,残杯冷炙有德色"等可证。"富儿"显然指雪芹下辈。

　　大约在乾隆十四年(1749)至十九年(1754),曹雪芹利用乾隆七年(1742)功令,终于迈出了人生决定性的一步——"出旗为民",实现了获得自由和民族归宗的双重愿望。这一事件在《红楼梦》中的艺术反映,就是"石头回归"构思的完成。准确地说,自乾隆七年有了"出旗为民"的可能性起,曹雪芹就在不久之后开始的《红楼梦》创作中,把对自由和民族回归的强烈渴望转化为"石头回归"的艺术构思,当他经过十年辛苦初步完成这一巨著全稿时,这一愿望成为现实,这就是前面朱淡文女士所引的甲戌本第1回中出现那一段"作者自云"充满轻松愉快和狷傲自信的原因。二重情结的现实消解和艺术转化相互联系,并且几乎同步完成。甚至我们不妨大胆推论,"石头回归"的艺术构思就是在争取"出旗为民"回归自由和民族本根的现实奋斗中获得灵感和启示的。

复合载体

　　曹雪芹的二重情结,是怎样成功地转化为小说的艺术构思和描写的呢?我以为其关键在于找到了合适的载体,这就是复合型形象。复合型形象,是《红楼梦》的特殊创造。这是一种既有具体可感性,又有抽象喻示性;既有显现功能,又有寓意功能;既具个体生命,又具符号特征,甚至包容多重寓意的艺术形象。谐音、双关,是曹雪芹创造这类形象的常用方法。第1回作者自己说,他把"将真事隐去,用假语村言"的创作手法寓意为"甄士隐"和"贾雨村"这两个人名,而甄、贾又自具其形象意义。脂批也多次指出《红楼梦》中的谐音意义,如"甄英莲"之谐"真应怜",娇杏之谐"侥幸"。当然,这种谐音双关还是比较肤浅的,而他赋予负荷着小说整体构思的大荒山无稽崖青埂峰下顽石的使命,却深隐也深刻得多。

　　曹雪芹意味深长地把女娲补天神话作为石头的来历和全部"假语村言"的起点。女娲是华夏民族神话传说中人类的始祖神,复成为万物的创造者,"娲,古之神圣女,化万物者也"(《说文解字》)。同时,她又是华夏民族苦难的拯救神。① 前者衍化出女娲造人、女娲伏羲兄妹为人类祖先及伏羲女娲神农为三皇的神话(见《楚辞·天问》《风俗通义》等),后者衍化出女娲补天实即拯救黄河流域灾难的神话(见《淮南子·览冥训》等)。石头为女娲锻炼而有了灵性(即人性),由此而成了情根;石头由于被赋予拯救华夏大地苦难之使命而获得"族性",由此而成为"秦根"。这是石头一身二任复合形象的原始文化渊源。

脂批指出,"青埂"谐"情根",他隐而未发的进一层含义即"情根"谐"秦根"。按"情""秦"相谐是《红楼梦》的重要双关。第 5 回秦可卿判词:"情天情海幻情身,情既相逢必主淫。漫言不肖皆荣出,造衅开端实在宁。"即以"情"谐"秦"。情为庚韵,秦为真韵,本不通押,然《红楼梦》却以音近谐韵,此判词身、淫、宁相押,同回写秦可卿的《红楼梦曲·好事终》以尘、本、敬、宁、情相押,皆可为佐证。这大概反映了作者幼少年时代生活在江南所受的方言影响。故青埂石即谐音寓二义,一为情根石,在《红楼梦》中,"情"为生命本根即自由本根意义的符号,寄托作者的反奴和个性自由思想;一为秦根石,"秦"为民族和文化本根意义的符号,②寄托作者的民族回归思想。或者简而言之,前者寓民主思想之大义,后者寓民族意识之微旨。一分为二,是为石头之双重涵义,合二为一,是为复合形象之石头。如果说,作者以石头下凡历幻,隐喻自己的没满为奴的包衣世家盛衰经历和人生体验,那么,石头归位,则是作者"出旗为民",实现自由回归和民族回归的艺术反映。

试寻绎此二重意旨在作品中的具体线索如下:

一、体现自由本根情结即"情根"意旨的复合形象是宝玉(情不情)、黛玉(情情)和晴雯。大体而言,宝黛之"情"侧重体现"情"的生命本根和个性自由意识,宝晴之"情"侧重体现"情"的人格平等和反奴思想。

1. 在《红楼梦》中,"情"首先具有人性——生命本根的性质。"开辟鸿蒙,谁为情种?""厚地高天,堪叹古今情不尽。""情"与宇宙共存,与人类并生。"人"的追求,人性的苏醒、自觉,都是从人的感性欲望(情)开始的。感性升华为理性,人遂为万物之灵长。《红楼梦》中,"情"又被深受道家思想影响的曹雪芹赋予个

---

① 据刘城淮《中国上古神话》(上海文艺出版社 1988 年版)503、546 页。女娲神话广泛流传于南方,后传入黄河流域,与伏羲神话等融合,遂有三皇、补天等传说。

② 古代北方少数民族称汉人(华夏族)为"秦人",见《史记·大宛列传》《汉书·匈奴传》《汉书·西域传》《佛国记》等。以"秦"代"汉",是曹雪芹为避免文字祸而又与"情"一语双关的巧妙用法。

性自由的意义,老子称"人法地,地法天,天法道,道法自然",强调保持人的自然本性("保赤子之心"),庄子谓"道有情有信,无为无形……自本自根,未有天地,自古以固存"(《大宗师》),以逍遥游为最高境界。崇尚自然和自由,几乎成为封建时代一切反对礼法束缚的不羁之士(如阮籍、嵇康),特别是封建后期反对程朱理学倡导自然人性论的启蒙思想家、文学家(如李贽、汤显祖)对抗现实、追求精神解放的思想武器。曹雪芹正是这一进步思想传统的继承者。第25回癞头和尚述青埂峰下顽石的好处"天不拘兮地不羁,心头无喜亦无悲",第5回贾宝玉梦中对太虚幻境自由生活的向往,第47回宝玉跟柳湘莲谈话对"天天圈在家里,一点儿做不得主"的怨恨,正是在对比中展示人性本根与环境压迫、理想与现实的尖锐冲突。作为"情根石"的宝玉的"情不情",黛玉的"情情",他们的"情"都不仅仅是一般意义上的爱情,更是背离传统束缚、追求个性自由的心性。这种"情"的追求,必然与社会环境、家族利益发生矛盾,并给情的追求者自身带来痛苦和悲剧。贯串全书的"木石"与"金玉"之争,就是"情"与"无情"的冲突。这便是癞头和尚歌里"却因锻炼通灵后,便向人间觅是非"的深沉含义。最后,黛玉为情泪尽夭亡,宝玉为情"悬崖撒手"。现实没有"情"的地位和生存空间,石头仍归位于青埂峰下,回到"天不拘兮地不羁"的大荒世界。回归自然,寄托着曹雪芹实现个性自由的理想追求。

2.在《红楼梦》中,"情"又是天赋人权(自由本根)的符号。因此,"情"是平等的。"情"的平等必然导致人格的平等。"情"的尊严就是人的生命价值的尊严。肯定"情",就是肯定人,反对对"情"的剥夺,就是反对对人的奴役压迫和摧残,也反对自甘被人任意凌辱的奴性。曹雪芹在"大旨谈情"的口号下,高举起大写的"人"的旗帜,鲜明地表达了自己的反奴思想。他通过蒙恩受宠却深藏痛苦的元春的口,竟然把皇宫称作"不得见人的去处"。黛玉薄命,父母双亡,寄人篱下,自比"草木之人",却偏偏不肯如宝钗辈苟合取容,而是孤标傲世,亮节高风,竟然把王爷所赠御赐的鹡鸰香串斥为"什么臭男人拿过的,我不要他",掷而不取。这种异乎寻常的尖刻语言,很难说不包含着被剥夺了"人"的自由的包衣下人曹雪芹对皇室主子——专制帝王的愤懑!特别是,他把"心比天高,身为下贱"的赞词献给大观园中出众的美丽、命运最悲惨却最没有奴颜媚骨的女奴晴雯,把她置于金陵十二钗又副册判词之首,并与"枉自温柔和顺,空云似桂如兰"的最具奴性的袭人鲜明对照,与《红楼梦曲》首曲的宝黛之歌遥相呼应。晴雯和黛玉,是宝玉心中也是作者心中的第一等人物,黛玉的《葬花词》和宝玉祭晴雯的《芙蓉诔》成为曹雪芹生前定稿的前80回的最美的诗篇,"情"的最强音。宝玉认为"世法平等",晴雯说:"一样这屋里的人,难道谁又比谁高贵些?"宝晴之"情"是有别于宝黛之爱的建筑在人格平等基础上的主奴之间的知己之"情"。在《芙蓉诔》里,一位贵族公子向一位被迫害而死的奴隶奉献出最圣洁的虔诚和挚爱,倾吐着最炽烈的痛悼和悲愤。这是真正的"字字看来皆是血"的伤情文。熟悉曹雪芹家世的人会在这里感受到主体情感的强烈喷薄。如果说,"身为下贱"包藏着曹家世代为奴的辛酸,那么,"心比天高"就显示着奴隶子孙曹雪芹的铮铮硬骨和对这种地位的反抗。由此,我们才可以理解,为什么他在《红楼梦》中,把天赋"情"权给予那么多的少男少女,无论他(她)们是公子、小姐、皇妃、嬷妇,还是丫鬟、仆人、优伶、女尼。为什么他把那么深厚的爱和同情给予从外表到灵魂都堪为"人上之人"却处于"人下之人"地位的年轻女儿,特别是那些最低贱最不幸的奴婢侍妾?围绕着宝黛晴"情"的追求和悲剧,他写了那么多动人的悲惨的故事。在宝黛之"情"的悲剧这条线上,他展开了侧重表现封建社会男权对女权剥夺,礼教对个性剥夺的金陵十二钗正册诸女子的悲剧;在宝晴之"情"的悲剧这条线上,他展开了侧重表现贵族统治者对奴隶人权剥夺的十二钗副册又副册诸女子的悲剧。"千红一哭,万艳同悲。"这两种剥夺,从本质上,都是对自由亦即生命本体价值的剥夺,都是人奴役人的罪恶。

3.在《红楼梦》中,"情根"即作为生命本根符号的"情",就这样获得了具有前近代民主意义的反对精神奴役和人身奴役实现个性自由人权平等的内涵。情根石坠入红尘——贾宝玉的生活历程,就是在现实中追求生命价值的过程,追求个性自由和人权平等的理想与现实尖锐矛盾并遭遇悲剧的过程。这种源于包衣下人曹雪芹反奴思想和叛逆性格的创作冲动,转化为作品中的形象和情节主体,得到了极为生动卓绝的表现。从这个意义说,作为"情根石"化身的宝玉就是曹雪芹本人。"情"的追求成为贯串全书的情感基线。最后,宝玉回归为情根石,既是作者理想在现实中失败的精神逃路,也是曹雪芹渴望并终于摆脱世代包衣身份成为自由民,获得身心解放的艺术写照。

现试将体现"情根"意旨的情感主线概括表示如下:

情根石—木石情缘—"情"的现实追求和悲剧:

宝黛之情—十二钗正册悲剧(个性自由)
宝晴之情—副册又副册悲剧(反奴人格)

二、体现民族本根情结即"秦根"意旨的复合形象是通灵宝玉(贾宝玉)、木石与金玉、秦氏一家、薛宝琴、耶律雄奴(芳官)、林四娘(《姽婳词》)等。这是一条相当隐蔽的情感曲线。这条线上的形象,大多带有某种特殊的附加意义,或

蕴含于整体构思之中,或游离于基本情节、线索之外,但附加之意不显豁,很容易引起歧义。现根据本人理解,略述其要义如下:

1.秦根石化为通灵宝玉(贾宝玉),是"失去幽灵真境界,幻来亲就臭皮囊",寓曹家失去汉族本根,由汉入满,但仍强固地保持汉文化本根意识。通灵宝玉最后回归为秦根石,寓曹雪芹终于"出旗为民",实现民族回归。

2.秦氏父子女三人:秦业、秦钟与秦可卿形象,是隐寓秦根——汉民族命运悲剧的重要形象。秦可卿(谐"秦可亲")是贾宝玉(秦根石)性——情的启蒙者,是梦中理想的"兼美"——异性恋对象,但在作品描写的现实生活中又是一个有淫行的女子,曹雪芹删掉"秦可卿淫丧天香楼",改造秦可卿,恐怕与其赋予的附加意义有关。在《红楼梦》中,秦氏一家全部死光,这是第一个也是绝无仅有的毁灭性悲剧,绝不是随意之笔。秦业先死,喻明末大厦已倾。秦可卿死,是贾宝玉(秦根石)失去的第一个亲人,可卿又谐"可矜",寓汉人命运可悲,曹家被迫由汉入满,成为包衣。最后是秦终(秦钟死),汉民族王朝灭亡。贾宝玉(秦根石)失去了自己的少年挚友,从此引起他无尽怀念,隐寓作者对民族悲剧的沉重追怀,所谓"二贤之恨,及今不尽"。

3.薛宝琴是作者特意创造的一个用来寄寓"秦根"意旨的形象。薛氏姊妹,宝钗"无情"(无秦),有金(后金),为玉(秦根石)所拒斥。宝琴谐"保秦",却与宝玉(秦根石)同生辰,且是《红楼梦》前80回中贾母唯一有意为宝玉提亲的女子。宝钗艳冠群芳,宝琴之美更过乃姐,被宝玉叹为"人上之人"。宝琴的事,值得注意的有两件。其一是她所述真真国女孩子的诗:

> 昨夜朱楼梦,今宵水国吟。岛云蒸大海,岚气接丛林。
> 月本无今古,情缘自浅深。汉南春历历,焉得不关心?

朱楼(明)——水国(清),再明白不过地寓示了明清鼎革之变。尾联"汉南"借用庾信的《松树赋》"昔年移柳,依依汉南;今看摇落,凄怆江潭。树犹如此,人何以堪"。一个外国女孩子何以有"汉南"的故土之思?显然这是暗指对汉民族汉文化命运的关注。

《红楼梦》一直用真假(甄贾)手法,唯独这首诗是"真真"国人作的,其意乃强调此诗情感寄托之"真",下面写反应:"众人听了,都道:难为他,竟比我们中国人还强!"这是说清统治下的中国(汉)人,没有勇气和可能讲真话吐真情,特别是自己的民族感情。而作者通过宝琴(保秦)巧妙地借真真国女子之口表达了出来。

其二是宝琴所编怀古诗十首,其中《交趾怀古》和《青冢怀古》二首是写民族关系的。抒情主人公流露出明显的汉文化本位意识。《交趾怀古》云："铜铸金镛振纪纲,声传海外播戎羌。"《青冢怀古》云："汉家制度诚堪叹,樗栎应惭万古羞。"前一首歌颂汉民族的强盛,歌颂民族英雄,充满自豪感;后一首感叹"汉家制度"的没落,讽刺无能误国之辈,相互映照。"保秦"者,维护汉文化本位之意。在汉族沦为被统治民族("秦终""朱楼成梦")之后,保护本民族的文化传统及其地位对于维系民族命运便至关重要。借"保秦"之口,寓"怀秦"之思,追念本民族强大之日,叹息于其衰弱之时,是宝琴形象的重要创作意图。①

4.宝玉给芳官取名"耶律雄奴",并大发议论。这是一段与基本情节和人物基本性格游离的文字,然而却是"秦根石"的夫子自道。其内容前文已作分析。从情感线索看,其承"保秦—怀秦"之意很明显。强调"大舜之正裔",这是为被奴役的汉民族争历史地位的意味深长之语。②

5.林四娘《姽婳词》的写作。林四娘事有多种记载,但为明末清初传说殆无疑问。见《聊斋·林四娘》《池北偶谈》《林四娘记》等。《聊斋》所记与《姽婳词》所写相近,似为雪芹所采。《姽婳词》也应视为"将真事隐去,用假语村言"之作。林四娘实为明末清初衡王抗清时死难,《红楼梦》隐去这一时事,自然可以理解。作者把消灭明王朝(汉族政权)的清军置换为当年推翻汉王朝的黄巾赤眉起义军,借歌颂林四娘的忠义精神寄托对汉民族政权的怀念,也暗中批判了导致明朝灭亡的腐朽政治。"天子惊慌恨失守,此时文武皆垂首。何事文武立朝纲,不及闺中林四娘。"与前述宝琴怀古诗"汉家制度诚堪叹,樗栎应惭万古羞"遥相呼应。在表层意义上,它与《红楼梦》"为闺阁昭传"的意图一致;而在深层意义上,乃为体现"秦根"意旨。故《姽婳词》实为悼明之"伤秦文"。而同回的《芙蓉诔》则是"伤情(晴)文"。从情节看,《姽婳词》的写作与前后文皆无逻辑联系,而且中断了写晴雯之死的悲剧氛围,显系插入的附加内容。唯一把它们连续在一起的是作者贾宝玉,可见这是一种有意安排,这正是石头作为一身二任复合载体

---

① 在《走近曹雪芹——〈红楼梦〉心理新诠》(227 至 228 页)中,对宝琴形象的意义,还有如下论述:宝琴是展示贾氏宗祠的视点(第 53 回)。如前所析,作者选择一位根本不可能参与或观看贾府祭祖活动的人作为视点,完全是别有用意的安排。其意即在借"宝琴"谐"保秦",暗寓沦为满洲奴隶的曹氏家族后人于"祖功宗德"的追慕中保存民族记忆、表达民族忠诚的深刻情感。在《红楼梦》中,薛宝琴并不是塑造得成功的有性格血肉的艺术形象。在很大程度上,她充当着作者巧妙寄寓民族情感的一个音义双关的符号。

② 参见《走近曹雪芹——〈红楼梦〉心理新诠》228 至 229 页。

的形象体现。

一为秦根石之作，一为情根石之作。它们位于曹雪芹生前定稿的第78回，在全书构思与情感线索中，实在具有里程碑的标志意义。

现试将表现"秦根"意旨的情感线索概括表示如下：

秦根石—秦可亲（秦可卿）秦业终（秦业，秦钟）—保秦（宝琴）怀秦—伤秦文（《姽婳词》）—金玉分离—回归秦根

"情根"与"秦根"两重意旨合二为一，则是石头下凡历幻归位的整体构思和贾宝玉的人生历程，试表示如下：

石头（复合形象）：
情根石—贾宝玉人生历程—出家—石头归位
（自由本根情结）—（自由回归）
秦根石—通灵宝玉下凡历程—石头归位
（民族本根情结）—（民族回归）

总之，在《红楼梦》的"假语村言"里，既有曹雪芹隐含的"故事"，也有他隐寓的"真情"。事是曹家盛衰之事（以及现尚难以证实的作者感情生活之事），情是包衣汉人回归民族和回归自由之情，前者通过艺术写实"假"中存"真"，后者借助复合形象"假"外存"真"。这就是《红楼梦》"真甄假贾"的全部含义，也是本文的基本结论。

文虽冗长，意尚未尽。拙见当否，愿与红学诸公共同讨论之。

（原载《红楼梦学刊》1997年第2辑）

［附记］研究曹雪芹的民族意识及其在《红楼梦》中的表现，自蔡元培《石头记索隐》以来，海内外学者兴趣不减。由于清王朝"严满汉之分"和"严主奴之分"的统治政策与包衣曹家的百年盛衰遭际，曹雪芹的离心叛逆倾向是必然，也是事实。对此深入探索，是"红学"中不能回避的课题。"反清复明"说不能成立，但在存在民族压迫和歧视的时代环境里，民族本根意识（或曰"汉族认同感"）仍是至为宝贵的气节情操。新旧索隐派的研究方法有严重失误，但作者隐去的"真事"和"真情"却不可不求索。问题在于如何把握认识和论述的"度"。①

---

① 参见《走近曹雪芹——〈红楼梦〉心理新诠》230至233页。

今天看来,本文所论,特别是"秦根石"的线索探讨,有些确从文本出发(如宝琴形象的设置,芳官改名等),有些则带有较多的主观揣想成分。为保持历史原貌,未作任何修改,以待自我反思和学界进一步探讨。

(2019 年 5 月 24 日写)

"怡红"：曹雪芹"悼红"情结的起点和内涵

以"真甄假贾"为入口

"怡红公子"是住在大观园怡红院中贾宝玉的外号，"悼红轩"是曹雪芹"披阅十载，增删五次"创作《红楼梦》的书房。虽然贾宝玉绝不等同于曹雪芹，但曹雪芹肯定是贾宝玉的主要现实原型。他以笔下十九岁的贾宝玉悬崖撒手，石头下凡回归作记的构思，描述和寄寓了自己"历经悲欢离合炎凉世态"和"风月波澜"的家世和人生经历。"悼红"是这部他亲自题名"红楼梦"的皇皇巨著的核心创作情结。在《红楼梦》的三大情结中，如果说"怀旧"和"回归"情结具有家国之恨的深隐意蕴，那么，悼红情结则具有个性和人性的原初意义。这一情结的心理丛是极为丰富的。首先，它包含着从少年时代的"怡红"（意淫）心性到中年以后"悼红"心态的情感历程；其次，它包含着人类集体无意识（普遍人性）对作者个体无意识的投射及原型置换的历史过程；再次，它包含着作者从个人情感体验出发，对女性命运和人类精神命运的深广忧思。一句话，它已经超越了曹雪芹的家族和个体自身，而成为一种伟大的人性关怀。"谩言红袖啼痕重，更有情痴抱恨长。字字看来皆是血，十年辛苦不寻常。"①《红楼梦》的动人情感力量，在很大程度上，是"悼红"情结心理能量释放的结果。原为甲戌本"凡例"，后置于"开卷第一回"总批的"作者自云"说：

> 今风尘碌碌，一事无成，忽念及当日所有之女子，一一细考较去，觉其行止见识，皆出于我之上，何我堂堂须眉，诚不若彼裙钗哉！……我之罪固不免，然闺阁中本自历历有人，万不可因我之不肖，自护己短，一并使其泯

---

① 甲戌本"凡例"第四条后题诗，见陈庆浩《新编石头记脂砚斋评语辑校》2页，中国友谊出版公司1987年版。

灭也……虽我未学，下笔无文，又何妨用假语村言，敷衍出一段故事来，亦可使闺阁昭传，复可悦世之目，破人愁闷，不亦宜乎？①

这段话把自己的写作意图与人生经历中"当日所有之女子""裙钗""闺阁"的关系表述得十分清楚。简言之，今日之"悼红"乃因昔日之"怡红"，昔日之"怡红"乃今日"悼红"之起点。"悼红"情结来自"怡红"心性的挫折和"怡红"理想的破灭。

对作者"怡红"心性—"悼红"情结的探讨，最大的困难是原始资料的匮乏及由此引起的考证分歧。关于曹雪芹的生年、出生地、生父母等至今没有一致结论，如果找不到确切文献，也许以后也难有共识。现有的几本曹雪芹传著极少涉及其童幼年时期的"怡红"内容，②这就使得以文献考证作为基础的创作心理学研究面临建立在空中楼阁之上的危险。

但并非因此就只能无所作为。考证分歧也许影响某些具体结论，却不能改变基本事实。这些基本事实是由以下几个方面构成或支撑的：

一是文本依据。主要是作者所强调运用的"将真事隐去，用假语村言"的艺术手法。特别是在童幼年生活方面，曹雪芹通过"甄真贾假"手法，创造了隐含自己和家庭"真事"的江南甄家和甄宝玉形象，对于内联艺术形象贾宝玉，外联作者本人具有重要意义。脂批在第2回引入江南甄家时指出：

又一个真正之家，特与假（贾）家遥对，故写假则知真。

凡写贾宝玉之文，则正为真（甄）宝玉传影。③

所谓"又一个真正之家"，前一个当然是指第1回的"甄士隐"甄家，那是"真事隐"的关键用笔。但对于幼少年雪芹，最重要的是儿时的甄宝玉"传影"功能。因而第2回和第56回有关甄宝玉的"他者"描述就显得极为可贵。

二是熟悉作者情况的亲友脂砚斋等人批语。脂批对作品隐含"真事"的批语，特别是关于作者经历过的"真事"的批语，有重要佐证价值。

三是如前所引"作者自云"涉及的人生经历自叙，绝对可信无疑。

---

① 本文所论《红楼梦》内容及引文，均据中国艺术研究院红楼梦研究所校注本《红楼梦》，人民文学出版社1982年版。

② 如周汝昌《曹雪芹小传》，华艺出版社1998年版；周汝昌《泣血红楼　曹雪芹传》，作家出版社2014年版；徐恭时《曹雪芹传略》，载《红楼梦鉴赏辞典》，上海古籍出版社1988年版；樊志斌《曹雪芹传》，中华书局2012年版。

③ 陈庆浩《新编石头记脂砚斋评语辑校》49页。

四是已发现的曹家及其亲友的材料，可以帮助做合理的逻辑事理推想或推论。

在运用上述材料时，谨防坠入"自传说"的泥坑和"曹贾互证"的循环论错误是十分必要的。研究作者曹雪芹，应当慎用文本中贾宝玉的材料作为论据。这不但是因为贾宝玉身上还概括了作者之外的其他人物（如脂砚斋）的人生经历和情感体验，更重要的是必须划清艺术形象与现实人物的本质界限。但是，既然贾宝玉身上有作者童幼年人生经历和思想性格的浓厚投影，那么，谨慎择取，也可以帮助论述。例如，"在内帏厮混"这句话，虽然是林黛玉母亲评述宝玉的话，但却是幼年甄宝玉——曹雪芹的生活环境和情趣的真实写照（第56回甄家女人就说甄宝玉"所使唤的人都是女孩子们"）。曹雪芹把它用于艺术描写贾宝玉，借用这句话分析幼年雪芹，当然就不能被指责为"曹贾互证"。

明确了以上认识，我们便可以进行从"怡红"到"悼红"的有关线索的追寻了。

"闺友闺情"

根据"作者自云"和脂批，以下三个方面的情感经历和记忆是少年曹雪芹"怡红"心性和以后"悼红"情结形成的主要因素：

1. "在内帏厮混"

"在内帏厮混"是《红楼梦》中甄（真）贾（假）宝玉幼时的特殊生活环境。"贾"是"假语村言"，"甄"则是曹雪芹的影子。曹雪芹"在内帏厮混"的幼年生活中，与其有亲密情感联系的，主要有两类女性：一是他的姊妹（包括叔伯中表），一是他家的奴婢女伶。

先说姊妹。第2回贾雨村说到甄宝玉"只可惜他家几个姊妹都是少有的"。甲戌本夹批云："实点一笔，余谓作者必有。"①曹雪芹姊妹情况如何？第56回江南甄府派人向贾母问安。贾母问道："家眷都来了？"回说："老太太和哥儿、两位小姐并别位太太都没来，就只太太带了三姑娘来了。"甄家大姑娘、二姑娘都嫁在京城，都和贾府甚好，贾母还说："你们二姑娘更好。更不自尊自大。所以我们才走的亲密。"《红楼梦》中"姑娘"之意有三：A. 姑妈；B. 未婚女子，用来称

---

① 　陈庆浩《新编石头记脂砚斋评语辑校》50页。

谓小姐;C.屋里人,指通房丫头。① 这一段对话中"姑娘""小姐"并提,可见是用A义。按:曹雪芹确有两位姑娘嫁到京城。二女皆为王妃。一为平郡王妃,一嫁侍卫某王子。平郡王府地位尊贵,贾母话中说二姑娘"更不自尊自大",显然透露了曹家对平郡王府的微词。如依此义,则甄宝玉有三位姑娘、两位姊妹(小姐)共5人。也许这就是曹家的实际情况。但是,下面的对话中,甄府女人又把贾府诸小姐即贾宝玉的姊妹称作姑娘:"今日太太带了姑娘进宫请安去了,故令女人们来请安,问候姑娘们。"这反映了未嫁的甄三姑娘同小姐年龄差不多,同甄宝玉相处也如同姊妹。《红楼梦》中宝玉有元、迎、探、惜四姊妹。元春为妃而迎、探、惜三个尚在家,这正是曹雪芹幼年和少年时期与包括小姑在内的姊妹相处状况的"假语村言"。裕瑞《枣窗闲笔》云:"观前五十六回中,写甄家来京四个女人见贾母,言甄宝玉情性并其家事,隐约异同,是一是二,令人真假难分,斯为妙文。"②说明他很懂得这一段描写的意义。另外,曹雪芹还有一些中表姊妹。如其舅祖父李煦家,"李煦有五个兄弟,至少有十四个侄子,其侄孙女数量当不少",有人认为,史湘云之叔史鼎、史鼐之名系从李煦之子李鼎、李鼐联想,则史湘云之原型可能是李煦之孙女或侄孙女,而为曹雪芹所亲密熟悉者。③

再说奴婢女伶。曹家为织造时,蓄奴甚多,至曹府被抄时尚有百人,④其中必有不少与曹雪芹关系亲近的丫鬟婢女。小说第56回甄家女人介绍甄宝玉时说,"今年十三岁(按:如依康熙五十四年出生说,正是曹雪芹享受锦衣纨绔生活的年龄),因长得齐整,老太太很疼,自幼淘气异常,天天逃学","所使唤的人都是女孩子们"。这正是曹雪芹的少年生活写照。另外,曹寅在苏州、江宁织造任上都蓄有家伶,⑤后曹家渐衰,但因讲究排场,这些女伶有的还一直留在曹府,曹雪芹同她们也有些接触,其中反奴性格突出者,甚至给雪芹留下深刻印象。小说第17至18回叙元春省亲、龄官执意不作非本角之戏时,己卯本批语云:"今阅《石头记》至'原非本角之戏,执意不作'二语,便见其恃能压众、乔酸娇妒、淋漓满纸矣。复至'情悟梨香院'一回,更将和盘托出,与余三十年前目睹身亲

① 周汝昌《红楼梦辞典》193 至 194 页,广东人民出版社 1987 年版。
② [清]裕瑞《枣窗闲笔》(稿本),上海古籍出版社 1984 年版;一粟编《古典文学研究资料汇编红楼梦卷》112 页,中华书局 1963 年版。
③ 参见朱淡文《红楼梦论源》184 页,江苏古籍出版社 1992 年版。
④ 《关于江宁织造曹家档案史料》187 至 188 页,中华书局 1975 年版。
⑤ 参见[清]曹寅《楝亭集》中《楝亭诗别集》卷四《雪后和晚研澄江载酒人至兼忆真州昔年声伎之乐》,《楝亭诗钞》卷六《过海屋李昼公给事出家伶小酌留题》等,上海古籍出版社 1978 年影印版。

之人，现形于纸上。使言《石头记》之为书，情之至极、言之至恰，然非领略过乃事、迷陷过乃情，即观此茫然嚼蜡，亦不知其神妙也。"①"目睹身亲""领略过乃事，迷陷过乃情"的，绝不仅是批者，而必定首先是作者。否则如何写得如此"神妙"？

2."鹡鸰之悲，棠棣之威"

小说第 2 回叙及宝玉与姊妹关系时，甲戌本眉批云：

> 盖作者实因鹡鸰之悲，棠棣之威，故撰此闺阁庭帏之传。②

王利器据《诗经·棠棣》"死丧之威，兄弟孔怀"毛传"威，畏也；怀，思也"，认为"鹡鸰之悲，棠棣之威"二句一义，都是指兄弟死丧之事。③ 按，《棠棣》诗以"棠棣之华，鄂不铧铧"喻兄弟，实应包含姊妹（女兄弟）。故"鹡鸰"二句喻兄弟死丧之事，实包括姊妹离散死丧之悲，如《红楼梦》之元、迎、探、惜。裕瑞《枣窗闲笔》云："所谓元迎探惜，隐寓'原应叹惜'四字，皆诸姑辈也。"准确一点，应当说是曹雪芹及其叔辈脂砚斋的姊妹行，才合乎"鹡鸰""棠棣"之义。在曹家"诗书家计俱冰雪，何处飘零有子孙"④，彻底破败的悲剧中，不但昔日同曹雪芹亲近的奴婢女伶被抄没、发卖或为他人占有，就是他自己的骨肉也遭遇不幸。其详情虽不得知，但肯定也成为《红楼梦》的创作素材。

3."尝遍情缘滋味"

《红楼梦》的爱情描写，特别是宝黛爱情悲剧的直接现实依据是什么？ 第 1 回绛珠神瑛故事一段，甲戌本眉批云：

> 以顽石草木为偶，实历尽风月波澜，尝遍情缘滋味，至无可如何，始结此木石因果，以泄胸中悒郁。古人之"一花一石如有意，不语不笑能留人"，此之谓耶？⑤

原文中"有绛珠草一株"处有甲戌本夹批："细思绛珠二字岂非血泪乎？"在"但把我一生所有的眼泪还他，也偿还得过他"句处，又有甲戌本眉批：

---

① 陈庆浩《新编石头记脂砚斋评语辑校》332 至 333 页。
② 陈庆浩《新编石头记脂砚斋评语辑校》50 页。
③ 王利器《〈红楼梦新证〉证误》，参见《新编石头记脂砚斋评语辑校》50 页注 2。
④ ［清］屈复《弱水集》卷十四《消暑诗十六首》之十二《曹荔轩织造》。
⑤ 陈庆浩《新编石头记脂砚斋评语辑校》18 页。

知眼泪还债，大都作者一人耳。全（余）亦知此意，但不能说得出。①

又有王府本夹批"恩情山海偿（债），惟有泪堪还"。下文还有甲戌本脂批：

余不及一人者，盖全部之主惟二玉二人也。②

上述脂批，都明确指出，作者曾有过某种创痛剧深的悲剧性爱情体验。木石情缘，眼泪还债，就是这种悲剧爱情经历的艺术表现。可以肯定，作者少年时代曾有过一位林黛玉式的红颜知己，其身份地位或较曹雪芹低（故林黛玉自称"草木之人"，没有象征富贵的"金"配"玉"，而宝玉多次砸象征其特殊地位的"玉"，即是企图消灭身份地位的界线），但在曹府中长大，或为曹府所收养[甲戌本第 3 回回目是"荣国府收养林黛玉"，且有夹批"（收养）二字触目凄凉之至"，可证]。有可能是雍正元年（1723）被抄家的苏州织造（曾兼两淮盐政）李煦的孙女或侄孙女，即雪芹的中表姊妹，更有可能是李煦所收养的民间孤女（义孙女），③李煦事发前来到曹府，抄家时幸免及祸而为曹家收养。小说中林如海系姑苏人氏，曾任巡盐御史。黛玉来贾府后如海去世。盐政收入甚丰，然黛玉为独生女，如海去世而黛玉竟无任何家产可以继承，这表明：A."去世"暗示"出事"，隐其家产已抄没；B.黛玉无继承权，隐其原型系其家收养而非亲生。少年雪芹对这位异姓姊妹的不幸深表关切，而少女亦因感激而生爱悦（此即神瑛绛珠神话之寓意）。总之，少年雪芹因此得到了一位朝夕相处而终成知己的少女的心。但由于曹家后来的变故，也由于这位少女的思想性格并不讨曹家家长的喜欢，这位少女后来也许抑郁染病而终（小说之"泪尽夭亡"），二人终未谐连理（明义诗所谓"安得返魂香一缕，起卿沉痼续红丝"④）。对于这段少年时代的恋情，曹雪芹一直刻骨难忘，缠绵固结于怀，这就是"木石姻缘"的来源。至于"金玉姻缘"则可能是为了展开爱情冲突而根据当时流行的传统婚姻观念有意创造的对立面，包括薛宝钗形象，也是作为林黛玉对立互补形象创造的，都是"假语村言"，不像林黛玉形象那样"真事隐去"。庚辰本第 22 回眉批：

---

① 陈庆浩《新编石头记脂砚斋评语辑校》19 页。
② 陈庆浩《新编石头记脂砚斋评语辑校》19 页。
③ 李煦曾收养一批民间孤女，故当时有"李佛子"之称。雍正元年李煦被抄家时，尚有跟随李煦之孤儿 15 人，这些男女孩童皆在苏州。见雍正元年四月初九日《总管内务府奏查抄李煦在京家产情形折》。参见王利器《李士桢李煦父子年谱》503 至 509 页，北京出版社 1983 年版。
④ [清]富察明义《绿烟琐窗集·题红楼梦》。

将薛林作甄玉、贾玉看书，则不失执笔人本旨矣。丁亥夏，畸笏叟。①

"甄玉、贾玉"即真假，"写假则知真"，"凡写贾宝玉之文则正为真宝玉传影"（第2回甲戌批语）。林薛二人，林真薛假，薛为林传影，"金玉"为"木石"传影。庚辰本第42回"金兰契互剖金兰语"回前评云：

钗玉名虽二个，人却一身，此幻笔也。今书至三十八回时已过三分之一有余，故写是回，使二人合而为一。请看黛玉逝后宝钗之文字，便知余言不谬矣。②

这是说钗、黛原型实为一人，即雪芹少年恋人。但她的身上绝不可能兼有叛逆与传统、理想与世俗、孤高自许与随分从时两种完全对立的性格，而被曹雪芹在创作中加以分解。因为很难想象这两种对立性格能在一个人身上并存相容，更难以想象具有这种复杂二重性格的人会为叛逆性格相当鲜明突出的曹雪芹执着爱恋。很可能，曹雪芹在创造以少年恋情为基本素材的宝黛悲剧时，把恋人的纯情性格（带有理想的浪漫的叛逆的色彩）投射到黛玉身上，而把恋人所缺少的现实品格（这正是现实婚姻所要求的）投射为宝钗形象，让二人性格对立而又互补，让黛玉所未能实现的婚姻通过宝钗实现。这就是脂批所谓"名虽二个，人却一身"，所谓"幻笔"，也就是曹雪芹创造爱情悲剧的真假（或真幻）双向投射。但现实生活中，这种"兼美"性格是不存在的，所以，第5回安排贾宝玉梦游太虚境与"乳名兼美字可卿"，"鲜艳妩媚，有似乎宝钗；风流袅娜，则又如黛玉"的女子相配合，正是表现对"兼美"的幻想。庚辰本夹批"难得双兼"，就是这个意思。

大体说来，《红楼梦》所描写的女儿世界和宝黛爱情的生活基础，就是上述内容。

原型置换

那么，曹雪芹的怡红心性是怎样于"在内帏厮混"的环境中形成的？又怎样在"尝遍情缘滋味"和"鹡鸰之悲，棠棣之威"以后转化为"悼红"情结？

这里首先值得注意的，是原型置换。

① 陈庆浩《新编石头记脂砚斋评语辑校》408页。
② 陈庆浩《新编石头记脂砚斋评语辑校》575页。

第 2 回，贾雨村在介绍甄宝玉时说：

> 但这一个学生，虽是启蒙，却比一个举业的还劳神。说起来更可笑，他说："必得两个女儿伴着我读书，我方能认得字，心里也明白；不然我自己心里糊涂。"又常对跟他的小厮们说："这女儿两个字，极尊贵、极清净的，比那阿弥陀佛、元始天尊的这两个宝号还更尊荣无对的呢！你们这浊口臭舌，万不可唐突了这两个字，要紧。但凡要说时，必须先用清水香茶漱了口才可；设若失错，便要凿牙穿腮等事。"其暴虐浮躁，顽劣憨痴，种种异常。只一放了学，进去见了那些女儿们，其温厚和平，聪敏文雅，竟又变了一个。因此，他令尊也曾下死答楚过几次，无奈竟不能改。每打的吃疼不过时，他便"姐姐""妹妹"乱叫起来。后来听得里面女儿们拿他取笑："因何打急了只管叫姐妹做甚？莫不是求姐妹去说情讨饶？你岂不愧些！"他回答的最妙。他说："急疼之时，只叫'姐姐''妹妹'字样，或可解疼也未可知，因叫了一声，便果觉不疼了，遂得了秘法：每疼痛之极，便连叫姐妹起来了。"你说可笑不可笑？

这是曹雪芹通过"真假"手法和"甄宝玉"形象巧妙保存的童幼年生活回忆的宝贵材料。其中当然包含某些艺术夸张，如佛道神祇"阿弥陀佛""元始天尊"，恐非儿童所知。但"顽劣憨痴，种种异常"，和对姊妹的"温厚和平，聪敏文雅"个性特征应为写实。它透露的儿童心态转移，耐人寻味。

太史公曰："夫天者，人之始也；父母者，人之本也。人穷则反本。故劳苦倦极，未尝不呼天也；疾痛惨怛，未尝不呼父母也。"（《史记·屈原贾生列传》）呼天呼父母，实际上是寻求情感同情和庇护。甄宝玉痛极而呼姐妹，表明这个孩子在寻求同情庇护时发生了重要的心理置换。产生这种心理置换的原因是缺少父母慈爱。这也许正是曹雪芹的幼年生活实际。

曹雪芹身世考证尚难有共识。本人倾向曹颙遗腹子说，[1]依此说，则母马氏守寡，兼负严父的管教职责，叔父曹頫出于继承祖业的期望，对他要求严格。根据第 56 回甄家女人的介绍，甄宝玉（小雪芹）"因长得齐整，老太太很疼，自幼淘气异常，天天逃学，老爷太太也不便十分管教"。小雪芹的儿童自由天性甚至

---

① 参见李玄伯《曹雪芹家世新考》，载《故宫周刊》第 84 期，1931 年 5 月 16 日；王利器《马氏遗腹子·曹天佑·曹霑》，载《红楼梦学刊》1980 年第 4 辑；徐恭时《曹雪芹传略》，载《红楼梦鉴赏辞典》，上海文艺出版社 1988 年版；樊志斌《曹雪芹传》，中华书局 2012 年版。另外吴新雷、张书才提出的父曹颜说，雪芹也是遗腹子。

叛逆的表现显然比较突出，与观念正统僵化、期望殷切的长辈难免冲突。而两代人在管教方式、情感给予上存在明显差异，雪芹难以得到父爱母慈的人伦天性情感温暖，就只能在祖母的溺爱与纵容下，从"闺友闺情"中得到替代性补偿。无论他生父是谁，这一情况大概差不多。这一点，在作者对贾宝玉亲情关系的具体描写中有所反映。贾母对宝玉之宠爱胜过其父母。贾政因宝玉抓周之事认定"将来酒色之徒耳"，"因此便大不喜悦"。王夫人思想正统、生性冷漠，对宝玉的顽劣也有一种出自本能的嫌恶。林黛玉刚到贾府，王夫人就嘱咐她："我不放心的最是一件：我有一个孽根祸胎，是家里的混世魔王……你只以后不要睬他，你这些姊妹都不敢沾惹他的。"甲戌本夹批："（孽根祸胎）四字是血泪盈面，不得已，无奈何而下。四字是作者痛哭。"（末七字又为王府本批）[1]所谓"血泪盈面"，点明是"作者痛哭"，显然暗示某种自幼缺失怙慈的痛苦。第 36 回王夫人说："你们那里知道袭人那孩子的好处？比我的宝玉强十倍。"己卯本批云："忽加'我的宝玉'四字，愈令人堕泪……作者有多少眼泪写此一句。"[2]王夫人很少在话语中直接流露对宝玉的爱心，这里加"我的"，分明是一种强调。所谓"多少眼泪写此一句"，似乎正因为有感于缺少慈爱的现实缺憾。曹雪芹对宝玉与王夫人情感关系的描写是很用心的。他并不放过写母子之情的机会，如第 25 回宝玉"一头滚在王夫人怀里，王夫人便用手满身满脸摩挲抚弄他"，宝玉生病被救醒后，"贾母王夫人如得了珍宝一般"；第 28 回宝玉同王夫人说笑，"宝玉扎手笑道：从来没听见有个什么'金刚丸'……太太倒不糊涂，都是叫'金刚''菩萨'支使糊涂了"；第 33 回宝玉挨打，王夫人"也不顾有人没人，忙忙赶往书房中来"，爬在宝玉身上大哭等等。这些细节的真实描写，甚至引起脂砚斋联想自己幼年丧母的身世而写下不胜感伤的批语。但是他又同样真实地揭示出王夫人对宝玉的感情中，带有某种统治的，甚至自私的和功利的色彩，缺乏母子天性中的至情至爱。宝玉第一次挃玉后，贾母劝告："还不好生慎重带上，仔细你娘知道了。"不用"爷"而用"娘"以吓唬宝玉，足见"娘"在宝玉心目中并非慈爱而是威严的化身。宝玉挨打时，王夫人的感情反应诚然十分强烈，但其原因则是"我如今已将五十岁的人，只有这个孽障……今日越发要他死，岂不是有意绝我"，还叫着贾珠的名字哭道："若有你活着，便死一百个我也不管了。"（按：曹颙长子早殇。此处或隐入真事）因而，宝玉与其母亲存在情感隔膜就是必然的了。特别

---

① 陈庆浩《新编石头记脂砚斋评语辑校》74 页。
② 陈庆浩《新编石头记脂砚斋评语辑校》545 页。

是由于王夫人的正统思想和"喜怒出于胸臆"的矜严性格,她对宝玉个性的不理解,对宝玉与丫鬟关系的错误防范与处置,以至造成一系列悲剧,都使宝玉与其愈益疏离,终由厌憎而至悖逆(在《芙蓉诔》中已有鲜明表现)。这种母子关系的复杂描写,比单纯展示思想对立的贾政、宝玉父子关系描写,似乎更有内涵和作者的现实生活基础。

在仕宦或贵族家庭里,乳母或保母也代替承担了母亲的部分职能(提携哺育)。这使得幼儿对母亲的依恋可能转移到她们身上。但在《红楼梦》中,宝玉的乳母李嬷嬷却是一个已有了孙子、被丫头称为"奶奶"、薛姨妈戏谑为"老货"、有点倚老卖老的人物(见第8回)。既有孙子,年龄当不在王夫人之下。其时宝玉年龄按推算不过十岁,奶妈与宝玉的年龄差很不合情理。宝玉很不满意她的唠叨和干预,甚至在醉中还要撵她出去。对李嬷嬷的描写似乎也是有现实依据的。第20回写"李嬷嬷骂袭人"一段,有庚辰本署壬午孟夏畸笏叟批语:"特为乳母传照。"且在李嬷嬷骂人话后接连有"真有是语""真有是事"的批语,在"正值他(指李嬷嬷)今儿输了钱,迁怒于人"的叙述语后,有"有是争竞事"的批语[1],证明在曹雪芹的实际生活和记忆中,确有这样并不得他好感的奶妈。在生母和乳母均缺少慈爱的情况下,像贾宝玉一样"自幼因老太太疼爱,原系同姊妹们一处娇养惯了"的少年雪芹,自然就"在内帏厮混",获得母爱的替代和补偿(祖母的溺爱,实际上是"在内帏厮混"的保护伞。由于祖母并不直接哺养孙辈,故不能代替母爱)。书中叙元春与宝玉之情道:

> 贾妃乃长姊,宝玉为弱弟。贾妃之心上念母年将迈,始得此弟,是以怜爱宝玉……其名分虽系姊弟,其情状有如母子。

元春省亲时,以见宝玉情感达到最高潮:

> 元妃命他进前,携手拦于怀内,又抚其头颈笑道:"比先竟长了好些……"一语未终,泪如雨下。

尽管由于庚辰本脂批在这里有两条很动情的批语,并有"批书人领至此教""俺先姊仙逝太早"的话,可以作为元春以平郡王妃即雪芹姑母为原型、脂砚斋为雪芹叔辈的有力佐证,但这并不意味着宝玉的原型即是脂砚斋(虽然其中也融入了脂砚斋的若干往事)。实际上,曹雪芹通过这一重要片段,也写出了自己

---

[1]　陈庆浩《新编石头记脂砚斋评语辑校》372至373页。

渴望母爱不得而在姊妹之情中寻求爱心补偿的人生体验。[①] 姊妹之爱置换母子之爱的结果，是使雪芹对温柔善良的年轻女儿产生了强烈的爱慕和依恋，对感情冷漠、态度严正的父辈男性和年长（母辈）女性愈益疏离：以至于女性的青春美、人情美日渐融为一体，以至于凡是能给予他爱心、使他爱慕的女性，不管其辈分、身份、地位如何，都是他心中的"姐姐""妹妹"。小说第5回宝玉梦游太虚境，称"警幻仙姑"为"神仙姐姐"，姑姐不分，而警幻仙姑称绛珠（黛玉）为"妹子"，又把妹兼美配给宝玉，表明她也是以姐弟之情待宝玉，太虚幻境女子也统以姊妹相称（包括对"仙姑"），同样姑姐界限模糊。这与我们前面分析宝玉——曹雪芹的姑娘姊妹情况颇有暗合之处。在这里，姊妹已不再是单纯的辈分亲情关系，而实际上成了女性爱心的代名词，或为置换母亲原型为少女原型的符号。

　　荣格的人格心理学认为，每个人都天生具有异性的某些性质。这不仅仅是因为从生物学角度观察，男人和女人都同样既分泌雄性激素也分泌雌性激素；而且也因为，从心理学角度观察，人的情感和心态总是同时兼有两性倾向。荣格把男人心理中女性的一面称为阿尼玛原型，而把女性心理中男性的一面称为阿尼姆斯原型。他认为："每个男人心中都携带着永恒的女性心象，这不是某个特定的女人的形象，而是一个确切的女性心象。这一心象根本是无意识的，是镂刻在男性有机体组织内的原始起源的遗传要素，是我们祖先有关女性的全部经验的印痕或原型，它仿佛是女人所曾给予过的一切印象的积淀。"[②]按照荣格的说法，阿尼玛原型的第一个投射对象差不多总是自己的母亲，因为母亲是婴儿接触的第一个用全身心爱他的异性。这与弗洛伊德的"恋母情结"理论相通。不过弗氏强调的是童年性经验对个体无意识的影响，而荣格强调人类的原始集体无意识，视野更加开阔深邃。不妨说，"恋母情结"或阿尼玛原型，就是作为人类原始集体无意识的母神崇拜在个体心理的遗迹和投影。（个体的）母亲—（人类的）太初之母，大地之母，她象征着生育、温暖、保护、丰饶、富足。然而，母亲原型一旦被少女原型所置换，其内涵就发生了变化。少女是"灵魂的伴侣，象征着精神的实现和满足"，这位原型女性，代表"美的极致，一切欲望的满足"，"她

---

① 　这一点，还可以从贾宝玉在迎春出嫁后所写《紫菱洲歌》中得到印证。宝玉与迎春平时并无交往描写，但《紫菱洲歌》却充满浓厚伤感："池塘一夜秋风冷，吹散芰荷红玉影。蓼花菱叶不胜愁，重露繁霜压纤梗。"

② 　《荣格文集》卷十七第198页，转引自霍尔等《荣格心理学入门》52至54页，三联书店1987年版。

是母亲、姊妹、情人和新娘……她是圆满承诺的化身"①。就情感内容言,如果说,母爱是基于血亲情感以保护、奉献与牺牲为内容的伟大慈爱,那么,作为母爱替代物的少女之爱,就既有母爱的补偿,又有同样基于血亲情感的胞爱(姊妹之爱),还有在两性自然吸引的生理基础上产生的异性爱(从相互爱悦到情爱、性爱),更有作为性爱升华的知己之爱,而这种知己之爱的奉献与牺牲性质及其强度是可以同母爱相比而无逊色的。另一方面,从审美特征看,母亲原型所具有的崇高,转化为少女原型的优美;母爱所具有的人性美的纯粹性,转化为少女之爱所体现的青春美与人性美、形式美与内在美统一的丰富性。由生物延续种属的内在要求所决定,对于异性少年,后者显然是美的理想——合规律性与目的性统一图像的完满显现。

原型置换——这就是艺术世界的甄(贾)宝玉,现实世界的曹雪芹童年至少年时代感情生活中出现的重大变化。这种变化导致的结果,就是对少女(青春美与人性美的统一化身)的心理认同,是个体(男性)心中的阿尼玛原型与现实生活中折射出"母亲、姊妹、情人和新娘"等各种情感内容的少女群体(女儿世界)的契合,是对"灵魂的伴侣"的寻求和渴望。这种认同感,由于少男少女异性之间年龄相近产生的潜意识性吸引而不断强化,并且导致自身性格中的异性(女性)气质的发展,而自性(男性)一面反受到压抑。特别是由于这一面又与他所厌恶的现实中男性家长(及女性长辈)缺乏爱心的严酷礼法教育相联系,与他耳闻目睹的成年男性的腐朽堕落与罪恶相联系(这在仕宦之家和八旗子弟中是大量存在的),更使原本为无意识的自性压抑转变为情感的厌憎和理性的自省。自然情欲,原型置换,异性认同,自性离异,这一系列复杂的心理过程,终于导致少年雪芹怡红心性的形成。母亲原型(恋母情结)中蕴含的人类集体无意识原始母神崇拜最终转化成少女原型中的女性美崇拜。

神话内涵:从娲皇到警幻

原型置换本来是发生在个体无意识层面的心理过程,但它一旦发生,就可能成为个体心理和思想性格的某种支配因素,以其丰厚的集体无意识和个体无意识积淀,影响创作。从《红楼梦》的神话构架——创世纪的女娲补天到太虚幻

---

① 转引自张汉良《杨林故事系列的原型结构》,载温儒敏编《中西比较文学论集》,北京大学出版社 1988 年版。

境警幻形象的创造，就可以看出这种奇妙的对应。

《红楼梦》把故事根由追溯到远古神话，从女娲补天引出石头下凡，而石头所赋有的灵性——情根，又恰恰成为作者曹雪芹的"悼红"情结和主人公贾宝玉的怡红-意淫心性的寓体。在小说中，具有原初性质的大荒世界和女娲形象，又被置换为与现实时空同步对应的太虚幻境和警幻仙姑。这一切，都使得对《红楼梦》神话构架的哲理诠释，成为一个永恒的话题。

从现代心理学观点看，"恋母情结"不仅是母体孕育诞生胎儿和母亲哺育幼婴生理过程的心理积淀，也是人类原初集体无意识在个体世代的遗传印记。如果从旧石器中晚期晚更新世母系氏族公社算起（不包括更早的母系血统的原始群时代），在迄今至少十万年以上的人类社会发展史中，父系社会只不过是近五千年来出现的。根据文献记载，中国第一个父系制王朝为夏朝，夏商周断代工程推算，夏朝建立于公元前 21 世纪，即距今四千多年前。原始母神崇拜，作为人类原始社会，也是人类发展史迄今最漫长的社会的意识形态，在人类种属记忆——集体无意识中，理所当然地具有本原（原初人性）意义。母系社会群婚制"知母不知父"（《吕氏春秋·恃君览》）的状况，对女性生产能力（特别是生殖能力）的崇敬，和对两性生殖之谜的无知，使几乎所有的民族部落起源神话中，男性都成了可有可无的角色。女娲造人，简狄吞燕卵而生商部落始祖契（《诗经·玄鸟》），姜嫄履大人迹而有孕生周部落始祖稷（《诗经·生民》），古代纬书中华胥履雷泽大人迹而生宓牺、附宝感电光绕北斗而生黄帝、少典妃感神龙首而生神农等传说，彝族先民哀牢夷的沙壹触沈木而生九隆（《汉书·西南夷传》），朝鲜族的扶余女受阳光照耀而生朱蒙[1]，满族始祖布库里雍顺系天女浴于池食朱果成胎而降（《清实录》），甚至基督教《福音书》中处女玛利亚由圣灵感孕而生耶稣等等，这些人类、民族、部落、圣贤之母，都因男性性角色、性作用的被排斥，而独占神性的崇高与圣洁。可以说，原始母神崇拜，这就是人类最早的恋母情结。对母性生命力（创造力）、母性爱和女性美的崇拜在这种原初人性中融合成三位一体。进入文明时代以后，父系社会的私有性质，以及随私有制出现的财产权力争夺、社会罪恶和道德沦丧，使得一切对父系文明的批判，都带有某种向母系社会（原始公有）和原初人性回归的色彩。人类对原始时代的遥远记忆，淡忘了野蛮和蒙昧，被不满现实而又无法清晰地设计未来的思想家和文学家修饰得无比美妙和合乎理想。中国古代最早举起思想批判旗帜的道家创始人老子，就是

---

[1]　参见刘诚淮《中国上古神话》576、539 页引《朱蒙神话》，上海人民出版社 1988 年版。

崇拜原始母性并在深刻体察母性的创造伟力的基础上构建其思想体系的。母性生殖被喻为宇宙和万物之本原:"玄牝之门,是谓天地根。绵绵若存,用之不勤。"(《道德经》第六章)母性之爱("慈")被称为生存之"宝":"夫慈,以战则胜,以守则固,天将救之,以慈卫之。"(《道德经》第六十七章)陈鼓应先生解释:"慈——爱心加上同情感,这是人类友好相处的基本动力。"①崇阴("万物负阴而抱阳"),守雌,重静,主柔,人性返朴(赤子之心),社会返古("小国寡民"——幻想的原始群落),都是母性本原观的表现。庄子母性崇拜不如老子突出,但他强调人性返朴,回归自然,精神自由,明确批判"不反真本,妄作孝弟"(《庄子·盗跖》)的维护父系制伦理的儒家学说,又与老子一脉相承,且思想锋芒更为尖锐。从思想渊源看,《红楼梦》"情根石"怡红心性的核心——主慈爱、"赤子之心"来自《老子》,自由心性来自《庄子》。因而"情根石"神话包含的原始母神崇拜,内在地具有批判父系文明的性质,也就不言而喻了。

以父子血缘和一夫一妻制(或一夫多妻制)为家庭结构单元的文明社会,宣告了母权制被推翻这一"女性的具有世界历史意义的失败"②,也使男女之间这种人和人之间最自然的关系具有了明确的社会规范。文明的进步和反文明的奴役是历史悖论的孪生兄弟。一方面,"最初的阶级压迫是同男性对女性的奴役同时发生的","阶级的萌芽是家长奴隶制,在那里,妻子和孩子是丈夫的奴隶,家庭中的奴隶制是最早的私有制"③;另一方面,父权制的最后胜利乃是文明时代开始的标志之一。④ 原始母神崇拜反映的人类太初时代以女性为中心的群婚杂婚的性乱关系被以男性为中心的性规范所代替,男性对女性的审美升华了自然情欲。如果说男性对女性的奴役和占有是对原始母神崇拜的否定;那么,男性对女性美的倾倒和崇拜则是人类原初人性(原始集体无意识)的继承和转化,这一建立在两性自然吸引生理基础上的性意识成了文明社会最具普遍性的人类共同心理结构(普遍人性)。孔子曰:"吾未见好德如好色者也。"(《论语·子罕》)莱辛说,荷马的描写特洛伊战争的全部史诗就是建筑在海伦的美上面(《拉奥孔》)。而中国古代神话中的西王母形象的变化:从《山海经》中的"其状如人,豹尾,虎齿,善啸,蓬发戴胜,是司天之厉及五残",即人兽同体的瘟疫刑罚之神,到《穆天子传》中与周天子宴饮酬唱,雍容和蔼的女性部族首领,到道教

---

① 参见陈鼓应《老子注释与评介》,中华书局 1984 年版。
② 《马克思恩格斯全集》第四卷《家庭私有制和国家的起源》54 页,人民出版社 1972 年版。
③ 《马克思恩格斯全集》第四卷 63 页。
④ 《马克思恩格斯全集》第四卷 53、57 页。

小说《汉武帝内传》中年纪三十，容貌绝世的少妇，以至"颜容若十六七女子，甚端正"，"不复生死"的妙龄神女（《庄子·大宗师》成玄英疏），但又依然保持"万民皆仗西王母"（《博物志·杂说》）的信仰，这一过程，更是中国古代原始母神崇拜转化为文明社会的女性美崇拜，母亲原型转化为少女（女儿）原型，但仍保持原始信仰心理的典型例子。这一转化，很容易使人联想到《红楼梦》中女娲到警幻的原型置换，贾宝玉"恋母情结"到"怡红心性"的原型置换。这绝不是偶然的暗合。

太虚幻境的基本特征是"幻"。从这点看，它和寓示"空"的大荒山无稽崖遥遥相映。石头来自大荒无稽，回归大荒无稽；神瑛绛珠来自太虚，回归太虚。前者即《石头记》之命意，后者为《红楼梦》之因缘。这种构思，为全书家族悲剧和人生悲剧（主要是"情"的悲剧）笼罩了一层浓厚的梦幻色空之感。但大荒无稽只是抽象观念的演绎，这使它只能作为渊源追寻，赋予解释意义；而太虚幻境却是具体情境的显示，这就使它可以进入情节，成为小说内容的有机组成部分。

在小说中，警幻仙姑"居离恨天之上，灌愁海之中，乃放春山遣香洞太虚幻境"的主神，是作者所创造的中国古代从所未有的爱情女神和女性命运之神。从她身上，可以看到女娲的痕迹。女娲锻炼情根石，警幻布散相思；女娲后来演化为"置昏姻"的"皋媒之神"（罗泌《路史·后纪二》及罗苹注引《风俗通》）①，警幻"司人间之风情月债，掌尘世之女怨男痴"；女娲炼石补天救世，警幻曾受宁荣二公阴魂之托，以情欲声色之幻规引宝玉，以挽救贾府末世命运，这表明，她和女娲一样，兼有拯救者的使命。不过，女娲救世手段是补天，而警幻的救世手段则是"警幻"。"警幻"就是"幻"和"警"的对立统一，二位一体。她向青年男女展示了一个青春的、自由的、充满爱与美的理想世界，又以这一理想之终为虚幻警示它的追求者。当她引宝玉"遍历饮馔声色之幻"，企图以"幻"警"情"之时，这位痴顽孩童尚在沉睡的性意识却一下子被唤醒，从此初试云雨，缠绵兼美，互识金玉，一发而不可收。本欲警"幻"，反而启"幻"，本欲以"幻"警人，终则以"幻"启蒙。这又是女娲炼"补天石"反成为"情根石"寓意的延续。

但是，比较两个神话构想，可以看出，有几点值得注意的变化：

1. 警幻掌管"普天之下所有女子过去未来的簿册"，是女性命运神，但却不具备干预和改变现实世界女儿薄命的能力，已失去了女娲在神话中至高无上、

---

① ［宋］罗泌《路史》卷十一《后纪二》："女皇氏娲……蛇身牛首……以其载媒，是以后世有国，是以祀为皋媒之神。因典祠焉，又曰皇母。"

无所不能的地位,亦即失去了原始母神崇拜的光彩。

2.不同于体现道家"有生于无"哲学思想的抽象大荒世界,警幻主管的太虚幻境乃是一个"仙花馥郁,异草芬芳","说不尽那光摇朱户金铺地,雪照琼窗玉作宫"的美丽仙境,并且是专门的"清净女儿之境"。这个世界,以排斥男性(须眉浊物)和个性自由平等(主神警幻也被称为姐姐)为特色,并成为现实世界男权压迫、等级奴役、礼教束缚的对立面。以至幼年的宝玉梦中见到就十分欢喜,想道:"这个去处有趣,我就在这里过一生,纵然失了家也愿意,强如天天被父母师傅打呢。"从这个意义上说,太虚幻境又是"天不拘兮地不羁"的大荒世界的置换物。难怪大荒世界"情根石"置换为神瑛侍者(瑛,似玉之石)——宝玉的前身在此挂号,而宝玉梦游中会产生回归感。

3.女娲神话中的母亲原型被置换为少女(女儿)原型。这表现为对警幻形象的具体描绘。"人面蛇身"或"蛇身牛首"的"古之神圣女"女娲①被置换为绝世佳人。《警幻仙姑赋》是《红楼梦》中唯一由叙述者引称的人物形体赋,也是美人如云的《红楼梦》中唯一的美人赋。除了这篇赋和第11回对宁府会芳园的一段骈文描写外,《红楼梦》已完全改变了传统小说叙述者引诗(词文赋)为证进行描写的惯例,可见,此赋在小说中的保留具有特殊意义。在构思和写法上,它模仿《洛神赋》,着意突出女性美的理想性质,而其视点,则是作为女性美崇拜者的男子贾宝玉:

> 羡彼之良质兮,冰清玉润;慕彼之华服兮,闪灼文章。爱彼之貌容兮,香培玉琢;美彼之态度兮,凤翥龙翔。其素若何,春梅绽雪。其洁若何,秋菊被霜。其静若何,松生空谷。其艳若何,霞映澄塘。其文若何,龙游曲沼。其神若何,月射寒江。应惭西子,实愧王嫱。奇矣哉,生于孰地,来自何方;信矣乎,瑶池不二,紫府无双。果何人哉?如斯之美也!

大荒世界置换为太虚幻境,并成为幻想世界"清净女儿之境";太初之母女娲被置换为现实世界女性命运之神和女儿幻想世界的主神;母亲原型置换为少女原型。总之,原始母神崇拜转化为女性美崇拜。这就是《红楼梦》起首部分两个神话构架之间的内在联系。曹雪芹未必能意识到现代心理学理论所揭示的人类文明史和人类集体无意识历史进程的全部内涵,但他的天才和直觉肯定悟到了某种真谛。神话不过是历史和哲思交媾的幻想符号,它比写实叙事能更深

---

① 据《说文》"娲,古之神圣女";《山海经·大荒西经》郭璞注"女娲……人面蛇身";罗泌《路史》卷十一《后纪二》"女皇氏娲……蛇身牛首"等。

刻地折射出从贾宝玉的"怡红"心性到曹雪芹的"悼红"情结的丰富心理积淀。他在贾宝玉身上更寄托了男性自省和男权自我批判的超前的人性美理想。关于贾宝玉女性美崇拜意识和曹雪芹"悼红"情结的文化内涵，就需要进一步深入阐述了。①

（原载《走近曹雪芹——〈红楼梦〉心理新诠》1997 年版）

[附记]本文选录自《走近曹雪芹——〈红楼梦〉心理新诠》第四章第一、二、三节，对原文作了较多修改。主要是更加明确方法论的阐述和运用，在缺乏充分可靠文献和考证难有共识的情况下，充分利用作者提供的"真甄假贾"的文本解读，而尽量避免"曹贾互证"的主观推论。有兴趣的读者不妨对照，看到笔者修改时认识的进步。不能把艺术形象等同于生活原型，但艺术形象可以成为研究生活原型（特别是作者）的辅助手段。这符合艺术与生活的辩证法。

---

① 参见本书下编《论贾宝玉的女性美崇拜意识及其人性内涵》；《走近曹雪芹——〈红楼梦〉心理新诠》第四章第四、五节，湖南师范大学出版社 1997 年版。

曹雪芹的人格范式和气质初探

"梦阮"范式及其个体与时代新义

曹雪芹自号"梦阮"。他的朋友曾把他比作司马相如、曹植、山简、刘伶、孟嘉、王猛、李贺等，但更多更主要是把他比作阮籍："步兵白眼向人斜"（敦诚《赠曹雪芹》）、"狂于阮步兵"（敦诚《荇庄过草堂命酒联句》）。[①] 他在《红楼梦》中也特别提到阮籍及其著作，可以看到他对阮籍的特殊崇敬。这也许有祖父曹寅的影响。曹寅赠洪昇诗就有"礼法谁尝轻阮籍"的诗句。[②] 但主要是阮籍所代表的个体人格和人生态度为曹雪芹所效法。或者说，这种人格和人生态度为祖孙两代所倾慕，而芹更甚于寅。从曹雪芹生平材料和《红楼梦》中的表现看，其内容是多方面的。

《晋书·阮籍传》载，籍"不拘礼教"，"傲然独得，任性不羁"。尤其著名的是"能为青白眼。见礼俗之士，以白眼对之"，"由是礼法之士，疾之若仇"。他在《大人先生传》中辛辣嘲讽那些"诵周孔之遗训，叹唐虞之道德，唯法是修，唯礼是克……挟金玉万亿，祗奉君上而全妻子"的儒学君子礼法权贵，是"深缝匿夫坏絮"，"动不敢出裈裆"的虱子，且"炎丘火流，焦邑灭都，群虱死于裈中而不能出"[③]，表现了强烈的反儒学正统的战斗精神和批判现实的叛逆性格。曹雪芹继承阮籍的，首先便是这种性格和精神。他像阮籍一样，"步兵白眼向人斜""一醉酕醄白眼斜"（敦敏《赠芹圃》），"傲骨如君世已奇"（敦敏《题芹圃画石》）。不过，曹雪芹的"白眼"和"傲骨"，较之阮籍主要从思想道德层面上鄙视礼法之士，

---

① 一粟编《古典文学研究资料汇编红楼梦卷》1、3页，中华书局1963年版。本文所引敦敏、敦诚、张宜泉诗文，皆据此书所刊载。

② ［清］曹寅《楝亭诗钞》卷四《读洪昉思稗畦行卷感赠一首兼寄赵秋谷赞善》。

③ 陈伯君《阮籍集校注》，中华书局1987年版。本文所引阮籍诗文，均据此书。

更有其特殊内涵，它特别表现出这位内务府包衣的反奴人格。《红楼梦》第2回在提到阮籍等人时借贾雨村之口强调"纵再偶生于薄祚寒门，断不能为走卒健仆，甘遭庸人驱制驾驭"，就是他的梦阮人格的明确阐述。

阮籍"博览群籍，尤好庄老"。他的《达庄传》《大人先生传》等特别发挥庄子的精神自由哲学，强调精神本体，崇尚自然，追求"超世而绝群，遗俗而独往"（《大人先生传》）的理想人格。这也许正是曹雪芹接受庄子思想的途径。魏晋玄学通过阐庄反儒，提倡"越名教而任自然"的个性自由，阮籍是最早的一个。曹雪芹向往和追求摆脱人身奴役和精神奴役的自由心性，自然从带有批判和反叛现实色彩的庄周和嵇康、阮籍处吸收思想养料。《红楼梦》第78回列举宝玉远师古人之作，以庄周《秋水》、阮籍《大人先生传》连举殿后，未必不反映曹雪芹注重庄阮联系和远绍庄阮的观点。甚至阮籍《大人先生传》接受庄周齐物思想，描绘的"登乎太始之前，览乎沕漠之初，虑周流于无外，志浩荡而自舒"的物我混一的混沌境界也在小说开头太初时代"天不拘兮地不羁，心中无喜亦无悲"的大荒世界留下了投影。还要指出，小说第20回写宝玉读《庄子·胠箧》，《胠箧》是《庄子》中最具政治批判锋芒的篇章。虽然宝玉续《胠箧》，是仿"绝圣弃知"之意，表达在情感苦恼中的消极思想，但曹雪芹独提此篇，未必不另有深意。从庄子对"窃仁义并斗斛权衡符玺之利"的统治者的尖锐揭露，到阮籍崇尚"无君而庶物定，无臣而万事理"，揭露"君立而虐兴，臣设而贼生，坐制礼法，束缚下民"（《大人先生传》）的言论，直到《红楼梦》对专制皇权剥夺人权的批判，难道不是又一条可见的思想轨迹吗？

阮籍是一个情感真切、性情淳厚的人。他对女性的真诚和友善，在封建文人中尤为特出。"籍嫂尝归宁，籍相见与别。或讥之，籍曰：'礼岂为我设邪！'邻家少妇有美色，当垆沽酒。籍尝诣饮，醉便卧其侧。籍既不自嫌，其夫察之，亦不疑也。兵家女有才色，未嫁而死。籍不识其父兄，径往哭之，尽哀而还。其外坦荡而内淳至，皆此类也。"（《晋书·阮籍传》）从曹雪芹在悼红轩中对"闺友闺情"的怀念，到《红楼梦》中贾宝玉"在闺阁中，固可为良友，然于世道中，未免迂阔怪诡，百口嘲谤，万目睚眦"的"意淫"性格，人们可以看到阮籍在两性关系上突破礼教传统观念和行动规范的影响。只是，在这方面，阮籍仅仅是一种性情流露，而曹雪芹却达到了自觉反省和批判男权文化、关怀女性不幸命运的时代高度。

阮籍又是一个以二重人格保护自我对抗现实的人。"籍本有济世志。属魏晋之际，天下多故，名士少有全者，籍由是不与世事，遂酣饮为常。"（《晋书·阮籍传》前面,我们曾从曹雪芹家历史遭遇和身份地位阐述曹家二重人格心理的精神承传。在某种意义上,醉饮正是一种特殊的人格面具。既可自洁其身,又不致为黑暗所吞噬。曹寅在苦闷中就曾写下过"沉湎滑稽内,适俗恒浇漓"(《楝亭诗钞》卷一《饮涴酒》)的诗句。曹雪芹也是"善饮"之士,有时"酒渴如狂",朋友比之为刘伶。然而,沉酣中正隐藏着悲愤,"秦淮旧梦人犹在,燕市悲歌酒易醨""新愁旧恨知多少? 一醉酕醄白眼斜"。曹雪芹亲身蒙受康熙晚年以来皇室斗争带来的家庭劫难,也亲身感受到雍正和乾隆时期的政治和文化高压,以现实容许的外在人格隐藏和坚持同现实对抗的主体人格,正是他和处于相似政治环境中的阮籍采取相似人生态度的原因。不同的是,阮籍"身仕乱朝,常恐罹谤遇祸",写作"志在刺讥而文多隐避"(《文选》李善注),以至创作"厥旨渊放,归趣难求"(钟嵘《诗品》)的八十余首《咏怀》诗,而曹雪芹虽然给他的小说披上"毫不干涉时世""无朝代年纪可考"的外衣,却比阮籍表现了鲜明得多也强烈得多的直面现实"伤时骂世"的勇气。

曹雪芹还特别继承和发扬了阮籍的"痴"性。《阮籍传》说他"当其得意,忽忘形骸,时人多谓之痴"。周策纵先生曾指出:"这个痴字在《红楼梦》里是个很重要的意境,是描述情的中心观念。"①如甲戌本"凡例"中"谩言红袖啼痕重,更有情痴抱恨长"的诗句,第1回"都云作者痴,谁解其中味"的题诗,太虚幻境对联之"痴男怨女,堪叹古今情不尽",警幻仙姑"掌尘世之女怨男痴",谓宝玉"如尔则天分中生成一段痴情",第5回回末句"千古情人独我痴",宝玉时常有"痴狂病"或"痴病",黛玉是"痴情女"等。显然作品描写的"痴情""情痴",根本来自"作者痴",周汝昌先生在《红楼梦与中华文化》一书里,辟专章精辟论述"痴"义及雪芹"痴"意。指出雪芹之"痴",乃是俗常世情的对立面,又是"情的最深程度和最高境界",并总结说:

> 痴本是贬词嘲语,但到了中华文化,发展到六朝时期,痴已经取得了新的高等的涵义,成为我们文学艺术上的一大课题了。而到曹雪芹这里,可谓登峰造极,赋予了更鲜明更辉耀的光彩。
>
> 这种"天分中生就一段痴情"的人,乃是中华民族文化所产生的人物的菁华。②

就情感的专注沉迷特征而言,曹雪芹的痴有似乎阮籍。不同的是,阮籍的

---

① 周汝昌《曹雪芹小传》周策纵序,华艺出版社1980年版。
② 周汝昌《红楼梦与中华文化》,工人出版社1989年版。

"痴"仅仅是一种心态特征，而曹雪芹的"痴"却更是一种奉献精神。如果说，阮籍关注的是在险恶政治环境下的生命安全与精神自由（全身与任情）的统一；那么，曹雪芹则是在历经世事和人生磨难后，追求爱的奉献与个性自由的统一，并且使两者统一在"情痴"（情根石）心性中。他比阮籍对社会对人生不幸者多一份爱心和奉献心，并且把爱的奉献作为自己的处世态度和人生理想。小说开头石头无材补天幻形入世、回归作记留传后世的构思，就隐含着一个为世所弃者的用世抱负。小说塑造的美的崇拜者、爱的奉献者、"情痴"典型贾宝玉，就是作者——情根石的化身。

从曹雪芹的生平材料和《红楼梦》中，我们可以看到一大批古代思想家、文学家，远自孔、孟、老、庄到屈原、宋玉，近自唐寅、祝允明到李贽、汤显祖的影响，然而，生活在 18 世纪中期康乾盛世的曹雪芹，却越过一千多年到正始乱世的阮籍身上寻找人格范式，这是一件耐人寻味而意义深远的事情。

准确地说，阮籍只是一个代表，曹雪芹钟情于魏晋风度。在小说第 2 回他借贾雨村之口提到的"逸士高人""情痴情种"等人物，除了传说中蔑视王权的上古高士许由，首先提到的就是一连串魏晋人物和群体的名字：陶潜、阮籍、嵇康、刘伶、王谢二族、顾虎头。他借"魁夺菊花诗"的林黛玉《咏菊》《问菊》诗和其他咏菊诗作，倾吐对陶渊明人格的仰慕："孤标傲世偕谁隐""高情不入时人眼""数去更无君做世，看来惟有我知音""一从陶令平章后，千古高风说到今"。他的朋友也曾把他比作嗜酒狂放、不拘礼法的刘伶："鹿车荷锸葬刘伶。"（敦诚《挽曹雪芹》）值得注意的是，刘伶的《酒德颂》也塑造了一位理想人格形象"大人先生"（有人认为，《酒德颂》就是受阮籍《大人先生传》启发而作的），作品中，这位大人先生"奋髯箕踞，枕曲藉槽"，以饮对"陈说礼法，是非锋起"的"贵介公子，缙绅处士"表示了极大的蔑视。敦诚又曾把他比拟为魏晋名士山简、王猛："接䍦（头巾）倒著容君傲，高谈雄辩虱手扪。"（《寄怀曹雪芹霑》）《晋书·山简传》谓山简守襄阳，常醉酒，"倒著白接䍦"。崔鸿《前燕录》载，桓温入关，声势煊赫，"猛被褐而诣之，一面谈当世之事，扪虱而言，旁若无人"（《初学记》卷五引）。这里突出的还是他的"傲"：蔑视权贵，狂放不羁。敦敏借《晋书·嵇绍传》中对嵇绍的评价，称曹雪芹人品如鹤立鸡群："可知野鹤在鸡群，隔院惊呼意倍殷。"（《芹圃曹君别来已一载余矣。偶过明君琳养石轩，隔院闻高谈声，疑是曹君，急就相访，惊喜意外，因呼酒话旧事，感成长句》）甚至《红楼梦》中以"凡鸟"拆"凤"字（"凡鸟偏从末世来"），也是来自《世说新语·简傲》所记载的表现嵇康朋友吕安蔑视礼法之士嵇喜（嵇康之兄）的故事，而嵇喜正是遭受阮籍白眼的人物，嵇康则以"越名教而任自然"（《释私论》）与阮籍交契，以"非汤武而薄周孔"（《与山巨源绝交书》）为司马氏所杀，但却赢得曹雪芹的尊崇。

魏晋风度对曹雪芹的人格魅力的形成的影响在哪里？阮籍和以他为代表的魏晋高士，第一次在中国历史上形成了一种建立在道家精神自由哲学基础上的，具有对抗正统的叛逆（或异端）色彩的完整的个体人格范式。这种人格范式，与建立在儒家用世事功思想基础上的传统伦理人格范式，是古代知识分子的两条基本人生道路。伦理人格范式的意义是确认人的社会使命感、义务感，但所导致的个体人格的压抑、泯灭甚至沦丧，却体现了封建专制政治和文化反人性"把人不当做人"的根本特点，所以，每一次人的觉醒和发现，都意味着对传统伦理人格范式的批评否定，和对个体人格范式的建构与追求。先秦庄周最早提出了精神自由的个性要求，但由于历史和生存环境的限制，他留下了思想材料，却没有来得及构建完整的人格范式。"独尊儒术"之后，士的主体人格完全被"修齐治平"的伦理要求所吞噬。这种情况，直到东汉末年随大一统王朝的解体和魏晋玄谈的兴起才改变。"从中国思想发展史看，玄学，特别是阮籍、嵇康等人的玄学哲学，可以说是人的一次重新发现……阮籍、嵇康为代表的一批玄学家，他们借助于先秦道家的思想形式，重新肯定了个体层面上的人的自我意识，找到了久已失落的个性自我。从这个意义上说，我们不能不认为，阮籍、嵇康所高扬的越名教而任自然的口号，本质上所显示的是一场个性解放运动。"[1]晚明以来在封建后期商品经济发展和反理学思潮中出现的具有近代思想萌芽意义的"人"的觉醒，与封建前期冲破儒学一统的思想解放和人的发现，既是历史的连续，又是对前代的超越。但晚明的思想启蒙并不成熟，既不能彻底摆脱传统伦理文化的束缚，又不能自觉克服处于萌芽状态的个性文化的弱点。其哲学基础甚至不如魏晋玄学坚实深厚，因而不可能构建完成一种具有时代特点的新型人格范式。明末清初，李贽等的言行就受到一些思想家的批评。在这种情况下，作为晚明启蒙思潮继承者的曹雪芹，从魏晋玄学家阮籍那里寻找与自己个性气质相一致的人格范式，就是必然的了。但曹雪芹又不同于阮籍。他从阮籍的人格范式中吸取了傲世、抗俗、任情、性真等自由心性的积极内容，却舍弃了他的逃避现实、全身远害、仕不事事的消极态度，他受司马迁的生死观影响（宝玉："人谁不死，只要死的好！"），受屈原的文学观影响（"远师楚人"，"多有微词"），受陶潜的人格观影响（黛玉《咏菊》《问菊》），更接受以李贽为代表的自然

---

① 　高晨阳《阮籍评传》338 至 339 页，南京大学出版社 1994 年版。

人性论和反理学异端思潮,但又批判了这一思潮中由恣情走向纵欲的不健康倾向,这种倾向在魏晋玄学中也早有表现,他甚至也吸收了传统伦理文化对个体社会使命感的合理要求,在此基础上构建了自我人格机制。这种人格机制,以要求人格平等的自由心性和爱的奉献心性(在《红楼梦》表现为怡红心性)为核心,以叛逆精神和批判精神为主导。在某种意义上,曹雪芹的"梦阮"人格,不但实现了中国历史上两个"人"的觉醒时代的个体人格对接,而且建构了具有时代特点的新型人格雏形。如前所论,它又特殊地寄托了作为皇室仆役内务府包衣的拒绝奴役、维护自我尊严的反奴人格。

最后,我还要提到一个绝非偶合的现象:除了曹雪芹,跟他几乎同时生活在18世纪前期的另一位大作家吴敬梓(比曹雪芹大13岁),也是魏晋风度的崇拜者。吴敬梓的至交程晋芳称"敏轩生近世,而抱六代情"(《寄怀严东有》),有的朋友径以阮籍比拟他——"乌衣门第俱依旧,止见阮氏判南北"(金两铭《泰然斋诗集》卷二附)。金兆燕《寄吴文木先生》诗云吴敬梓"有时倒著白接䍦",敦诚赠曹雪芹诗"接䍦倒著容君傲";吴培源《辛酉正月上弦与敏轩联句》中有"佯狂忆步兵",敦诚写曹雪芹"狂于阮步兵",表明二人学阮的言行和心态特征都很相似。吴敬梓也如同曹雪芹,在作品中一再对阮籍表示称道和向往:"阮籍之哭穷途,肆彼猖狂"(《移家赋》),"身将隐矣,召阮籍嵇康,披襟箕踞,把酒共沉醉"(《买陂塘》词)。[①] 这恐怕不仅是因为曹雪芹早年居南京,吴敬梓晚年居南京,都受六朝以来及晚明江南士风流风余韵的熏陶,更重要的是,这表明这一时代具有叛逆性、批判性人格的知识分子的某种共同精神文化取向。不过,吴敬梓在批判现实时较多地表现对原始儒家文化的回归,民主主义思想只在个别人物身上闪光,而曹雪芹在对封建文化的整体性批判和对民主性理想的追求上却远远超过吴敬梓。值得提出的另一点,是清代乾隆前期几乎同时出现的他们的两部小说巨著,都有不同程度的自叙传成分和主体人格投影。这也绝非偶然。《儒林外史》作者以自我为原型塑造了与讽刺群体对立的杜少卿。但杜少卿只是正面形象却并非主要人物,甚至也不是正面形象的主角。他只是作者通过理想人物"真儒"们肯定的一种叛逆性人格代表。从小说所描写的处境特别是对杜少卿的两种评价中,可以看到吴敬梓坚持自我个体人格的自信和艰难。《红楼梦》较之《儒林外史》,是一部更为完整鲜明的自叙传作品,作者毫不掩饰自己的意图和写法,并在具有浓厚理想色彩的主人公贾宝玉形象上,投下了自我人

---

① 参见陈美林《吴敬梓评传》第四章,南京大学出版社1998年版。

生历程和心路历程的浓重身影,更突出表现了作者对自我追求的肯定,和与传统思想的激烈斗争。这种自叙传性质作品和自我表现形象的出现,从一个侧面反映了晚明以来个性觉醒思潮(江南士风的魏晋风度复活是其表现),在进步作家身上的延续,以及在长篇创作中酝酿成熟后的突破。不过,无论在思想还是艺术上,曹雪芹都超越了他的同时代人。吴敬梓不可能进行的新型人格建构,曹雪芹却通过自我人格和小说艺术人格的创造在实践中初步完成了。

双重气质:浪漫与哲思

曹雪芹具有怎样的独特气质? 对于其创作有怎样的影响? 从其创作和为人作一点初步探索,也许不为无益。概而言之,他是一位罕有其匹的具有浪漫与哲思双重气质的写实小说家,因而又是一位为世人难以理解的精神孤独者。

曹雪芹是一个富有浪漫气质的人。这突出表现在他的理想气质和情感气质,即对美的理想的热爱与追求、情感的热烈执着以及创"新"好"奇"的审美情趣等方面。江南时期的童真生活孕育了他一生的自由梦和情感梦。成年以后,现实的残酷打击,并没有使他对生活的态度由"热"变"冷"。出旗以后,他身处贫穷难以自存,然而"庐结西郊别样幽""堂前花鸟入吟讴"(张宜泉《题芹溪居士》),仍以隐居自乐,宣称"虽今日之茅椽蓬牖,瓦灶绳床,其风晨月夕,阶柳庭花,亦未有伤我之襟怀笔墨者",表明他对物质生活的淡泊和对美的执着热爱。正因为如此,在经历人生梦幻之后,他却不能忘记往事,而往事留给他最深刻的记忆,就是代表美好事物的"闺友闺情"和"当日所有之女子"。他写小说,就是为了"使闺阁昭传",昭示美于天下。他的"假语村言",不但以描写和歌颂美——理想美、人性美、人情美、自然美为主体,而且总的特点是隐去真事,还原生活,而又比"真事"和生活更高更美,这甚至包括对他的家庭屈辱地位的掩盖和对富贵生活的夸张。① 他痛恨丑恶,勇于揭露丑恶,还勇于自责和反思,但他从不客观地不加批判地展示肮脏和丑恶,除不得已,他极少亵笔。甚至像"秦可卿淫丧天香楼"这样暴露性太强的情节,他也终于删去,改得闪烁隐约。这与《金瓶梅》作者暴露和欣赏丑恶和淫乱所表现的审美趋向和格调,形成鲜明对比。

他是写实艺术的大师。但不同于兰陵笑笑生、西周生(《醒世姻缘传》作

① 参见刘上生《走近曹雪芹——〈红楼梦〉心理新诠》第二章,湖南师范大学出版社1997年版。

者)、吴敬梓等前代和当代写实大家的,是他的写实笔墨首先用以表达对理想的憧憬和追求,他笔下的艺术世界是生活化的,又是理想化的。贾宝玉虽然有作者的投影,其言其行"实实见过",却又被脂砚斋称为"今古未有之一人""今古未见之人"(己卯本第 19 回批语)。[1] 宝黛悲剧是他"尝遍情缘滋味""历尽风月波澜"的写照,但宝黛爱情又是寄托着作者情感理想超越世俗肉欲和传统才子佳人模式的"圣爱","令他人徒加评论,总未摸着他二人是何等脱胎,何等心臆,何等骨肉","实亦不能评出此二人终是何等人物"(同前)。他在小说中创造了美丑清浊对立的两个世界,批判以贾府为代表的上层社会,但主体却是作为理想境界太虚幻境人间投影的大观园。大观园的特点,不是"省亲别墅"的庄严神圣,而是自然美的理想化:"天上人间诸景备,芳园应锡大观名。"由此而一度成为《红楼梦》中清净女儿的乐土和宝黛爱情的温床。他在描写贵族之家贾府盛衰史的时候,始终把理想世界、理想爱情的产生、发展和毁灭作为重心。宝黛都是理想主义者,黛玉的理想是爱情世界,宝玉的理想是永恒的青春、爱和美的乌托邦。他们身上都打上了作者浪漫气质的印记。

他富于幻想和激情。他对中国古代神话和浪漫主义文学传统充满了浓厚的兴趣,并把原始神话作为小说艺术构思的起点,把神话幻想叙事作为小说写实叙事的框架。他为敦诚《白香山琵琶行》传奇题诗,虽只留下诗末残句"白傅诗灵应喜甚,定教蛮素鬼排场",但那种把现实世界和幻想世界连接起来的新奇想象正印证了《红楼梦》"真事"与"假语村言"、写实与浪漫想象结合所表现的艺术思维特征。

他拒绝和对抗现实的方式,是以鲜明个性在自己的情感世界里生活,或醉酒,或诗画,或豪谈,或独步,当然更重要的是写小说。敦诚《佩刀质酒歌》序"秋晓遇雪芹于槐园,风雨淋涝,朝寒袭袂。时主人未出,雪芹酒渴如狂。余因解佩刀沽酒而饮之。雪芹欢甚,作长歌以谢余",诗句"曹子大笑称快哉!击石作歌声琅琅。知君诗胆昔如铁,堪与刀颖交寒光",使人看到一个掩抑思想锋芒的诗痴酒狂形象。裕瑞《枣窗闲笔》据前辈姻戚与之交好者,记叙曹雪芹"善谈吐,风雅游戏,触境生春,闻其奇谈娓娓然,令人终日不倦","又闻其尝作戏语云:'若有人欲快睹我书,不难,惟日以南酒烧鸭享我,我即为之作书'云"[2]。敦敏以"可知野鹤在鸡群"的诗句描写他"隔院闻(曹雪芹)高谈声"的强烈印象。这些,

---

[1] 陈庆浩《新编石头记脂砚斋评语辑校》337、345、349 页,中国友谊出版公司 1987 年版。

[2] [清]裕瑞《枣窗闲笔》,见一粟编《古典文学研究资料汇编红楼梦卷》14 页。

又使我们看到他的豪爽自负。鲜明的主体人格，是曹雪芹浪漫气质的突出表现。

他用诗情写小说，但又绝不同于"作者要写出自己的那两首情诗艳赋来"的"佳人才子等书"。他不但在小说中写诗，写出不同人物、不同性格、不同声口心态的诗；而且赋予主人公以浓厚的诗性气质，如宝黛钗云妙探琴绮等的诗思才情，特别是宝黛的特殊情感气质（宝玉"情不情"、黛玉"情情"）。他更注重创造叙事内容的诗性氛围。在"大旨谈情""发泄儿女之真情"的宗旨下，他用最富于诗意的笔墨写理想爱情："彩笔辉光若转环，情心魔态几千般。写成浓淡兼深浅，活现痴人恋恋间。"（王府本第 19 回回前诗）大观园女儿悲剧几乎都是气氛浓郁的情的悲剧。不但是爱情，还有各种亲情和人情。比较起那些热衷描写世态、世相、世风、世俗的世情小说，他显然更注重写人性人情（所以鲁迅称《红楼梦》为"人情小说""人情派"，以区别于《金瓶梅》等"世情书"和《儒林外史》等"讽刺派"）。他更注重写人的真性真情，发掘人性的诗意光辉。最后，他在创造诗性情节的同时，还着重创造洋溢着浓烈情感的具体场景和细节即诗性情境，包括以情景交融为特色的"诗画情境"和以"情事结合"为特色的"诗事情境"。①从他在小说中提到和赞扬的一大批古代诗人：屈原、宋玉、曹植、蔡琰、应玚、阮籍、嵇康、刘伶、陶潜、谢灵运、鲍照、庾信、王维、李白、杜甫、岑参、白居易、韦应物、李贺、李商隐、温庭筠、薛涛、欧阳修、柳永、秦观、苏轼、陆游、范成大、唐寅、祝枝山……可以看到他对古代诗歌艺术传统的全面继承。但他尤其心仪的，是浪漫主义。他的朋友以其诗风比李贺："爱君诗笔有奇气，直追昌谷破篱樊"（敦诚《寄怀曹雪芹霑》），"牛鬼遗文悲李贺"（敦诚《挽曹雪芹》）。他把浪漫主义的理想精神、创新精神、情感品格和抒情手段带进了现实主义的叙事文本。

曹雪芹又是一个具有哲理思辨气质的人。这表现在他对理性思辨的兴趣和对理性解悟的追求上。《红楼梦》中反映出，少年时代的"杂学旁搜"，就包含着他对古代各种思想理论的广泛接触和吸收，特别是与他的浪漫气质相通的先秦道家和佛家禅宗学说。经历家庭和人生变故后，他在回忆中反思，寻求对复杂变化的社会政治、人生、情感的理性诠释，并且由己及人，反复推求，思虑深远，以至通向对宇宙本体和人类精神命运的终极思考和关怀。他也为自己的艺术方法寻找哲理依据。他在对古代和前代思想理论既接受吸取又扬弃改造的基础上，形成了具有个性特色的，与形象思维紧密联系的理性思维系统，其基本

---

① 参见本书下编《〈红楼梦〉的诗性情境结构及其话语特征》。

核心是以古代唯物论和朴素辩证法为基础的一元为本二元对立观念,包括本体论、运动论、认识论、人性论等,并通过若干基本范畴和语词符号如气、阴、阳、真、假、正、邪、清、浊、空、色、情、淫、命、运、数等进行概括和表述。第31回湘云同丫鬟翠缕的一段日常谈话,传达出曹雪芹哲学思想的根本观念:

> 天地间都赋阴阳二气所生,或正或邪,或奇或怪,千变万化,都是阴阳顺逆。

> 阴阳可有什么样儿,不过是个气,器物赋了成形。

> 阴阳两个字还只是一字,阳尽了就成阴,阴尽了就成阳,不是阴尽了又有个阳生出来,阳尽了又有个阴生出来。①

其基本含义是:一、宇宙一元,"气"为万物之本。这种唯气论或气一元论(而非唯理论或理气二元论)是古代唯物论的独特形态。二、一分为二,变易相生。这种以阴、阳为基本符号的矛盾论变易观是古代朴素辩证法的独特形态。可见,曹雪芹一元为本二元对立的哲学思想是对古代哲学思想精华的全面继承和吸收。但他还有改造,如第2回借贾雨村之口以正邪两气所赋论人性即受吕坤《去伪斋文集》"气运有三"的明显影响,而被曹雪芹改造为性格冲突论。有些甚至还是他的独创,如"假作真时真亦假,无为有处有还无"的认识论创作论,"因空见色,由色生情,传情入色,自色悟空"的情空观,以及体现上述观念的符号和意象载体等。在阴阳二元的关系中,他又创造性地把老子的崇阴本体论("万物负阴而抱阳")运用于小说的社会批判和思想批判,宣扬"女清男浊"的人格素质观和反奴役思想(按照湘云、翠缕的对话,主子为阳,奴才为阴)。这又与他所称颂的阮籍《大人先生传》中"往者天尝在下,地尝在上,反复颠倒,未之安固"和"阳精蔽不见,阴光代为雄"的宇宙变易观内在沟通。特别需要指出,这种二元对立观不是矛盾双方简单对抗的机械论,而是矛盾双方既相互对立又在一定程度上相互渗透、依存,甚至在一定条件下相互转化的活生生的辩证观。在中国古代,没有哪一部小说像《红楼梦》这样把理性思辨和理性思悟渗透到情节、人物、氛围和整体构架中,也没有哪一部达到像《红楼梦》这样的理性高度和深度。《红楼梦》中不但有像癞僧瘸道、警幻仙姑、贾雨村这些以不同方式直接

---

① 《红楼梦》第31回。本文所引《红楼梦》原文,均据中国艺术研究院红楼梦研究所校注本《红楼梦》,人民文学出版社1982年版。

传达作者思想观念的人物情节,甚至像宝玉听曲文(第 22 回),贾府制灯谜(第 22 回),王熙凤说笑话(第 54 回),湘云和翠缕的主仆问答(第 31 回),红玉"千里搭长棚,没有个不散的筵席"的牢骚话(第 26 回),这种日常生活细节都深含言诠理趣。与自己的理性思辨气质相适应,曹雪芹不但在中国文学史上第一次塑造了兼具浪漫和哲理气质的主人公贾宝玉形象,还第一次在长篇小说中构建了一个完整的与叙事主体——写实系统相辅相成而又独立的表意系统。它与写实系统或如水乳交融成为一体,或如油水分离相互映照。表意系统通过解说、隐喻(象征)、预示等手法(即解说性表意、隐喻性表意和预示性表意三个子系统)喻理表情,成为《红楼梦》哲理意蕴的主要来源。其中尤以象征隐喻——多重复合隐喻,是曹雪芹的杰出创造。以小说基本意象载体石头而论,小说以石头下凡历幻回归,隐括所经历的悲欢离合的家族和人生历程,隐喻佛家空观对世俗追求的否定;以石头来自情根(青埂)回归情根,隐喻对以"情"为符号的个体人格和精神追求的肯定和情观对空观的否定;以石头与女娲补天原始神话的联系,隐喻"情"的产生的自然人性论,包括对老庄道家、魏晋玄学以至晚明异端精神自由哲学观的继承;以石头与补天神话寓意阐释的联系,隐喻为世所弃的愤懑、嫉世抗俗的意志和著书传世的用意,隐喻对儒家伦理文化积极用世精神的皈依;以真石假玉的形态变幻,隐喻对本质与现象、永恒与暂存、真实与虚妄等基本哲学观念的体认……上述隐喻的共同点,则是空—情、石—玉的对立统一或二位一体,即一元为本(气,物质本体;人,精神与物质统一体)二元对立(真假有无)的哲学本体观认识论。《红楼梦》之所以体味不尽、意蕴无穷,在很大程度上是由于曹雪芹的哲理气质及其艺术表现,是由于艺术写实、浪漫想象和哲理寄寓的完美统一。哲理气质和理性思悟自觉导引着曹雪芹的创作。可以说,不但《红楼梦》"将真事隐去,用假语村言"的创作原则,在"假语村言"中对"事体情理""追踪蹑迹"的"真传"写法,是以明确的(以唯物论和朴素辩证法为基础的)"真假"创作为指导的,而且,小说包含着双重悲剧的整体性悲剧构架,清浊对立而包容渗透的两个世界(大观园世界和园外世界)两大形象群的形象体系设计,家运与情感两条基本线索的组织,俗事与雅韵两种审美内容的交织,求"真"与求"新"两种美学目标的追求,乃至下文将要论述的,作家创作情结的双向投射,都是这种一元为本二元对立的哲学本体论认识论的艺术产物。

浪漫气质与哲理气质是大相径庭的,因为它们分别为左右大脑两个不同的神经中枢所控制。但情感与智慧又是相通的,因为二者都是退回自我和心灵世界的结果。情感的痴迷,固然远离理性的睿智,但情感的挫折,却正需要寻求哲理的解脱。因为哲理的底蕴，本是情感的痛苦；哲思之光，正是情感之火燃烧的结果。中国古代的庄子，就是一位富有浪漫气质的哲人，而为曹雪芹所崇拜的接受庄周影响的阮籍、陶潜等，以及他自己，则是富有哲思气质的诗人（文学家）。哲思与诗情都是远离世俗生活和卑劣动机的，因而用哲思和诗情处世不免与世相违。用情感去生活的人，在用功利去对待生活的世俗人眼中，当然是畸零人，因为他太主观，太热烈，太脱离实际，而生活太实在，太客观，太冷漠无情。用五色彩虹编织的幻想世界，很容易被现实击碎，他的命运注定是悲剧的。"情情"黛玉就是如此。用哲思或用情感—哲思对待生活的人，也会是孤独的，因为他太高远太博大太深邃，而世人太狭隘太浅短太自私。尽管他企图关怀一切、观照一切、解释一切，但他为世人所拒绝、所摒斥，也是必然的。"情不情"宝玉就是如此。黛玉、宝玉两人，也只有他们两人才能互为人生知己，他们两人身上都有曹雪芹个性气质的投影。现实中的曹雪芹是个伟大的精神孤独者，虽然在他周围的小圈子里有几个朋友和脂砚斋等支持者，但他却发出"谁解其中味"的沉重慨叹。也许理解了作家的个性气质，我们才能真正理解《红楼梦》。

梅拉赫（苏联文艺学家）根据不同的思维因素在作家身上的独特联系，将作家的艺术思维分为三种类型：主观表现型、纯理性型和艺术分析型，按照这一理论，应该说，曹雪芹是一位属于艺术分析型的作家。正如别林斯基、卢那察尔斯基对俄国伟大作家普希金所分析的那样，思想、情感与形象的和谐统一是他艺术思维的基本特征。他的作品，"充满感情，富于思想，可是感情和思想几乎总是包括在具体的、浮雕式的，因而吸引人的形象之中"（《卢那察尔斯基论文学》）①。是中国古代文学和思想的两大传统哺育了这位天才。由曹雪芹的唯物认识观和对生活的忠实态度所决定，《红楼梦》是现实主义的，曹雪芹的情感气质决定了《红楼梦》又是浪漫主义的，他的哲思气质又赋予小说以某种象征主义色彩。曹雪芹是否创造了某种新的主义？理论总是灰色的，实践之树长青。曹雪芹创造的是一种"假语"、"真事"、诗情、哲理完美统一的小说艺术。

（原载《走近曹雪芹——〈红楼梦〉心理新诠》1997年版）

---

① 参见童庆炳主编《艺术与人类心理》第二章第四节，北京十月出版社 1990 年版。

曹雪芹创作情结的双向艺术投射

三大创作情结

家族和民族传承，个体遭际和个性人格，集体无意识、个体意识和无意识的积淀，最终凝聚成作家的心理情结。从总体上看，《红楼梦》创作的内在驱力，来自三个方面，可称为三大情结。现概述如下：

1. 盛衰记忆和怀旧情结

《红楼梦》创作的直接心理动因，是包含着民族历史记忆内容的家族盛衰记忆。这种记忆，是以血缘宗法制度为基础、以"家国同构"为基本观念的中国古代社会的家族意识和无意识在作家个人心理的投影。就曹雪芹而言，它既包括入清以来成为满洲包衣和内臣的曹家近世记忆，也包括作为汉民族子孙和历代汉王朝开国功臣子孙的远祖记忆。① 远祖记忆到近世记忆的联结点和转折点，是与明末汉民族悲剧相联系的"阖族播迁"的辽东曹家末世；近世记忆到作家个人经历的联结点和转折点，是与清王朝皇室（曹家主子）内部斗争相联系的包衣曹家末世。这是曹氏家族的两度盛衰。②

盛衰记忆形成曹雪芹的怀旧情结，演化为《红楼梦》的贾府盛衰史即家族悲剧故事。对祖功宗德的追慕和对风月繁华的怀恋，包含着复杂的家族和民族情感，并成为对末世进行批判的镜子。末世批判是家族悲剧的重点。它既体现着作者在怀旧情结支配下对家族历史的反思，对上层贵族社会的批判解剖，又寓

---

① 参见刘上生《走近曹雪芹——〈红楼梦〉心理新诠》第二章第一节，湖南师范大学出版社1997年版。

② 参见刘上生《走近曹雪芹——〈红楼梦〉心理新诠》第一章第二、三节。

意深远地寄托着汉民族王朝末世的历史鉴戒。①

2. 奴役创伤和回归情结

曹家历史的根本转折和最沉重的创伤性记忆，不是雍乾年间的抄家败落，而是明朝末年的没满为奴，它使曹家从此以旗籍汉人身份成为清皇室世代包衣，这是曹家入清以后社会地位的根本变化。过去，人们重视江宁织造曹府的升沉荣辱，却忽视研究包衣的实际政治地位及在清统治者"严主奴之分"和"严满汉之分"的基本政策下所蒙受的人身奴役和精神奴役。事实上，后者才是曹家历史的基本事实。因而，民族忠诚和自由心性追求，就成为包衣曹家的集体无意识积淀，也是曹雪芹从祖辈继承的最重要的精神遗产。② 不了解这一点，把包衣曹家等同于小说中的贵族贾府，或社会上一般的官僚世家，那就无法真正理解曹雪芹的"辛酸泪"，也就无法读懂《红楼梦》的"荒唐言"。

奴役创伤形成曹雪芹的回归情结。回归自由和回归族类，是《红楼梦》创作的深层心理动力。它演化为石头下凡、回归的艺术构思和石头寓意的双重负载。曹雪芹争取回归——"出旗为民"的现实努力，与《红楼梦》石头回归的艺术创造的同步联系，曹雪芹的反奴人格和反奴思想与《红楼梦》中"人"的觉醒和奴隶形象塑造的同构关系，反映了回归情结对《红楼梦》创作的巨大影响。③

3. 怡红心性和悼红情结

"作者实因鹡鸰之悲，棠棣之威，故撰此闺阁庭帏之传。"（甲戌本第 2 回眉批）④这是目前实证材料最少，而小说艺术描写中吸收或再现作者人生经历和情感经验最多的部分。从少年时代的怡红心性，到中年以后的悼红情结，终于孕育了《红楼梦》的故事主体——女儿悲剧和"情"的悲剧。⑤

悼红情结，是《红楼梦》创作情结中容量最大、内涵最丰富的心理丛。既包含从原始母神崇拜到文明社会女性美崇拜的人类集体无意识（普遍人性）积淀，又包含恋母情结置换为怡红心性的个体无意识积淀；既包括作者直接或间接的情感经验和体验，又包含对经验的理性认识以至哲理思考。就理性层面而言，它既包含作者对两性文化的反思和理想，特别是对男权文化的批判自省和对女

---

① 参见《走近曹雪芹——〈红楼梦〉心理新诠》第二章第三节。
② 参见《走近曹雪芹——〈红楼梦〉心理新诠》第三章第一、二节。
③ 参见《走近曹雪芹——〈红楼梦〉心理新诠》第三章第三节。
④ 陈庆浩《新编石头记脂砚斋评语辑校》50 页，中国友谊出版公司 1987 年版。
⑤ 参见《走近曹雪芹——〈红楼梦〉心理新诠》第四章第一、二节。

性命运的热烈关注,又包含整体性的社会批判意旨,而其终极指向,则是对以"情"为核心的人类精神命运的深刻困惑和博大关怀。①

三大情结相互联系而又层次分明,并与《红楼梦》的叙事内容和构思相互对应整体关联,使艺术家的心灵在其创造的艺术世界得到完满表现。曹雪芹还有自己的艺术追求,如求"真"求"新",但曹雪芹不是唯美论者,他的艺术追求也在情感追求中得到实现。作为基本创作驱力的,乃是三大情结。民族忠诚、自由心性和爱的补偿需求(怡红心性)是三大情结的三根心理支柱,前两者来自包含民族集体无意识的家族传承,后者源自原始集体无意识的个性特征。以爱和自由为基本内涵的"情根石"同以民族忠诚为内涵的"秦根石"二位一体(或三位一体)构成的石头寓体,是三大情结的核心载体,而其意蕴及其外化则丰富以至无穷。②

双向艺术投射

曹雪芹的创作情结,是怎样转化为叙事内容和艺术形式的呢?

由于情结是一种心理丛,它本身就是复杂的精神结构;而作为《红楼梦》创作驱力的三重情结,更包含着丰富的心理矛盾和心理意蕴,这就决定了情结与文本的关系,不可能是线性投射和简单对应,而必然呈现为一种复杂的交错缠结状态。但是,曹雪芹又是一位对中国古代哲学有着深刻体悟的具有思辨气质的艺术家,尤其是一元为本二元对立的哲学观念,使他善于对复杂的物质和精神世界作抽象把握,而情感气质和艺术思维又使他能够得心应手地把这种抽象把握还原为具体的生活图画。③ 在主体和客体的往复运动中,他终于找到了把创作情结转化为叙事内容和艺术形式的最佳途径,这就是双向投射。

早在《红楼梦》流传初始,戚蓼生序就指出这部小说的一个突出特点:

> 一声也而两歌,一手也而二牍,此万万所不能有之事,不可得之奇,而

---

① 参见《走近曹雪芹——〈红楼梦〉心理新诠》第四章第四、五节,第五章。

② 参见《走近曹雪芹——〈红楼梦〉心理新诠》第三章第五节。作者后来进一步研究发现,怡红心性也有家族传承渊源,参见《曹寅与曹雪芹》(修订本)及本书中编《秦淮风月怅夤缘——曹寅的"情"与曹雪芹的"情"》。

③ 参见《走近曹雪芹——〈红楼梦〉心理新诠》第一章第四、五节

竟得之《石头记》一书。嘻，异矣！……吾谓作者有两意，读者当具一心。①

可以说，这是最早明确揭示《红楼梦》创作主体对客体双向投射关系的论述。但事实上，曹雪芹本人及脂砚斋等，早就在小说文本及批语中，向读者暗示了这一艺术手段的运用。传达此信息的基本符号，便是"真假"。

双向投射，即作者某一情结点的心理信息转化为作品中的双重（或两个以上）对应物；同时，作品的每一对应物又接受两个（或两个以上）情结点的心理信息，由此形成一个既纷繁复杂又清晰有序的艺术网络系统。

双向投射的哲学认识论基础，是一分为二和合二为一。即情结构的矛盾统一，和艺术手段的相辅相成、相反相成。双向投射的方法是分解和聚合。一个点投射为不同对象，这是分解。如甄士隐、甄宝玉、贾宝玉身上，都有作者自我的投影，而甄（士隐、宝玉）贾（宝玉）之间又有真假对应的联系。一个对象接受不同方向的投射，这是聚合。如秦可卿既是写实形象，又有神秘色彩，还有谐音寓意，作为写实形象，又包含修改前后的两度叙事内容，体现复杂的创作意图。了解这一点，一些《红楼梦》之谜可以得到索解。

下面着重对作为艺术手段的主体投射的若干方面进行简要阐述。

1.真假（主体基本投射符号）

对《红楼梦》的"真假"符号诠释，可谓言人人殊，但也可以找到共同点。拙见以为，大体包含三个方面。

A.创作方法的"真""假"联系

《红楼梦》的基本写法是"将真事隐去""用假语村言"。"事"指作为创作基础的素材本事，主要是曹雪芹的家族记忆和个人经验与情感记忆材料。这是小说自叙传成分的来源。"假语村言"是指作为创作形态的作品（情节、形象、环境）的虚拟性质。"真"是基础，"假"是形态。"真"是内核，"假"为外显。"真事"既可隐于"假语村言"之中，可谓"假"中之"真"，或曰以假（贾）写真（甄）；也可隐于"假语村言"之外，可谓"假外之真"或"以假写贾"。以假写真，即在艺术贾府中隐入现实曹家的若干真事，如脂砚斋所说"借省亲事写南巡"，借贾、史、王、薛四大家族写江南三织造等；以假写贾，即在艺术贾府中隐去现实曹家的若干真事，把现实曹家改造成艺术贾府，如隐去曹家的包衣奴隶身份地位，而将贾府夸饰成世代簪缨的贵族之家等。以假写真（甄）和以假写贾，是曹雪芹将"真事"

---

① ［清］戚蓼生《石头记序》，见一粟编《古典文学研究资料汇编红楼梦卷》27 至 28 页，中华书局 1963 年版。

（自叙传成分）双向投射为"假语村言"的基本途径。理解这一点，大体可以解决"自传说"与"虚构说"各执一端的矛盾。①

B. 艺术形象的"真""假"映照

《红楼梦》创造了具有特殊对应联系的甄（真）贾（假）形象，以体现"将真事隐去，用假语村言"的叙事技巧。最重要的是甄府与贾府，甄宝玉与贾宝玉。甲戌本第2回在贾雨村叙甄家时批曰："持（特）与假家遥对，故写假则知真。""凡写贾宝玉之文，则正为真宝玉传影。"②大体而言，江南甄府是江宁织造曹府的替身，贾府则是对曹府的虚化和艺术改造；甄宝玉可视为作者的替身，而贾宝玉只能看作包含作者经历和思想性格的投影。甄（真）贾（假），一分为二，合二而一，其中有无穷奥妙。这是曹雪芹"以假（贾）写真（甄）"手法在艺术形象中的双向投射。

C. 哲理思悟的"真""假"意蕴

"太虚幻境"门联"假作真时真亦假，无为有处有还无"，是作者以真假为符号的本体论哲理体悟，是对现象与本体的真假关系的最高抽象概括。以现象为假，本体为真；现象之假因其暂存、变易；本体之真在其永恒。就物质世界和物质追求而言，现象是色，有；本体是空，无。就精神世界和精神追求而言，现象是情缘悲欢，本体是情根：爱心和自由心性。

哲理意蕴的真假思悟渗透在小说的整体构思和叙事内容之中。如《好了歌》及其注写世俗追求之虚妄，《红楼梦曲》写情缘欲念的虚幻和美的不能自存，"风月宝鉴"告诫世人，不要以假当真、邪思妄动。但最重要的双向投射是真石假（贾）玉的二位一体（贾宝玉形象）和一分为二（贾宝玉和通灵宝玉），反映以作者自我为原型的主人公形象人格本体与人格面具的矛盾，与此相联系，木石与金玉，则是这一矛盾在爱情婚姻问题上的双向投射。

贾宝玉（假玉真石）兼玉石二性。本性为石，幻形为玉。原生质为石，化生态为玉。石自然嶙峋，为世所弃；玉温润娇贵，为世所宝。这正是贾宝玉性格的一体两面。前者连木石情缘，后者连金玉姻缘。"二玉"（宝玉、黛玉）符号（名）均为玉，而所指均为石（"西方有石名黛"）。前者是生存状态，后者是价值追求。这正是宝黛爱情成于斯毁于斯的一体两面。宝玉砸玉，黛玉憎玉，宝钗络玉而"金玉"成空。寓理皆在真（石）假（玉）之中。③

---

① 参见《走近曹雪芹——〈红楼梦〉心理新诠》第二章第二节。

② 陈庆浩《新编石头记脂砚斋评语辑校》49页。

③ 参见《走近曹雪芹——〈红楼梦〉心理新诠》第四章第四、五节。

2.显隐(主体的投射方式)

显性投射和隐性投射是主体投射的两种基本方式。显性投射是叙事内容直接呈现主体意念;隐性投射则是主体意念隐藏在叙事内容之后,或借助谐音双关,或借助意义复合,或借助象征隐喻,间接呈现主体意念。如怀旧情结展示的末世批判,既直接投射为对贵族贾府末世衰败的内部解剖,又隐含民族王朝末世历史教训的鉴戒。而这正对应于曹家历史的两次"末世"。回归情结借助于"情""秦"谐音(近音),显性投射是"情根石"寄托的自由心性和反奴人格;隐性投射是"秦根石"隐寓的民族忠诚。①

《红楼梦》中一些叙事内容或写实形象,常常包含隐显双重或多重意义,就是这种双向投射的结果,它们是小说隐喻性表意系统的重要组成部分。

真假投射与显隐投射是内在沟通的。在许多地方,"真假"是内容、意蕴;"显隐"是手段、形式。哲理层次的"真假"内蕴更需借助隐喻表意传达。隐喻性表意系统,是一个曲折寓示作者观念意图的表意系统。它体现于作品的形象和情境创造之中,其特征是表象与意念的双重或多重包涵。甄士隐和贾雨村是一组最富艺术匠心的复合隐喻形象。他们既是小说创作方法的谐音隐喻,更是一组有性格意义的独立艺术形象,而又以其形象自身隐喻若干表意功能。甄士隐的隐喻意义有三:一为小说本事之"真事隐"。故甄士隐既是作者自我的影像,又是对小说主人公的影射,甄家元宵节后被烧为白地即隐曹家于雍正六年(1728)元宵节前被抄家的真事,又寓小说中贾家于某年元宵节后"落了个白茫茫大地真干净"的结局。甄士隐出家即寓曹雪芹反思家族和人生悲剧后对现实的彻底了悟(《好了歌注》),在小说中即预示贾宝玉的未来归宿是"悬崖撒手"。甄英莲被拐即寓曹氏子孙"有命无运累及爹娘"的悲惨境地,在小说中预示大观园诸女儿"真应怜"的日后命运。二为情节展开之"真事隐"。借甄士隐入梦写宝玉降生(神瑛下凡,通灵投胎)喻以"贾"(假)代"甄"(真)的故事开始。甄士隐梦醒以后贾雨村来,也是喻真(甄)去假(贾)来之意。三为性格遭遇之"真事隐"。甄士隐与贾雨村,在基本性格特征上也是一"真"一"假"。甄士隐"禀性恬淡,不以功名为念,每日只以观花修竹,酌酒吟诗为务,倒是神仙一流人品",其"真性情"正是曹雪芹"虽今日之茅椽蓬牖,瓦灶绳床,其风晨月夕,阶柳庭花,亦未有伤我之襟怀笔墨"的艺术写照。而贾雨村虽颇有用世的抱负才干,却是一个汲汲名利、贪酷、伪善的"奸人""奸雄"(甲戌本眉批、夹批)。但其遭遇,则是

---

① 参见《走近曹雪芹——〈红楼梦〉心理新诠》第二章第三、四节,第三章第四节。

甄士隐迭遭灾祸,家庭破败,最后竟不容于岳父封肃(谐"风俗",喻世态人情,这也隐入了作者遭遇的真事),只能出家弃世。贾雨村却夤缘权势,飞黄腾达,并在封建统治集团内部的倾轧争斗中,运用权术,排陷旧主(贾府),终成新贵。甄真贾假,甄(真)去贾(假)存,这正是作者对所处"浊世"现实的隐喻暗讽。贾雨村除与甄士隐构成对照形象具有上述表意功能外,还是一个贯串全书首尾的线索性人物。他在书中又有其独特的典型意义,与世袭门荫的贾府贵族不同,他是一个科举出身的封建官僚,是封建政治的弄潮儿。其仕途几经浮沉,以奸雄而发迹,因贪欲而覆亡("因嫌纱帽小,致使锁枷扛")。这与贾府的盛衰相互映照补充,全面而深刻地反映了"乱烘烘你方唱罢我登场"的封建末世官场的腐败和丑恶。这样一个兼表意性、写实性、结构性功能于一身的人物,是《红楼梦》的杰出创造。①

3.正逆(主体的投射方向)

正逆,不是指政治、伦理或审美属性,而是指内容或形式有别或相反的投射方向,即正向投射和逆向投射。它首先表现主体意念或意图的复杂性和丰富性。如怀旧情结既投射为对富贵繁华的夸张渲染,又投射为对安富尊荣享乐败家的揭露批判。这是情感方向的"正逆"。在对贵族贾府盛衰史的描写中,既寄托对自己家族盛衰的哀挽,又表现对上层社会的批判,这是情感内容的"正逆"。悼红情结既投射为"悼玉",又投射为"怀金"。前者是对女性理想人格的歌颂和理想追求失落的悲愤,后者是对女性现实美德的肯定和对女性现实命运的同情,但"金""玉"又包含明显对立的人格和人生价值取向。

正逆投射又体现主体艺术手段的多样性。如表达作者怡红心性哲理追寻的神话思维,既投射为对原始神话女娲补天的借用,又投射为"现代"神话太虚幻境的创造。而表达作者理想追求的境界,则既投射为天上的虚幻"清净女儿之境"——太虚幻境,又投射为实在的人间大观园,后者又被隐写成前者的投影。作者的反奴人格和反奴思想,既投射在同情奴隶的贵族公子贾宝玉身上,又投射在具有反奴人格的奴隶形象上。②

正逆投射运用广泛。从整体上说,《红楼梦》创造的清浊对立的两个世界两大形象群,清中有浊、浊中有清的性格描绘,金陵十二钗正册、副册、又副册女儿

---

① 参见刘上生《中国古代小说艺术史》第八章第三节,湖南师范大学出版社 1993 年版;《〈红楼梦〉的表意系统和古代小说的幻想艺术》,载《红楼梦学刊》1993 年第 4 辑。

② 参见《走近曹雪芹——〈红楼梦〉心理新诠》第三章第四节,第四章第二、五节。

不同性格命运的创造，小姐、侍妾、丫鬟、女伶、才女、烈女、情女形象系列不同典型的塑造，都是这种正逆投射的结果。

4. 主宾（主体的投射地位）

主位投射和宾位投射从质和量上体现主体投射的整体设计：以主位投射为重心，主宾投射相互补充映衬，全面反映创作意旨和叙事内容之间的内在联系。如怀旧情结，以批末世为主，忆繁华为宾；回归情结，以自由心性为主，民族忠诚为宾；悼红情结，以悼玉为主，以怀金为宾；整体构思双重悲剧，以"千红一哭"为主，以家族盛衰为宾等等。

主宾投射与正逆投射相辅相成，正逆就方向言，主宾就地位（分量）言。方向二元或多元，体现矛盾的多样性和矛盾结构的复杂性，重心一元，体现主要矛盾和矛盾主要方面的主导性，这是符合矛盾论和辩证法的，它表现了自觉哲学意识在曹雪芹创作中的指导作用。

二元并立一元为主

《红楼梦》形象体系的构建就体现了"二元并立一元为主"的深刻哲思。

《红楼梦》的形象体系，是由对立而又交叉的两个世界和两大形象群构成的。两个世界和两大形象群，则是为《红楼梦》的双重创作主旨和双重悲剧的整体构思所决定的。余英时在《〈红楼梦〉的两个世界》一文中说："曹雪芹在《红楼梦》里创造了两个鲜明对比的世界，这两个世界，我想分别叫它们乌托邦的世界和现实的世界。这两个世界，落实到《红楼梦》这部书中，便是大观园的世界和大观园以外的世界。作者曾用各种不同的象征，告诉我们这两个世界的分别所在。譬如说，清与浊，情与淫，假与真，以及风月宝鉴的正面和反面，我们可以说，这两个世界是贯穿全书的一条最主要的线索。把握到这条线索，我们就等于抓住了作者在创作企图方面的中心意义。"①这个观点是大体符合《红楼梦》的实际的。从与双重悲剧的对应关系说，大观园的世界就是女儿世界，除了女性美拜者贾宝玉，这里不容许男人居住。它是"金陵十二钗"（包括正册、副册、又副册诸人）的主要生活环境。按照贾宝玉的"泥水骨肉说"，在这个世界生活的是清净女儿群。这是一个充满着青春、美和爱，在一定程度上保持人性自然

---

① 余英时《〈红楼梦〉的两个世界》，原载《香港大学学报》1974 年 6 月，见胡文彬、周雷编《海外红学论集》31 至 55 页，上海古籍出版社 1982 年版。

发展的群体。园外世界，是贾府贵族统治者(以男性贵族为主体)及其奴仆和社会联系的世界，是家族悲剧的主体环境。对贾府以外社会环境的描写，虽然着笔不多，但所涉相当广泛复杂，包括与贾府"一损皆损，一荣皆荣"的王、薛、史家族，北静王府等后台王府势力，忠顺王府等对立派别王府势力，俯从贾府权势的长安节度使、都察院等，夤缘贾府权势的官僚贾雨村等，利用贾府取利的宫内太监，决定贾府命运的最高统治者，加上帮闲奴仆等等，构成一个贯通上下左右的封建贵族集团统治网络。此外，也还有贾府的穷亲戚(贾芸等)，向贾府告穷的农民(刘姥姥及王狗儿家)和其他社会人物。

两个世界的对立(女儿与男人、清与浊、情与淫、理想与现实)是鲜明的，具有本质意义的。黛玉把北静王送给宝玉的御赐鹡鸰香串掷还："什么臭男人拿过的！我不要他。"(第16回)她劝宝玉葬落花："撂在水里不好，你看这里的水干净，只一流出去，有人家的地方脏的臭的混倒，仍旧把花糟蹋了。"(第23回)这是清净女儿群最高代表所表现的对园外世界的鄙薄敌视。但两个世界和形象群之间又是复杂交叉的。园内的清净女儿世界，其实并不纯净，而是"清"中有"浊"。宝玉说，宝钗"好好的一个清净洁白女儿，也学的钓名沽誉，入了国贼禄鬼之流"(第36回)。黛与钗、晴与袭，也是"清"与"浊"的对立。袭人虽奴性十足但性情温顺善体人意；晴雯刚烈自尊但性格暴躁，有时也摆大丫头的威风。探春正统讲求事功，迎春善良懦弱而好道家无为，惜春孤介厌俗而喜佛门清净，园内"三春"的取向，似乎在儒、道、佛中各择一端。特别是在探春理家把园内花木分片包干以求生利之后，"沾有男人气味"的仆妇老婆子介入大观园生活，园内争权夺利，风波迭起。另一方面，园外的世界也并非一团漆黑。而是"浊"中有"清"。在贾琏之淫、凤姐之威双重压迫之下，平儿独力周全妥帖，是一位难得的聪明而善良的侍妾；鸳鸯虽尽奴婢本分，却是一个心高气傲不甘凌辱的丫鬟；金钏儿投井以明耻辱；尤三姐自刎以示清白；刘姥姥不惜自污以供取笑，但却能在危难时仗义；倪二泼皮无赖，却能轻财以人。就是在贾府统治者中，贾政与贾赦也不一样，甚至贾琏与贾珍也有差别；贾母和元春，都代表男性贵族社会的意志，但身为女人，她们又一定程度上保护了贾宝玉和女儿世界。元春、熙凤和可卿，更是各自深藏着女性精神痛苦的"薄命司"人物。

这种两个世界两大形象群既对立又交叉、清浊分明而又同体的形象体系，既不同于《三国》《水浒》等单纯体现二元对立原则的伦理化(观念性)的形象群，它贴近生活，真实地表现了现实世界和人的精神世界的复杂性；也不同于《金瓶梅》等单纯显示社会关系或暴露世情世相的生活化的形象群，它渗透着作者的进步理想追求,体现理想光照下对现实的否定批判。它既是艺术化的又是生活化的,既是观念性的又是写实性的,是充满浪漫色彩又高度现实主义的。它把古代小说形象群创造艺术提高到综合融通的整体化体系化阶段。

《红楼梦》形象体系构建的基本原则是体现主宾双向投射的"二元对立而以一元为主"。它符合事物矛盾双方相互对立而又相互联系并有一方为矛盾主要方面的法则。二元对立的基础是中国古代的阴阳二元对立的哲学思想,由此构成女(儿)男(人)、清浊、情淫、正邪、美丑、幻真、理想与现实两个世界两大形象群双重悲剧双重创作主旨,而"主要是描写一个理想世界的兴起、发展和最后的幻灭,但这个理想世界自始就和现实世界是分不开的。大观园的干净本来就建筑在会芳园的肮脏基础之上,并且在大观园的整个发展和破败的过程之中,它也无时不在承受着园外一切肮脏力量的冲击。干净既从肮脏中来,最后又无可奈何地要回到肮脏中去"(同前引余英时文)。这是整体构思的二元对立一元为主。具体形象设计也是如此,大体两两相对,或对立或对称或对比或对映,而以一方为描写重点。四大家族以贾联系王史薛,主要写贾,主次分明;贾府荣宁相对,主要写荣府;荣府赦政相对,主要写贾政家;贾政有妻妾(周姨娘形有实无,故妻妾之争只是王赵二人),主要写妻;政有二子宝玉贾环(贾珠已亡),主要写宝玉;政有二女元(春)探(春),主要写探;宝玉爱情纠葛在"金玉"与"木石"即钗黛二人间展开,主要写黛;有"金"者二人宝钗史湘云,主要写宝钗;怡红院丫鬟晴袭对立,主要写晴雯,"晴为黛影、袭为钗副";如此等等,不胜枚举。这种两两相对的设计又是富于变化的。有时是奇偶相对,如宁府单支相传与荣府二支相对,贾赦单支与贾政相对;有时是一多相对,如"四春"姊妹中元春与迎探惜相对,四大家族中贾府与王史薛相对;有时是虚实相对,如甄宝玉与贾宝玉;有时是远引对映,如贾府最高统治者仅贾母一人,则特引入同辈穷苦乡人刘姥姥,并以贾母带刘姥姥游大观园直接映照;如此等等。

由此看来,《红楼梦》的基本结构单元是"二"。这是曹雪芹以继承中国古代朴素辩证法精华的矛盾哲学观为认识基础,以真假为基本艺术符号,包含真假、显隐、正逆、主宾等双向投射手段所形成的,体现双重创作主旨和双重悲剧整体构思的突出艺术特征。不管曹雪芹的心理情结如何复杂,它们都是按照这一规定的艺术法则转化为文本内容的。在一定意上,它也是进入"红楼"之门的一把锁匙。

性格系统复杂对照

在《红楼梦》中,悼红情结双向投射为"怀金悼玉"的叙事内容。性格系统的复杂对照则是体现"二元对立一元为主"哲思的创作手段。

"怀金悼玉"的另一表述方式是"千红一哭,万艳同悲"(第5回)。"千红一哭",是对女儿悲剧普遍性的概括,而"怀金悼玉"则既包含了女儿悲剧的基本类型,又表达了作者的情感态度,故《红楼梦曲》以"怀金悼玉的红楼梦"为叙述总纲。甲戌本脂批云"'怀金悼玉'大有深意",即指此而言。

"金""玉"是《红楼梦》的一组基本符号。但在两类语境中所指不尽相同。在爱情婚姻悲剧中,"金玉"是与"木石"相对的符号。但就"千红一哭"的女儿整体悲剧而言,"金"与"玉"又是分别代指女儿群体类型的符号。在上述宝黛钗爱情婚姻悲剧和女儿群体悲剧两类基本语境中,"金"是重合的,都指宝钗或以宝钗领衔。"玉"则意歧,分指宝黛,但他们又恰恰是爱情悲剧的男女主角。故就作者或叙述者而言,"怀金悼玉"不妨二义兼取;然就书中主人公贾宝玉而言,则"怀金悼玉"实取其后义,即"玉带林中挂,金簪雪里埋"之"金""玉"。第5回在"千红一哭,万艳同悲"的整体情境暗示中安排贾宝玉听《红楼梦曲》,自然是在这个意义上概括《红楼梦》的主题,而在"悼玉"中暗含"金玉"与"木石"冲突的悲剧内容。"金"则怀之,"玉"则悼之,感情相近,而程度、态度有差。其意蕴丰富措辞巧妙如此。

"金""玉"都具有美质。"金"是世俗美的符号,"玉"是超俗美的符号。无论是"金"是"玉",在一定程度上它们都是腐朽贵族社会和男权文化的"丑"的对立面。所以这两类女性都属于大观园世界或女儿世界。但她们对现实的态度却又很不相同。宝钗("金")代表的是"金陵十二钗"的大多数。这大多数的特点,是自觉或不自觉地按照适者生存的法则,按照规范与环境的要求生活。不过,尽管如此,在特定环境,如大观园那样较少男性和外部社会强权干预的世界里,她们的个性才能还是能得到不同程度的表现和发展。这又使这类女性较之传统闺阁,还多一份活力与新鲜气息。而黛玉("玉")等少数人,则具有反叛传统、追求爱情和在与环境对抗中保持人格自洁的倾向。然而,这个社会和家庭可以容许最丑恶的通奸和淫乱(用贾母为贾琏开脱的话说,"小孩子们年轻,馋嘴猫儿似的,那里保的住不这么着。从小儿世人都打这么过的"),却不容许青年男女之间的任何情感表示(所以为一只"绣春囊"大动干戈,终于使一批丫鬟成为牺牲品）。这个社会和家庭摧残了叛逆者的爱情，但也不能给它的忠诚维护者如宝钗、探春，顺从者如李纨、迎春、香菱等带来幸福的婚姻，也使企图高蹈尘俗之外的妙玉、惜春难逃厄运。以"金""玉"为代表的《红楼梦》的女儿悲剧形成一个无可逃遁的命运之网，无论贵者、贱者、强者、弱者、顺者、逆者、夭者、寿者都陷没其中。它显示丑对美，丑恶现实对青春、爱和一切有价值的生命的毁灭，表明这个社会的腐烂和不合理已经到了应当被整体否定的程度。而美丑相抗又爆发出强烈的理想闪光。美丑同归乃是无可奈何的现实归宿。这是曹雪芹"怀金悼玉"的整体意义。

作为个体形象，曹雪芹写出一批思想性格各不相同的"异样女子，或情或痴，或小才微善"，又是为了以她们各自的悲剧，在复杂映照中显示其独特个性的意义。"金紫万千谁治国，裙钗一二可齐家。"贾探春和王熙凤以末世英才的雄姿向男权文化提出了挑战。探春发起大观园诗社，宣言："孰谓莲社之雄才，独许须眉；直以东山之雅会，让余脂粉。"但性别压抑和嫡庶名分压抑，偏偏成为这位自尊、自信和立志自强的女子无可逾越的现实障碍。这就使她身上时时发出愤激的抗争的火花："我但凡是个男人，可以出得去，我必早走了，立一番事业，那时自有我的一番道理。"然而她又那么正统。她忠诚而坚决地维护的礼法制度和贵族世家，恰恰是她的悲剧命运根源。这岂止是封建女性的悲剧？古代一切忠贞的才智之士遭受环境压迫和自我局限的不幸命运，在这里得到了广泛的概括。而作者"无材补天"的"惭恨"，也在正统的探春（有材而无用）和叛逆的宝玉（无材）这一对兄妹身上实现了完整的双向投射。王熙凤则以其居于大观园外的十二钗薄命司人物这一特殊身份成为"怀金悼玉"主题中最复杂的艺术形象。她的性格的哪一方面都不是单纯的。她既是权势炙人、威重令行的贾府统治者贾琏家庭的"母夜叉"，又是必须接受从老祖宗、公婆到丈夫的伦理统治的年轻媳妇，这种双重社会地位就使得这位"自幼假充男儿教养"、聪明能干自信的贵族女性的性格包含着贪欲和防卫二重心理机制，以及与此相适应的杀伐果断和灵活多变二重行为机制，由此组成王熙凤性格的矛盾型结构。从总体上看，体现着贵族阶级本性和人性恶的贪欲（主要是物质贪欲即权势欲和利欲），是一种否定性性格结构，但其精神欲求即逞能好强的表现欲却包含着对自我价值的确认与肯定，特别是女性自我实现（甚至超越男性）的强烈要求，因而具有与传统规范分离的肯定性因素。协理宁国府主要表现后一方面，紧承的弄权铁槛寺则表现前一方面。管家与谋私"合二为一"。从总体上看，体现着人性生存需求和安全归属需求的防卫（包括顺应环境和保卫自我）是一种肯定性性格结构，它显示出王熙凤在复杂社会关系和纠葛中的人生智慧和处世艺术（如她善于周旋应付、逗乐说笑），以及她对自我尊严的合理维护（如她对贾琏淫乱的防范和反抗），但王熙凤防卫的目的不仅在保护自我，更在实现其贪欲追求，而其手段则常常是不惜损人害人以利己，这就使她不免从自我防卫而堕入制造罪恶。她对贾瑞的单相思不是严词拒绝，而是假意勾引设计骗害："几时叫他死在我的手里，他才知道我的手段。"（第 11 回）她为了保持自己的家庭地位不惜用阴谋手段害死善良的尤二姐，却还要博取贤惠的好名声。她在能顺遂地支配环境、自身利益得到保护的时候，显得那样精力过人、才华横溢而游刃有余；但在受环境制约（家庭矛盾激化）和压迫（特别是礼法秩序、"妇德"规范的压迫）、自身地位受到伤害的时候，却也感到力不从心，无可奈何，孤独悲凉，然而仍然恃强好胜，决不显出艰涩困窘。她的聪灵机智、伶牙慧口，给被封建礼法统治得过于沉重的贾府带来了轻松愉快，但也给这个有着宽厚仁慈之名的贵族世家增添了严酷、诈伪、痛苦和死亡。"机关算尽太聪明，反算了卿卿性命。"她所追求的东西，正是导致她自我毁灭的东西。这就使她同时扮演着悲剧制造者和承受者、女性统治者和男权牺牲者、封建礼法的维护者和破坏者、多欲好强的进取者和聪明自误的失败者的双重角色，有着丰富的典型意义。王熙凤性格中的"正邪两赋"、善恶同体，肯定中有否定、否定中有肯定的内在矛盾，表现了封建末世贵族统治者竭力挣扎而又自掘坟墓的阶级特性和女性自强却无以自胜的历史命运。

元春代表"金"的理想。"征鸾凤之瑞"，"上锡天恩，下昭祖德"，实现了古代女性的最高世俗追求（这正是宝钗辈"好风频借力，送我上青云"的功利目标）。然而，在这位圣眷隆重的贵妃心中，却充满了"不得见人"的被压抑的情感痛苦。"元春省亲"一回，喜中写悲。以"泪"为标志，把《红楼梦》对皇权剥夺人性的政治批判推向高峰。省亲之后，她命钗黛诸姐妹及宝玉入园居住，以免使"佳人落魄，花柳无颜"，实际上，是希望实现一种情感补偿，让姐妹们能享受自己无法获得的爱（亲情）和自由。在这个意义上，她成为大观园女儿世界和贾宝玉的保护者。然而，作为贾氏家族利益的最高代表和皇权意志的体现，她也许完全出于善心的对"金玉"的撮合，又摧残了大观园世界的木石情缘——理想的爱和自由，制造了皇权剥夺人性的悲剧。而她自己也终于成为政治斗争的牺牲品并导致家族的衰败。元春形象是对以皇恩为依归的传统后妃形象和宫怨主题的重大突破。她的个人悲剧和她所承担的悲剧责任，体现了作者对包括皇权在内的一切剥夺情感主体的权力意志的批判和否定。

李纨代表"金"的结局。宝钗湘云，不管婚姻是否美满，最终都走上了她的道路。在这位"竹篱茅舍自甘心"、槁木死灰般的年轻寡妇身上，作者不但挖掘了古代传统妇德中的人性美因素，更发现了一种不甘寂寞的灵魂潜藏的人性固有的生命活力。不过，这种活力并不表现为环境所不容许的被压抑的情欲追求，而是表现为对大观园青春世界的积极参与（后者其实是前者的转化）。然而坚贞守节教子的结果却是"威赫赫爵禄高登，昏惨惨黄泉路近"，"镜里恩情，更那堪梦里功名"。期望得到的与已经失去的同样归于虚幻。作者的描写和评价表明，她的人生意义，其实只在她曾经留下过欢笑和风趣、闪耀过生命亮色的大观园生活里。

湘云无论性格和功能都是"金"的"间色"。在"金玉"与"木石"的情感纠葛里，湘云和宝玉因拥有雌雄麒麟的"二金"形成一种穿插、点染和丰富，被脂砚斋称为"间色法"（第 31 回庚辰本批），而"因麒麟伏白首双星"，又是一种未来不幸命运的暗示。从对她性格和心理特征的描写中，可以看出作者由衷的喜爱和遗憾。"幸生来，英豪阔大宽宏量，从未将儿女私情略萦心上。好一似，霁月光风耀玉堂。"未更世事的活泼真纯和严格闺范之外的任情任性，表现出她和宝玉相似的明朗童心，这里既有曹雪芹欣赏的魏晋风度（个性解放）的投影，又有他所憧憬的理想人性内容，虽然她也由于说过"混账话"而受过宝玉冷落，但她不像宝钗世故深沉而显得坦诚可爱。这是一种不带恋爱色彩和功利内容的少男少女的纯情友谊，原生质的闺友闺情。然而，她的性格将因其现实婚姻遭遇（"湘江水逝楚云飞"）而改变。"自是霜娥偏爱冷"，"人为悲秋易断魂"。童心因世情而泯灭。这不仅是封建女性的悲剧，也是作者意识到的理想人性与现实冲突的必然结果。

在"怀金悼玉"的主题中，黛玉和以她为代表的清净女儿始终是曹雪芹情感投射的主体。"全部之主惟二玉二人。"黛玉神格前身，凝聚着蘅草神话、巫山神女神话、娥皇女英神话等原始集体无意识的丰富积淀。黛玉的现实性格，则被置于以钗黛对立格局为核心的复杂对照系统中进行刻画。黛玉进府之后不久宝钗进京，从此，黛钗对立格局围绕着同宝玉的关系展开，黛玉形象主要是在钗黛对照中得到刻画的，但这种对照并非简单对立，而是复杂对应。它包含两个方面：

一是钗黛基本性格特征的对立。这种对立，主要表现在与环境（包括传统规范）的关系上。一言以蔽之，宝钗是适应型的，黛玉是特立型的。宝钗是自觉压抑个性和消融自我以顺从传统观念和社会规范的要求；黛玉则自觉或不自觉地背离这种规范,追求个性自由。宝钗从不忘对宝玉"规引入正",黛玉则从不说"混账话"。对现实社会关系的态度,宝钗"行为豁达,随分从时",不比黛玉"孤高自许,目无下尘";宝钗善于周旋应付,体贴笼络,能深得上至元春贾母下至丫鬟仆妇的欢心,黛玉则局守一隅,自我封闭,又出语尖刻,为人所忌。对于同宝玉的关系,宝钗总是极力掩饰对宝玉的感情,她的努力始终向着婚姻的决定者——封建家长;而黛玉却从不掩饰自己的感情,一意纠缠宝玉,只是为了得到宝玉的心,她的努力始终向着爱情的当事人,而置封建家长于不顾。宝钗是"冷美人",黛玉是"泪美人";"冷"是性格理性化的结果,"泪"是性格情感化的表现。在这种基本性格特征所体现的思想倾向上,作者是褒贬分明的。他着意突出黛玉的个体人格追求和与传统分离的叛逆意识。

但另一方面,作者又写了两人性格优长的互补和性格发展的影响渗透。就外貌而论,宝钗鲜艳妩媚,黛玉风流袅娜,环肥燕瘦,各擅其美,代表着古典美人的两种基本类型。就才华学识而论,钗黛都是大观园中的魁首人物。诗词不相上下,海棠诗钗居首,菊花诗则黛夺冠,但黛玉显然更富诗人气质,小说中几首长篇歌行皆出黛玉之手。黛玉论诗卓有见解,香菱是宝钗嫂,但学诗不从钗而从黛。宝钗则深明画理,兼通医道,熟知世务,为黛玉所不及。更为重要的是,作品特别以第42回"蘅芜君兰言解疑癖"和第45回"金兰契互剖金兰语",写出钗黛从对立到和解的过程,其原因是宝钗对黛玉的善意和关心,使黛玉深受感动,从而完全消除了对宝钗的戒心和敌意。黛玉自剖心迹道:"你素日待人,固然是极好的,然我最是个多心的人,只当你心里藏奸。……往日竟是我错了。实在误到如今。"它表明作者对宝钗宽厚待人的美好情性的肯定,而黛玉的诚恳自责正是宝钗影响的结果。认为作者从此"使二人合而为一"(庚辰本第42回批),未必符合实际;但看不到作者对钗黛情性各有褒扬,优长互补,也是不符合实际的。十二钗判词独有钗黛合一,"可叹停机德,堪怜咏絮才",《红楼梦曲》"怀金悼玉",以"山中高士晶莹雪"与"世外仙姝寂寞林"相对,都可以看到作者的评价和情感态度。"金玉"与"木石"矛盾的结果,是由贾府统治者作出了符合自己利益和意志的选择,黛玉没有实现婚姻,宝钗没有得到爱情,两个人都是同一场悲剧的牺牲者,都具有对封建社会的深刻的批判意义。

除了钗黛又对立又互补的基本性格映照,黛玉性格还有与其他人物性格系统的相互映衬。这种"同而不同"的映衬,使黛玉性格得到多侧面多层次的刻画:

黛玉与宝玉。二人同具叛逆传统倾向,互为人生知己,但情感特征不同。

"宝玉情不情,黛玉情情。"(庚辰本第 9 回批语)宝玉是一个多所爱者,有时"见了姐姐,就忘了妹妹",黛玉执着专注,因而不免与宝玉发生情感冲突。在这种冲突中,黛玉的爱情心理得到充分表现。

黛玉与晴雯。二人同具强烈的个体人格意识。大观园中唯此二人为维护人格尊严同宝玉有过正面冲突,但又唯此二人同宝玉有最亲密的情感关系。二人命运相似,怡红夜宴的芙蓉花签与宝玉《芙蓉女儿诔》相映照,暗示晴死即伏黛死。但二人气质与意志特征不同:晴雯是一极具反抗意志而无丝毫媚骨的女奴,性情火爆,富于行动性;黛玉是没有摆脱礼教观念和贵族意识束缚的小姐,多愁善感,内向压抑。

黛玉与湘云。二人同为父母双亡寄人篱下的不幸孤女,同具诗人才华和高雅情性。闺房并枕,中秋联诗,关系密切,情感融洽。但黛玉早熟,湘云天真;黛玉敏感,湘云憨顽;黛玉抑郁,湘云潇洒。同样面对春尽花落之景,黛玉作《葬花吟》,自怜身世并伤女儿命运(第 27 回);湘云醉眠芍药,梦中还行酒令作乐(第 62 回);甚至二人睡态也显出个性差异(第 21 回)。就对现实的认识而言,黛玉是醒者而湘云是醉者。

黛玉与妙玉。二人同鄙弃世俗,自持高洁,都同宝玉有情感瓜葛。但人生态度不同,一在"槛"内,一在"槛"外。黛玉热爱生活,情感真率;妙玉超然世外,云"空"未"空",不免矫情。

黛玉与尤三姐。二人同为知己爱情的追求者,尤三姐公开宣称要"拣一个素日可心如意的人方跟他去";黛玉爱宝玉,"素日认他是个知己,果然是个知己"。但尤三姐具有市民女性气质,敢作敢为,敢爱敢死;黛玉生于书香门第,情感炽烈而性格软弱。

此外,还有其他一些形象如紫鹃、龄官、香菱等,也与黛玉性格有映照关系(在《红楼梦》中,凡具有人格自主意识的女性都与林黛玉外貌相似,如晴雯、尤三姐、龄官等,这显然是作者有意突出并形成形象系列之笔)。

除了上述个别形象(性格系统)之间的相互映照,黛玉性格还被置于形象群和形象体系的整体映照之中。如第 7 回送宫花,与诸姊妹映照。薛姨妈托周瑞家的给诸姊妹送宫花,迎、探、惜、凤诸人都表示感谢,唯独黛玉反应不同:"我就知道,别人不挑剩下的也不给我。""挑剩"当然是误解,但黛玉要求人格平等、不容歧视、自尊自强的性格却在"多心"的独特表现中得到生动刻画。

第 27 回葬花,与大观园女儿形象群映照,与芒种节为花神饯行热烈欢乐气氛映照。代表这种欢乐并与其相和谐的,是宝钗扑蝶;而与其相对应的不和谐音,则是黛玉《葬花吟》:"花谢花飞花满天,红消香断有谁怜?"在这种鲜明映照中,表现出黛玉"众人皆醉我独醒"的特立性格,对环境(社会压迫)的敏感,对自我命运的悲剧预感。

第29回斟情,与贾府众人即整个形象体系映照。"享福人福深还祷福,多情女情重愈斟情"。这是"清"与"浊"两个世界两种完全不同的追求。贾母率贾府上下去清虚观打醮祈福之时,黛玉却为"金玉"之说与宝玉发生了有史以来最剧烈的情感冲突。这种对照之笔还有不少,如宝玉挨打之后黛玉探病与宝钗袭人诸人映照,中秋之夜与湘云联诗与贾府他人映照等,一直到后40回钗嫁黛死时,在悲喜冷热的强烈反差激射中使黛玉形象获得最后完成,宝黛爱情悲剧也在这种对照中达到高潮。

综上所述,可见黛玉性格系统周围有三重映照:A. 基本性格系统映照(对立互补)——宝钗;B. 其他性格系统映照(同而不同)——宝玉、晴雯、湘云、妙玉、尤三姐等;C. 形象群和形象体系映照(对比烘托)——其中又分诸姊妹、大观园女儿群、贾府众人等层次,由此形成性格系统对照的环形网络。林黛玉的性格就在这种种映衬烘托之中得到立体的凸现。这是一个真正的"圆形人物",是一个集种种美质又集种种不幸于一身的绝代佳人的悲剧典型。她有着强烈的自我意识与热烈的情感追求,聪慧过人,才华出众,情操高洁,感觉敏锐,言谈锋利,然而命运悲苦,体弱多病,性情孤僻,抑郁内向。她的美质由于不幸而更令人同情,也由于不幸而变形使人不满。她对封建压迫和妇女悲剧命运的认识常以多愁善感的形式表现;她对人格平等的要求和自我价值的维护常以"小心眼"的形式表现;她走自己选择的生活道路的决心、她的反叛和抗争则以孤独寡合的形式表现。这是一个富有叛逆性光彩而又有着悲剧性弱点的性格系统,是一个既富有封建末世时代特色而又高度概括封建女性悲剧命运的艺术典型。这一典型与另一悲剧典型——封建淑女薛宝钗的同时塑造和相互映照,使《红楼梦》在对封建女性命运关注和对封建社会的批判方面达到了空前的深度。

(原载《走近曹雪芹——〈红楼梦〉心理新诠》第一章第六节、第四章第五节。有删改)

曹雪芹"末世"批判的视点和意蕴

"末世"的语词挪借

末世,是《红楼梦》中包藏作者心理信息的重要语词符号。末世批判,是曹雪芹怀旧情结的投射重心。

末世,与盛世、治世相对,即衰世、季世,指一个朝代的末期。《易·系辞》:"易之兴也,其当殷之末世,周之盛德耶?"《史记·主父偃传》:"何谓土崩?秦之末世是也。"也可泛指世运的盛衰兴替。按照五德终始说,历史是盛衰治乱的交替循环,衰乱则为末世。《汉书·公孙弘传》:"末世贵爵厚赏,而民不劝。"《后汉书·杜乔传》:"末世暗主,诛赏各缘其私。"对于怀抱复古(怀旧)理想的思想家,末世往往就是指与理想时代对立的现实社会。《列子·黄帝》:"太古之时,(禽兽)则与人同处,与人并行;帝王之时,始惊骇散乱矣。逮于末世,隐伏逃窜,以避患害。"这是道家以想象中的原始时代为理想社会,所谓末世,实际上是指儒家礼义社会。《淮南子·氾论训》:"先王之制不宜则废之,末世之事善则著之。是故礼乐未始有常也。故圣人制礼乐而不制于礼乐。"这是法家因时变易的改制思想,所谓末世,是针对儒家法先王的保守观念说的。同一语词符号,所指各不相同。但也有共同内涵,即对末世现实的否定批判。

"一叶落而知秋"。一个朝代的末叶,或动乱时期,人们容易产生末世之感,这并不奇怪。一个朝代之初始,或稳定繁盛时期,产生或怀抱末世之感,这就值得注意。清初就是这样,一些汉族知识分子笔下一再出现"末世"这个语词。成于康熙三十八年(1699)的《桃花扇》,孔尚任(1648—1718)在《小引》中说道:"场上歌舞,局外指点,知三百年之基业,隳于何人?败于何事?消于何年?歇于何地?不独令观者感慨涕零,亦可惩创人心,为末世之一救矣。"其时明朝已亡,清朝方兴,如日中天。所谓"末世",当然不是指新王朝,明显表达了作者对现实的态度。剧本结尾,尤其是《余韵》的三支曲子,不但寄托了兴亡之恨,而且表现了浓厚的世事沧桑之感:"神有短,圣有亏,谁能足愿? 地难填,天难补,造化如斯。"(《问苍天》)"眼看他起朱楼,眼看他宴宾客,眼看他楼塌了。"(《哀江南》)既有无可奈何的哀挽(对旧王朝),又有深悟造化之理的冷眼旁观(对新王朝)。"末世"一语,意味深长。康熙朝诗人查慎行(1650—1727)在他的一首揭露苛税弊政的诗歌《闸口观罛鱼者》的末句感叹:"一钱亦征入市税,末世往往多穷搜。"①这里"末世"显然直指时事。

多年以前,吴美禄先生曾论及,曹雪芹的祖父曹寅诗中也有"末世"之感。②如《楝亭诗钞》③卷一《饮浭酒》之"所以寄末世,嗑嗑尤恐迟"。按,嗑嗑,多言貌。《孔丛子·儒服》:"子路嗑嗑,尚饮十榼。"诗句意谓寄身于末世,无须多言,只须醉饮。其原因,乃在于对现实的失望:"沉湎滑稽内,适俗恒浇漓。"又有"末路"之叹。如《楝亭诗别集》卷一《饮酒四首》之一:"荣枯付游戏,末路难为行。劝君一杯酒,旷达万古情。"曹寅的"末世"之感,不同于查慎行的批判时弊,却与孔尚任相契合,更多地体现为一种哲思,即对人世(历史和人生)变易的感悟:"阴阳任寰运,绳墨无重轻。""四时各代谢,兴废无日无。"(《饮酒四首》)"茫茫红尘中,末路炳龟燋。"(《楝亭诗钞》卷二《松茨四兄远过西池……成诗十首》)这种感悟,来自明末家族命运和民族命运变迁所引起的心灵震撼和反思。难怪这位一生蒙受康熙宠信的包衣奴才,在得意之日,竟时常说出"树倒猢狲散"的警语(详后文)。曹寅是在曹氏家族民族忠诚和自由心性文化传承中起着关键作用的人物,他的"末世"之感中深藏的潜在的离异心理、感伤心理,他的哲思和睿智,将给孙子曹雪芹以怎样的影响,是不言自喻的。

李泽厚认为,清初以来文坛出现了一种由明代浪漫主义蜕变的感伤思潮,它反映了经过国家和民族命运剧变和思想文化领域的停滞倒退之后,由于处在一个没有斗争、没有激情、没有前景的时代和社会里,处在一个表面繁荣平静、实际开始颓唐没落的社会阶级命运中的哀伤,"在得风气之先的文艺领域,敏感的先驱者们在即使繁华富足、醉生梦死的环境里,也仍然发出了无可奈何的人生空幻的悲叹"④。诚如是,"末世"之感就是这种感伤思潮的一簇波浪。这种

---

① [清]查慎行《敬业堂诗集》卷九《春帆集》。
② 吴美禄《略论〈红楼梦〉里的"末世"和"无材"》,载《红楼梦学刊》1983 年第 3 辑。
③ [清]曹寅《楝亭集·楝亭诗钞》,上海古籍出版社 1978 年影印版。以下所引曹寅作品,皆据《楝亭集》。
④ 参见李泽厚《美的历程》250 至 255 页,中国社会科学出版社 1984 年版。

带着批判现实和感悟人世内涵的"末世"感伤思潮,就是曹雪芹在《红楼梦》中进行末世批判的时代心理背景。

当然,曹雪芹首先是从自己的家世遭遇感受、认识和描写"末世"的。他对这个具有丰厚历史文化积淀的语词进行了符号挪借。在家国同构的古代社会,具有相似的权力和财产世袭特征的家族和王朝(家天下)受着相似的盛衰规律支配。这就是"末世"符号挪借的语义基础。

曹雪芹在《红楼梦》中,是很重视"末世"这个语词符号在他所写的家族盛衰史中的特殊地位和意义的。末世批判不但是怀旧情结合乎逻辑的延伸,而且成为家族史的叙事中心。第 2 回冷子兴演说荣府时说:"如今的这宁荣两门,也都萧疏了,不比先时的光景。"①甲戌本夹批云:"作者之意原只写末世。此已是贾府之末世了。"②第 5 回十二钗判词中,对两位不同程度寄托作者"补天"愿望的女性,都用了"末世"一词深表感慨:"凡鸟偏从末世来,都知爱慕此生才。"(王熙凤)"才自精明志自高,生于末世运偏消。"(贾探春)

语词挪借,不但导致语境新义的产生,而且可以造成语义叠合,引起语义联想,从而丰富符号所指。过去,论者常从《红楼梦》所写的贾府末世,引申到历史发展显示的中国封建末世,就是这种语义联想的结果,尽管作者未必有此先知智慧。就时间进程言之,这是一种顺时针方向的前瞻联想,即从贾府贵族家庭衰败史,联系到封建社会的衰亡史,从而确认《红楼梦》所描写的生活内容的文学典型意义和社会认知价值。这方面的论述颇多。然从作者创作心理观之,值得重视的倒不是未然而是已然,就时间进程而言,乃是反时针方向的回溯联想,即曹雪芹从自己所经历的"末世"之变,联系到祖父曹寅所曾感叹的曹家先世所经历的"末世"之变,这百年前后的两度"末世"。前度"末世",是曹锡远、振彦在明王朝末世所遭受的"阖族播迁"、没满为奴的劫难,从此开始了曹家作为满洲包衣在清王朝的新创业史。这是一次包含着民族兴衰的家族"末世"之变。二度"末世",是当清王朝隆盛之际,作者身受和目睹的世代簪缨之家"树倒猢狲散"的悲惨结局。这次变故似乎是纯家庭的,但究其根却仍在前度"末世"之变。一个满洲包衣汉人世家的没落,必然同样带着民族兴衰的历史印记。这就使得曹雪芹的末世之感变得异常深沉和复杂。如果我们承认曹雪芹在创作时的回溯联想完全合乎情理,那么我们就不能不确认,《红楼梦》中描写的贾府末世,包

---

① 本文所引《红楼梦》内容及原文,均据中国艺术研究院红楼梦研究所校注本《红楼梦》,人民文学出版社 1982 年版。

② 陈庆浩《新编石头记脂砚斋评语辑校》44 页,中国友谊出版公司 1987 年版。

含着比家族记忆更为丰富的历史和情感内容。作为读者,则不难从百年望族贾府衰败史,回溯"国朝定鼎"之前的汉民族王朝衰亡史。前瞻联想未必然,回溯联想未必不然。这样立论,其根据不仅仅是语词挪借引起的语义联想,更为重要的,乃是家世材料与文本分析的参证。

"末世"之变的艺术改造

就现有材料看,小说对贾府衰败史的描写,如同"记风月繁华之盛"一样,既有以假写真(甄)的一面,也有以假写贾的一面。就前者而言,小说隐入了作者的家族悲剧记忆,甚至把祖父曹寅生前常说的"树倒猢狲散"这句俗语当作先知预言。第13回,秦氏托梦给王熙凤说:"一日倘或乐极悲生,若应了那句'树倒猢狲散'的俗语,岂不虚称了一世的诗书旧族了!"据施瑮《病中杂赋》"廿年树倒西堂闭"诗句有注云:"曹楝亭公时拈佛语,对坐客云:'树倒猢狲散。'今忆斯言,车轮腹转。"第5回"落了片白茫茫大地真干净"句,甲戌本批"与树倒猢狲散反照"。第13回上述秦氏托梦语甲戌本眉批:"'树倒猢狲散'之语,全(今)犹在耳,屈指三十五年矣。伤哉,宁不恸杀!"第22回贾母制灯谜(此回灯谜均为谶语)"猴子身轻站树梢",庚辰本夹批:"所谓'树倒猢狲散'是也。"谜底"荔枝"谐"离枝"。可见曹氏家族人对此语记忆之深刻及此语分量之沉重。此语出宋庞元英《谈薮》的一段记载:"曹咏侍郎以秦桧之姻党而显,方盛时,乡里奔走承迎惟恐后,独其妻兄厉德新不然。……桧殂,咏贬新州,德新遣介致书于咏。启封,乃《树倒猢狲散赋》一篇。""寅之拈此,亦自用曹姓故事。"[1]寅以曹寓曹,雪芹以假写真,一脉相承。至于曹寅当年何以常说此语,是他潜意识中对家族危机的隐忧,还是因康熙晚年皇嗣斗争激烈对主奴关系前途的隐忧,难以考定。也许兼而有之。以假写真,举其大者,还有以贾府富贵传流"历百年"而"运终数尽",隐曹振彦于顺治元年(1644)随正白旗主多尔衮入关,至乾隆初(至迟为乾隆八年,1743)曹家彻底破败之百年兴衰;以"好一似食尽鸟投林,落了片白茫茫大地真干净"的败亡景象,隐曹家"诗书家计俱冰雪,何处飘零有子孙"(屈复《消暑诗十六首·曹荔轩织造》)的悲惨结局;以及前述作为曹家末世历史转折点的真(甄)贾(假)之抄家横祸等等。

但是,真假参照,艺术贾府衰败史并不能看作现实曹家的纪实。就末世批

---

① 参见周汝昌《红楼梦新证》517页,人民文学出版社1976年版。

判之主题而言,如同"梦幻繁华"的描写,以假写贾似乎是主要方面。其最明显的差异是:小说隐去了包衣曹家兴衰系于皇室的政治背景,改造为对贵族世家的内部观照。

现实曹家的衰败史内情尚待深入研究,但现有材料仍更多地显示出曹家与皇室的主奴关系变化,特别是受康雍朝政局更迭的影响。南巡接驾亏空帑项,是南巡后康熙帝与李煦、曹寅主奴间最关心的问题,后来也成为李煦于雍正元年(1723)、曹頫于雍正五年(1727)底先后获罪抄家的主要原因。① 雍正与乃父态度不同,康熙设法让其弥补,雍正则借口对其惩办。显然,在这里,经济问题成了政治斗争的手段。雍正上台后,为巩固统治,打击异己势力,包括父亲亲信,何况还发现曹李两家与其政敌胤礽、胤祀、胤禵有牵连,小小的包衣奴才自然成为可怜的政治牺牲品。至于曹家在乾隆初的彻底败亡与当时皇室政治斗争的关系,虽然材料不足,但周汝昌先生等也进行了初步探究。总之,作为皇室奴仆的曹家兴衰命系皇室,所谓"成也萧何,败也萧何"。曹家之败亡,主要由于外力打击,殆无疑问。但《红楼梦》中所写贾府,却主要由于自身腐烂和内部矛盾而渐趋衰落,最后的外力打击即抄家一幕,曹雪芹未及写成,但从前80回看,也是贾府自身罪恶和矛盾所致。《红楼梦》的末世批判,其矛头主要不是指向生存环境(而这对曹家是至关重要的),而是指向家族自身。这种改造,反映了曹雪芹的创作苦衷。隐去曹家衰败的环境因素,在当时历史条件下,是不得已,也是绝对必要的、唯一的创作选择,这当然在一定程度上影响了对封建皇权政治的批判力量。但是,这种不得已的隐藏和回避,却从另一方面迫使和推动了他对家族历史的自我反思,深化了他对家族内部矛盾以及内部矛盾与外部环境联系的认识,并且最终把家族悲剧的描写重点确定为末世批判即内部观照。特别是,当他把包衣曹家改造为贵族贾府之后,他就不仅仅需要调动自己的直接体验,而且还必须调动和综合耳闻目睹的现实贵族之家的间接经验,以至融化对历史上统治阶级家族和统治王朝的盛衰记忆和思考,从而使其末世批判获得高度的文学典型和历史理性意义。这也许是作者始料不及的。失之东隅,收之桑榆,未尝不是一件好事。

① 《关于江宁织造曹家档案史料》77、78、81、82、185 页,205 至 207 页。王利器《李士桢李煦父子年谱》502、503、536 页,北京出版社 1983 年版。

双重视点的设置和层次

又是忆繁华,写末世之盛;又是末世批判,历史反思,二者岂不矛盾? 它们如何在作家的心灵和笔下获得统一? 我们不妨从《红楼梦》双重视点的设置进行深入考察。双重视点是曹雪芹在"备记风月繁华之盛"时强化末世批判意旨的双向投射艺术手段,也是作者一体两面复杂创作心理的集中表现。双重视点,即局外视点和局内视点。局外视点,是清醒的理性认识视点,体现反思意图;局内视点,是痴迷的感官享受视点,体现追怀心态。就全书而言,分别是大荒山无稽崖的超验世界和"花柳繁华地,温柔富贵乡"的红尘时空,其具体视点形象是异形同体的"石"和"玉",是石头历幻回归后的"悟"和通灵宝玉"粉渍脂痕污宝光"的"迷"。就小说叙事内容的虚实而言,是太虚幻境和现实人间,是警幻仙姑及其使者癩僧跛道("畸人"象征)洞悉过去未来的"知"(智)和现实人物受规律和命运支配的"迷";是贾府祖先阴魂及已逝者(如秦可卿)亡灵——他们均已进入幻想世界——对家族命运预知预忧的"知"和贾府末世子孙们自隳祖宗基业的"迷"。就贾府内外而言,则有冷子兴、刘姥姥等局外人的"知"(旁观者清)和贾府当局者之"迷"。就贾府中人而言,则有贾探春等清醒者的"知",和贾母等享乐者、王熙凤等谋利者(王熙凤也有"知"的一面,见后)、贾赦珍琏蓉等不肖者,甚至宝玉等异端者之"迷"。"悟"与"迷",或"知"(智)与"迷"双重视点的并存和对立,反映了创作意图的内在矛盾,和创作主体的自我分裂:理性与感性,认知与激情,否定与肯定,疏离与眷恋,背弃与惭悔。但只要我们尊重事实,就无法否认这种矛盾和分裂的存在。从辩证法观点看,"风月繁华之盛"本身就具有二重性,繁华既是兴盛的标志,也是转向衰落的起点。深明阴阳变易之道和"盛极而衰"之理的作家不能不清醒地看到,他所怀恋追慕的东西正是被必然律最终否定的东西。这样,矛盾和分裂就在主体及其创作中获得了统一:末世批判为其里,忆繁华为其表,于"风月繁华之盛"的描写中寓末世批判之旨。以局内视点为映照对象,局外视点居高制下,放射出深邃的理性之光。

《红楼梦》的局外视点设置,依想象时空由远而近,可分三个层次:哲理思悟、历史理性和内部解剖。

哲理思悟的显示者,是《红楼梦》中的仙界启悟形象。它以"太虚幻境"的主神"警幻"为最高代表,往来于真幻世界之间的,在神界"骨格不凡,丰神迥异",而在俗界以癩头和尚、跛足道人面目出现的"茫茫大士""渺渺真人",实际是"警幻"的使者和代言人,他们以"畸于人而侔于天""天之君子,人之小人"(《庄子·大宗师》)的假丑真美二重形象特征和释道合一的说教执行"警幻"意旨,①而既在"幻境"名曰"警幻",这表明"警幻"本身就是一个体现"假作真时真亦假"的哲理思悟终极结论的符号。"警幻"以幻警人,如她启引宝玉"历饮馔声色之幻,或冀将来一悟"(第5回),制"风月宝鉴"仙镜警世人不要以假(现象)为真(本体)(第12回);僧道对石头说,"那红尘中有却有些乐事,但不能永远依恃,况又有'美中不足好事多魔'八个字紧相连属,瞬息间则又乐极悲生,人非物换,究竟是到头一梦,万境归空"(第1回),甲戌本批云"四句乃一部之总纲",大体也是道家"无"为天地之母,佛家"空"为万象之本的结合。他们接引的第一个悟道俗人甄士隐,后来也成为启悟者。而甄士隐之谐音"真事隐",表明甄(真)之悟,正是作者之悟。当跛足道人唱《好了歌》用佛家色空好了的虚无主义哲学(这也是一种释道结合)点化甄士隐时,甄士隐的《好了歌注》实际上是对《好了歌》的有意误读和曲解:

> 陋室空堂,当年笏满床;衰草枯杨,曾为歌舞场。蛛丝儿结满雕梁,绿纱今又糊在蓬窗上。说什么脂正浓、粉正香,如何两鬓又成霜?昨日黄土陇头送白骨,今宵红灯帐底卧鸳鸯。金满箱,银满箱,展眼乞丐人皆谤。正叹他人命不长,那知自己归来丧!训有方,保不定日后作强梁。择膏粱,谁承望流落在烟花巷!因嫌纱帽小,致使锁枷扛;昨怜破袄寒,今嫌紫蟒长:乱烘烘你方唱罢我登场,反认他乡是故乡。甚荒唐,到头来都是为他人作嫁衣裳!

甲戌本脂批把它解释为对未来贾府家族和若干人物悲剧命运的预言,或不为无据。但其基本语义,却是包含着警世意味的盛衰无常的宇宙变易观。如果说,《好了歌》的语义是人生现世追求的无价值无意义,重在一个"了"(空、无)字;那么,《好了歌注》则重在一个"变"字,是历尽离合悲欢炎凉世态后的彻悟——现世荣华富贵、生命享受和一切现存秩序的不可靠不长久不永恒,永恒的是变易无常。以诗(曲)解诗,本身就是一种形式独创,这种隐藏着语录机锋的我注六经式的诠释,又包含着对道佛哲学的改造和为我所用的主体精神。这里着重呈现的是一连串社会、历史、政治、人事的变迁图景,揭示的是人世纷争特别是政治权力斗争的悲喜剧本质,而不同于《好了歌》的个体生命意义说教。正因如此,《好了歌注》才成为《红楼梦》家族悲剧的主题歌。曹雪芹对自己家庭

---

① 参见梅新林《红楼梦哲学精神》第一章,学林出版社1995年版。

衰败的内外因素的整体思考,他对两次末世之变的个人创伤记忆和家族集体记忆,他对历史和现实政治斗争、社会生活的联想与概括,都得到集中表现。

这里要指出,自努尔哈赤立国以来,清朝皇帝和贵族统治集团的权力争夺异常激烈残酷,盛衰无常,荣辱瞬变,一批批的失败者及其后裔、部属以至奴仆成为牺牲品。仅以曹雪芹生活的时代和现已知的人事圈子而言,与康熙晚年诸皇子及雍正初乾隆初皇权斗争相联系的,就有雍正元年(1723)曹雪芹舅祖李煦被抄家;雍正三年(1725),于去年受诏获赏李煦奴婢财物的年羹尧被赐自尽;雍正四年(1726)五月,曹雪芹祖姑父傅鼐革职遣戍黑龙江;同年七月,曹雪芹姑父平郡王纳尔苏因与允禵案有牵连,"革退王爵,不许出门";雍正五年(1727)二月,李煦因送允裪(胤裪)五个苏州女子而被发往打牲乌拉;同年底,被康熙认为与曹寅李煦"视同一体"的杭州织造孙文成于曹頫获罪同时因"年已老迈"被罢免;雍正十年(1732),于五年前取代曹頫任江宁织造并受赐曹家全部家人财物的隋赫德获罪革职,次年十一月,隋赫德因钻营平郡王案,发往北路军台效力赎罪;雍正末年至乾隆初,平郡王福彭和傅鼐得到重用;乾隆三年(1738),傅鼐获罪革职,寻入狱,病卒于家;乾隆四年(1739)底,福彭从主审弘晳逆案的议政奏事大臣列名中消失;乾隆八年(1743)以前,曹家经历乾隆初的再度浮沉,彻底败落……大而言之,有清初皇太极及其子顺治皇权斗争失败者努尔哈赤之子代善、多尔衮、多铎、阿济格及济尔哈朗。多尔衮是包衣曹家的主子——正白旗主,死后于顺治八年(1651)被夺爵论罪。英亲王阿济格被赐自尽,其二子降为庶人,与人为奴,直至乾隆初年始复宗籍,为闲散宗室。曹雪芹的好友敦敏敦诚兄弟就是阿济格的五世孙。敦诚四松堂诗友,有代善五世孙永蕙,永蕙密友济尔哈朗六世孙书诚,还有康熙末雍正初皇权斗争失败者允禵的孙子永忠等。雍正政敌允裪、允禟、允禵均与曹家有不同程度的关系,争权失败后允裪、允禟均被雍正迫害致死。允禵罚守皇陵,后圈禁直至乾隆初。其孙永忠,作《因墨香得观〈红楼梦〉小说吊雪芹三绝句》,其一云:"可恨同时不相识,几回掩卷哭曹侯。"墨香,即敦氏兄弟叔父。曹雪芹可能以敦氏兄弟为中介,了解这些宗室子孙家世的浮沉情况。乾隆初皇权斗争的失败者,有允禄(庄亲王)、弘晳(废太子允礽嫡子),以及弘晈和弘昌(怡亲王允祥二子,弘晓兄弟)。怡亲王允祥是雍正指定的曹家的监管人,其子弘晓袭封后与敦氏兄弟、墨香、明义等都有直接或间接交往(明义兄明仁为弘晓姐夫)。允禄、允礽都与曹家有过关系。周汝昌疑曹家的

最后惨败，或与弘皙"逆案"有关……①

一幕幕社会政治悲喜剧、贵族家庭盛衰史，在曹雪芹眼前、周围和记忆见闻中上演，正是"乱烘烘你方唱罢我登场"，"到头来都是为他人作嫁衣裳"。它不仅使曹雪芹洞察了封建政治的丑恶本质，更使他悟彻了宇宙、人生和历史的基本法则——永恒的运动变易。他宣告：一切现存的都是暂时的。这使人想起德国伟大思想家黑格尔的名言：一切现存的都是合理的。黑格尔为现存事物辩护，而曹雪芹却预言现存事物的灭亡。鉴古知今，鉴今知往，鉴己知人，鉴人知事。无论自觉与否，说曹雪芹从家庭悲剧和贾府衰败史的哲理思悟中预感如日中天的乾隆盛世必衰，贵族统治阶级必衰，乃至整个现存封建秩序制度必变必亡，因而《红楼梦》具有前瞻阅读效应，似不为过。

历史理性是宇宙法则对历史过程的具体阐释。《红楼梦》中历史理性的显示者，是冥界的先知形象。宁荣二公——贾府祖先阴灵，在小说中具有崇高地位。他们既是家族的创业者和守护神，又是家族命运的先知。其先知本领来自运数之说，但似又不尽然。第5回警幻转述宁荣二公阴灵之嘱托：

> 吾家自国朝定鼎以来，功名奕世，富贵传流，虽历百年，奈运终数尽，不可挽回者。故遗之子孙虽多，竟无可以继业。其中惟嫡孙宝玉一人，禀性乖张，性情怪谲，虽聪明灵慧，略可望成，无奈吾家运数合终，恐无人规引入正。幸仙姑偶来，万望先以情欲声色等事警其痴顽，或能使彼跳出迷人圈子，然后入于正路，亦吾兄弟之幸也。

一面说运数合终，一面寄希望于继业之人。这正说明所谓运数，乃体现于人事之中。"盛衰之理，虽曰天命，岂非人事哉！"（欧阳修《新五代史·伶官传序》）而其关键，是后继有人。这样，抽象的带有迷信色彩的先知命运预言，就转化为包含历史理性观念的人材（接班人）问题了。

第13回托梦给王熙凤的秦氏亡灵，实际上是祖先阴灵的代言人。她的那一番嘱咐，把宁荣二公的运数预言，作了具体阐释：

> 常言"月满则亏，水满则溢"；又道是"登高必跌重"。如今我们家赫赫扬扬，已将百载，一日倘或乐极悲生，若应了那句"树倒猢狲散"的俗语（按：秦可卿之代言人角色由此可见），岂不虚称了一世的诗书旧族了！

---

① 周汝昌《红楼梦新证》697 页。

> 否极泰来,荣辱自古周而复始,岂人力能可常保的。但如今能于荣时筹画下将来衰时的世业,亦可谓常保永全了。

> 若目今以为荣华不绝,不思后日,终非长策。眼见不日又有一件非常喜事,真是烈火烹油、鲜花着锦之盛。要知道,也不过是瞬息的繁华,一时的欢乐,万不可忘了那"盛筵必散"的俗语。……

秦可卿是一个经过特意改造的带有某种神秘色彩的理性化形象。曹雪芹根据脂砚斋、畸笏叟等曹氏家族人物的意见,删去"秦可卿淫丧天香楼"一段,把一个因情而淫、不幸陷于误区的风月女子改变成一位因病早夭的关心家庭命运的贤德少妇,因而使之获得先知代言人的身份。但她不是一个有性格的人物,只能看作负载着若干特殊使命的具象符号。预知贾府命运(所谓"天机不可泄漏")便是作者赋予的神秘功能。但秦氏托梦之言,更重要的是表现对贾府必败的理性认知。她引用的几句俗语、成语,包含着中国古代朴素辩证法的精髓:矛盾双方在一定条件下向对立面转化的客观法则。所谓"月满则亏,水满则溢""否极泰来,荣辱自古周而复始""登高必跌重""盛筵必散",都是说事物在发展过程中必然存在肯定与否定的矛盾运动,经历生、成、住、灭的历史阶段,而"满"和"跌"则是加速这一进程的原因。"满",意味着停滞倒退,如安富尊荣不思后事、骄横淫逸奢华靡费;"跌",意味着自我否定和被否定,如恃势为恶、作孽自毙、争斗倾覆等。

文学形象的先知,其实是现实生活的后觉。上述先知预言,实际上乃是经历过家庭衰败的现实体验的作家在反思中对历史理性的一种把握和认识。这种认识,较之抽象哲理思悟,更多地触及历史运动的矛盾规律。如果说,曹雪芹通过癞僧跛道、甄士隐等启悟形象展示的是根本的(盛衰)变易之"道";那么,他通过宁荣二公等先知形象演绎的则是盛衰转化之"理"。应该说,这种历史理性认识,不仅是作者对家庭衰败史的反思结果,也是对自古周而复始的一切荣辱兴衰浮沉史的概括。但由于这种概括隐藏在"运数""天机"等神秘语言之中,不可能进行具体阐发。这一任务,即具体的末世批判,需要下一层次即现实人物的局外视点来完成。作者的意图,不过是把先知的警示作为一张无人理睬的黄牌(在前80回,这张黄牌的最后一次出现是第75回"开夜宴异兆发悲音"中贾氏宗祠中那一声令贾珍等毛骨悚然的长叹,但它并未能停止贾府的中秋宴乐),更加映照出末世子孙的不可救药。

内部观照和自我解剖

真正的批判锋芒是在对家族末世的内部观照和自我解剖中显露出来的,但沉于享乐和争斗的痴迷者怎能观照自我正视现实? 所以,这种观照和解剖意图仍需通过清醒的局外视点实现。在小说中,它包括两类人。

一是能接触和进入贾府社会的局外人旁观者形象,主要是冷子兴、刘姥姥。甲戌本第 2 回回首诗云:"一局输赢料不真,香销茶尽尚逡巡。欲知目下兴衰兆,须问旁观冷眼人。"①

作为荣府管家王夫人陪房周瑞家的女婿的古董商人冷子兴,就是作者设置的一位深知内情的"冷眼人"。冷子兴演说荣宁二府时对贾府已入末世的判断和分析,充分显示出这位旁观者冷眼人的分量。他的这一段话,几乎成为后文家族衰败史的叙事纲领:

> 古人有云:"百足之虫,死而不僵。"如今虽说不及先年那样兴盛,较之平常仕宦之家,到底气象不同。如今生齿日繁,事务日盛,主仆上下,安富尊荣者尽多,运筹谋画者无一;其日用排场费用,又不能将就省俭,如今外面的架子虽未甚倒,内囊却也尽上来了。这还是小事。更有一件大事:谁知这样钟鸣鼎食之家,翰墨诗书之族,如今的儿孙,竟一代不如一代了!

冷子兴的分析,主要是两条:奢靡挥霍(物),子孙不肖(人)。

刘姥姥是一位具有多重再现和表现功能的线索性人物,是全部贾府末世史的见证人。作为局外视点,她是来自农村下层社会的一副特殊感官,偶然的机缘使她得以进入这个贵族之家及其宝地——大观园。作者既通过她的眼睛心灵去观察和感受贾府的豪富,渲染末世之"盛";又用她的生活体验来对照和展现社会的不公,批判末世之"奢",以印证冷子兴的理性分析。这一形象的意义,也许要在作者未及完成的三进贾府才能全部显示出来。张锦池先生以甄(士隐)贾(雨村)冷(子兴)刘(姥姥)谐"真假难留",认为"他们都曾是贾府'盛衰兆'的冷眼旁观者"②。甄贾作用另有不同,谐音寓意有理。作为旁观者,"冷"是冷眼,有商人的势利之心;"刘"是热心,有农民朴实的侠肝义肠。但他们对贾府末世或理性或直觉的观照的确都揭示了贾府无可挽回("难留")地走向衰败的内

---

① 陈庆浩《新编石头记脂砚斋评语辑校》36 页。
② 参见张锦池《中国四大古典小说论稿》314 页,华艺出版社 1993 年版。

在原因。他们是作者从外及内进行家族解剖的手术刀。

二是贾府内部具有忧患意识的清醒者和不平者。他们弥补了贾府外旁观者囿于视点见闻的不足。他们是贾府末世的"忠臣"，既关心家族命运，又因与醉生梦死的享乐争斗圈保持某种距离而洞悉其害，甚至企图力挽狂澜而不得，目睹危象，不免情绪愤激，因而他们最合适地充当了作者进行末世批判的代言人。

被鲁迅称为"贾府中的屈原"的老奴焦大，亲身经历贾府祖先"九死一生挣下这家业"的艰难创业史，自诩为创业功臣而又不得其报，胸中燃烧着忠勇和不平，把怒火直接喷向丑恶堕落的末世不肖子孙：

> 我要往祠堂里哭太爷去。那里承望到如今生下这些畜牲来！每日家偷鸡戏狗，爬灰的爬灰，养小叔子的养小叔子，我什么不知道？咱们"胳膊折了往袖子里藏"！（第 7 回）

焦大之骂，正是荣宁二公之所忧，也是冷子兴冷眼旁观之所析，都指向一个核心——后继无人，这正是贾府衰败的关键。

贾府三小姐探春，见识高远，才志杰出，但因为是女儿又兼庶出，被摒于权力核心圈外，因而对贾府弊病洞若观火。在她一度（与李纨、宝钗一起）被王夫人赋予理家之权时，曾针对家族入不敷出的危机和浮费贪冒的漏洞，开源节流，锐意革新。最能表现其忧患意识的，是这位贾府最清醒的改革者对足以导致家族毁灭的最可怕的毒瘤——内部争斗自杀自灭的揭露。在抄检大观园时，探春是唯一勇敢拒检并悲愤地发出警告的人：

> "……你们别忙，自然你们抄的日子有呢！你们今日早起不曾议论甄家，自己家里好好的抄家，果然今日真抄了。咱们也渐渐的来了。可知这样大族人家，若从外头杀来，一时是杀不死的，这是古人曾说的'百足之虫，死而不僵'，必须先从家里自杀自灭起来，才能一败涂地！"说着，不觉流下泪来。（第 74 回）

她说得那样直截了当而又惊心动魄：

> 咱们倒是一家子亲骨肉呢，一个个不象乌眼鸡，恨不得你吃了我，我吃了你！（第 75 回）

探春的话，是对冷子兴的分析的最重要补充。她的话语分量和情感力度，使人们有理由相信，她在倾吐曹雪芹的心声。

贾府另一女能人王熙凤也有清醒的时候。当她应贾珍之请协理宁府的时候,作为一个旁观者,她一眼就看出宁府五大弊病:"头一件是人口混杂,遗失东西;第二件,事无专执,临期推诿;第三件,需用过费,滥支冒领;第四件,任无大小,苦乐不均;第五件,家人豪纵,有脸者不服钤束,无脸者不能上进。"并大刀阔斧进行整顿,一时威重令行。这五大弊病,颇牵动了脂砚斋等曹氏家族后人的情感:

> 旧族后辈受此五病者颇多,余家更甚。三十年前事见书于三十年后,令余悲恸血泪盈面。(甲戌本眉批)

> 读五件事未完,余不禁失声大哭,三十年前作书人在何处耶?(庚辰本夹批,另靖本眉批与甲戌本批大体相同)

> 五件事若能如法整理得当,岂独家庭,国家天下治之不难。(王府本批)①

其实,王熙凤仅从管理体制着眼,其认识比探春肤浅得多,但从脂批强烈共鸣看,也应属于家族反思末世批判内容。探春理家时,她一度作为旁观者也清醒地看到:

> 家里出去的多,进来的少,凡百大小事仍是照着老祖宗手里的规矩……若不趁早儿料理省俭之计,再几年就都赔尽了。(第55回)

在男性贵族腐朽无能的贾府,作为年轻女性贵族中的佼佼者,凤姐和探春分别通过治丧和理家崭露头角,仿佛为家族末世带来某种希望。但"男人万不及一"的凤姐在协理宁国府之后,紧接着就干出弄权铁槛寺肥己害人的罪恶勾当,表明她在本质上与男性贵族并无两样,这是一种反讽;探春确能公忠持家,甚至为坚持礼法规范而显得不近人情,但她旨在"兴利除宿弊"的改革措施并未缓解贾府病入膏肓的经济危机,反而带来了大观园内从下到上的新的利益冲突,治理大观园后矛盾累积的结果,是使她极感悲愤的抄检大观园,这又是一种反讽。这两种反讽描写,又更深刻地表现了这一家族命运无可挽回的末世特征。末世无英雄,难怪唯独凤姐与探春二人的判词出现"末世"字眼。这本身就是一种末世批判。

在这样的环境里,几乎所有的人都可能感受到失去物质和精神维系力量的家族没落趋势而产生悲凉的末世心态,所有人都可能因暂时处于某种旁观地位而成为局外视点,特别是权力核心圈外的人物,都能从某个角度看出贾府的

---

① 陈庆浩《新编石头记脂砚斋评语辑校》242 页。

痼疾：

> "千里搭长棚，没有个不散的筵席"，谁守谁一辈子呢？（第 26 回林红玉语）

> 如今乱为王了，什么你也来打，我也来打，都这样起来还了得呢！（第 60 回晴雯语）

> 你们深宅大院，水来伸手，饭来张口……有一年连草根子还没了的日子还有呢。（第 61 回柳家的语）

> 我们家下大小的人只会讲外面假礼假体面，究竟作出来的事都够使的了。（第 75 回尤氏语）

> 我能够和姊妹们过一日是一日，死了就完了。什么后事不后事。（第 71 回宝玉语）

甚至从贾政观灯谜时感到的不吉之谶（第 22 回），贾母神前拈戏至《南柯记》时的默无言语（第 29 回），我们也可以看到方当末世之盛时贾府统治者潜意识危机心理的发露。时势人心如此，一旦突遭外力打击，横逆压迫，土崩瓦解就势在必然了。

概而言之，奢靡享乐，内部争斗，后继无人，这就是曹雪芹通过局外视点揭示的贾府衰败的基本内因，也就是他对家族末世批判的主要内容。《红楼梦》的描写显示，自身腐烂没落是导致家族悲剧的根本原因，而外力打击不过是加速这一进程的催化剂。可以设想，即使没有外力打击，贾府之运终数尽也不可挽回。这是前两个层次显示的宇宙变易之"道"和历史盛衰转化之"理"的具体人事结论。应该说，这个结论是具有高度典型意义的。不能否认，历史上有些百年望族的确是主要因外力打击而成为封建政治斗争的牺牲品，但内部腐朽与外力打击这两个方面的结合，却是"君子之泽，五世而斩"的封建家族乃至王朝兴衰的具有普遍性的历史规律。前文指出，现有材料较多地显示包衣曹家兴衰与生存环境特别是清皇室政治斗争的关系，这与《红楼梦》的末世批判和曹雪芹的反思结论存在较大差异。近年来，一些红学家受小说和脂批启示，已开始把注意力转向对曹家内部矛盾的考察上，并取得初步成果。如朱淡文在《红楼梦论源》中，经过综合分析，认为"曹氏家族败落的原因应是：家族内部子孙不肖，后继无人，矛盾复杂尖锐，从兄弟不和发展到招接匪人，彼此告讦，互相残害，由此而引来最高统治者的残酷打击，造成整个家族彻底败落"①。朱氏所

---

① 参见朱淡文《红楼梦论源》第一编第四章。

论,有一定说服力。不过,包衣曹家究竟是在封建政治斗争中无辜受害,还是咎由自取?这恐怕不是一个可以简单回答的问题。历史运动总是各种合力作用的结果,康雍乾时期皇权斗争的复杂和残酷也是不容否认的事实。过分强调包衣曹家与贵族贾府的对应联系,就可能忽视《红楼梦》"真""假"真谛,特别是作者主要"以假写贾"的隐衷和用心,也就会忽视曹雪芹"心事浩茫连广宇",进行末世批判的更为深广的意义。

"家国同构"的意蕴寄寓

这里,我们又要回到前面提到的曹家经历的两次末世之变的家族记忆和民族记忆内容了。靖本第 18 回眉批前有一段庾信《哀江南赋序》的引文。现将引文及批语全录于下:

> "孙策以天下为三分,众才一旅;项籍用江东之子弟,人惟八千。遂乃分裂山河,宰割天下。岂有百万义师,一朝卷甲,芟夷斩伐,如草木焉?江淮无涯岸之阻,亭壁无藩篱之固。头会箕敛者,合从缔交;锄耰棘矜者,因利乘便。将非江表王气,终于三百年乎?是知并吞六合,不免轵道之灾,混一车书,无救平阳之祸。呜呼,山岳崩颓,既履危亡之运;春秋迭代,不免去故之悲。天意人事,可以凄沧(怆)伤心者矣!"

> 大族之败必不致如此之速,特以子孙不肖,招接匪类,不知创业之艰难。当知瞬息荣华,暂时欢乐,无异于烈火烹油,鲜花着锦,岂得久乎!戊子孟夏读《虞(庾)子山文集》,因将数语系此,后世子孙其毋慢忽之。①

脂批中引古籍不多见,这是最长的一段。所引《哀江南赋序》文字与小说原文几无联系,批语实际上是赋序的读后感。余英时先生认为"这段批语很可能暗示明亡和清兴"②,是有道理的。赋序描写的"大盗移国,金陵瓦解"的梁亡情景与明朝(南明)最后灭亡有若干相似之处:梁都金陵即明初及南明都南京;"百万义师,一朝卷甲"与清初各地抗清义师之败;"江淮无涯岸之阻"与南明因内战"全开锁钥淮扬泗",令清军顺利南下;"江表王气终于三百年",与明三百年基业之隳灭等。这里我还要特别指出"混一车书,无救平阳之祸"的语境含义。按原

---

① 陈庆浩《新编石头记脂砚斋评语辑校》315 页。
② 余英时《关于〈红楼梦〉的作者和思想问题的商榷》,载胡文彬、周雷编《海外红学论集》241 至 242 页,上海古籍出版社 1982 年版。

文指晋怀帝、愍帝被杀,西晋亡于匈奴之事,这是中国历史上第一次汉族中央政权亡于北方少数民族。明亡于清,性质与此同。又,平阳是曹寅时代人们对曹家远祖曹参的代称,①故"平阳之祸"在此实同时寓指曹氏家族之祸,即于明末世"阖族播迁",没满为奴的惨剧。曹锡远、振彦父子尽管从龙有功,却不能在清统一("混一车书")后改变家族的沦落命运。民族灾难与家族灾祸在"平阳之祸"中连成一体。由此看来,畸笏叟借此引文寄托山岳崩颓"春秋迭代"的兴亡之感,隐藏曹氏家族对百年前王朝与家族"末世"之变的惨痛记忆,是不言而喻了。后面的批语,似专就第二次"末世"之变而言,包含总结家族衰败历史教训的意义(可与第13回秦氏托梦语对读)。"后世子孙其毋慢忽之",是嘱勿忘此两度"末世"之变。

批语出自畸笏老人之手,时间是乾隆三十三年戊子(1768),其时曹雪芹已去世。畸笏叟的思想并不等于作家的思想,但也并不等于批者个人的思想。我们要重视的,是两度末世之变作为曹氏家族的集体记忆对曹雪芹必然发生的影响。

我再提出曹雪芹最重要的合作者脂砚斋。甲戌本第1回"我把你这有命无运累及爹娘之物"一段处,有如下眉批:

> 八个字(指"有命无运累及爹娘")屈死多少英雄?屈死多少忠臣孝子?屈死多少仁人志士?屈死多少词客骚人?今又被作者将此一把眼泪洒与闺阁之中,见得裙钗尚遭逢此数,况天下之男子乎?

> 看他所写开卷之第一个女子便用此二语以订终身,则知托言寓意之旨,谁谓独寄兴于一情字耶?

> 武侯之三分,武穆之二帝,二贤之恨,及今不尽,况今之草芥乎?

> 家国君父,事有小大之殊,其理其运其数则略无差异。知运知数者,则必谅而后叹也。

这是脂批中政治色彩最浓的一段话。特别是把武侯(诸葛亮)与武穆(岳飞)联系起来,称为"二贤之恨",这是在汉民族遭受异族压迫欺凌统治的时代(首先是在南宋)产生的强烈民族情感。北宋为女真(金)所灭,南宋对金屈辱称臣,而清(后金)正是女真后裔,明亡于清,脂批所谓"及今不尽",所指为何,所谓"知运知数",在叹惜什么,不是很清楚吗?应该说,就曹氏先祖而言,家国君父之恨是联系在一起的。也应该承认,入清以来,特别是曹家入旗膺受荣宠、地位

---

① 参见刘上生《走近曹雪芹——〈红楼梦〉心理新诠》87 至 90 页,湖南师范大学出版社1997 年版。

上升以后,曹氏子孙的民族意识和民族情感可能逐渐淡化。但淡化不等于遗忘。曹氏家族保存的祖功宗德的集体记忆,畸笏叟、脂砚斋等家族中人保存的"末世"之变的集体记忆,都证明了这一点。在一定历史条件和社会环境里,这种暂时淡化甚至沉埋的宝贵情感,就会被重新激活、强化,产生巨大的心理能量。曹雪芹,这位继承了汉民族深厚文化传统和祖辈优秀文化传承的满洲包衣子孙,身受雍乾两朝政治打击,民族歧视和家族衰败的现实苦难,百年前后两度"末世"之变的回溯联想,终于在他心中掀起了情感的巨大波澜。在《红楼梦》第63回,他特意创造宝玉为芳官取名"耶律雄奴"并发一通议论的情节。他借宝玉之口自称"大舜之正裔",斥"匈奴""犬戎"为"中华之患","晋唐诸朝,深受其害",大有深意。① 所谓"晋唐诸朝,深受其害",前引畸笏叟批语中的"平阳之祸"就是起点。西晋亡于匈奴,是汉民族王朝历史的第一个耻辱印记。在这里,曹雪芹丝毫没有隐瞒他确认自己是汉民族子孙的鲜明感情。他是带着这种感情来反思家族悲剧和进行末世批判的,这样,"家国同构"或"家国一体"作为宗法封建制度下古代中国人的基本文化观念,必然会对他的创作潜意识发生影响。如果说,历史上的家族悲剧,可能主要由于内部腐朽,自杀自灭,也可能主要由于外力打击,他杀他灭,那么历史上的汉民族王朝衰亡,异族入主华夏,却无不是从自身腐烂瓦解开始的,使曹雪芹家族遭受百年前末世之变的明朝末世更是如此。早于曹雪芹半个多世纪前的孔尚任在《桃花扇》中总结这一历史教训时,以权奸为亡国之罪魁,以宴游与争斗为基本原因。"宴游则香君罹其苦,争斗则朝宗分其忧,一生一旦,为全本纲领,而南朝之治乱系焉。"其实,权奸乱政,就是以皇帝为首的最高统治集团彻底腐朽的表现。这段惨痛历史记忆,恐怕也是促使曹雪芹在《红楼梦》创作中对家族悲剧反思转向内部观照自我解剖进行末世批判的重要潜在因素。他通过冷子兴、贾探春等局外视点揭示的贾府衰败三大内因奢靡享乐、内部争斗、后继无人,与《桃花扇》的艺术概括,有着惊人的一致。不过,曹雪芹的认识显然更为深刻,他是从宇宙变易之"道"和盛衰转化之"理"的思维制高点来审视家族和王朝历史的。当他以家族悲剧涵盖民族悲剧,以家族末世隐藏王朝末世的时候,《红楼梦》的末世批判,就对任何时代的任何统治集团、任何事业开创者和继承者都提供了"惩创人心"的艺术鉴戒。

(原载《走近曹雪芹——〈红楼梦〉心理新诠》1997年版)

---

① 参见刘上生《走近曹雪芹——〈红楼梦〉心理新诠》第三章第三节。

《楝亭集》与《红楼梦》

　　《楝亭集》①作者曹寅(1658—1712)是曹雪芹的祖父。集中《楝亭诗钞》八卷,系曹寅晚年"手自刊落"(郭振基《〈楝亭诗别集〉题后》),"取前后诸作,录其惬心者"(顾昌《〈楝亭诗别集〉叙》)编定。《楝亭诗别集》四卷、《词钞》一卷、《文钞》一卷,则系寅殁后其门人郭振基等辑集《楝亭诗钞》删余诗及所作词文而成,刊于康熙五十二年(1713)。也许由于体裁不同,《楝亭集》与《红楼梦》的关系,向不为人注意,实则有重要研究价值。因为它们是祖孙二人的精神载体。认识曹雪芹对乃祖思想性格和精神文化遗产的继承和扬弃,有助于对《红楼梦》内在意蕴的深层把握。

爱石情结和石头意象

　　首先值得重视的,是祖孙二人一脉相承的爱石情结和石头意象在其著作中的突出地位:《楝亭诗钞》以石头意象开卷,《红楼梦》以石头神话开篇,这绝非偶合。被曹寅置于《楝亭诗钞》第一卷的第一首诗是《坐弘济石壁下及暮而去》,诗云:

　　　　我有千里游,爱此一片石。徘徊不能去,川原俄向夕。
　　　　浮光自容与,天风鼓空碧。露坐闻遥钟,冥心寄飞翮。

　　曹寅爱石情怀如此强烈突出,其内涵似不易把握。幸好,在他删落的诗中,另有一首《暮游弘济寺石壁回宿观音阁中》长诗,载《楝亭诗别集》卷二。从抒情基调、意象创造和语词运用看,二诗应作于同时,惟情感更为鲜明沉重,诗云:

　　　　羁身婴世网,高兴久淹积。此行抱奇怀,遥见一片石。浮光逐清景,荡

---

① ［清］曹寅《楝亭集》,本文所论及引文,皆据上海古籍出版社 1978 年影印版。

漾欣所适。逼近觉水低,仰望碍飞翩。天风豁疏翠,鞈鞳潮声发。耽奇竟忘险,兴激凌苍壁。回峦隐别峰,鸟道贯罅隙。接手上巉崖,宛转几千尺。杳冥人语洪,空洞闻水脉。草木潜幽光,烟霞无定迹。极巅险忽平,来路云已隔。返照射空江,波涛溷金碧。睹兹移我情,顿觉烦尘释。下方暮钟动,急转心促迫。向南得微径,盘折不容屐。溪水自澄鲜,藤花青可惜。铁锁悬一楼,虚敞户常辟。冷风吹我面,飒飒动毛发。中有百岁僧,诵经不下席。举手招我言:此中足休息。

同游一地(石壁),连作二诗,作者一存一删,耐人寻味。这使我们有必要考察它们的写作时间、地点,诗人的境遇,由此探寻其诗句的情感隐秘。

《诗钞》是依年代顺序编列的。卷一第二首诗《宿来青阁》,据朱淡文、徐恭时先生考证,应作于康熙十七年(1678)。是年春,曹寅奉命南下至江宁、苏杭及临海一带。① 弘济寺、观音阁都是南京燕子矶附近的名胜,则所谓"弘济石壁"当指燕子矶石崖。② 如此,则上二诗亦应作于此次南行之时,故前诗有"我有千里游"之句。其时,寅父曹玺正任江宁织造,但曹寅却在御前当差。据邓之诚《清诗纪事初编》,康熙九年(1670),寅"年十三,挑御前侍卫"③,又张伯行《祭曹织造荔轩文》:"比冠而书法精工,骑射娴习,擢仪尉,迁仪正。"可知曹寅在二十岁(康熙十六年,1677),已被康熙提升为銮仪卫侍卫,接着又升为治仪正,正五品。"御殿则在帝左右,从扈则给事起居。"(福格《听雨丛谈》)康熙十七年,寅二十一岁,正值青春年少又深荷恩宠之时,且得以在奉使南行之时回家省亲,心境应十分愉悦。但细读二诗,乃觉大不然。从意象看,二诗均以"一片石"为中心和标志,与浮光、天风、飞翩组合,构成一幅开阔自由的自然图景,它与作者的人事处境形成强烈的映照:

A. 千里游(奔走之象)——一片石(止息之象)
B. 婴世网(羁束之象)——一片石(自由之象)

如果我们不是只看到曹寅受宠的表面境遇,而是联系到他作为一名内务府

① 朱淡文《红楼梦论源》22 页及注 14(42 页),江苏古籍出版社 1992 年版;徐恭时《越地银涛曹史寻——〈曹家江南史话〉之四:〈钱塘缀事〉》,载《曹学论丛》,群众出版社 1986 年版。
② 参见石昕生《"弘济石壁"解》,载《红楼梦学刊》1990 年第 3 辑;《中国名胜词典》"南京市"条,上海辞书出版社 1984 年版。
③ 关于曹寅入侍康熙的年代和任职,笔者已有考证,认定为康熙八年(1669)初始"佩笔侍从"康熙帝。参见本书上编《曹寅入侍康熙年代考》;《曹寅与曹雪芹》第三章第二、三节,海南出版社 2001 年版。

包衣——皇家奴仆的实际身份地位,联系到他在《楝亭集》中反复抒写的"行役之苦"和"羁囚之愤"(详见下文)去思考,那么,上述意象的情感内涵并不难理解,在 A 组对照中蕴含的正是为奴的"行役之苦",B 组蕴含的正是"羁囚之愤"。后诗"羁身婴世网"一句,似从陶渊明《归园田居》"误落尘网中,一去三十年。羁鸟恋旧林,池鱼思故渊"诗句化出。陶诗以"尘网"喻官场,以"羁鸟"等喻失去自由的痛苦和对自由的渴望。曹寅的情感,显然沉重得多。"世网"乃是一种从入世以来即被注定且无法摆脱的命运。这一种命运是从他的先世曹锡远及其子振彦被俘没满为奴之后就开始了的。按照清朝法律,包衣的奴籍是子孙相续的。"主仆之分一定,则终身不能更易……而且世世子孙,长远服役,亦当有不敢纵肆之念。"(《清世宗实录》卷五十)这就是曹寅内隐的深哀剧痛。他对"一片石"的留连眷恋,他对石崖、浮光、天风、飞翮等自然美景、自由物象的徘徊沉醉,展示着生命的自由本性与生存的不自由状态的冲突。质言之,这两首游弘济石壁的诗,乃是一位被剥夺了人身和精神自由的奴隶追求自由心性的理想之歌,反抗奴役命运的不平之鸣。"天地至精之气,结而为石,负土而出,状为奇怪。"(杜绾《云林石谱》)曹寅的爱石情怀,首先就是这种自由心性的寄托。他之所以把表达"爱此一片石"的游弘济石壁诗置于卷首,且于同时同地同一事件同一主题连作二诗,就是因为,包含反奴意识的自由心性,乃是这位内务府包衣的最根本的人格理想,也是他从先辈身上继承并将传递给曹氏家族后世子孙的最宝贵的精神遗产。

从表面上看,《红楼梦》的叙事起点,似乎与《楝亭集》风马牛不相及。这是一个虚荒诞幻的神话的构架:以一块通灵顽石下凡回归而又自叙经历写作《石头记》,作为小说的故事来源,书云:

> 原来女娲氏炼石补天之时,于大荒山无稽崖炼成高经十二丈、方经二十四丈顽石三万六千五百零一块。娲皇氏只用了三万六千五百块,只单单剩了一块未用,便弃在此山青埂峰下。谁知此石自经煅炼之后,灵性已通,因见众石俱得补天,独自己无材不堪入选,遂自怨自叹,日夜悲号惭愧。[1]

关于补天被弃无材入选云云,下文再论。这里先说作者赋予这块情根石的灵性。第 25 回,替贾宝玉治病的癞头和尚,即那位将顽石化为通灵宝玉带到凡间的大师说道:

---

[1] 本文所引《红楼梦》内容及原文,均据中国艺术研究院红楼梦研究所校注本《红楼梦》,人民文学出版社 1982 年版。

可羡你当时的那段好处：

天不拘兮地不羁，心头无喜亦无悲；

却因锻炼通灵后，便向人间觅是非。

可见"天不拘兮地不羁"的自由心性正是顽石的基本性格，情根石本是自然自由之物，一入世，便失去了自由，成为挂在脖子上的通灵宝玉，成为"天天圈在家里，一点儿做不得主"（第47回）的纨绔子弟贾宝玉的附体。在经历悲欢离合炎凉世态之后，它终于回到青埂峰，回归它的自然自由之身。《石头记》《红楼梦》所展示的，正是这种人类生命的自由本性（情根石）与生存的非自由状态（通灵宝玉）——贾（假）宝玉的矛盾冲突。在这个意义上，它正内在地继承和包涵了曹寅《楝亭集》游弘济石壁二诗的人格理想、自由心性追求。曹雪芹同他的祖父一样，从降生人世即注定了为奴命运（"羁身婴世网"），不同的是，他没有像祖父那样有幸得到皇帝的宠信，而是亲身经历了家族由盛到衰的剧变和由此带来的人生磨难（所谓"离合悲欢炎凉世态"），因而倍感为奴的痛苦羞辱和自由的可贵。到晚年，他终于"出旗为民"，摆脱奴籍，实现了他祖父虽身居富贵而未能实现的做一个自由民（虽然是穷处西郊）的愿望，感受到了初获自由者的那种"虽今日之茅椽蓬牖，瓦灶绳床，其风晨月夕，阶柳庭花，亦未有伤我之襟怀笔墨者"（第1回）的轻松愉快，并以"著书黄叶村"作为人生归宿。① 石头下凡回归作记的神话构架，正是作家自我人生经历的艺术概括。② 正因为如此，他把曹寅游弘济石壁二诗的抒情终点——幻想超脱现实生存状态的生命自由，作为自己小说的叙事起点。又用这种超脱现实生存状态的自由心性理想，反观人的生存方式对生命自由的剥夺，表达他对现实的否定批判和大彻大悟。"一片石"变为了"情根石"，曹寅诗中保持着某种审美距离的景物意象变成了物我同一的象征本体。这里既有血脉相连的继承，又有时代和个体的超越。

从"补天石"到"情根石"

除了寄托自由心性，曹寅的爱石情结，还有着多方面的心理内涵。这些，也

① 关于曹雪芹"出旗为民"的考证，参见朱淡文《红楼梦论源》第二编第一章，周汝昌《红楼梦新证》"史事稽年"章，高阳《曹雪芹摆脱包衣身份初稿》等，刘上生《走近曹雪芹——〈红楼梦〉心理新诠》第三章第三节有详细论述并引述诸说。

② 关于"出旗为民"与石头回归构思的联系，参见刘上生《走近曹雪芹——〈红楼梦〉心理新诠》》第三章有关论述。

都深深地影响着曹雪芹和他的《红楼梦》。

在《暮游弘济寺石壁回宿观音阁中》诗里,曹寅对石壁巉崖的巅险峻拔给予了着力刻画,看得出作者浓厚的"耽奇"兴趣中掩抑着某种不平之气。这种情感,在《楝亭诗钞》卷八的《巫峡石歌》中,借另一奇石巫峡石有了更鲜明直露的宣泄:

> 巫峡石,黝且斓,周老囊中携一片,状如猛士剖余肝。坐客传看怕殒手,扣之不言沃以酒。将毋流星精、神蜈食,雷斧凿空摧霹雳。娲皇采炼古所遗,廉角磨砻用不得。或疑白帝前、黄帝后,漓堆倒决玉垒倾。风煦日暴几千载,漩涡聚沫之所成。胡乃不生口窍纳灵气,峻嶒骨相摇光晶?嗟哉石,顽而矿,砺刃不发硎,系春不举踵。研光何堪日一番,抱山泣亦徒浑浑……

尽管作者有意运用反讽语调,但是这块被想象为女娲补天所遗、"状如猛士剖余肝"的骨相峻嶒的巫峡石,还是很容易使人联想起为世所弃的英杰特出之士。诗中情感几经曲折,结尾归到"石上骊珠只三颗,勿平崄巇平人心"的呼唤,始终渗透着世道不平、英才无用的郁勃愤激情怀和既关心民瘼又傲物抗俗的嵚崎磊落的个性表现,它是一首蕴含丰厚的借物咏怀之作。

从字句和意象看,《巫峡石歌》与《红楼梦》开头的石头神话,比游弘济石壁诗有着更多的相似之处:都用补天神话(甚至连对女娲的称呼——"娲皇"都一样),都有补天被弃的艺术想象;其诗云"胡乃不生口窍纳灵气",书中写"灵性已通";诗云"嗟哉石,顽而矿",书中屡称"顽石"。但这些还只是表面的联系,深层的沟通更在个性情怀的寄托。诗云"廉角磨砻用不得",书中说"无材不堪入选",一方面是对世道——现实的怨愤(这是对传统士不遇主题的继承),另一方面则是不愿苟合取容坚持自我人格的兀傲。曹雪芹的血液里有着鲜明的祖父的遗传因子。不同的是,曹寅的"不材"之愤中包含着强烈的用世热望。他在另一首诗《闻芷园种柳》中写道(《楝亭诗钞》卷二):

> 故园何所有?白石与苍苔。寂寞终无用,婆娑岂不材?柔丝青可把,愁絮拨难开。惆怅横戈地,秋风拂马来。

"芷园"是曹寅别号,也是曹家在京之故园。诗是寄给弟弟曹宣(子猷)的。吴美禄先生曾分析说:"这诗是他俩兄弟均以白玉石和柳树自喻,本是有用之材,却没有被重用。白玉石上长了苍苔,柳絮如愁绪,拨理不开,表示了强烈的不满情绪。""因此他又有'寂寞一杯酒,消磨万古才'的悲叹,有'奕世身名悲泪

没'、'蓬蒿英雄多白头',又有'平生道路无车舟,雨虐风欺到白头'等等的哀
号。"①除此以外,还可以在《棟亭集》中找出其他例子,还可以在曹寅朋友叶燮、
杜岕等人的诗文中看到他们对曹寅"魁垒郁勃"(杜岕《棟亭诗钞序》)的"不材"
之愤的抚慰。人们也许会对备受康熙宠信的曹寅何以会有如此强烈的愤懑不
平感到奇怪。其实,如同游弘济石壁二诗表露的自由心性一样,只有结合包衣
曹家和作为皇家奴仆的曹寅的实际社会地位、在这种地位里所受到的压迫歧视
和屈辱,我们才能体察到他深隐的精神奴役创伤。我在《走近曹雪芹》一书中,
曾根据清代包衣奴役制度的史料分析指出,"包衣曹家除了依靠主奴关系这根
纽带,依靠皇帝个人宠信成为高级奴才,再没有别的出路"。他们(从曹玺起)甚
至无法离开内务府,进入官僚机构。传统的"学而优则仕"的道路也与他们无
缘。② 这就是曹寅"不材"之愤的来源。当然,也正由于曹寅当时正蒙恩宠,而
康熙又确为英主,因而这种抑郁不平并未导致他对清统治阶级的绝望和决裂,
他始终怀着奴才对主子的忠诚报效之心。

曹雪芹也有"不材"之愤。《红楼梦》的石头神话同样包含了自宋玉、司马
迁、董仲舒、东方朔等以来士不遇题材作品和苏轼、辛弃疾等以补天石被弃自喻
的历史悲愤,③更表露着对世代包衣所承受的社会不公的现实愤懑。"无材不
堪入选""无材补天,幻形入世""无材可去补苍天,枉入红尘若许年",对石头"无
材"遭遇的反复强调,当然绝非无心之笔。曹雪芹用带有更强烈反嘲意味的"无
材"代替了曹寅笔下的"不材",强化了主体材质与现实环境的对立。甲戌本在
石头"弃在此山青埂峰下"一句有眉批云:

> 妙!自谓落堕情根,故无补天之用。④

这里强调的不是"被弃",而是"无用",即不合时宜,质言之,就是顽石(情根
石)所象征的叛逆性的思想性格,即作者的自我人格。曹雪芹不同于曹寅的,是
他比乃祖多了一根"傲骨"。曹寅以石为寄,曹雪芹则视石如己。他写石头,也
画石头,敦敏《题芹圃画石》诗云:

---

① 吴美禄《略论〈红楼梦〉里的"末世"和"无材"》,载《红楼梦学刊》1983 年第 3 辑。

② 参见刘上生《走近曹雪芹——〈红楼梦〉心理新诠》第二章第四节。

③ 如宋玉《九辩》、司马迁《悲士不遇赋》、董仲舒《士不遇赋》、东方朔《答客难》、苏轼《儋耳
山》诗、辛弃疾《满江红·建康史帅致道席上赋》等,参见刘上生《走近曹雪芹——〈红楼
梦〉心理新诠》第二章第四节。

④ 陈庆浩《新编石头记脂砚斋评语辑校》5 页,中国友谊出版公司 1987 年版。

> 傲骨如君世已奇,嶙峋更见此支离。
>
> 醉余奋扫如椽笔,写出胸中磈磊时。①

这块"嶙峋""支离"作为曹雪芹铮铮傲骨化身的奇石,正是对《红楼梦》那块"无材不堪入选"的顽石的形象图示。毋庸讳言,小说中石头的人格化形象——贾宝玉(假玉真石)的叛逆性思想性格又正是曹雪芹的艺术投影。补天石—情根石,两个意象符号,代表着两条不同人生道路和两种不同的人生价值取向。补天石是以期待补天—君父之用,以实现传统的社会价值为归宿;情根石则背离于传统,追求符合人性美理想的个体生命价值的实现。曹寅虽满怀不平之愤,却仅止于以"补天石"为喻,未能超越于传统;曹雪芹叛逆了传统,也背离了祖父的人生归宿,他的寓体是"情根石"。

反奴人格:从曹寅到曹雪芹

从深层心理看,曹寅的自由心性和不材之愤,都来自他的反奴意识。因为没满为奴,人身自由和精神自由的被剥夺,乃是包衣曹家入清盛衰浮沉和一切不平不幸遭遇的命运之源。

曹寅是康熙的宠奴,他对康熙充满着感恩戴德、捐糜顶踵、效犬马蝼蚁之诚的耿耿忠心。这有他的言行和奏折为证。不能否认他这种情感的真实性,但同样真实的另一面,是他对为奴生活的痛苦厌倦和悲愤,这有《楝亭集》中的许多诗词为证。

集中表现曹寅反奴意识的,有两类作品。

一、叹行役之苦。此类诗,多为任织造前的作品。如:

> 尘役苦无厌,俯躬自彷徨。(《楝亭诗钞》卷一《不寐》)
>
> 我诵残春篇,慨焉叹行役。风露卧中宵,车马日枕藉。愧与名山邻,羞践世人迹。郁郁黄尘间,狂吟聊自适。(《楝亭诗钞》卷一《读梅耦长西山诗》)

后诗的"名山"指北京西山。此诗叹行役,盖指寅为侍卫康熙驻跸西山行宫。《日下旧闻考》记乾隆云:"昔我皇祖(指康熙)……恐仆役侍从之臣,或有所劳也,率建行宫数宇于佛殿侧,无丹雘之饰。质明而往,信宿而归,牧圉不烦。"

---

① [清]敦敏《懋斋诗钞》抄本,一粟编《古典文学研究资料汇编红楼梦卷》6 页,中华书局1963 年版。

但作为仆役的曹寅的感受并没有这样美好。

> 回身感旅宦，辕辙何时休？（《楝亭诗钞》卷一《赵北口》）
>
> 浊浪无时休，逆旅如烦冤。……莫叹无荣名，要当出篱樊。（《楝亭诗钞》卷一《黄河看月示子猷》）
>
> 屈指炎凉千里别，何时来往一身轻？（《楝亭诗钞》卷一《人日和子猷二弟仲夏喜雨原韵》）

后二首皆为赠和胞弟曹宣（子猷）作。所谓"出篱樊""一身轻"，都是渴望获得摆脱包衣苦役之自由。其隐喻意与前引游弘济石壁诗"婴世网""寄飞翮"相同。

《楝亭诗别集》卷二有《恒河》一诗，诗前有长序：

> 恒河在滦河之北，水洌而深，岭环之中，有人家鸡犬肥驯，黍稷在场，解鞍坐息其侧，陶然有余乐也。因悲世路之险，嗟行役之苦，遂赋此篇，以期异日云尔。

从诗首的"五年不梦长江水，胸中忽作波涛起"看，此诗当为康熙十四年（1675）寅十八岁即挑御前侍卫离家五年时作（依邓之诚说）。以"天子侍卫之臣，入则执戟螭头，出则影缨豹尾"（王朝瑑《楝亭词钞序》）之荣宠，寅于行役之时，竟发出如此悲叹：

> 揽尽悠悠一片心，谁怜弃置风尘里。今夜天涯何处归，三屯塞上行人稀。马疲道远日投岭，解鞍枵腹风吹衣。……

"王事靡盬，不遑启处。"诗中所写的那种无穷无尽而又无法摆脱的行役辛劳，绝非一般的宦游劳顿，这是一个皇室仆役内务府包衣的痛苦呻吟。

二、抒羁囚之愤。此类作品，任织造前后都有，在《楝亭集》中更有贯串性，反奴意识也更鲜明。它们多为咏物诗。曹寅对羁囚之物特别敏感，诸如圈虎、羁马、病鹤、笼鸟，甚至画中孤鹿、纸鸢风筝，都会引起他的强烈共鸣：

> 白鹤翔高天，不受绊与羁。有时息毛羽，终焉触藩篱。哀鸣尔何为？纵步不能移。声随霜月苦，身被秋风欺。……
>
> （《楝亭诗别集》卷一《病鹤》）
>
> 四鹤不同致，翛然神迥超。迭鸣如在野，群谪未归霄。深恨羽毛贵，谁加园囿遥？几时移密竹，休沐静相招。
>
> （《楝亭诗钞》卷二《北院鹤》）

> 危机忌一踏，密网结千层。困极声犹厉，耽余气忽腾。阴风枯壁树，斜日射池冰。粢食同供急，应惭上苑鹰。

（《楝亭诗别集》卷一《圈虎》）

既倾吐着失去自由的悲愤，又倔强地保持着品格的高洁和气概的威武。这正是曹寅虽屈身为奴却具有人的尊严的崇高精神的写照。他要把朋友远道馈赠的孔雀放回森林，唯一的原因是希望孔雀重获失去的自由：

> 中庭矩步意难安，墙角梳毛雨渐干。不用襜褕夸组绣，还因罗网念鹓鸾。眯盲空谢西施赠，点染徒烦荔子丹。他日翩全应放去，郁咿绛彩戏林端。

（《楝亭诗钞》卷二《粤中丞送孔雀感其远怀留止官舍作诗寄之》）

此诗似作于任苏州织造时。此时他圣眷方隆，生活安定，已无行役之劳，但为奴的痛苦却无法消释，这才使其同情及于笼中的孔雀。他还因此毫不掩饰地回复朋友："何事投栖来万里，故人情好未相宜。"

他对八大山人笔下的野鹿不胜感慨：

> 丰草长林独离群，四时风角祝朝昕。何因不画青田鹤，叱驭双双礼白云。

（《楝亭诗钞》卷三《题马竹溪藏八大山人画鹿》）

翱翔云间的白鹤显然更令他向往。他痛恨一切羁囚之事，喜爱一切自由之物：

> 生憎围人控骄马，绝爱牧儿飘纸鸢。

（《楝亭诗钞》卷三《三月六日登鼓楼看花》）

> 孤村流水连翩意，绣幕金笼那易知。

（《楝亭诗钞》卷五《鸦鸣歌》）

反奴人格和自由心性，构成曹寅身上的某种叛逆气质。但是，由于曹寅当时的社会地位和个人境遇对于包衣曹家乃是一份难得的荣耀，也由于曹寅对他主子康熙的特殊私人感情（以及因此产生的改变命运的个人幻想），他的这种气质，主要还是一种隐蔽的压抑的偶尔流露的情感心理。奴性忠诚与反奴人格的并存和矛盾，使曹寅表现出双重性格特征。这种双重性格，也正是曹氏家族精神遗产的典型形态。它将如何在矛盾中变化发展，以及后世子孙将从祖辈身上接受哪些遗产，就既取决于客观环境家族命运的变化，也取决于接受个体的生活遭遇和主观意志。

过去，很少有人注意到曹雪芹叛逆思想性格的家庭渊源或家族精神传承，甚至把曹雪芹说成是像贾宝玉一样的贵族家庭的叛逆者。人们忽视了曹家世代包衣的根本地位和奴役创伤对于这个家族人身和精神命运的决定性影响。入清百年，曹家盛衰荣枯有变，但包衣奴仆的身份未变。前者可能导致曹氏家族成员对其主子皇室情感（奴性忠诚）的变化，后者却决定了反奴人格和自由心性追求的继承性、内在性和本质性。雍乾时代曹家命运的剧变，来自皇权的直接打击，曹雪芹亲自经历的世态炎凉，都使他对皇室的情感由疏离走向憎恶，使他抛弃祖辈的奴性忠诚，转向对专制皇权的严峻批判，而他所继承的祖辈的潜在的叛逆气质却在时代思潮的孕育下成长为反叛性批判性的完整思想性格。"羹调未羡青莲宠，苑召难忘立本羞。"张宜泉《题芹溪居士》①的两句诗，前句引唐玄宗为李白"御手调羹以饭之"的典故写曹雪芹对所谓"皇恩"的否定，后句借阎立本所受"名与厮役等"的羞辱写他对奴隶地位的痛愤。在《红楼梦》中，他的这种叛逆思想性格借助"假语村言"得到了充分的艺术表现。在第 2 回，他借贾雨村之口明白宣称：

> 纵再偶生于薄祚寒门，断不能为走卒健仆，甘遭庸人驱制驾驭。

这就是曹雪芹的反奴宣言。在第 5 回，他借贾宝玉之手，翻开"薄命司"女儿簿册，偏从展示奴婢命运的"又副册"揭起，而第一人则是最具反奴人格的晴雯，其判词是所有判词中感情最浓烈的：

> 霁月难逢，彩云易散。心比天高，身为下贱。风流灵巧招人怨。寿夭多因毁谤生，多情公子空牵念。

晴雯被迫害而死，他又借贾宝玉之手写出《红楼梦》中最长最富战斗性的诗文作品《芙蓉女儿诔》：

> 忆女儿曩生之昔，其为质则金玉不足喻其贵，其为性则冰雪不足喻其洁，其为神则星日不足喻其精，其为貌则花月不足喻其色……（第 78 回）

他把最高的尊崇和最大的同情，献给了这位拥有出众的美丽、出众的纯洁无邪、出众的勇敢自尊，姓氏乡籍俱已湮没、命运最悲惨却最无奴颜媚骨的女奴。"心比天高，身为下贱"，这正是曹雪芹自我人格的概括。家生子鸳鸯面对

---

① ［清］张宜泉《春柳堂诗稿》刊本，一粟编《古典文学研究资料汇编红楼梦卷》8 页。

主子的逼婚淫威,愤怒反抗,直至以死抗争:

> 家生女儿怎么样?"牛不吃水强按头"? 我不愿意,难道杀我的老子娘
> 不成?

> 我是横了心的,当着众人在这里,我这一辈子莫说是"宝玉",便是"宝
> 金""宝银""宝天王""宝皇帝",横竖不嫁人就完了! 就是老太太逼着我,我
> 一刀抹死了,也不能从命!(第 46 回)

"家生子"即包衣。曹雪芹借鸳鸯之口尽情倾泄对罪恶的包衣制度的控诉。
值得注意的是鸳鸯的抗婚对象竟一直延伸到"宝天王""宝皇帝",而曹雪芹写作
《红楼梦》时的当朝天子正是雍正十一年(1733)被赐封为"宝亲王"的乾隆皇帝,
内务府包衣的最高主子。这绝不是偶合,而是一种有意的用笔。这是包衣奴仆
曹雪芹借鸳鸯抗婚绝偶明白宣示对其皇室主子专制帝王的叛逆和决裂。《红楼
梦》中敢于公开抗旨的另一位女子龄官,卖身为伶,在贾府比"家里下三等奴才"
还卑贱,却不但不愿讨好贵族少爷,连贵妃娘娘传召也敢不唱。贾蔷买了雀儿
笼子来给她解闷,反而引起她的气愤:

> 你们家把好好的人弄了来,关在这牢坑里学这个劳什子还不算,你这
> 会子又弄个雀儿来,也偏生干这个。你分明是弄了他来打趣形容我们,还
> 问我好不好。(第 36 回)

这里龄官借笼雀对贾府奴役罪恶进行控诉,与曹寅笔下失去自由的病鹤、
圈虎、孔雀、骄马、绣幕金笼鸟等形象的寄托是何等相似。不同的是,同晴雯、鸳
鸯一样,龄官身上更多了曹雪芹的那种敢于抗争的"傲骨"。这种傲骨,在不堪
耻辱刚烈自尽的金钏身上,在侠骨慧心外柔内刚的紫鹃身上,在追求爱情凛然
无畏的司棋身上,在敢笑敢闹斩情为尼的芳官、藕官、蕊官等等身上,都有着不
同形式的表现。它们共同构成《红楼梦》光芒四射的反奴人格群体。除此之外,
作者还怀着哀怜微婉的复杂心理描写了平儿、香菱等柔顺人格群体,袭人、红玉
等趋奉人格群体,以及作为负面对照物心理异化的陪房管家等悍仆人格群体,
组成小说中数量巨大典型众多的奴仆形象体系,在中国文学史乃至世界文学史
上,在曹雪芹之前,从来没有一个作家对奴隶命运给予如此的关注,作过如此广
泛深刻的表现。他还通过小说中唯一关心同情奴婢的贾宝玉之口,把解放奴隶
作为否定奴隶制度的目标。第 60 回春燕告诉她妈:

> 宝玉常说,将来这屋里的人,无论家里外头的,一应我们这些人,他都

要回太太全放出去，与本人父母自便呢。

作为一个依附于家庭，本人"一点儿做不得主"的贵族公子，贾宝玉的能力是有限的。但给奴隶以自由，正是包衣曹家世代梦寐以求的理想。我们不能看轻这段话的意义。

自由心性，"不材"之愤和反奴人格，深受苦难的包衣曹家的精神承传终于凝聚成伟大子孙曹雪芹的叛逆性格和辉煌巨著。但是，曹雪芹又超越了自我和家庭的不幸，从推己及人的同情升华为博大至爱的人道关怀，从渴望改变奴隶命运的自由呼唤飞跃为否定封建传统的新的个性文化和人性理想追求，这是从曹寅到曹雪芹，从《楝亭集》到《红楼梦》走过的历史道路。研究这条道路，应该成为"红学"的一项重要任务。

（原载《红楼梦学刊》1998 年第 3 辑）

秦淮风月怅夤缘
——曹寅的"情"与曹雪芹的"情"

"情""理"分离的二重心灵世界

曹寅是理学信徒。康熙六十年(1721)刊刻的《上元县志·曹玺传》称他"偕弟子猷讲性命之学"。在给子侄的诗中,他也谆谆嘱咐"程朱理必探"(《楝亭诗别集》卷四《辛卯三月二十六日闻珍儿殇书此忍恸兼示四侄寄四轩诸友三首》)①,这对他的创作不能没有负面影响,《楝亭集》中较少描写男女之情及涉笔女性之作,就是证明。② 不难想见,这样一位理学信徒的情感生活该是多么干涩枯窘,他与他的孙子、"大旨谈情"的《红楼梦》作者曹雪芹的距离该是多么遥远。这也许是曹寅及其《楝亭集》的研究向来不为人重视的原因之一。

然而,细读《楝亭集》,人们看到,作为"人"的曹寅竟是那样丰富复杂。如同其他方面一样,他的精神世界也呈现出明显的情理分离的二重人格特征,而且"重情"即对人性自由的追求是其更为本质的内在的方面。那首向四侄曹頫进行"经义谈何易,程朱理必探"的陈腐说教的诗篇的开头,就赫然标出"老不禁愁病,尤难断爱根"这主情的十个大字。他宣称"我本放诞人,聊复遣此情"(《楝亭诗别集》卷三《冬来为夙逋所累……即以奉赠以为开岁笑柄》)。放诞,《世说新语》谓之"任

---

① [清]曹寅《楝亭集》,本文所论及作品原文,均据上海古籍出版社 1978 年《楝亭集》影印版。内含《楝亭诗钞》8 卷,《楝亭诗别集》4 卷,《楝亭词钞》1 卷,《楝亭词钞别集》1 卷,《楝亭文钞》1 卷。

② 据粗略统计,《楝亭集》中以两性情感为内容及以女性为对象的诗词共 24 首。计《诗钞》卷一,1 首;卷三,1 首;卷六,2 首;卷七,3 首;《诗别集》卷一,4 首;卷二,2 首;卷三,3 首;《词钞》及别集 8 首。占《楝亭集》诗词总数(1187 首)的百分之二。

诞",其传统语义,是指"越名教而任自然"(嵇康《释私论》),即轻礼重情的生活方式,如《红楼梦》第2回中称道的卓文君(《西京杂记》谓文君"放诞风流")和阮籍、嵇康所为。曹寅把自己归入"放诞"一类,便与他所信奉的程朱理学背道而行,并且自觉或不自觉地与晚明以来主情反理的进步思潮接上了轨。他极力肯定"情"在精神生活中的地位和作用,重视诗歌的"缘情"特征。《换巢鸾凤》词中说"歌哭由来太多情"(《楝亭词钞》),这句话可以看作是他的诗歌美学纲领。他是一个"多情"者。这种"情"的追求,与时代环境、与其身份地位和生活现实尖锐冲突,给他带来悲剧性的感受。他感叹:"千古凄凉只如此,繁华原亦累多情。"(《楝亭诗别集》卷一《春日感怀二首》)这种气质、性格和命运,与自号"梦阮""素性放达"(张宜泉《伤芹溪居士诗》序①)的曹雪芹都是相通的。

　　《楝亭集》中"情"的内涵是丰厚的。即以为数不多的两性情感之作而言,就有这样沉痛的伤悼亡妻诗:"枯桐凿琴凤凰老,鸳鸯冢上生秋草。地下伤心人不知,绿萝紫竹愁天晓。清霜九月侵罗衣,血泪洒作红冰飞。兰椒桂酒为君荐,满地白云何处归?"(《楝亭诗别集》卷一《吊亡》)但这毕竟是一种较易为社会公众接受的伦理性情感。本文着重探讨的,是在那个两性自然情感与伦理情感相分离的时代,这位自称"放诞人"的理学信徒更为隐秘性私人性因而在当时也具有某种叛逆性的情感追求。打开这扇大门,其目的,不在追寻曹寅的"恋爱"本事,而在由此认识曹寅之全人,并进而揭示曹寅与曹雪芹、《楝亭集》与《红楼梦》的内在精神联系,揭示作为家族精神传承基因,前者对后者的深刻影响。

从《梦春曲》到《过隐园》

　　曹寅少有神童之誉,长"如临风玉树"(见顾景星《荔轩草序》),十三四岁即挑任御前侍卫(据邓之诚《清诗纪事初编》),富有男性魅力。虽然在传统礼法下,婚姻命运完全由家长支配,但在潜意识里,这种内外美质对异性的吸引多少年之后还成为他引以为豪的美好回忆。下面这种自恋心态的大胆表露在古人中也并不多见:

　　　　凤子凤子,似我翩翩三五少年时。满巷人抛果,羊车欲去迟。

　　　　　　　　　　　　　　　　　　　(《楝亭词钞别集》之《女冠子·感旧》)

---

① ［清］张宜泉《春柳堂诗稿》刊本,一粟编《古典文学研究资料汇编红楼梦卷》8页,中华书局1963年版。

从蝴蝶（凤子）之翩翩可爱，引起自己的感旧联想，所写可能是曹寅作为少年侍卫出行时为女性所瞩目的热烈情景。"抛果"用潘安典，"羊车"用卫玠典。潘安出外，妇人抛果满车；卫玠总角乘羊车入市，见者皆以为玉人，观之者倾都。这种情景所可能唤醒的青春冲动是不难想象的。但理学家教，既没有留给他个人的自由空间；禁中侍卫，又不容许任何情感的放纵。只有能摆脱家庭和京城官场双重束缚的偶然机会，他的"放诞"——追求个性自由的天性才有展示的可能，而两性相互吸引的爱情火花才能因此而迸发闪光。

这种机会终于到来，康熙十七年（1678）春，曹寅奉旨南下江浙，[1]在扬州的某次楼船酒宴中，他邂逅了一位美丽歌女，两人产生恋情。[2] 曹寅为此写下了《楝亭集》中的第一首爱情诗《梦春曲》。曹寅晚年编定《楝亭诗钞》，于少年之作去取颇严，康熙十七年之前的作品皆未入选。而此诗列为第一卷第三篇，可见作者对这一情事和诗作的重视。诗云：

> 鸿雁归矣可奈何，春月脉脉生微波。楼船万石临中河，饮酒逐景欢笑多。翠袖出帘露纤手，绿鬓紫兰夜香久。宝瑟声寒漏未央，及春行乐犹恐后。月落长河白烟起，美人歌歇春风里。梦转微闻芳杜香，碧尽江南一江水。

全诗洋溢着青春气息，"及春行乐"中包含着从压抑下获得解脱、珍惜青春生命的幸福感和紧迫感。诗中的"美人"显然撩动了作者的情肠。杜若香草（"芳杜"）两见于《九歌》中的《湘君》和《湘夫人》（"采芳洲兮杜若，将以遗兮下女""搴汀洲兮杜若，将以遗兮远者"），是恋爱男女赠送给对方表达情愫的信物。结尾用此典故，暗示两人相互爱慕缱绻的美妙恋情。然而这种欢乐就像梦一般短暂，作者北归，两人就离别了。

曹寅并不是一个逢场作戏的薄幸者。这次邂逅给了他刻骨铭心的记忆，康熙二十三年（1684），曹寅南下江宁侍父病及奔丧，热烈的爱情之火使得他不能不抓住难得的机会与恋人相见，于是，就出现了曹寅冒礼法之大不韪于侍父病

---

[1] 曹寅于康熙十七年南下江浙，系从《楝亭集》编年考索得知。参见朱淡文《红楼梦论源》第二章，江苏古籍出版社1992年版。

[2] 把曹寅产生恋情的地点确定为扬州，见下文《过隐园》诗的分析。扬州妓女大多都择居河岸湖畔，以利游客招邀，或乘舟招引游客。参见武舟《中国妓女生活史》第一编第六章242页，及所引李斗《扬州画舫录》，湖南文艺出版社1990年版。故《梦春曲》写船上欢乐，下文所引诗中有"晴帘如水忆吴船""摇桨是吴娘"句。清初禁官吏宿娼，曹寅身为侍卫，应不敢违抗，故此种恋情也只限于目成心与而已。

期间"征歌"的事。这事,确切地记载于《楝亭诗钞》卷六的《过隐园》一诗中:

> 门巷逶迤扫落红,园林又换一番风。水苔架阁鱼游上,金尾闲笼草没中(自注:笼中孔雀已为有力者取去)。墨淋依稀留堵壁(自注:晚研南溪两学士题壁犹在),歌声隐约隔帘枕(自注:余与郭元威征歌于此今廿五年矣)。无人更识嬉春意,聊共飞花叹转蓬。

《楝亭诗钞》按写作年代顺序编辑。《过隐园》前面一首《西城看梅吴氏园》中"五年今见广陵春"句,有自注"自甲申岁至扬州从驾复命……",甲申为康熙四十三年(1704),故知《西城》诗应作于康熙四十八年(1709)春。从《过隐园》所写景物看,诗应作于此年春末。此诗值得注意的,一是隐园不在江宁,而在扬州。查《楝亭诗别集》卷二有《出隐园小亭复题一首》,从诗中"日落天宁寺里钟,独下茅亭呼款段"几句,可知隐园距天宁寺不远。江南天宁寺有数处,在江苏扬州、常州、南通、浙江金华等地。自康熙四十三年起,曹寅奉旨在扬州天宁寺设书局主持刊刻《全唐诗》,随后刊刻《佩文韵府》,可见,隐园在扬州天宁寺附近。

二是诗中两条自注,其中"歌声"一句特别注出廿五年前征歌之事。据熊赐履《曹公崇祀名宦序》云,"甲子(按,康熙二十三年)夏,(曹玺)以劳瘁卒于官"。曹寅诗注所云"于此今廿五年"的"征歌"正在康熙二十三年(1684)曹玺病逝之前。曹寅此次南下,肯定是因为父亲病情危重。在这种时刻,笃信理学讲求孝道的曹寅只能日夜侍奉汤药,甚至寝苦枕块,而不可能也不容许有闲情征歌行乐,但他却居然如此做了,而且是离开南京到远在扬州的隐园,去作"征歌"之事。并且在二十余年后,依然不释于怀,记忆如故。如无特殊情事,绝不会至此。就曹寅而言,这是一次"情"对"理"的勇敢反叛和冲击。① 然而一两次短暂相会或可成功,他的爱情追求终于失败了。诗中"金尾闲笼"句及"笼中孔雀已为有力者取去"的自注,即是其爱情悲剧结局的暗喻,"笼中孔雀"指所爱者,因其为青楼女子,无人身自由。"有力者"即权势者,不便明言。大约曹寅于次年扶父柩北上回京后,悲剧就发生了。尾联暗用李商隐《无题》诗结句"嗟余听鼓应官去,走马兰台类转蓬"意,"转蓬"正是作者家于江南、宦于京都、身为包衣往

---

① 曹寅是一位孝子。这可以从他自号楝亭,父亲曹玺死后写的《放愁诗》(《楝亭诗别集》卷二)及以《楝亭图》广征题咏等事实看出。曹玺在江宁织造署中曾手植楝树一株,并在树旁建亭,教诲曹寅兄弟。曹玺去世的当年,曹寅即绘《楝亭图》征集题咏,以寄托哀思。这一孝行曾广受称赞(参见周汝昌《红楼梦新证》第七章《史事稽年》)。但曹寅在父亲逝后的这种行为,是否包含着对曹玺逝前自己去扬州"征歌"的心理补偿呢?不敢推断,谨书此志疑。无论如何,可以看出,他的"情"和"理"的世界是分离的。

返奔劳身不由己的命运写照。柔弱的"转蓬"是不能同"有力者"相抗的。曹寅以为,这是自己爱情悲剧的原因。所以,《过隐园》实际上是曹寅晚岁回忆早年爱情悲剧经历的"无题"诗,其写法和命题,又近似于陆游的爱情诗名作《沈园》。可以说,这就是曹寅的《沈园》诗。

康熙二十四年(1685)五月曹寅回京,任职内府郎署后,他怀着爱情无望的浓厚的悲凉与伤感,继续就同一题材同一恋爱对象写了一些诗词,反映了作者对这一段经历的执着与内省:

> 一年花事喜春晴,却到花时百感生。零乱故园飘艳雪,叮咛新树诉流莺。伤心人醒扬州梦,落日风吹易水城。千古凄凉只如此,繁华原亦累多情。

(《栋亭诗别集》卷一《春日感怀二首》)

> 新箬包香入午筵,相逢犹喜太平年,晴帘如水忆吴船。 　　纱帽渐添新酒伴,粉屏犹写旧诗笺,秦淮风月怅夤缘。

(《栋亭词钞别集》之《浣溪沙·丙寅重五戏作和令彰》)

《浣溪沙》词作于丙寅即康熙二十五年(1686)。从《春日感怀》诗"一年花事"句看,似也作于此年。诗中的"扬州梦"典故,虚实并用,其所恋确在扬州,又借典暗示恋爱对象为青楼女子。词中的"晴帘如水忆吴船",又与前引《梦春曲》中所写楼船中河、翠袖出帘情景相应,表明所恋为同一人。重午佳节,忽然阑入"粉屏犹忆写诗笺,秦淮风月怅夤缘"的忆旧之情。或许往事与端午节令有关,或许就是端午会友"征歌"之事(如此征歌也较合情理)。夤缘,本为附着攀附之意,"怅夤缘"一句除了包含有情缘而不能成就姻缘之意,也许还有因恋爱双方社会境遇有差异,(女)欲附着(男)而不得的怅恨,这与诗中"扬州梦"典故隐含的当年杜牧"赢得青楼薄幸名"的愧疚相应,恐怕都在暗示对这一悲剧的某种反省与自责。原来,除了"有力者取去"这一难以抗拒的外来因素外,曹寅自己也未能摆脱优越的权势地位和传统观念的制约,这真是"繁华原亦累多情"呵。

"秦淮风月怅夤缘",曹寅的这一包含无穷怅恨的词句很容易使人联想到曹雪芹的好友敦敏《赠芹圃》诗中"秦淮风月忆繁华"的诗句,都是"秦淮风月"隐喻的情事,都有"历尽风月波澜,尝遍情缘滋味"(甲戌本第1回脂批)的悲剧性爱情体验,正是"若说没奇缘,今生偏又遇着他;若说有奇缘,如何心事终虚化"(《红楼梦曲·枉凝眉》)。何其相似乃尔!敦诚《寄怀曹雪芹霑》诗中又有"扬州旧梦久已觉"之句,且自注"雪芹曾随其先祖寅织造之任",这也很容易使人想到前文所论的曹寅在扬州的恋情,和他所写的"伤心人醒扬州梦"的诗句。可见

"扬州旧梦"与"秦淮风月"一样,都是以相同意象暗喻祖孙相似情事的。这难道是偶合吗？上述诗句证明,敦氏兄弟不但与曹雪芹相知甚深,而且熟知曹寅《楝亭集》并在写作中受其影响。雪芹随曹寅之任的话是一种误记,但祖孙二人一脉相承确实无疑。甚至不妨说,敦敏写曹雪芹的诗句"秦淮风月忆繁华"本身就是从《楝亭集》中的曹寅恋情诗句"秦淮风月怅夤缘""繁华原亦累多情"化出。从精神传承看,曹雪芹的"情"正是来自曹寅的"情"。

"咏红"代码和"悼红"心性

对悲剧性爱情经历的体验和自省,在曹寅笔下,逐渐转化为以"咏红"为代码的爱情悲剧女性形象的刻画。这是一件具有重要意义的事情。它促使曹寅把个人不幸遭遇与中国古代悠远绵长的关怀女性命运的民主思想和文学传统相联系衔接,从而深化了他的认识和创作。

曹寅极少写叙事诗,但《楝亭集》中却有两首咏物形式的叙事诗《咏红述事》和《咏荷述事》,俱见于《楝亭诗别集》卷一。咏物与述事本为诗之两体,并不相通,明确标以咏物述事,显然是咏物其名而述事其实。所述之事,即曹寅之隐秘情事。它们是曹寅写情的姊妹篇。其中《咏红述事》尤值得重视。它是作者对这段爱情悲剧的完整回忆：

> 谁将杜鹃血,洒作晓霜天。客爱停车看,人悲仗节寒。昔年曾下泪,今日怯题笺。宝炬烟销尽,金炉炭未残。小窗通日影,丛杏杂烟燃。睡久犹沾颊,羞多自倚栏。爱拈吴线细,笑润蜀丝干。一点偏当额,丹砂竞捣丸。弹筝银甲染,刺背□□(原文缺二字)圆。莲匣鱼肠跃,龙沙汗马盘。相思南国满,拟化赤城仙。

全诗用工整的排律写成,在《楝亭集》中与《咏荷述事》并为仅见之作。作者满怀深情对所恋歌女形象作了相当细腻生动的描写,结尾是因为男主人公武事在身,二人被迫分离,留下不尽思念。所谓"武事"("莲匣"二句),即指作者身为侍卫,或卫戍禁中,或扈驾塞外(如曹寅曾随康熙出巡至东北吉林乌喇江)。爱情终于无法实现(女子"为有力者取去"),只能寄之于幻想的神仙世界。赤城,道教传说中的仙山。题中"咏红"的"红",是女子的美貌如花("丛杏杂烟燃")、妆饰之艳("丹砂竞捣丸""弹筝银甲染")、相恋之情("金炉炭未残"),更是诀别之泪("杜鹃血")、永恒之影("晓霜天")、幻中之境("拟化赤城仙"),总之,是以爱情悲剧女主人公为中心和标志的复合意象。诗中虽然始终保持男性的视角和对所爱者的真诚思恋，但又始终突出女性形象的主体地位。

《咏荷述事》是一首用拟人手法写的咏物述事诗。

> 出水怜新雨，凌波笑晚凉。自然尘不染，无那种能香。半面妆初露，多心影故藏。浣纱非越女，荡桨是吴娘。幽隐通银臂，分明卷翠裳。游来鱼比目，飞去鸟鸳鸯。塘上行人少，堤前荡子狂。秋风一萧瑟，日日守空房。

注云："戏用白战体。"白战体，即禁体诗，指写诗规定某些字不能用。这本是诗人结社聚会时为显示才学而进行有意限制的游戏之作。个人写作，无所谓禁体。"戏用"，不过是作者用以掩饰自己真实的严肃意图。此诗咏荷，而无一字明言荷（花、叶、茎、实），即是禁体之意。诗借咏荷描写一位美丽、纯真（"自然尘不染"）的江南水乡女子（"荡桨是吴娘"）的爱情故事（"游来鱼比目，飞去鸟鸳鸯"），结局也是悲剧性的（"秋风一萧瑟，日日守空房"），末句以莲子（谐"怜子"）被摘空余莲房暗示女子失去所爱。与《咏红述事》不同的是，《咏红》是自叙，《咏荷》却是他叙，抒情主体并未进入情节。《咏红》基本上是实写，《咏荷》却是拟人化的虚写，实事隐约其间。但同出自我情事原型，同以女性为描叙对象。这种以不同方式叙写同一事件同一形象的创作，表明曹寅对于爱情悲剧的痛苦记忆是沦肌浃髓的。而作为一名男性，他能把更多的笔墨和同情，倾注在承受更大痛苦的女性身上，这些都是难能可贵的。

从《楝亭诗钞》（包括《别集》）的一般编排顺序看，《咏荷》一诗应写作在前，《咏红》写作在后。也许是因为曹寅不满意于《咏荷》的隐约其辞而渴望更直露的表达，所以才又写了《咏红》一诗。而"咏红"也就从此在曹寅诗中获得了足够的表现意义，甚至成为引起他的爱情情感联想的敏感触媒。

词《惜红衣·东渚荷花》可视为"咏红"与"咏荷"构思的结合。此调本为姜夔咏荷的自度曲，取词中"红衣半狼藉"句为名。后人所作，多但用其调，不取其意。但曹寅之作，却有意回归词牌之本意。以咏红之词咏荷，写法仍是述事写情：

> 谁似真州，王家菡萏，叶高于屋？十里编钱，晴香眩红绿。故人要我河朔饮，深杯未足。犹记碧筒狼藉，早蓦草都宿。
>
> 当时属目，水珮风裳，两两意怅触。而今不道，衣上惹尘醭。安得翠衿致语，重整玉池新沐。坐赤栏桥畔，共摘骊珠三斛。（注：东渚芡实为水羞之最）

此词写一次与荷下醵饮有关的情事。"河朔饮"即醵饮（原指盛夏避暑之饮）。"碧筒"，碧筒杯，用大荷叶特制的酒杯，后指代酒杯。情事的中心是"水珮风裳"的女子,即作者"惜红衣"的对象。但作者不再用拟人手法写花,而是隐约以花叶为喻直接写人。细节生动如画。词中所写情景与《梦春曲》中的饮酒逐景、翠袖出帘,所刻画的女性形象与《咏荷述事》中的凌波翠裳描写均暗合,表明仍同为一人。词中的爱情心理,虽有怅恨,但尚存纯真幻想,当是在女方被"有力者"夺走之前。

见于《楝亭诗钞》卷六的《读张鷟判未终卷江雨乍来见墙角残榴尚红偶忆旧事成一律》则是一首典型的悼红之作:

> 五行愁不下,媚眼独丹榴。残惜过时艳,炎知接代秋。狂花宜沐雨,小径总浮沤。即作余霞想,高绥已白头。

诗写于康熙四十七年(1708)夏。因残红而忆旧,在痛惜昔日恋情之后,复想象情人今日之余艳,但是"即作余霞想,高绥已白头",已经失落得不能再把握。诗人终于陷入无以解脱的痛苦之中。时曹寅年届半百,偶然触目残红,心中便掀起如许波澜,有情不能相守的悲剧情怀居然伴随诗人一生,这种执着忠诚也足可告慰所爱了。

《楝亭集》中多有因红而生情,咏红以寄情的类似例子:

> 白沙翠竹江村口,栏楯纡回似我家。当户幽丛红滴滴,西风开满断肠花。

(《楝亭诗钞》卷五《留题香叶山堂》)

> 门巷逶迤扫落红,园林又换一番风。

(《楝亭诗钞》卷六《过隐园》)

> 有情恒与睡为仇,灯烬香寒合罢休。赚得红蕤刚半热,不知残梦散扬州。

(《楝亭诗钞》卷六《夜长不寐戏效诚斋体》)

关于后一首,金埴《不下带编》云:"江宁织造曹公子清有句云:'赚得红蕤刚半热,不知残梦在扬州。'自谓平生称意之句。是岁兼巡淮盐,遂逝于淮南使院,是诗谶也。"其实,金埴不知道,曹寅初恋在扬州,所梦在扬州。诗句之"称意",正在于写出了这段红蕤情思。

> 欲衬残红送晚春,浣纱何处更愁人!

(《楝亭诗别集》卷一《苔》)

> 秋风南浦无情极,十里飘红尽苦心。

(《楝亭诗别集》卷三《题画·莲蓬》)

因红而生情,感红而寄情,并非曹寅独有。曹寅咏红的意义在于他创造了一个具有独特情感信息的精神遗传密码,这些信息的主要内容是:其一,在理学家教和思想统治的环境里,敢于涉笔和坦露自己为礼法特别是理学信条所不容的爱情经历和心理;其二,他在一定程度上摆脱了传统的男性优势心理,由个人爱情悲剧认识和同情女性悲剧命运,由一己私情拓展为人道关怀。很明显,这两方面,都为曹雪芹所接受,曹雪芹在悼红轩中写作《红楼梦》,在《红楼梦》中塑造怡红公子贾宝玉形象,以个人感情经历为素材创造宝黛爱情悲剧(甲戌本第1回脂批所谓"结此木石因果,以泄胸中悒郁"),以"千红一哭,万艳同悲"作为女儿悲剧的总体象征等等,都是对曹寅"咏红"代码的继承。只是《楝亭集》中隐约其辞欲说还休的情事在《红楼梦》中已发展成为具有高度理想性、批判性、哲理性的伟大悲剧故事了。

谈到接受和吸收,这里还想提出一首小词《眉峰碧》(本意)(《楝亭词钞别集》):

感得郎先爱,谁假些儿黛。凭你秋来那样山,不敢向奁前赛。　　扫尽从前派,秀色真难改。喜浅愁深便得知,天教压在秋波外。

用词牌本意,刻画所爱女子形象,以眉写人。以秋山为比喻,也作映衬;又以秋波(眼)为映衬。派,一派;秀色,指姿态。上片写眉之秀美,下片突出眉之颦蹙,其原因在喜浅愁深,即爱而不果。上下片之间或有时间(年龄)情节的推移,秀色未改,而愁苦日深。传统写法,女性眉眼并写,以眼为主,目能传神,而曹寅全力写眉,可谓慧心独运。《红楼梦》中林黛玉的外貌突出特征是眉尖若蹙,以至宝玉为其取号"颦颦",这成为这位女主人公悲剧性格和命运的外在标志。曹雪芹如此用笔,于《楝亭集》此词有所心会否?

题画兰诗和"情"观传承

曹寅从抒写个人爱情悲剧到关怀女性命运的进步,在他为马湘兰兰花长卷所写的三首题画诗中得到集中表现。

马湘兰(1548—1604),明万历间秦淮名妓。据钱谦益《列朝诗集小传》闰集,湘兰名守真,小字玄儿,又字月娇,以喜画兰,故湘兰之名独著。所居在秦淮胜处,教诸小鬟学梨园子弟,日供张宾客,羯鼓琵琶声与金缕红牙声相闻。性喜轻侠,有"红妆之季布""翠袖之朱家"之誉。尝为墨祠郎(社会无赖)所窘,为王百谷(按,字稚登,吴中著名布衣词人,擅词翰之席者三十余年)所救,欲委身于王,王不可。万历三十二年(1604),稚登七十初度,湘兰自金陵往,祝酒为寿,燕饮数日,歌舞达旦,归未几而病,燃灯礼佛,沐浴更衣,端坐而逝。年五十七。有诗两卷,万历辛卯(1591)王稚登序。湘兰殁,稚登为作传,赋挽诗十二绝句。

这是一位颇具浪漫色彩的女性悲剧人物。她的身世、遭际、才华、人格,引起当时和后代文人同情,留下了一些以她为题材的作品。其中还出现了为人传诵的名作,除王稚登挽诗外,还有汪中《经旧苑吊马守真文》等。曹寅的题画诗过去并不被提及。这至少是一种不应有的忽视和遗漏。在我看来,首先对于认识曹寅,它们是很重要的。

题画诗共三首,见于《楝亭诗钞》卷七。即《题马湘兰画兰长卷》《再叠前韵》《卷末一丛无叶……窃有感焉三叠前韵》(第三首题目及全文见后),体裁均为七言歌行,以同题同韵连写三首七言长句,共五百余字,并被曹寅亲自编选入集,这在《楝亭集》中是仅有之事。如果不是深有感慨,或寄托良多,断不会如此。仅此而言,就很值得重视。

三首诗的内容相当丰富,但分工并不很明确(特别是前二首),有些诗句意思交叉重复。这表明写作三首并非原有计划,而是写完前一首后感到意犹未尽不能自已,因而叠韵再写以尽其意。诗从长卷所画"丛兰十二摇春影"写起,想象它们是一队娴娜幽思的女郎,随即引向对画者马湘兰的身世、命运、品格的描述。她的沦落风尘被想象为"因尘谪九天";她的美貌是"秀辅千方縠晓烟,蛾眉几簇分遥碧";她的画艺"月窟玄卿螺子笔,麝煤胡粉轻无迹";她的豪侠美誉"亘史仍余季布名","蹒步仍推巾帼雄";她的遗迹"眨眼寒灰飞十纪,西窗落墨赏幽花"……都充满了作者的仰慕和怀念。但作者倾注最多情感泪水的,是她的爱情追求的失败:"不向西陵结藕心","半龛绣佛离情早","琢玉难求并命人,艺香枉化空心草"。也许正由于马湘兰的卑贱地位、非凡才艺、独立人格、爱情理想及其悲剧命运等诸多方面,引起作者强烈的共鸣,他把卷末的一丛具有"荒寒色象"的无叶兰花视为这位百余年前的杰出女性的艺术投影。特地写第三首题画诗。题目很长——"卷末一丛无叶,施孝虔向言宣城山中产兰,冬为樵人芟去,春来发箭,多类此,不知香阁中何以知此荒寒色象也。窃有感焉,三叠前韵",这首诗较之前二首,内容有明显的深化和拓展,由马湘兰个人不幸推及于香阁中"荒寒色象"的多重意蕴。全诗如下:

> 楚宫梦破留余影,月地招魂香乍醒。玉珮珊珊天外来,露霭霏微肌骨冷。扫眉才子闲拈笔,杳冥思逐空山迹。居然冰凌满人间,依稀剩得先春碧。卫娘发薄情来早,可怜绣幕娇藏老。亦知旷劫历尘沙,年年芟刈同凡草。剌促金多游冶儿,一丝不挂五铢衣。猛拚纫结随君稿,谁掇英华问女

饥。多生慧业乘缘起,我忆湘沅古流水。粉墨休描没骨人,蒿莱枉叹当门死。雕青攒绿满豪家,朱弦才按索琵琶。图穷更演牢愁句,第一东风肠断花。①

诗人笔下花人合一的繁复意象描写抒情中,最有意义的是:

1.对女性受屈辱摧残损害的不幸命运的真诚理解与同情。所谓"亦知旷劫历尘沙,年年芟刈同凡草",这是"红颜薄命"这一传统命题的形象更惨酷又更富哲理意味的表达。

2.对女性的美质,特别是对其人格与才艺的推崇与肯定。诗中"刺促金多游冶儿,一丝不挂五铢衣",把马湘兰等具有崇高人格却被视为钱肉交易卑贱商品的妓女,升华为一尘不染的圣洁仙子。李商隐《圣女祠》诗想象圣女"不寒长着五铢衣",冯浩笺注引《博异志》有"天衣六铢,尤细者五铢"之说。不幸的杰出女性因此成为美的精灵。"红颜薄命"的特殊性命题也因此深化为美的命运的普遍性命题。

3.对女性命运的关注,特别注重女性的爱情悲剧遭遇。这在前两首诗中已有较为突出的表现。本诗开头使用巫山神女形象暗示马湘兰的爱情悲剧("楚宫梦破"四句),揭示其画兰的情感寄托。后文更用"猛拚纫结随君稿,谁掇英华问女饥",对爱情悲剧中男权优势的道义责任进行分析,甚至涉及曾救援过马湘兰而不敢接受其爱情要求的王稚登这样的杰出男性,表明作者具有一种可贵的男性自省态度,这显然是作者经历个人爱情悲剧后自我内省所实现的思想升华,反映出曹寅晚年"情"观念达到的高度。

4.对女性命运的关注,与对人材问题和其他社会不公现象的关注与认识相联系,并借此进行社会批判,这是对前两首诗意义的拓展。作者的联想从湘兰仰慕的古代诗人屈原,到"猛士没蒿莱"(陈子昂诗)的历史与现实,也包含个人的"不材之愤"。"粉墨休描没骨人,蒿莱枉叹当门死",如同作者所感叹的美人一样,包括曹寅自己在内的志士才子也是崇高与不幸的统一。曹寅最后所达到的认识已超越了妇女问题和两性关系("情")的范围,涉及普遍的社会矛盾,他所进行的社会批判也是富有力度的。但从另一方面看,这种对传统士不遇主题的回归,又影响了更具有时代意义的"情"的主题的深化和提高。这又是理学影响给曹寅带来的思想局限。

从上述四个方面看,曹雪芹显然既继承了曹寅情观和女性观的思想成果,

---

① 本文发表时,因限于篇幅,原诗删去。现仍补上。

而又克服了曹寅的局限。①

在男权文化统治的时代,两性情感的核心始终是妇女命运问题;在妇女还未能实现社会解放的时代,妇女问题的核心始终是两性情感问题。从这个意义上,可以说,情观与妇女观,实际上是同一个问题的两个方面。

曹寅的情观是严肃的,他的妇女观也是严肃的。他极少流露出传统士大夫轻视和玩弄妇女的思想,而是真诚忠实地对待爱情。即使是《题秘戏图》(《棟亭诗别集》卷四)这样流行的题目,他也不渲染轻佻的色情幻想,而是表达出理性的清醒和婉讽:"送与盹翁开道眼,莫教重勘十香词。"(盹翁,作者别号)

曹寅的情观是积极的,他的女性观也是积极的。他把实现爱情婚姻理想作为衡量妇女命运的尺度。在《题明妃图》(《棟亭诗钞》卷三)一诗中,他针对昭君思归的心理写道:"君不见辎辇万两嫁乌孙,浴铁千群迎主妇。东风野草华山畿,鸳鸯双宿韩凭树。"这种超越华夷之别而强调个体幸福的观点,同当年王安石《明妃曲》中"人生贵在相知心"的见识一样卓尔不凡。

曹寅的情观和女性观打下了时代和个人的印记。在那个理学重新昌盛的时代,作为康熙帝的宠臣和皇室包衣,曹寅的人身自由和个性自由的空间都是极其有限的。他没有曾写作大量情词的纳兰公子那样的贵族地位,也不可能像《影梅庵忆语》作者冒襄等江南名士那样潇洒风流。他的个人情感追求和认识的每一步,都包含着同环境、同自我的艰难冲突。他的为数不多的写情章什,就如同巨石压迫下曲折生长、零星开放的小花,清香而不浓艳,惨淡却依然隽美。它从一个特定角度显示了晚明以来高涨的主情思潮在理学回潮的文化环境中的强大生命力,也成为这一思潮与曹氏家族精神承传的契合点。从"秦淮风月怅夤缘"到"秦淮风月忆繁华",这一思潮孕育了祖孙两代英灵,并最终达到了那个时代的光辉顶点。这不是偶合而是历史的必然。从这个意义上,可以说,《棟亭集》是一个阶梯,没有《棟亭集》,就不会有《红楼梦》。

(原载《红楼梦学刊》2000 年第 3 辑)

---

① 参见刘上生《走近曹雪芹——〈红楼梦〉心理新诠》第四、五章。至于《红楼梦》"金陵十二钗"的构思,是否受曹寅题画诗"丛兰十二摇春影,绿窗女郎酣睡醒"的影响,亦可探究。

贾府的早期家奴和包衣曹家之痛

百年包衣史的起点

艺术贾府与现实曹家具有真甄贾假的联系。这一点，已经成为绝大多数红研红迷们的共识了。但作者怎样"将真事隐去，用假语村言"？在小说家言中，隐含着怎样的自叙传成分？这些往往成为分歧的焦点，甚至迷宫的入口。由于史料的不足，难免文献与推测并用，论证与商榷争鸣，显示出求真的难度，也增加着研红的魅力。

贾府是一个贵族世家，而曹家是包衣奴仆世家，在它的繁盛时期，也曾是一个仕宦世家，二者当然不能等同。曹雪芹把他的具有双重身份的包衣仕宦之家，以双向投射的艺术手法，通过贾府的贵族主子和奴仆世界这两大群体和个体形象加以表现。贾府家奴（家生子）与曹家包衣身份的一致性及其可能的内在艺术联系，便成为一个值得更深入探讨的问题。

贾府是以军功起家的。"自国朝定鼎以来，功名奕世，富贵传流"，"赫赫扬扬，已将百载"（第5回、13回①）。入清以后的曹家也是军功起家。不同的是，贾府因军功而成为开国元勋，爵拜国公；曹家却是在明与后金（满洲）的战事中，阖族播迁，没满为奴，尔后以包衣之身从龙入关，建功立业。也就是说，百年曹家史的起点包含两段过程，两个要素：为奴和建功。这也因此决定了未来曹家包衣仕宦之家的双重身份。

人们已经很熟悉诸如元春省亲、贾（甄）府抄家等情节对曹家从全盛到衰败过程的影射。那么，作为入清百年史的起点，作者是否有所用笔，又是如何用笔

---

① 本文所引《红楼梦》内容及文本，均据中国艺术研究院红楼梦研究所校注本，人民文学出版社1982年版。

的呢？

贾府的创业始祖均已逝去，成为家庙里的影像，那么，是否留下了与曹家命运相似的前代家奴呢？这也许能够成为探寻的线索。

贾府的数百奴仆中，家奴占绝大多数，从宁荣二府的总管来升（赖二）、赖大到丫鬟小厮。家奴，小说中称家里的、家生子，即满语包衣。依从属主人的辈分，有二辈奴、三辈奴、四辈奴等不同称呼。[①] 贾府从国公爷贾演贾源兄弟，历代字辈、文字辈、玉字辈，至草字辈五代，从书中描写看，家奴与贾母年岁相近的只有赖嬷嬷等人。第56回薛宝钗对分管大观园事务的众婆子说："皆因看得你们是三四代的老妈妈。"就是三四辈奴。五辈家奴，即与贾府祖先军功起家相关的家奴，早已被弃置遗忘。然而，曹雪芹设置了两个富有深意的情节——改名和醉骂，把他们推倒了聚光灯照的前台。

这就是土番家奴和焦大。他们分别映射着曹家入清百年起点的两段过程，两个要素——为奴和建功。

土番家奴：俘囚为奴和养马厮役

先说土番家奴。

土番家奴是最早进入贾府的外来奴隶，却从来无声无闻。如果不是宝玉突发奇想，要给芳官打扮改名，引发一番议论叙写，也许谁也不会想起他们。

当然这一切，都是作者的匠心设计和运作。

土番家奴的命运也很可悲。第63回的这一段情节被程乙本删除干净。在程乙本流行的一百多年间，掩埋不见天日。直到脂砚斋石头记庚辰本被发现，研究者才知道曹公有这样的文字。至于进入大众视野，则要到20世纪80年代红楼梦研究所新校注本的普及。此时离曹公去世已二百多年。然而又因其与前后情节的突兀不调和难以索解，阅读者大多不感兴趣。特别是贾宝玉口中的颂圣议论，令人反感，有人甚至怀疑是伪作。少数关注者的注意力则多集中在对游戏笔墨番名洋名的考察解读上，而作者真正的意图和笔墨反而被忽视。

这种笔墨，就是那不曾被人提起的关于土番家奴的存在及其来历的寥寥数语描述：

芳官笑道："……咱家现有几家土番，你就说我是个小土番儿。况且人

---

① 参见凯和《红楼梦中的"家生子儿"》，载《满族研究》2001年4期。

人说我打联垂好看,你想这话可妙?"宝玉听了,喜出望外,忙笑道:"这却很好。我亦常见官员人等多有跟从外国献俘之种,图其不畏风霜,鞍马便捷。既这等,再起个番名,叫'耶律雄奴'。……"

接着围绕改名的对话中宝玉两段议论之后,作者有两句补叙:

究竟贾府二宅皆有先人当年所获之囚赐为奴隶,只不过令其饲养马匹,皆不堪大用。

过去阅读时,这两句话总是一扫而过。然而,当我对曹家历史有所了解以后,它们却变得非常刺眼,甚至沉重。因为二者之间有太多的相似点可以连接,使我不能不考虑:这是否作者的特意用笔?

结论是肯定的。拨开前面议论中设置的游戏和议论迷雾,原来这是两句画龙点睛的话语。它们隐含着作者埋藏的极为重要的信息,这信息,就是曹家入清百年史起点的没满为奴的深哀剧痛。

试解读之。

信息一,是贾府土番家奴的来历——俘囚"赐为奴隶"。

土番家奴并非宝玉说的"外国献俘",而是战俘。

在明清之际的战事中,由战俘成为奴隶,正是曹家历史和命运的转折点。

土番,按其原意,即土著,指原住民。在战争征服者的语境里,带有族群的歧视性含义。据《五庆堂重修曹氏宗谱》(以下简称《宗谱》)①记载,辽东曹氏以明初开国功臣曹良臣为始祖(其实际始祖应为曹俊,系四房曹智之后),世居辽东地区。《八旗满洲氏族通谱》(以下简称《通谱》)②载:曹雪芹的五世祖即由明入清的始祖曹锡远"世居沈阳地方",皆证明辽东曹的原住民身份。他们的和平宁静生活因后金入侵遭到彻底破坏,"辽阳失陷,阖族播迁"(《宗谱》)。后金天命六年(明天启元年,1621),努尔哈赤攻陷沈阳,世袭明沈阳中卫指挥使的曹锡远及其儿子振彦被俘,被迫归顺。在占领者眼里,他们就是土番战俘。

昭梿《啸亭杂录》云:"国初时,俘掠辽沈之民,悉为满臣奴隶。……盖虽曰旗籍,皆辽沈边氓及明之溃军败卒。"③

关于曹锡远,拙著《曹寅与曹雪芹》依据有关史料作过分析。在这场明军民

---

① 参见冯其庸《曹雪芹家世新考》第十三章及附录《校本〈五庆堂重修曹氏宗谱〉》,文化艺术出版社 1997 年版。

② [清]弘昼等《八旗满洲氏族通谱》卷七十四,辽海出版社 2002 年影印武英殿刻本。

③ [清]昭梿《啸亭杂录》卷二,中华书局 1980 年版。

死难七万余人的惨烈战斗中,锡远没有殉国尽忠,但也没有像当时许多辽民和武将那样因主动投降而获得努尔哈赤的"恩养"(按照"恩养"政策,降则不致为奴,而且降官还能得到任用)。在《清实录》里,天命、天聪、崇德时期的明降将降官的名单中,没有曹锡远的名字,也没有关于他在后金任职的任何记载。而在"阖族播迁"之难中,唯独辽东四房曹智这一支沦为包衣。这种遭遇,显然与曹锡远对后金政权的消极不合作态度不无关系。所以,我的结论是:"从历史记载留下的模糊影子里,可以肯定,他有着迥异于同时代同家族的三房和其他各房绝大多数降清仕清者,甚至也不同于他的儿子曹振彦的思想性格。这是一位并不刚烈(刚烈者大都死节)却很顽强的保持自己的尊严节操的人。他的思想性格,肯定会对后人产生深刻影响。"①

被俘后,曹振彦是先被编入佟养性的"旧汉兵",还是全家直接成为旗属包衣,尚有争议。② 可以确定的是,曹振彦曾任教官,不久"致政",于清天聪八年(1634)前归属"墨尔青贝勒多尔衮",全家成为这位正白旗主的包衣。从此开始世代奴仆的生活。

末世子孙曹雪芹不会不了解祖先这段悲惨屈辱的历史,当他用笔写下贾府"先人当年所获之囚赐为奴隶"这句话时,一定眼噙热泪。

信息二,是家主认为,土番家奴"不堪大用","令其饲养马匹"。

这是写实,又有言外之意。它使熟悉曹家历史和雪芹的人联想起他们祖孙一脉相承的"不材之愤"。

在传统职事观念里,养马是贱事,马仆是贱人。《西游记》孙悟空大闹天宫,首先就是因为对官封"弼马温"极度愤怒不满引起的。

养马的事情包衣曹家也干过。康熙三十六年(1697),曹雪芹的叔高祖,曹玺之弟,原任正白旗第五参领所属第三旗鼓佐领后缘事革退的曹尔正,就曾随康熙皇帝第三次北征噶尔丹,被派轮班掌管马匹,时年已 50 岁。③ 他的儿子曹宜管过豆草,大概也与养马有关。这都是"弼马温"之类的贱事。周汝昌先生在《曹雪芹小传》中引某老人传说,曹雪芹在极贫困时曾住过某王府的马厩。如果

---

① 刘上生《曹寅与曹雪芹》第二章,15 至 18 页,海南出版社 2001 年版。

② 冯其庸等认为曹振彦先隶佟养性之"旧汉兵",后成为多尔衮包衣,见其所著《曹雪芹家世新考》90 至 91 页,文化艺术出版社 2008 年版;朱淡文《红楼梦论源》4 至 5 页,江苏古籍出版社 1992 年版。黄一农则认为不属于"旧汉兵",沈阳城破被俘,即入旗成为包衣。见《二重奏:红学与清史的对话》32 至 34 页、66 至 67 页,中华书局 2015 年版。

③ 故宫博物院明清档案部编《关于江宁织造曹家档案史料》7 至 8 页,中华书局 1975 年版。

属实，那是"弼马温"的下属了。① 但问题不只在于表象的类似，而在包衣奴役制度和民族歧视政策对曹家的压抑及其导致的"不材之愤"。这在曹寅祖孙两代身上体现得尤为强烈。

曹寅年幼入侍康熙，按说主奴关系不错。但《楝亭集》中的重要主题之一便是"不材之愤"。曹寅少时曾被派往鹰狗处（养鹰鹞处）当差，与此时在上驷院值班的纳兰性德相交甚厚。多年以后，他用"束发旧曾为狗监""忆昔宿卫明光宫……马曹狗监共嘲难"等诗句回忆这段经历，略带戏谑的语句和用典（暗用东方朔《答客难》、扬雄《解嘲》这两篇关于人才问题的辞赋）曲折地传达出当时内心被压抑的不平。② 在作于康熙三十九年（1700）的《与曲师小饮和静夫来诗次东坡韵》③中，不但有"来朝欠伸过早衙，廿年幸脱长官骂"这样的诗句，记录着他对二十年前备受凌辱的宫中仆役生活的难忘回忆，还特别用"呶呶驺卒谁可拟"的诗句感叹一直所受的歧视。驺卒，就是养马的仆役。尽管此时他已任织造十年，尽管朋友曾用"呼吸会能通帝座"的诗句称颂康熙帝对他的宠信，尽管他被赋予密折奏事直达圣听的权力，康熙南巡还把织造署作为行宫，但是，内务府包衣的实际地位，决定了他终究只是皇家的私人奴仆。清制："内府人员惟充本府差使，不许外任部院。惟科目出身者，始与缙绅伍。"④而曹寅连参加科举考试的机会都没有。他就不得"与缙绅伍"，不能进入朝廷成为官僚队伍的一员。这使他深感屈辱。正因如此，康熙二十九年（1690）四月，在离京赴任苏州织造前，他特地为弟弟曹宣、儿子曹颙捐纳了监生。⑤ 而"奕世身名悲汩没""蓬累英雄多白头""寂寞一杯酒，消磨万古才"等等就成为他笔下的终身之恨。直到生命的最后一年，他还写下了对曹雪芹有深刻影响的《巫峡石歌》，借顽石自喻，吐尽一生不得其用的悲愤："娲皇采炼古所遗，廉角磨砻用不得。"⑥从"马曹狗监共嘲难"到"呶呶驺卒谁可拟"直到"廉角磨砻用不得"，这不就是土番家奴"不堪大用"，"令其饲养马匹"的假语村言中隐含的真实遭际？

再联系到《红楼梦》开头的大荒山下那块女娲补天所弃之顽石，"因见众石皆得补天，独自己无材不堪入选，遂自怨自嗟，日夜悲号惭愧"的神话寓言，连

① 周汝昌《曹雪芹小传》74 至 76 页，华艺出版社 1998 年版。

② 刘上生《曹寅与曹雪芹》第五章第三节，182 至 188 页。

③ ［清］曹寅《楝亭集·楝亭诗别集》卷三，上海古籍出版社 1978 年版。

④ ［清］昭梿《啸亭续录》卷四，中华书局 1980 年版。

⑤ 康熙二十九年四月初四日《总管内务府为曹顺等捐纳监生事咨户部文》。

⑥ 刘上生《曹寅与曹雪芹》第五章第三节，185 至 188 页。

"不堪"用词都有意重复呼应,我们难道不能感受到祖孙一脉的精神传承在土番家奴身上的艺术投影吗?

这样,我们才能理解曹雪芹对奴役制度和被奴役命运的痛恨和决绝:"纵再偶生于薄祚寒门,断不能为健仆走卒,甘受庸人驱制驾驭。"(第2回)

这就是他借假语村(贾雨村)言发出的反奴宣示。

张书才先生多年前曾根据大量史料精辟论述满洲旗分内包衣汉人的实际地位。他指出:

> 由于清代是一种主奴之分,民族等级都异常森严的封建制度,这就决定了内务府汉军旗人的身份地位不仅低于身为国家平民的满洲、蒙古、汉军旗人,而且低于同为皇室家奴的内务府满洲和蒙古旗人,受着双重的歧视与压迫。一方面,他们是"内府世仆""包衣下贱",处于旗人社会的底层,既受着皇室主子的剥削与压迫,又受到平民旗人的"贱视";另一方面,他们"原系汉人,并非满洲",在满、蒙、汉三种旗人中等级地位最低,受着民族歧视与压迫。并且,内务府汉军旗人所受的这双重歧视与压迫,特别是旗人间的民族歧视与压迫,在雍正、乾隆年间更加日见其严重,从而进一步加速了包衣汉人的急剧分化与外向。而曹雪芹既隶内务府汉军旗籍,又恰是生活成长在雍乾时期,且家庭中经变落,从倍受皇帝宠信的"簪缨望族",一变而为受到革职抄家惩处的废员子弟,毫无疑问,他对这双重的歧视与压迫必然会有着比一般旗人更为痛切的感受。①

曹雪芹为何一定要在作品中写下包衣曹家之痛,答案就在这里。

游戏笔墨与"溢出性"议论

借土番家奴写包衣曹家之痛,是曹雪芹要写的"真事"。

这是一个敏感而忌讳的话题,在"避席畏闻文字狱"的时代,更有着极大的政治风险。但积郁于心,不能不写。这样,他就必须用假语村言包装和保护自己,以便既能有所表达,又安全无虞,甚至还能赋予新的负载功能。

---

① 张书才《曹雪芹旗籍考辨》,载《红楼梦学刊》1982年3辑;又载《曹雪芹家世生平探源》,白山出版社2009年版。文中所说"内务府汉军"即包衣汉人。乾隆七年(1742)四月上谕就直接把内务府包衣汉人称作"汉军"。参见周汝昌《曹雪芹小传》53至62页,华艺出版社1998年版。

当我们细读这段文字时，不能不惊叹作者的创造天才。

他的方法，是设置游离于主体情节之外的游戏笔墨和游离于主人公性格之外的时政议论，并通过双向投射达到一击两鸣的艺术效果。

游戏笔墨，是为芳官改名。从改番名到改洋名，都有议论，尤其是改番名"耶律雄奴"，引出一大段议论：

> "雄奴"二音，又与匈奴相通，都是犬戎名姓。况且这两种人自尧舜时便为中华之患，晋唐诸朝，深受其害。幸得咱们有福，生在当今之世，大舜之正裔，圣虞之功德仁孝，赫赫格天，同天地日月亿兆不朽，所以凡历朝中跳梁猖獗之小丑，到了如今竟不用一干一戈，皆天使其拱手俯头缘远来降。我们正该作践他们，为君父生色。

由于这段议论与贾宝玉思想性格扞格不合，我们毋宁把它看作借宝玉之口的作者夫子之言。它包含两种话语，两个层次。前面是华夏民族与周边民族的关系史，特别是汉民族的受害史，是汉民族子孙的传统话语；[①]后面是清统治者接受华夏文化历史观以当朝为正裔的功德炫耀及颂圣之词，是当朝的官方话语。前面是真事，后面是假语。把前后两种话语贯串起来的是华夏中心的汉文化历史观。强调华夷之辨的华夏中心历史观，借古喻今，往往是汉民族面临生存危机时民族意识的强烈表现，清初王夫之、吕留良等都曾宣传，遭受残酷镇压。曹雪芹披着颂圣外衣的这番言论，既表现了沦为满洲包衣百年的曹氏家族坚守强固的汉民族本体观念的民族意识，也反映了不得不接受和承认清王朝统治现实以求自我保护的生存策略。生存是为了坚守。在并无谱系可查的曹氏家族的集体记忆里，包衣曹家是他们引以为骄傲的曹参(汉)、曹彬(宋)、曹良臣(明)等汉民族王朝开国功臣的后裔；[②]在百年为奴史的起点、明清鼎革之际，他们的家族劫难与汉民族的历史劫运紧密相连；入籍满洲之后，在"严满汉之分""严主奴之分"的基本国策下，曹氏家族历经盛衰，但作为"尼堪汉人"被歧视被奴役的命运始终没有改变，直到一败涂地。这些，都激发起末世子孙曹雪芹的民族情感和反奴意志。在叙述汉民族受害历史时，"晋唐诸朝，深受其害"，是一

---

① 华夏族与汉族是同义词。华夏为古汉族的自称，又指先民生存的黄河中下游地区，东汉后特别是晋室南迁后，渐用"汉人"之称，但两种名称仍并用或互代。参见贾敬颜《汉人考》，载《中国社会科学》1985 年第 6 期。

② 参见刘上生《走近曹雪芹——〈红楼梦〉心理新诠》第二章第一节，72 至 93 页，湖南师范大学出版社 1997 年版。

句意味深长的话。从晋说起,因为西晋王朝是第一个灭亡于异族的华夏民族王朝;而唐前期却是空前强大,"万国衣冠拜冕旒"(王维《和贾至舍人早朝大明宫之作》)的朝代。与晋相似的是宋,西晋亡于匈奴,而北宋亡于女真(金)。然而,女真却恰恰是数百年后又一次代替汉民族王朝(明),也给辽东曹氏带来百年劫难的满族的祖先。这正是曹雪芹要说而不敢说的话。为了避讳,①他只能用"晋唐"代替"晋宋",叙写汉民族的屈辱历史,后金(清)代明,就是这一民族屈辱历史的延伸和重现。这种历史回忆,实际上对后文叙写家族没满为奴起着背景铺垫作用。至于后面那段言不由衷的称颂当朝文德武功又充满种族歧视的话,则既为前面的"真事"真话作了安全包装,又隐含巧妙反讽。本来,清统治者为了夺取和巩固政权被迫接受先进的汉文化,是符合中华民族形成的历史进程的。雍正的《大义觉迷录》以"华夷一家"接受华夏文化作为政权合法性依据,也反映了对历史趋势的认识。② 但是,清贵族对狭隘私利和特权的追求又把自己摆在历史趋势的对立面。一个以征服者自居的民族既不得不接受被征服民族的文化传统和历史观,但又企图保持征服者的优势地位而使被征服民族处于弱势地位,这就使自己陷入融合与反融合的难解的矛盾纠结之中。乾隆时期,武功煊赫,面对八旗子弟迅速汉化的严重现实,更加强调"首崇满洲""严满汉之分"的反融合的民族歧视压迫政策。从这个意义上看,"我们正该作践他们,为君父生色"之类的话,既是征服者的炫耀,也是失德者的自曝。这种充满种族歧视和压迫的"作践"正是包衣曹家之痛的根源。历史屈辱,现实反讽,前后两种话语就这样连成一气,为下文紧接土番家奴俘囚来历的叙写这一重点笔墨赋予了包装保护和铺垫双重功能。同时,"作践"一词的歧视性含义,又与下文宝玉生怕"作践"丫鬟的平等观念,一词两用,恰呈鲜明对照。表现了作者对"作践"土番等被征服族群的严厉批判态度。一击两鸣,何其高明。言此意彼,我们何必在意那些言不由衷、眷眷无穷的颂圣之词呢!

显然是为了调节气氛,后文接着一段葵官、荳官和芳官的游戏文字。然后写道,当贾宝玉见大家学着叫"耶律雄奴",又叫错了音韵,或忘了字眼,甚至于叫出"野驴子"来,恐作践了芳官,忙又说:

---

① 其实,用"耶律"这一契丹姓氏也有避讳作用,因为契丹辽国亡于金,正可以作为"作践"的游戏对象。

② [清]爱新觉罗·胤禛《大义觉迷录》引孔子云:"故大德者必受命。"韩愈言:"中国而夷狄也,则夷狄之;夷狄而中国也,则中国之。"又云:"本朝之为满洲,犹中国之有籍贯。舜为东夷之人,文王为西夷之人,曾何损于圣德乎?"所谓"大舜之正裔"或缘此语。

　　"海西福朗思牙，闻有金星玻璃宝石，他本国番语以金星玻璃名为'温都里纳'。如今将你比作他，就改名唤叫'温都里纳'可好？"芳官听了更喜……

　　这里既写出了贾宝玉的可贵性格，即使游戏也不能作践丫鬟；又表现了贾宝玉的博闻多知。值得注意的是，当说到"海西"即今地理上的西方世界时，却不再有前面那种华夏中心观念的流露，而表现出宏大的世界眼光。这与薛宝琴叙海外经历及所写诗歌时大家的反应一致，大观园的少男少女对于未见未知都有开阔的胸怀。用世界眼光弥补历史视野的狭隘，恐怕是作者的又一用意吧。

　　就这样，历史视野、世界眼光、反讽手法、游戏笔墨的综合运用，使融合着民族苦难的包衣曹家为奴之痛，在涂抹一层厚厚的斑斓保护油彩之后，终能得到画龙点睛般真实深切的显现。它大大拓展了小说的思想意蕴和内容空间，丰富了小说的艺术手法。可见此处的所谓"突兀不调"，正是作者的一种艺术独创。然而，有多少人能理解这种苦心孤诣？不知底里或不求甚解的人会跳过这一段不读，甚至从纯文学的角度认为它是赘笔。程乙本就把它们全部删掉。删改者未必有发现关碍笔墨的敏感，我宁可相信他们是出于无知不懂。"满纸荒唐言"，"谁解其中味"，那是曹公来自天堂的沉重叹息。

　　不知拙见索解，能否得其意味之万一？

关于焦大的怨愤

　　再说焦大。

　　焦大因一次醉骂而出名。他比土番家奴幸运。土番家奴只存在于议论叙说中，焦大却以醉骂活在读者心里。

　　贾府祖先靠军功起家，焦大便是太爷的亲兵。"从小儿跟着太爷出过三四回兵，从死人堆里把太爷背了回来"，对贾府祖先有救命之恩。这成为他骄傲炫耀的资本：

　　（对贾蓉说）你别在焦大跟前使主子性儿。别说你这样儿的，就是你爹，你爷爷，也不敢和焦大挺腰子呢。不是焦大一个人，你们受荣华享富贵？……

　　然而，他不但耄耋之年还要当差，甚至夜晚也不得休息，被差派送人。当他心有不平，借酒发泄时，竟被贾蓉命人掀翻捆住，拖往马圈里，用土和马粪满满填了他一嘴(第 7 回)。

作者在第 1 回就强调,他的叙写"取其事体情理"。然而,人们发现,对焦大的描写,与"事体情理"存在双重矛盾:

其一,是焦大终身服役与贾府敬老传统的矛盾。贾府既已有百年富贵,作为贾府开创基业时代的亲兵家奴的焦大,此时年纪应与"百"数相差不远。即使从军时年龄尚小,能背回国公爷,自属年轻力壮,至少应比下一辈国公爷儿媳贾母要大。按第 71 回贾母八旬之庆,依故事时间倒算过去,焦大年龄也应过八旬。一位年迈八旬的有功老仆为何还要当差服役?贾府有敬老传统。赖嬷嬷可以和贾母平坐,贾琏的奶妈赵嬷嬷、宝玉的奶妈李嬷嬷都很受尊重。李嬷嬷赌钱输了生气,只有王熙凤能讲好话把她哄走。焦大却不但仍要当差,甚至还要被派到晚上服役。这是对一位老家人的公开虐待。贾府虽也有虐待家奴之事,但总体来看,确如贾政所言,"宽柔以待下人"。书中找不出第二个如此虐待老家人的例子。据第 70 回描写,贾府对年满 25 岁的小厮,皆由主子安排婚配。焦大却始终孤身一人,终身服役。书中没有交代原委,亦无二例。此描写岂非极不合理?

其二,是焦大的特殊功劳与其所受待遇的矛盾。焦大是贾府创业祖先的救命恩人。贾府以儒家礼教治家,自当知恩报恩。至少可以在他年老时尽供养之责,免劳役之苦。有此一举,焦大就不会有不平之气,也不致醉酒骂人。贾府后人不但不这样做,反而倒行逆施,加以虐待凌辱。第五代孙贾蓉竟敢命人捆绑,嘴塞马粪,拖入马圈;第四代孙媳王熙凤竟敢吩咐"远远的打发到庄子里去"。虐待凌辱先祖恩人,不但是一般的忘恩负义的丑行,而且是污辱背叛祖先的大逆之恶行。贾府子孙不肖,不致如此背恩负祖。故此描写也极不合理。

人们可以用阶级理论批判贾府贵族压迫奴隶的暴行,却很难回答这种依据"事体情理"的质疑。

在贾府的奴仆世界中,焦大的存在成为一个特例,焦大的遭遇也成为一个特例。焦大醉酒也成为小说中一道强光闪电,前 80 回中不再有后续描写。

这是为什么?耐人寻味。

只能有一个解释,焦大是作者特地设置的一个赋有特殊功能的形象。

功能之一,是众所周知的。作者把焦大作为特殊的视事眼睛。不同于冷子兴演说的冷眼旁观,这是一颗赤肝忠胆的义仆的心,一双目睹亲自参与开创的基业将毁于不肖子孙的眼睛。因此他的醉骂,就具有特殊的震撼性和冲击力。

功能之二,是人们未必知晓的。他负载着作者对百年包衣曹家奴役史起点的悲愤。

蒙府本在此有侧批云:"有此功劳,实不可轻易推(摧)折,亦当处之以道,厚其瞻仰(赡养),尊其等次,送人回家,原作(非)酬功之事。所谓叹(汉)之功臣不得保其首领者,我知之矣。"①

甲戌本侧批云:"忽接此焦大一段,真可惊心骇目,一字化一泪,一泪化一血珠。"②

这些批语显然暗示了超出故事本身的涵义。

这与作者包衣家世的奴役之痛有无关联?

曹家先人"从龙入关",是于大清王朝有功的。现今关于曹家成为包衣的最早记载见于《清实录·太宗实录》卷十八天聪八年(1634)条:

> 墨尔根戴青贝勒多尔衮属下旗鼓牛录章京曹振彦因有功,加半个前程。③

旗鼓牛录章京,即包衣佐领,佐领下人300人。振彦父子成为包衣旗人是曹家入清后重新兴盛,成为仕宦世家的起点,也是曹家百年包衣奴役史的起点。然而,这一历史事件的意义只能在事后被认识和感知,并且因不同语境而获得相应语义。处于上升时期的曹家后人如玺、寅,自然会强化前一起点意义,而对其主子感激涕零。然而,目睹家族败亡和主奴关系变化过程的曹雪芹,却会对曹家百年为奴史的起点痛心疾首,对其奴役主子切齿痛恨,对先祖曾经为主子出生入死、建勋立业却不得不付出子孙世代为奴的代价而愤怒不平。

入关之前,为了激励士气和招揽人才,清统治者曾经实行过对立有军功和科举优胜者脱出奴籍的政策。前者如《太宗实录》卷十五载:天聪七年(1633)"雍舜攻旅顺口时,首先登城,中炮伤一,枪伤一,箭伤五。初以二等参将削职没入贝勒家为奴,至是以善战被创,脱其籍复原职"。后者如《太宗实录》卷五载:天聪三年(1629)举行首次科举考试,得二百人,皇太极诏命,"凡在皇上包衣下,八贝勒包衣下,满洲蒙古家为奴者,尽皆拔出"。④

据黄一农先生考证,曹振彦所立军功,"很可能是因其在处理孔有德、耿仲

---

① 陈庆浩《新编石头记脂砚斋评语辑校》168页,中国友谊出版公司1987年版。
② 陈庆浩《新编石头记脂砚斋评语辑校》169页。
③ 《清实录》,中华书局2008年版。
④ 《清实录》,中华书局2008年版。

明及尚可喜率众投降的过程中发挥了重大作用"①。如此论成立,那曹振彦的功劳,其作用影响远非一登城被创的勇士所可比拟。振彦为何只"加半个前程"而不得脱奴籍呢? 黄先生又认为,"曹振彦很可能在天聪三年与绝大部分儒生一同赴考,并被拔出奴籍。……并于天聪三年通过金国对儒士的检定后升任教官",只是"当时应非是将这些原在包衣下的儒生尽数拔出旗籍为民,而是准其在旗下'开户'。成为旗下的半自由人,他们可能仍多隶属于原牛录"②。黄先生显然很重视奴籍问题,努力做出自己的解释。即使此说成立,曹振彦及全家的世代包衣奴仆身份并未改变。也许,清统治者的政策只是因人而异,他们可以用升官发财作为奖励,但需要把振彦全家用奴籍牢牢捆在自己的战车上。而曹振彦在无法改变包衣身份的情况下,也确能忠心为主子卖命,使自己成为曹家百年基业的创建者。然而,这基业依然毁于他后人效忠的主子之手。

我们应当好好体味一位在皇权残酷打击下倾败沦落的包衣仕宦世家的末代子孙在回想家族百年史时的心情,以及他把贾府贵族奴仆两大群体作为自己家族史艺术投影时的可能用笔。他的心中充满着抑郁和愤恨,对于终身奴役世代奴役的包衣制度,对于旗主和皇帝主子,从最早的多尔衮,到当朝的乾隆天子(除了他所尊敬的"太祖"康熙)。

这种郁结而无可发泄的心情,在这部以家族史为重要素材的小说中需要找到替代性出口。

于是,焦大形象就在孕育中成形了。他作为贾府功臣却终身为奴的极端不公的遭际,正是雪芹先人为清皇室披肝沥胆却世代为奴的命运替代性艺术写照。如同贾雨村、秦可卿等形象一样,焦大形象也具有"一声而二歌"的双重性特点。即一方面,他是故事中的活的形象,贾府五代老奴,贾府百年盛衰史的全程亲历者和感受者;但另一方面,他又是承担着传递作者赋予的某种特定信息的意念人物。

理解这一点,有些长期难以索解的疑团或许可以解开。如他醉骂中最著名的那句"爬灰的爬灰,养小叔子的养小叔子",前面有"越发连贾珍都说出来"的提示,后面有种种暗示性描写。"爬灰"意思已很清楚,是实有所指。而"养小叔子"不可解,成为疑点。蒙府本此处有侧批云:"放笔痛骂一回,富贵人家,每掠(罹)此祸。"③把它理解为泛指,这已经体会到作者的言外之意了。但如果依照

---

① 黄一农《二重奏:红学与清史的对话》34至39页。

② 黄一农《二重奏:红学与清史的对话》42至43页。

③ 《周汝昌校订批点本石头记》。

前面论述的思路,"养小叔子"就绝非泛指,而是特指。提起叔嫂乱伦,清初谁人不知孝庄与摄政王多尔衮的情事? 而多尔衮,正是雪芹所痛恨的包衣曹家最早的正白旗主。很明显,这已经不是焦大在骂贾府的堕落,而是包藏着作者对曹家百年为奴史起点的旗主和皇室乱伦丑剧的嘲讽。深意在焉。

这就是脂批所谓"惊心骇目,一字化一泪,一泪化一血珠",除了家族悲剧之外的另一涵义?

也许有人会说这种理解过于牵强,但这种连类而及,看似牵强实则自然的指桑骂槐,正是雪芹惯用的手法。请听第46回鸳鸯抗婚时那掷地有声的决绝誓言:

> 我是横了心的。当着众人在这里,我这一辈子莫说是"宝玉",便是"宝金""宝银""宝天王""宝皇帝",横竖不嫁人就完了! 就是老太太逼着我,我一刀抹死了,也不能从命!

一个家生女儿的婚姻怎么扯到天王皇帝? 其实,这是作者通过语言连珠,巧妙地连类而及,直指雍正十一年(1733)曾被封为"宝亲王"的当朝乾隆天子。这里也不再是鸳鸯的声音,而是借鸳鸯之口表达包衣奴才曹雪芹与其皇帝主子决裂的态度了。对此,人们已有共识,那焦大之骂为什么不可以作内涵更深入的理解呢?

特别提一句。鸳鸯和焦大、土番一样,都是家奴(家生子儿),与包衣子弟曹雪芹身份相同。所以,"借他人酒杯,浇自己块垒",选择他们,绝非偶然。

双向投射:贾府早期家奴形象的设置意义

一言以蔽之,曹雪芹借贾府的两个五辈家奴的假语村言,隐含曹家百年包衣史的起点真事。土番家奴隐含俘因为奴和不得其用,焦大隐含为主建功而不得其酬。而其结果,就是终身服役,世代为奴。这是起点,也是曹家百年包衣史的终点。确切地说,不脱去奴籍,不改变制度,永无终点。这是曹雪芹内心最大的悲愤。

其艺术方法,本人谓之双向投射。它反映了《红楼梦》复调叙事的特点。

戚蓼生最早发现《石头记》的这一艺术特点,并在序中作了形象的阐述。序云:

> 吾闻绛树两歌,一声在喉,一声在鼻;黄华二牍,左腕能楷,右腕能草。

神乎技矣,吾未之见也。今则两歌而不分乎喉鼻,二牍而无区乎左右。一声也而两歌,一手也而二牍。此万万所不能有之事,不可得之奇,而竟得之《石头记》一书。嘻,异矣乎!……吾谓作者有两意,读者当具一心。譬之绘事,石有三面,佳处不过一峰;路看两蹊,幽处不逾一树。必得是意,以读是书,乃能得作者微旨。……①

事实上,曹雪芹本人及脂砚斋等,早就在小说文本及批语中,向读者暗示了这一艺术手段的运用,传达此信息的基本符号,便是"真假"。"将真事隐去,用假语村言"。二百多年来,无数研红迷红者为之呕心沥血,人自为说,而莫衷一是。重"假"者,研小说文本;重"真"者,探作者本事;欲求"假"与"真"的关系者,则努力实现"红学"与"曹学"的沟通。

后者正是笔者的努力目标。实现这一目标,不是靠"自传说"的"曹贾互证",而是要寻找曹雪芹实现"将真事隐去,用假语村言"的艺术方法。拙著《走近曹雪芹》在戚蓼生序的基础上,从创作心理学的角度提出双向投射的概念,并阐析道:

　　双向投射,即作者的某一情结点的心理信息转化为作品中的双重(或两个以上)对应物,同时,作品中的每一对应物,又接受两个(或两个以上)情结点的心理信息。由此形成一个既纷繁复杂又清晰有序的艺术网络系统。②

其具体方式,拙著从真假、显隐、正逆、主宾四个方面进行了初步论述。本文所论的土番家奴和焦大,就是包含显隐两个层面的双向投射形象。其显性层面,是他们在作品中的情节和形象功能;其隐性层面,则是作者对曹家百年包衣史起点的伤痛记忆。分析的逻辑思路,是依据双向投射的艺术特点寻找百年贾府史与百年曹家史的联系点和对应物。既然我们可以找到二者在兴盛期(省亲—南巡等)和衰败期(抄家等)的对应物,为什么不能找到起点期的对应物呢?既然百年曹家史的起点包含为奴和建功两个要素,为什么只从贵族主子而不从早期家奴身上找到包衣曹家之痛呢?

于是,就有了以上的分析和推断。能否服人,还得诸位同仁及读者评判。但我有基本的自信。

---

① 《戚蓼生序本石头记》卷首,人民文学出版社 1975 年影印本。朱一玄编《红楼梦资料汇编》515 至 516 页。
② 刘上生《走近曹雪芹——〈红楼梦〉心理新诠》第一章第六节,57 至 68 页。

研红无止境,红味永新鲜。无论走近曹雪芹,还是走出曹雪芹,只要我们手捧《红楼梦》,巨人都在云端朝我们微笑,向我们招手。

（原载《曹雪芹研究》2017 年第 4 期）

|下 编|

论贾宝玉的女性美崇拜意识及其人性内涵

　　贾宝玉是一个贵族叛逆者,又是一个美的追求者,他热爱天然美,更追求人性美。这一追求的社会的、道德的、理想的意义,集中表现在他的女性美崇拜意识上。它是贾宝玉审美意识的主体及其个性的重要心理基础。从作品写青埂(情根)峰下的来历,写他从周岁就爱抓脂粉钗环、七八岁就发表惊世骇俗的"泥水骨肉说",从警幻意味深长地称他为"天下古今第一淫人"而又以"意淫"名之、以"闺阁中良友"视之来看,曹雪芹孕育这个"孽根祸胎",就是为了创造一个对女孩子有着特殊感情的异性,创造一个女性美崇拜者的典型。因此,研究贾宝玉的女性美崇拜意识,必然成为深入研究贾宝玉性格的一个重点。

　　女性美崇拜意识,又是贾宝玉性格的主要人性内涵。"男女之间的关系是人和人之间最自然的关系。"①因此,在两性间相互吸引的自然基础上形成的(男性)对女性美的倾慕和崇拜乃是最具有普遍性的人类共同心理结构。莱辛说,荷马的描写特洛伊战争的全部史诗就建筑在海伦的美上面;②公元 6 世纪的阿拉伯诗人安塔拉写道,就连伟大的真主也在他心爱的女子的美貌面前低下了头;"行者见罗敷,下担捋髭须;少年见罗敷,脱帽著帩头……",生动地反映了中国古代下层人民对女性美的倾倒。当然,女性美崇拜意识的内容要比美貌迷恋丰富得多。而且,由于男女之间关系的性质,是在人类文明史的进程中演变和发展的。因此,这种心理结构既有着共同的框架,又容受着不同时期历史积淀的内容,并表现出鲜明的群体和个体特色。人类共同心理结构是"浓缩了的人类历史文明",也就是所谓"人性"。③既然如此,那么,探索贾宝玉性格中的人性积淀,也许会为我们打开认识这一复杂形象的又一扇窗口。

　　本文拟就贾宝玉女性美崇拜意识的特点、意义,以及它的共性历史积淀等

①　《马克思恩格斯全集》第四十二卷,119 页,人民出版社 1956 年版。

②　[德]莱辛《拉奥孔》112 页,人民文学出版社 1979 年版。

③　李泽厚《美的历程》266 页,中国社会科学出版社 1984 年版。

方面进行初步分析，以就教于红学专家和爱好者。

"清"与"浊"——反省心态的社会批判性

贾宝玉对女性美的崇拜，首先突出表现为对女儿整体的审美认识，"这女儿两个字，极尊贵、极清净的，比那阿弥陀佛、元始天尊的这两个宝号还更尊荣无对的呢"（第 2 回甄宝玉语①）。其所以尊贵，因为女儿是女性美的集中体现。每当他发现和强烈地感受到女性美的崇高尊贵时，他就产生一种男性自卑感，把自己作为世俗和贵族男性的代表加以否定。这种男性自卑感所显示的特殊的"反省"心态是曹雪芹创造的颠倒"乾坤"之笔，也是贾宝玉的重要个性心理特征。

贾宝玉对女儿的容貌、情性、才华、识见等都表示由衷的倾倒："天既生这样人，又何用我这须眉浊物玷辱世界！"（第 58 回）但是，这些并不是贾宝玉女性美崇拜的主要内容。贾宝玉心目中的女性美的最高标准，乃在于"清净"二字。"女儿"与"男人"的对立，集中表现为"清"与"浊"的对立。"女儿是水作的骨肉，男人是泥作的骨肉。我见了女儿，我便清爽；见了男子，便觉浊臭逼人。"（第 2回）故太虚幻境为"清净女儿之境"，大观园的女孩子为"清净洁白女儿"（第 36回）；女孩子出嫁和陪嫁，贾宝玉感叹，"从今后这世上又少了五个（指迎春出嫁等）清洁人了"（第 79 回）；甚至女孩儿的生活也被宝玉羡为"清福"，自己则是"浊闹"（第 71 回）。而男人则称为"浊物"，自己也是男人，故自称"浊玉"，社会由男人统治，故称"浊世"。

"清"与"浊"对立的意义何在？首先，是思想上的反传统，批判八股科举、仕途经济的人生道路。用贾宝玉的话，就是反对"沽名钓誉"、做"国贼禄鬼"，他骂宝钗、湘云等劝他走这条道路的话是"混账话"（第 32 回），"只有林黛玉自幼不曾劝他去立身扬名，所以深敬黛玉"（第 36 回），林黛玉也就成了贾宝玉心中清净女儿的最高典范。

"清"与"浊"对立的第二种意义是道德上的反世俗，批判所谓"男人的气味"。贾宝玉曾用"宝珠—死珠—鱼眼睛"形象地比喻女儿出嫁以后染了"男人气味"由清变浊的过程。在宝玉生活的荣宁二府里，男人简直就是思想腐臭、道

① 本文所引《红楼梦》内容及原文，均据中国艺术研究院红楼梦研究所校注本《红楼梦》，人民文学出版社 1982 年版。

德堕落的渊薮，"男人的气味"可以说是世俗社会一切脏污龌龊的代名词。因而，越是不肯苟合逢迎，越是在丑恶的社会环境中保持独立人格和高尚节操的女儿，便越能受到贾宝玉的敬重和热爱。林黛玉"孤标傲世"，"质本洁来还洁去"；晴雯直烈纯正，"其为性则冰雪不足喻其洁"，所以都是贾宝玉倾心的第一等人物。这一层意义，书中特别用一"洁"字标举。"洁"是品德的"清"。

"清"与"浊"，在我国古代进步知识分子的笔下，是常用来标举两种对立的思想品行的概念。"举世皆浊我独清"（《楚辞·渔父》），表现了屈原蝉蜕于浊秽、卓然独立的高尚情操；"在山泉水清，出山泉水浊"（杜甫《佳人》），是杜甫对思想品行随俗变化的讽刺。与"浊"对立的"清"，显然包含着不满现实、对抗世俗的意义。但是，历来人们总是从知识分子自身（包括自我）来寻找浊世的对立面。而贾宝玉却把须眉男子（包括自我）作为"浊物"一并加以否定，把"清"与"浊"的对立和"女儿"与"男人"的性别对立联系起来，这种表面荒谬的联系中蕴含着深刻的反省和深沉的愤激。它显然表明贾宝玉对贵族男性所代表的封建统治阶级及其腐朽思想和道德的厌恶和失望。于是，他把眼光转向离官场和尘俗较远的闺阁，寻找寄托。他的女性美崇拜意识就是这种社会批判意识同两性间的自然审美心理结合的产物。

我国封建社会对女性的传统审美意识，除了美貌的标准以外，从来没有放弃过对美的合目的性——善的要求。"窈窕淑女"，就体现着美与善的统一。但是，无论是过去的贤女、淑女、节女、烈女，还是才女、侠女、义女，她们之所以被人称道，都是因为其言行符合"三从四德"和其他封建道德的根本要求。明末清初的才子佳人小说中，出现了一批如冷绛雪、山黛（《平山冷燕》），水冰心（《好逑传》），白红玉、卢梦梨（《玉娇梨》）等既有貌，又有才、学、识、胆的女子，成为男子爱恋和追求的对象，这反映了此时期女性美审美意识的进步。《女才子传》并提出"必欲性与韵致兼优，色与情文并丽"方为女子之"全美"，书中十二名媛"胆识与贤智兼收，才色与情韵并列"。[①] 但是，这种审美观除了在提倡"情"方面可能与封建礼教发生一定程度的冲突外，仍然是以服从封建礼法和封建道德为最后依归的。而贾宝玉的以"清净女儿"说为核心的女性美崇拜意识，却高高举起了反对封建主义的大旗。为传统所肯定的对封建道德和封建统治的服从在这里受到了贬斥，为传统和世俗所不容的反抗和叛逆，自我意识的觉醒和人格价值

① ［清］鸳湖烟水散人（徐震）著《女才子传》，春风文艺出版社 1985 年版，又名《女才子书》。前述《平山冷燕》《好逑传》《玉娇梨》等均见春风文艺出版社 1985 年版《明末清初小说选刊》。

的维护却受到尊崇,这就表明曹雪芹笔下主人公的审美意识的社会批判意义达到了时代新思想的高度。但是,过去人们谈到贾宝玉对女儿的尊崇,却只从对男尊女卑观念的否定方面去认识,没有看到这种否定与他的思想整体的联系和统一,这显然是很不够的。

"意淫"与"肤淫"——情理结合的道德严肃性

贾宝玉的女性美崇拜意识,固然具有社会批判的特殊性质,但它首先仍然是作为女性美审美心理和对女性情感的内驱力而存在的。贾宝玉是一个"多所爱者",他的那种普泛(对女儿整体认识)的女性美崇拜意识就是这种爱的审美心理基础。但是贾宝玉不同于一般的多情或痴情男子,他的女性美崇拜既不导致纯粹的欲念,又非一时的狂热冲动,而是呈现着情理结合的鲜明特点。这种情理结合,一方面体现为它作为理性内涵存在于贾宝玉的情感心理特征之中,另一方面又体现为它作为一种理性力量对贾宝玉的情感心理起着调节、净化的作用。用一句简单的话来概括,就是:理在情中,依理衷情。

在贾宝玉的心中,女儿是美的化身,"天生人为万物之灵,凡山川日月之精秀,只钟于女儿,须眉男子不过是些渣滓浊物而已"(第20回)。她们本应被人尊崇,但在现实生活里,这些"人上之人"(第49回)却或者寄人篱下(黛玉湘云等),或为人下之奴(鸳晴袭平等),这就使贾宝玉深感女儿之薄命而对她们寄以深切的同情,觉得"原应多疼女儿些才是正理"(第49回)。龄官画蔷时,他自恨不能替她"分些煎熬";藕官烧纸,他为之开脱;彩云偷露,他为之瞒赃;平儿受气,他为之理妆;甚至怜惜落花,关心画上的女孩儿和断了线的美人风筝是否寂寞……都是由于这个"理"。如为平儿理妆后,作者描写贾宝玉的心理活动,他渴望为平儿尽心是因为平儿"是个极聪明极清俊的上等(按:不是指贵贱等级)女孩儿","又思平儿并无父母兄弟姊妹,独自一人,供应贾琏夫妇二人。贾琏之俗,凤姐之威,他竟能周全妥贴,今儿还遭荼毒,想来此人薄命,比黛玉犹甚。想到此间,便又伤感起来,不觉洒然泪下"。这段描写不是很典型地表现了贾宝玉"多所爱"情感心理的理性内核和人道主义性质吗?

如果说,"多所爱"的情感心理是他的女性美崇拜意识的一般表现,那么,对爱情的追求,则是这种意识的特殊表现。他向整个女儿世界贡献着自己的爱,但是,站在女儿世界奥林匹斯峰顶的女神只有一个,就是林黛玉。林黛玉的人格和情操,显示着贾宝玉女性美崇拜的叛逆意义、人道主义和理想主义的全部内涵，是他心目中女性美的完满体现，因此，他对林黛玉的爱，是最虔诚的、至高无上的、排他的，奉献着他的全部热情、灵魂和生命的情爱。道理很简单：爱是因为美，贾宝玉崇拜的女性美在女儿世界里的具体体现，是有层次、有差别的，那么，由此而产生的爱也当然是有层次、有差别的，绝不可能一视同仁，也不可能转移替代。即使是对其他女孩子，贾宝玉的爱也显示出差别性。他亲湘云过于宝钗，昵晴雯胜于袭人，敬妙玉过于探春，都可以从这里找到说明。他的情感心理有着深刻的理性内涵，体现着女性美崇拜意识情理结合的特点。人们常说，宝黛的爱情以思想一致作基础，不同于一见钟情或男欢女爱式传统恋爱，也正说明了情中有理。

贾宝玉的女性美崇拜意识还作为一种理性力量制约、导引、节制、净化、升华着他对女性的感情。这种理性力量，就是人性的力量，人性作为一种道德情操的力量，就是人性美。恩格斯曾指出，男女之间的关系上，"人永远不能脱离动物所有的特征"，"问题只在这些特征多些或少些，在于兽性和人性程度不同"①。因此，在这里，意识与本能、人性与兽性、情感与理智、道德与欲望的冲突、搏斗和消长始终存在。贾宝玉对女儿的爱，不但具有鲜明的人道性质和理智选择，而且包含着自然的生理需要和情感追求。它既是有层次有差别的，又是复杂的，模糊的，就是上述冲突的反映，并且它还带着贾宝玉出身的阶级烙印。在这种冲突中，女性美崇拜表现为强大的道德力量，推动贾宝玉尊重女性，尊重爱情，超越私欲，战胜自我，获得情感的净化和升华，表现了对理想人性的追求。作者借警幻之口说的与"皮肤滥淫"相对立的"意淫"，就是他对这种理想人性的概念表述。

在宝黛爱情方面，这种超越是通过爱情纠葛的描写表现的。过去人们多注意到爱情纠葛中包含的反映世俗的合乎礼教的"金玉姻缘"与理想的叛逆的"木石情缘"冲突的内容，很少注意到其中反映恋爱过程中灵与肉的冲突的内容。如第 26 回贾宝玉在窗外听到黛玉的内心自白，进门后，"见他星眼微饧，香腮带赤，不觉神魂早荡"，便借紫鹃倒茶的机会说出了"若共你多情小姐同鸳帐，怎舍得叠被铺床"的话。按这句唱词原文见《西厢记》第一本第二折，是张生见了红娘后的私下心理："若共他多情的小姐同鸳帐，怎舍得他叠被铺床。"而贾宝玉公然对着黛玉说这种话，改换和去掉原文中的代词，其意更为轻薄，所以黛玉哭着说："我成了爷们解闷的！"很明显，矛盾的实质是贾宝玉的表白，把崇高的爱情

---

① 　恩格斯《反杜林论》98 页，人民出版社 1970 年版。

降低为情欲追求,伤害了林黛玉的人格尊严和爱情理想。至于第28回写宝玉看着宝钗"雪白一段酥臂,不觉动了羡慕之心","恨没福得摸",又"忽然想起'金玉'一事,再看看宝钗形容,只见脸若银盆,眼似水杏,唇不点而红,眉不画而翠,比林黛玉另具一种妩媚风流,不觉就呆了",则是对宝钗美貌的欲念而引起反"金玉"意志动摇的潜意识心理的反映。它不但当时就受到黛玉的讥笑,而且成为第29回宝黛爱情中最大风波的伏线。经过同林黛玉的爱情冲突和与钗、黛俩人的思想接触,贾宝玉进一步认识了林黛玉的人格美和心灵美,抵制了世俗的金玉姻缘和色相(在《红楼梦》中,这二者是统一在特定人物身上的)诱惑,把对黛玉的爱情提高到了一个新的境界。这个境界以诉腑肺、赠帕定情、梦兆绛芸轩等情节为标志,以互为"知己"即感情的契合、专一、互相信赖、纯净无邪、含蓄深沉为特点,没有以"清净"为最高标准的审美和女性美崇拜意识的发展,贾宝玉的自我克服和超越是不可能实现的。

在与众年轻女儿的关系方面,作品也描写了贾宝玉克服贵族男性意识和不健康心理,把他对女性美的崇拜转化为对女儿的纯洁美好感情的过程。他曾亵渎过女性美,为此,他不但遭到女儿们的斥责和反抗(如晴雯讽他同袭人、秋纹的作为,用撕扇表示对宝玉主子脾气的报复),引起激烈的外在冲突,而且产生一种沉重的愧疚心理,经历着内心痛苦的自我谴责过程。如宝玉同金钏调笑,导致金钏被撵。金钏死后,他"五内俱伤",他怀着"又是伤心,又是惭愧"的心情让玉钏亲尝莲叶羹;他在凤姐生日,全家攒金取乐之时,独自出城撮土为香私祭金钏,实际上都是在把自己的灵魂投入炼狱。经过这次剧烈的性格内在冲突后,我们看到了贾宝玉对平儿、鸳鸯、晴雯、春燕、芳官、五儿、藕官、香菱、尤二姐、司棋等奴婢侍妾关心爱护的一系列动人故事,贾宝玉对受压迫女儿的情感达到了新的相当纯净优美的境界,与晴雯诀别和撰写《芙蓉女儿诔》便是这种情感升华的标志。连淫荡的灯姑娘偷听了宝玉同晴雯的谈话,都惭愧地说:"谁知你两个竟还是各不相扰,可知天下委屈事也不少,如今我反后悔错怪了你们。"(第77回)封建正统派贾母议论宝玉"只和丫头们闹,必是人大心大,知道男女的事了,所以爱亲近他们。既细细查试,究竟不是为此,岂不奇怪"(第78回)。这两个人物对男女关系所持的观点并不相同,但都不能不承认贾宝玉对女儿的爱是真诚纯洁的事实。然而她们又都不能理解这个事实,不能理解女性美在贾宝玉心中的崇高地位,不能理解女性美崇拜净化着贾宝玉的心灵,因为"美的特点并非刺激欲望,或把它点燃起来,而是使之纯洁化,高尚化"①。

贾宝玉女性美崇拜意识的"情理结合",一方面,是对理学禁欲主义"存天理,灭人欲"的反动理论的批判,它反对"理"(即封建礼教)对情的压抑和扼杀,却以理性力量肯定对异性的情和爱,另一方面,它又是对封建统治者"把妇女当作共同淫乐的婢女和牺牲品"的丑恶实践即对兽性的批判,同时,它还体现着文明对愚昧,人性对原始情欲的克服。它反对恣情纵欲,"皮肤滥淫",要求把情和爱建立在尊重妇女人格的基础上,这就真正使"人的自然的行为"成了"人的行为"。② 这种"情理结合"所体现的道德力量、道德观念,显然已突破了封建主义的思想体系,闪耀着近代民主思想的光彩。

真与幻——执着始终的理想象征性

审美化也就是爱的理想化。按照费尔巴哈的说法,爱的对象既上升到天空,同时又回到地面。也就是说,这个对象一身兼有神的超自然的完善和人的可以感知的实在性。③ 这也许就是写男女之情的作品常常可以寄托理想追求的审美心理根据。中国古代文学自从屈原《离骚》之后,就形成了一种"托意男女"的抒情传统,曹雪芹在叙事文学作品中作了创造性的继承和运用。他在贾宝玉的女性美崇拜和对女儿的爱中,寄托他的美的理想的追求。贾宝玉是一位理想主义者。他对女性美的崇拜,既是一种反叛传统、对抗现实的思想倾向,又是一种厌弃现实、追求理想的人生态度。在这一方面,女性美既作为现实的存在物,又具有理想的象征意义。即是说,它既是情感的对象实体,又是理想的对象借体。执着始终的理想追求是贾宝玉女性美崇拜心理的突出意志特征。

在贾宝玉看来,清净女儿不但是须眉浊物的对立面,而且是整个浊世的对立面。按"清净"一词,不仅有心地洁净之义,而且为远离罪恶与烦恼之称,佛经《俱舍论》卷十六:"远离一切恶行烦恼垢,故名为清净。""太虚幻境"就是这样的"清净女儿之境"。贾宝玉梦游到此,欢喜地想道:"这个去处有趣,我就在这里过一生,纵然失了家也愿意,强如天天被父母师傅打呢。"(第 5 回)而大观园这块现实社会中的特殊土壤,则正如庚辰本第 16 回脂批所云:"大观园系玉兄与

---

① [法]库申《美与欲望》,转引自《西方美学家论美和美感》,商务印书馆 1980 年版。

② 《马克思恩格斯全集》第四十二卷,119 页。

③ 转引自[保]瓦西列夫《情爱论》201 页,三联书店 1984 年版。

十二钗太虚玄(幻)境。"①尽管大观园的天空同样笼罩着封建主义的阴云,但是比起园外的世界,它到底还能从夹缝中透射进一缕明朗的阳光,在一段时间里保持着相对的自由和洁净。所以,进了大观园后,贾宝玉"心满意足,再无别项可生贪求之心"(第23回),这一点,二知道人在《红楼梦说梦》中早就指出了:"雪芹所记大观园,恍然一五柳先生所记之桃花源也。"贾宝玉来此,"怡然自乐,直欲与外人间隔矣"②。因此,他的理想主义的追求与幻灭,他的希望与失望,他的快乐和痛苦、恋家和出走,无一不是同他所崇拜和热爱的清净女儿和女儿世界息息相通的。

他的最大愿望是在清净女儿世界里了此一生。"只求你们同看着我,守着我"(第19回),"趁你们在,我就死了,再能够你们哭我的眼泪流成大河,把我的尸首漂起来,送到那鸦雀不到的幽僻之处,随风化了,自此再不要托生为人,就是我死的得时了"(第36回)。这些话,强烈地表现出贾宝玉对丑恶现实人生的深恶痛绝和对理想的执着固持。

他的最大快乐是能向女儿献出自己的爱——为女儿"尽心"(第44回),为诸丫鬟充役(第36回),同时能够得到女儿们的怜爱。挨打后,他见姊妹们一个个露出怜惜悲感之态,"不觉心中大畅","自思:'……得他们如此,一生事业纵然尽付东流,亦无足叹惜,冥冥之中若不怡然自得,亦可谓胡涂鬼祟矣'"(第34回)。

他的最大苦恼是不能向女儿们献出他自己的爱,或者女儿们不能理解他的爱,或者不能得到女儿们的爱。"昵而敬之,恐拂其意,爱博而心劳,而忧患亦日甚矣。"③

他的最大痛苦,是在无法抗拒的自然规律下女儿青春不能常驻,和在现实的压迫下女儿世界不能长存。而现实社会对女儿的压迫和摧残比自然规律作用的到来更要迅速得多严重得多。他曾为黛玉葬花、岫烟定亲而伤感不已,他更为"冷遁了柳湘莲,剑刎了尤小妹,金逝了尤二姐,气病了柳五儿,连连接接,闲愁胡恨,一重不了一重添,弄得情色若痴,语言常乱,似染怔忡之疾"(第70回)。"抄检大观园、逐司棋、别迎春、悲晴雯等羞辱惊恐悲凄之所致",更使得宝玉"酿成一疾,卧床不起"(第79回)。

---

① 陈庆浩《新编石头记脂砚斋评语辑校》282页,中国友谊出版公司1987年版。

② [清]二知道人《红楼梦说梦》,一粟编《古典文学研究资料汇编红楼梦卷》86页,中华书局1963年版。

③ 《鲁迅全集》第九卷《中国小说史略》229页,人民文学出版社1973年版。

贾宝玉头脑中的消极、悲观以至虚无观念,也都是他的女性美崇拜理想与现实矛盾无法解释而又无力解决的结果。续《南华》"焚花散麝"之语,是因袭人麝月娇嗔而起;立禅偈,填《寄生草》,因得罪于黛玉湘云而起。都是极小之事,却使宝玉感到极大苦恼。多爱心劳,劳而无功,就只能到佛老哲学去求精神解脱,根本原因是他以清净女儿为超脱现实的理想寄托,而清净女儿们却不能不受现实关系的制约和影响,他的理想追求便只能陷于现实世界的矛盾之中。从寓意上说,这是贾宝玉厌弃丑恶现实后对人生道路进行新的探索的失败。但他是一个理想的执着追求者,尽管由于贵族公子的软弱性,他在现实世界的压迫面前步步抗争,但又步步退让,在无可奈何之中,采取了得过且过的人生态度,但他仍然把自己的一切同女儿世界联系在一起:"我能够和姊妹们过一日是一日,死了就完了,什么后事不后事。"(第71回)"不如还是找黛玉去相伴一日,回来还是和袭人厮混,只这两三个人,只怕还是同死同归的。"(第78回)过去,我们只看到贾宝玉这种态度悲观消极的一面,没有看到他执着坚定的一面。"进不入以离尤兮,退将复修吾初服。"(《离骚》)他"之死靡它"的追求并未有丝毫改变。直到抄检大观园使贾宝玉的女儿世界濒于毁灭,黛玉之死,标志着他的理想王国的最高宝座连同它的基石一起彻底坍倒,经过一段合乎怡红公子性格情理的曲折,他终于悬崖撒手,离家出走。这正是宝玉的必然归宿。鲁迅深刻地指出,宝玉出家是这位"爱人者的败亡的逃路"[1],也就是他追求理想失败后寻找的精神解脱之路。是逃路,并不是自我否定之路,从青埂("情根")峰下的顽石到"情不情"的"情榜",曹雪芹设计和创造的是一个完整的女性美崇拜者的形象,是一个不改初衷的理想主义者的悲剧形象。

可以说,整部《红楼梦》,就是一部贾宝玉的女性美崇拜意识的心灵史,也是一部贾宝玉对人生理想的追求史。这部"将真事隐去,用假语村言"写出的皇皇巨著,毋宁说,它的总体构思,就是一个寓意,一个象征,它写出了一个厌弃丑恶现实的进步青年对美的理想的热爱、追求和献身精神,也写出了丑恶现实对这种美的理想的毁灭。这种通过女性美崇拜形式表现出来的理想主义,从社会内容来说,只带有朦胧模糊的特点,但它的总体美学含意是很清楚的,这就是与封建主义相对立的初步民主主义和人道主义,与非人性相对立的人性美,与纵欲主义、禁欲主义、利己主义等等相对立的真诚纯洁的爱,男女之间以至一切人和人之间的爱。

---

① 《鲁迅全集》第八卷《集外集拾遗补编》145页,人民文学出版社1973年版。

以上，我们从三个方面论述了贾宝玉的女性美崇拜意识的特点。与此相关，我们又论述了女性美崇拜意识在贾宝玉性格系统中的意义和地位。从思想倾向看，它是贾宝玉反传统反世俗观念的主要内容，表现了他性格的叛逆特征；从个性品质看，它是贾宝玉"多所爱"情感心理的理性内涵，表现了他性格的人道主义特征；从人生态度看，它又是贾宝玉厌弃现实的理想寄托，表现了他性格的理想主义特征。

从性格主导的积极的方面说，艺术形象的贾宝玉就是贵族叛逆者，人道主义的多所爱者和理想主义者等基本元素互相联系的结构整体。而女性美崇拜意识则对上述诸元素起着决定、制约和影响的作用。从性格次要的消极的方面说，贾宝玉对贵族家庭的依附性、他的温情主义和悲观主义特征也是与女性美崇拜意识密切相关的性格元素。年轻女儿们"水作的骨肉"既净化了贾宝玉的心灵，长期的珠围翠绕也软化了贾宝玉的意志。他对贵族家庭的依附性，他对封建家长权威（特别是贾母）的依附性，他的叛逆行为的软弱性，从一定程度上说，也是他心灵女性化的结果，是封建社会女性对男性依附性质的反映。女性的温柔情绪使他的叛逆常常是"怨而不怒"，或者敢怒而不敢言，带上一层浓厚的温情主义色彩。如前所析，他在理想追求中流露出来的无可奈何的悲观情绪和得过且过的妥协态度，则是他的女性美崇拜的理想性质同现实冲突的反映和结果。由此可见，女性美崇拜意识不但是贾宝玉个性的审美心理特征，而且是他的个性的重要心理基础。揭示这一基础，我们才能获得对贾宝玉性格意义的深入一步的理解。

普遍人性的历史积淀

贾宝玉之所以能成为一个不朽的艺术形象，不但因为曹雪芹创造了这一形象异常鲜明、丰富、复杂的个性，而且由于他的个性中蕴含着极其深厚的共性积淀。这种共性积淀，按照其社会历史内容，可以分为由浅到深的三个层次，即时代和阶级特征，民族历史文化传统特征，普遍人性特征。

我认为，研究贾宝玉的审美心理特征——女性美崇拜意识，揭示的是形象深层共性积淀同个性之间的辩证统一关系，即宝玉身上体现的普遍人性的历史内涵同个体表现之间的辩证统一关系。关于贾宝玉女性美识的个体特点，前面已作了分析，现在需要进一步探讨的是共性积淀的问题，也就是马克思所说的"首先要研究人的一般本性，然后要研究在每个时代历史地发生了变化的人的本性"①及其在宝玉形象上的体现的问题。弄清这个问题,也许有利于揭开宝玉形象所以具有广泛深刻的意义的奥秘吧。

母系氏族社会是人类最早形成的社会形态,妇女养育后代和从事提供主要食物来源的采植业,使她们占有崇高的社会地位。所以,对女性美的崇拜,是最早出现的初民审美意识。它虽然还是一种低级的审美,表现着原始情欲的自然需求(如黑格尔谈到的印度等东方国家崇拜巨大的生殖女神的像),但已是主要反映妇女崇高地位的社会性意识。因此,它一开始就不是作为兽性,而是作为使人脱离动物界,而成为有社会组织的"类存在物"的意识——人性。我国古代的著名神话女娲补天、造人,就是那一时期的产物,反映了当时这一人类共性的内容。《红楼梦》以女娲补天的神话开始,把贾宝玉的前身说成是青埂("情根")峰下的顽石,又把这块具有灵性的顽石说成是女娲(我国古代最伟大的女性神话人物,人类之母。《说文》:"娲,古之神圣女,化万物者也。")煅炼的结果。这恐怕不是曹雪芹随意的附会,而是反映了他对贾宝玉女性美崇拜意识历史渊源的一种探索。它显然表明女性美崇拜意识是(人类创造者赋予)人的意识,是承认女性崇高地位的人的意识。在社会政治圈外(所谓"无材入选"),它将作为一种对抗性的思想力量存在。作品中的事实难道不是在显示着作者的这种暗示吗?

随着母权制的被推翻这一"女性的具有世界历史意义的失败"②,对女性美的崇拜与妇女的社会地位开始分离,最后完全异化为它的对立物。"专制制度必然具有兽性,并且和人性不相容。"③由于妇女在整个社会中已处于无权的地位,因此,在掌握了人身占有权的统治者那里,对女性美的崇拜已转化为对美色的贪欲,与对妇女的霸占、玩弄、压迫结合在一起,"表现了人在对待自身方面的无限的退化"④。色情文学就是这种"退化"的反映。只有在古代进步文人和民间文学的优秀作品中,这种人类共同审美心理,发展成为同情妇女的民主思想。在那些女性美的颂歌和悲歌中,对女性美的崇拜或者与对自由爱情的歌颂结合在一起,或者与对不幸妇女的同情结合在一起,或者与对妇女品德才干的颂扬结合在一起,或者与对理想的追求结合在一起。这些作品中所表现的对礼教的叛逆倾向和人道主义、理想主义精神,在贾宝玉身上都得到了继承和鲜明的体

---

① 《马克思恩格斯全集》第二十三卷,669 页。

② 《马恩列斯论妇女》111 页,人民出版社 1978 年版。

③ 《马克思恩格斯全集》第一卷,128 页。

④ 《马恩列斯论妇女》111 页。

现。所以,贾宝玉的女性美崇拜意识,积淀着我国封建社会的民主思想的历史传统。

贾宝玉的女性美崇拜意识,还特别积淀着封建社会后期新的意识形态萌芽和发展的历史内容。这种萌芽的一个重要表现就是对传统的"男尊女卑"观念的怀疑、否定和对妇女地位的重新思考。南宋谢希孟为回答理学家陆九渊对他为妓女建鸳鸯楼的责难,发出了"天地英灵之气,不钟于男子,而钟于妇人"的骇俗之言,对后代有深远影响。明代李贽《答以女人学道为见短书》更明确表达了反对卑视妇女的思想:"谓人有男女则可,谓见有男女岂可乎? 谓见有长短则可,谓男子之见尽长,女子之见尽短又岂可乎?"徐渭在《四声猿》中颂扬古代杰出的女性,大声疾呼:"裙钗伴,立地撑天,说什么男儿汉!""世间好事属何人?不在男儿在女子!"特别值得注意的是,在明末清初,"天地英灵之气,不钟于男子,而钟于妇人"的观点得到一些人的广泛宣扬(如明崇祯年间《古今女史》赵世杰序,《续玉台文苑》葛征奇序,清初《红蕉集》邹漪序等)。歌颂和崇敬杰出女性,肯定女性的才德识见,形成了一股对男女关系和妇女地位进行反省的社会思潮。[①] 才子佳人小说实际上是突出才女佳人,戏曲、拟话本甚至诗文中创造了一批著名的妓女形象。《女仙外史》则把农民起义领袖唐赛儿当作"扶危讨逆"的"中原女帝"加以描写,公开宣扬"阴重阳轻",男逊于女。《聊斋志异》则以花妖狐魅的形式塑造倾注着作者尊敬、热爱和同情的女性艺术形象。在蒲松龄笔下,男女关系中,不但有知己之爱,而且有知己之友,互相关心诚挚相处,甚至舍身以报(如《娇娜》《宦娘》《小谢》《红玉》等)。男女之情的内容已超出了传统的性爱或单纯的性欲,获得了更广泛的社会意义。从话本小说对杜十娘沉宝投江的描写中,从《儒林外史》里杜少卿对沈琼枝的评论中,我们还可以看到对妇女维护独立人格和争取个性自由的称颂。女性美被赋予了夺目的时代光彩。

总之,长期以来,对女性美的崇拜与妇女地位的分离开始被否定,男尊女卑的传统观念开始被否定,对女性美的崇拜与提高妇女地位的认识和要求开始结合起来,这种否定之否定是一个有历史意义的进步。产生这种进步的原因,一方面是随着新的生产关系萌芽出现的个性解放思潮的影响,"人"的觉醒首先通过女性的觉醒表现出来;另一方面则是由于封建社会日益暴露其腐朽没落,人

---

① 参见廖仲安《红楼梦思想溯源一例——"天地间灵淑之气只钟于女子"一语的出处和源流》,载《光明日报》1977 年 12 月 3 日。

们对传统意识的信仰开始动摇,而寻找着新的理想。成书早于《红楼梦》近百年的《女才子书》中有一条很重要的"钓鳌叟"评语,透露了这种心理变化的信息:"自世风日下,而贤能才节往往不钟于男子,而钟于妇人。"这不是很清楚地告诉了我们贾宝玉厌恶世俗和贵族男性的女性美崇拜心理产生的社会背景吗?这不是很清楚地告诉了我们,进入封建后期乃至末世的女性美崇拜心理不但包含传统反世俗的叛逆因素,而且寄托着某种美的理想追求吗?新的民主思想的渗入,使女性美崇拜意识不但继承着属于过去的传统,而且获得了属于未来的新质。贾宝玉在他生活的那个时代只能成为闺阁良友,在社会上却要受"万目睚眦"(第5回),但在封建社会以后的历史新时代里却得到愈来愈广泛的理解和喜爱,正是因为他反映着那个时代,而又超越了那个时代。

最后,我还想指出,贾宝玉的女性美崇拜心理,积淀着我国民族审美心理的历史传统,包括它的优点和弱点。李泽厚在分析我国民族审美心理特征时,曾指出:"中国重视的是情理结合,以理节情的平衡,是社会性、伦理性的心理感受和满足。"①钱锺书先生亦曾论及我国古代思维概念中知欲相关的特点,他引《诗经·隰有苌楚》《乐记》《易·乾》为例说"知,知虑也,而亦兼情欲言之","情,情欲也,而亦兼知虑言之"②。都是很深刻的见解。我国发达较早的封建社会文明,使华夏民族迅速摆脱了原始性关系的自由和混乱状态;长期稳定的农业经济结构,要求着政治关系和人伦关系的和谐平衡。反映这一要求,在男女关系上,孔孟儒学一方面承认"饮食男女,人之大欲",一方面强调男女相交以礼,企图以礼节情,以情导欲,也就是荀子所谓"以道制欲,则乐而不乱;以欲忘道,则惑而不乐"③,这对民族心理结构的形成有着深刻的影响;在对女性的审美上,不是仅追求肉体的欣尝以满足感官的刺激,而是追求外在美与内在美的统一、美与善的统一以获得精神的愉悦;在两性关系的处理上,反对情欲的压抑与放纵,讲求灵与肉的平衡,情感与理性的和谐。我国民众不习惯于公开场合的性接触,对两性交往的态度比较严肃,讲求感情的专一和忠诚,表达爱情的方式较为含蓄委婉。描写男女之情多用隐喻曲笔,就是这种审美心理特征的表现。那些以亵渎的态度描写女性美的文字(如一些六朝宫体诗、一部分花间词等),那些公开地露骨地描写性的肉体关系的文字,一向被视为文学浊流而为健康的民族审美心理所不齿。这种由审美内容的自在统一性、情感表达的合理平衡

---

① 李泽厚《美的历程》,中国社会科学出版社1984年版。
② 钱锺书《管锥编》第一卷,128页,中华书局1979年版。
③ 《荀子·礼论》。

性、行为方式的道德严肃性构成的女性美审美心理特征，是我们民族心理文化结构的一个重要组成部分。当然，民族心理的表现也是有差别有层次的。封建统治阶级的以礼节情绝不同于在性关系与性道德一致的朴素意识基础上形成的下层男女的情理结合观念。《红楼梦》中的贾宝玉，则又是不同于前二者的在更深刻意义和更高水平上体现民族审美心理特征的艺术典型。在他的身上，审美的内在统一性表现为女性美崇拜意识的反封建叛逆性与理想性的统一，情感的合理平衡性表现为女性美崇拜意识对"多所爱"心理的肯定与制约双重力量的统一，行为的道德严肃性表现为女性美崇拜意识的人性自觉与人道主义同情感的统一。从形象的总体动态看，它显示着"人"的自我否定和自我完善的趋向，因而它有着强烈的民族人性美的理想化色彩。但是，它又带有生活的独特形态和"人"与社会冲突的复杂内容，因而具有高度的个性化和艺术真实性。这种复杂内容，包括封建礼教的束缚和影响，以及由此形成的我国民族性格趋于内向不够开放和沉重的历史悲剧感等弱点，也在贾宝玉身上得到体现。但是，从主要的本质的方面说，贾宝玉确无愧为表现我国美好民族人性的光辉典型。在《红楼梦》中，曹雪芹有意识地描写了贾宝玉与贾赦、贾珍、贾琏、贾蓉、薛蟠等对待女性态度上人性与兽性的对立，描写了贾宝玉同秦钟、茗烟、柳湘莲、贾芸、潘又安等人在爱情问题上不同内容不同层次的映照。他还尖锐批评了那种淫秽污臭的"风月笔墨"和偷香窃玉的风月故事。很明显，从文学史上看，贾宝玉的女性美崇拜就是对西门庆的女性占有欲的严厉批判。如果说，《金瓶梅》等书中的丑恶描写反映了人性的堕落和沦丧，那么，《红楼梦》的艺术创造就包含着曹雪芹要挽救、恢复和升华我国民族人性的崇高意愿。这是曹雪芹对我们民族和民族文学的伟大贡献。

德国伟大诗人歌德在 1827 年读到《好逑传》时，曾热情地评价说："中国人在思想、行为和感情方面几乎和我们一样。""只是在他们那里一切都比我们这里更明朗，更纯洁，也更合乎道德。"他赞美书中的正面人物"在一切方面保持严格的节制"①。老实说，《好逑传》当不上歌德的称赞。因为书中的"道德""节制"，都体现着封建礼教的要求，并不具备多少进步性。但歌德从《好逑传》中看到了中国民族性格的优良内容，却表现了他的深刻眼光。"明朗、纯洁、合乎道德"，用来评价《红楼梦》创造的女性美崇拜者贾宝玉和他对女儿的爱，却是非常适合的。从这个意义上说，贾宝玉是属于我们民族的典型。从他的女性美崇拜

---

① 《歌德谈话录》112 页，人民文学出版社 1978 年版。

意识所体现的普遍人性来说，他又是属于全人类的典型。但是，正因为属于我们民族，他才能属于全人类。贾宝玉形象的这种个体与超个体的、阶级与超阶级的、时代与超时代的、民族与超民族的特征的统一就是他之具有永恒艺术魅力的内在根源。

（原载《湖南教育学院学报》1985 年第 6 期）

曹雪芹宝黛爱情悲剧构思矛盾探析

近几年来,红学界对曹雪芹未完成的宝黛爱情悲剧结局的探索兴趣有增无已。似乎尚未写出的东西总是比已经写出的更有价值,而典范总是不可企及的。电视连续剧《红楼梦》和小说《红楼梦新补》①就是这种崇曹贬高的学术思潮在创作上的反映。它们所进行的恢复曹雪芹原意的努力表现出对前80回典范地位认同和回归的强烈愿望。实践已经对这种努力的结果作出了回答,并且促使人们进一步反思:曹雪芹《红楼梦》②的"未成之恨"究竟是来自外部世界的压迫,还是由于创作主体无法摆脱其自身的矛盾困扰?

模式选择:决定、争夺或离合

宝黛爱情悲剧,从性质上说,无疑是一场叛逆者与恋爱者的双重悲剧。无论其情感形式(自由恋爱)还是它所包含的理性内容(对封建主义人生道路的背离),它都同现存的封建制度、礼法规范及其代表贵族家长统治者尖锐对立。它的悲剧命运乃是注定了的。在小说中,这种对立有其特定符号表征,便是所谓"木石"与"金玉"。

> 都道是金玉良姻,俺只念木石前盟。(《红楼梦曲·终身误》)
>
> 和尚道士的话如何信得?什么是金玉姻缘,我偏说是木石姻缘!(第36回)

---

① 电视连续剧《红楼梦》(1987年版)共36集,后6集(第31集至36集)依据"探佚"改造后40回情节编写拍摄。《红楼梦新补》,张之著,共30回(第81回至110回),山西人民出版社1984年出版。

② 本文所论《红楼梦》内容及原文,均据中国艺术研究院红楼梦研究所校注本《红楼梦》,人民文学出版社1982年版。

宝黛的爱情史,就是"木石"对"金玉"的反抗史,也就是"金玉"对"木石"的胜利史。按照"金玉"胜"木石"的结局,《红楼梦》对宝黛爱情悲剧的构想,应不出以下三种模式:

1.决定型:贾府取"金玉"而舍"木石"。当事人完全处于被动,而由家长意志决定婚姻前途。其基本冲突在恋爱者与封建家长之间正面直接展开。

2.争夺型:"金玉"击败"木石"而取胜。当事人(宝黛钗)均取积极主动态度,而"金玉"终被认可。其基本冲突在恋爱者之间,尤其是钗黛间展开,形成钗黛对立格局。

3.离合型:"木石"无缘,"金玉"联姻。当事之一方(宝黛)取主动态度而未成,另一方(宝钗)取被动态度而竟果。其原因既不在外力压迫,也不在彼此争夺,而在恋爱者自身甚或不可知之命运。

曹雪芹的宝黛悲剧构思是按何种模式展开的呢?他为什么要取这一模式呢?这是一个很值得探讨的问题。

按照习行的思维逻辑,《红楼梦》当然应取"决定型",封建家长对自由爱情的摧残和恋爱者的反抗,是一场惊心动魄的对抗性冲突。若干年来,人们就是这样肯定《红楼梦》爱情的社会意义的。在 120 回本中确乎如此,但似乎并非曹雪芹构思本意。

在前 80 回中,很难看出贾府家长将舍黛取钗的明确意向。兹列举有关事件排比如下:

①22 回,贾母为宝钗及笄作生日。

②25 回,凤姐取笑黛玉:"吃了我们家的茶,怎么还不给我们家作媳妇?"

③28 回,元妃端午赐物,独宝钗与宝玉同。

④29 回,张道士提及宝玉婚事,贾母对他说:"你可如今打听着,不管他根基富贵,只要模样配的上就好,来告诉我。"

⑤50 回,贾母问宝琴年庚八字,欲与宝玉求配,因宝琴已许人家而未果。

⑥57 回,薛姨妈说把黛玉配与宝玉,"我一出这主意,老太太必欢喜的"。

⑦66 回,贾琏家仆兴儿对尤氏姐妹说:"(宝玉)已有了,只未露形,将来准是林姑娘定了的。因林姑娘多病,二则都还小,故尚未及此。"

从①③项看,似贾母元妃已属意宝钗,但依④⑤二项,则贾母根本未将宝钗作为择婚对象。托张道士打听,可见其眼光并不局限于园内,而欲得宝琴则显然又将钗黛均排除在外。值得注意的是,"金玉说"是随同薛家到贾府借住带来的,但终 80 回,似未对贾府统治者择婚意志产生明显影响,从⑦项看,也未在贾府下层心理和舆论中产生影响。另一方面，从②⑥⑦项看，则宝黛的特殊关系已引起贾府上下内外的共同关注和认可，所以王熙凤才敢大胆开玩笑，薛姨妈也才敢大胆打保票（她是否做了是另一回事），兴儿也才敢大胆下断语。尤其要提出的，是在凤姐话后，脂砚斋竟有两段批语：

> 二玉事在贾府上下诸人，即看书人、批书人，皆信定一段好夫妻。书中常常每每道及，岂其不然，叹叹。（甲戌本夹批）

> 二玉之配偶，在贾府上下谋（诸）人，即观者、批者、作者皆为（谓）无疑，故常常有此等题语。我也要笑。（庚辰本夹批）①

像这样对同一问题反复作同一内容的批语，在脂批中少见，而庚辰批把"作者"补进认定二玉之配偶"无疑"之行列，更绝非无意。这两段脂批从曹雪芹构思的知情者和创作的合作者的角度提供了重要的佐证，即显然存在着宝黛爱情为贾府统治者及"上下诸人"接受的可能性。就对钗黛二人的评价而言，贾府统治者左黛而右钗的倾向是鲜明的，这是因为宝钗的思想性格更符合封建规范、更适应现实环境。这种倾向导致婚姻问题上的舍黛而取钗，乃是逻辑事理之必然。然而奇怪的是，上面所列诸项，却并不显示出这种趋向，反而呈现着若干矛盾甚至相反的轨迹。但如果说，贾府统治者将舍钗而取黛，岂不与其评价大相径庭？如果说，贾府统治者尚徘徊于钗黛之间，贾母何以又属意于宝琴？

看来只有一种解释，就是曹雪芹在有意模糊贾府的择婚意向，造成既不否定"木石"又不肯定"金玉"的心理氛围；但同时却又通过贾府的价值取向暗示"金玉"胜于"木石"的环境条件。这真是煞费苦心。一言以蔽之，曹雪芹要极力回避宝黛的爱情追求与贾府的婚姻意志之间的直接正面冲突。他对宝黛悲剧的构思，不取"决定型"。

那么，曹雪芹是否取 B 式即"争夺型"构架呢？按照 B 式，宝黛爱情必将导致钗黛对立和宝黛钗三角关系的形成与发展。这种格局在第 42 回以前确曾存在。其原因，一方面是由于宝玉用情不专，"见了姐姐就忘了妹妹"，有时甚至难以摆脱宝钗美色和柔情的诱惑（如第 28 回"薛宝钗羞笼红麝串"等），另一方面则是由于黛玉对宝钗的猜忌，视宝钗为"有意藏奸"的情敌。事实证明，这是黛玉的误解。第 42 回"蘅芜君兰言解疑癖"，第 45 回"金兰契互剖金兰语"，标志着钗黛和解，作者显然是在创造"钗黛兼美"的格局。这与贾宝玉梦游太虚境时与之相配合的那位"鲜艳妩媚，有似乎宝钗，风流袅娜，则又如黛玉"，乳名兼美

---

① 　陈庆浩《新编石头记脂砚斋评语辑校》463 页，中国友谊出版公司 1987 年版。

的仙女形象是遥相呼应的。那正是宝玉的下意识追求，也是曹雪芹爱情婚姻理想的意象。在他的构想中，钗黛形象是既对立（思想）又互补（品格）的。作者既然褒扬薛宝钗的品德（《红楼梦曲》及判词有"山中高士""停机德"等语），当然绝不愿把她写成宝黛爱情的破坏者，让她承担罪责，这是可以肯定的。而谨守闺范把自己婚姻命运完全交给家长的宝钗也绝不会成为爱情婚姻的争夺者，这也是可以肯定的。由此看来，曹雪芹构想的宝黛爱情悲剧，既非来自婚姻决定者贾府统治者的干预（A式），又非来自婚姻当事人薛宝钗的破坏（B式），这就使得这种具有实质对抗性内容的叛逆爱情，终于无法找到具有外在对抗性的冲突形式。按照脂批提供的后数十回线索，在曹雪芹笔下，这种对抗似乎最后也没有出现。黛玉是"泪尽夭亡"，而宝钗则是在黛玉死后才与宝玉成婚。"木石"无缘，"金玉"联姻，这就是曹雪芹的构思选择。

曹雪芹的这一构思，深刻地反映了他的爱情观与伦理观的矛盾，也反映了他既要表现家族悲剧又要表现"情"的悲剧的双重创作主旨的内在矛盾。本来，他对宝黛叛逆性爱情的肯定描写和以爱情为婚姻基础的进步观念，必然导致恋爱者与封建贵族家庭和封建婚姻制度的对抗，并发展成为对"父母之命"的批判。然而，这是为曹雪芹保守的伦理观念和对封建正统派的温和态度所难以容许的。贾宝玉对林黛玉发誓："除了老太太、老爷、太太这三个人，第四个就是妹妹了。"（第28回）即是说，爱情必须服从家族伦常。虽然他在思想上坚决悖逆了父亲要他走的读书应举的人生道路，但却绝无正面对抗家长意旨的行动；甚至在晴雯含冤被王夫人逐出大观园时，他都不敢公开向母亲表示反对。这种"逆而不反"的态度正是曹雪芹对宝玉和宝黛爱情叛逆性质所严格掌握的尺度，它说明曹雪芹无法使自己的伦理观念突破封建传统的藩篱。既要展示"木石"与"金玉"的对立，又要回避爱情与环境（主要是家族）的对抗，这就是曹雪芹在宝黛悲剧构思上的两难处境。这种描写显然包含着一种创作危机，即作者对悲剧结构模式的选择最终将导致对悲剧性质的自我否定。"木石"与"金玉"的冲突既不能正面展开，而宝黛爱情的叛逆意义亦将化为乌有。这才是曹雪芹无法终篇的重要原因。

冲突命题：在社会必然性与个体偶然性之间

"一年三百六十日，风刀霜剑严相逼。"早在大观园花明柳媚，充满着青春欢乐的日子里，林黛玉的《葬花吟》就唱出了这样的不协和音。但她写的毕竟是感觉而不是现实,是整体社会文化背景的象征而不是客观生活事件的指代。在现实中,她与宝玉的爱情正在大观园里静悄悄地发展,凤姐打趣她做贾家媳妇的话言犹在耳,"金玉姻缘"只不过是她心头的阴影,她何曾受到了什么压迫与摧残呢?

然而,"葬花吟"究竟是具有"诸艳一偈"性质(第 27 回甲戌本回末总评①)的诗谶:"风刀霜剑严相逼!"

预示黛玉命运的却又是怡红夜宴上题着"风露清愁"的芙蓉花诗签:"莫怨东风当自嗟"。

一则强调外来压迫,一则强调自身不幸,这岂非矛盾?作者构想的宝黛爱情悲剧冲突的基本命题究竟是什么?

正是在这里,我们看到曹雪芹为自己设置的又一个怪圈:既意识到悲剧的社会必然性,又企图把它归结为个体偶然性。为了解决这一矛盾,他力求在个体偶然性中表现社会必然性。但结果,他却用个体偶然性掩盖了社会必然性。

在《红楼梦》中,宝黛爱情悲剧似乎是黛玉命运悲剧的共生的附着物。黛玉的悲剧命运(品格),则是由她生来就"本身怯弱多病"决定了的——"从会吃饮食时便吃药",第 3 回特别借癞头和尚的话说:"只怕他的病一生也不能好的了。若要好时,除非从此以后总不许见哭声,除父母之外,凡有外姓亲友之人,一概不见,方可平安了此一世。"这话的暗示意义就是:她的病无法承担爱情的痛苦,爱情将会把她推向死亡。只有弃绝情感追求,才能延续肉体生命。然而,她偏偏就遭遇了一见如故的宝玉,偏偏第一次见面就为宝玉而流泪,偏偏就心甘情愿地为了爱情而承担一切痛苦,"枕上袖边难拂拭,任它点点与斑斑"。这样,她的病体就与爱情命运结下了不解之缘。因而黛玉的"病"具有两重性质:一方面是与生俱来的个体生理素质的偶然性,一方面是后天环境与性格冲突所体现的社会必然性。父母双亡寄人篱下的处境,孤高自洁的个性,内向抑郁的气质,尤其是在传统重压下爱情追求的精神苦痛,都在不断加重加深着她的病情。这就使得黛玉的过早夭亡,既包含着先天决定、无以自主的宿命内容,又综合着多种社会因素的复杂作用,特别还显示着主人公主动选择、自蹈死地的意志力量。这才是"莫怨东风当自嗟"的深层含义。

可是,个体偶然性先验内容的注入和着意突出,以及对社会因素的淡化处理,却又使爱情悲剧的社会必然性被有意无意地掩盖起来,而"泪尽夭亡",个体

---

① 陈庆浩《新编石头记脂砚斋评语辑校》506 页。

命运的自身不幸终于成了悲剧内容的主体。

宝黛爱情的悲剧因素,在第 32 回黛玉听到宝玉对湘云、袭人称赞自己,惊喜地发现宝玉把她当作唯一知己时的心理活动描写中,有一段集中揭示:

> 所叹者,你既为我之知己矣,自然我亦可为你之知己;既你我为知己,则又何必有金玉之论哉;既有金玉之论,亦该你我有之,则又何必来一宝钗哉!所悲者,父母早逝,虽有铭心刻骨之言,无人为我主张。况近日每觉神思恍惚,病已渐成,医者更云气弱血亏,恐致劳怯之症。你我虽为知己,但恐自不能久待;你纵为我知己,奈我薄命何!

"金玉"之论,无人作主,病已渐成,三个因素实际上是两个方面。前二者是社会文化环境,即传统婚姻观念和婚姻制度,后者则是主要来自先天禀赋的个体生理素质。前二者反映着爱情悲剧的实质性冲突,应该成为内容主体。然而在作者笔下,如前所述,"金玉"并未成为前 80 回贾府统治者的择婚意志,仅仅是笼罩在宝黛钗关系中的一层阴云,自从宝玉向黛玉彻底交心,特别是赠帕定情之后,就从宝黛之间消失,随后"孟光接了梁鸿案",又在钗黛之间消失了(42回以后)。"无人作主"确曾成为宝黛的内心隐忧,尤其是黛玉,"情辞试忙玉"(第 57 回)更是一次爆发。但随后作者又通过薛姨妈和兴儿的话(见前引)把矛盾掩盖起来,给人一种宝黛爱情期待可能实现的错觉。而同时,在这几十回篇幅里,作者却不断透露黛玉病情日益加重的消息。如第 34 回题诗后写黛玉"病由此起",第 45 回黛玉咳嗽复发,并说"我知道我这样病是不能好的了";第 57回黛玉"近日闻得宝玉如此形景,未免又添些病症";第 58 回宝玉见黛玉"益发瘦的可怜";第 64 回宝玉见黛玉"病体恹恹,大有不胜之态";第 76 回黛玉对湘云说"大约一年之中,通共也只好睡十夜满足的"等等。不仅如此,作者还从这一角度,不断暗示黛玉对自己命运和爱情前途的悲剧预感。这种预感所带来的内心紧张,使她几乎能从任何事物的相似或接近点上产生不祥的联想。其显著者,如第 70 回"一声杜宇春归尽,寂寞帘栊空月痕"的《桃花行》、"飘泊亦如人命薄"的《柳絮词》,第 76 回凹晶馆联诗的"冷月葬诗魂"的"颓败凄楚"之句,直至第 79 回改《芙蓉诔》时闻"茜纱窗下,我本无缘;黄土垄中,卿何薄命"而"怵然变色",心中有"无限的狐疑乱拟",等等。可以说,这些都在为 80 回以后的泪尽夭亡作铺垫,即使没有任何外来刺激,黛玉的命定归宿也是不可改变和逆转的了。这样,在宝黛爱情的悲剧冲突中,"金玉之论"既只是一种暂时的精神阴影,家族意志的干预又被处理成似有若无,日趋强化的便是黛玉所受到的病体折磨和由此产生的悲剧预感。它给人们的感觉正是所谓"你我虽为知己,但恐自不能久待；你纵为我知己，奈我薄命何"！

宝黛悲剧冲突构思的这一特色，表明曹雪芹不但无法挣脱封建伦理观念的束缚，也无力冲决传统中和美学思想的藩篱。尽管他所创造的包含着家族败亡、大观园和宝黛爱情毁灭"落了个白茫茫大地真干净"的整体悲剧，表现了敢于直面现实和人生，突破"大团圆"式的传统审美规范的勇气，但是，在构思具体的悲剧冲突时，他又企图竭力避免激烈的外在对抗和情感冲击，以保持全书"哀而不伤，怨而不怒"的基本风格。否定社会必然性，将使悲剧变成毫无意义的宿命描写，但强化社会必然性，则又必将导致对家族伦理的批判和外在矛盾的激化。曹雪芹的困扰正在于，他既企图揭示偶然性中的必然因素，又在整体构思时使二者分离开来。

主旨困惑："儿女之真情"的发泄与自限

《红楼梦》第 1 回写到宝黛前缘时，作者曾借僧道之口批评"大半风月故事，不过偷香窃玉、暗约私奔而已，并不曾将儿女之真情发泄一二"。这句话中提出的"发泄儿女之真情"，是对"大旨谈情"的创作目的的进一步阐述，也是对宝黛爱情悲剧主旨的重要表白。曹雪芹反对把男女之间的情爱降低为单纯的性爱追求，反对"调笑无厌，云雨无时，恨不能尽天下之美女供我片时之趣兴"的"皮肤滥淫"，要求实现作为两性自然情感升华的爱情的本质。当然，他更反对封建礼教和理学对男女之情的禁锢和压抑。他所说的"儿女之真情"，就是指男女之间真挚纯洁的美好情感，而以爱情为其最高形式。它在《红楼梦》中的集中表现，便是贾宝玉的"情不情"，即所谓"为闺阁之良友"的"意淫"，和黛玉的"情情"，即甘愿为爱情而献身的"缠绵不尽之意"。为此，作者着力于宝黛爱情产生和发展过程的描写，初见的"心灵感应"，亲昵的两小无猜，寻求知己的试探，求近反远的误解，两心相通的默契……把两性情感升华过程中种种复杂而微妙的心理冲突，把爱情的排他性、强烈性、执着性、冲动性的丰富人性内容，把情感期待与情感实现矛盾中的一切大波微澜，深刻细腻地展示出来。这种爱情描写的巨大成功，是为后人所难以企及的。

然而，男女爱情并不能永远依靠精神的慕恋而保持其圣洁崇高。情爱是性爱的超越，但性爱又必然成为情爱的归宿。正是在这里，曹雪芹的创作又陷入了困境。原来，他所批评的"偷香窃玉，暗约私奔"，本身就包含着两种性质不同的事件：一种是具有反礼教意义的为争取婚姻自主而发生的男女私情，如《墙头马上《倩女离魂》，乃至为宝黛所倾心的《西厢记》《牡丹亭》等；一种则是破坏爱情与婚姻道德的放纵情欲，任意苟合的淫乱行为，如《金瓶梅》中西门庆之私通李瓶儿、潘金莲之私通陈经济等。二者的共同特点，则是都存在对男女性爱（情欲）的肯定和张扬，用传统语言一言以蔽之，是都涉于"淫"。这样，对"偷香窃玉、暗约私奔"的批判，就合乎逻辑地要导向对性爱包括反礼教的私情结合的否定，然而这种私情，又恰恰是他所肯定的两性精神慕恋的合乎逻辑的结果。

　　曹雪芹再度产生了自身二元分裂：现实主义的反礼教的曹雪芹不能不承认情淫相通，保守主义的维护礼教的曹雪芹却不能不反对情淫相通，而主张二者分离。于是，在《红楼梦》中，他一方面肯定"情既相逢必主淫"，反对所谓"好色不淫，情而不淫"的矫饰；另一方又通过"淫虽一理，意各有别"，在实际上把"情"（意淫）与"淫"（情欲）分离开来（见第5回）。在他的笔下，宝玉是情淫一体的。他梦中"云雨"的对象兼美兼钗黛之美，就是他"情"的下意识追求。然而，在实际生活中，他又是情淫分离的。他与袭人关系暧昧，调戏金钏，但他心中第一个丫鬟却是心比天高的晴雯；他对湘云、宝钗雪白的膀子动心，却绝不敢在黛玉面前有非分之想，他与黛玉的爱情始终保持着一段距离。宝玉两次用《西厢记》的词试探黛玉，用的都是张生背着莺莺倾吐内心情感的话（"小子多愁多病身，怎当他倾国倾城貌""若共他多情的小姐同鸳帐，怎舍得他叠被铺床"）。但一旦宝玉把这种词句当面说出来，使黛玉直接面临性的挑逗，就遭到黛玉的回击，迫使宝玉不能不认错。这就是说，尽管宝黛爱情的内驱力是性的吸引，这种爱情之通向性的结合，也是他们的最终目标，但是在这种结合获得社会和伦理规范的批准之前，他们是不能向前跨进一步的。黛玉在《葬花吟》中唱"质本洁来还洁去"，除了对她情操的自许之外，就还包含着守身如玉的意思。

　　这样看来，曹雪芹对宝黛爱情的描写，就受到了来自两个方面的制约：一是要反对对"情"的压抑，肯定人的情感的自然表现与发展，此即发泄"儿女之真情"；一是反对"情"的放纵，因而必须限制情感的表现与发展，此所以只能"发泄一二"，而不能从根本上（而只是从细节上）违背或逾越"礼"的规范要求。如果违背了这一要求，不但为曹雪芹的爱情观所不容许，也必将破坏其悲剧构思之本意。因为那种爱情表现势必引起贾府统治者的干预，并导致与家族意志的直接冲突，而这恰是曹雪芹所竭力回避的。这就不但需要使这种爱情描写通过特定的形式（一对小儿女的"口角"）伪装起来，而且需要情淫分离，把它严格限制在精神领域（情感的纠葛与交流）之内。于是，人们看到，曹雪芹在宝黛爱情的相互试探阶段,可以妙笔生花,有声有色,"写成浓淡兼深浅,活现痴人恋恋间"①。一旦爱情趋向成熟,两心相通,再进一步,要求把爱情发展成为婚姻,实现两性的结合,他就很难继续写下去了。这种两性结合的实现,只有两条途径:或是家长意志的批准,或是恋爱者的主动行动(即所谓"偷香窃玉,暗约私奔"),而在曹雪芹看来,这两条路都是走不通的。也就是说,宝黛已经走完了一见钟情的张君瑞和崔莺莺、柳梦梅和杜丽娘在私自结合前所没有走的情感发展历程,这是曹雪芹超越于他的前辈的地方。然而,曹雪芹又不如他的前辈,他没有勇气也不容许这种情感化为自觉的婚姻追求。第 57 回,紫鹃替黛玉说出了心里话,要趁老太太在,"作定了大事要紧",黛玉反斥责她"这丫头今儿不疯了?我明儿必回老太太去,我不敢要你了"。既执着于情,又恐惧于性,其心可谓苦矣。在这种情况下,两位爱情主人公当然就只能在一种似可期而实不可期的等待中无所作为了。宝黛爱情描写在 42 回以后大为减色,其原因盖在于此。

（原载于《长沙水电师院学报》1989 年第 3 期）

---

① 陈庆浩《新编石头记脂砚斋评语辑校》335 页。

曹雪芹的创作难题和程高本的突破

——试论《红楼梦》艺术构思的内在矛盾

在中国文学史上，没有谁比伟大而不幸的曹雪芹更能牵动人们的强烈感情了。他是中华民族的骄傲。有了他的《红楼梦》，中国古代小说才得以"堪与西方传统最伟大的小说相媲美"①而毫不逊色。对曹雪芹的热爱，对《红楼梦》的热爱和对民族文学的热爱，在许多红学研究者心中，几乎已成了三位一体。《红楼梦》研究的累累成果，可以说，都是理性和激情共同孕育的产儿。

然而，热情也可能蒙蔽理性，特别是当它成为偏爱，形成某种思维定势，并且又同我们民族崇拜历史神化典范的传统文化心理相结合的时候。它妨碍人们客观地认识事物的本来面目、得出实事求是的科学结论。正如那个痴心的贾瑞拿着"风月宝鉴"，只照正面，不照反面；在《红楼梦》的研究中，有没有这种情况呢？譬如说，对于作品中的重大问题，只能理解，不能存疑；只作肯定的甚至拔高的评价，而不去全面探讨其创作得失，稍有异词，则大张挞伐。又譬如，对前80回和后40回，不恰当地崇脂本贬程高本，甚至把用前80回攻后40回，即把以曹雪芹（作为标尺）批评续作者作为正确的研究方法加以肯定等等，是否存在呢？如果人们对于"断臂的维纳斯"除了倾倒，别无异词，那么艺术还能获得对它自身的超越吗？

正是出于这种认识，本文试图对《红楼梦》②艺术构思的内在矛盾作一番粗浅的探讨，并由此对红学研究中的一些未决问题提出自己的看法。

---

① ［美］夏志清《中国古典小说导论》16页，安徽文艺出版社1988年版。

② 本文所论《红楼梦》内容及原文，除特别说明外，均据中国艺术研究院红楼梦研究所校注本《红楼梦》，人民文学出版社1982年版。

书名之争和双重创作主旨的对立

1.《红楼梦》书名之多，变化之奇，向为人们所瞩目，但其间底蕴，未必已尽了然。

除从书名的变易透露出《红楼梦》的创作和修改过程以外，我最感兴趣的，是脂砚斋和曹雪芹在书名问题上曾长期各执一端的事实。对此，吴世昌、戴不凡等先生早已指出，惜未曾深究。脂砚斋坚持用"石头记"命名，是相当固执的。先是在甲戌本第1回中"曹雪芹于悼红轩中……题曰《金陵十二钗》，并题一绝云"一段语意已完之文字后，特意加上"至脂砚斋甲戌抄阅再评，仍用《石头记》"一句。以后，在己卯本中虽删去此语，却又把"作者自云撰此《石头记》一书"的话置于卷首。而曹雪芹看来并不愿意听从他的这位年长的合作者（关于脂砚斋等人的身份，本文从清裕瑞说，以脂砚斋为曹叔辈，畸笏叟为曹长辈无疑①）的意见。虽然他不得不删去"凡例"和正文中"吴玉峰题曰《红楼梦》"的话，但却始终把"曹雪芹题曰《金陵十二钗》"一句保留下来，并在己卯本即脂砚斋四阅评本中作为《石头记》—《情僧录》—《风月宝鉴》—《金陵十二钗》这一书名变易过程的结束。尤为引人注意的是，尽管曹雪芹在作者姓名问题上用了"画家烟云模糊"（甲戌本第1回眉批②）的手法，却唯有此处明白写出自己的真实姓名，可见这是郑重其事，不可忽视的一笔。《金陵十二钗》即《红楼梦》，异名同体。第5回回目"游幻境指迷十二钗，饮仙醪曲演红楼梦"，以"十二钗"（册子，即书名）与"红楼梦"（曲名）相对，第17—18回己卯本脂批"雪芹题曰《金陵十二钗》，盖本宗'红楼梦'十二曲之义"等，皆可为证。

为什么书名之改与争值得作者在小说的开头部分（凡例、第1回、第5回）一再述说、暗示以引起人们的注意呢？我认为，这就是因为其中包含着《红楼梦》创作主旨的内在矛盾。这是曹雪芹倾注"十年辛苦"乃至毕生心血企图解决而未能成功的一道创作难题。它成就了曹雪芹的伟大，也成就了曹雪芹的悲剧。

俞平伯先生在《影印脂砚斋重评石头记十六回后记》一文中精辟地指出：

---

① ［清］裕瑞《枣窗闲笔》，文学古籍刊行社1955年影印本，上海古籍出版社1984年重印。

② 本文引用脂批，均据陈庆浩《新编石头记脂砚斋评语辑校》，中国友谊出版公司1987年版。除特殊批语外，不一一注明页码。

《石头记》与《金陵十二钗》为一书两名,非两个部分却代表了作者写作的两个方面和重点。以人物来论,《石头记》一书的主人是石头,即宝玉;《金陵十二钗》中的人物自然是以钗黛为首的书中诸女子了。[①]

俞先生揭示的"作者写作的两个方面和重点"为我们指出了一条解开《红楼梦》书名之争之谜的通道。可以说,以"石头记"命名的主张,反映了以家庭盛衰史(家族悲剧)作为全书中心和写作重点的构思;以"金陵十二钗"即"红楼梦"命名的主张,则反映了以写"情"和表现"情"的悲剧作为全书中心和写作重点的构思。脂砚斋的固执己见,反映了曹氏家族势力和传统观念对曹雪芹创作的干预,而曹雪芹的依违(既妥协依从又坚持自我)则反映着创作主体面对这种干预的自身困扰。正是由于这一困扰,终于构成了《红楼梦》特有的双重创作主旨及因此产生的一系列矛盾。

2. 创作主旨并不等于作家的自我宣言,但当作家在创作实践中努力体现自己宣称的意图和思想,并以此导引读者的接受趋向时,作家和他的合作者的意图表白是有特殊意义的。

甲戌、己卯、庚辰等本之意图表白略有异同,但其体现《红楼梦》之双重主旨则无二。这种双重创作意旨在正文中之呈现,首先是第 1 回的回目对举之暗示意义:"甄士隐(真事隐)梦幻识通灵(《石头记》),贾雨村(假语存)风尘怀闺秀(《金陵十二钗》)"。接着,便有作者及批者以下之意图表白:

其一,申明家族悲剧主旨者。有"作者自云因曾经历过一番梦幻之后,故撰此《石头记》一书""此回中凡用梦用幻等字,是提醒阅者眼目,亦是本书立意本旨"等语。又有在"乐极生悲,人非物换,究竟是到头一梦,万境归空"旁之甲戌本脂批"四句乃一部之总纲",以及石头诗偈"无材可去补苍天"旁之甲戌本眉批"书之本旨"等语。其后,再有概括贾府衰败过程和景象的把"太虚幻境、青埂峰一并结住"(甲戌本侧批)的甄士隐《好了歌注》。这些语句和批语,意思是相呼应和联系的。所谓"梦""幻",当然包含了一种浓厚的挽歌情调和虚无思想,但主要是体现着对贵族阶级没落的历史必然性的某种直觉把握。值得注意的是,在家族悲剧的主题中,同时融入了作者的自我反思。这就是"作者自云"一段中的"欲将已往所赖天恩祖德,锦衣纨绔之时,饫甘餍肥之日,背父兄教育之恩,负师友规谈之德,以至今日一技无成,半生潦倒之罪,编述一集,以告天下人"这些话,以及被脂砚斋称为"书之本旨"的石头偈语和"作者一生惭恨"的"无材补天

① 《俞平伯论红楼梦》960 至 961 页,上海古籍出版社 1988 年版。

幻形入世"八字。一个在穷愁潦倒之中不时"废馆颓楼梦旧家"①"秦淮风月忆繁华"②,对本阶级充满着剪不断理还乱的恋情的没落子弟,③在对自己的人生道路进行反思时,产生某种强烈的愧悔之情,是并不难理解的。这正是一位伟大者渺小的一面。

其二,申明言"情"及"情"之悲剧主旨者。有空空道人见《石头记》"大旨谈情",遂改名情僧,改书名为"情僧录"的话,有作者借跛僧之口批评历来风月故事之落俗,强调"将儿女之真情发泄一二"的话。作者开头自云"使闺阁昭传"和借"石兄"之口说写"半世亲睹亲闻的"几个"异样女子",正是为了表现这一主旨。被脂砚斋甲戌批曰"点题"的《红楼梦曲》十二支,首曲即唱"开辟鸿蒙,谁为情种? 都只为风月情浓……因此上演出这怀金悼玉的《红楼梦》",以下分咏十二钗事。以及小说以石头来自青埂(情根)峰,复归于青埂峰,开头"还泪说"引出宝黛情缘,结尾以"情榜"归结宝黛及诸女子的整体布局等等。

双重创作主旨之间的关系和地位如何呢? 一方面,从"石头记"到"情僧录"直至"金陵十二钗"的书名变易过程,可以明显看到曹雪芹的写作重心从写家族到写"情"的转移,但另一方面前5回的布局又表明,作者有一种竭力在二者间保持平衡的意向,有石头历幻,又有还泪情缘(第1回);有演说贾府,又有介绍宝黛(第2回);有雨村复职,又有黛玉进京(第3回);有护官符,又有薄命女(第4回);有《好了歌注》,又有《红楼梦曲》(第1、5回)。仍然是"双峰并峙,二水分流",这固然表现出一种进行宏大艺术建构的匠心,但是否也同时反映了某种不能自主的困惑和难以解决的矛盾呢? 这正是本文企图进一步探索的问题。

3.《红楼梦》双重创作主旨的产生,有它特殊的外部条件。这就是以脂砚斋为代表的败落后的曹家宗族势力和传统意识对曹雪芹创作的干预。过去,人们只评论脂砚斋等作为曹雪芹的合作者所作出的贡献,很少去看这种"合作"的另一面,尽管有些人已经指出脂砚斋的思想落后于曹雪芹,但却不去进一步深究这一事实对《红楼梦》的消极影响。别的不说,只从脂砚斋坚持用"石头记"而曹雪芹不得不接受并被迫删去有"《红楼梦》旨义"的甲戌凡例,就可以看出这种影响力量之大了。脂砚斋还通过批语,反复强调家族悲剧和自我反思是书之本旨

---

① 〔清〕敦诚《鹪鹩庵杂记》抄本《赠曹雪芹》,据一粟编《古典文学研究资料汇编红楼梦卷》1页,中华书局1963年版。

② 〔清〕敦诚《懋斋诗钞》抄本《赠芹圃》,一粟编《古典文学研究资料汇编红楼梦卷》7页。

③ 曹雪芹出身于包衣-仕宦之家,笔者在以后的论述中,修正了"没落贵族子弟""贵族家庭"的说法。

（见前引），同时却否认写情主旨的存在（如第 1 回甲戌本眉批"谁谓独寄兴于一情字耶"①等），以此导引读者的接受趋向。不仅如此，从脂批还透露出，为了强化家族悲剧主旨，脂砚斋等人还直接干预曹雪芹的具体艺术描写。最突出的例子就是被许多研究者称颂不绝的修改秦氏之死一段。现在让我们重新审视这一事件，看它究竟意味着什么。

第 13 回甲戌本回后批："秦可卿淫丧天香楼，作者用史笔也。老朽因有魂托凤姐贾家后事二件，嫡是安富尊荣坐享人能想得到处。其事虽未漏，其言其意则令人悲切感服。姑赦之，因命芹溪删去。"②末二句，俨然是对作者创作拥有支配和决定权的长者口吻，看来，《红楼梦》的创作自由不但受到社会政治环境的限制，也受到曹雪芹家族势力的限制。按第 5 回判词暗示，秦可卿的悲剧是"情"的悲剧的一个部分。"情天情海幻情身，情既相逢必主淫。"曹雪芹描写秦可卿的悲剧，既是揭露贾府的道德沦丧（"箕裘颓堕""家事消亡"），更主要的意义还在表现封建女性在爱情婚姻问题上的不幸命运（"宿孽总因情"），尽管这是一种变形了的不幸。故秦氏名列"薄命司"之十二钗正册。然而，脂砚斋等人却执意改变了秦可卿的面貌及其悲剧性质，把秦可卿之死纳入写家族盛衰的主题之中。为这位从未理过家事也从未关心过家族命运的蓉大奶奶设计了魂托凤姐嘱咐贾府后事的情节，而所托二事（置祖茔田庄、设家塾）下文（80 回以前）亦未有交代。可见它既不符合人物性格逻辑，又缺乏事件内在联系，是硬插进去的。而秦可卿的病和死也就被所谓"史笔"（写盛衰史）弄得不明不白了。

一面坚持在判词和曲子中点明秦可卿的悲剧是"情"的悲剧，一面却不得不在具体描写中改造人物形象和悲剧内容，没有什么比这个例子更能说明《红楼梦》双重创作主旨的对立和曹雪芹处境的困难了。

曾经历过赫赫扬扬的曹家盛世又对曹家败落有着切肤之痛的曹雪芹的长辈脂砚斋等人，对表现家族悲剧有着异常强烈而执着的要求是可以理解的。他们对家族悲剧的反思，不能说没有包含自我批判（所谓"愧悔之心"）和社会政治批判（所谓"伤时骂世"，尤其是对被抄家）的内容，这些都可能对曹雪芹产生有益影响。但这些批判，又是以对贵族生活地位和家族历史的肯定作为前提的。它们又在更大程度上干扰了曹雪芹的创作。而作为创作主体的曹雪芹对这种干预，并非只是抵制或屈从，同时也有主动的接受。这又是由他自身的二重性

---

① 陈庆浩《新编石头记脂砚斋评语辑校》22 页。

② 陈庆浩《新编石头记脂砚斋评语辑校》243 页。

决定的。一方面，曹家的由盛到衰以至彻底败落，是这位少年亲身经历的最大也最惨痛的人事沧桑，他顺应脂砚斋等人的干预将表现家族悲剧作为创作主旨，反映着传统文化意识对他的统治。所以，他对贾府的批判，并不是一种否定其存在合理性的历史的批判，而主要是坚持正统标准的伦理的批判（如安富尊荣、坐吃山空、贪财好色、伪善凶残、钩心斗角等等）。虽然这种批判相当尖锐，但他还不可能从贵族门第的崩塌声中听到历史前进的脚步，而只能看到"乱烘烘你方唱罢我登场"循环更迭的闹剧，感到"到头一梦，万境归空"的悲哀。另一方面，家道下落后与市民社会的广泛接触和16世纪以来时代新风（尤其是在男女关系和爱情婚姻问题上的民主思潮）的熏染，又使年轻的曹雪芹绝不同于他的前辈而滋长起一种反传统的叛逆精神。他的"大皆谈情""使闺阁昭传"的创作意图便由此产生。其生活基础或许是作者或其亲友的一段难忘的感情经历，但作者用"假语村言"敷演的宝黛爱情和金陵十二钗诸女性故事，却明确地表现着对社会丑恶的憎恶，对男尊女卑的否定，对妇女不幸的同情，对美好人性的向往，对个体人格的追求……总之，这是一种以新的朦胧理想否定传统文化的价值观念，是一种批判性的新伦理。它用力地挑开了封建末世黑暗帷幕的沉重的一角，透射进了未来世纪的熹微曙光。

这就是一身而二任的曹雪芹：一只眼眷顾着往昔的繁华，另一只眼却眺望着未来的曙色，家族的历史使他"由色悟空"，"情"的力量却又使他"因空见色"；他要写下他对现实的"辛酸泪"，又要写下他对理想的"荒唐言"。就写"情"而言，他不妨"假作真""无为有"，就写盛衰而言，他又痛感"真亦假""有还无"。中国文学史上，没有哪一位作家像曹雪芹这样集传统的重压和反传统的要求于一身，酿成巨大的精神痛苦和永远无法平息的内心冲突了。漫长的封建历史快到尽头，曹雪芹生逢其时。《红楼梦》双重创作主旨的形成，无论从时代、家族和主体自身来看，都是一种必然了。

一元化的形象格局和二元性的艺术构思

双重创作主旨的存在，在文学史上并不乏其例。它难道会给《红楼梦》的创作带来什么难以解决的矛盾吗？难道《红楼梦》不是个如何其芳同志说的那样的"象生活和自然本身那样丰富、复杂,而且天然浑成"①的艺术整体吗?

是,但又不完全是。实践是对意图最权威的回答。

1. 作者面临的第一个难题,是形象格局的创造。曹雪芹的设计是很清晰的。第 1 回以神瑛绛珠神话作为"石头"所记故事的开头,并云"因此一事,就勾出多少风流冤家来",即表明了全书的形象格局特征:"余不及一人者,盖全部之主惟二玉二人也。"(甲戌本眉批)②接着第 2 回突出介绍宝玉,第 3 回宝黛初见,第 4 回引出宝钗进京,第 5 回显示十二钗及其他重要女子之身份及命运。这种以"还泪"故事引出的"二玉"为全书之主的人物配置,很明显,是写"情"的悲剧的形象格局,但它却并不能完成正面表现家族悲剧这一主题。前引俞平伯先生的话,似乎认为宝玉(石头)是《石头记》即家族悲剧的主人公。其实不确。以石头(通灵宝玉)而论,他只是这场悲剧的目击者或见证者;以人物形象贾宝玉而论,他只是这场悲剧后果的承受者,并不是悲剧的制造者,也就是说,在这一悲剧中,他只有结果的意义,而没有原因的意义。脂批提供的后几十回线索中,有宝玉入狱神庙,及"寒冬噎酸齑,雪夜围破毡"等,甚至最后的悬崖撒手,③都表现了这种结果。而在前 80 回中,虽然写了宝玉不肯读书应举、不愿学仕途经济、与黛玉相恋、与优伶交结等叛逆表现,但并没有任何足以直接危及家族命运的行为;他的主要生活圈子,乃是在大观园那个理想世界和一群年轻女儿中。造成贾府败亡的原因,虽然作者作出了所谓"运终数尽"的历史循环论解释,但从作品的具体描写看,乃是它自身糜烂和统治阶级内部斗争的结果,而这些基本上是发生在大观园圈子外的事情。"十二钗"中的元春、凤姐、秦氏三人也正因其住在园外的肮脏世界里(秦氏死于建园前),所以在一定程度上介入了家族悲剧的进程,起着某种作用。而贾宝玉却连这种作用和影响也没有。贾宝玉的叛逆思想,当然给期待他继承祖业的贾府统治者以精神上的打击,他的最后出走,也断绝了其祖辈认为"惟嫡孙宝玉一人""略可望成"的希望。但是,既然他并非家族内外矛盾的焦点和家族生活内容的主体,那么,他不能成为作品中这一悲剧描写的中心人物就是很自然的了。家族悲剧的主人公,乃是从贾母而下的大小主子,特别是两府的当权派(包括王熙凤),他们才处于各种矛盾的中心。贾宝玉作为家族悲剧的目击者和悲剧后果的承受者,同时作为爱情悲剧的主人

① 何其芳《论红楼梦》,载刘梦溪编《红学三十年论文选编(上)》633 页,百花文艺出版社 1983 年版。

② 陈庆浩《新编石头记脂砚斋评语辑校》19 页。

③ 参见陈庆浩《新编石头记脂砚斋评语辑校》342、373 页。

公,起着联系两大悲剧内容的作用,这体现了作者的艺术匠心,但他也只能发挥这种作用。《红楼梦》虽然假托为"石头"所记,但它无法采用第三人称(石头)限知叙事,而不得不仍取全知视角,就是由于作者意识到了贾宝玉作用的局限性。

说到底,在《红楼梦》中,没有一个人物能同时处于这两大悲剧的中心,同时肩负起体现双重创作主旨的任务。作者设计的以宝玉—宝黛钗—十二金钗及诸女子为主要人物而以贾府诸人为次要的形象格局,只能突出写"情"的主旨,而把家族盛衰推到背景的地位上去。但这样做,又与突出家族悲剧的主旨相矛盾。另立一套形象格局,显然悖逆小说创作的美学要求。为了弥补不足,解决上述矛盾,作者调动了许多艺术手段,除充分发挥宝玉的情节联系作用外,还有如着力塑造王熙凤的形象,尽量表现十二钗的性格、行为、遭遇与家族命运的联系(如元春之封妃与死、探春理家和远嫁、迎春出家、惜春为尼等),集中创造表现家族盛衰的大事件、大场面、大波澜(秦氏之丧、元春省亲、宝玉挨打、两宴大观园、除夕祭宗祠、抄检大观园等),以强化这一主旨的表现。但是,《红楼梦》基本形象格局的地位和作用终究是无法改变的,最明显的事实就是《红楼梦》的绝大多数接受者都把这部小说首先或主要看成爱情悲剧,这是古代小说接受史上最强大而稳定的接受趋向和心理定势,无论学者们如何作其他论证或政治家如何作其他导引,都无可奈何。从最早为《红楼梦》题诗并把曹雪芹称为"情人"的清皇室后裔永忠,[1]到赞小说为"情书"的嫏嬛山樵、花月痴人、明斋主人(诸联)、潘得舆、乐钧、杨懋建、许叶芬等评红派,甚至视《红楼梦》为"劝惩垂诫"之作的护花主人王希廉,莫不如此。[2] 如果说古人认识尚受其时代和阶级局限,那么,下面一段引自《中国大百科全书》的权威性论述应该可以代表今天接受者和研究者的普遍观点:

> 《红楼梦》描写贾宝玉的爱情和婚姻悲剧,即贾宝玉和林黛玉的爱情悲剧以及贾宝玉和薛宝钗的婚姻悲剧。作者真实细致地描写了悲剧发生和发展的复杂现实内容,揭示造成悲剧的全面而深刻的社会根源。围绕着爱情婚姻悲剧,同时铺开一个由许多人物构成的广阔的社会生活环境,从而展示渐趋崩溃的社会的真实内幕。[3]

---

[1] [清]永忠《因墨香得观红楼梦小说吊雪芹三绝句(姓曹)》:"传神文笔足千秋,不是情人不泪流。"一粟编《古典文学研究资料汇编红楼梦卷》10页,中华书局1963年版。

[2] 参见韩进廉《红学史稿》124页、137至139页,河北人民出版社1981年版。

[3] 《中国大百科全书·中国文学卷》"红楼梦"条,中国大百科全书出版社1986年版。

这也许是曹雪芹尤其是脂砚斋们始料不及的结果。它究竟是《石头记》的失败还是《红楼梦》的胜利？总之，双重创作主旨的实现终于未能如愿。今天看来，道理很简单。因为《红楼梦》只有在写"情"的悲剧这一方面才做到了主题、主要人物形象与主要情节线索的统一，而于表现家族悲剧则无法实现这种统一。

为什么作者无法用统一的形象格局表现双重的创作意旨呢？在曹雪芹之前不久，有以"离合之情写兴亡之感"的《桃花扇》，有写既是政治悲剧主角又是爱情悲剧主角的李隆基杨玉环形象的《长生殿》，虽然它们都留下了自己的缺陷，特别是证明了双重创作主旨的矛盾，但终究提供了可资借鉴的艺术经验，曹雪芹为什么不能再前进一步呢？这就牵涉到另一个问题，即这双重创作主旨所要求描写的生活内容有着怎样的关系：它们是相互联系的还是各自游移的？

2.应该承认，《红楼梦》描写的两大生活内容是有紧密联系的。从生活环境说，大观园存在于贾府和整个现实社会的土壤之中，前者受制于后者；从人物关系说，宝黛及众女性都是贵族家庭中的年轻一代；从事件因果说，十二钗中许多人的遭遇与家族命运相依存。正是这种种联系，使曹雪芹得以进行其宏大的艺术建构。

但是，这仅仅是事情的一个方面（尽管是主要方面），另一方面，也应该看到，在一定程度上，这两大内容又是各自游移的。这集中表现在"情"的悲剧的主体——宝黛爱情悲剧与家族悲剧的关系上。宝黛爱情的悲剧性冲突，包含两个层次的内容：一是贵族叛逆者与封建礼教、封建家族的冲突，从性质说，这是一种外在的对抗性冲突；一是恋爱者自身的情感期待与情感实现的冲突，这种冲突也包含着某些对抗性因素，即追求自由爱情的青年男女在思想上冲破传统规范而行动上仍受其约束的艰苦的自我斗争，但更主要的，则是两性情感升华过程中的复杂而微妙的心理冲突，即爱情的强烈性、冲动性、排他性和执着性要求与其实现可能性之间的矛盾，这种矛盾虽不一定具有阶级思想对抗的内涵，却具有充分的人性深度，因而同样存在内在的紧张性和悲剧性。刘再复同志曾经用"爱而不得所爱，但又不能忘其所爱的悲哀"来概括宝黛悲剧的母题，[①]目的也即在揭示其普遍人性的意蕴，而这一方面，正是曹雪芹"大旨谈情"的写作重心，亦即他在多次批评才子佳人小说的简单化模式化倾向时强调的"将儿女之情发泄一二"的主要内容。如果说，曹雪芹对家族悲剧的描写反映着他对贵

① 刘再复《文学的反思》26 页，人民文学出版社 1986 年版。

族阶级命运的思考,主要表现出没落世家子弟的思想特征;那么,他对"情"的悲剧特别是宝黛爱情和宝钗婚姻悲剧的描写则反映着他对人类情感命运的思考,表现出一个"感得全人间世,而同时又领会天国之极乐和地狱之苦恼"①的伟大的人道主义者的博大而深邃的情怀。《红楼梦曲》十二支,《引子》和《终身误》《枉凝眉》三首曲专咏爱情悲剧,不涉及家族悲剧内容,而且,在演奏时,作者有意识地把此三曲与《恨无常》以下诸曲隔开,也是为了突出它们的特点和地位。与这种发泄"儿女之真情"的构思意图相适应,我们就看到,在《红楼梦》中,作者一方面强化恋爱者自身的情感冲突,用极其细腻委曲的笔墨表现了爱情产生、发展、成熟的全部过程,特别是这对小儿女之间的长时间的相互接触、试探、纠葛、表白直到完全了解和默契,以及因此涉及的这对恋人与其他人(宝钗、湘云等)的微妙关系,"写成浓淡兼深浅,活现痴人恋恋间"②,获得了极大的艺术成功。然而另一方面,作者却有意无意地淡化和弱化了恋爱者与周围现实环境的外在冲突。在《红楼梦》中,封建家族势力对爱情的干预和破坏,主要表现为家长的择婚意向和对婚姻决定权的掌握,而不是家长与恋爱者之间的直接冲突(宝玉挨打、抄检大观园均非由于宝黛恋爱)。作者常常通过对封建家庭所特有的温情脉脉的外衣的渲染来掩盖或磨灭这种冲突的尖锐锋芒,模糊家长的择婚意向,并且使之转化为恋爱者的自身矛盾,不到关键抉择时刻,不致外化为激烈的对抗(按照脂批透露的原著构思,似乎这种对抗最终也没有出现)。由此,具有实质对抗性的悲剧内容和并不呈现为外在对抗而主要呈现为内在紧张的悲剧形式,就构成了曹雪芹《红楼梦》爱情悲剧的特色。这种内在紧张的强化使小说对恋爱者的情感心理揭示达到了空前的深度,而外在对抗的弱化却难以揭示这种情感心理与环境特别是与家族悲剧进程的内在联系。《红楼梦》中写"情"与写家族盛衰两大生活内容的相互游移就是这样形成的。

过去,人们过于强调"金玉姻缘"与贾府择婚意向的同一性,似乎宝黛爱情一开始就受到沉重的外来干预的压力,这是不符合作品实际的。"金玉姻缘"只是传统婚姻观念的象征,但在前 80 回它始终没有变为贾府统治者的明确意志。相反,作者是有意模糊这种择婚意向的,兹择其有关事件排比如下:

22 回,贾母给宝钗作生日。

25 回,王熙凤打趣黛玉"给我们家作媳妇"。

---

① 《鲁迅全集》第七卷《集外集拾遗·诗歌之敌》,人民文学出版社 1981 年版。
② 陈庆浩《新编石头记脂砚斋评语辑校》335 页。

28 回,元妃端午赐物,宝玉与宝钗一样。

29 回,贾母托张道士打听外面人家小姐:"不管他根基富贵,只要模样配的上就好……只是模样性格儿难得好的。"

50 回,贾母问宝琴年庚八字,欲与宝玉求配。

57 回,薛姨妈说把黛玉配与宝玉,"我一出这主意,老太太必喜欢的"。

66 回,兴儿(贾琏仆人)对尤氏姐妹说:"(宝玉)已有了,只未露形,将来准是林姑娘定了的。因林姑娘多病,二则都还小,故尚未及此。"

可见,在感情和评价上,贾母右钗而左黛的倾向是明显的。但似乎一直未把宝钗作为择媳对象考虑,其原因,我们也不好妄自推断。但无论如何,"金玉说"不构成对宝黛爱情的现实威胁是可以肯定的。黛玉心头曾长期笼罩着"金玉说"的阴影,但她所忧,并不在此说对贾府统治者尤其是贾母的影响,而是此说对宝玉情感取舍的影响,即宝玉是否会"见了姐姐就忘了妹妹"。一旦二人情感达成默契,而钗黛又实现了和解,这一阴影就从她心头消失了。从第 5 回到 32 回,宝黛爱情纠葛共写了 10 次(从舒芜《说梦录》[①]说),都在宝黛之间进行,经过一系列矛盾和解决的过程,宝黛情好日密,但并没引起家族势力的干预。最尖锐的冲突在第 29 回至 30 回,宝玉砸玉,黛玉大吐,贾母却说出"不是冤家不聚头"的话,无异表示了对宝黛爱情的下意识认可,故二人"好似参禅的一般,都低头细嚼此话的滋味",由此带来了第 32 回的诉肺腑,宝玉向黛玉的彻底交心。至于宝黛爱情的暴之于众,则在第 57 回"慧紫鹃情辞试忙玉"。但这种暴露,并未引起贾府统治者的警觉和防范,反倒招来了"慈姨妈爱语慰痴颦"。

列举以上事件,不是为了说明贾府统治者可能同意和接受带有叛逆色彩的自由爱情要求,而是企图说明这样一个矛盾的事实:尽管曹雪芹意识到并且实际上写出了宝黛爱情同封建礼教、封建家长意志和传统观念的对立,但同时他又在有意无意地钝化这种对立的尖锐程度,竭力避免把贾府统治者特别是正统派写成是宝黛爱情的破坏和扼杀者。这显然又是受作者双重创作主旨制约的结果。为了写"情"的悲剧,他必须讴歌叛逆者的爱情,充分揭示爱情理想同残酷现实的对立,谴责对爱情的破坏;但他对家族悲剧的伤悼和对家族正统派的温和态度又使他无法完成这种揭示和谴责。这样,他就不能不把他的笔墨集中在"发泄儿女之真情"上,把宝黛爱情之花用大观园(即太虚幻境的人间投影)这块理想天地包裹和保护起来,成为一个独立自足的情感世界,而与对现实世界

---

① 舒芜《说梦录》128 至 132 页,上海古籍出版社 1982 年版。

的家族命运的描写保持着某种程度的分离和游移，并且用包含着宿命观念的"还泪"神话进行宝黛爱情悲剧的整体构思。在这个问题上，脂砚斋比作者走得更远。第 25 回甲戌本侧批云："二玉事，在贾府上下诸人，即看书人、批书人，皆信定一对好夫妻，书中常常每每道及，岂其不然，叹叹。"（庚辰批还有"作者皆谓无疑"之语）①完全否定了宝黛爱情与贾府统治者和家族的矛盾。这一观点未被作者所接受，但很难说对曹雪芹淡化和弱化这一矛盾的构思没有影响。

对于《红楼梦》中的两个世界——大观园的世界和大观园以外的世界，即作者虚构的理想世界与所批判的现实世界，余英时先生所论至为精彩。② 但鄙意以为未足的是，论者多在阐扬曹雪芹艺术构思的统一、完整、博大、精妙，而未曾注意到由于作者双重创作主旨带来的艺术构思的内在矛盾。而这两个世界的创造恰恰就是为了体现这种二元化的创作主旨。诚然，正如余先生所说："这个理想世界自始就和现实世界是分不开的。"但如果说"它也无时不在承受着园外一切肮脏力量的冲击"，则未必然。事实上，大观园的主体——恰恰是一个具有某种封闭性质的情感天地，《红楼梦》情节结构的板块特征正是因此形成的。

故事网络和情节板块

福斯特在《小说面面观》中，曾经对故事和情节作过严格的概念区别："故事就是一些按时间顺序排列的事件的叙述。""虽然情节中也有时间顺序，但却被因果关系所掩盖。"③下面我想依据这一区分进一步研究《红楼梦》的结构特征。

人们常把《红楼梦》的结构称为百面贯通筋脉相连的网络式结构，这是有一定道理的。作者尽量通过贾府各种人物特别是贾宝玉的复杂联系和活动，把两个世界发生的种种事件组织成为一个艺术整体，以解决两大生活内容既互相联系又相互游移的矛盾。这一努力颇见成效，尤其是在细节的连缀、过渡、呼应和若干大波澜的创造方面。但是，从宏观上看，我们却不能不发现，作者并没有完全做到这一点。一个很显明的事实是，从哈斯宝择译的《新译红楼梦》（40 回）到越剧《红楼梦》，人们都不难把宝黛爱情故事从小说的"网络"结构中剥离出来而并不影响其自身的统一与完整。这是为什么呢？问题关键在于，这种网络结

---

① 陈庆浩《新编石头记脂砚斋评语辑校》463 页。
② 余英时《红楼梦的两个世界》，载胡文彬、周雷编《海外红学论集》46 页，上海古籍出版社1982 年版。
③ ［英］福斯特《小说面面观》，花城出版社 1984 年版。

构虽然对复杂的事件叙述起了很好的组织作用,却无法从因果联系上解决情节游移的难题。

从前80回看,全书对贾府的描写是按由盛而衰的线索进行的。元春晋封和归省可谓贾府第三代繁盛的顶点,至两宴大观园(第38—41回)贾府一直处于这种盛时,呈相对稳定的静态特征。其后则由于种种矛盾爆发,衰征日渐明显,发生了琏凤冲突、鸳鸯抗婚、探春理家、园内纷乱、尤氏姐妹之死、抄检大观园、中秋悲音、迎春出嫁等一系列事件,可谓渐衰期,呈现着一种动态变化的特点。另一方面,对宝黛爱情的描写则按产生、发展、成熟以至悲剧结局的线索。当贾府处于相对稳定的静态阶段,宝黛爱情却正经历一个充满了矛盾纠葛和曲折变化的动态过程,而在贾府由盛渐衰的动态阶段,宝黛爱情却由于双方定情默契和钗黛和解进入了一个相对稳定的静态时期,如把前5回视为小说结构的总纲,那么以42回为界,两个时期(第6—42回,43—80回)几乎各占其半。可以预料,80回以后两条线索都要向悲剧结局呈动态迅速推进,这是后话。从上面两条线索在两个时期的不同基本特征可以看出,贾府形势的总体变化对宝黛爱情的总体发展并无明显影响。前面我已谈到宝黛爱情的整个发展过程(直到第57回暴露于众)并未招致家族势力的干预,这里想进一步从黛玉的心理描写来印证这两条线索的分离。黛玉是一个对环境的影响和压迫具有高度敏感和洞察能力的女子,还在大观园花明柳媚充满青春欢乐的时候,她就写下了感伤自己命运不幸、社会压迫沉重的"一年三百六十日,风刀霜剑严相逼"的《葬花词》。42回以后,她虽然还写过感伤情调极浓的《桃花行》《柳絮词》,但在对现实的感受上,并没有增添新的内容。再从作者的直接心理描写看,第32回黛玉听到宝玉对湘云的一番称扬她的话后,"不觉又喜又惊又悲又叹"一段曾全面揭示了她此时的内心活动,其中述"悲"之部分云:

> 所悲者,父母早逝,虽有铭心刻骨之言,无人为我主张。况近日每觉神思恍惚,病已渐成,医者更云气弱血亏,恐致劳怯之症。你我虽为知己,但恐自不能久待;你纵为我知己,奈我薄命何!

直至80回终了,萦绕于黛玉心头的,并不是她对贾府统治者对于她与宝玉爱情的压迫的新的敏感,而始终是第32回所写的这种因父母双亡无人作主和自己身体有病而对婚姻前途产生的不祥预感(第57回、70回、76回、79回)。如果说有变化,那就是因为自觉病情加重而忧思更深(如"冷月葬诗魂"之句,同宝玉斟改《芙蓉诔》时闻"黄土垄中,卿何命薄"而"怵然变色"等)。一句话,42回以后家族内部各种矛盾的激化并未带来家族与爱情矛盾的激化,相反,黛玉此一时期心情较前一时期平静得多,甚至抄检大观园这样涉及她个人尊严的事(王善保家的在紫鹃房中胡闹)也未引起她的任何反应,在几乎占 80 回《石头记》之半的这部分篇幅里,宝黛爱情虽作为一条线索仍然被织进各种事件组成的网络结构里,但已无任何新的发展,似乎经过赠帕定情与钗黛和解,三角关系已经明朗,则宝黛对于未来的幸福已无事可做。正所谓万事俱备,只欠东风——等待家长的最后批准了。在这一部分,作者虽然继续写了宝玉与诸女性的关系,保持着主人公的地位,但黛玉则已失去其中心位置,性格也不再有光彩。作者对她的描写,反不如探春、晴雯、鸳鸯、尤氏姐妹等次要人物。这是因为上述诸人的命运,与家族悲剧的进程存在着不同程度的联系,所以,她们的性格能够在作者对家族悲剧的描写中得到较充分的表现与展开,而宝黛爱情由于与家族悲剧内容缺乏有机联系,便不能不退居一隅。如果作者不是有意淡化和弱化宝黛爱情与家族势力的冲突,他本来可以对爱情的悲剧性冲突在内容上进行更深入的挖掘,在形式上展示更丰富的细节,而不致仅仅停留在前半部分以口角纠纷"发泄儿女之真情"的描写上。很可惜,曹雪芹未能做到这一点,而他的续补者高鹗却这样做了。这正是双重创作主旨制约的结果。

因此,我以为,如果说《红楼梦》的外在结构(人物的联系、事件的关联、内容的交错)呈现为网络型,真正做到了筋脉百面贯通的话;那么,它的内在结构(情节的进展和推移)却存在着某种程度的分离和游移而呈现为板块状。即作者在感到双重创作主旨的矛盾对立、两大生活内容的相互游移而难以兼顾时,不能不采取情节内容相对集中的方法,使双重主旨交错呈现、轮流突出。从大的板块来说,42 回以前,作品的情节主体是宝黛爱情,兼写贾府盛况和各种矛盾,而以后者为背景;42 回以后情节主体则转入家族命运,而将宝黛爱情挤入一角。就小的板块来说,宝黛或宝黛钗(有时还有湘云或袭人等)的每次感情纠葛几乎都自成一体,除第 29 回一次,均不受外界干预。而写家族矛盾中若干事件也都仅有其自身意义,与写"情"之主旨无关,无法视为写"情"之典型环境的有机部分。情节板块的存在,迫使作者在安排描写篇幅时,不断地舍此就彼,寻求内容重心的相对平衡,但又不断地顾此失彼,在保持这种平衡的努力中进退维艰。许多分析《红楼梦》结构的同志常常难以把他们的论点贯彻到底,其原因不在论者,实在于作品自身。如何其芳同志一方面承认宝黛爱情"是《红楼梦》里面的中心故事,是贯穿全书的主要线索",但另一方面他在把全书(80 回)结构分为四个部分时却又不能不承认仅第 19 回至 41 回(占全书 1/4 强)是主要写宝黛爱情和宝玉与封建正统思想的矛盾,其他部分均各有重点,至于他们怎样"和全书的主要线索和主要人物联系在一起”,他没有讲,恐怕也难以讲清。① 作为事件线索的连缀之处当然尽多,情节因果关系却未必都有。而且他的分析(原文较长,恕不引),也恰恰证明了我所说的情节板块的存在。诚然,复杂的人生如同可以旋转的舞台,总是轮流地演出各种人物和事件的。但是无论如何也不好说,《红楼梦》的两大情节板块就是十分合乎生活逻辑和艺术创造要求而无可指摘的。更为重要的是曹雪芹分明为自己设下了一道待解决的难题:80 回以后的部分怎样写下去? 是回到 42 回以前宝黛爱情为情节主体而以贾府家族作为背景环境的板块上来,还是把 43 回以后以家族盛衰为主体而以宝黛爱情为线索或其一部分的结构板块延伸下去直到结尾? 抑或让这两大板块发生碰撞而迸发出新的火花? 这位伟大的艺术家不会想到,正是这道难题耗尽了他的心血,而给他的续补者留下了成功的机会。

曹雪芹的遗憾和续作者的成功

《红楼梦》原作的未完成,既是曹雪芹的终天之恨,也是文学史上的千古之谜。

1754 年(甲戌),即曹雪芹逝世(用癸未说)前十年,经过他“十年辛苦”创作、脂砚斋第二次评点的《石头记》问世,至 1759 年(己卯),经脂砚斋四阅评过的前 80 回大体定稿。然而,为什么尽管后数十回的初稿早已同时写出(据庚辰本正文夹批可知),②他所构建的这座宏伟艺术大厦却终于未能竣工? 对此,红学专家们已经作出过种种推测说明:政治的、经济的、作者身体与生活境遇方面的、其他特殊原因的(包括“迷失”说)等等,在没有充分确凿的材料可以证明或者否定之前,各种研究结论都可备一说。但是,对于一位伟大艺术家的创作,为什么偏偏不从艺术自身去寻找答案呢? 1852 年 2 月 11 日深夜,俄国作家果戈里在极度痛苦中焚毁了他“计划建设的宏伟宫殿”——《死灵魂》第二卷,而仅仅留下了他的“一级台阶”该书第一卷,因为他终于无法实现由于世界观的矛盾而产生的弹出“另外一根以前不曾触过的弦”的创作构思。③ 而我国近代小说梁启超《新中国未来记》的中途搁笔则是由于作者意识到这部作品的体例矛盾使

① 何其芳《论红楼梦》,载《红学三十年论文选编(上)》589、634 页。
② 参见陈庆浩《新编石头记脂砚斋评语辑校》342、575 页等。
③ [苏]魏列萨耶夫《果戈里是怎样写作的》,载龙协涛编著《艺苑趣谈录》324 页,北京大学出版社 1984 年版。

他无法实施其撰写社会史式小说的愿望。① 那么,当曹雪芹既无从摆脱双重创作主旨的制约而又无力消除它们之间的对立时,他是否会感到自己陷入了《红楼梦》艺术构思的内在矛盾之中而终于难以自拔呢?

很明显,当作品进入 80 回以后,情况发生了新的变化。如果说,在前 80回,篇幅容量的广阔空间还能够给作者以较充分的自由从容调度,并且利用家族和爱情两大生活内容的不同动态特征(见前),采取相对集中、轮流突出的方法解决表现双重主旨的矛盾;那么,此时曹雪芹面对着的,却是一个大为缩小了的艺术空间和一堆空前激化了的创作矛盾。一切平衡都被打破了。按照悲剧发展的必然逻辑,贾府将急遽衰败,宝黛爱情也终归毁灭,这是两个情节变化、情感碰撞都极为剧烈的动态过程。多少惊心动魄的事变,多少生离死别的场面将要出现和被描写。所有的人物,不管大小主次;所有的纠葛,只要它们曾经发生而未曾解决;所有的线索,哪怕它们伏脉千里或仅偶尔一见,都拥挤在这块有限的天地和过于狭窄的通道上(按照脂批的线索,全书计划写 108 回或 110 回,只剩下 30 回了),左冲右突,纠缠胶结,寻找着出口,要求着自我实现和完成。其中尤难处理的,则是 80 回前暴露的一元化的形象格局和二元性的情节板块的基本矛盾。一元化的形象格局,要求他回到 42 回以前爱情为主体家族为背景的道路上去,这也许是解决难题的最佳方案,但家族悲剧的地位却因此相对降低,这是为双重创作主旨所不能容许的。而二元性的情节板块,却显然向他展示了另一条路,即把 42 回后以家族为主体以爱情为线索的结构延伸下去,它将实际上否定写"情"的主旨,却很符合曹氏家族势力和创作主体传统意识突出家族悲剧的意图。二者必居其一。从脂批提到的 80 回以后情节内容看,曹雪芹是曾取后一方案了。按其设想,黛玉将泪尽夭亡,其内因是病情日重,外因则似乎是贾府抄家后宝玉被系狱神庙使她受到极大的精神打击。② 宝玉出狱后,则有"对景悼颦儿"、潇湘馆"落叶萧萧,寒烟漠漠"的描写。③ 根据前 80 回弱化和淡化家族对爱情干预的构思,宝黛钗爱情婚姻的矛盾将不因贾府舍黛而择钗造成钗嫁黛死的悲剧冲突,却由于黛玉薄命无缘与宝玉结合而使宝钗得以成婚。上述处理,固然使贾府败亡与宝黛悲剧发生了直接联系,改变了前 80 回两大悲剧相互游移的情况,但贾府败亡带来的后果,还有诸如迎春之死、探春远

① 孙宝瑄《忘山庐日记》(光绪二十九年五月二十八日),上海古籍出版社 1983 年版。

② 参见蔡义江《红楼梦诗词曲赋评注》65 页,北京出版社 1979 年版。

③ 参见陈庆浩《新编石头记脂砚斋评语辑校》481 页(第 26 回脂批)、692 页(第 79 回脂批)。

嫁、惜春为尼、凤姐被休、妙玉落难以至"好一似飞鸟各投林,落了个白茫茫大地真干净"的结局,黛玉之死只能作为这一系列悲剧中的一个而失去其中心地位,而泪尽夭亡也只能成为一种宿命的描写,给人留下一种永远的遗憾而缺乏震撼人心的力量。电视连续剧《红楼梦》中的"黛玉之死"就是企图恢复曹雪芹的原来构思,结果怎样呢?连曹雪芹自己当年也没有肯定这种描写。林黛玉在小说中的主人公地位是作者亲自设计奠定而不可动摇和改变的。她是大观园理想世界的灵魂,金陵十二钗的魁首。曹雪芹要"使闺阁昭传",她是传世的第一人;《红楼梦》要"大旨谈情",她就是"情"的化身(情榜云"宝玉情不情,黛玉情情"①)。为了创造这位集种种美质而又集种种不幸于一身的"清净女儿"的最高典范,他几乎倾注了全部的爱和心血。失去了林黛玉及其悲剧的中心地位,《红楼梦》的成功就成了一句空话。曹雪芹能够同意自己的这种处理吗?

也许直到这时,曹雪芹才意识到他遇上了一道无法解决的难题。这是曹氏家族势力干预和主体自身矛盾导致的双重创作主旨对立的结果。他所正在做的也许并非他所愿意做的,他所希望做的也许又是他所不能做的。试看脂砚斋、畸笏叟等人提到 80 回后文字,他们感兴趣和慨叹"迷失"的,都是"抄没""狱神庙"等写家族悲剧的内容,几乎不涉及宝黛悲剧,至多只对黛玉"证前缘"(原稿回目,据靖藏本 79 回批,即"泪尽夭亡"②)表示某种遗憾,前引第 25 回甲戌、庚辰批表明,他们不会赞成把这一悲剧写成爱情与家族的冲突,写出封建统治者对恋爱者的迫害摧残。而这些,既与曹雪芹的民主思想和叛逆意识大相径庭,却又不能不制约着他对黛玉之死的处理和整个后数十回的构思。昔日的创伤,今日之贫寒,外来的压迫,内在的冲突,他也许感到心劳力竭、江郎才尽了?无论如何,他不会把连他自己都不满意的草稿拿出去,让脂砚斋们批点流传,而宁可抱着未成之恨"泪尽而逝",如同他钟爱的女主人公林黛玉怀着未能实现的爱情那样死去。对于这件事,脂砚斋们只写了一句话:"壬午除夕,书未成,芹为泪尽而逝。"③谁都不知道这泪水里包含着多少辛酸和痛苦。令人惊奇的是,艺术家和他的产儿——艺术形象的命运竟会如此地巧合?这是冥冥苍天的有意捉弄,还是无可逃遁的艺术必然?

历史并不像林妹妹只爱宝哥哥一样,是一位钟情的女郎,它把成功和失败的机缘同时带给每一个人。我们不必为曹雪芹的早逝感到太多的遗憾。有的

---

① 陈庆浩《新编石头记脂砚斋评语辑校》349 页(第 19 回脂批)。

② 陈庆浩《新编石头记脂砚斋评语辑校》692 页(第 79 回脂批)。

③ 陈庆浩《新编石头记脂砚斋评语辑校》12 页(第 1 回甲戌眉批)。

同志曾经设想，后40回"如果在天才的曹雪芹的手中，那将描写得多么丰富多彩，多么紧紧地吸引住读者全部的心灵"，他们忽视了这样一个基本事实：80回以后曹雪芹同样至少写作和修改了10年，却始终没有完成而终至辍笔。他们过多地把热爱和推崇献给了曹雪芹，而把鄙薄和指责留给了后续者。读过《红楼梦》的大多数人，难道不都是在高鹗描写的"黛玉之死"中使自己的情感得到最高的升华和使对《红楼梦》的欣赏得到最大的满足的吗？当曹雪芹陷入双重创作主旨的矛盾时，我们有什么根据推断曹雪芹的后数十回就一定好过程高本的"续貂"，难道事实不可能是相反：正是曹雪芹的遗憾带来了程高本的成功吗？

程高本的成功，首先就在于恢复了42回以前以爱情为主体、家族为背景的结构格局，坚决地把宝黛爱情摆到中心地位上来；同时，又改变了原作弱化和淡化爱情与家族冲突，造成两大生活内容相互游移的构思，着力揭示和强化家族对爱情的干预和破坏，特别是把矛头指向原作竭力维护的以贾母、贾政和宝钗为代表的封建正统派。第82回"病潇湘痴魂惊恶梦"一锤定音，让黛玉回到她失落了几十回的主人公位置上，为笼罩整个后40回的宝黛爱情悲剧奠定了基调。尤其值得注意的是，作者通过梦境，第一次正面揭露贾府最高统治者"老祖宗"的冷酷和虚伪，以及她对黛玉的厌弃，这样，就使爱情与家族的矛盾鲜明地突现出来，使小说的两大生活内容发生了有机的内在联系。而作者把对家族命运有重大影响的元妃染疾置于黛玉噩梦之后（第83回），这又明显调整了42回以后突出家族盛衰的布局。此后，便是紧锣密鼓的爱情悲剧的情节进展，从虚到实，似假实真，几番波澜，几多曲折：宝玉提亲（第84回）、黛玉抚琴（第87回）、颦卿绝粒（第89回）、宝玉谈禅（第91回）、失玉疯颠（第94、95回）、设谋掉包（第96回）、黛玉焚稿（第97回）、钗嫁黛死（第98回），而其间穿插的元妃薨逝（第95回）、王子腾之死（第95回）、薛蟠之案（第85回以后）既预示贾王薛诸家的急遽衰落，又加强了家族联姻互相扶助的现实需求，成为爱情悲剧的重要背景。而从凤姐设谋到钗嫁黛死，则使家族势力的各种代表人物与叛逆者爱情的矛盾全部集中、纠缠和空前激化起来，这对心心相印的恋人又被处理成一痴一傻，情感暌隔，至死不得沟通。这一切，都凝聚成一场惊心动魄的悲剧冲突，使《红楼梦》攀上了我国古代也是世界文学史上爱情悲剧的顶峰。这种效果，远不是原稿"泪尽夭亡"所能比拟的。黛玉死后，作者又继续写了感幽魂（第101回）、触前情（第104回）、闻鬼哭（第108回）、候芳魂（第109回）、释旧憾（第113回）、游幻境（第116回）、却尘缘（第119回）等，突出宝玉对黛玉的思念和最后的出走，实际上仍是写宝黛悲剧（影响和后果），强化其在全书的中心地位。而相形之下,家族悲剧不但地位退居其次(抄家在黛玉死后第 105 回),写得也较差,家业复起、兰桂齐芳之类更是庸俗不堪,这显然与续作者的生活经验与"心志未灰"的思想状态有关。从另一角度看,这也未尝不是续作者为突出爱情悲剧所付出的代价,正如同曹雪芹为了突出家族悲剧的地位而不能不弱化宝黛悲剧冲突一样。

看来,续作者能写好黛玉之死,却写不好家族败亡;曹雪芹肯定可以写好家族败亡,却不一定能写好黛玉之死。从小说的认识价值看,家族悲剧也许能展示更为广泛的社会批判内容;但从审美创造的要求看,出色地完成以家族为背景的爱情悲剧却更能保证《红楼梦》的成功。因为首先它解决了前 80 回一元化的形象格局和二元性的艺术构思的基本矛盾,实现了主题、主要人物和主要情节的和谐统一,这就消除了几将成为《红楼梦》痼疾的双重创作主旨的对立;其次,它实现了两大情节板块的碰撞和融合,解决了前 80 回两大生活内容既相互联系又相互游移的矛盾,从而深化了《红楼梦》写"情"主题的悲剧内涵;第三,它较好地完成了宝黛钗等主要艺术典型的创造(虽然写宝玉尚有若干败笔),尤其是对 42 回以前钗黛对立格局的恢复和发展,改变了前 80 回后半部分的模糊意向和对黛玉形象的损害,保证了钗黛形象的成功。关于这个问题,张国光先生在他最近的《两种〈红楼梦〉,两个薛宝钗》这篇长文中有些很精彩的论述。① 人们可以从续书中挑出成百条瑕疵,以证明续作者不如曹雪芹,但我也要说,在解决《红楼梦》双重主旨这一创作难题上,曹雪芹不如续作者。这不是因为曹雪芹的艺术天才逊于续作者,而是因为续作者比曹雪芹幸运,他没有像原作者那样由于千丝万缕的联系受到家族势力干预和主体自身矛盾的双重制约,因而有较大的创作自由;他在某些方面也比曹雪芹大胆,他在基本忠于原著构想的前提下,没有亦步亦趋,而是突破了原作者设置的某些藩篱,进行了富有独创性的艺术创造。当然,他在另一些方面又比曹雪芹庸俗,因而不免贻讥于后人。历史没有给我们创造一个完满的伟人,它提供的是无数各有优长又各有缺陷的个体和因互补而完美的范例。崇曹雪芹贬续作者(或崇续作者贬曹雪芹)的情感趋向或结论究竟有什么意义、有多少根据呢?难道不是曹雪芹和续作者们的前仆后继造就了《红楼梦》的伟大吗?有谁能断言,如果没有程高本的续作,80 回的脂批《石头记》会像"断臂的维纳斯"那样在中国和世界文学中占有今天这样崇

① 张国光《两种〈红楼梦〉,两个薛宝钗——兼论应充分评价高鹗续改〈红楼梦〉的贡献》,载《古典文学论争集》,武汉出版社 1987 年版。

高的地位？

人类永远需要突破和超越，不管是面对强大的传统还是伟大的先人。这就是曹雪芹和程高本留给我们的教益。

（原载《红楼梦学刊》1989 年第 2 辑）

[附记]本文原题《曹雪芹的创作难题与高鹗的突破》，现改为《曹雪芹的创作难题和程高本的突破》，以弥补原题的缺陷。关于《红楼梦》后 40 回的高鹗续书说，学界已有较多质疑和否定意见。中国艺术研究院红楼梦研究所校注本《红楼梦》作者已标为"曹雪芹著　无名氏续　程伟元、高鹗整理"。笔者依从此说。不管续作者能否考定，程伟元与高鹗完成一百二十回本的整理和最早出版的贡献是不能否定的。随着研究和认识的深入，笔者对曹雪芹家世的认识已有较大改变，曹雪芹出身于包衣-仕宦家庭，并非贵族子弟。有关论述，参见拙著《走近曹雪芹——〈红楼梦〉心理新诠》和《曹寅与曹雪芹》及相关论文，本文未做修改。

2024 年 1 月 26 日

《红楼梦》的诗性情境结构及其话语特征

  《红楼梦》的艺术魅力和诗意光辉,既来自作者所创造的一系列生动活脱的典型形象,也来自作品中一个个意味隽永的诗性情境:宝黛相见、共读《西厢》、龄官画蔷、晴雯撕扇、赠帕题诗……作为"总的世界情况经过特殊化而具有定性"的情境,①在小说中,它是场面与动作的统一体。场面展示空间构架,动作表现时间进程,情境便在时空纵横坐标轴上成为小说的基本艺术单元。"艺术最重要的一方面从来就是寻找引人入胜的情境,就是寻找可以显现心灵方面的深刻而重要的旨趣和真正意蕴的那种情境。"②在《红楼梦》中,这些典型情境,不但被作者融入其整体构思之中,成为巨大艺术殿堂的红墙绿瓦,画栋飞檐,而且以其自身的精心结撰和完美创造,各呈异彩,具有相对独立的审美价值。剖析《红楼梦》典型诗性情境的结构及其话语特征,③可以帮助我们更深刻地认识这部"语言的艺术作品"的伟大成就。

"诗画情境"的意象结构之一:聚合

  《红楼梦》的诗性情境,从场面与动作的关系看,有两种基本形态。一种是以特定的场景描写作为情境基础的,突出情景意象与情境内涵的联系,可称之为"诗画情境";一种是以特定的动作情态作为情境基础的,重视人物言行与情境内涵的联系,可称之为"诗事情境"。

  "诗画情境"的基本结构单位是意象,即包含情感内容的空间图像,它体现

① [德]黑格尔《美学》第一卷,254 页,商务印书馆 1982 年版。

② 《美学》第一卷,254 页。

③ 现代语言学认为,话语是能完全独立存在的语言行为(言语)单位,是按使用者的意愿在平面上组合起来的连贯句群。参见[英]雷蒙德·查普曼《语言学与文学》182 页,王士跃等译,春风文艺出版社 1988 年版。

了《红楼梦》对古典抒情文学"情景交融"艺术传统的吸收。在《红楼梦》中，一个典型情境的意象结构元素常常不是单一的，而是复合的，甚至是多元的。概而言之，它包括中心意象、陪衬意象、补充意象、联想意象等几种成分。例如 58 回①宝玉对杏树出神一段：

> （宝玉）从沁芳桥一带堤上走来。只见柳垂金线，桃吐丹霞，山石之后，一株大杏树，花已全落，叶稠阴翠，上面已结了豆子大小的许多小杏。宝玉因想道："能病了几天，竟把杏花辜负了！不觉已到'绿叶成荫子满枝'了！"因此仰望杏子不舍。又想起邢岫烟已择了夫婿一事，虽说是男女大事，不可不行，但未免又少了一个好女儿。不过两年，便也要"绿叶成荫子满枝"了。再过几日，这杏树子落枝空，再几年，岫烟未免乌发如银，红颜似槁了，因此不免伤心，只管对杏流泪叹息。正悲叹时，忽有一个雀儿飞来，落于枝上乱啼。宝玉又发了呆性，心下想道："这雀儿必定是杏花正开时他曾来过，今见无花空有子叶，故也乱啼。这声韵必是啼哭之声，可恨公冶长不在眼前，不能问他。但不知明年再发时，这个雀儿可还记得飞到这里来与杏花一会了。"

不难看出，在这一情境中，中心意象是已结子的杏树和对杏出神的宝玉，柳枝桃花俱为陪衬意象，后来飞到树上乱啼的雀儿为补充意象，宝玉由杏树结子联想到岫烟出嫁，又推想到空枝和女儿衰老，由今日啼雀想到过去杏花开时，又推想及明年杏花再发时情景，这些都是联想意象。中心意象是情境主体；补充意象是中心意象的延伸、扩展与丰富；陪衬意象是与中心意象无关的背景意象，以上三者都是场景化的实象。联想意象表现于人物触景生情的语言和心理活动中，包括典故意象、回忆意象和推想意象等，是非场景性的虚象，起着以虚映实、虚实相生、加深典型情境内涵的作用。

《红楼梦》中"诗画情境"的意象结构是多种多样的。曹雪芹的那支生花妙笔，几乎能穷尽美的一切形态。但我们通过归纳，仍可以概括出一些主要模式，它们反映着作者对基本审美原则的天才驾驭和寓一于多的艺术功力。

兹列述数种。

聚合式意象。以陪衬意象烘托中心意象，以补充意象加强中心意象，以联想意象深化中心意象，诸多意象聚合有序，形成以中心意象为主体的圆形结构。

---

① 本文所论《红楼梦》内容及原文，均据中国艺术研究院红楼梦研究所校注本《红楼梦》，人民文学出版社 1982 年版。

上引 58 回文字即为此种结构模式。作者在"柳垂金线,桃吐丹霞"的绚丽斑斓背景上,着力描写一株叶稠阴翠、黯然失色的杏树,短语与长句、骈偶与散体、藻饰与白描的话语变化,造成强烈对照,使中心意象得到突出。宝玉的兴趣,不在春意盎然的桃柳,而在花落春去的杏树,这就不但生动地表现了他对美的特殊热爱与关注,而且显示着他的理想与追求,不只是美的现存,而且是美的永存,是为第一层。接着,由"绿叶成荫子满枝"引起的对花与女儿命运联系的反复推想,进一步揭示出贾宝玉美的理想的社会内容和理想追求破灭的悲哀,是为第二层。第三层补充意象的出现,及由此引起的雀儿与花关系的反复联系推想,则更深刻地展现了这个贵族社会的叛逆者既多情泛爱,又苦闷孤独,既厌恶现实,又缺乏知己的复杂精神世界。第二、三层联想意象与补充意象极大地丰富了中心意象的内涵。在这里,景物意象获得了多重表现功能,成为青春美、女性美、人性美、理想美的统一体,人物的个性特征也得到多方面的表现。如果我们联系上回紫鹃试玉宝玉痴迷,下文"杏子阴假凤泣虚凰,茜纱窗真情揆痴理"的情节发展,以至后来大观园诸芳零落的结局,就更可以看到这一典型情境在作品整体构思中的重要意义:它预示性地表现了贾宝玉理想的进步性和空想性之间的悲剧性冲突及其深层"色-空"意蕴,是显示 55 回后"黄钟大吕后转出羽调商声"①整体情调转折的关键笔墨。

聚合式情境描写对诸多意象的整体综合和对各种艺术手段的充分调动,使它在《红楼梦》艺术意境的构造上起着重要作用。作品中"诗画情境"的"重头戏",即那些意象与内涵特别丰富的场景描写,大多采取这种结构形式。如著名的"黛玉葬花",即以芒种节大观园"绣带飘飘,花枝招展"的欢乐情景(包括宝钗捕蝶)为陪衬意象,以葬花为中心意象,以宝玉听《葬花吟》哭倒山坡为补充意象,而《葬花吟》诗句与宝玉恸哭时的心理活动,则以丰富的联想意象深化着中心意象的内蕴。又如"龄官画蔷"一段,以"赤日当空,树阴合地,满耳蝉声,静无人语"为陪衬意象,蔷薇花内外二痴("画蔷痴及局外")为中心意象,以"骤雨淋漓"为补充意象,又通过宝玉多次心理描写展示联想意象,在如画的优美情境中细腻曲折地传达出龄官对贾蔷、宝玉对黛玉的恋爱情感和宝玉对女儿的体贴奉献心性。

聚合式情境的话语特征,是作者常用短长骈散结合的句群处理陪衬意象、补充意象与中心意象的关系。为人们所熟悉的许多《红楼梦》的著名短语、骈

---

① 陈庆浩《新编石头记脂砚斋评语辑校》621 页,中国友谊出版公司 1987 年版。

句,就常出现在这种意象结构中,除上引诸例中"柳垂金线"二句、"绣带飘飘"二句、"树阴合地"四句外,又如:

> (宝玉)说着,顺着脚一径来至一个院门前,只见凤尾森森,龙吟细细(陪衬意象)。举目望门上一看,只见匾上写着"潇湘馆"三字。宝玉信步走入,只见湘帘垂地,悄无人声(陪衬意象)……耳内忽听得细细的长叹了一声道:"每日价情思睡昏昏。"(此为中心意象)(第26回)

> 这里林黛玉还自立于花阴之下,远远的却向怡红院内望着(此为中心意象),只见李宫裁、迎春、探春、惜春并各项人等都向怡红院内去过之后,一起一起的散尽了……一进院门,只见满地下竹影参差,苔痕浓淡(陪衬意象),不觉又想起《西厢记》中所云"幽僻处可有人行,点苍苔白露泠泠"二句来……(联想意象)(第35回)

骈语短句的运用,既以其谨严富赡丰富了意象结构的内容,又以其简约精要突出中心意象(白描散体)的地位。又由于体现着汉语和谐对称形式美的四字骈语或短句来自诗赋,因而这种句型自身也成为情境诗性的重要形式因素。当然,典型情境的诗情画意,主要还是来自作者对意象结构的整体布局和艺术形象的情感渗透,但话语运用所体现的形式与内容高度和谐统一的成就也自不可忽视。

"诗画情境"的意象结构之二:叠加

"诗画情境"的意象结构之二,可谓叠加式。其特征是,对中心意象从不同角度,用不同方式进行描写,反复皴染,多次用笔,形成中心意象的单一立式结构。

试看62回"憨湘云醉眠芍药裀"一段:

> 湘云卧于山石僻处一个石凳子上,业经香梦沉酣。四面芍药花飞了一身,满头脸衣襟上皆是红香散乱。手中的扇子在地下,也半被落花埋了,一群蜂蝶闹穰穰的围着他。又用鲛帕包了一包芍药花瓣枕着。众人看了,又是爱,又是笑,忙上来推唤挽扶。湘云口内犹作睡语说酒令,唧唧嘟嘟说:

> 泉香而酒洌,玉碗盛来琥珀光,直饮到梅梢月上,醉扶归,却为宜会亲友。……

此情境的中心意象,即为"香梦沉酣",以三次叠加用笔完成。第一笔写身上之落花,次之写枕帕之落花(此所以为"香梦"),最后是梦呓之酒令(此所以为"沉醉")。首笔三句自身又由三次叠加构成:"四面芍药花飞了一身",此句以花为主体,居首位,人居宾位;"满头脸"一句则以人为主体,花居中位(主谓短语"红香散乱");末句仍以人为主体(扇子),花则退居宾位(介词宾语)。三句从不同角度、部位展示人花相映的优美意境,而每句中各用一关键词语"飞""散乱""埋"描写落英缤纷的图景,既成从上(空中)到下(地面)的空间序列,又包含着从动到静的不同形态,可谓曲尽其妙。虽然是朴素的白描,但因多次用笔,却显得浓墨重彩。如果说身上之落花是写既睡之后,则枕帕之花瓣显然在酣梦之前。前者以花烘托湘云之天生丽质,后者表现湘云惜花爱美的精神世界。故虽同为写落花,实系由浅到深的两个层次,而以蜂蝶意象巧妙陪衬和连缀之。第三层之酒令,又由美酒("泉香"二句)、良辰("梅梢月上"),赏心("醉扶归")、乐事("宜会亲友")诸意象叠合而成(这也是一种叠加),表现一种无不称心的理想境界,实际上是借梦呓深化人物的内心追求。湘云与宝黛不同。宝黛见落花而生伤心痛心,反映出这一对叛逆儿女对现实压迫摧残的敏感;湘云却见落花而生爱心乐心,并不产生与现实和社会人事的联想,这既表明其天真烂漫,也表现其麻木无知。她对现实和传统并不对抗而取顺应态度(此所以她对宝钗有好感),因而感到与现实的和谐。这就是她能沉醉于暂时的欢乐并在下意识(醉梦)中把它当作理想世界永久欢乐的原因。这是一个忘却或不懂得现实痛苦的清净女儿的幻想追求。它与前面怡红饮宴的那种"没了管束,任意取乐,呼三喝四,喊七叫八,满厅中红飞翠舞,玉动珠摇"的场景描写相呼应,暗示现实的短暂欢娱,只有在醉梦中才能持久延续下去。它的正面是喜剧,而反面却是悲剧,这一典型情境意象结构看似单纯,其内涵却也多么深刻。

叠加式意象由于结构单一多面的特点,多出现于《红楼梦》的场景片段描写之中,比如第25回宝玉被海棠花遮着看红玉、第50回宝琴宝玉立于白雪红梅之中皆是。对居室的情境描写也多用此法。如第40回写秋爽斋探春居室之"阔朗"云:

> 探春素喜阔朗,这三间屋子并不曾隔断。当地放着一张花梨大理石大案,案上磊着各种名人法帖并数十方宝砚,各色笔筒,笔海内插的笔如树林一般。那一边设着斗大的一个汝窑花囊,插着满满的一囊水晶球儿的白菊。西墙上当中挂着一大幅米襄阳《烟雨图》,左右挂着一副对联,乃是颜鲁公墨迹,其词云:烟霞闲骨格,泉石野生涯。……

下文板儿要佛手吃,贾母说"后廊檐下的梧桐也好了,就只细些"等,仍是这种多面用笔叠加描写的继续,但加入了动作的因素使场景不停留于静态而成为完整的情境。这也是作者的匠心所在。

上述诸例同时表明,叠加式意象结构多以散体句式的句群组合为其话语特征。错落有致的散句便于多角度多侧面地展示单一意象的立体图式。如写湘云身上落花三句,句型各异,恰符合落花散乱的内容特征。探春房中一段,似有排比痕迹,实乃貌整骨散,尤其是板儿、刘姥姥和贾母动作的介入,马上使整个情境描写的句群组合发生了极为灵活丰富的变化,并由是而使情境获得了活泼泼的生命力和立体感。试想,如果意象单纯,而句式又沉重板滞,能产生这样的艺术效果吗?

"诗画情境"的意象结构之三:递进

递进式意象结构。其特征为在动作进程中创造中心意象,展示意象的连续性与动态性。由于中心意象的不断复现和发展,形成意象的链形结构。

第23回写黛玉听曲云:

> 刚走到梨香院墙角上,只听墙内笛韵悠扬,歌声婉转。林黛玉便知是那十二个女孩子演习戏文呢。只因林黛玉素习不大喜看戏文,便不留心,只管往前走。偶然两句吹到耳内,明明白白,一字不落,唱道是:"原来姹紫嫣红开遍,似这般都付与断井颓垣。"林黛玉听了,倒也十分慨缠绵,便止住步侧耳细听,又听唱道是:"良辰美景奈何天,赏心乐事谁家院。"听了这两句,不觉点头自叹,心下自思道:"原来戏上也有好文章。可惜世人只知看戏,未必能领略这其中的趣味。"想毕,又后悔不该胡想,耽误了听曲子。又侧耳时,只听唱道:"则为你如花美眷,似水流年……"林黛玉听了这两句,不觉心动神摇。又听道"你在幽闺自怜"等句,亦发如醉如痴,站立不住,便一蹲身坐在一块山子石上,细嚼"如花美眷,似水流年"八个字的滋味。忽又想起前日见古人诗中有"水流花谢两无情"之句,再又有词中有"流水落花春去也,天上人间"之句,又兼方才所见《西厢记》中"花落水流红,闲愁万种"之句,都一时想起来,凑聚在一处。仔细忖度,不觉心痛神痴,眼中落泪。

此情境之空间背景为三月中浣大观园内"落红成阵"和梨香院隔墙演唱《牡丹亭》,刚从读《西厢》中获得青春觉醒和从宝玉试情中尝到爱情温馨的林黛玉,被戏文曲词强烈感动。艳曲与芳心的双向作用过程,即黛玉听曲的感受变化,便成为情境的中心意象。在这里,句式的复现["……听了……,不觉(倒也,亦发)……"]不断强化着中心意象的地位,而词语的更迭,语义的推进,则显示着中心意象的动态过程:林黛玉从被吸引、由衷赞赏到领会曲辞意蕴,进而产生共鸣与共识。特别是最后,通过联想,把所听曲词、所读《西厢》及前代诗词中饱含丰富情感内容的"落花流水"意象(虚象)融成一个整体,又与前文"落红成阵"的实象相呼应、映照,而每一联想意象,都从特定角度加强中心意象的内涵。"如花美眷"句写年华易逝,"水流花谢"句喻现实摧残,"流水落花"二句喻追求无望,理想缥缈,"花落水流红"二句抒青春苦闷,爱情憧憬,"一时想起来,凑聚在一处",终于把情感推向了最高潮。

递进式的意象结构,多出现于特定场景描写与情感发展紧密结合的诗性情境之中。而动作则是场景与情感联系的中介,情感发展的外因。因而在这类情境中,中心意象多非情景(情感场景)意象而为情事(情感动作)意象。又如元妃省亲,在贾母正室与亲人相见一段,从"满眼垂泪","一手搀贾母,一手搀王夫人,三个人满心里皆有许多话,只是俱说不出,只管呜咽对泣"起,到"忍悲强笑,安慰贾母王夫人",然而"说到这句,不禁又哽咽起来",继而"又隔帘含泪谓其父曰:'……今虽富贵已极,骨肉各方,然终无意趣'",最后写到"携手拦(宝玉)于怀中,又扶其头颈笑道:'比先竟长了好些……'一语未终,泪如雨下"。构成一幅幅明则颂天恩祖德,实则批皇权残酷,满眼繁华而满纸血泪的生离死别图,把这位"征鸾凤之瑞"的高层贵族女性内心的痛苦、怨愤由压抑、流露、节制而终至爆发的动态过程揭示得淋漓尽致,成为《红楼梦》中政治批判大放异彩的重要一笔。在这一情境中,以"泪"为标志的词语复现对表现中心意象的特征及其变化起着重要作用。

雷蒙德·查普曼在《语言学与文学》一书中指出:"讨论任何复现语言特征,都必须考虑整个话语。"①递进式意象结构的话语特征,正是这种"复现"。查普曼书中提到的词语的复现、句法的复现等,都可以在此类情境中找到例子。如上所析,这种作为"整个话语"特征的"复现",对中心意象的突出和延展,具有特殊的表现作用。它们成为《红楼梦》典型情境创造中意象与符号、内容与形式高度统一的又一范例。

---

① [英]雷蒙德·查普曼《语言学与文学》185 页,王士跃等译,春风文艺出版社 1988 年版。

"诗画情境"的意象结构之四：辐射

辐射式意象结构。围绕中心意象，展示动作进程，通过中心意象与不同的陪衬、补充、联想意象的结合，创造若干独立意象群，并形成整体情境的扇形结构特征。

第75至76回中秋赏月，是这种情境创造的典型例子。作者以中秋月色为中心意象，依次展开了异兆悲音、贾母拜月、高台听笛、凹晶赏月、月下鹤影、湘黛联诗等一系列意象结构。

先是宁府赏月。贾珍率众姬妾在会芳园赏月作乐。"屏开孔雀，褥设芙蓉"，"风清月朗，上下如银"，然而：

> 大家正添衣饮茶，换盏更酌之际，忽听那边墙下有人长叹之声。……一语未了，只听得一阵风声，竟过墙去了。恍惚闻得祠堂内槅扇开阖之声。只觉得风气森森，比先更觉凉飒起来；月色惨淡，也不似先明朗。众人都觉毛发倒竖。

上述情境（1）由长叹声、风声、祠堂槅扇开合声等陪衬意象与中心意象月色和赏月者聚合而成。虚实结合的"异兆悲音"，渲染出一种带有神秘色彩的警示性气氛；月色由明朗而惨淡的递进变化，暗示赏月主体情感的乐极悲生。在动态情境中起着重要转折作用的祠堂阴灵的沉重长叹，象征贾府的没落命运已无可挽回。

情境（2）是一幅融和热烈的喜庆图景：

> 当下园之正门俱已大开，吊着羊角大灯。嘉荫堂前月台上，焚着斗香，秉着风烛，陈献着瓜饼及各色果品。邢夫人等一干女客皆在里面久候。真是月明灯彩，人气香烟，晶艳氤氲，不可形状。地下铺着拜毯锦褥。贾母盥手上香拜毕，于是大家皆拜过。

这一意象群的突出特点，是陪衬意象（灯彩、人气、香烟、瓜果等）与中心意象（明月）并列——它既表现在情境内容上，也表现在符号形式（词组的并列结构）上，通过意象叠加，显示出一种非自然的人为的欢乐气氛。表现贾府统治者于已衰之时仍竭力维持振作，企图以表面的富贵繁华掩盖内在的颓败悲凉。

情境（3）以听笛为中心，原中心意象"明月"退居陪衬地位。意象结构的喧宾夺主、主宾置换造成了氛围的突转。听笛有两次：

这里贾母仍带众人赏了一回桂花，又入席换暖酒来。正说着闲话，猛不防只听那壁厢桂花树下，呜呜咽咽，悠悠扬扬，吹出笛声来。趁着这明月清风，天空地净，真令人烦心顿解，万虑齐除，都肃然危坐，默默相赏。

……

大家陪着又饮，说些笑话。只听桂花阴里，呜呜咽咽，袅袅悠悠，又发出一缕笛音来，果真比先越发凄凉。大家都寂然而坐。夜静月明，且笛声悲怨，贾母年老带酒之人，听此声音，不免有触于心，禁不住堕下泪来。众人彼此都不禁有凄凉寂寞之意。半日，方知贾母伤感，才忙转身陪笑，发语解释。又命暖酒，且住了笛。

很明显，此情境意象结构为递进式。词语的复现的特征也很清晰。如果说，写第一次听笛使气氛由热变冷，那么，第二次则是彻底地由乐转悲。到最后，笛声的悲怨和听者的凄凉完全代替了赏月的怡情雅兴，这就强烈透射出贾府统治者内心深处埋藏的没落隐忧，与情境（2）拜月形成鲜明对照。

情境（4）为湘云黛玉在"凹晶溪馆"卷棚底下近水赏月，明月复为中心意象：

二人遂在两个湘妃竹墩上坐下。只见天上一轮皓月，池中一轮水月，上下争辉，如置身于晶宫鲛室之内。微风一过，粼粼然池面皱碧铺纹，真令人神清气净。

此意象群为叠加式。首笔天月，次笔水月，三笔月下风行水纹，上下争辉，静动相映，是为真正的中秋自然美景。此种美景，只能为兴趣高雅、才华横溢的清净女儿湘黛辈所享有，故作者以叠加笔墨突出中心意象，这既是对人物情性的映衬，也是为下文联诗作环境铺垫。

情境（5）（6）均为联诗的意象创造：

（湘云）因弯腰拾了一块小石片向那池中打去。只听打得水响，一个大圆圈将月影荡散复聚者几次。只听那黑影里嘎然一声，却飞起一个白鹤来，直往藕香榭去了。黛玉笑道："原来是他，猛然想不到，反吓了一跳。"湘云笑道："这个鹤有趣，倒助了我了。"因联道：

窗灯焰已昏。

寒塘渡鹤影，

……

黛玉只看天，不理他，半日，猛然笑道："你不必捞嘴，我也有了，你听听。"因对道：

冷月葬花魂。

月下鹤影是以景入诗,实象;冷月花魂是以诗写景,虚象。前者幽深高远,后者凄冷悄怆。前者用白描手法几番叠加(景物、对话、诗句),后者具象征意味而境界空灵。而其共同点,则都是美景哀情,不同程度地流露出对冷漠现实和不幸命运的预感。所以后来妙玉说:"几句虽好,只是过于颓败凄楚。"它们反映出既厌恶世俗,又依附豪门的贵族少女内心的深重忧惧。

上述情境,各有其独立的思想意蕴和审美价值,但又有其内在联系。以月景为中心意象,以赏月为情节线索,构成一个整体情境,表现了弥漫于贾府和大观园内外上下的一片衰飒之气,正所谓"悲凉之雾,遍被华林"。无论是寻欢作乐的统治者,还是洁身自持的年轻女性,都不可能逃脱未来的劫运。这个整体情境,以第一意象群[情境(1)]奠定由乐转哀的氛围基础,以"异兆悲音"涵盖全局。情境(2)与(3),(4)与(5)(6)各自形成反差强烈的乐哀对照,分别展示《红楼梦》中两个世界两个形象群体的精神面貌,并暗示其共同悲剧命运。其艺术构思之精美巧妙,可谓已臻极境。

辐射式扇形意象结构,是《红楼梦》典型情境的重大创造。它实际上是若干意象群(情境)的整体集合,是静态意象结构(聚合式、叠加式)和动态意象结构(递进式)的综合体。由于它规模宏大,布局精严,联系周密,细节丰富,结构繁复,有着巨大的思想和艺术容量,因而可以在《红楼梦》的整体构思中发挥重要作用,甚至成为情节发展的枢纽。从基本特征说,元春省亲、刘姥姥游大观园等大场面的描写,也是这种结构。不过,由于它们的时间或空间跨度较大,中心意象不如中秋赏月这样突出和一贯罢了。

辐射式意象结构的话语运用具有极大的灵活性。这是由它篇幅长,容量大,意象结构复杂多变的特点决定的。在一定意义上,可以说,如同辐射式意象是聚合式、叠加式、递进式意象结构的综合一样,其话语构成也是上述意象的句群特点的综合。

以上所论"诗画情境"的模式分类,当然只是一种相对的划分。许多情境的意象结构并非某种模式的典型体现,有的也许是二种或数种的结合或渗透,有的则可能只是某一模式的不完全表现。但应大体不出这几类,因为它们分别代表了意象结构的复合(聚合式)、单一(叠加式)、动态(递进式)和整体综合(辐射式)等基本形态,以画喻之,则有似乎全景、特写、连环、长轴之区分。其诗情即蕴于画境中。而这一切,又被纳入小说的总体叙事结构之内。

"诗事情境"：关键话语的创造

"诗事情境"是《红楼梦》中另一类典型情境。不同于"诗画情境"的是,它不以意象而以动作为基本结构单位。"动作"原系戏剧用语(见亚里士多德《诗学》),指演员的表演,包括其行动和语言,是情节(戏剧性事件)的基础(黑格尔《美学》即径称"动作或情节",视为一体)。在"诗事情境"中,动作虽然在特定的空间场景中发生,但场景只起铺垫和限定作用,对动作进程并不发生影响,故情境的主要内容是动作,通过动作展开情节,情境的诗意不在情景交融,而在情事结合,即在动作-事件中表现人物之间的情感联系和冲突。

由于"诗事情境"的叙事方式和线索比较单一,故其结构也较单纯,其基本形态是:

导引(启始)动作—中心动作—延伸动作。

如同在"诗画情境"中必有中心意象一样,"诗事情境"也是以中心动作作为结构主体的。但值得注意的是,由于《红楼梦》已经完成了古代小说从情节中心到性格中心的历史性转变,其题材则已从英雄传奇变为家庭生活,因而"诗事情境"的动作一般并不表现为剧烈的外在冲突和快节奏的行动,而主要表现为具有矛盾内在紧张性的日常言谈。这就使许多"诗事情境"的中心动作,并非只是人物行动,而常常包含着具有丰富情感内容的对话甚或独白,并使对话描写成为此种情境的话语特征。在这类对话描写中,作者不但以随物赋形地创造高度个性化的人物语言为能事(这乃是一切成功的对话描写的共同特点),而且着意提炼出积淀着深刻情感内涵并对动作进程产生重要影响的关键话语,作为中心动作的组成部分或与中心动作相呼应。这是《红楼梦》典型情境话语运用中的又一杰出创造。

试以第 31 回晴雯撕扇为例:

> 晴雯听了,笑道:"既这么说,你就拿了扇子来撕,我最喜欢撕的。"宝玉听了,便笑着递与他。晴雯果然接过来,嗤的一声,撕了两半,接着嗤嗤又听几声。宝玉在旁笑着说:"响的好,再撕响些!"正说着,只见麝月走过来,笑道:"少作些孽罢。"宝玉赶上来,一把将他手里的扇子也夺了递与晴雯。晴雯接了,也撕了几半子,二人都大笑。……晴雯笑着,倚在床上说道:"我也乏了,明儿再撕罢。"宝玉笑道:"古人云,'千金难买一笑',几把扇子能值几何!"一面说着,一面叫袭人。……

　　"撕扇"是此情境之中心动作,导引动作是宝玉对晴雯失手跌折扇子的责备和晴雯对宝玉"行动就给脸子瞧"耍少爷脾气的顶撞。"撕扇"并非一般的娇嗔、任性,而是表示有着人格自尊的奴隶对贵族主子的反抗意志,是导引动作的发展和高潮。在撕扇之后,麝月埋怨之时,作者让宝玉借古语"千金难买一笑"表明他对这一事件的态度。查普曼在《语言学和文学》一书中,曾要求"读者仔细地再三注意整个话语,否则,就不能得出任何有见地的批评性结论来"①。如果离开"整个话语","千金难买一笑"不过是好色之徒追欢买笑享乐生活的庸俗表白。但在这里,它与整个情节冲突性质,特别是与撕扇前宝玉关于"爱物"的议论("这些东西原不过是借人所用,你爱这样,我爱那样,各自性情不同")联系起来,便获得了"化腐朽为神奇"的效果。它表现了宝玉以人为本位、重人不重物的思想,这是经过晴雯顶撞之后宝玉对人与物关系观念的升华;它也表现了宝玉对晴雯人格的认识、赞赏和尊重,并且预示着晴雯在宝玉心目中地位的提高,在情节发展中具有重要意义,以后晴雯送帕、补裘、受屈、宝晴诀别等都可以看到这一事件的影响。

　　在《红楼梦》的几乎每一"诗事情境"中,都可以找到像"千金难买一笑"这样与中心动作相配合呼应的关键话语,它使人们经久难忘,甚至成为这一情境的灵魂和核心。如第 8 回黛玉含酸中的"我来的不巧了";第 19 回"静日玉生香"中宝玉说"盐课林老爷的小姐才是真正的香玉呢";第 20 回"宝黛口角"时黛玉的话"我为的是我的心";第 28 回"宝黛诉心"中说的"既有今日,何必当初";第 29 回"砸玉风波"后贾母说的"不是冤家不聚头";第 32 回"诉肺腑"中宝玉说的"你放心";第 34 回"黛玉探伤"时宝玉又一次说的"你放心";第 36 回"宝玉梦呓"时说的"和尚道士的话如何信得";第 41 回"栊庵品茶"中宝玉说"常言'世法平等'";第 43 回"私祭金钏"中茗烟代祝"再不可又托生这须眉浊物了";第 45 回"钗黛交心"中黛玉的话"往日竟是我错了,实在误到如今";第 49 回"割腥啖膻"时湘云所谓"是真名士自风流";第 57 回"情辞试玉"后紫鹃对黛玉说"黄金万两容易得,知心一个也难求";第 63 回"怡红夜宴"中宝玉说的"大家取乐,不可拘泥";同回宝玉回妙玉帖题的"槛内人"三字;第 66 回三姐自刎后梦魂"以死报此痴情"之语;第 78 回"宝晴诀别"时晴雯说的"只是一件,我死也不甘心的"等等。这些话语,往往处在动作进程情感联系或冲突的焦点,或是作为这种过程或冲突的总结,它凝聚着丰富的情感心理(有的同时还包含深刻的哲理内涵)

────────────────

① ［英］雷蒙德·查普曼《语言学和文学》184 页。

和动作(情节发展)内容,精警简约,有一字千钧的分量,也有一字千金的价值。正是"立片言以居要,乃一篇之警策"①。不过应将"篇"改为"情境"罢了。"诗事情境"的诗意美,也正沉淀在它的字里行间。

《红楼梦》中另有一类特殊的"诗事情境",这便是宝玉和大观园女儿们的结社吟诗或自我创作活动。这类情境的结构:导引动作(结社、议题、触景、缘事)—中心动作(吟诗、唱和)—延伸动作(评议、欣赏),简单清晰,其诗性主要也在诗事结合,即诗作与人物情感、性格、命运发展变化的关系上。人物个性的自我表现和情绪情感的抒发,以及作者叙事意图的渗透(暗示情节发展,预示人物命运)使这些诗作充分发挥着"不惜任何代价的包揽"②的多重功能。如黛玉题帕三首,既是人物所体察的此时此境恋爱情感的真实抒写,又有作者所外加的并非为人物所意识到的"还泪"情缘结局的暗示,后者即为小说的指涉功能而非诗歌固有的表现性质。宝玉撰《芙蓉女儿诔》,既是实写宝玉之哀愤,表现主人公思想性格成长变化的重要轨迹;又通过与黛玉共改诔文,预示晴为黛影,"虽诔晴雯,而又实诔黛玉"(庚辰本 79 回眉批)③,指涉情节进展。此种艺术匠心,同作者所批评的那种"为写出自己的那两首情诗艳赋"而创作的才子佳人小说,以及后来的《花月痕》《青楼梦》等效颦之作相比,何啻天壤之别。那些作品即使满纸诗词,也毫无韵味,其要并不在诗作本身之高下(固然是一因素),而在有无诗事情境的创造。

正如同诗画情境的结构模式分类具有相对的性质一样,诗事情境与诗画情境的区分也是相对的。在《红楼梦》中画中有事、事中有画的描写比比皆是,两种情境相结合或渗透的例子也颇不少。前论诗画情境所举的元春省亲、中秋赏月等意象结构就同时包含诗事情境的因素。艺术是自由的王国,不容许任何模式的束缚,伟大的艺术家从来就是最敢于突破一切现成形式规范的创造天才。然而,理性自觉也从来就是人类从必然王国向自由王国飞跃的必要阶梯。"出新意于法度之中,寄妙理于豪放之外"(苏轼《书吴道子画后》),是《红楼梦》达到的艺术极境。为了超越,必须学习。从这个意义上看,对《红楼梦》的创作经验进行理性梳理和分析,不是十分必要的一步吗?

(原载《红楼梦学刊》1991 年第 1 辑)

---

① [晋]陆机《文赋》,[梁]萧统编《文选》第十七卷。

② 《英国作家论文学》(汪培基等译,三联书店 1985 年版)560 页,浮尔兹语。

③ 陈庆浩《新编石头记脂砚斋评语辑校》692 页。

《红楼梦》的表意系统和
古代小说幻想艺术的发展

　　《红楼梦》是一部伟大的写实小说,但又是一部表意性很强的小说。现实生活人物情境的逼真显示和作者思想观念意图情感的鲜明呈现,构成了小说相辅相成而又各自独立的两大艺术系统——写实系统和表意系统。它们之间的关系,有时如水乳交融为一体,有时又如油水分离而相映。从现实主义艺术的要求看,表意系统的介入似乎是《红楼梦》的瑕疵,但是,人们很难设想,倘若抹去了《石头记》的神奇来历,失掉了贾宝玉脖子上的通灵宝玉,删除了"太虚幻境"和谶语式的《红楼梦曲》,剩下了赤裸裸的"真实"之后,《红楼梦》还能成其为《红楼梦》。毫无疑问,表意系统是《红楼梦》无穷魅力的重要来源,是其整体艺术构架不可或缺的组成部分。它主要通过运用虚拟的幻想手段产生摹仿自然的写实艺术所不可能具备的喻理表情审美功能。《红楼梦》的表意系统是曹雪芹的杰出创造,是对古代小说幻想艺术的高度发展。

解释性表意系统:三大构想与结构框架

　　《红楼梦》的表意系统,包括解释性表意系统、隐喻性表意系统和预示性表意系统三个子系统。它们分别体现和渗透于小说的结构、形象和情节诸要素之中。

　　解释性表意系统是一个直接体现作者观念意图的表意系统。它处于作品的表层——结构框架。在《红楼梦》中,它包括作者对故事来源、主人公身世来历和主要情节来源及其归宿的虚拟构想。三大构想各有其解释功能:

　　1.故事来源——石头下凡历幻后对自己经历的追叙:"无材补天,幻形入世,蒙茫茫大士渺渺真人携入红尘,历尽离合悲欢炎凉世态的一段故事。"①按第 1 回开头叙作者"因曾历过一番梦幻之后,故将真事隐去,而借通灵之说,撰此《石头记》一书"。作者经过"一番梦幻"与石头历"幻"两相映照,前者是隐去之真事,后者是假语村言,"根由虽近荒唐,细按则深有趣味"(第 1 回)。其趣味在造成作者—石头(小说叙述者)—贾宝玉(小说主人公)之间真假虚实有无的多重叠影,给后人留下了一个难以索解的艺术之谜;同时巧妙传达作者的创作缘由与动机,特别是经历梦幻(指家庭和人生悲剧)之后的反思心境(如甲戌本脂批称作"书之本旨"的"无材可去补苍天"一诗)。把握这种心境对于深味小说丰富的思想情感内涵是至关重要的。

2.主人公身世来历——石头与神瑛侍者双重渊源。这种双重渊源造成贾宝玉(前身为神瑛侍者)与通灵宝玉(前身为顽石,即假宝玉)二而一又一而二的异体同根又同体异根的复杂关系,成为《红楼梦》中又一难以索解的艺术之谜。通灵宝玉随贾宝玉降生,二者是分离的。但这块来自青埂(情根)峰下的顽石又正是主人公贾宝玉的性格象征,并且与宝玉的命运始终相连。不但贾府视其为宝玉的命根子,而且在实际生活中宝玉也依靠它消灾弭祸,但又因它而陷于"金玉"与"木石"的冲突之中遭受爱情婚姻悲剧。不妨说,石头幻化的物质实体是通灵宝玉,而其幻化的精神本体则是贾宝玉,这是异体同根;宝玉的神格前身是神瑛侍者,而其性格前身则是青埂顽石,这是异根同体。这种构想当然不是作者故弄玄虚,其意图在为贾宝玉的思想性格设想某种先验依据,以揭示其与传统和世俗背离之必然。

3.主要情节来源——关于宝黛爱情前世"木石情缘"的神话构想。以灵河岸边三生石畔的绛珠仙草决心以一生眼泪酬报赤瑕宫神瑛侍者灌溉之恩,作为林黛玉为爱情献身泪尽夭亡的悲剧命运之来由,这当然是佛家宿命观。但小说并没有把其他情节(包括宝黛钗的纠葛)都作前世的宿命延伸,而仅仅以"木石情缘"为特笔,"余不及一人者,盖全部之主惟二玉二人也"(甲戌本夹批)②,其意在突出宝黛爱情悲剧的核心地位,暗示其与作者情感经历的密切联系:"以顽石草木为偶,实历尽风月波澜,尝谙情缘滋味,至无可如何,始结此木石因果,以泄胸中恺郁。"(甲戌本眉批)③同时以神话形式为宝黛爱情的合理性寻找解释,

① 本文所引《红楼梦》内容及原文,均据中国艺术研究院红楼梦研究所校注本《红楼梦》,人民文学出版社 1982 年版。

② 陈庆浩《新编石头记脂砚斋评语辑校》19 页,中国友谊出版公司 1987 年版。

③ 陈庆浩《新编石头记脂砚斋评语辑校》18 页。

并赋予这一爱情悲剧以深厚的文化传承意义。绛珠即红泪、血泪也。绛珠仙草—黛玉—潇湘妃子的"三合一"形象,很明显融合了中国最古老的女性爱情悲剧传说萱草神话(《山海经·中次七经》)及由此演变的巫山神女神话(《文选·高唐赋》及注引《襄阳耆旧传》),湘妃神话(屈原《九歌》、刘向《列女传》等)。"厚地高天,堪叹古今情不尽;痴男怨女,可怜风月债难偿。"可见,"木石情缘"构想乃是作者对古代爱情悲剧特别是女性悲剧的一种独特的典型概括手法。

三大来源各有归宿,形成对作品情节的三度框架包容,依从外到内的层次是"石头"历幻—宝玉身世—黛玉身世和宝黛爱情("黛玉情情",其身世即爱情,二者同一)这三度包容,《石头记》即"石头历幻"是涵盖一切的(按 120 回本内容,"石头"故事从第 1 回至 120 回;贾宝玉故事从第 2 回冷子兴介绍叙起至 119 回;林黛玉故事从第 2 回至 98 回)。

"石头"涵义极为丰富。这是曹雪芹为自我和作品内容形式诸要素创造的最为理想的艺术符号和多面象征体。就其哲理解释意义而言,则是所谓"因空见色,由色生情,传情入色,自色悟空"的"情、色、空"观。这里包含着对佛家色空观念的认同和改造两个方面。石头出自大荒山无稽崖,这是来源即形体的"空"。"天不拘兮地不羁,心中无喜亦无悲",这是情感即精神的"空"。下凡后感到"那红尘中有却有些乐事……瞬息间则又乐极悲生,人非物换,究竟是到头一梦,万境归空",终于复归于大荒山无稽崖,表现出对现实物质和情感生活的否定。这是对佛家色空观的认同。它反映了作家经历家庭和人生悲剧后的虚无感,即"空"观;但也包含着对现存封建秩序稳定性和永恒性的怀疑否定,即"变"观。"乱烘烘你方唱罢我登场,反认他乡是故乡,甚荒唐,到头来都是为他人作嫁衣裳",这是作者痛定思痛后洞彻世事的清醒认识,是在"色""空""好""了"的重新诠释中对历史辩证法的朦胧把握。但曹雪芹"情、色、空"观的改造意义还不止此。最重要的是他引入"情"的观念并将其置于中心地位,完全打破了"色不异空,空不异色。色即是空,空即是色"(《般若波罗蜜多心经》)的抽象平衡,"由色生情,传情入色",肯定"情"的产生、存在和现实情感活动的必然和合理。虽然作者个人的情感悲剧体验(真事)和作品的情感悲剧内容(假语)使他不免产生"情缘悟空"的消极思想,但他终于无法忘怀和舍弃这种"情"。在他看来,世界的本体起始和归宿也许是"空"(大荒山无稽崖),但生命的原动力,人的灵性的根本,存在的基本价值却在于"情"(石头在青埂峰下锻炼通灵)。这就使得这部以"到头一梦,万境归空"为立意本旨的《石头记》,同时又是"大旨谈情"、发泄"儿女之真情"的《红楼梦》(《金陵十二钗》),使得这首意在逃禅的人生梦幻曲,终于成为一支动人心魄的"情"的悲歌和赞歌。这就是从石头历幻到复归的总体构架所包含的双重哲理意蕴,也是这一表意形式最重要的解释功能。

解释性表意系统是笼盖于全书写实情节之上的艺术外壳。它以明显的虚拟幻想形态与作品的现实内容处于油水分离状态,但又渗透于写实笔墨之中,使后者也带上某种先验的神秘色彩(如通灵宝玉的作用、宝黛会面等)。从艺术手法看,它主要利用、改造和虚拟神话、宗教传说和其他神性故事,创造浪漫主义境界,寓解释之意于幻想之中。至于那种作者直接现身(如开头"作者自云"一段)或借书中特定人物之口表示解释意图(如第1回石头回答空空道人一段,第2回贾雨村关于"天地生人正邪两赋"的议论一段)的写法,虽然也可能与作品内容自然结合,但其艺术效果一般不如前者,也并非曹雪芹的独特创造。

小说解释性表意系统的渊源是上古神话。盘古开天地、女娲补天造人的传说,《诗经》中《生民》《玄鸟》中关于后稷降世、玄鸟生商的描述等,都是先民对于自然、社会和人(特别是祖先)的想象追寻和原始解释。天神崇拜和祖先崇拜使得这种由人到神的执意追寻,形成了由神到人的幻想走向。把神话和神性传说作为历史和现实的源头或缘由,成为古代民族史诗和史传文学作品最常用的幻想艺术手法(甚至《史记》也以五帝传说为其始)。佛教传入中国后,它富于哲理的新的思维方式(缘起论、色空观、轮回说等),它对于生命无穷("三世")和事物之间无限联系转化("神变")的奇思妙想,极大地开拓了人们的眼界,丰富了对于事物因果的观念理解和幻想解释(这二者常常是结合在一起的)。它们又与中国固有的原始思维泛灵论(万物有灵,包括山木土石)及道教神仙观相交融,终于创造出了富有民族特色的幻想思理和艺术形式,作为叙事性文学作品特别是小说的解释性表意手段。这种手段继承古代民族史诗和史传文学的传统,多以楔子(或入话,或第1回)介绍主要人物或事件的神性来历或因缘,借以表现作者的某种评价和认识。其中大多数是表现一种伦理性的因果报应的观念或宿命的理解,如《三国志平话》以司马貌阴司断狱案中刘邦与三王的冤业作为三国分汉的解释,《女仙外史》关于永乐与唐赛儿战争的前世仇怨,《说岳全传》关于岳飞金兀术秦桧冲突的前世仇怨,《醒世姻缘传》关于狄希陈夫妇妻妾矛盾的前世仇怨等,均属此型宗教或迷信的形象说教。《水浒传》楔子的"洪太尉误走妖魔"却是一种艺术处理,它包含着作者"乱自上作"的深刻思想,又与第71回的"忠义堂石碣受天文"遥相呼应,形成结构框架,表现作者对"替天行道"的水浒英雄的肯定。《西游记》中的石猴出世,在这部幻想小说中并不算奇笔,但它显然别有用意,即为孙悟空酷爱和追求自由的叛逆性格创造合理的先验依据。这些都对《红楼梦》有着重要启示。

曹雪芹在对古代小说解释性表意传统和幻想艺术手法的扬弃吸收基础上，创造了独具特色的完整的解释性表意系统。从形式上说，它实现了楔子的叙来历和框架的完首尾的巧妙结合，使这一系统具有内在自足的表意功能。从手法上说，它实现了上古神话的原始意蕴、佛教哲理的深邃思辨、神仙道教的优美遐想和小说作者寓意暗示的完美融合，使这一系统具有复杂多重的表意内涵。从意蕴上说，它既表现了某些传统宗教观念对写实内容的解释，更包含着作者对历史、社会、人生和人性的独特领悟，还是一种特殊的典型概括手段，一种成功的结构形式和叙述方式。这块来自大荒山青埂峰下、为女娲补天所弃置而为作者所发现、联系着中国古老苍远历史、吸取着外来文化滋养而又叩击着近代社会大门的顽石，永远是《红楼梦》的魅力之源。它把古代小说解释性表意幻想艺术的创造推向了高峰。

隐喻性表意系统：复合隐喻与象征隐喻

隐喻性表意系统是一个曲折寓示作者观念意图的表意系统。它体现于作品的形象和情境创造之中，其特征是表象与意念的双重式多重包涵，其手法有双关隐喻、复合隐喻和象征隐喻三种。

双关隐喻是一种最简单的隐喻手法。它利用谐音影射，表达作者的隐含意图。《红楼梦》中人名、地名等双关隐喻运用颇多，如青埂（"情根"）峰、十里（"势利"）街、仁清（"人情"）巷、葫芦（"糊涂"）庙、甄英莲（"真应怜"）、霍启（"祸起"）、封肃（"风俗"）、娇杏（"侥幸"）、元迎探惜（"原应叹惜"）等，这种隐喻，艺术价值不高，一般不需要运用幻想手段。

复合隐喻是以具体形象、情境喻示作者特殊用意的复杂隐喻手法，是形象（情境）—意念的双重式多重组合。《红楼梦》最重要的复合隐喻形象，一是甄（真）贾（假）系列，一是太虚幻境系列。

甄（真）贾（假）系列，包括甄士隐和贾雨村、甄宝玉与贾宝玉、甄府与贾府。是一组体现作者"将真事隐去，用假语村言"的艺术构思和创作方法的形象。总的来说，它们一方面明示小说的虚拟性质，另一方面暗示小说的写实基础和素材来源。对现实生活而言，贾（假）是甄（真）的影子，即贾府乃是曹府的艺术投影；但在小说世界里，甄（真）却是贾（假）的影子。所以说"假作真时真亦假"。艺术是现实的幻象，读小说者，要善于"假（贾）中求真（甄）"，而不要以假为假，或者认假作真。这是非常深刻的艺术辩证法。

甄士隐和贾雨村是一组最富艺术匠心的复合隐喻形象。他们既是小说创作方法的谐音隐喻,更是一组有性格意义的独立艺术形象,而又以其形象自身隐喻若干表意功能。甄士隐的隐喻意义有三:一为小说之"真事隐"。故甄士隐既是作者自我的影像,又是对小说主人公的影射。甄家元宵节后被烧为白地即寓曹家于某年元宵后彻底败落,在小说中即预示贾府于某年元宵后"落了个白茫茫大地真干净"的结局。甄士隐出家即寓曹雪芹反思家族和人生悲剧后对现实的彻底了悟(《好了歌注》),在小说中即预示贾宝玉的未来归宿是悬崖撒手。甄英莲被拐即寓曹氏子孙"有命无运累及爹娘"的悲惨境地,在小说中即预示大观园诸女儿"真应怜"的日后命运。二为情节展开之"真事隐"。借甄士隐入梦写宝玉降生(神瑛下凡,通灵投胎),喻以贾(假)代甄(真)的故事开始。甄士隐梦醒以后,贾雨村来也是喻真(甄)去假(贾)来之意。由此看来,甄士隐梦中一僧一道说宝黛情缘前世,实即暗喻作者之情感悲剧经历,所谓"秦淮旧梦"是也,并不纯粹是一种宿命解说。三为性格遭遇之"真事隐"。甄士隐与贾雨村,在基本性格特征上也是一"真"一"假"。甄士隐"禀性恬淡,不以功名为念,每日只以观花修竹,酌酒吟诗为乐,倒是神仙一流人品",其"真性情"正是曹雪芹"虽今日之茅椽蓬牖,瓦灶绳床,其风晨月夕,阶柳庭花,亦未有伤我之襟怀笔墨"的艺术写照。而贾雨村虽颇有用世的抱负才干,却是一个汲汲名利,贪酷、伪善的"奸人""奸雄"(甲戌本眉批、夹批)[1],但其遭遇,则是甄士隐迭遭灾祸,家庭破败,最后竟不容于岳父封肃(喻世态人情),只能出家弃世。贾雨村却夤缘权势,飞黄腾达,并在封建统治集团内部的倾轧争斗中,运用权术,排陷旧主,终成新贵。甄真贾假,甄(真)去贾(假)存,这正是作者对所处"浊世"现实的隐喻暗讽。贾雨村除与甄士隐构成对照形象具有上述表意功能外,还是一个贯串全书首尾的线索性人物。他的活动连接甄贾两家,他对贾府忘恩背义、不择手段,与他对恩人甄士隐及其女儿英莲的态度如出一辙,这就使甄(真)贾(假)相映,贯通一体。他在书中又有其独特的典型意义。与世袭门荫的贾府贵族不同,他是一个科举出身的封建官僚,是封建政治的弄潮儿和牺牲品。其仕途几经浮沉,以奸雄而发迹,因贪欲而覆亡("因嫌纱帽小,致使锁枷扛")。这与贾府的盛衰相互映照补充,全面而深刻地反映了"乱烘烘你方唱罢我登场"的封建末世官场的腐败和丑恶。这样一个兼表意性、写实性、结构性功能于一身的人物,是《红楼梦》的杰

---

[1]　陈庆浩《新编石头记脂砚斋评语辑校》25、26 页。

出创造。

太虚幻境系列,包括太虚幻境、风月宝鉴、警幻仙姑及其姊妹(众仙女)、茫茫大士、渺渺真人等,是一个贯通全书情节,对写实内容起着强烈喻示作用的形象系统。太虚幻境在离恨天之上,灌愁海之中,放春山遣香洞内(上述名称均含喻义),是一个神仙世界。由警幻仙姑主持"司人间之风情月债,掌尘世之女怨男痴",贮着天下所有女子过去未来的簿册。凡欲下凡造历幻缘的"风流冤家",都要到警幻仙子处挂号,神瑛、绛珠乃至顽石变成的通灵宝玉,都是这样降世的。太虚幻境又是她(他)们的归宿,尤三姐死后其阴魂自称"奉警幻之命,前往太虚幻境修注案中所有一干情鬼"(第 66 回)。黛玉夭亡,为"苦绛珠魂归离恨天"(第 98 回)。据脂批,作者在小说的结尾还安排了警幻的"情榜",上列宝玉及十二钗正册、副册、又副册等数十位女子姓名及评语,①以收束情节,点明写情主旨。太虚幻境有着丰富的隐喻意义。

太虚幻境的基本特征是"幻"。从这点看,它和寓示"空"的大荒山无稽崖遥遥相映。石头来自大荒无稽,回归大荒无稽;神瑛绛珠来自太虚,回归太虚。前者即《石头记》之命意,后者即《红楼梦》之命意。这种构思,为全书家族悲剧和人生悲剧(主要是"情"的悲剧)笼罩了一层浓厚的梦幻色空之感。但大荒无稽只是抽象观念的演绎,这使它只能作为渊源的追寻,赋予解释的意义;而太虚幻境却是具体情境的显示,这就使它可以进入情节,成为小说内容的有机组成部分。失去了太虚幻境的《红楼梦》(如电视连续剧的处理),不复为曹雪芹的《红楼梦》,其原因就在于此。

太虚幻境是一个"情"的世界。警幻仙姑是曹雪芹所创造的一位中国式的爱情女神。承认情、性、色、淫的合理存在,是太虚幻境的基本观念。"好色即淫,知情更淫。是以巫山之会,云雨之欢,皆由既悦其色,复恋其情所致也。"她反对"调笑无厌,云雨无时,恨不能尽天下之美女供我片时之趣兴"的"皮肤滥淫",人伦沦丧;也反对所谓"好色不淫""情而不淫",情性对立灵肉分离的"饰非掩丑"的假道学(第 5 回)。她的"风月宝鉴"专治像贾瑞那样的邪思妄动、以假为真的浅薄情欲(第 12 回),却把对女儿满怀挚爱、被世道中视为"迂阔怪诡,百口嘲谤,万目睚眦"的贾宝玉视为"闺阁中良友"(第 5 回)。这是一种以尊重和同情女性为本位、以肯定男女情欲的合理表现为基础的爱情观,对于以男性为本位、以女性满足男性情欲需求为基础的传统婚姻观,它无疑是一种进步和反

---

① 陈庆浩《新编石头记脂砚斋评语辑校》349 页。

叛。然而,"太虚幻境"与"孽海情天"二位一体(第5回),又明白昭示"情缘皆幻"。"春梦随云尽,飞花逐水流。寄言众儿女,何必觅闲愁?"对"情"(性质)的肯定与对"情"(命运)的否定二位一体,此所以太虚幻境主宰名曰"警幻"的道理。

太虚幻境是一个"洁净女儿之境",是一个理想的美的天地。"仙花馥郁,异草芬芳","人迹希逢,飞尘不到","说不尽那光摇朱户金铺地,雪照琼窗玉作宫"。生活在钟鸣鼎食之家的贾宝玉在梦中见到,万分欢喜,想道:"这个去处有趣,我就在这里过一生,纵然失了家也愿意,强如天天被父母师傅打呢。"(第5回)可见这是一块没有了封建束缚与尘世污染的自由乐土。贾宝玉在这里与可卿(兼美——即其潜意识的理想女子,兼钗黛之美)配合,由此开始了性的觉醒和情的追求。但是,太虚幻境这个贮放普天下女子命运簿册的地方,却又清楚地显示着"女儿薄命"的现实。"朝啼""夜怨""春感""秋悲""薄命"诸司,"千红一窟"(哭)之茶,"万艳同杯"(悲)之酒,"群芳髓"(碎)之香,就是清净女儿过去未来命运的象征和概括。所以,太虚幻境又是"幽微灵秀地,无可奈何天"的矛盾统一体,有无可奈何之天,幽微灵秀之地就只能是幻境幻影。作为太虚幻境人间投影的大观园也只能在贾府存在于一时,在大观园的保护下成长起来的宝黛爱情(它以第23回入园为新起点)终于毁灭,园内女儿皆遭厄运。这就是太虚幻境的主宰,作为女性保护神的警幻仙姑之名曰"警幻"的又一道理。

从以上两个方面看,太虚幻境都包含着对自身的肯定和否定。"警幻"就是"幻"和"警"的对立统一,二位一体。她向青年男女展示了一个青春的自由的充满爱与美的理想世界——幽微灵秀地,又以这一理想之终为虚幻——无可奈何天警示它的追求者。她一方面称赞贾宝玉的"意淫",以为"闺阁中良友",另一方面又受宁荣二公阴魂之托,警其痴顽,对宝玉进行"留意于孔孟之间,委身于经济之道"的迂腐说教;既认同于贾宝玉的叛逆性格,又关心贾家的家族利益,企图把宝玉"规引入正"。她是贾宝玉"情"与"性"的启蒙者,又是"理"的训导者。当然,前者是她的本分,后者则是"出于慈心",临时充当的角色。然而在小说中,她却出乎意料地由自觉充任后者而结果成了前者。当她引宝玉"遍历饮馔声色之幻",企图以幻警情之时,这位痴顽孩童尚在沉睡的性意识却一下子被唤醒,从此初试云雨,缱绻兼美,互识金玉,一发而不可收,这真是莫大的反讽。它使人们想起《十日谈》中著名的"绿鹅"故事。一位足不出户的十八岁的天主教士,偶尔见到一群衣裳华丽的年轻美女,尽管父亲骗他说是"绿鹅",吓唬说是"祸水",儿子却恳求父亲,说他非常喜欢"绿鹅",要带一头回家。父亲这才意识

到："原来自然的力量比他的教诫要强得多。"①（《聊斋》中《青娥》与此命意同）
本欲警"幻"，反而启"幻"，本欲以"幻"警人，终则以"幻"启蒙。"情"的觉醒不但
本质上是"人"的必然觉醒，而且情的理想还具有如此的力量，即使它纯属虚幻，
无缘，薄命，情的追求者也会心甘情愿地为它献身。因为在一定意义上，这种追
求本身就是"人"的价值的实现。"自执金矛又执戈，自相戕戮自张罗。……情
机转得情天破，情不情兮奈我何"（庚辰本第 21 回"有客题红楼梦一律"）②，这
就是"太虚幻境"和"警幻"双重性质的辩证内容及其深刻喻意。无论中外，很难
找出另一位古代作家能像曹雪芹作这样深邃的哲理思考和形象寄寓了。

象征隐喻，是一种用物象和情境喻意的艺术手段。不同于复合隐喻多以人
喻意，象征隐喻多以物象喻意，故更为曲折也更为含蓄，更具多义性也更具模糊
性，其意义指向则多通过具体情境显示出来。

《红楼梦》的主要象征隐喻有二：一是通灵宝玉，一是"金玉"与"木石"。

宝玉之"玉"，兼玉石二性。本性是石，幻形为玉。贾府视为命根，黛玉则视
为克星。宝玉并不爱惜却伴其终生，同他的精神、心理乃至生命健康息息相关。
《红楼梦》中围绕着这块神奇的"通灵宝玉"在写实笔墨中展开了一系列情节：摔
玉（第 3 回）、叹玉（第 25 回悬玉驱邪）、砸玉（第 29 回）、络玉（第 35 回），失玉、
拾玉、护玉（后 40 回。原稿本与今 120 回本不同，此从略）。但"玉"的象征意蕴
又不仅体现于上述情节，而是贯串全书。王国维曾解释说，"所谓玉者，不过生
活之欲之代表而已矣。故携入红尘者，非彼二人（茫茫大士渺渺真人）之所为，
顽石自己而已；引登彼岸者，亦非二人之力，顽石自己而已。……而《红楼梦》一
书，实示此生活、此苦痛之由于自造，又示其解脱之道不可不由自己求之者
也"③。这种以叔本华哲学为基础的认识不失为一种有创见的阅读接受，但若
从作者隐喻意图去探求，则似应作下列分析：A."玉"之为宝，象征宝玉在贾府
中的特殊地位，由此引出以"金玉"为象征的家族联姻，前述一系列有关"玉"的
情节，大多显示此象征意蕴。B."玉"之为石，象征宝玉执拗难驯的叛逆性格，
由此引申出以"木石"为象征的叛逆爱情。C."玉"之为洁（"玉是精神难比
洁"），象征宝玉的纯净情操，《红楼梦》中"四玉"（宝玉黛玉妙玉蒋玉菡）皆准此。
D."玉"之为欲，象征宝玉的情感和人生追求。由此"石—玉—石"的历程寄寓

---

① ［意大利］薄伽丘《十日谈·第四天·一对父子的故事》。
② 陈庆浩《新编石头记脂砚斋评语辑校》384 页。
③ 王国维《红楼梦评论》，一粟编《古典文学研究资料汇编红楼梦卷》250 至 251 页，中华书
　局 1963 年版。

作者"情、色、空"的人生观。

　　"金玉"与"木石"的冲突,以宝黛钗三角关系的形式展开。由于玉石同体及宝玉的特殊身份地位,这一冲突既包含家族的婚姻选择(家长意志),也包含当事人的情感选择(爱情观念和爱情心理)。这些本来纯属写实内容,但作者却创造了两个富有象征意蕴的符号赋以表意功能。"木石"是前世情缘,"金玉"则来历更为神秘,是"癞头和尚"一手炮制的。他把"莫失莫忘仙寿恒昌"八字镌在通灵宝玉上,又叫薛家把相对的八字"不离不弃芳龄永继"錾在宝钗的金锁上,日后拣有玉的配合。癞头和尚即茫茫大士,这实际上表明"金玉"之说乃无稽之谈。所以也有人怀疑是薛姨妈为了与贾府联姻自己捏造的。不管怎样,"木石"是幻想形态的爱情论,"金玉"是幻想形态的婚姻观。前者只存在于当事人的情感世界之中,后者却产生着实际的社会影响。尽管这种说法一直来历不明,却为贾府统治者所欣然接受,其原因就在于它符合封建婚姻的传统观念和家族政治经济实际利益的需要。父母双亡、寄人篱下的林黛玉经常自伤是"草木之人",她的地位与出身富商、家财巨万的薛宝钗当然是无法比拟的,何况她又走着一条与思想观念正统保守的宝钗完全不同的人生道路,所以"金玉"与"木石"的对立;在其象征意蕴上,乃是:A.以家族利益为纽带的婚姻与以个性自由为基础的爱情的对立;B.家长意志决定与当事人情感自主的对立;C.服从传统与叛逆传统的对立;D.贵族意识与平民意识的对立;等等。由于这种对立集中表现为情感选择(贾宝玉)和婚姻选择(贾府),被选择者(黛钗)之间虽有微妙的情感纠葛,却不至形成直接的正面冲突。因而金玉与木石的对立虽延贯全书,却不妨碍作者对钗黛并美、钗黛和解、黛死钗嫁、怀金悼玉的描写。相反,这种描写,不但加强了作品的写实深度,也更能突出带有近代色彩的作者进步爱情婚姻观对封建世俗婚姻观的批判。"木石"成梦,"金玉"终离,这又成为"情缘皆幻"创作意旨的整体象征,烘托出《红楼梦》的整体悲剧主题。

　　《红楼梦》的隐喻性表意艺术是对古代幻想隐喻艺术的高度发展。隐喻性表意艺术渊源于寓言文学和比兴手法。特别是以《庄子》为代表的幻异性寓言,实为小说隐喻艺术之祖。当寓言隐去本体(寓意),只留下喻体(故事),就成了隐喻。《庄子》中的《说剑》《渔父》就是这样的作品。也有人把它们视为早期小说。不过它们虽是虚拟的故事,但借故事中人说教(直接表意)的成分甚浓,即本体仍留在喻体之中,所以还只是寓言。其隐喻性反不如鲲鹏之变、黄帝索玄珠、浑沌凿七窍等幻异之作。汉魏六朝受史家"纪实"观念的影响,历史、轶事小说直叙其事,无所谓隐喻,志怪小说以鬼神为实有,信幻为真,也不会隐喻。隐喻艺术必须是自觉艺术幻想的产物。唐传奇《枕中记》《南柯太守传》,开讽喻幻想小说一体,以梦幻影射现实政治,隐喻色空佛理,《毛颖传》化物为人,《三戒》等以物拟人,虽非小说,也都对后世小说隐喻艺术产生影响。

明清说部题材与艺术手法分流发展,写实与表意成为两个各自独立相互分离的系统。历史、传奇、人情小说重再现写实,虽然其中不乏夸张浪漫甚至神幻笔墨,但并非表意成分,而是为了突出现实人物的传奇色彩,加强再现效果,如《三国演义》对诸葛亮"多智而近妖"的描写,《水浒传》中斗法施术的描写。神幻小说则重主观表意。但并非所有的幻想小说都是隐喻之作。幻想小说或幻想描写如果仅仅只是现实生活的变形、幻化或理想化(如《封神演义》《西游记》等小说中的神魔斗争的法术法宝,实际上只是武器、技能的理想化,《聊斋》等中的大多狐鬼形象,实际上是现实人物特别是年轻女性的幻化),并不能表现隐喻意义。隐喻必须是形象—故事—寓意的组合或复合,必须是作者观念的某种演绎或包涵。因而隐喻艺术比一般幻想艺术更加远离写实,远离现实形象和典型塑造。《西游补》《后西游记》都是比《西游记》更具隐喻性的小说(也有一些人探寻过《西游记》的隐喻意旨,如陈士斌、张书绅、刘一明和为鲁迅肯定过的谢肇淛等[1]),有人把它们称为寓言小说或寓意小说,它们也因而比《西游记》更不受现实生活逻辑制约,如《西游补》的"青青世界",《后西游记》的取经历程。[2]《红楼梦》的隐喻性表意系统把幻想艺术和写实艺术结合起来,不但创造出具有深厚隐喻意蕴的幻想境界(如"太虚幻境"),而且使带有幻想形态的隐喻意蕴渗透到写实笔墨之中(如"金玉"与"木石"),甚至直接实现现实形象和典型塑造对隐喻意蕴的包涵(如甄士隐与贾雨村、宝黛爱情)。曹雪芹把隐喻艺术从单纯的虚拟幻想延伸到生活写实,是对小说表现领域的重大开拓。《红楼梦》还创造和发展了多种隐喻性表意手法,如声音隐喻、形象和情境隐喻、符号隐喻、一物多喻、一名多喻(如甄真贾假),特别是多重复合隐喻,包涵矛盾意蕴的二位一体的复合隐喻形象的创造("警幻"),表意性、结构性、写实性三结合隐喻形象的创造(如贾雨村),等等,不但使这部小说变得更加丰厚深刻,也使古代小说隐喻表意艺术大放异彩。

---

① 《鲁迅全集》第九卷《中国小说史略·明之神魔小说》,人民文学出版社 1980 年版。

② 以上论述,参见刘上生《中国古代小说艺术史》第四章第三、四节,湖南师范大学出版社 1993 年版。

预示性表意系统:形态与情节融合

预示性表意系统,是一种以预兆情境显示为基本手段的艺术体系。它既是作者观念(主要是宿命观念)的艺术显现,又是一种独特的构思和表现方式。

《红楼梦》预示性表意系统的情境显示,包含梦兆、诗兆(包含词、谜、联兆等)、事兆三类。

梦兆即梦幻形式的情境预示,源于古代人类对梦的迷信和神秘观念。从心理学观点看,梦是潜意识的外露,它可能把人们在日常生活中压抑的不自觉的情感情绪甚至观念认识显现出来,其中也包含人们对未来某种危机的隐忧或预感,而这种预感或隐忧有时又为后来的事件发展所证实。当这些个别的偶然的现象被夸大成为普遍的必然的规律的时候,对梦兆的迷信就出现了,作家利用梦的预示性构思情节,梦兆遂成为一种表意艺术手段。

《红楼梦》集梦幻艺术之大成。第 48 回脂批说:"一部大书起是梦,宝玉情是梦,贾瑞淫又是梦,秦氏家计长策又是梦,今作诗(按:指香菱苦吟入梦)也是梦,一面风月鉴亦从梦中所有,故曰红楼梦也。"[①]书名《红楼梦》,就是梦幻意识的整体隐喻。书中所写的形形色色"章法总不雷同"(第 24 回末脂批)[②]的梦,更体现了作者心理写实和主观表意的高度技巧。就梦兆描写而言,大体有两类:

一、心理写实兼以梦幻表意者。如第 36 回梦兆绛芸轩:"宝玉在梦中喊骂道:和尚道士的话如何信得? 什么是金玉姻缘,我偏说是木石姻缘!"这是宝玉内心压抑的拒斥"金玉"认同"木石"的叛逆情感的爆发,但所谓"木石",来自前世,并非如同"金玉"之说实际存在,也非宝玉所能意识,这是作者所附加的符号表意因素。82 回潇湘惊噩梦是黛玉压抑着的对贾母王夫人真伪参半的"亲情"体验和对宝玉信中存疑的深层爱情心理的显露,这是《红楼梦》最出色的写实之"梦",但黛玉与宝玉同梦见宝玉被剖心又是非写实的表意成分(其写法显然受唐传奇《三梦记》等影响),是后来宝玉失魂痴呆的预兆。这两个梦都是写实性的兆梦。它们所暴露的潜意识隐忧是现实矛盾在梦者的心理投影,因而都被后来情节所证实。

---

① 陈庆浩《新编石头记脂砚斋评语辑校》601 页。
② 陈庆浩《新编石头记脂砚斋评语辑校》452 页。

二、主观表意兼以心理写实者。前80回的三大梦：甄士隐梦幻识通灵、贾宝玉梦游太虚境、秦可卿托梦王熙凤都是为表现作者主观意图而设计构思的。甄梦置于开头，起解释隐喻表意作用，非预示性兆梦。梦游太虚境则既有隐喻——贾宝玉情欲的启蒙觉醒（或以为系秦可卿勾引，实则是宝玉对兼美［钗黛］的潜意识冲动），更有预示（判词、《红楼梦曲》、薄命司、千红一窟、万艳同杯等），尤以《红楼梦曲》起笼罩全书的结构纲领作用。秦可卿托梦，预示贾府必败，又包含着作者的历史循环论解释和某些辩证观念。上述这些梦，内容主体虽系表意，但仍掺和若干写实因素，以"梦游太虚境"之入梦为例，先写宝玉对《燃藜图》等所显示的封建说教的厌恶，再写到对秦氏华美居室的欣赏和惬意，自然进入"人迹希逢飞尘不到"的太虚幻境，感到"这个去处有趣"，都是人物性格合乎逻辑的表现。这种生活和性格写实，冲淡了梦境主观表意的强烈色彩，实现了与全书写实基调的和谐融合。

两类梦兆描写，前者是带有幻想表意因素的性格和心理显现手段，后者是带有写实成分的幻想表意形式，而表意与写实的某种程度的结合，则是其共同特征。

诗兆即用诗词韵语形式的情境预示，源于巫祝卜筮和谶语迷信。但在《红楼梦》中，却被改造成为一种创造艺术氛围的表意手段。《红楼梦》的诗词韵语，除了个别如太虚幻境之《警幻仙姑赋》等为传统的叙述人歌赞形式外，都已成为生活写实和性格写实的有机组成部分。但它们的强烈暗示或预兆作用又非其作者（指小说人物）所能自觉。如黛玉《葬花吟》，是黛玉在特定情境下的情感抒发和性格表现，但其中又包含着黛玉以至大观园诸女性的命运暗示。第27回脂批说："埋香冢葬花乃诸艳归源，葬花吟又系诸艳一偈也。"（甲戌批）"葬花吟是大观园诸艳之归源小引，故用在饯花日诸艳毕集之期。"（庚辰批）[①]这里有两个意思，一是葬花具有某种象征意味，是未来大观园诸女性悲剧的缩影。此系隐喻表意。二是《葬花吟》具有某种预示作用，已伏黛玉及诸艳结局。明义《题红楼梦》："伤心一首葬花词，似谶似真自不知。安得返魂香一缕，起卿沉痼续红丝？"[②]他似乎读过《红楼梦》黛玉之死原稿，才作出葬花词"似谶似真"的结论。似谶，即为黛玉死所印证；似真，即符合黛玉性格逻辑。黛玉落落寡合，敏感多愁，葬花时产生对未来悲剧命运的预感也很自然。"似谶似真"是表意与写实高

---

① 陈庆浩《新编石头记脂砚斋评语辑校》491、506页。
② ［清］富察明义《绿烟琐窗集》中《题红楼梦》绝句二十首。

度融合的境界。黛玉的题帕诗、海棠诗（"秋闺怨女拭啼痕"）、《秋窗风雨夕》、《桃花行》（戚本、王府本脂批"一片精神传好句,题成谶语任吁嗟"①）、中秋联句（"冷月葬诗魂"）等都达到了"似谶似真"的境界。另一些诗词韵语则更多地表现谶语性质,如第 22 回元春、迎春、探春、惜春、宝钗、贾母等人的灯谜,皆一一预示各人及家族未来命运;第 63 回怡红夜宴中黛玉、探春、麝月、袭人等人之酒令花签,都暗伏各人后事;甚至湘云的海棠诗句"自是霜娥偏爱冷",脂批也认为"不脱自己将来形景"（第 37 回己卯批）②,视同谶语。它们未必符合人物性格写实的要求,如宝钗所制灯谜（"朝罢谁携两袖烟"一律）,其风格更像黛玉平时诗作,程乙本即将此谜改为黛玉作而为宝钗另撰一谜。它们是"似谶非真"即有预示性而无写实性的特殊表意形式。无论是"似谶似真",还是"似谶非真",即无论预示与写实二者结合的情况和程度怎样,诗兆都是让人物以自我创作预示自我命运,而创作者实际并无此自我预知的意识与能力。它们暗示:存在着一种冥冥之力,人物的一切自觉活动都不自觉地接受着它的驱使、支配和控制,并且不由自主无可改变地通向一个既定的归宿。"分离聚合皆前定。"（《红楼梦曲·飞鸟各投林》）这就是作者对所描写的悲剧的宿命论解释,也是他通过诗兆所渗透的主体观念。这种渗透,造成一种浓厚的艺术氛围。当读者眼看自己心爱的人物在某种必然律支配下走向自我预示的悲惨命运而毫不自觉之时,他也许会与作者的观念认同,或者引起更深刻的哲理反思,这正是曹雪芹运用诗兆的最终意图。

事兆即带有预示情境的事件,显示出作品中人物不自觉而为情节发展证实的预兆意义。

《红楼梦》中的事兆,少数直接表现神秘宿命和鬼神迷信观念,如第 17、18 回元春点戏伏贾府败、元春黛玉死,③第 29 回神前拈戏喻示贾府盛衰,第 75 回中秋夜贾府祠堂异兆悲音等,同时起着渲染气氛的作用。多数则是在艺术写实之中寓必然于偶然的巧妙表意构思。作者有意显示日常偶然事件与人物命运、情节发展的必然联系,并且使这种联系带有巧合和预示性质。一方面,作为预兆的事件完全合乎客观事理逻辑,另一方面自然融入作者附加的主观意图。它的预示和巧合性质,既是一种精心的结构布局（伏笔——呼应）,又是某种既定的命运安排。蒋玉菡同宝玉交换汗巾,日后却证成了他与袭人的婚姻;宝玉得

---

① 陈庆浩《新编石头记脂砚斋评语辑校》650 页。

② 陈庆浩《新编石头记脂砚斋评语辑校》558 页。

③ 陈庆浩《新编石头记脂砚斋评语辑校》330 至 331 页。

到一个点金麒麟,预伏了湘云同卫若兰"白首双星"的结局(见第 31 回己卯评①,或以为伏宝、湘之婚事)。这种对男女"姻缘"及其他人事的宿命演述前人早已有之。② 曹雪芹的创造在于他把这种表意描写渗透到长篇巨著的日常写实之中,达到水乳交融的境地,使他的具有很强生活实感的艺术描写产生出包涵思想内蕴的审美效应。

以第 53 至 54 回荣府元宵为例。"元宵"在《红楼梦》中有特殊意义。"好防佳节元宵后,便是烟消火灭时。"甄士隐元宵失女,元宵后失火,已隐喻贾府未来命运。第 17、18 回元宵省亲("借省亲写南巡"),是极盛时之特写。53 至 54 回又一次元宵,正值全书之半(据脂批,全书原为 108 或 110 回③)。作者以博大富丽之笔铺写出除夕祭宗祠元宵夜宴一篇"绝大典制文字"(第 53 回王府本总批)。此后,即转入写种种衰况,"恰似黄钟大吕后,转出羽调商声"(第 55 回王府本总批)④。在这个由写盛到写衰的转折点上,作者特地安排了王熙凤说笑话的情节。本来,心灵口巧的王熙凤不难在这种场合大显身手,而从贾母到"挤了一屋子"的媳妇丫鬟也对王熙凤寄以很高的期望。但结果,王熙凤并没有惊人之语。她说的是一家子过正月半,从祖婆婆、太婆婆、婆婆到重孙子、灰孙子、滴滴答答的孙子、孙女儿……"团团的坐了一屋子,吃了一夜酒就散了"。说的正言厉色,听的冰冷无味。紧接着,作者又让王熙凤用一个过正月半,"聋子放炮竹——散了"的笑话作为补充,使"散了"的情境在短短的一段话中先后四次重复显示,强化了它的暗示意义。很明显,在全书描写转折处的这一精心安排,是以王熙凤关于"元宵——散了"的一反常态的笑话和听众一反常态的感受,预示着这一家族将在某一元宵后"树倒猢狲散"的结局。既照应开头,又直射结局。笑话竟成预言,使人感到一种透骨的悲凉。

同样"不幸而言中"的是宝黛改《芙蓉诔》。宝玉原文有"红绡帐里,公子情深;黄土垄中,女儿薄命"之句,黛玉提议对景对事改为"茜纱窗下,公子多情",宝玉赞叹之余,主张改为"茜纱窗下,小姐多情;黄土垄中,丫环薄命",黛玉以为不妥,最后宝玉改为"茜纱窗下,我本无缘;黄土垄中,卿何薄命!""黛玉听了,怅然变色,心中虽有无限的狐疑乱拟,外面却不肯露出。"(第 79 回)这真是一段绝妙的双关文字。对景对事修改诔文,本为情理中事,且足以写出宝黛相知之深,

---

① 　陈庆浩《新编石头记脂砚斋评语辑校》525 页。

② 　参见《太平广记》卷一百四十六至一百六十。

③ 　陈庆浩《新编石头记脂砚斋评语辑校》575 页。

④ 　陈庆浩《新编石头记脂砚斋评语辑校》616、621 页。

但修改的结果竟成为对宝黛爱情的悲剧预示，却为始料不及，但又是水到渠成。庚辰本脂批云："一篇诔文总因此二句而有，又当知虽诔晴雯，实诔黛玉也，奇幻至此。"①人们不能不由衷佩服曹雪芹的灵心妙想。如果说，王熙凤的笑话预兆贾府的衰败，其说者听者皆不自觉，它的预示意义是读者在阅读中领悟到的；那么，宝玉改诔文所显示的不祥之兆，说者虽无知，听者却被震撼，因为它唤起了黛玉心中的隐忧。同为事兆，前者取喜剧形式，后者取悲剧形式，写法各异而意旨相同，它昭示：无论是醉者梦者醒者，都在无可改变地走向既定的归宿，这正是命运悲剧的特点。

预示性表意系统，从根本上说，是一种表现命运迷信的艺术手段。古人一方面认为命运不可逃避和改变，另一方面则又认为这种不可逃避改变之命运乃有若干征兆显示。揭示这些可知之征兆，则足以认识不可知之命运。所以，预示性表意艺术又是一种启示人们认识把握命运的艺术手段，这是它的积极意义。在《红楼梦》中，家族悲剧与爱情悲剧均有预兆显示，从秦可卿托梦、元春点戏、神前拈戏、凤姐笑话直到中秋异兆悲音，都是家族悲剧的征兆，但贾府统治者却一意沉迷于享乐争斗而不自拔，终于一败涂地。这就揭示出这个百年望族的内部腐朽，乃是其彻底败亡的根本原因。从《葬花吟》，宝玉同黛玉赌气起誓"你死了，我做和尚"，黛玉抽得"莫怨东风当自嗟"的芙蓉花签，直到宝黛同改《芙蓉诔》，都是爱情悲剧的征兆。但是，悲剧主人公（尤其是黛玉）却表现出一种"知其不可而为之"的意志，并不想逃避这种命运。这就突出地显示了他们坚决叛逆传统争取个性自由的可贵精神。可见，仅仅以宣扬宿命论来评价这些表意性征兆的意义，是不够的，应当说，它们是作家用以烘托突出小说内在主题的艺术手段，又是作家用以组织情节创造气氛的构思技巧。这些表意性征兆，同作者揭露现实矛盾的写实性征兆描写（如贾府之内囊渐空、入不敷出，元春贾母之右钗左黛，黛玉之病势转重等）结合起来，使整部小说的情节进程始终笼罩着强烈的悲剧氛围，并且使人们认识到，他笔下的这个命运悲剧，其实质乃是社会悲剧，是在"末世"的复杂社会矛盾中，封建贵族无可奈何地走向没落，人性理想无可奈何地归于幻灭的悲剧。它的必然律，不是来自冥冥之力，而是历史运动和性格运动的结果。

预示性表意艺术不是一种纯粹的幻想艺术形式。由于预兆情境必须在现实生活中显示才能为人们所感知认识，因而除"梦兆"外，预示性表意艺术多采

---

① 陈庆浩《新编石头记脂砚斋评语辑校》692 页。

用与性格情境写实自然融合与渗透的方法。但它的认识基础——宿命论本是一种虚幻观念，预兆情境又具有与写实情境不同的虚幻色彩，故仍可归入幻想艺术范畴。中国古代盛行预兆迷信，梦兆星兆物兆灾兆谶语征应不绝于历代史书和小说家言，但直到唐传奇出现委曲生动的预兆情境描写（如《续玄怪录·定婚店》《异闻录·秀师言记》等），才发展成为小说预示性表意艺术。《三国演义》把预示性表意艺术首次引入长篇说部，并与历史写实相掺和，如曹操梦三马同槽，诸葛亮观天星识定数等。至《金瓶梅》，预示性表意艺术渗入人情写实，其中不但有看相卜卦等预兆迷信活动的描写，而且开始创造出"似谶似真"的生动细节，如第 46 回潘金莲不肯卜卦，说："我是不卜他，常言算的着命，算不着行。……随他明日街死街埋，路死路埋，倒在洋沟里，就是棺材。"几句赌气话语成为她日后惨死街头的预言。但这种掺和，仅仅是为了表现作者的宿命观念的局部穿插。曹雪芹在《红楼梦》中却创造了一个渗透全书、体系完整、形式多样的预示性表意系统。他把这种命运迷信的简单呈现方式，改造成为具有多重表意功能的内蕴思理、外传文情的巧妙艺术手段；把以虚证实、捕风捉影的幻妄之笔，变成了性格写实和生活写实的有机血肉。他采取哲理之"梦"和生活之"梦"，隐喻之"梦"与写实之"梦"、预兆之"梦"与心理之"梦"相包含的手法，开创了梦幻艺术的奇观。他的"诗兆"和"事兆"描写，达到了预示表意与摹真传实自然融合二位一体的高度境界。但过去，他在这方面的成就和贡献，却太被忽视甚至被误解了。

表意艺术体系的功能与意义

《红楼梦》表意系统的三个子系统并非孤立零散的存在，它们拥有各自特殊的艺术手段，担负着各自特定的表意功能，与作品主体写实系统形成各自不同的联系状态，而又相互配合，共同构建起完整的艺术表意体系，成为《红楼梦》这座伟大艺术殿堂的重要支柱。

解释性表意系统的主要艺术手段是神话和宗教神怪故事。由于神话和宗教都是对世界的虚幻解释，作者便可以通过移植改造和虚拟来表达对所描写生活内容（人物、故事）的理性认识和观念解释（除了作者的直接表白和借书中人物议论等非艺术形式以外）。这种艺术手段使解释性表意系统游离于写实系统之外，以楔子叙来历和框架完首尾的方式构成作品的外壳（非情节部分）。从总体上说，它以观念对写实系统起着某种规范、支配作用，但饱含着主体情感的艺术写实又常常突破和否定观念的限制，形成观念与情感、表意与写实的矛盾。《红楼梦》"情缘悟空"的观念和"大旨谈情"内容的矛盾就是突出表现。

隐喻性表意系统的主要艺术手段是寓言和寓意手法（比兴）。由于寓言和寓意手法具有喻体—本体（象—意，表象—隐意）两个层次，因此，隐喻性表意系统往往用以表达作品的内在意蕴。这一系统大体位于作品情节的表层，与写实系统处于半分离状态，即一部分以神性幻想游离于写实系统之外（如太虚幻境），一部分则以现实形态渗透于写实系统之中（如甄贾系列）。由于作者有意利用喻体与本体、象与意联系的复杂性、模糊性，因而隐喻性表意系统所表达和包含的思想意蕴常具有多层次多义复合的特征（如警幻仙子、通灵宝玉等）。

预示性表意系统的主要艺术手段是预兆情境，包括幻想预兆情境（梦兆）和现实预兆情境（诗兆、事兆）。前者运用梦幻艺术，而与写实笔墨相交融，后者则完全渗透于艺术写实之中，因此，总的来说，预示性表意系统处于作品内容的中心，成为写实系统的有机组成部分。它通过预兆情境显示把作者观念意图、情感表现巧妙融入生活写实和性格写实，创造悲剧艺术氛围和主客体统一的艺术境界。

解释性、隐喻性、预示性表意系统由此在作品中构成一个由外而内、由浅及深的层次系列，一个与写实系统相对独立而又密切联系的艺术世界。从表意功能来说，它们各有所司，各有侧重：解释性子系统是全书构思的整体性表意；隐喻性子系统是形象情境的内蕴性表意；预示性子系统是情节氛围的渗透性表意。从艺术创造来说，它们则相互吸收，彼此涵容。某一个表意性形象或情境可以兼具多重表意功能（如石头历幻兼解释与隐喻，梦游太虚幻境兼隐喻和预示），而某一种表意系统也可以兼用多种艺术手段，解释性虚拟神话包含隐喻象征因素（如木石），隐喻性寓意形象借助神性境界（如警幻），预示性情境描写多用双关比兴手法（如诗兆），如此等等。总之，既宏大复杂而又完整统一，既丰富深邃而又浑融和谐，这就是《红楼梦》表意系统的特征，也是它所达到的无与伦比的水平。

现实主义是否容许虚幻描写，写实艺术能否与表意艺术并存，这并不是一个理论问题，而是一个实践问题。曹雪芹已经作出了回答。依照某种既定的理论或创作模式来评头品足，甚或企图削足适履，那是对天才的亵渎。曹雪芹明白宣称，他写《红楼梦》，就是"要令世人换新耳目"，这也包括对写实艺术和表意艺术的改造，他继承了中国古代源远流长的幻想表意传统，当然也接受了其中所包含的某些传统观念（主要是宿命观）的影响，但重要的是，他把这种体现浓厚宗教甚至迷信观念的幻想艺术形式,改造成为了完全自觉的主体表现和审美创造手段,并且实现了与写实艺术相当完美的融合。从这个意义上说,《红楼梦》的表意系统已突破了古典现实主义的范畴,包含着属于未来的创造。它表明,现实主义是一个开放的体系。当代现实主义的发展对各种幻想表意手段(魔幻、荒诞、寓意、象征等)的日益吸收运用,不正在证明着曹雪芹的杰出创造的无可估量的价值吗?

(原载《红楼梦学刊》1993 年第 4 辑)

质实与空灵：写实艺术的两种美学范本
——"瓶儿之死"与"秦氏之丧"的比较研究

《金瓶梅》①和《红楼梦》②，是分别诞生于 16 世纪后期和 18 世纪中期的中国古代小说写实艺术的两座高峰。最早揭示这两部巨著之间艺术联系的，乃是脂砚斋对《红楼梦》第 13 回写"秦氏之丧"的一句批语："深得《金瓶》壸奥。"③深知作者"拟书底里"的脂砚斋在这个位置上下此批语，其用意是很明白的。他要提醒人们注意《红楼梦》中"秦氏之丧"与《金瓶梅》"瓶儿之死"这两个相似情节的比较，从而认识《红楼梦》对《金瓶梅》写实艺术的继承和发展。

发展是超越而不是替代和包容。就艺术的独创性和不可重复性而言，《金瓶梅》和《红楼梦》的描写都有其审美意义。它们既显示了古代小说写实艺术在不同阶段的发展轨迹，又提供了各具风格的写实艺术的美学范本。

"瓶儿之死"是《金瓶梅》情节的一大关目。官哥和瓶儿死（59 至 66 回），西门庆和潘金莲死（79 回、86 回），直到庞春梅、陈经济死（99、100 回），是小说所描写的家庭和人生悲剧的三步曲。对于全书主要人物的第一个悲剧事件（官哥死实际上是瓶儿死的前奏），作者对瓶儿之死给予了高度的重视。从第 54 回诊病起始，叙事重心即向此转移。自 60 回至 67 回，用了 8 回的篇幅描绘了瓶儿病、死、葬的全过程，成为全书用笔最细、用力最多的情节文字。

与"瓶儿之死"居于《金瓶梅》后半部（约三分之二处）不同，《红楼梦》中的"秦氏之丧"，处于小说叙事内容全面展开（自第 6 回起）不久的位置，而成为重点描写的第一件大事。从第 10 回张太医看病起始，集中用笔则自 13 回秦氏托梦至 15 回停灵铁槛寺。篇幅不及"瓶儿之死"，然其地位、意义，或且过之。

---

① 本文所论《金瓶梅》内容及引文，均据《张竹坡批评第一奇书金瓶梅》，齐鲁书社 1987 年版。

② 本文所论《红楼梦》内容及引文，均据中国艺术研究院红楼梦研究所校注本《红楼梦》，人民文学出版社 1982 年版。

③ 陈庆浩《新编石头记脂砚斋评语辑校》238 页，中国友谊出版公司 1987 年版。

　　"瓶儿之死"和"秦氏之丧",都是写实艺术的不朽杰作。然就其整体风格言之,前者是质实之美的代表,后者是空灵之美的典范。其间既显示着发展,又各臻其妙境。

　　质实和空灵是一对基本美学范畴。在以"瓶儿之死"与"秦氏之丧"为代表的《金瓶梅》和《红楼梦》的写实艺术里,它们各包含三个要素,并构成两两相对的关系,这就是:显露和隐微;琐细和凝炼;致密和疏宕。兹分论之。

叙事手法:显露与隐微

　　显露是《金瓶梅》写实艺术最突出的风格要素,它体现着这部小说独有的赤裸裸的暴露特征。显露,即直接呈现,毫无掩饰。它既指创作主体对描述对象的客观忠实态度——不虚美隐恶,也指描述对象真实面貌直接完整呈现的艺术方法——不内敛隐藏。在这里,不管是事件的原因、经过和结果,还是人情世态的方方面面,不管是人物的善良心性还是恶劣情欲,以及它们之间的内在外在碰撞,几乎没有被有意或无意淹没在水面下让人看不见或看不清的东西。整部《金瓶梅》如此,作为其风格典型代表的"瓶儿之死"更是如此。

　　李瓶儿是西门庆的宠妾。西门庆先后把她从花子虚、蒋竹山两任丈夫手中夺了过来,她又为西门庆生了他当时唯一的儿子——官哥,巩固了在西门家中的地位,这就使她既成为西门庆主要的性爱对象,又成为西门家庭妻妾矛盾的焦点,特别成为潘金莲争宠的主要打击对象。瓶儿的病和死,像一面聚焦镜,折射出西门庆整个家庭内外的复杂矛盾,以及各种人物的情态心理。西门庆对瓶儿死亡的表现及其大办丧事的过程,又像一面聚焦镜,不但显露了西门庆的豪富权势和全部性格内容,而且折射出西门一家的复杂社会联系及与之相关的全部世情世相。著此一家,即写尽诸色。这样,就使"瓶儿之死"的艺术描写具有高度的典型意义。作者用笔愈是显露,它所反映的生活内容就愈是广阔、深入,作品的现实主义成就就愈高。

　　"瓶儿之死伏于试药。"(第50回首张竹坡批语)第50回写西门服胡僧药后淫欲愈炽,于瓶儿经期强求交合,伏下病根,而潘金莲用阴谋手段惊吓死了官哥,又幸灾乐祸地气恼李瓶儿,则是瓶儿病势转重终至不起的近因。然而,正是西门庆又成为潘金莲的庇护者。又正是这个西门庆,在瓶儿死后大悲大恸,跳起脚哭喊"我那有仁义的姐姐",几至寝食俱废;传真作遗爱,观戏动深悲,极尽丧礼之隆盛;直到入葬之后,还"不忍遽舍,晚夕还来李瓶儿房中,要伴灵宿歇";

白日间供养茶饭,"他便对面和他(指瓶儿遗像)同吃。举起箸儿来:'你请些饭吃!'行如在之礼。丫鬟养娘都忍不住掩泪而哭"(65 回),不可谓不至诚。然而,仍是这个西门庆,就在李瓶儿病重时,与王六儿、潘金莲淫乐不休(62 回);又竟然面对瓶儿灵床同奶子如意儿勾搭成奸,"两个搂在被窝内,不胜欢娱,云雨一处"(65 回),一个 16 世纪封建富商情与欲的二重世界得到了多么淋漓尽致的呈现! 这里无须任何叙述者的评说诠释,也没有任何欲说还休的含蓄吞吐,只有美丑并存的真实人性的赤裸裸的显露,以及由于显露而产生的惊人的"逼真"的审美效果。写瓶儿临死遗嘱,逐一叙来,"王姑子、迎春、绣春、老冯、月娘、西门、娇儿、玉楼、金莲、雪娥,不漏一人,而浅深恩怨皆出。其诸人之亲疏厚薄浅深,感触心事,又一笔不苟,层层描出"(第 62 回首张竹坡批语)。如吴月娘,作者既写出她对瓶儿的关心安慰,又写出瓶儿死后她对西门哀痛的不快,而在西门庆因看戏怀念李瓶儿遭到潘金莲讥笑时,她又毫不掩饰对潘金莲的反感,显示出这位西门嫡妻独特的复杂性格心理。在形形色色的吊祭者行列既有亲戚余悲,也有人情敷衍,甚至还有人借丧取乐;既有高谈阔论朝廷政事的薛刘二内相,竟然也有借吊祭之名前来请办官府迎送筵席的工部黄主事,而势倾一方的西门庆竟然也不得不屈从其请,于瓶儿"五七"荐亡之前,换丧为吉,筵宴终日。这又是多么深刻的世态暴露。

显露的写实艺术,使作者的描叙意图和内容得到清晰完整的直接呈现,减少了误读的可能,有利于审美接受。它所创造的高度真实可感的生活世界,显示了现实主义艺术的真谛。但显露的缺陷一览无余。当所描叙的现实生活内容和作者意图具有复杂多元的特点时,单纯的显露质实就会捉襟见肘,不够用了。它需要新的创造。《红楼梦》艺术写实的空灵深隐之笔于是应运而生。

如果说,李瓶儿在《金瓶梅》中只是呈现着从梁中书妾—花子虚妻—西门庆情妇—蒋竹山妻—西门庆妾的单一角色转换的话,那么,秦可卿在《红楼梦》中的角色身份,却远要复杂得多。这个来历不明的营缮郎秦业抱养的弃婴一跃而成为身份高贵的贾府长房宁国公冢孙媳妇的奇特经历;她的作为警幻仙姑妹妹(字可卿,乳名兼美,兼钗黛之美)的神秘幻影及对少年宝玉性启蒙的导引;她与丈夫贾蓉、公公贾珍,甚至太公公贾敬、小叔叔贾蔷的弄不清楚的关系;她的死对宁府衰败的深远影响("箕裘颓堕皆从敬,家事消亡首罪宁,宿孽总因情"——《好事终》曲);她的死在全书"情"的悲剧和金陵十二钗诸女儿悲剧中的独特位置("情天情海幻情身,情既相逢必主淫"——秦氏判词)……以及与此相关联的,作者创造这一形象的具有动态特点的多元意图,这一切,都不容许作者亦步亦趋地袭用《金瓶梅》的显露笔法,何况这种袭用,更是伟大天才曹雪芹所不屑为的。他取《金瓶梅》写实艺术之精髓,又从中国古代史家"微而显,志而晦,婉而成章,尽而不污"(《左传·成公十四年》)的春秋笔法中受到启发,融铸成一种虚实相映的空灵笔法。这种笔法,在"秦氏之死"中的突出表现,便是深隐。

与"瓶儿之死"的基本上单线单层叙事不同,"秦氏之死"明显地包含着两个层次,一个是显露的,即作者所直接描写的秦氏病、死、葬的现实生活过程,这是较多取法《金瓶梅》即脂批所谓"深得《金瓶》壶奥"的部分;另一个则是隐没的层次,这包括作者因某种原因删去而仍留痕迹和作者用某种特殊笔墨有意掩藏的部分。对这些"删""藏"内容的探讨揣测,早已成为"红学"专家和爱好者们兴趣盎然新见迭出乐此不疲的话题,也许它们还将永远成为"红学"的千古之谜。笔者无意卷入这种论争,只拟从艺术处理的角度进行研究。大体认为,作者所运用的"深隐"手法有两种:

一曰"不删之删"。具体方法,是显隐对照,揭示叙事矛盾。即作者在修改"秦氏之死"部分先后两度叙事的不同构思和处理。显,是指作品对秦氏病、死、葬的直接呈现,这实际上是接受脂砚斋等人意见修改原稿后的二度叙事内容;隐,则是修改前一度叙事内容的有意保留。据脂批可知,一度叙事的核心内容是"秦可卿淫丧天香楼",即她与贾珍之间的乱伦私情及由此导致的自缢而亡。从判词看,这种私情未必完全是秽笔(尤其是对秦可卿这位女子而言),其主旨是"情既相逢必主淫",也许是爱情婚姻错位的悲剧。而二度叙事的核心内容,则是秦可卿死前魂托凤姐,即她对家族命运的预虑和关心,作者并借以暗示贾府必败的内在历史逻辑,其主旨是"盛筵必散""早为后虑"。二度叙事,修改的关键是秦可卿形象的改造,主要内容是"将可卿如何死故隐去"(第13回庚辰本批语)。甲戌本脂批说得很清楚:"秦可卿淫丧天香楼,作者用史笔也。老朽因有魂托凤姐贾家后事二件,嫡是安富尊荣坐享人能想得到处……因命芹溪删去。"①风流少妇变成了贤淑孙媳,处理自然大不相同。从构思看,这种修改表现了叙事重心从"情"的悲剧(秦氏是"金陵十二钗"死去的第一人,死因是"宿孽总因情")向家族悲剧的转移,故魂托凤姐中秦氏引"树倒猢狲散"一语令脂砚斋们极为伤感,而这正是曹氏家族中人所熟知的曹寅常说的话,典出庞元英《谈薮》中讽刺曹咏败亡的故事。② 它显然将冲淡全书"大旨谈情"的主题,同时也

---

① 陈庆浩《新编石头记脂砚斋评语辑校》243 页。
② 参见周汝昌《红楼梦新证》517 页,人民文学出版社 1976 年版。

实际上削弱了对家族腐朽没落（所谓"箕裘颓堕皆从敬，家事消亡首罪宁"）的揭露深度和力度，并不利于家族悲剧的表现。然而，从另一角度看，这种修改对于运用预示手法揭示贾府命运又有某些独到之处，也有利于加强家族悲剧描写的哲理内蕴。这就是曹雪芹虽然并不愿修改但又终于不能不接受脂砚斋等的意见修改的原因。作为处理这种两难困境的特殊手段，于是就有了所谓"不删之删"的"史笔"。他通过第5回判词及美人悬梁自缢的图画，第8回焦大醉骂，第13回秦氏死时贾珍"哭的泪人一般"的"刺心笔"（甲戌本夹批）及瑞珠触柱身亡等"天香楼未删之文"（甲戌本夹批）①暗示原稿一度叙事的内容，以与显露的二度叙事内容（秦氏病亡等）相对映，造成两个秦可卿形象和两度叙事的错杂叠合，让读者从叙事矛盾中领会掩盖在外显层次下的内隐层次。这种处理，对于保持叙事内容的一致性和形象的完整性，当然是有所损害的，但却取得了增加叙事层次和内涵的特殊审美效果。

二曰"不写之写"。具体方法，是虚实对照，创造叙事空白。实，是作品关于秦氏和秦氏之死的写实内容，亦即显露的二度叙事内容；虚，则是作者在情节链条上，有意留下叙事断层或隐喻成分，让读者通过想象或揣测去自行填补这种叙事内容空白。如秦氏从养生堂弃婴成为百年望族贾府冢孙妇的缘由和过程，就属于"断层"；第5回秦氏房内陈设所用的典故（"武则天当日镜室中设的宝镜"等等）就属于"隐喻"，宝玉性梦中警幻仙姑妹名"可卿"（兼美）与秦氏乳名"可卿"的重合关系也属"隐喻"。作家刘心武甚至从这些"断层"和"隐喻"中发现了"干涉时世"的政治内容，并用小说《秦可卿之死》填补作品的叙事空白。至于作品中"秦氏之死"情节中的"不写之写"，不妨同《金瓶梅》作一对照。与《红楼梦》不同，《金瓶梅》写瓶儿之死，用的恰恰全部是点滴不漏的实笔。

1.《金瓶梅》(瓶儿之死)　实笔项号用小写字母表示。

a. 瓶儿患病之因由→b. 诊治的经过→c. 临终遗嘱→d. 病亡情景→e. 西门庆痛→f. 其他家人亲友的具体情感反应→g. 治丧经过。以上7项全部用实笔。

2.《红楼梦》(秦氏之丧)　凡实笔者项号用小写字母，凡虚笔者用大写字母。

A. 秦氏患病之因由→b. 诊治的经过→c. 临终遗嘱（魂托凤姐）→D. 病亡情景（云板报讯）→e. 贾珍痛哭→F. 其他家人亲友的具体情感反应→G. 治丧经过。

---

① 陈庆浩《新编石头记脂砚斋评语辑校》235、236、238 页。

　　以上 7 项仅 3 项(b、c、e)用实笔，另 4 项为虚笔。具体对照更有意味，如 e 项，《金瓶梅》是丈夫哭爱妾，合乎情理；《红楼梦》中是公公哭媳妇，有失常态。f 项《金瓶梅》写了吴月娘、孟玉楼、潘金莲、应伯爵等对瓶儿死和西门庆痛哭的反应，"于一个人心中讨出一个人的情理"(张竹坡《金瓶梅读法》)；而 F 项《红楼梦》则用虚笔：秦氏死时，"彼时合家皆知，无不纳罕，都有些疑心"。秦氏病重而死，"纳罕""疑心"，太不近情理，故脂批即于此处点明"九个字写尽天香楼事，是不写之写"①。又如一字不提秦氏丈夫贾蓉、婆婆尤氏和视秦氏为"重孙媳中第一个得意之人"的贾母等对其病亡和对贾珍痛哭的情感反应，反写尤氏"犯胃疼旧疾"等，也不合人之常情。这些"不写之写"，与前述"不删之删"相互呼应，一方面强化二度叙事矛盾中所隐没的一度叙事的意义，另一方面则以叙事空白断层暗示作者不便写出，或不能写出，或不愿写出的"干涉时世"的政治内容和"涉于淫滥"的"风月笔墨"，而无论是强化还是暗示，作者都把解决(或解释)矛盾、填补空白的最后权力交给了读者，而于作品本身，保持一种引而不发的空灵含蓄之势。从这里，我们也许更能领会作者那一声"谁解其中味"的浩叹了吧。

　　深隐是一种含蓄写实的笔法。它通过显隐对照、虚实对照的方法增加叙事层次和信息容量。《红楼梦》中不乏《金瓶梅》式的显露之笔，它把贾府内部大大小小各种矛盾各色人物面貌揭露得淋漓尽致(试看 58 回以下至 74 回所叙大观园内风波迭起直到抄检大观园的描写)，但又有许多独创的《金瓶梅》所无的隐秀之笔，让人们去领悟和想象那直接呈现的叙事内容之外的"言外之意""象外之象"。秦氏和秦氏之死只是一个特例。我们还可以举出其他一些例子：如荣国府长子贾赦何以居东侧，而次子贾政住正中"荣禧堂"后房？宝钗进京待选后事如何？凤姐与蓉蔷关系实情如何？凤姐对贾蓉说"晚饭后你来再说吧"为何无下文？焦大醉骂"养小叔子"何所指？贾政为何见到忠顺王府长史那样紧张，责骂宝玉"祸及于我"？贾政为何嬖爱赵姨娘？薛姨妈答应向老太太提宝黛婚事，为何下文无交代？是谁向王夫人通报了怡红院内小丫头同宝玉的玩笑戏语，充当了她的耳目？柳湘莲对宝玉说的"我的心事"是什么？谁请胡君荣把尤二姐所怀男胎打了下来？……这些从一般叙事学要求都必须叙述清楚的或来龙或去脉或前因或后果，在《红楼梦》中都留下了空白、断层。人们还注意到，在《红楼梦》中，不仅写秦氏之死用了虚笔，凡是作者所同情的薄命女子的悲剧，如金钏儿之死、晴雯之死、尤三姐之死等，作者也多用虚笔，或由他人叙说，或有意

---

① 　陈庆浩《新编石头记脂砚斋评语辑校》234 页。

神化,或简笔点染勾勒,而不去着力渲染死亡的惨苦恐怖脏污,但却丝毫不削弱这些悲剧的揭露控诉力量,又创造了比显露写实更高的审美境界。这些艺术经验,都是很值得深究和总结的。

叙事内容:琐细和凝炼

琐细是《金瓶梅》质实美学风格的又一突出特征。它表现了这部小说"忠实于生活的现实性的一切细节、颜色和浓淡色度"(别林斯基)的现实主义创作态度,和对原生态生活逼真再现与回归的艺术水平,从而把古代小说写实艺术从情节写实提高到以细节写实为主的新阶段。

琐细在《金瓶梅》中集中表现为细节的丰富和叙事的周详,而周详叙事又正是依靠大量的充分的细节描写来完成的。对事件过程的每一阶段,每一方面,对人物之间的每一关系,每一性格冲突,都尽可能作周到全面的具体描叙,既无遗漏,也不省略。张竹坡在《金瓶梅读法》中指出:"其书凡有描写,莫不各尽人情","读之,似有一人亲曾执笔在清河县前西门家里,大大小小、前前后后、碟儿碗儿,一一记之,似真有其事,不敢谓为操笔伸纸做出来的。"他又特别在62回写瓶儿之死时评述:"各人言语心事并各人所做之事一毫不差,历历如真有其事。即真事令一人提笔记之,亦不能全者,乃又曲曲折折,拉拉杂杂,无不写之。"这里称道的正是《金瓶梅》叙事周详琐细的特点。试看写瓶儿遗嘱,于丈夫、诸妻姜姊妹、丫鬟、奶妈、仆妇、诵经尼姑一人不漏;写丧事丧礼,小殓、设灵、派人、搭棚、念经、开丧吊丧、大殓、题主、上纸、上祭,首七道场、吊祭、排演戏文,二七道众斋坛、吊祭,三七僧众念经,四七喇嘛念番经、破土开圹、请地邻,十一日参灵,十二日发引、摔盆、送殡、迎殡、悬真、下葬掩土、回灵、安灵,直到五七炼度荐亡,无所不书;写吊祭诸人,则从乔大户、吴大舅、花大舅、沈姨夫、韩姨夫,各大户娘子、吴大妗子、二妗子、花大妗子、吴银儿、郑爱月等各方亲友地邻,到夏提刑、周守备、荆都监、胡府尹、薛内相、刘内相、黄主事、吴道官等各类官僚士绅太监僧众,无所不至。人们完全可以从这里获知明代丧葬风俗民情的最生动而完备的文化史料,也可以从这里真切观察当时豪富权势之家及其社会联系的种种世情世相。即如第66回"黄真人炼度荐亡",从五更道众到家,挂长幡,悬榜文,细写榜上文字;黄真人至坛所,安设经筵请席,登坛,坛上布列;早辰开启,午朝拜表,下午道众升坛,起更设醮,晚夕水火炼度;黄真人熏沐焚香,细写所念词文,水池内焚结灵符,大沼内焚郁仪符;高功念词、道众举音乐宣念符命,细写所念《九戒》及十类孤魂《挂金索》全文……展示出一幅何等具体、细密、完整的宗教丧仪活动长卷。在这方面,《金瓶梅》的确具有其他小说(包括《红楼梦》)所难以比拟的独特的认识价值。

应该指出,《金瓶梅》叙事的琐细周详,虽然不厌其烦,面面俱到,却并非不分主次,平均用力。作者的重点,始终放在"人情物理"即性格逻辑、事理逻辑亦即社会生活的本质内容上。如瓶儿死时诸人情感反应,即以西门庆之哭为重点和中心,其他人通通围绕西门写。先有瓶儿死前本命灯灭后西门哭,西门与瓶儿哭,西门与月娘哭,"至其一死,独写西门一人大哭,真声泪俱出。又写月娘之哭,又写众人之哭,又接写西门之再哭,又接写月娘之不哭,又接写西门前厅哭,又写哭了又哭……又夹写西门再哭,月娘恼,玉楼疏,金莲畅快,又接写伯爵做梦,呫嘴跌脚,再接写西门哭,伯爵劝,一篇文字方完"(第 62 回张竹坡评语)。这样着力渲染西门之哀伤,固然是一种真情的发露,却又从周围诸人的反应写出西门家庭内部的复杂矛盾和微妙关系,同时又与前后文西门淫瓶儿、六儿、金莲,奸如意等相映,构成对西门情欲世界的反讽。这种描写,当然不是闲文,也非赘笔。

但琐细的确容易流入繁琐累赘。对生活原生态复现的过分追求,往往导致对艺术审美要求的忽视,这正是《金瓶梅》写实的弱点所在。从认识或文化史料价值角度看,一切描摹叙述不妨详而又详,细而又细,但那样艺术作品就失去了自身的审美品格,还原于生活或历史了。从这个角度看"瓶儿之死"中那些关于丧祭的流水账式的笔墨,那些对于表现"人情物理"并无关系的仪式活动的叙述(如前述"黄真人炼度荐亡"一回)和文字记录(如 63、64、65、66 回四次出现的内容风格大同小异的吊祭文词),就显得多余而缺乏提炼了。

《红楼梦》正是在这个方面超越了《金瓶梅》。它把《金瓶梅》的琐细变成了凝炼,把《金瓶梅》对生活原生态的复现变成了对生活的艺术化再现。

曹雪芹同样高度重视细节描写,同样把细节写实作为小说的基本叙事手段。不同在于,曹雪芹不把生活过程的细节复现作为目的本身,因而也就舍弃了《金瓶梅》那种细大不捐的流水账写法,而采取了创造典型情境的方法,充分发挥细节的写实功能。所谓典型情境,就是作者精选和提炼出来的在性格表现力度和世情描摹深度两方面或某一方面具有足够艺术容量的叙事场景。对于这些情境,作者不惜运用大量篇幅,通过周详而丰富的细节描写,进行追魂摄魄的性格与心理刻画,和"情事逼真"的人情物理展示。而对于非典型情境及一般性情节,却惜墨如金,或粗陈梗概,或略作交代,甚或留下叙事空白。小说的叙事扇面,就是由典型情境的"点"和非典型情境及一般性情节的"线"相结合构成并展开的。

现就"秦氏之丧"(包括病、死、葬)的若干情节看曹雪芹对典型情境的提炼,以与《金瓶梅》对照,并用按语略加说明。

1. 诊病

(1)情境描写:"张太医论病细穷源"。

(2)概写:其他大夫"三四个人一日轮流着倒有四五遍来看脉"(尤氏叙述)。

按:《金瓶梅》第61回写为瓶儿诊病,先后叙任医官、胡太医、赵太医、何老人、黄先生、潘道士6人。其中赵太医"先问病后看脉"正与《红楼梦》张先生"先看脉后论病"相反,可见后者乃是对《金瓶梅》写看病文字的有意扬弃改造。详写张太医论疾,是服务于"变淫丧为病亡"的二度叙事要求的。

2. 临终

(1)情境描写:魂托凤姐(此项无概写)。

按:"魂托"是二度叙事改造秦可卿形象的特笔,同时加强家族悲剧哲理意蕴,这是借幻想手法刻画性格,与瓶儿临终琐细写实完全不同。

3. 哭丧

(1)情境描写:贾珍"哭的泪人一般",恣意大办丧事。

(2)概写:贾府诸人情感反应。

按:贾珍痛哭是一度叙事的"刺心"特笔,目的是在二度叙事中保持"淫丧"的揭露批判锋芒。

4. 吊祭

(1)情境描写:戴权上祭,贾珍为贾蓉捐官职。

(2)概写:忠靖侯史鼎夫人等诸家吊祭。

按:"捐官"既为揭露宁府"箕裘颓堕"(为"丧礼上风光"而不惜靡费),又是揭露朝廷卖爵鬻官贪赃政治腐败的特笔。

5. 治丧

(1)情境描写:王熙凤协理宁国府。凤姐治丧一月,情境描写有两次:受命次日分派职责;五七正五日处治迟到者,其他亦为概写。

(2)概写:停灵四十九日拜大悲忏、打醮、对坛按七做好事。

按:丧礼诸事为《金瓶梅》叙事最周详者,而《红楼梦》中于此偏略,却借此治丧之事作为塑造王熙凤形象的特笔,写她的才干、能力和贪欲——从协理宁国府到弄权铁槛寺。写凤姐治丧亦详略点面结合,重点写针对宁府弊端采取的事有负责严行法纪的措施,处治迟到一事写得极有威严声色。可见《红楼梦》作者以性格作为小说审美创造的中心比《金瓶梅》更为自觉。

6.出殡

(1)情境描写:贾宝玉遇二丫头,路谒北静王。

(2)概写:宁府出殡盛况,"浩浩荡荡、压地银山一般",诸王公侯府官客路祭情况。

按:情境描写二事皆为借"出殡"写贾宝玉思想性格,并使贵族公子宝玉的生活环境向社会上、下层辐射。路谒是写贾府政治背景联系的特笔,与第33回宝玉挨打前忠顺王府长史令贾政惶恐紧张遥相对映,可见当时存在对立的统治势力集团,贾府显然处在矛盾漩涡之中。贾府的盛衰与这种矛盾斗争情势极有关系。同时,这也是刻画贾宝玉形象的特笔。宝玉对北静王的好感,主要因其"不以官俗国体所缚"的风流潇洒情性与宝玉追求个性自由的心性相合。且宝玉后来把北静王所赠"圣上所赐鹡鸰香串珍重取出",赠予黛玉,黛玉竟说"什么臭男人拿过的! 我不要他",遂掷而不取。则北静王甚至"圣上"竟成为烘托清净女儿黛玉的"臭男人",深意存焉。

综上所述,"秦氏之丧"一段共写了6个情境片段:看病、托梦、贾珍痛哭、戴权鬻爵、凤姐治丧、宝玉路遇,其作用各不相同,但不外刻画性格与暴露世态两个方面。除了这些情境之外,其他不写或概写,这与《金瓶梅》中面面俱到的琐细描述形成鲜明对照。而且用笔也不胶着于"本事"(秦氏之丧),反而宕开写他人,颇得言此意彼之妙。从叙事时间看,《金瓶梅》从瓶儿死至炼度荐亡共五七35日,其中依次点明时间的共有20天,占57%,《红楼梦》秦氏死至出殡不少于50天,小说中点明时间的仅7天,占14%,而这些日子都是有典型情境创造的。《金瓶梅》每写一日,必从早到晚——陈叙,《红楼梦》虽写一日却只写一事,集中笔墨于典型情境规定的时空场景、人物活动、性格表现等的细节描写。试看戴权鬻爵一段,当贾珍说明要与贾蓉"捐了前程"后,戴权的话:"事倒凑巧,正有了美缺……既是咱们的孩子要捐,快写个履历来。"又嘱咐贾珍送银子:"若到部里,你又吃亏了。不如平准了一千二百两银子,送到我家就完了。"把一个当权太监既贪又黠既颐指气使又世故练达的性格写得何等惟妙惟肖。庚辰本脂批说小说"写个个皆到,全无安逸之笔,深得《金瓶》壶奥"。窃以为《红楼梦》"深得《金瓶梅》壶奥"的乃是细节写实"追魂摄影""情事逼真",而不是"个个皆到"的周详琐细。恰恰相反,《红楼梦》作者在这方面倒有点像同《金瓶梅》"对着干":你琐细,我凝炼;你周详,我集中;你点滴不漏,我常留空白;你详于叙事,我重在写人；你铺叙过程，我创造性格；你淋漓尽致地复现丧仪丧礼丧事，不免拘执板滞；我偏犯中有避，有意宕开，借题发挥，展开多头叙事。正因如此，《红楼梦》才能在继承借鉴《金瓶梅》写实艺术成就的基础上有所突破，开创出一个更高级的审美境界。

"秦氏之丧"和"瓶儿之死"并不是例外，乃是这两部小说写实风格的代表。从根本上说，它们反映了两种不同的创作观念：是创造一个艺术的生活世界还是仅仅描摹一个现实的生活过程？写实的目标是摹真，但艺术的价值又在于审美。以真求美，美中见真，是写实通向艺术殿堂的唯一正确途径。《金瓶梅》对于性行为的直露描写，真则真矣，奈其不美何！更何况，简单地把艺术还原为生活，并不能实现求真的目标，因为对于无限丰富广阔不断变化的现实生活，任何艺术的模仿都是不完全的、局部的、暂时的，因而也是蹩脚的。艺术的力量正在于它通过具有典型意义的审美形象（人物、情境、细节），以小见大，以少见多，以芥子纳须弥，以滴水之光见太阳七彩，从本质上反映生活的真实面貌。也就是说，它要在还原生活的基础上超越生活的原生态，创造一个艺术化的生活世界或生活化的艺术世界。这正是《红楼梦》高于《金瓶梅》之处。试看同样是饮食服饰，艺术大师曹雪芹展示钟鸣鼎食之家、世代簪缨之族的贾府，写得何等丰整雍贵，而又何等简洁有力，单是那一道"倒得十来只鸡来配他"的"茄鲞"、一套"黄杨根整抠的十个大套杯"、一件"哦啰斯国拿孔雀毛拈了线织"的"雀金呢"，就使人匪夷所思了。而《金瓶梅》对一个远远不能与之比拟的暴富之家却不厌其烦地写了又写，同是西门庆和应伯爵吃饭，也不过就是"四个咸食，十样小菜儿，四碗顿烂"之类，第 22 回细写一次，34 回一次，35 回一次，45 回又一次，其间两人的关系并无变化，西门的豪富情况也无变化，这样的重复叙写有何必要呢？更不用提只要有穿戴就必定细写服饰，只要有唱曲就必定记录唱词，和那些一遍又一遍大同小异的对性行为细节的描摹了。细节写实的成败，关键不在于数量而是质量。当然，数量是质量的基础，但是没有质量的数量也许全是赘疣。如果说，在古代小说艺术史上，《金瓶梅》是以数量极为丰富的细节写实取代传统的粗线条情节叙述，开创了艺术贴近现实回归生活的新阶段，那么，《红楼梦》则以极为凝炼深刻审美内涵极为丰富的高质量细节描写完成了这种回归的艺术升华，从而成为这一新阶段的成就的最高代表。

叙事结构：致密与疏宕

在艺术结构上，《金瓶梅》是古代小说从单线叙事走向网络叙事的转折点。

张竹坡曾经指出，《金瓶梅》内，"每以一笔作千万笔用"（第 1 回回首总评）。这是他对《金瓶梅》网络叙事多重功能的发现。的确，小说中有不少这样"多夹层的叙事"①的例子。如第 11 回之"潘金莲激打孙雪娥"，第 15 回"佳人笑赏玩月楼，狎客帮嫖丽春院"等。但从基本线索看，《金瓶梅》还是主要继承了说书体长篇小说单线叙事的传统。这就使它仍然带着单线叙事连贯而少间断，线索单纯而少旁逸斜出，节奏紧凑而少疏宕舒缓的特点，不同的是，它用高密度的细节描述所构成的语言信息流代替了《三国》《水浒》《西游》等说书体长篇由高密度情节叙述所构成的语言信息流，因而呈现出案头之书（阅读体长篇）的风貌。其结构特色可一言以蔽之曰"致密"。致（细致）是《金瓶梅》所开创的琐细叙事的特点，密（紧密）是《金瓶梅》所继承的单线叙事的特点，二者结合，反映了这部小说在继承中有所创新的过渡和转折性质。

"瓶儿之死"就是一个典型例子。在长达 8 回的篇幅中，一方面我们看到某些情节和细节的穿插，如第 64 回叙玉箫书童偷情及为金莲所察觉，玉箫受审，书童逃跑，薛内相、刘内相吊祭时闲谈朝廷政事；第 65 回黄主事吊祭，引出丧礼期间宴请六黄太尉的闹剧，悲喜相映，形成对西门权势与官衙虚礼的暗讽，是很出色的文字。这些穿插，是对叙事主线的错综和荡漾。但另一方面，又清楚地显示出叙事主线（瓶儿病、死、葬）在结构中的贯穿、主导地位和对其他叙事内容的制约作用，特别是从第 61 回"李瓶儿带病宴重阳"起，62、63 回全部，数万字篇幅，绝无逸出之笔。64、65 回稍作荡漾，但很快又回到主线叙事内容之中，直到第 66 回荐亡仪式完毕，方才顾左右而言他。这样冗长的单线叙事，又主要由高密度的生活细节连缀而成，如第 63 回叙瓶儿亡日至首七次日共 8 天事，其中仅作品中标明的时间信息点就有 15 个之多，计亡日 4 个，次日 2 个，三日 2 个，首七 3 个，首七次日 4 个。当然，时间信息点还只能标明事件过程的叙述密度，并不能标明细节密度。如亡日第二个时间点（"不一时"），就包括吴大舅、二舅灵前行礼，西门接待；玳安同月娘谈西门及僮仆事务；夏提刑差人役来帮忙；韩先生为瓶儿画像；月娘等议画像；西门送谢银等六七个细节。第三个时间点（"不一时，仵作行人来伺候"）则更包括小殓做冥衣、打锡器、打银盏、派委人员、薛内相送杉竹、工匠搭彩棚，直到起孝帖、伯爵陪坐至晚等十来个细节。不过，由于细节点（动作情态信息点）不如时间点那样清晰明确，所以我们仍用统计时间信息点的方法来大体说明叙事密度。只要我们拿上述信息点统计比较一下

① 参见杨义《金瓶梅：世情书与怪才奇书的双重品格》，载《文学评论》1994 年 5 期。

《红楼梦》中的"秦氏之死",第 13 回从秦氏亡故至首七第五日共 12 天却只有 3 个叙事时间点,就可以鲜明地看到《金瓶梅》的致密和《红楼梦》的疏宕了。

《金瓶梅》的高密度单线叙事,造成了强烈的生活实感,却难免板滞单调之弊,也给构建叙事网络带来了限制。为了解决单线叙事与网络叙事的矛盾,作者采取围绕叙事主线适当宕开的办法。一种是主线外宕开,如前述 64、65 回插入之事,但更多的一种是主线内荡漾,如第 62 回"西门庆观戏感李瓶",其中有应伯爵同妓女调情的细节,小玉同玉箫逗趣春梅骂玉箫的细节,应伯爵及西门庆留客的细节,都在观戏时发生,又同叙事主线相联系,伯爵调情、春梅等喧嚷都受到西门制止,可见西门观戏(演韦皋玉箫女两世姻缘的《玉环记》)心有专注,而西门留客点唱热闹关目,又正好由唱词引动对瓶儿的思念。这些穿插,无论就内容、节奏、情调、气氛都是一种调节。但由单线叙事的基本性质所决定,这种宕开总是有限的,它不能改变反而突出了其结构致密的特点。

《金瓶梅》面临的叙事结构矛盾,在《红楼梦》的立体网络结构中得到了完满的解决。戚蓼生盛赞《石头记》叙事"一声也而两歌,一手也而二牍""注彼而写此,目送而手挥"[①]的成就,其要,乃在于《红楼梦》的立体网络(或复线网络)叙事,已突破了单线叙事的局限,真正实现了"一笔作千万笔用"的多重功能叙事理想。如果说《金瓶梅》的叙事只有一个中心——主要人物西门庆,其他人物金、瓶、梅、月娘、陈经济等等,都只能围绕这个中心——叙事主线展示其性格活动和命运;那么,《红楼梦》的任何人物,包括第一主角贾宝玉,以及钗、黛、王熙凤等等,都没有资格充当这样的叙事主线和中心。《红楼梦》创造的是一个纵横交错、筋脉贯通、主次分明而又整体推进的立体网络结构。在横向上,它由众多人物、事件的相互联系,交叉、牵引和转换构成空间场景;在纵向上,它由各条线索和诸多人物命运之间的相互联系,交叉、纠结和变化构成时间进程,共同展示包含着双重悲剧(家族悲剧和"情"的悲剧)的整体悲剧的形成、发展和结局。这就使它的任何叙事,都不可能是单线和单向的,而呈现出多头进行、复杂错综的特点。"秦氏之丧"即此一例。从篇幅看,它比"瓶儿之死"短得多,但是,它所包容的叙事线索却多得多,至少可以列出以下几项:

1. 关于秦氏和秦氏之死的显隐两个层次的叙事,由此展示的秦氏的故事("情既相逢必主淫"等)。

2. 由秦氏之丧引出的凤姐的故事(协理宁国府、弄权铁槛寺,还包括由看秦

---

① 戚蓼生《石头记序》,一粟编《古典文学研究资料汇编红楼梦卷》27 页,中华书局 1963 年版。

氏病遇贾瑞而引出的毒设相思局、贾瑞之死等）。

3. 与秦氏和秦氏之丧相联系的宝玉的故事（梦游太虚境、宝玉探病、梦中吐血、宝玉与秦钟的故事、秦钟与智能儿的故事、宝玉见北静王的故事等）。

以上三项主要属"情"的悲剧，但也包含家族悲剧内容。特别是第2项凤姐的故事。

4. 表现家族悲剧主题的宁国府的故事（贾敬、贾珍的故事，秦氏托梦，宁府治丧等）。

这四项内容互相联系，但又各成线索，并不互相包容。秦氏病、死、葬过程虽然是一条叙事线索，但并不像"瓶儿之死"那样成为凝聚和制约其他叙事内容的主干和中心。统观第6回（《红楼梦》故事叙述的起点）至第16回，可以看到，大体呈现出贾宝玉的故事、王熙凤的故事和秦可卿的故事交织扭结、多头并进的情势；第10回张太医看秦氏病后，则主要是王熙凤与秦氏故事交叉，宝玉（及秦钟）的故事隐现其间。第11回宁府家宴，秦氏病重，随即由凤姐探病遇贾瑞引出第12回毒设相思局，转写凤姐；第13回秦氏亡故，在写完贾珍痛哭及恣意大办丧事后，又从协理宁府转入写凤姐；第14回写出殡，秦氏故事完，第15回即以弄权铁槛寺三写凤姐；秦氏故事实际上成了凤姐故事的一条引线。而自第17、18回元春封妃、建大观园起，凤姐的故事则退居其次，原来隐现穿插其间的宝玉故事突现出来，作为秦氏故事背景的宁国府故事转到荣国府，贾府盛衰全貌由是完整展现。

秦氏故事一头连接王熙凤的故事，这是显性联系（明线）。因为"二人素日相好"，从第7回凤姐将4枝宫花中的2枝转送"东府蓉大奶奶"即可见一斑，这种关系由于贾蓉与两个女人的关系而变得更微妙紧密。秦氏临终托梦给凤姐，嘱以贾府后事和荣衰预言，而居然置所有贾府男性家长和最高权威老祖宗贾母于不顾，可见经改造后（二度叙事）的宁国府贤淑媳妇与荣国府实际当家人颇有些"惺惺惜惺惺"："你是个脂粉队里的英雄，连那些束带顶冠的男子也不能过的。"贾府"箕裘颓堕""阴盛阳衰"的局面使这些异姓女子增添了几分忧患意识和"舍我其谁"的气概。贾珍为秦氏之丧请凤姐协理宁府，正印证了秦氏的论断和贾府男性贵族的不堪。可以说，王熙凤的故事乃是秦氏故事在家族悲剧主题线上的延伸和扭结。贾瑞是王熙凤故事中的一个过场人物。贾瑞之死，既是王熙凤毒辣手段所致，也是由于他的淫心即"邪思妄动"，自食其果。从这个意义上，它又与秦氏故事一度叙事中的"淫丧"相通。故有人认为，秦氏、贾瑞故事都来自《红楼梦》早期稿本《风月宝鉴》，①这又是秦氏故事与王熙凤故事的隐性联系（暗线）。

秦氏故事另一头连着贾宝玉，这是隐性联系（暗线）。虽也包含着某些显性联系（明线），就是秦氏的弟弟秦钟，乃是贾宝玉的好友，但主要是隐性。其联系始于宝玉在充满淫靡气息的秦氏的床上睡觉，做了一个与"可卿"配合的性梦，这个"可卿"与实际人物秦氏乳名"可卿"的叠合，实际上暗示了秦氏在宝玉性启蒙中的导引作用。此后，宝玉对秦氏就有一种特殊的微妙感情，如第 11 回同凤姐看秦氏病时流泪，第 13 回在梦中（唯凤姐与宝玉有梦）听说秦氏死了只觉心中似戳了一刀的不忍，哇的一声，直喷出一口血来，这一段宝玉故事中的一个重要人物是秦钟（谐"情种"）。宝玉与秦钟"情性体贴，话语绵缠"，是其"意淫"性格的第一次集中表现。在宝玉与秦钟有似乎"同性恋"的情感关系上，秦钟实际上是秦可卿（异性恋对象）的替身。由此可见，秦氏故事与宝玉故事的联系乃是在《红楼梦》的另一主题线——"情"的悲剧中的延伸和扭结。作为宝玉故事的附属，有秦钟与智能儿的故事及秦钟之死。秦钟与智能儿的偷情，是对宗教禁欲主义的批判，也是"情既相逢必主淫"的一个注脚，秦钟比宝玉轻薄、庸俗，从他以"远水救不得近渴"的急切心情同智能儿交欢，和送葬路上见到村姑二丫头暗拉宝玉说"此卿大有意趣"，以及临终时劝宝玉"立身扬名，以荣耀显达为是"等均可看出，此人人品并不高。他并没有把小尼姑智能儿救出火坑的责任感、能力和决心，只是一味贪图性的满足。最后由于"偷期缱绻，未免失于调养"，导致病重夭亡。从这个意义上说，他与贾瑞相似，也是死于邪思妄动之"淫"。

由此可见，秦氏故事叙事网络的大三角（秦氏、凤姐、宝玉）体现着这个故事的双重悲剧内涵（由于二度叙事及秦氏双重性格形成的复杂意蕴）及与整个小说双重悲剧主题及其叙事主线（凤姐、宝玉）②的内在联系。秦氏故事叙事网络小三角（贾瑞之死、秦氏之死、秦钟之死）则是小说"戒妄动风月之情"（甲戌本"红楼梦旨义"③）这一局部主题的演示，它们都可能来自《风月宝鉴》稿本，而被曹雪芹吸收为《红楼梦》中"大旨谈情"即"情的悲剧"主题的一部分。颂情而戒淫，既肯定男女风月情浓，又戒妄动风月之情，划清"情"与"淫"的界线，以"情既相逢必主淫"警劝世人，其意深矣。

至于网络大三角中凤姐与宝玉的故事之间的关系，则不但有秦氏故事作为

---

①　参见朱淡文《红楼梦论源》200 页、226 至 228 页，江苏古籍出版社 1992 年版。

②　参见刘上生《中国古代小说艺术史》第八章第一节，湖南师范大学出版社 1993 年版。

③　《脂砚斋重评石头记甲戌本凡例》，见陈庆浩《新编石头记脂砚斋评语辑校》1 页。

中介(如凤姐协理宁府即是由宝玉向贾珍提出),而且也在于凤姐与宝玉的亲情联系,二人在贾府(荣府)中特别是贾母心中的特殊地位,以及二人在整部小说构思中的相对应的叙事主线位置,兹不赘述。

《红楼梦》的立体网络结构,形成了与以致密为特色的《金瓶梅》单线网络叙事不同的疏宕风格。疏,就是不板滞;宕,就是不拘执。虚实结合,显隐对映,典型情境与叙事空白的创造,多头叙事的错综穿插,复杂线索的巧妙交织,用笔的飞扬灵动,如游龙戏凤,腾挪变幻,跌宕多姿,自在无碍,左右逢源,然而又有着严谨的整体构思和布局,散而能聚,分而能合,似断实连,似乱实整,或起笔于芥豆之微,或伏脉于千里之外,或明连故事,或暗通题旨。疏中有密,宕不离本。难怪曹雪芹十年创作再加上十余载增删修改仍未能毕其功,这部皇皇巨著凝聚着他多少匠心,耗费了他多少心血呵!

写实艺术形态的发展阶段与美学特征

以上,我们从叙事手法、内容和结构三个方面分别论述了"瓶儿之死"与"秦氏之丧"的不同风格要素:显露与深隐,琐细与凝炼,致密与疏宕,它们共同构成了《金瓶梅》与《红楼梦》写实艺术的两种美学类型——质实之美与空灵之美。应该指出,这每一组要素都不是截然对立的。实际上,《红楼梦》对《金瓶梅》的每一个方面都有所扬弃,取其长而弥其短,并进行新的发展创造。它取其显露之长而去其浅陋,益以深隐含蓄;它取其琐细之长而去其琐屑,益以凝炼精干;它取其致密之长而去其拘执,益以疏宕飞扬。实现了显露与深隐、琐细与凝炼、致密与疏宕的统一,从而把《金瓶梅》的质实之美上升为空灵之美(质实与空灵的统一),实现了古代小说审美境界的飞跃。

质实与空灵这两种美学境界,是古代白话小说写实艺术两个历史阶段的标志。当古代小说从传奇性阶段进入写实性阶段以后,质实之美就取代了奇幻之美,成为小说写实艺术的初级美学形态。这种美学形态,既是小说所描写的朴素真实的市井生活内容(人物、事件、环境即人情世态)的审美特征,又是作者所运用的为市民群众所喜闻乐见的朴素真切的叙事方式(直接呈现、细致描摹、单线叙事等)的美感色调,是市民文学和准市民文学的内容与形式的统一体。所以,从本质上看,质实乃是封建后期市民白话写实文学的基本审美特征。"市井文字"(张竹坡语)《金瓶梅》如此,与《金瓶梅》处于同一艺术阶段同一性质的"三言"、"二拍"、《型世言》、《欢喜冤家》、《醒世姻缘传》等也是如此。浅露、琐屑、单调、板滞、拘执甚至粗俗鄙陋，则是这种美学形态处于初级阶段难以避免的弊病。

空灵之美是一种高级美学形态。就白话小说而言，它是一批具有高度文化修养，继承中国数千年叙事文学传统（以史传为其渊源，简称"史"的传统）和抒情文学传统（以诗词曲赋为代表，简称"诗"的传统）的知识分子进入通俗文学创作领域之后，努力提高其思想和艺术品位的美学创造。从内容方面看，它是小说所描写的高雅文化群体和文化环境氛围，以及其深刻揭示的用封建宗法制度特有的繁文缛礼和温情脉脉外衣所掩盖的社会生活本质所呈现的审美特色。从形式方面看，它是作家所自觉吸收的话艺、史笔和诗境三种艺术传统融合升华的美学色调。也就是说，它既吸收和发展了由说话艺人"敷演"技艺所创造而为小说写实艺术所继承的叙事方式和技巧（善于铺叙、细致描摹、逼真传神等）；又借鉴和学习了史传文学善于提炼剪裁，善于错综叙事和"志而晦，微而显，婉而成章"的春秋笔法（脂批所谓"史笔"）；还吸取和融化了中国古典诗词讲求含蓄、洗炼，追求"言外之意""象外之象""言有尽而意无穷"，甚至"不著一字，尽得风流"的"神韵"的创境（意境）艺术，汇纳百川，化俗为雅，实现了对传统白话叙事艺术特别是小说写实艺术的超越。这是封建末世具有高度思想和艺术修养的杰出的文人白话文学的审美特征。不是所有的文人白话文学都能创造出这样的美学境界。在 18 世纪中期，除了《红楼梦》，只有《儒林外史》"戚而能谐，婉而多讽""无一贬辞，而情伪毕露"①的讽刺艺术近之。而《红楼梦》于此贡献特大。

必须指出，质实与空灵虽然是代表两个不同阶段的美学形态，但它们绝不是互相否定或排斥的。质实反映了写实艺术求真的要求，也就是现实主义艺术的基本目标；而空灵乃是对质实的升华，更强化了写实艺术审美的终极追求，但它又不能包容和代替质实叙事艺术显露、琐细和致密的全部优长。回顾古代小说写实艺术的发展历程，我们要感谢笑笑生和曹雪芹，他们为我们提供了两种可法百代的美学范本和汲取不尽的艺术经验。特别是曹雪芹，他所创造的多层次多功能复杂网络叙事手段，他所追求的艺术生活化、生活艺术化的美学理想和飞扬灵动、意蕴深厚、韵味无穷的境界，永远在昭示后人：高些，向着更高的目标攀登！

（原载《红楼梦学刊》1995 年第 3 辑）

① 《鲁迅全集》第九卷《中国小说史略·清之讽刺小说》，人民文学出版社 1980 年版。

情空哲思:曹雪芹对人类精神命运的终极关怀

鲁迅在评《红楼梦》时,不止一次地分析贾宝玉的悲剧心理:"颓运方至,变故渐多","悲凉之雾,遍被华林,然呼吸而领会者,独宝玉而已"①。"在我眼中的宝玉,却看见他看见许多死亡,证成多所爱者,当大苦恼。因为世上,不幸人多"②。曹雪芹正是这样的"多所爱者"。然而他所看见的死亡和不幸人,肯定比贾宝玉多得多(今本《红楼梦》③120回,宝玉19岁出家)。当他在"怡红心性"中寄托着对生活中的美的热爱和追求的时候,"鹡鸰之悲,棠棣之威""风月波澜"毁灭着他的理想,而家庭变故,则从根本上改变着他对现实的态度。本来,家族盛衰和红颜薄命,并不是曹雪芹首创的题材(前者如《金瓶梅》,后者如《金云翘传》)。但是,无论从作者艺术描写的生动性和深刻性,还是这一描写所体现的思想理性的深邃性,曹雪芹都达到了前人和同时代人无可企及的高度。其原因,从创作主体说,就是曹雪芹不仅是情感上的多所爱者和道德上胸怀博大的人道主义者,而且是一位伟大的反传统的批判者和思考者。如果说,在《红楼梦》的家族悲剧描写中,表现着他对以盛衰浮沉为标志的人类物质生活历史运动的某种理性把握,在贾宝玉人生历程即石头下凡回归的描写中,表现出他对以自由心性为核心的个体生命意义的确认和追求;那么,在"千红一哭""怀金悼玉"的女儿悲剧中,则表现着他对两性文化的历史与现实和以"情"为标志的人类精神命运的终极关怀。

这种关怀包含以下思想资料。这些思想资料,是作品中直接或间接阐述和体现的作者的基本观点,它们是曹雪芹悼红情结的理性层面。它们既体现着作家对前代思想成果的继承,更体现着具有时代意义的超越和突破。

---

① 《鲁迅全集》第九卷231页,人民文学出版社1981年版。
② 《鲁迅全集》第八卷145页。
③ 本文所论《红楼梦》内容及原文,均据中国艺术研究院红楼梦研究所校注本《红楼梦》,人民文学出版社1982年版。

"情根说"：本原哲思

《红楼梦》"大旨谈情"，尤重发泄"儿女之真情"。曹雪芹在对古代丰富的情文化进行了深刻扬弃的基础上提出了"情根说"（情本体观）。

总观《红楼梦》中"情"的内涵，其思想渊源主要来自两个方面：

一是作为个体人格意识的任情，即自由心性。其思想渊源是老庄自然人性哲学，特别是魏晋玄学的任情思潮。老子称"人法地，地法天，天法道，道法自然"（《道德经》第二十五章），强调保持人的自然本性（保"赤子"之心①）。庄子谓"道有情有信，无为无形……自本自根，未有天地，自古以固存"（《大宗师》），以"有情有信"（人格化）的道为本，以逍遥游（精神自由）为最高境。但他又强调忘情（无情）以因任自然，说"所谓无情者，言人之不以好恶内伤其身，常因自然而不益生者也"（《德充符》）。《红楼梦》大荒世界"天不拘兮地不羁，心头无喜亦无悲"，就反映了老庄人性返朴（反归自然）忘情而自由的思想，这是情根石的本原。但"情根石"否定这一境界，"因空见色，由色生情"，坠入红尘，成为"任性恣情""任意任情"的贾宝玉。宝玉的任情，不同于贾珍、琏、蓉之流追求肉体享受的恣乐纵欲，而是追求精神愉悦的顺性适意，这很显然受反映封建时代个性觉醒的魏晋主情思潮影响。向秀"有生则有情，称情则自然"（《难养生论》），王弼否定"以情从理"，谓"而今乃知自然之不可革"（《戏答荀融书》，《三国志·钟会传》引），嵇康所谓"不虑而欲，性之动也"（《答难养生论》），张辽叔谓"夫喜怒哀乐、爱恶欲惧，人之有也即自然也"（《嵇康集校注》卷七附）。② 崇尚自然和自由心性，几乎成为封建时代一切反对礼法束缚的不羁之士的个性特色和对抗世俗的精神武器。至封建后期，更成为反对程朱理学倡导个性解放的启蒙思想家、文学家高举的思想旗帜。李贽以"童心"（自然人性）为理想人性，谓"发于情性，由乎自然"，"自然发于情性，则自然止乎礼义……故以自然之为美耳，又非于情性之外复有所谓自然而然也"（《焚书·读律肤说》）。③ 宝玉个性中的"童心"色彩，任情特征，与曹雪芹的主体人格特征，正与此一脉相承。

二是作为生命存在方式的情性，特指爱欲和爱心。前者是狭义之情，即男女之情（性爱、爱情）；后者则是广义之情，泛指以爱为本原的亲情、友情、同情等

---

① 《道德经》第五十五章"含德之厚，比于赤子"。"赤子之心"始见于《孟子·离娄》。

② 参见罗宗强《玄学与魏晋士人心态》第二章第一节，浙江人民出版社1991年版。

③ 参见马积高《宋明理学与文学》第九章，湖南师范大学出版社1989年版。

人的美好情性。从层次上说，则包括欲（肉体享乐）与灵（精神追求），前者如贾琏的"浪荡子情遗九龙佩"，薛蟠的"滥情人情误思游艺"，其"情"实即淫心；后者以宝玉"情不情"，黛玉"情情"为最高代表，宝玉之"情"，即怡红——"意淫"心性，实即爱心。夏志清先生说："《红楼梦》虽是一部言情小说，它最终关怀的是爱餐（agape）远胜爱（evos），是怜悯与同情远胜情欲。"①用西方（文化）概念解释《红楼梦》里的"情"不算准确，但能指出"情"重在爱心即精神内涵是不错的。"情"的这一内涵，其思想渊源是古代以民间和文人爱情文学传统为代表的与"礼"（压制人欲的礼教）相抗的主情民主思潮。尤其是封建后期反理学斗争中涌现的主体论"情力论"（汤显祖）和"泛情论""情生说"（冯梦龙）等，更为曹雪芹直接继承。汤显祖所谓"情不知所起，一往而深，生者可以死，死可以生。生而不可与死，死而不可复生者，皆非情之至也"（《牡丹亭题词》）；冯梦龙所谓"万物生于情，死于情"（《情史·相思石》评语），"天地若无情，不生一切物""四大皆幻没，惟情不虚假""倒却情种子，天地亦混沌"（《情史》龙子犹序）。但曹雪芹舍弃泛情论的含混和"情力论"的专狭（仅指爱欲即男女之情），独赋"情"以"意淫"内涵，使"情"成为人性美的符号，这又克服了自然人性论可能导致恣欲的流弊。在"情根石"身上，自由心性和怡红心性，融合统一，自由心性通过爱情追求和爱心获得表现。中国古代反正统儒学（从"以礼节情"到"存天理灭人欲"）的两大进步思潮——"任情"哲学思潮和尚情文学思潮、自然人性论与反礼爱情观由此汇合、升华。曹雪芹的情观对墨家"兼爱"平等观有所吸取，但他摒弃了后者"交相利"的功利主义；他对儒家仁者爱人的思想也有所吸取，但他摒弃了后者"亲亲"对等级制度的维护，使情（爱心）成为一种完善的人性追求和人道情怀。

　　"情"本是个体的生命属性，与生俱存，与死俱亡。但曹雪芹却赋予"情"以本原性、先验性和超越性。"情根石"由太初之母人类之母锻炼而成。"开辟鸿蒙，谁为情种？都只为风月情浓"，是情与宇宙同在；"厚地高天，堪叹古今情不尽"，是情与时空永恒。个体物质生命有限，而作为精神的"情"却可以磅礴万世。"情天情海幻情身，情既相逢必主淫"，是情为两性关系之本。他承认情欲的合理性，借警幻之口批评"好色不淫""情而不淫"的假道学，指出"好色即淫，知情更淫。是以巫山之会、云雨之欢，皆由既悦其色，复恋其情所致"。并以爱情女神警幻作为贾宝玉情欲的启蒙导师，以"初试云雨情"即性意识的觉醒作为描写贾宝玉情感生活的真正起点，这表明了他在情欲问题上的唯物观点。但他

① 　夏志清《〈红楼梦〉里的爱与怜悯》，载胡文彬、周雷编《海外红学论集》。

又明确划分"皮肤滥淫"和"意淫"（情）的界线，并在具体描写中，揭示在爱情追求中以单纯情欲满足为目标的俗"情"（如茗烟与万儿，秦钟与智能儿，司棋与潘又安），和超越感官享乐以心灵契合为目标的"情不情""情情"的境界差异，以后者为两性恋爱关系的理想境界，以"意淫"展示男女之情的崇高丰富内容，批判"无情"对人性的压抑和造成婚姻的悲剧。认为"情"的追求既是人性本原，又可以导致人性的净化和升华。这种"情"本体观，是对程朱理学的"理"本体观的否定，又是对佛教"空"本体观的否定。他把佛教的"空不异色""色不异空"的虚无主义的色空观改造为"因空见色，由色生情，传情入色，自色悟空"的"空色情"的转化论，空空道人改为"情僧"，都表明以"情"观否定"空"观，确立情在人类精神生活历程的中心地位和情作为精神力量的实在与永恒。在中国封建末世，在人性问题上，"情文化"是反人性的伦理文化的极端化形态（理学）和宗教文化的对抗性力量。情学就是人学。情本体观就是具有思想解放意义的前近代人性论。从现代心理学观点看，所谓"情根"（情本体），实际上是从人类发生史和人性形成史探索作为类存在物的人的集体无意识世代遗传现象的一种艺术诠释。我们不能要求曹雪芹具有超越时代的彻底的唯物主义思想，或具有系统完整的哲学观。他是尊重客观实际的，又是富有浪漫气质的。他借书中人物之口阐述了"天地间都赋阴阳二气所生"（第 31 回）的唯物论的禀气说，认为气是物质，"器物赋了，才成形质"；或物质与精神的统一体（贾雨村论人可秉正气邪气或正邪两赋之气而生）。"情"并非先于"气"而存在（理学则是主张"理在气先"的），有了形质才会有情性。但是，在个体物质生命消亡后，作为精神生命形态的"情"却可能通过各种形式（包括口头的、书面的、人际关系的）发生世代影响传承。这实际上就是作为人类共同心理结构的人性的普遍性和永恒性。在这个意义上，曹雪芹的情观，认为情——人的灵性既是超越个体物质生命的本原性先验性的人类心理特征，又是在个体生活环境中形成和发展的具体思想性格，前者成为《红楼梦》"情"描写浪漫主义艺术构思的哲学基础，后者则是其现实主义描写的哲学基础。它仍然是曹雪芹一元为本二元对立的哲学观的组成部分。我们不妨承认曹雪芹的情本体观具有某种唯心色彩。在思想史上，高扬主体战斗精神的唯心论有时比犬儒主义的庸俗唯物论更具有战斗性和异端色彩。这种例子并不少见。晚明以来的尚情任情的思潮就是如此。李贽倡"童心""自然情性"，汤显祖倡"情力"，冯梦龙倡"情生"，曹雪芹倡"情根"，正是一条不断延伸的鲜明红线。

运数诠释：宿命叙事结构及其解构

如果说，"情"本体观主要表现曹雪芹对人类精神追求合理性的探索；那么，这种探索与寻求的悲剧性结果，便是从"怡红"心性到"悼红"情结的变化。如果说，"悼红"情结蕴含着曹雪芹对人类精神命运的终极关怀，那么，《红楼梦》所表露出来的命运观，则是作家关怀所能达到的理论终点。

在人类还不能彻底地认识和把握自己，认识和把握客观事物的一切必然性与偶然性的时候——这种认识和把握也许永远是彼岸世界——谁也无法摆脱命运的困扰。未知的结果，这就是命运。消极地等待结果，"知其不可奈何而安之若命"（《庄子·人间世》）；或积极地创造理想的结果，甚或"知其不可而为之"（《论语·宪问》），历来是对待命运的两种态度。心事浩茫胸怀广宇的思想家艺术家们，则在已知结果的情况下反思过程，揭示原因，探寻命运的奥秘，力图为后人留下某种先知启示。虽然由于原因显露的不充分和主观认识的局限，也可能陷入不可知论，但是，对命运进行理性诠释和艺术表现，仍然是一种积极态度。以石头下凡回归倒叙经历为叙事框架的《石头记》——经历一番梦幻后撰写的《红楼梦》，就是从已知结果反思过程和原因的书，就是一部描写命运感叹命运而又努力诠释命运的书。所有的小说家在叙述自己虚构的故事时，都要对原因和结果作出自己的解释，但是，很少会有人像曹雪芹那样上升到形而上的层次，也很少有人会像他那样超越个体和自我进行普遍关怀，更很少有人像他那样，对命运的艺术描写与理性诠释双管齐下而又水乳交融，浑然一体。曹雪芹的命运观，是矛盾的，但又是深刻的，集中表现为运数观念系统的建构和解构。

相信命运，而又现实地诠释命运，这是曹雪芹命运观的基本内容。《红楼梦》中，笼罩着一层浓厚的宿命气氛，与小说描写的悲剧内容相表里，成为《红楼梦》感伤基调的来源。这种气氛的着意渲染，反映了作者反思家族盛衰和个人情感命运，以及观察社会人事浮沉变迁的理性视角。强固的理性意识，使作者既不断寻找机会和代言人，直接或间接用理性话语表达其命运观念，又在叙事内容和叙事谋略中渗透其表现意图。然而，小说中命运观念的建构和解构，又表现出作者的深刻思想矛盾。一方面，理性话语的观念系统并非完整统一，而是多元合成；另一方面，借助于理性话语和叙事谋略表现的观念，又常常被叙事内容所修正、否定和消解，反映着作者思想矛盾的变化和解决。这些，都增加了理解曹雪芹命运观的复杂性。忽视小说中这一观念建构和解构的矛盾,就可能得出曹雪芹命运观即宿命论的片面观点。

《红楼梦》命运观理性话语的表达方式和叙述者是多种多样的。它们各自受着其他语用功能的制约(如人物语言要表现性格),但作为载体,它们又都在不同程度上表现作者的思想。现举出若干代表性例子如下:

①有命无运累及爹娘之物。(癞僧语,第1回)

谁想他命运两济。(小说叙述人语,第2回)

②匾上乃是"薄命司"三字。(小说叙述人语,第5回)

黄土垄中,卿何薄命。(贾宝玉语,第78回、79回)

③富贵传流,虽历百年,奈运终数尽,不可挽回。(宁荣二公阴魂语,第5回)

④才自精明志自高,生于末世运偏消。(探春判词,第5回)

⑤这是尘寰中消长数应当,何必枉悲伤。(《乐中悲》曲,第5回)

⑥喜荣华正好,恨无常又到。(《恨无常》曲,第5回)

只这带珠冠,披凤袄,也抵不了无常性命。(《晚韶华》曲,第5回)

⑦自古穷通皆有定,离合岂无缘?(《分骨肉》曲,第5回)

⑧冤冤相报实非轻,生离聚合皆前定。欲知命短问前生,老来富贵也真侥幸。(《飞鸟各投林》曲,第5回)

⑨否极泰来,荣辱自古周而复始,岂人力能可保常的?(秦可卿语,第13回)

⑩天运人功理不穷,有功无运也难逢。因何镇日纷纷乱,只为阴阳数不同。(迎春灯谜,第22回)

⑪此亦系理数应然。你我生前淫奔不才,使人家丧伦败行,故有此报。(尤三姐语,第69回)

⑫自古天网恢恢,疏而不漏,天道好还。(尤三姐语,第69回)

这些话语的中心词是命、运、数。"命"与"运"义各有别,"运"与"数"则意近合一。命,寿命;运,遭际。生命是先天禀受的固有的;遭际是后天承受的变化的。先秦诸子以人力所无可奈何者统称曰命,王充始析命为二:一曰遭逢之命,一为生死之命。北宋唯物主义哲学家张载进而析命遇(运)为二:"命禀同于性,遇乃适然焉。"(《正蒙·乾称》)①曹雪芹继承王充、张载的思想,分别"命""运"

---

① 参见张岱年《中国哲学大纲》第二部分第四编,中国社会科学出版社1982年版。

（例①），唯"薄命"一词承古义，"命""运"合言（例②）。"数"是"运"的量化体现。数量显示事物的发展状况，故古人以卜筮求预知命运。《左传·僖公十五年》："龟，象也；筮，数也。物生而后有象，象而后有滋，滋而后有数。"刘峻《辨命论》："将荣悴有定数，天命有至极。"是"数"即命运。数，又包含运转之理。《书·大禹谟》："天之历数在尔躬。"孔传："历数，谓天道也。"杨伯峻释："古代以为帝王之兴起，与天地自然的运转的数理有关。这种运转之理，叫做天道，也叫做历数。"（《论语译注·尧曰》）例⑩灯谜"只为阴阳数不同"，就强调"数"中之"理"。在命运观上，曹雪芹承认命、运、数都是非人力所可求得和改变的。但只有命不可料，而运数是可知的。他的命定论是唯心的，只能用佛教轮回说或不可知论去解释（例⑤⑥⑧），而他的运数观却包含朴素辩证法，用以诠释的是变易法则（例③④⑤⑨⑫）和因果法则（例⑩⑪）。前者存在于事物自身，即事物内部的矛盾运动，后者则存在于事物之间。

这种既承认命运又力图诠释命运的矛盾态度，也表现在小说的叙事内容中。一方面，作者运用叙事谋略，宣扬宿命观念，如在叙事框架上，用木石情缘神话作宝黛爱情的前身，以太虚幻境薄命司簿册和《红楼梦曲》预示全书主要人物命运；在具体技巧上，通过种种预示性描写手段，如梦兆（秦氏托梦，梦兆绛芸轩等）、诗兆（如具有谶语性质的《葬花吟》《题帕绝句》以及灯谜等）、事兆（如元妃点戏，贾母神前拈戏，中秋异兆悲音，宝黛改《芙蓉诔》等），让人物自我言行不自觉地预示未来命运，暗示某种必然律对人物的驱使、支配和控制。特别是寓预兆于写实之中的预示性描写，把完全符合客观事理的情节叙述与作者附加的主观意念巧妙融合，使具有很强生活实感的写实内容产生出富有哲理内蕴的审美效应。如第 54 回元宵夜宴王熙凤说的两个笑话，"元宵（正月半）——散了"的情境在一段话中四次重复显现，既与开头"好防佳节元宵后，便是烟消火灭时"的预言诗句照应，又直贯贾府在某年元宵后"树倒猢狲散"的结局（即曹家抄家败落的"假语村言"）。身处于欢乐高潮的说者听者毫无自觉，作者却心怀悲凉，寄意深远。第 79 回宝黛同改《芙蓉诔》，对景对事，本为情理中事，写出小儿女相知之深，然而修改的结果"茜纱窗下，我本无缘；黄土垄中，卿何薄命"，竟成为对宝黛爱情的悲剧预示。"诔晴雯，实诔黛玉"（庚辰本脂批），虽为始料不及，却又是水到渠成。宝玉浑然不觉，黛玉却唤起了心中的隐忧"怵然变色"，"有无限的狐疑乱拟"。日后泪尽夭亡，果然印证。同为事兆，一取喜剧形式（凤姐），一取悲剧形式（宝黛），写法各异而意旨相同。它们显示：无论醉者梦者醒者，都在不由自主地无可改变地走向既定的归宿。这正是命运悲剧的特点。①

　　然而，在建立宿命叙事结构展示命运悲剧的同时，另一面，作者又不断地对情节进行现实诠释，消解宿命结构。木石情缘是宿命的，但宝黛悲剧却是完全现实的，是"木石"与"金玉"冲突，以"金玉"象征的世俗婚姻观念和家族意志压迫摧残"木石"象征的爱情力量的结果；还泪故事乃是对悲剧主人公爱情奉献和牺牲精神的陌生化艺术处理。这又是"木石"象征的爱情力量反抗"金玉"象征的世俗婚姻观念和家族意志的结果。它终于也导致"金玉"成空。"十二钗"的薄命是注定的，但"生逢末世运偏消"（探春），"一从二令三人木""机关算尽太聪明，反算了卿卿性命"（凤姐），"太高人愈妒，过洁世同嫌"（妙玉），"中山狼，无情兽……作践的公府千金似下流"（迎春），"爱银钱忘骨肉的狠舅奸兄"（巧姐），"箕裘颓堕皆从敬，家事消亡首罪宁"（秦氏）……又无不各有现实因果内容，即使作者以为不可逆料的"命"，如元春、黛玉之夭亡，李纨之寡死，也是现实环境压抑的结果。判词和《红楼梦曲》中的所有宿命暗示，也都在小说的现实描写中得到了消解。它们的意义，也主要是成为《红楼梦》的结构纲领。至于贾府的运终数尽，更在对家族内外矛盾特别是内部腐朽的揭露中得到了充分诠释。尽管有种种预兆警示（甚至有秦氏托梦这样的直接警告），这个家族的统治者却一味沉迷于享乐争斗贪欲肥己而不自拔，终于一败涂地。于是，这些命运征兆的观念意义便转化成为作者进行末世批判的艺术手段。概而言之，在《红楼梦》织就的这张命运之网中，找不到没有现实必然性而必须用幻想必然性（宿命论）解释的眼孔。所谓命、运、数，既是人力所不可抗拒的，又是主客观人力（性格与环境冲突，性格之间冲突和性格自身冲突）所造成的。它的必然律，不是来自冥冥之力，而是历史运动和性格运动的结果。究其实质，曹雪芹笔下的命运悲剧，乃是在"末世"的复杂社会矛盾中，封建贵族无可奈何地走向没落，人性理想无可奈何地归于幻灭的社会悲剧和性格悲剧。《红楼梦》命运观念表意系统的建构和解构，表现着作者努力认识人生和社会，化未知为已知、化不知为可知的理性态度。笼罩小说的宿命氛围，与其说是表现着迷茫者对佛家命定论无可抗拒的接受，不如说是表现了清醒者在现实中无路可走的悲哀，是无力改变造成悲剧的社会环境社会势力和人性缺陷的悲哀。同时也是作家创建结构、组织情节的一种特殊手段。从这个意义上看，与其说作家在运用叙事谋略宣扬宿命论，不如说是在利用宿命论的幻想可证性创造一种具有涵盖力和渗透性的非凡的叙事

---

① 　参见刘上生《中国古代小说艺术史》第八章第四节，湖南师范大学出版社1993年版。

艺术。

在"怀金悼玉"一节中，①我曾论述了曹雪芹对美的命运的哲理思考。他在揭示丑对美的摧残的同时，特别强调美丑对抗，并揭示出在辩证规律支配下（"正不容邪，邪复妒正，两不相下……必至搏击掀发后始尽"）美丑同归即丑自身也终归毁灭的结局，侧面表达出一种既受现实命运支配又坚决同命运抗争的顽强的主体意志。应该说，这才是曹雪芹命运观的核心，是他在运数诠释中所得出的最重要的思想结论。

"情""空"矛盾

以男女之爱为特定内涵的"情"的悲剧显然是《红楼梦》"大旨谈情"的核心。"情"的悲剧与女儿悲剧相表里，构成曹雪芹悼红情结双向投射的复合映像。由于"情"是根源于两性之间最自然的关系的具有最大普遍性和永恒性的人性心理，是根源于人类种属繁衍集体无意识的生命需求和个体无意识的享乐需求而又历史地发展变化的人性心理，是充塞着从潜意识到意识整个心理结构的难以名状而又奥秘无穷的精神因素，因而，从这个意义上说，"情"的命运就是人的命运，就是人类的精神命运。如果说，家族悲剧和女儿悲剧都更多地具有社会悲剧的性质，是社会一部分人一部分物质世界的毁灭，对这些悲剧命运的关怀主要表现为对生命存在状况的关怀，那么，"情"的悲剧却是人类精神命运的悲剧，对"情"的悲剧命运的关怀就体现着对生命意义的终极关怀。

这也许是使古往今来一切艺术和哲学的头脑，使一切世俗庸人和高蹈君子都难以索解的问题：为什么痴男怨女会一见生情？为什么情既具有天然合理性，却给追求者带来那么多的痛苦？为什么会有甘愿奉献牺牲的情痴情种？为什么遁入空门却不能忘情？为什么悟彻虚妄却不能解脱？……曹雪芹陷入了情结中的情结，陷入了更为深广也更为迷惘的忧思。他无法给人们提供答案，但又决不甘于单纯描述"情"的故事。"历尽风月波澜，尝遍情缘滋味"之后，他既不愿作否定自我的"情场忏悔"，也没有信奉否定实在的"情缘悟空"。"因空见色，由色生情，传情入色，自色悟空"，在扬弃佛家的"色空"观基础上构建的"空色情"观中，他始终把"情"即人类精神命运作为世界观生命观的中心，他也利用和扬弃传统的语词符号并注入新的内涵表达了自己的探索和思考。

---

① 参见《走近曹雪芹——〈红楼梦〉心理新诠》第四章第五节。

　　这些语词符号主要是："情"的产生和结果——"缘"，"情"的矛盾——"孽"，"情"的精神——"偿"，"情"的历程——梦（幻），"情"的意义——"空色情"观。

　　这些符号常常用各种方式组合在一起，显示出它们之间复杂的意义联系，并渗透进小说的情节内容和写实描述之中。

　　1."缘"：情的因果观

　　《红楼梦》写"情"，"缘"作为语词符号使用甚多，如：

> "这神瑛侍者凡心偶炽，乘此昌明太平朝世，意欲下凡造历幻缘。"（第 1 回）
>
> "堪羡优伶有福，谁知公子无缘。"（第 5 回）
>
> "若说没奇缘，今生偏又遇着他；若说有奇缘，如何心事终虚化？"（第 5 回）
>
> "自古穷通皆有定，离合岂无缘？"（第 5 回）
>
> "什么金玉姻缘，我偏说是木石姻缘。"（第 36 回，"木石姻缘"又称"木石前盟"）
>
> "人生情缘，各有分定。"（第 36 回）
>
> "茜纱窗下，我本无缘；黄土垄中，卿何薄命？"（第 78 回）
>
> 据脂批，黛玉之死回目为"证前缘"。（第 79 回靖藏本批）①

　　"缘"是佛家语词符号，"缘分"即"因缘""缘起"之义。佛家认为一切事物（诸法）都由因缘和合而生，受因果律支配，《缘起偈》云："诸法从缘起，如来说是因；彼法因缘尽，是大沙门说。"《杂阿含经》卷十二："此有故彼有，此生（起）故彼生（起）。"但它不从现实出发而寻求虚幻的因缘解释，提出三世因果说等，就陷入了唯心论。曹雪芹承认"缘"，相信"缘"，但他基本上拒绝了佛家的虚幻因缘观。他难以从理性上说明男女之情产生的偶然性神秘性，这使他为宝黛之情设计了一个"木石前盟"，但他能认识到男女性爱是由于"既悦其色，复恋其情"所致（第 5 回）。这表明他直觉到了，"情"的产生既因外貌吸引，更重要的是心灵碰撞，这就接近现代心理学的真谛。从心理学观点看，男女之情来自潜意识的性要求。在潜意识里，两性个体都有在自己的环境教养中形成的与其个性心理对接的异性"预拟图像"，当现实生活中一旦出现与"预拟图像"相吻合的实体，就会产生"一见生情"或"一见如故"的心灵感应。曹雪芹描写宝黛相见，之所以被称为神来之笔，就是因为动人的幻想内容与真实的心理刻画浑融一体：

> 黛玉一见，便吃一大惊，心下想道："好生奇怪，倒像在那里见过一般，

①　陈庆浩《新编石头记脂砚斋评语辑校》692 页，中国友谊出版公司 1987 年版。

何等眼熟到如此？”

宝玉看罢，因笑道：“这个妹妹我曾见过的。”贾母笑道：“可又是胡说，你又何曾见过他？”宝玉笑道：“虽然未曾见过他，然我看着面善，心里就算是旧相识，今日只作远别重逢，亦未为不可。”（第 3 回）

如果说，《西厢记》张生佛殿遇莺莺，惊叹：“呀！正撞着五百年前的风流业冤！”是在夸张笔墨中表现他潜意识中“美艳闺秀”预拟图像与现实莺莺的形体契合，那么，宝黛相见“似曾相识”的感觉，则是这一对有着独特志趣的少男少女在潜意识中寻求人生知己（灵魂伴侣）产生的气质心灵契合。这种契合虽然未必如一见钟情那样立刻爆发出狂热的力度，但却因其包含着人类理想爱情的崇高内容和意义而具有前一契合所无可比拟的深度、厚度和韧度。爱情的神秘力量也许就在这种心灵契合所达到的两性一体的生命复归上（两性一体本为生命之源）。情缘于情，爱是爱的回报。从这个意义上说，“木石前盟”从形式上似乎是作者接受佛家缘起论所进行的幻想诠释，实际上，乃是体现人类理想爱情观的意蕴无穷的美的神话象征。

“缘”是客观实在。佛教缘起论却是主观臆想的产物。对“缘”的词语借用，使曹雪芹陷入了有缘无缘的困惑。这从前引《枉凝眉》曲就可以看出：“若说没奇缘，今生偏又遇着他；若说有奇缘，如何心事终虚化？”其实，有情缘无姻缘，有姻缘无情缘，爱情与婚姻分离，正是过去时代的普遍现象。像宝黛那样带有叛逆色彩的爱情，更与封建家长意志和传统观念发生尖锐冲突；而封建家长又把他们的主观意志（通过癞僧——佛教缘起论者）说成是缘（“金玉”），强加在当事人身上，其结果是引起叛逆者的强烈反抗：“什么金玉姻缘，我偏说是木石姻缘！”婚姻决定者的意志导致“木石”无缘（姻缘），而当事人的情感取舍则导致“金玉”无缘（情缘）。“玉带林中挂，金簪雪里埋。”曹雪芹“怀金悼玉”的现实描写否定了佛教的主观缘起论。所谓有缘无缘的困惑，实际上也就是对佛家缘起论的怀疑。他只不过是利用佛家的语词符号，表达自己对“情”的现实命运的认识。他的情缘观是：“缘”是客观世界的因果联系，是偶然包含必然，必然体现于偶然的现实遭际。情缘因果，不在主观臆想里，而在现实生活中。

2.“孽”与“偿”：情的价值观

“孽”，是曹雪芹用以概括情感痛苦和情感悲剧的语词符号。“冤”“孽”连用，或称冤业：

原来近日风流冤孽又将造劫历世不成？

因此一事，就勾出了多少风流冤家来。

待这一干风流孽鬼下世已完，你我再去。（以上第 1 回）

因近来风流冤孽，缠绵于此处，是以前来访察机会，布散相思。

孽海情天。

宿孽总因情。（以上第 5 回）

这也是他们的孽障遭遇，亦非偶然。（第 4 回）

有个跛足道人来化斋，口称专治冤业之症。（第 12 回）

"孽"的语义来源有二：一是古代的否定词义，包括灾殃，如《诗经·十月之交》："下民之孽，匪降自天。"郑笺："孽，妖孽，谓相为灾害也。"又《汉书·董仲舒传》颜师古注："孽，灾也。"《吕氏春秋·遇合》高诱注："孽，病也。"《楚辞·天问》王逸注："孽，忧也。"二是佛教业报（恶业）的否定观念。由于前世的恶业导致今生的痛苦，是为夙业（宿业，宿孽）或成为今生向善的障业，又称孽障。佛教对"情"持否定态度，认为爱情痛苦是恶业所致，故称其前生为"冤孽""孽鬼"。

曹雪芹肯定"情"，也就决不否定"孽"，他在这个传统的语词符号中同样注进了新的内涵。曹雪芹认为"情"与"孽"并存共生（"孽海情天"），情人（恋爱男女）即风流冤孽（冤家，孽鬼），情缘即孽缘（孽障），这是因为"爱情"的心理特质就是经历痛苦追求幸福。一方面由于爱情要求两个个体灵与肉的完全沟通与结合，这就必然给当事者双方带来情感试探、拒受、碰撞及变化种种矛盾，而使其饱受心灵折磨；另一方面则是情感愿望与现实环境的矛盾，使两情相通而不得结合，或遭遇变故阻隔，备尝生离死别之苦。即使最终获得美满结局，也是苦乐相兼，苦尽甘来的结果。何况在不允许爱情合法存在、自由表达和发展，婚姻（两性结合）与爱情（两情相悦）相分离的时代，更注定了情的追求的悲剧命运。"情"与"孽"并生，情带来苦、忧、病、死，灾难祸殃，就是必然的。从某种意义上说，"情"的痛苦乃是"自作孽"，"孽"是"情"自酿的精神苦酒。然而，情的追求者却甘愿背负沉重的十字架，走向生命的终点，无数痴男怨女一点爱心，缠绵固结，如飞蛾赴火一般地前仆后继，无怨无悔走上悲剧的舞台，就是因为"情"是人性的内在要求，情的追求，就是人的自我实现，情的追求者具有一种崇高的奉献与牺牲精神。曹雪芹的情孽观否定了情的否定论，在对那个时代情的痛苦特质和悲剧命运的揭示中，充分肯定了这种奉献与牺牲精神，他用以概括情的精神的特殊语词符号，便是"偿（债）"：

厚地高天，堪叹古今情不尽；痴男怨女，可怜风月债难偿。

司人间之风情月债，掌尘世之女怨男痴。（以上第 5 回）

绛珠仙草——林黛玉的眼泪还债，则是这种精神的神话诠释：

> 他是甘露之惠，我并无此水可还。他既下世为人，我也去下世为人，但把我一生所有的眼泪还他，也偿还得过他了。（第1回）

"偿（债）"，这个语词本来是以世俗的物质关系形式，包含着佛家的业报缘起观念内容。如前所析，曹雪芹既然把后者的幻想因果联系改造为现实因果关系，也就赋予"偿（债）"以新的内涵。偿（债）这种看来俗而又俗的经济关系，不同于非道德的掠夺、占取、剥削、诈骗等，是以地位平等人际关系讲求信义为前提的履行道义承诺的行为。正是在这个意义上，"偿情"，表明男女双方建立了相互平等，相互信任的情感契约关系，而与占有、奴役和压迫女性的男权文化划清了界限。"偿情债"的另一含义是情感的相互给予，情感是个人的但不是自私的，是付出的但又是接受的，每一方都以对方为实现对象，以对所爱者的爱的奉献为生命价值。在情感的相互交流酬报中，每一方都心甘情愿地为对方作出牺牲，并在这种奉献牺牲中使自己的爱得到了印证。这就使情具有了崇高的道义内容。如果说，所谓神瑛侍者的甘露灌溉具有男性爱心热烈的奉献生命汁液的性暗示，那么，绛珠仙草的"眼泪还馈"，便是超越了性欲层次的真正情感和生命之水的涌流，直至枯竭而止。在小说中，便体现为黛玉的自洁情操、殉情意志和宝黛爱情的纯灵色彩，是作者理想的最高爱情境界。但《红楼梦》所写的其他爱情故事，包括层次较低的性爱，也都具有殉情性质，如秦钟与智能儿，张金哥和守备之子，尤三姐与柳湘莲，司棋与潘又安，没有一个背义负心的。这就表明，作者把"偿情"，即爱的相互奉献牺牲，作为"情"的基本价值要求。这也就是曹雪芹"情孽"观的本质含义。

3."空色情"：情观对空观的否定

情的产生由于"缘"，情的痛苦在于"孽"，情的精神在于"偿"，然而情的命运却归于"空"（梦、幻）。"梦""幻"是曹雪芹概括情的理想的空想性质和情的现实的悲剧性质的语词符号。"太虚幻境"之"幻"是前一意义，《红楼梦》之"梦"是后一意义，理想之幻与现实之梦，二者是相联系的。"幻"导致"梦"，梦断即幻灭。故太虚幻境中演奏《红楼梦曲》，太虚幻境中人（神瑛、绛珠）化为《红楼梦》中人。第1回开卷云："此回中凡用梦用幻等字，是提醒阅者眼目，亦是此书立意本旨。""一切有为法，如梦幻泡影，如露亦如电，应作如是观。"（《金刚经》第三十二品）"梦""幻"的哲学理念是"空"，即佛教的"空观"（色空观）。佛教空观渗透在小说的人物日常言行中，也笼罩在小说的整体框架上。从开头设想的大荒山无稽崖即虚无世界中的石头下凡历幻到回归，仿佛就是以幻证空的思悟历程，具有导引意义的被甲戌本脂批称为"一部之总纲"的"乐极悲生，人非物换，究竟是到头一梦，万境归空"的话（仙师启导石头），宣扬"世上万般，好便是了，了便是好"的《好了歌》（跛道导引甄士隐），一首一尾真假相映的甄士隐出家和贾宝玉的"悬崖撒手"为僧（庚辰本 21 回批语）①的人物结局，"落了片白茫茫大地真干净"的整体悲剧结局，似乎都是由色悟空的人事注解。情缘证幻或情缘悟空，似乎是曹雪芹对情的命运思考得出的基本结论。王国维就是以"欲"的痛苦和解脱概括《红楼梦》的哲理主题，②俞平伯曾认为色空是《红楼梦》的基本观念。不能说他们的所见所论不是小说的客观存在，他们的认识局限在于没有看到曹雪芹的思想矛盾和主导倾向，及其中包含的深刻意义。

应该承认，曹雪芹对"情"的命运的终极思考陷入了当时无法解决的巨大矛盾之中，简而言之，这就是情观与空观的矛盾，这种矛盾的哲理表述，便是他的所谓"空色情"观，它集中表现在第 1 回，即全书开头，作者主体意识表露最直接最鲜明的部分，又贯穿于小说叙事内容中。

第 1 回主体直接呈现包括三个层次：一是作者自白，二是采用托物叙事（借助于石头神话）的创作缘起，三是采用化名叙事的创作过程。每一层次都包含上述矛盾，并体现着由具体人生感悟到哲理抽象的升华。

"作者自云"包含如下内容：人生经历的梦幻（虚无）感；回忆往事的愧悔心理；追忆友情，立意为闺阁昭传；现实心境（出旗为民的自由心性表露）。在这一段中，人生如梦与往事难忘之情的交织，追悔与追忆之情的交织，怀恋富贵繁华与安贫自乐之情的交织，都呈现出复杂的情况，但基本内容是人生如梦与往事难忘，亦即"空"与"情"的矛盾，而其主要倾向，则是在追忆往事中表现的情感执着。

这种"空"与"情"的矛盾，在叙述创作缘起的石头神话中双向投射到僧道仙师同情根石身上。僧道导引石头时所谓"到头一梦，万境归空"的一番说教，事实上并没有被石头所接受，石头下凡回归，并没有证悟色空，却留下了对自己难忘经历的回忆——"大旨谈情"的《石头记》，这表明在空观与情观的矛盾中，情观取得了胜利。

在叙述创作过程时，作者先后用了石兄、空空道人（情僧）、吴玉峰（甲戌

---

① 陈庆浩《新编石头记脂砚斋评语辑校》394 页。

② 王国维《红楼梦评论》，见一粟编《古典文学研究资料汇编·红楼梦卷》，中华书局 1963 年版。

本)、孔梅溪、曹雪芹五个名字,前四个都是代名或化名。使用这种"烟云模糊之法"(甲戌本脂批)是为了体现"披阅十载,增删五次"的修改过程,也使作者的观念矛盾得到进一步强化和哲理概括,其中最值得注意的是空空道人改名一段:

> 从此空空道人因空见色,由色生情,传情入色,自色悟空,遂易名为情。改《石头记》为《情僧录》。(第1回)

这里曹雪芹明确提出了把佛教"色空"观改造为他的"空色情"观的哲学观点。"色空"观认为"色不异空,空不异色。色即是空,空即是色"(《般若波罗蜜多心经》)。色与空,即现象与本体,现象瞬间生灭,一切色法皆空幻不实。"情"当然也归于无实在的空幻。"空色情"观则是既承认情色皆"空"的归宿,又认为"空"非真空(幻),"空"必生"情""色",故"空"又成为情色的起点。"空—色—情—色—空"构成一个以"空"为始终的循环圈,又构成一条以"情"为中心的认识链。前者表现为对佛教色空观的某种认同,后者则是对色空观的否定。空观与情观在这个循环圈和认识链中对立而又并存,这正是曹雪芹思想矛盾的抽象概括和集中表现。"情僧"名称就是这一矛盾的集合体。"空空道人"改名"情僧"意味着作者创作过程中心态的转变。空空,如同前面文字中的茫茫(大士)、渺渺(真人),是以重叠强调空观,意即彻底的虚无(空)。"情僧"是对"空空"的否定,僧空而情不空。"空空"改成"情僧",既表空观与情观的矛盾并存,又表明空观向情观的变化,其具体所指,即曹雪芹在创作过程中,逐渐从经历家族悲剧和个人情感悲剧后的人生虚幻感中解脱出来,成就了"大旨谈情"的《石头记》(《情僧录》)。所谓"因空见色,由色生情"就是在回忆往事,构思"假语村言"中对人生虚幻感的反思和否定。最后,作者从化名现出真名,轩名"悼红","情僧"成为"悼红轩"主人,既有"满纸荒唐言,一把辛酸泪"的题诗,又有"谩言红袖啼痕重,更有情痴抱恨长"的题批(甲戌本凡例),表明情观最后战胜空观,成为作家的基本创作思想。作者所采取的人生态度,则是"虽今日之茅椽蓬牖,瓦灶绳床,其风晨月夕,阶柳庭花,亦未有伤我之襟怀笔墨"的兀傲潇洒,和执着人生关怀众庶,立意"使闺阁昭传",以生命创造和传播美的理想的热烈沉博,这是一种融合道家自由心性和儒墨仁爱情怀,继承中国古代特立独行、愤世抗俗的知识分子传统而又有曹雪芹时代和个性特点的处世态度。这里并没有佛家空观的影子。

但人生态度的取舍并不等于思想矛盾的消解,因为现实并没有提供解决矛盾的条件。一方面是主体意志的尚"情"舍"空",一方面是客观现实的"情缘皆空",这就使得情观与空观的矛盾始终贯穿于忠于现实的小说叙事内容之中,人

们从中可以清晰地看到作者主观精神的内在紧张搏斗的过程。这一矛盾体现在两个层面上:

A.哲理层面的"情""空"矛盾,即承受精神痛苦和寻求精神解脱的矛盾。在情的追求者理想与现实的冲突中,"情情"黛玉是坚决拒绝"空观"导引的。她毫不理睬先知癫僧劝她无情以保平安(不许哭,不许见外姓亲友)的告诫,她讽刺宝玉续《庄子》"焚花散麝"之文是"作践南华庄子因",她以续禅偈的方式嘲弄佛家的空观其实是"无立足境"的空言("无立足境,是方干净")。她以爱情为生命,爱情的价值就是生命的价值,爱情的痛苦就是生命的痛苦,求仁得仁,无怨无悔,直至以身殉情。而"情不情"宝玉则因其关怀广大,思虑深远而痛苦特别沉重。"爱博而心劳",这使他不可能走个人殉情即生命解脱之路,而执意寻求精神解脱,他的身上因此打上了曹雪芹在理想与现实矛盾中的寻索印记。小说集中写了几次。一次在第21、22回,两件与姊妹丫鬟情感纠葛的小事,宝玉的反应却是超常的强烈。第21回,以续《庄子·胠箧》从道家哲学中寻求解脱:"焚花散麝,而闺阁始人含其劝矣;戕宝钗之仙姿,灰黛玉之灵窍,丧减情意,而闺阁之美恶始相类矣……彼钗、玉、花、麝者,皆张其罗而穴其隧,所以迷眩缠陷天下者也。"把主体情感归罪于情感客体,企图通过消灭情感对象以消除主体情感,以消灭所爱来克服爱欲,这是老庄思想中最消极最无所作为的反客体的唯心认识论。所以黛玉讥笑他"不悔自己无见识,却将丑语怪他人"。第22回,宝玉作"你证我证"一偈及填《寄生草》曲,则表明他企图从佛教哲学中寻求解脱。宝玉所感悟的"赤条条来去无牵挂"的禅意,所写的"无可云证,是立足境"的偈语,和"茫茫着甚悲愁喜,纷纷说甚亲疏密,从前碌碌却因何,到如今回头试想真无趣"的曲词,是以否定情的意义(对情的无意义的体认)来否定情的追求,以空否定情,来摆脱情感痛苦。这种佛教虚无人生观正与道家无为处世观("巧者劳而智者忧""山木自寇,源泉自盗"等)相沟通,作为一种主体论,较之反客体的"焚花散麝",确是一种解脱之路。但空观以虚无否定实在,以无意义否定意义,本身就包含着错误的前提。所以黛玉宝钗以"空"破"空"使宝玉无话可说。这是情观对空观的一次胜利。这才有从第23回开始的读《西厢》、通情愫和大观园的丰富情感生活。

但"情""空"矛盾并未解决,不但宝黛爱情始终笼罩在阴影之中,宝玉经常对黛玉发出"你死了,我当和尚"的谶语式的誓言,更重要的是,他们所憧憬的青春、爱和美的理想,也始终在现实的压迫之下,使他们感受到实在与虚妄的矛盾。黛玉只关注情感的实在,宝玉却同时关注美的永恒。当黛玉意识到个体生

命的无常和美的短暂而作《葬花吟》的时候,宝玉则由此联想到他所关怀的女儿世界和美的整体命运而陷入一种无法解脱的痛苦之中:

> 试想林黛玉的花颜月貌,将来亦到无可寻觅之时,宁不心碎肠断! 既黛玉终归无可寻觅之时,推之于他人,如宝钗、香菱、袭人等,亦可到无可寻觅之时矣。宝钗等终归无可寻觅之时,则自己又安在哉?且自身尚不知何在何往,则斯处、斯园、斯花、斯柳,又不知当属谁姓矣!因此一而二,二而三,反复推求了去,真不知此时此际欲为何等蠢物,杳无所知,逃大造,出尘网,使可解释这段悲伤。正是:花影不离身左右,鸟声只在耳东西。(第28回)

庚辰本眉批云:"不言炼句炼字辞藻工拙,只想景想情想事想理,反复推求悲伤感慨,乃玉兄一生之天性。"[1]这种天性就是"多所爱者,当大苦恼"。虽然其中仍不免与"我"相关,但由己及人,反复推求,正是一种悲天悯人的宗教式的博爱情怀。这是怡红公子贾宝玉的真正情结,也是悼红轩主人曹雪芹的真正情结。由于无法改变和改造现实,这种情结的消解便只能在对现实(客体)和情感(主体)的双重逃避中实现,即所谓欲为无知蠢物"逃大造,出尘网,使可解释这段悲伤"。这里显然已暗示宝玉出家,石头(蠢物)回归自然的故事结局。人们可以发现佛道哲学的影子。但它绝不意味着空观对情观的否定。出家,回归,或隐喻出世,只是"爱人者败亡的逃路",表明哲理层面上情空矛盾的无法解决。

B. 现实层面的"情""空"矛盾,即寻求解脱的愿望与实践的矛盾。这是作为前一层面的映照而描写的,重点在揭露空门不空。这里既有带发修行的妙玉"欲洁何曾洁,云空未必空"的情感追求和人生悲剧,也有女尼智能与秦钟的私情悲剧,还有芳官等奴婢女伶因不堪忍受现实迫害自请入庵为尼的无路可走的悲剧;既有馒头庵静虚行贿凤姐破坏年青男女爱情婚姻的罪恶,也有水月庵、地藏庵尼姑拐小女子做活使唤的骗局,还有作者在前80回没有写出却已暗示的一些遁入空门的人物结局:柳湘莲的"日后作强梁",惜春的"缁衣乞食"等等,都是对世俗佛教的批判。

于是,小说出现了两种对立的叙事话语,一种是空门不空,对世俗佛教的讽刺;一种是情色悟空,对佛教哲学的皈依。一方面,现实的"空门"同样充满了尘世的污垢;另一方面,空门却被当作超尘出俗与现实对立的理想"净土"。与此相应,遁入空门(出家)也就有了两种描写:一种是先知形象(非现实人物)导引的出家(如甄士隐、柳湘莲及可以推知的宝玉出家),现实人物飘然而去,不知所

---

① 陈庆浩《新编石头记脂砚斋评语辑校》507至508页。

终;另一种则是完全现实环境中的出家和世俗宗教生活(如妙玉、智能、芳官及可以推知的惜春等)。如此看来,前一种"出家"绝非人物的现实行为方式,而只是一种理想理念的皈依。但由于对空观的皈依,仍然采用遁入空门的形式,而且两种描写也存在着交叉和沟通(如柳湘莲、惜春),这样,"空门"与"空观"就形成了相互的反讽,佛教哲学的"空观"批判了世俗佛教的"空门",世俗佛教的"空门"又在事实上否定了佛教哲学的"空观",这又从一个侧面反映了作者思想中的情空矛盾。

情空矛盾的最终反映是人物归宿。从小说作者、叙述者石头与主人公贾宝玉的某种三位一体,和叙事内容真甄假贾的同一联系考察,可以清晰地看到两组对应而又对立的结局:

a.①作者(真事)经历"梦幻",出旗为民,撰《石头记》,自写人生,昭传闺阁;

②石头(假语)下凡历幻,回归情根,记叙经历,写无材补天,幻形入世,大旨谈情。

b.①甄士隐(真),失女之哀,家庭破落,跛道导引出家。

②贾宝玉(假),经历女儿悲剧("情"的理想破灭),家庭衰败,(先知导引)悬崖撒手为僧。

a组以情观为归宿,b组以空观为归宿。但b组人物实际是a组的艺术投影。作者从空空道人改名"情僧",即寓a、b之沟通,则a组又是b组结局("出家")的现实延续。宝玉情结以对空门的幻想皈依解脱,作者情结则在对宝玉出家皈依空观的想象描写中得到消解。宝玉出家,而石头回归情根,这说明出家只是一种隐喻。一方面,石头来自情根,又回归情根,表明在现实中追求"情"的理想的失败,也表现在现实世界找不到"净土"时,保存自我心灵"净根"(情根)的意志。宝玉出家,黛玉夭亡,都是"来自情天,去由情地","质本洁来还洁去",在与现实(浊世)对抗中保持个体人格的独立与完善。这正是个体生命意义之所在。另一方面,石头回归作记传世,作者经历梦幻而不忘往事,隐居著书而不为留名,立意昭传美恶,遗爱人间,在独善中追求兼济,这是曹雪芹在经历情空矛盾后所选择的人生归宿。由此看来,在悼红轩中创作《红楼梦》正是作者消解悼红情结的精神痛苦的艺术途径,是作者在经历悲欢离合炎凉世态,感悟人生物质追求(如《好了歌》及《好了歌注》所昭示)及精神追求(如《红楼梦曲》《葬花吟》所昭示)皆成虚幻之后,把握人生意义的方式,是他摆脱空观,固守情根,以爱心奉献于社会与人类实现生命价值的方式。只有这样,我们才能理解他的创作投入:"字字看来皆是血,十年辛苦不寻常",十载创作,又加十载修改,直至

"壬午除夕，书未成，芹为泪尽而逝"（第 1 回甲戌本眉批）[1]，留下永远的遗憾。他也许在"情""空"交战中走完他的生命历程，他最终也没有能为情的悲剧命运，美的悲剧命运，人类精神追求的悲剧命运的关怀和思考找到答案。也许完满的答案是没有的，也许这是自古以来所有先哲圣贤（包括宗教圣人、思想大师）们都难以解决的问题，因为主体与客体、理想与现实、有限与无限、必然与偶然……生命存在和运动的矛盾永远存在。但他留下了一位至情至爱至博至睿的艺术大师的人生榜样，留下了一部至情至爱至博至睿领略不尽其味无穷的《红楼梦》，一切就在其中了。

（原载《走近曹雪芹——〈红楼梦〉心理新诠》1997 年版）

---

[1]　陈庆浩《新编石头记脂砚斋评语辑校》12 页。

论《红楼梦》的两个叙事起点

《红楼梦》①存在两个叙事起点，这在古代小说中，是绝无仅有之事。

这里所说的"叙事起点"，指的是小说故事情节的开端，即脂批所谓"正文起头处"或曰"从那一件事自那一个人写起"（见下文）的结构安排而非叙述者开始叙述行为的端点。因而，具有楔子功能的故事（如本书中的石头神话），和主要用以引出人物情节的前导性故事（如甄士隐贾雨村故事）的叙述，都不被看作"正文"，也不被视为"叙事起点"。

《红楼梦》的两个叙事起点，一是第3回"黛玉进府"，一是第6回"刘姥姥进府"。它们的出现和并存，对于探索《红楼梦》的创作过程和理解曹雪芹的艺术匠心，都是富有意义的。

两个叙事起点的出现和并存

先说"黛玉进府"。

按庚辰本第3回回目是"贾雨村夤缘复旧职，林黛玉抛父进京都"。"贾雨村夤缘复旧职"和前面第2回的"冷子兴演说荣国府"，都是"黛玉进府"的前导性故事。冷子兴演说的作用是以旁观者身份（"冷"眼）侧面介绍贾府，故甲戌本脂批云：

> 此回亦非正文本旨。只在冷子兴一人。即俗谓冷中出热无中生有也。②

雨村复职自有其思想内涵，但其主要作用是形式结构方面的——引出黛玉

---

① 本文所论《红楼梦》内容及引文，除特别说明版本外，均据中国艺术研究院红楼梦研究所校注本《红楼梦》，人民文学出版社1982年版。
② 陈庆浩《新编石头记脂砚斋评语辑校》34页，中国友谊出版公司1987年版。

进府这一情节主线,故王府本脂批云:

> 要说正文,故以此作引。①

直到贾雨村赴任,叙至"且说黛玉自那日弃舟登岸时",甲戌本脂批方明确指出:

> 这方是正文起头处,此后笔墨与前两回不同。

黛玉进府,开始了对小说环境和主要人物的正面描写。宝黛爱情,贾母、熙凤、宝钗、元迎探惜、丫鬟仆役等等大小故事都从这里开始,它确是"正文起头处"——《红楼梦》的叙事起点。

然而,在第6回,作者却设置了又一个叙事起点。该回回目是"贾宝玉初试云雨情,刘姥姥一进荣国府"。"初试云雨"结"上回《红楼梦》大篇文字(指梦游太虚境)"(甲戌本脂批)②,"刘姥姥进府"才是本回正文。然不仅此,故事之前,作者特地安排了一段导言,通过叙述者(石头)告知读者这乃是全书叙事的真正开端:

> 按荣府中一宅人合算起来,人口虽不多,从上至下也有三四百个,虽事不多,一天也有一二十件,竟如乱麻一般,并无个头绪可作纲领。正寻思从那一件事自那一个人写起方妙,恰好忽从千里之外,芥豆之微,小小一个人家,因与荣府略有些瓜葛,这日正往荣府中来,因此便就此一家说来,倒还是头绪。你道这一家姓甚名谁,又与荣府有甚瓜葛?且听细讲。

"且听细讲"是庚辰本文字,甲戌本、王府本等则作:

> 诸公若嫌琐碎粗鄙呢,则快掷下此书,另觅好书去醒目,若谓聊可破闷时,待蠢物逐细言来。

甲戌本的文字显然更早。无论从内容或口吻看,这整段文字都是正式叙事前的开场白,意在提醒读者对叙事起始的注意,并交代起始的方法。

这就不能不使人产生疑惑:

既然"黛玉进府"是"正文起头处",那么,为什么在"刘姥姥进府"处要提出"从那一件事自那一个人写起"的问题?既然"刘姥姥进府"才算故事"写起",那么,"黛玉进府"作为"正文起头处"的意义和功能又在哪里?有什么必要设置两

---

① 陈庆浩《新编石头记脂砚斋评语辑校》55 页。
② 陈庆浩《新编石头记脂砚斋评语辑校》135 页。

个叙事起点,这岂不造成了叙事结构的重叠?

问题还不止此。

按小说故事时间,黛玉 5 岁丧母,次年即 6 岁时即随贾雨村进京,宝玉比黛玉大 1 岁,是年 7 岁,是现今刚进小学发蒙的年龄。但书中却如此描写二人的外貌:

> 进来了一位年轻的公子……越显得面如敷粉,唇若施脂,转盼多情,语言常笑。天然一般风骚,全在眉梢;平生万种情思,悉堆眼角。(第 3 回)

这位"年轻的"风流公子就是 7 岁的宝玉吗?

> 态生两靥之愁,娇袭一身之病……闲静时如姣花照水,行动处似弱柳扶风。心较比干多一窍,病如西子胜三分。

这位"病如西子"的美人就是 6 岁的黛玉吗?再看宝黛见面时的那种"似曾相识"的微妙心理描写,固然是作者影射"木石前缘"的艺术笔墨,从现代心理学分析,也未尝不是一对有着独特志趣的少男少女在潜意识中寻求人生知己发生气质吸引情感契合时的现实心理。但让两位童真孩提承载如此的精神负荷,无论如何也是有悖情理逻辑之事。

这是由于"黛玉进府"作为"正文起头"带来的人物年龄与其心理性格表现的明显矛盾。

紧接着,在第 5、6 回,宝玉梦游太虚境,警幻秘授以云雨之事,宝玉在梦中与兼美(可卿)缱绻,醒后袭人发现宝玉遗精,遂有二人偷试云雨的描写。按故事时间,宝玉时方 9 岁。9 岁小儿可能如此性成熟吗?这又是人物年龄与其生理发育的严重矛盾。

由此看下去,我们还可以发现许多不合情理之事:第 7 回宝玉初会秦钟,书中写与宝玉"同年"的秦钟为"小后生",而宝玉实只 9 岁,但第 9 回"恋风流情友入家塾",叙宝秦亲密并及香怜、玉爱,引起金荣、贾瑞觊觎,时宝秦仍为 9 岁。至第 15 回"秦鲸卿得趣馒头庵"叙秦钟与女尼智能儿私情,及宝秦二人有同性恋嫌疑,时二人均为 11 岁。但第 8 回叙秦业"年近七十","五旬之上方得了秦钟",则秦钟至少应有 16 岁至 17 岁……这些矛盾,寻其根源,都是由于"黛玉进府"的年龄太小,故凡与其有年龄关系者,皆受其影响。但是,由于小说是从石头下凡即宝玉口衔"通灵宝玉"降生——以第 1 回"甄士隐梦幻识通灵"暗示——叙起,即故事开始时间为宝玉 1 岁,因此,作为"正文起头处"的黛玉故事自然不能与这一时间相隔太远。冷子兴演说荣府时,已提到宝玉"如今长了七八岁",那么,紧承其后的黛玉进府,黛玉6岁宝玉7岁,实在是作为叙事起点的不得已安排。然而,一系列矛盾,特别是前述叙事结构的重叠,人物年龄的不合理等等,都发生了。

这真是一种两难呵!

"刘姥姥进府"作为《石头记》初稿的起点

那么,我们能否换一个角度思考:

两个叙事起点的出现和并存,也许并非作家的最初构思,而是某种创作过程的结果?

试想,如果没有"黛玉进府"这个叙事起点,而让"刘姥姥进府"作为唯一的"正文起头",那将如何? 又,或者黛玉在年龄稍大时才到贾府,让宝黛以一对少男少女开始他们的感情生活,而置于刘姥姥进府后,又将如何? 上述矛盾岂不都将解决?

倘若排除现存文本叙事中各种细节因素的影响,单纯从情节主干考虑,在冷子兴演说荣府之后,径直接上"刘姥姥进府"前的那一段叙述导言,似乎倒确是顺理成章的事——

> 按荣府中一宅人合算起来,人口虽不多,从上至下也有三四百个……正寻思从那一件事自那一个人写起方妙,恰好忽从千里之外,芥豆之微,小小一个人家……且听细讲。

语气很顺畅。而读今本《红楼梦》"刘姥姥进府"紧承"初试云雨",却明显出现了叙述语气的中断和突转——

> 自此宝玉视袭人更比别个不同,袭人待宝玉更为尽心。暂且别无话说。按荣府中一宅人合算起来,人口虽不多,从上至下也有三四百个……正寻思从那一件事自那一个人写起方妙……且听细讲。

现代排印本可在"暂且别无话说"之后分段或空行,再起"按荣府一宅人"一段导语,让读者有一个自行调整转换阅读心理的空隙。但在一气而下的稿本或抄本中,这里的叙述断裂和转折肯定十分突兀,而且使人疑惑:难道前面所叙从黛玉进府直到初试云雨等等都不是荣府之事? 为什么这里会提出荣府之事"从那一件事自那一个人写起方妙"的问题呢?

这就不能不让人作出一种推论:

在曹雪芹的《石头记》稿本中，很可能原先并没有黛玉进府至初试云雨等情节，即并不存在前一个叙事起点，而是在冷子兴演说之后，即以"千里之外，芥豆之微"的刘姥姥进府引出贾府故事叙述（今本刘姥姥住郊外，并不在"千里之外"）。而且刘姥姥进府还不仅是一般的叙事起点，更是一条贯穿始终的叙事线索。刘姥姥三进荣国府，成为贾府末世由盛至衰的见证人，故甲戌本在叙刘姥姥"小小一个人家，因与荣府略有些瓜葛"处有重要脂批：

> 略有些瓜葛，是数十回后之正脉也，真千里伏线。

为什么《石头记》初稿会确定"刘姥姥进府"为叙事起点？上述推论有何依据？

除了技巧方面的原因（如由远及近由小及大）以外，我认为更重要的是，这种安排，与作家的创作意旨与心态有密切联系。

关于《石头记》的创作意旨，今本第 1 回有一段值得注意的话：

> 后来，又不知过了几世几劫，因有个空空道人访道求仙，忽从这大荒山无稽崖青埂峰下经过，忽见一大块石上字迹分明，编述历历。空空道人乃从头一看，原来就是无材补天幻形入世（甲戌本夹批：八字便是作者一生惭恨）蒙茫茫大士渺渺真人携入红尘，历尽离合悲欢炎凉世态的一段故事。

在紧接着的诗偈"无材可去补苍天"一句旁还有甲戌本脂批："书之本旨。"[1]联系作者身世，我们知道，这里的所谓"补天"，不是传统意义的"用世"或"挽救世运"，而是特指"挽救家运"。"无材补天"即对家族衰败的无奈。但是，脂批所说的这种表达"无材补天"的"一生惭恨"和"书之本旨"，至少在今存脂本前 80 回是无论如何也看不出来的。这就表明，它乃是作者最初写作《石头记》即《石头记》初稿的"本旨"。而借石头下凡回归"历尽离合悲欢炎凉世态的一段故事"即家庭盛衰史，则是表现这一主旨的叙事内容。也即是说，《石头记》初稿，乃是一部（借石头经历）带有某种自叙传性质的以家运为情节主线的世情小说。在家运这条线上，贾宝玉（衔石头所化通灵宝玉而生）是经历者，而刘姥姥是见证人，二者都具有特殊意义。这就难怪小说以石头下凡——宝玉出生作为开头（楔子），以刘姥姥进府作为叙事起点。

"刘姥姥进府"的叙述语义，不仅在见证贾府盛衰，而且还在映射世态炎凉。而后者乃是《石头记》初稿的重要内容和作者的重要创作动因。对此，小说有不

---

① 　陈庆浩《新编石头记脂砚斋评语辑校》9 页。

少暗示。第 6 回己卯本回前诗题曰：

> 朝叩富儿门，富儿犹未足。虽无千金酬，嗟彼胜骨肉。

回末诗云：

> 得意浓时易接济，受恩深处胜亲朋。

与刘姥姥故事有密切联系的第 5 回巧姐判词云：

> 势败休云贵，家亡莫论亲。

《红楼梦曲·留余庆》词云：

> 劝人生，济困扶穷，休似俺那爱银钱忘骨肉的狠舅奸兄。

这一连串诗句，都一致表达着对世事沧桑家事衰败中亲情翻覆的强烈感慨和悲愤。它们肯定包含着作者的亲身感受。曹雪芹好友敦诚乾隆二十二年（1757）所写《寄怀曹雪芹霑》中的诗句也可为佐证：

> 劝君莫弹食客铗，劝君莫叩富儿门。残杯冷炙有德色，不如著书黄叶村。①

曹雪芹所亲历的世态炎凉，具体虽不可考，但有两件事肯定对他有重大刺激：

一是雍正六年（1728）曹頫获罪枷号时曹家在京亲戚无一人援救。据史料，雍正六年六月，曹頫骚扰驿站案结案，应分赔银 443 两 2 钱，交纳 141 两，尚欠 302 两 2 钱未清，按例枷号追赔。次年七月仍在枷号之中。据雍正十三年十二月十六日《内务府奏查各处呈报赔款案均符恩诏请予宽免折》，这 300 两有零的银子直到那时仍未赔出，只好靠恩诏宽免结，②可见曹家败落后之困窘，亦可见曹頫的孤立无援。按当时曹頫亲长兄曹顺已任内务府郎中兼骁骑参领；堂叔曹宜任正白旗第五参领第三旗鼓佐领，后由雍正"派出巡察允禵圈禁地方"；堂兄曹颀任二等侍卫、茶房总领兼任镶黄旗第四参领第二旗鼓佐领，并于此前（雍正五年及六年底）两次得到雍正御笔"福"字的年终奖赏……如果他们对曹家的灾难不是冷漠旁观，曹頫何至如此不堪？更不用说在曹頫一案中甚至可能有家族

---

① ［清］敦诚《四松堂集》抄本，见一粟编《古典文学研究资料汇编红楼梦卷》1 页，中华书局 1963 年版。

② 《关于江宁织造曹家档案史料》202 页，故宫博物院明清档案部编，中华书局 1975 年版。

中人落井下石了。① 康熙在世时就深知"他们（按：指曹寅、宣、宜及其下辈）兄弟原也不和"②，雍正年间遭遇抄家惨祸的少年雪芹，目睹这种骨肉生分的丑恶世情，怎会不心寒齿冷！

二是乾隆年间曹家彻底败落时"家亡莫论亲"的绝望处境。这里我想提出两条值得对比思索的材料。其一是曹寅好友屈复乾隆八年（1743）夏天写作的《消暑诗十六首》之十二《曹荔轩织造》诗云：

诗书家计俱冰雪，何处飘零有子孙？③

据此，可推知曹家当在乾隆八年初以前彻底败落，子孙四散飘零，以致诗人无从访寻。其二是《清高宗实录》卷一百九十三载乾隆八年五月廿五日丁未上谕：

本年七月内，朕恭承皇太后前往奉天叩谒祖陵，著履亲王、平郡王（按：福彭）、大学士鄂尔泰、张廷玉在京总理事务。

福彭是曹寅外孙，曹雪芹亲表兄。平郡王府是曹家在京城上层的主要依靠。据此上谕，福彭当时正受乾隆宠信，否则，乾隆帝不会在自己离京时将总理朝政大权交付给他与鄂尔泰等人。那么，将这两条材料联系起来，是否可以如此推断，即曹家在遭到最后的毁灭性打击之时，并未能得到如福彭这样的权贵至戚的丝毫帮助呢？

关于曹家与平郡王府的平时关系，也许可以从对《红楼梦》"甄真贾假"笔法的揣摩找到一点蛛丝马迹。第 56 回甄府派人向贾母请安，谈及嫁在京城的甄家大姑娘二姑娘时，贾母说："你们二姑娘更好，更不自尊自大，所以我们才走的亲密。"江南甄家即影曹家，曹寅"二女皆为王妃"，嫁在京城长女即平郡王妃，次女嫁侍卫某王子。贾母称赞"二姑娘"而不及"大姑娘"，我认为正是表现曹家对平郡王府"自尊自大"颇有微词的一种"史笔"。曹家未败落时尚且如此，当其一败涂地之际将会如何，也就不言而喻了。可以想见，如果平郡王福彭不同"罪人"曹家划清界限，他是断难使乾隆帝保持对其宠信而执掌朝政的。曹家衰败之惨与福彭权势之盛在上述两份大约同时的材料中呈现出鲜明对比，绝非偶然。至于这里是否也隐藏着骨肉相残的丑剧，人们不得而知。但庚辰本第 21

① 参见朱淡文《红楼梦论源》第一编第四、五章，江苏古籍出版社 1992 年版。

② 《关于江宁织造曹家档案史料》125 页。

③ ［清］屈复《弱水集》卷十四《消暑诗十六首》。

回回前批引"有客题《红楼梦》一律",有"自执金矛又执戈,自相戕戮自张罗"之句,批者强调"诗句警拔,是深知拟书底里"①,恐非无的放矢之笔。而这时曹雪芹已近而立之年,较之少年时代的耳闻目睹,这种世态炎凉给他的精神刺激和打击必定沉重强烈得多。

由此,我们就不难理解,为何他于次年(乾隆九年)开始以"十年辛苦"之期创作自叙传小说《石头记》时,会把所历"离合悲欢炎凉世态"作为叙事内容,这种刺激必定成为极为重要的创作驱力;也就不难理解,为何前引"刘姥姥进府"一回的回前回末诗句及有关判词曲词,反复表露着对骨肉无情家亡无亲的愤激和感叹;也就不难理解,在曹雪芹的《石头记》初稿中,作为"三进荣府"起点的"刘姥姥一进荣国府",让一位知恩重义的贫苦农妇与行将没落的贵族之家发生联系,这就不仅仅是一个开头,一条线索,一位见证,而且是引进了一个与作者所描写和批判的丑恶的上层社会相对立的社会生活与价值参照系统,一个包含全书盛衰史叙事意旨的寓体。

因此,在"寻思从那一件事自那一个人写起方妙"的《石头记》初稿的结构安排中,将"刘姥姥进府"置于正文开头处,作为叙事起点,"千里伏脉",乃是唯一的最佳选择。

"黛玉进府"作为《红楼梦》初稿的起点

那么,"黛玉进府"是怎样成为叙事起点的呢? 换言之,两个叙事起点的并存是怎样出现的?

前文已论,按照"刘姥姥进府"的叙述导言和"黛玉进府"至初试云雨的情节逻辑,"黛玉进府"不可能出现在"刘姥姥进府"之前,这就提出了两种可能性:其一,是《石头记》初稿中黛玉进府的情节本来在后,即在黛玉已成长为少女之时,修改时挪移至前,故年龄亦变小;其二,是初稿中本无此情节,此情节或原在另一书稿里,后与《石头记》初稿合成而进入今本《红楼梦》。

试就此两种可能性进行分析。

按,前一种推想不为无据。己卯本第 3 回黛玉进府时,王熙凤同黛玉有一段对话异于他本:

> (熙凤)又忙携黛玉之手,问妹妹几岁了? 黛玉答道:十三岁了。又问

---

① 陈庆浩《新编石头记脂砚斋评语辑校》384 页。

道,可也上过学,现吃什么药,黛玉一一回答······

这表明雪芹确曾考虑调整黛玉年龄,但旋即又否定。因为小说既从石头下凡(宝玉出世)叙起,则至黛玉十三岁进府,便有十四年的时间空白(宝玉长一岁),其间虽可由刘姥姥进府引出贾府家事,但以黛玉进府为起点的爱情故事就将被大大延宕,宝黛爱情作为情节主线的地位也就无从确立。如果说,曹雪芹创作《石头记》初稿,于叙家族盛衰世态炎凉之外,另有如今本《红楼梦》"大旨谈情"之意图,那么,这种家族史与爱情史叙事严重错位,以至造成爱情故事成为家庭故事附庸的构思就将与此意图完全悖离,因而必为曹雪芹断然不取。也就是说,不会出现一个"黛玉进府"在"刘姥姥进府"之后的稿本。

这就只剩下了第二种可能性:黛玉进府出自另一稿本。这个稿本是确实存在过的,这就是富察明义所见过的《红楼梦》抄本。它是今本《红楼梦》的重要创作基础,可称之为《红楼梦》初稿。这才是黛玉进府乃至宝黛爱情故事的母体。

明义是曹雪芹同时代人,与曹雪芹相识而年轻。他的组诗《题〈红楼梦〉》及诗前小序①留下了红学史上最珍贵的史料。序云:

> 曹子雪芹出所撰《红楼梦》一部,备记风月繁华之盛。盖其先人为江宁织造。其所谓大观园者,即今随园故址。惜其书未传,世鲜知者,余见其钞本焉。

这是对曹雪芹著作权最早最明确的记载。时至今日,仍然有人在这个问题上作文章,怀疑甚至否定曹雪芹的著作权,讥讽致力于寻找曹雪芹身世思想与《红楼梦》文本内在联系的努力是建筑空中楼阁。这就如同每天沐浴着阳光却怀疑太阳存在一样可笑。

除了确认著作权,作为最早的题红诗,明义《题〈红楼梦〉》对于研究《红楼梦》的创作过程也具有十分重要的意义:

1.它比较完整地反映了明义所见《红楼梦》抄本的内容,并可知这一抄本的内容大大少于脂本《石头记》即今本《红楼梦》,其可以重合的部分也与脂本不尽相同。因而可以肯定这是曹雪芹创作初期的稿本,但已题名"红楼梦",故可称为《红楼梦》初稿。

2.它表明,《红楼梦》初稿是一部故事完整的书稿。其叙事始自大观园,终于黛玉病亡,金玉离散,群芳飘零,宝玉穷困,石头回归(见第十八、十九、二十

---

① [清]富察明义《绿烟琐窗集》,上海古籍出版社1984年版。

首）。其中所叙脂本《石头记》80 回以后的情节，大体可从前 80 回的伏笔和脂批中得到印证。

3. 它表明，《红楼梦》初稿的内容是"备记风月繁华之盛"，而非"离合悲欢炎凉世态"。故事环境主要在大观园，情节主体是宝黛爱情，以及宝玉和其他女儿的故事。全书"春风秋月总关情"的基调与今本《红楼梦》"大旨谈情"一致，但从明义题诗内容几乎未涉及十二钗正副诸册以外贾府中人物事件看，家族盛衰至多只作为背景描写。换言之，这是一部以"情运"为主线的小说，因而它是不同于以"家运"为主线的《石头记》初稿的另一书稿。

4. 脂本《石头记》即今本《红楼梦》前 80 回，很可能是曹雪芹的《石头记》初稿和《红楼梦》初稿二稿合成增删的结果。

《题〈红楼梦〉》二十首的排列，总体上与今本《红楼梦》有关情节顺序一致（差异甚大的仅第七、八首等），可见它们是作者阅读《红楼梦》初稿时因有兴趣或有感触依次写成的，或者是在写完二十首后依故事顺序整理排列而成。由此我们可以大体窥见《红楼梦》初稿的结构面貌。

组诗第一首总写故事基本环境——大观园，并点明全书写情主旨（"春风秋月总关情"），第二、三首分别写怡红院与潇湘馆（别院），但第二首仍是泛写。"怡红院里斗娇娥，娣娣姨姨笑语和"，大概就是今本《红楼梦》第 23 回宝玉入园后"每日只和姊妹丫头们一处，或读书，或写字……低吟悄唱，拆字猜谜，无所不至，倒也十分快乐"的情景。故吴世昌先生认为，前两首"可以视作这二十首诗的总冒"①。从第三首开始，方咏书中具体故事，可见第三首的重要。诗云：

> 潇湘别院晚沉沉，闻道多情复病心。
> 悄向花阴寻侍女，问他曾否泪沾襟？

相似细节见今本第 26、29、30 回，尤接近第 30 回。从宝玉去潇湘馆探望黛玉的角度写黛玉性格，并展示宝黛爱情的生动内容。这是题《红》组诗第一次涉及特定情节和人物，似可谓之组诗的"叙事起点"，这起点正是黛玉故事（宝黛爱情）。这里黛玉已经入园居住，并没有提到"进府"之事，但这是诗，不是小说文体。即使如此，它也清楚表明，宝黛爱情的主线地位是故事一开始就确定了的。在文本中，黛玉进府当然只能在此之前。甚至可能安排在开头作为大观园故事的引线出现，试看组诗第一首：

---

① 吴世昌《论明义所见红楼梦初稿》，《红楼梦学刊》1980 年第 1 辑。

佳园结构类天成,快绿怡红别样名。

长槛曲栏随处有,春风秋月总关情。

这完全是局外人视角对大观园的观感和评价。它可以是明义阅读小说文本时对大观园描写的感受,也可以是小说特定人物(必须是外人如黛玉)初入园时观赏景物时的感受,还可以是二者的叠合。从今本《红楼梦》看,曹雪芹用笔从不板滞。第 3 回以黛玉之视角展示荣府,第 17 至 18 回以试才题对额的情节从贾政宝玉等人的视角展示大观园,都极善于调度。因此,可以肯定,在《红楼梦》初稿开端对故事环境大观园的介绍和展示,作者也会采取借助特定视角观照移步换形描叙的手法——一个既具有高度审美修养(当然不能是刘姥姥之类市井俗人)又能直接进入情节主线的局外人视角。这一视角,显然非黛玉莫属。否则,组诗第三首"多情复病心"的黛玉从何而来?

如此看来,《红楼梦》初稿的叙事起点,很可能即是黛玉入园(进府)。入园时黛玉已为少女,即组诗第十七首回叙为"红粉佳人未破瓜"之年龄,宝玉则为少年,即同诗所谓"锦衣公子茁兰芽"。大观园世界就是宝黛等少男少女的伊甸园。"入园"当然必须"进府",然而入园则重点在"园",进府则重点在"府"。这是初稿与今本故事环境的不同。但可以断定,今本《红楼梦》作为叙事起点的"黛玉进府",溯其源,必来自《红楼梦》初稿叙事起点之"黛玉入园"。

附带提到,从组诗第七首可知,今本第 5 回之梦游太虚等情节,也来自初稿中的大观园故事第七首,诗云:"红楼春梦好模糊,不记金钗正幅(副?)图。往事风流真一瞬,题诗赢得静工夫。"前两句即太虚幻境诸事,"往事风流"疑即初试云雨之事,"题诗"不知是否今本第 23 回之《四时即事诗》,诗中"眼前春色梦中人""抱衾婢至舒金凤"等句,即影"往事风流"。在《红楼梦》初稿中,这些事情都发生在大观园,在"宝钗扑蝶"(第四首)等情节之后。这就进一步证明了我在前文的推论,即从黛玉进府到初试云雨,均非《石头记》初稿所有。它们另有来源,这来源便是明义所见《红楼梦》抄本,即《红楼梦》初稿。

"合成"增删过程的艺术处理

多年以前,吴世昌先生在研究《红楼梦》的创作过程时,曾提出过"合成"说:

> 雪芹是《红楼梦》(按:指明义所见《红楼梦》)的作者,又是把"石头"所"记"的材料(按:即《石头记》初稿)合在一起的加工者,这份工作曹雪芹足

足做了十年。①

他的"合成"说并没有引起多大反响。倒是他以关于《石头记》初稿作者是脂砚斋而非曹雪芹的观点卷入了当时关于《红楼梦》著作权的争论。此后,学术界流行的是"增删稿"说。

我不同意吴先生《石头记》初稿作者是脂砚斋的观点,但我认为他提出的"合成"说值得重视。"合成"说比单纯的"增删"说更符合《红楼梦》的创作实际,也能更为圆满地解释脂本《石头记》中存留的一些问题。我在拙著《走近曹雪芹——〈红楼梦〉心理新诠》一书中,修正并发挥了"合成"说,提出了关于《红楼梦》创作过程的"二合一"("三合一")观点:

> 脂本《石头记》是曹雪芹以《石头记》初稿和明义所见《红楼梦》(《红楼梦》初稿)两个稿子为基础,并吸收《风月宝鉴》旧稿部分内容合成,又经反复披阅增删而成。这一成书过程,可称为"二合一"或"三合一"。就主旨而言,应谓"二合一";就内容而言,可谓"三合一"。由于《风月宝鉴》的作用和份量都较小,我认为用"二合一"更为恰当。②

本文的目的,不在阐述我的"合成"说,但脂本《石头记》即今本《红楼梦》两个叙事起点并存这一重要结构特色,正是"二合一"的结果,也唯有"合成"说才能对此作出合理解释。"合成"为脂本带来的最大变化,是双重创作主旨和与之相应的两条结构主线的形成。双重创作主旨,指脂本包含两个方面的基本创作意图和叙事内容,一是以末世批判为主旨,写家族盛衰和个人经历的"离合悲欢炎凉世态",可简称为家族悲剧(家运);一是"大旨谈情",为闺阁昭传,写理想世界的追寻和失落,可简称为女儿悲剧或"情"的悲剧(情运)。家族悲剧的主旨来自《石头记》初稿"无材补天"之"本旨",女儿悲剧(情的悲剧)的主旨来自《红楼梦》初稿的"春风秋月总关情"。关于这种双重主旨和内容的并存,俞平伯先生当年曾从书名的角度加以论述:

> 《石头记》与《金陵十二钗》为一书两名,非两个部分,却代表了作者写作的两个方面和重点。以人物来论,《石头记》一书的主人公是石头,即宝

---

① 吴世昌《论明义所见红楼梦初稿》,载《红楼梦学刊》1980年第1辑;吴世昌《红楼梦探源外编》466页,上海古籍出版社1980年版。

② 刘上生《走近曹雪芹——〈红楼梦〉心理新诠》第六章《补论:合成——成书过程刍议》,湖南师范大学出版社1997年版。

玉；《金陵十二钗》中的人物自然是以钗黛为首的书中诸女子了。①

《金陵十二钗》即《红楼梦》之别名。详见甲戌本凡例"红楼梦旨义"。双重主旨的并存，决定了脂本的故事环境特征——两个世界和情节结构特征——两条主线的形成。两个世界，即大观园世界和贾府及其所在的现实世界。两条情节主线，即"情运"与"家运"。很明显，前者（大观园世界和情运一线）来自《红楼梦》初稿，后者（贾府社会和家运一线）则来自《石头记》初稿。而脂本的两个叙事起点"黛玉进府"和"刘姥姥进府"，就分别位于"合成"后的情运与家运两条结构主线的端点上。

"合成"不是混合或拼合，而是在统一构思和结构原则下创建新的完整的艺术殿堂，分别来自《石头记》初稿和《红楼梦》初稿的双重主旨在脂本中也并非并行不交，而是相互联系、交织、映衬，并最终合成为小说创造社会和人生整体悲剧的总主题。两条情节主线，也在小说中扭结成为展示"人"的社会和精神命运的结构总纲。但它们又各自具有相对独立的叙事语义。在脂本《石头记》即今本《红楼梦》中，"情运"是故事主体，是主要人物性格之所系，也是作者的创作重心；"家运"是故事全貌，是"情运"的社会环境，但也是作者寄托身世之感的独特生活内容。它们的这种相互联系但又相对独立的关系，就使得在脂本中保持两个经过统一艺术处理的叙事起点，不但十分必要，甚至缺一而不可。

那么，作者是怎样进行艺术处理的呢？我认为，他采取的主要方法有：

1. 为突出"情运"一线的中心和主体地位，将《红楼梦》初稿中的黛玉入园改为"黛玉进府"，置于"刘姥姥进府"之前，作为全书"正文开头处"——第一个叙事起点，以体现"全书之主唯二玉二人也"（甲戌本第一回批）②。并在第1回设置"木石情缘"神话以为先导（此所以脂本中"木石情缘"与"无材补天"之石头下凡并无情节联系）。

2. 为了与石头下凡、宝玉降生的"假语村言"和宝玉童年生活叙述（冷子兴演说）在时间和内容上紧相衔接，不能不相应提早黛玉进府的年龄，从少年改为童年（结果也相应提早了宝钗进府的年龄）。

3. 为了避免读者拘执于小说人物年龄造成阅读心理障碍，在第1回借《石头记》故事来历的神话，几次强调此书"无朝代年纪可考"。无朝代可考，即为掩

---

① 俞平伯《影印〈脂砚斋重评石头记〉十六回后记》，见《俞平伯论红楼梦》960 至 961 页，上海古籍出版社 1987 年版。

② 陈庆浩《新编石头记脂砚斋评语辑校》19 页。

盖本书描写现实批判时政的敏感内容。无年纪可考,即为掩盖本书中因人物年龄不合理而产生的叙事矛盾,特别是由于黛玉进府提前而引起的一系列矛盾(见前文所论。这里要补充的是宝钗。宝钗于第 4 回进贾府,第 22 回贾母蠲资为宝钗过“第一个生辰”,其间故事时间已过去了五年,这是宝钗进府提早引起的叙事矛盾)。然既“无年纪可考”,则种种矛盾均可忽略不计了。

4. 为避免两个叙事起点并存造成结构重叠,设置包含黛玉进府在内的前 5 回作为小说的结构纲领。前 5 回的来源,除第 1 回石头神话、第 2 回冷子兴演说等可能系《石头记》初稿原有以外,黛玉、宝钗进府,梦游太虚、初试云雨等都来自《红楼梦》初稿,时间、年龄提前。特别是初稿里对于故事进程中仅具一般暗示意义的梦游太虚(见《题红楼梦》第七首)——其位置颇似《金瓶梅》第 29 回“吴神仙冰鉴定终身”,在全书 1/3 处——在脂本中被改造成第 5 回,以判词和《红楼梦曲》预示全书情运与家运归宿,具有总纲作用,而以第 6 回“初试云雨”为其收束,“数句文完一回提纲文字”(甲戌本夹批)。经过这种处理,前 5 回(至初试云雨)就成为一个相对独立完整的纲领式结构板块——小说的“头”。因而,第 6 回以叙述导言提出“从那一件事自那一个人写起方妙”的问题便不使人感到突兀,反而顺理成章地确定了“刘姥姥进府”的叙事起点地位。

5. 在保持两个叙事起点的前提下使两个起点的职能各有分工。这种分工就是:一方面,既置“黛玉进府”于“刘姥姥进府”之前,以突出“情运”一线的主体地位,但又相对弱化这一情节的叙事功能,使之仅作为总纲部分介绍环境和人物的艺术手段,而不立即引起主要情节的开展;另一方面,相对强化“刘姥姥进府”的叙事起点地位,迅速引出“家运”一线的情节进展,从而构成双线网络交叉而又各具板块特色的自然浑成的整体结构。

先看“黛玉进府”。甲戌本第 2 回回前总评曾明确指出其作为“正文起头处”以外的叙事功能:

> 其演说荣府一篇者,盖因族大人多,若从作者笔下一叙出,尽一二回不能得明,则成何文字? 故借用冷子兴一人略出其大半,好使阅者心中已有一荣府隐隐在心,然后用黛玉宝钗等两三次皴染,则耀然于心中眼中矣。此即画家三染法也。未写荣府正人,先写外戚,是由远及近,由小至大也……今先写外戚者,正是写荣国一府也。故又怕闲文累赘,开笔即写贾夫人已死,则特使黛玉入荣府之速也。通灵宝玉于士隐梦中一出,今又于子兴口中一出,阅者已洞然矣。然后于黛玉宝钗二人目中极精极细一描,

则是文章锁合处。……究竟此玉原应出自钗黛目中,方有照应。①

可见,"黛玉进府"主要起着对荣府环境和人物的皴染作用。而由通灵宝玉作线索引起的宝黛钗爱情纠葛,即"情运"故事,此时虽有"宝玉砸玉"为其先声,但其内容,即所谓"极精极细一描",则延宕到第8回"金玉互识"才露出端倪。第12回黛玉因父病暂离贾府。宝黛爱情描写的真正展开,是到第19回"玉生香"之后。第19至36回,小说正式进入"情运"板块,"黛玉进府"的叙事语义才得以充分显现。而在此之前,它作为叙事起点的地位是有意被弱化了的。有意弱化"情运"一线,是为了强化"家运"一线。这一方面是因为黛玉进府时宝黛年龄较小,需要某种时间的延宕才能合乎情理地展开爱情描写;另一方面,"家运"一线的展开既是双重主旨的创作规定,又能为"情运"故事提供更充分的环境背景。这样,"刘姥姥进府"的叙事起点地位就得到加强,它直接引出了王熙凤故事和贾府之盛的描写,而且故事迅速展开,秦氏之病,贾瑞之死,至秦氏之丧和元春省亲的"烈火烹油之盛"达到高潮,延续到第17至18回方告一段落。形成了前5回总纲之后以"家运"数事为中心的第一个叙事板块(第6至19回)。至第19回"情运"板块展开,"家运"故事退居其后。上述"弱化"与"强化"的位置便来了一个互换。通过这种互换,作者的双重主旨得到轮流突出,两个叙事起点和两条结构主线的功能得以全面实现。

曹雪芹的艺术匠心于此可见一斑。当然,他不可能解决前述所有的矛盾。没有十足的完美,也不可能有完全天衣无缝的结构。两个叙事起点的并存既是《红楼梦》的杰出创造,毋庸讳言,也是《红楼梦》创作过程留下的遗憾。② 但即使是遗憾,也是一种弥足珍贵的可资后世继承的遗产。因为《红楼梦》的创作过程本身,就是一座艺术和学术的宝库。

(原载《红楼梦学刊》1999年第2辑)

---

① 陈庆浩《新编石头记脂砚斋评语辑校》34至35页。

② 参见本书下编《曹雪芹的创作难题和程高本的突破——试论〈红楼梦〉艺术构思的内在矛盾》。

论明义所见《红楼梦》钞本的文本史意义

——以题红绝句的两处"缺失"为入口

富察明义的《题红楼梦》绝句（载《绿烟琐窗集》）①作为最早的题红诗早已为人瞩目。明义所读《红楼梦》（以下简称明本《红楼梦》）与当时在曹雪芹亲友圈中传抄的脂本《石头记》是否同一文本？明义题诗对于研究《红楼梦》的文本史有无价值，及有何价值？一直是研究和讨论焦点。近年，又有完全否定性的意见出现。研讨尚未有穷期。笔者拟从题红绝句的两处"缺失"入手，提出问题，就正于诸君同仁。本文的思路，不同于以往单纯从明义题红绝句所写（写了什么）研究其价值，而从明义所未写（即"缺失"）发现其隐含意义。因为这种"缺失"，也许正是认识盲区。

富察明义：被忽视的主体研究

据吴恩裕先生考证，富察明义大约出生于乾隆五年（1740）左右②（沈治钧等认为稍迟，在乾隆八年或更后③）。《绿烟琐窗集》是明义于乾隆四十二年（1777）前的作品选集，④留下了这位满洲镶黄旗贵族中青年时期的人生经历和情感印记。明义与曹雪芹的亲友圈多有交集。⑤ 如果他是通过堂兄明琳认识曹雪芹的，依敦敏《芹圃曹君（霑）别来已一载余矣。偶过明君（琳）养石轩，隔院

---

① 本文所论明义《绿烟琐窗集》作品，据文学古籍刊行社 1955 年《绿烟琐窗集》影印本，上海古籍出版社 1984 年重印，原件藏北京图书馆。

② 吴恩裕《曹雪芹丛考》203 至 209 页，上海古籍出版社 1980 年版。

③ 参见沈治钧《红楼梦成书研究》477 至 478 页，中国书店 2004 年版。吕晓华《富察明义生平考》，载《科技信息》2009 年第 31 期。

④ 沈治钧《红楼梦成书研究》478 页。

⑤ 参见曲江《再辨明义〈题红楼梦〉二十首之真伪》，载《红楼梦学刊》1998 年第 2 辑。

闻高谈声,疑是曹君,急就相访,惊喜意外,因呼酒话旧事,感成长句》①诗叙,时为乾隆二十五年(1760),明义应该是 21 岁或者更年轻一些,是曹雪芹的忘年交。其诗前小序云"曹子雪芹出所撰《红楼梦》一书","惜其书未传,世鲜知者,余见其钞本焉",应该就在这些年前后。明义题诗的时间,朱淡文认为在乾隆二十七八年(1762—1763),②周汝昌则认为可能在乾隆三十五年(1770)或稍前,不会迟于四十六年(1781)。③ 总之,这些题诗写作在明义二十来岁至三十来岁时期,是他的青春记忆。

多年来,研究明义题红绝句,解读比对是各方采取的基本方法。这是由于存在小说原初文本(明本《红楼梦》)和题诗再生文本(组诗二十首)的基本联系和两种小说文本(明本《红楼梦》和脂本《石头记》④)的联系和差异这两个客观事实,比对当然是正确而不可缺少的。学界就是在比对解读中进行研究和争论的。取得了不少成果,但也暴露出某些缺陷,这就是,单纯比对可能忽视诗歌和小说文体的差异,和忽视诗歌创作主体与小说创作主体二者的差异。这两种差异都会使寻找直接的对应关系变得比较困难,而不同的联结则会导致解读的歧义。从目前情况看,以上二种忽视,对创作主体的忽视更为突出。

题咏是一种特殊文体。作者为某一景物、书画作品或人事有所感触而题咏,是自我心灵与题咏对象交流碰撞的结果。其内容不可能是对象(如小说文本)的复现,必定通过作者兴奋点的选择和改造,而这种兴奋点的出现,与其人生经验、情感取向和审美趣味密切相关。这就使得题咏对象与作者情感世界具有某种对应联系,因而人们既可以从已知题咏内容窥视作者情感世界的未知秘密,又可以从已知作者的情感世界发现题咏对象未知内容的存在与缺失。这就是题咏诗创作主体研究的意义。而明义的《绿烟琐窗集》恰好为我们提供了这样一个文本。

明义的题红组诗又有其独特性:其一,它是明义作品中规模最大的组诗和题咏诗,以二十首绝句题咏一本书,绝无仅有,这反映了他对所读文本的强烈震

---

① ［清］敦敏《懋斋诗钞》抄本,见一粟编《古典文学研究资料汇编红楼梦卷》6 页,中华书局 1963 年版。

② 朱淡文《红楼梦论源》201 至 202 页,江苏古籍出版社 1992 年版。

③ 周汝昌《红楼梦新证》1072 页,人民文学出版社 1976 年版。

④ 本文所说的"脂本《石头记》",以红楼梦研究所校注本《红楼梦》前 80 回为代表,不涉及各版本异同比较。该校注本的前 80 回,除第 64、67 回外,以庚辰本为底本。

撼和共鸣;其二,不同于同时和以后如永忠、舒元炳、周春等的题红诗词①以抒情为主,或抒情与叙事结合,明义题红组诗采用叙事体,缀合情境片段,又有整体构思,因而既可以从中看到作者情感世界的兴奋点,又具有对应小说文本的较高史料价值。

《绿烟琐窗集》按体裁而非编年编排,但已确定是明义青年时期的作品。除了大量应酬唱和和朋友交际之作,它们相当清晰地反映了明义的私人情感世界。

明义是出身显赫的满洲镶黄旗贵族公子。父亲傅清曾任都统、驻藏大臣等职。其姑即傅清之妹是乾隆结发妻子,谥孝贤纯皇后。叔傅恒历任内务府总管、军机大臣等,谥文忠公。明义任职"上驷院侍卫,专执鞭之任"②,官参领。"自幼至老,充当侍卫,并未隐退。"③明义喜作艳体诗词,自云"屈指论生平,花月事,惟我最多情"(《题歌者扇〈调寄风流子〉》)。这既是他的情感个性,也与其人生经历有关。他的仕途并不那么得意,"当了一辈子的侍卫——上驷院(即俗呼'御马苑'者是)里专管'执鞭'的'御马夫'"④,爱情婚姻也并不如意,"半世功名书咄咄,一床春梦影蓬蓬"(《病中杂感诗》)。从诗中可知,他曾经有一位青梅竹马的恋人,"妆楼曾与共茶烟,少小心情便鲜怜",后来被迫出嫁外藩,留下无限怅恨。"埋愁是处多青冢,抱恨无方问碧天。"他甚至激愤到"吴钩在手细思量,欲报情仇无计偿"(《无题和韵》)的地步。也有一位他很喜欢的丫鬟,"珠有光辉玉有声,谢家小婢旧知名",后来离他出嫁,他一直后悔没能把她留在自己身边。"谁能努力催伊嫁,我却无心与自媒。"痴情而懦怯,使他常处于自省的痛苦之中。"情场谁是蔺相如? 璧碎秦庭罪在余。""平生富贵肠俱冷,剩有闲情拨不开。"(《无题和韵》)他与"内子"的婚姻并不和谐,便向外寻找情感寄托,他的笔下,有与侍妾的难得欢爱(《小花烛诗》《小花烛词》等),也多有侍女形象描写。除了前述暗恋对象,在刻画闺情时,常笔涉侍女,如"莫怪小鬟窗未掩,是他不耐夜风寒""嘱语侍儿休秉烛,大家今夜学迷藏""颉颃双燕互西东,相对喃喃骂小红"等(《闺词》),都充满生活情趣。除此以外,还有一个重要方面,便是同性之间的爱慕之情。

很显然,贵族公子明义与曹雪芹笔下的贾宝玉在身份地位以至情感个性

---

① 参见一粟编《古典文学研究资料汇编红楼梦卷》10 页、427 至 428 页。

② 《绿烟琐窗集》《和庆两峰迁职见示原韵》自注。

③ 袁枚《随园诗话》卷七第 10 条舒坤批语。参见吕晓华《富察明义生平考》。

④ 周汝昌《红楼梦新证》1071 页。

上,多有相似相近之处。曹雪芹之所以愿意"出所撰《红楼梦》"钞本给这位年轻二十来岁的朋友看,①而明义之所以与这部"备记风月繁华之盛"之作一拍即合,从未有过地一连写下二十首题诗,绝非偶然。他对大观园生活的兴趣与关注,他把宝黛钗的爱情婚姻悲剧作为题咏中心,他对小说文本中侍女形象的描写和关注(题咏诗笔涉侍女的有十首之多),既反映了明本《红楼梦》的内容实际,也反映了他的情感兴奋点与小说文本内容的高度重合。这种重合,甚至使人们以为明本《红楼梦》与脂本《石头记》就是同一个本子,或者是它的某次增删本。

然而,正是从创作主体情感世界与题咏文本的对应联系中,我们又发现了小说文本内容除重合之外的某些重大"缺失",它们也是过去的读解盲区。正是从这种"缺失"中,明本《红楼梦》显示出独特的文本史意义。

"宝菡之交"缺失的文本内容

在明义《题红楼梦》绝句二十首的各种读解中,其九("红罗绣缬束纤腰")最无争议,因而不大引人注目,然而在我看来,这却是有着重要意义的一首。二十多年前,笔者在拙著《走近曹雪芹》中,曾经提出问题进行过论述。遗憾的是,并没有引起注意。今天感到仍有意义,愿意作进一步阐述。

从内容和细节看,题红绝句(其九)与小说文本的联系是显而易见的:

> 红罗绣缬束纤腰,一夜春眠魂梦娇。
>
> 晓起自惊还自笑,被他偷换绿云绡。

小说文本第 28 回贾宝玉趁袭人熟睡之际,把一条红色的汗巾("茜香罗"巾)系在袭人的腰上,有如此描写:

> 至次日天明,方才醒了,只见宝玉笑道:"夜里失了盗也不晓得,你瞧瞧裤子上。"袭人低头一看,只见宝玉系的那条汗巾子系在自己腰里呢,便知是宝玉夜间换了,忙一顿把解下来。②

题诗对应的情境契合度很高。唯一不同的是时令,诗云"春眠",而小说所

---

① 曹家常有忘年之交。如曹寅与杜岕,年龄相差四十余岁,却成为人生知己。参见刘上生《曹寅与曹雪芹》140 至 156 页,海南出版社 2001 年版。

② 本文所引《红楼梦》内容及原文,均据中国艺术研究院红楼梦研究所校注本《红楼梦》,人民文学出版社 1982 年版。

写在夏初，端节前。“自惊还自笑”略有渲染。这说明明义对这一情节不但很熟悉，而且对其中表现的公子与侍女亲密的情感内容十分认同。但细读却发现重大差异：题诗中换汗巾只涉及公子与侍女，仿佛只是前者同后者开了一个玩笑，与第三者无关。而在文本中第三者（蒋玉菡）极为重要。换汗巾只是一个故事的延续，其前因——宝菡之交才是叙事重点，正如此回回目所标示“蒋玉菡情赠茜香罗”。它叙写贾宝玉在一次有纨绔公子冯紫英、薛蟠，妓女云儿的酒宴上与名伶蒋玉菡（艺名琪官）相识相交的过程，现略引原文如下：

> 少刻，宝玉出席解手，玉菡便随了出来。二人站在廊檐下，蒋玉菡又陪不是。宝玉见他妩媚温柔，心中十分留恋，便紧紧的搭着他的手，叫他：“闲了往我们那里去。还有一句话借问，也是你们贵班中，有一个叫琪官的，他在那里？如今名驰天下，我独无缘一见。”蒋玉菡笑道：“就是我的小名儿。”宝玉听说，不觉欣然跌足笑道：“有幸，有幸！果然名不虚传。今儿初会，便怎么样呢？”想了一想，向袖中取出扇子，将一个玉玦扇坠解下来，递与琪官，道：“微物不堪，略表今日之谊。”琪官接了，笑道：“无功受禄，何以克当！也罢，我这里得了一件奇物，今日早起方系上，还是簇新的，聊可表我一点亲热之意。”说毕撩衣，将系小衣儿一条大红汗巾子解了下来，递与宝玉，道：“这汗巾子是茜香国女国王所贡之物，夏天系着，肌肤生香，不生汗渍。昨日北静王给我的，今日才上身。若是别人，我断不肯相赠。二爷请把自己系的解下来，给我系着。”宝玉听说，喜不自禁，连忙接了，将自己一条松花汗巾解了下来，递与琪官。

这才是“红罗缬”换“绿云绡”的来由。回家后，宝玉因袭人生气，夜换玉菡汗巾束于袭人之腰，乃是为日后二人婚姻预伏的“草蛇灰线”。这只是一种叙事技巧，与宝菡初交互赠的分量是不可比拟的。奇怪的是，明义题诗为什么对这一关键情节和重要人物只字未提，是他的注意力完全在公子侍女的关系上，而对公子优伶之交毫无兴趣吗？前文已论，明义喜写侍女，在这首诗里，他对宝玉与袭人的亲密关系表现浓厚兴趣，并不奇怪。

然而，值得注意的是，在《红楼梦》中，换汗巾并不是一个单纯的公子侍女调笑故事，更主要是一个有着深刻意义和深远影响的公子与优伶的同性情感事件。而明义恰恰是一位“爱才兼爱色”（《过国雨苍侄宅访毛海客》）、对于优伶美男有着浓厚兴趣和情感投入的风雅公子。在这一情感取向和追求方面，他和贾宝玉也极为相似。《绿烟琐窗集》中，涉及同性情感关系的诗词多达七十余首，远远超过笔涉侍女的篇章，其情感投入更不可比拟。具体人物有男伶云郎、庆郎、符郎,小史(侍从,书童)顾药香、阿凤,奚童(未成年男仆)等,其中与云郎情感最深。集中写云郎的诗词文篇章达五十五首,并附云郎书札一件。这些篇章,固然反映了当时好男色"狎伶"世风的影响,但从其作品看,并无淫亵气息,显示出某种纯情的风雅品味。《庆郎诗引》云:

> 云篮者,姑苏之伶官也。姿态绝佳,琴诗兼妙。庚寅春杪,与余邂逅于张湾旅次。一见神醉,即席赠诗二章,彼亦欣然受笔,立和二韵。缠绵款曲,备极一夕之欢。翌日则吴帆南返,代马北归。地永天长,渺无音问。鄙怀不释,因曾作忆云郎序一首,词十五首,诗十五首,并录入《绿烟琐窗集》中。每一展读,辄神往数日。昨睹庆郎柔情丽质,酷有类之者,是以怜新忆旧,怨不胜情,痛饮狂歌,玉壶击碎矣。并书于此,以志弗谖也。

按,序中所叙"庚寅",应为乾隆三十五年(1770),即周汝昌等学者推断的明义题诗的年代。

其相关创作有《云郎诗》(和韵五首)、《忆云郎》(十五首)、《云郎词调寄望江南》(十五首)、《庆郎诗》(十首)、《题符郎所赠歌扇》(八首)等等,今录《附庆兰似村题云郎词后》一首,可见一斑:

> 酒绿灯红景尚存,最难割处是情根。而今春梦空回首,犹忆吴门欲断魂。别后一帆成幻影,携来满纸带啼痕。须知我亦工愁者,风趣还应与细论。

明义与"姿态绝佳,琴诗兼妙"的云郎一见倾心,同贾宝玉与"妩媚温柔"的蒋玉菡初见生情互赠表物何其相似。明义"高官五品荣华胄,乔木一双标世家"(《病中杂感诗》),云郎自称"出身薄劣之乡,而习低菲之业""频年弹铗于天涯,此生沦落于市井"(《云郎来札》),两人地位悬殊,相交不过"一夕之欢",然而明义念念不忘,"彩云一片今何在?春梦三年记不明"(《重至张湾有感而作》),"若遇云卿须致意,告侬三载梦空床"(《和镜湖主人留别八韵》),以至于把后来遇见的庆郎、符郎和美童小史都当作云郎再世:"庆子声容空冀北,云郎才貌甲江南""飘零词客今何在?仿佛灯前见那人"(《庆郎诗引》),"云郎庆子音尘隔,赢得符郎再世身"(《题符郎所赠歌扇》),"欲知天上缘非浅,认取云郎再世身"(《雨苍海客携药香见访醉后再叠前韵》)。这种具有精神超越性的深情,与贾宝玉的同"皮肤滥淫之徒"相对立的"痴情""意淫"个性内在相通。可以肯定,如果明义读到了宝菡之交的有关描写,必定会引起强烈共鸣而形之于笔墨,见之于题咏,绝不可能视而不见,无动于衷。

可是，为什么他情感世界的这一重要方面（同性情感）却在题诗中毫无显现呢？而在脂本《石头记》中，这种情感就在大观园故事，特别在他的题诗《其九》宝玉给袭人换汗巾的主体故事中，在他的情感敏感带和兴奋点上。

看来，对于这个问题，只有一个解释：明义所读《红楼梦》，没有蒋玉菡的故事，当然所写公子偷换侍女汗巾的玩笑情节，也就毫不涉及宝菡之交。

宝菡之交与蒋玉菡故事的缺席不是一个孤立现象，它证明，明义所读的《红楼梦》绝不是脂砚斋评点的《石头记》，而是另一个文本，这个文本就是曹雪芹精心保存的原创的《红楼梦》旧稿。所以，其书名也是曹雪芹喜爱的《红楼梦》，而不是脂砚斋坚持要采用的《石头记》。

蒋玉菡故事是一个"牵一发而动全身"的构思。一方面，宝菡之交作为一条单独的线索，通过介入袭人换汗巾事件，隐伏贯通到全书结尾；另一方面，它与宝秦（秦钟）之交、宝柳（湘莲）之交等故事前后串联，展示贵族公子贾宝玉与市井社会的联系，以及宝玉与这些年轻俊男之间的惺惺相惜的情感关系，开拓了贾宝玉性格描写的深度和广度空间。这是与大观园少男少女风月之情和富贵繁华生活不同的另一类故事。在这些故事里，与成年男女打交道的贾宝玉（如宝菡之交就是在纨绔公子携妓玩乐的酒宴上开始的）也长大了，成为与大观园生活中的少年宝玉不同的"大宝玉"。在这些故事中，只有与明义情感取向相关度极高的"宝菡之交"在脂本《石头记》中通过宝玉袭人与大观园生活发生联系，以后又更深地影响宝玉人生道路，因而它在明义题诗中的"缺失"就特别具有文本史的意义，至于本来在大观园生活外的宝秦之交、宝柳之交，甚至相关的王爷贵族纨绔公子的缺位就更不用说了。因为以描写大观园生活为主要内容的明本《红楼梦》根本没有这些内容。研究表明，这些故事的素材主要来源于曹雪芹的另一本书稿——《风月宝鉴》旧稿。曹雪芹后来将它们吸收融合进入脂本《石头记》。当然，也因此留下了"大""小"宝玉并存的矛盾。

笔者二十多年前在拙著《走近曹雪芹》中论及《红楼梦》的创作过程时，曾经提出这一问题：

> 从明义《题红楼梦》所写内容看，在《红楼梦》初稿中，贾宝玉的情感生活主要包含三个内容：爱情婚姻（黛钗），与姊妹的亲情，与丫环侍女的亲密情感。都在大观园内。脂本《石头记》中贾宝玉情感生活的另一侧面，与秦钟、蒋玉菡、柳湘莲等同性青年的情感（有人认为是同性恋，刘敬圻先生称为俊友情结，提法恰切），《红楼梦》初稿中是没有的，因他们都是大观园外人物。这些人物的故事原来都在《风月宝鉴》中，在合成时被吸收到脂本

《石头记》才与宝玉发生联系,结果造成宝玉与他们交往时年龄偏大而与其他情节叙事年龄产生矛盾。试以蒋玉菡为例(以下分析题诗《其九》一段,为避免重复,从略)。如《红楼梦》初稿中有宝玉狎伶情节,他必定有浓厚兴趣,见诸题咏,正如他在题咏诗中喜欢写公子同侍女情事一样。①

遗憾的是,没有人重视这种分析,人们继续把明本《红楼梦》当作脂本《石头记》或是它的某个增删本。然而事实却是,明本《红楼梦》只是脂本《石头记》的创作基础,在合成增删过程中,曹雪芹吸收《风月宝鉴》的秦、蒋、柳故事,把贾宝玉的生活空间和交游范围,从狭窄的大观园和贵族府第,拓展到市井社会,充分表现其背离传统人生道路的性格言行。尤其是蒋玉菡故事,完全融入了宝玉故事的整体框架之中,从宝菡初交,玉菡出逃,宝玉挨打,直到贾府败落,袭人出嫁玉菡,同侍宝玉(据脂批),表现纯真诚挚的道义情感。这是一种出色的改造和成功的处理。

可见,过去对创作主体研究的忽视是导致明义题诗"宝菡之交"缺位之所以长期不被重视的原因,只看到单纯比对与文本契合的一面,而无法从更深的层次上思考缺位一面的隐含意义。其结果,就是无法发现和论证明本《红楼梦》的原初文本意义,却只能依据契合点,将其等同于脂本《石头记》了。而事实上,两个文本之间有重大差异,又有先后渊源。

"省亲别墅"的缺失和大观园的构思

明义题红绝句内容"缺失"的另一个重要例子,就是置于组诗开头的第一首:

佳园结构类天成,快绿怡红别样名。

长槛曲栏随处有,春风秋月总关情。

明义的这种布局究竟有何意义?是作为总领,表明他所读到的文本主要内容就是发生在大观园的故事,还是仅仅表明他的兴奋和关注点在大观园呢?也许二者都有。值得注意的,还是题红绝句反映的明本《红楼梦》与脂本《石头记》的异同。

---

① 刘上生《走近曹雪芹——〈红楼梦〉心理新诠》346 至 347 页,湖南师范大学出版社 1997年版。

　　在脂本《石头记》中，大观园是因修建省亲别墅而出现的。连"大观园"的命名也来自贵妃亲笔，"怡红快绿"来自贵妃改贾宝玉题匾，"怡红院""潇湘馆"都是贵妃亲赐，带上鲜明的皇家色彩。宝玉与诸姐妹奉元妃旨意入园读书。人们当然很容易把明义的题诗与所有这些情节联系起来。但是，明义真的看到了脂本《石头记》所写的这些内容吗？

　　仔细读题诗，可以发现，明义笔下的大观园比较脂本《石头记》中的大观园，有一大块缺失，就是作为"省亲别墅"的基本属性。对照省亲时元妃与诸姊妹题咏大观园"衔山抱水"（元春）、"秀水明山抱复回"（李纨）、"山水横拖千里外，楼台高起五云中"（惜春）的皇家气派（所有题诗，当然都出自曹雪芹手笔），和明义笔下"长槛曲栏随处有"这种极为普通的园林景物描写，就不难看出，明义所见《红楼梦》中的"佳园"大观园，还远不是脂本《石头记》的省亲别墅。试想，如果明义读的是脂本《石头记》，在看了 17、18 回的贾政游园元春省亲，以及后面的贾母带刘姥姥游园的描写之后，难道会置"势巍巍"（探春）的崇楼峻阁，和"借得山川秀，添来景物新"（黛玉）恢宏景色于不顾，只会留下"长槛曲栏随处有"的印象吗？"长槛曲栏"，何处园林不有？何况脂本《石头记》根本就不写"长槛曲栏"之景，即使我们今人依想象仿造的大观园，也不至如此平常啊！

　　看来所读《红楼梦》钞本的大观园景物描写并没有给明义留下深刻印象，因为紧接着第二首第三首作者就强化其居住功能和青春乐园的特性。而在脂本《石头记》中，大观园首先是作为"省亲别墅"而兴建，作为贾府"烈火烹油鲜花着锦"之盛的标志物而存在的，而后才有宝玉和诸女儿的居住和青春快乐。明义说《红楼梦》"备记风月繁华之盛"，可是为何诗中偏偏缺失这种"繁华之盛"的展示呢？是明本《红楼梦》本来存在这一内容缺失，还是因为它们处于明义的视觉盲区而被忽视呢？

　　这就牵涉到创作主体了。富察明义，这样一位对"风月"之情和富贵繁华有着高度认同的贵族公子、皇亲国戚（孝贤皇后富察氏之侄），如果读到极力渲染贾府豪华富贵和颂扬"当今"至孝纯仁的"省亲"场面和省亲别墅的皇家气派，读到与自己的亲情经历相似的贾妃和宝玉的人伦之情，是绝不可能无动于衷，避而不提的。[①] 实际情况也许正是：明本《红楼梦》并没有省亲内容，而大观园也并非如脂本所写，由"省亲别墅"转化而来。

---

① 　雍正十三年（1735）乾隆上谕特许岁时伏腊迎太妃母于邸第省亲，可见"省亲"实有其事，明义或有见闻，小说所写亦有所参。参见周汝昌《泣血红楼　曹雪芹传》146 至 147 页，作家出版社 2014 年版。

这里有一个值得思考的重要问题：在曹雪芹的构思和创作过程中，究竟是先有少男少女居住的青春乐园大观园的构想，省亲是以后的附加功能；还是如脂本所写，先有省亲别墅的修建，后有大观园？

如果是为了贵妃省亲而修建，应该所有建筑（包括主体建筑和附属建筑）的设计都围绕省亲这一极其重要的皇家活动，而省亲不过是几个时辰的事情。那么，有必要修建那么多居住院落吗？谁居住？是临时驻跸，还是长期居住？如此设计，岂非用居住功能冲击省亲盛典？莫非贵妃娘娘一开始就打算让宝玉和姊妹们入园生活居住？如果借省亲之名如此修建，岂非大违圣意谕旨？本人孤陋寡闻，不知是否有哪位大观园研究专家解答过这些问题，有谁能找出这样一个王公贵族府邸的园林式居住院落作为"省亲别墅"的现实生活原型。

很明显，只有一种解释："天上人间诸景备"的大观园本来就是曹雪芹构想的空中楼阁。所谓"省亲"乃是作者"借省亲事写南巡，出脱心中多少忆昔感今"的"假语村言"，这样的"省亲别墅"在现实生活中也是不存在的。连康熙南巡驻跸江宁织造府（当作行宫）的织造府花园（明义认为是大观园旧址）和后来乾隆以江宁织造署改建的江宁行宫，也没有这样的园林式居住院落。[①] 中国古典园林只供游赏，绝无居住功能，只有清代如同圆明园这样供度暑的帝王后妃行宫有此种设计。作为一种浪漫理想的寄托，大观园只存在于作者的美好想象之中。宋淇先生说，大观园"不止兼南兼北，不止亦南亦北，而存在于曹雪芹的方寸之间"[②]。这样，明本《红楼梦》中只有供宝玉与"娣娣姨姨"居住玩乐的大观园而省亲别墅"缺失"就很好理解了。元妃省亲是脂本《石头记》为了突出贾府盛衰这条叙事主线后来加进去的。只是这样一来，就造成了大观园建筑省亲与居住两种功能的矛盾和勉强拼合的现状。

笔者在拙著《探骊》中分析大观园的构思创作时，曾论述：

> 大观园是个怎样的花园？为什么会成为"红学"的永远话题？
>
> 脂批说："大观园系玉兄与十二钗太虚幻境。"又说："大观园原系十二钗栖止之所。然工程浩大，故借元春之名而起，再用元春之命以安诸艳。"
> 他显然了解作者笔下大观园的性质和写作构思过程。

这就意味着，大观园首先是作者为宝玉和姊妹们设计的带有理想性质

---

① 参见徐建平《从江宁行宫图看贾府及大观园的原型建筑规模》及所附二图，载《曹雪芹研究》2019 年第 1 期。
② 宋淇《论大观园》，载《红楼梦识要——宋淇红学论集》，中国书店 2000 年版。

的生活乐园。明义《题红楼梦》组诗第一首云："佳园结构类天成,快绿怡红别样名。长槛曲栏随处有,春风秋月总关情。"可见曹雪芹给他看的"备记风月繁华之盛"的《红楼梦》初稿就是以这样一个富家园林风光开头的。而在脂本《石头记》到今本《红楼梦》(以下简称"今本")中,大观园却是为元春省亲这一皇家活动的需要而修建的"省亲别墅",成为"天上人间诸景备,芳园应赐大观名"的行幸之所,大观园因而被纳入家族盛衰乃至时世沧桑的宏大叙事中……明义《题红楼梦》组诗中没有省亲的内容。显然,今本中的大观园是在《红楼梦》初稿"怡红快绿"园林描写基础上添加省亲别墅功能改造而成的。这就是脂批"借元春之名而起,再用元春之命以安诸艳"的意思。①

这样做,虽然出现了上述省亲与居住的矛盾,但也使元春形象获得了新的意蕴。元春省亲回家,哭诉皇宫是"不得见人的去处",第 23 回她下旨意命宝钗等入园居住,不使"花柳无颜,佳人落魄",命宝玉随众姐妹入园读书,就是为了让他们享受自己被皇权剥夺无法得到的自由和快乐。入园后,青梅竹马的宝黛开始了爱情追求。以第 23 回为起点的大观园生活描写由此揭开了小说故事的新篇章。

元春封妃省亲是关系贾府末世盛衰的大事。明本《红楼梦》尚无相关情节,说明曹雪芹在写作《红楼梦》初稿时,还没有把家族盛衰作为重点描写渲染,而只是作为大观园故事的背景。他着力描写的,还是大观园故事显示的青春浪漫理想以及这一理想的幻灭。

我们不妨进一步推想,在写作《风月宝鉴》旧稿之后,曹雪芹并不满意于其"戒妄动风月之情"的暴露性批判性主题,以及其对《金瓶梅》的单纯继承(脂批所谓"深得《金瓶》壶奥"),他更憧憬理想的表达追求和艺术的出新,于是着手写作另一个长篇故事——《红楼梦》初稿,构建一个"备记风月繁华之盛"的青春乐园大观园世界,为此,他把《金瓶梅》《林兰香》等前期小说中"一夫多妻"的大家院落式居住环境作了反向改造,变成"一男多女"的花园式居住院落。但最初,由于直接和间接经验有限,只能按照所见的"长槛曲栏随处有"的江南园林去进行描写。后来,在扩张家族盛衰主题、设计元妃省亲情节时,由于一无依傍,曹雪芹可能吸收了一些皇家园林(如圆明园等)的知识见闻进行整体构想,②把大

---

① 刘上生《探骊:从写情回目解味红楼梦》120 至 121 页,浙江古籍出版社 2019 年版。

② 参见樊志斌《曹雪芹传》182、183 页,中华书局 2012 年版。

观园改造成"省亲别墅"。但他终于无法在居住和省亲两种功能的融合上完全自圆其说。作为旁证,我想提到第49回的一条脂批。此回叙大观园诸美云集:"此时大观园比先时更热闹了多少。李纨为首,余者迎春、探春、惜春、宝钗、黛玉、湘云、李纹、李绮、宝琴、邢岫烟,再加上凤姐儿和宝玉,一共十三个。叙起年庚,除李纨年纪最长,他十二人皆不过十五六七岁……"庚辰本批云:

> 此回系大观园集十二正钗之文。①

对照第5回十二钗正册,少了李纹、李绮、宝琴、岫烟四人,多了元春、秦氏、妙玉、巧姐四人。其实,作为"大观园集十二正钗",49回的名单是比较合理的。可见元春等人是后来增删定稿时加进去置换的,其范围也不再限于大观园,而是整个贾府,其内容也不再限于"闺友闺情",而是涉及家族盛衰世事浮沉了。脂批说:"大观园用省亲事出题,是大关键事,方见大手笔大行文之立意。"②这是不错的。只不过这是后来合成增删定稿时的"立意",初稿并非如此,有明义所见为证。

比较起逐首细节比对的歧义争执,上述二诗中"宝菡之交"与"省亲别墅"两个重要情节的缺位,应该更有说服力吧。事实胜于雄辩。事实就是:明本《红楼梦》是不同于脂本《石头记》的另一个文本。

明本《红楼梦》的文本史意义

通过以上分析,我们是否可以得出以下基本结论:

一、明本《红楼梦》是不同于脂本《石头记》的文本,它是曹雪芹早期作为创作基础所写的一个稿本,由于曹雪芹是用"红楼梦"命名,我们可以称之为《红楼梦》初稿。

二、《红楼梦》初稿的主体故事,是以大观园为主要环境的宝黛钗爱情婚姻故事,以及相关的正副"金钗"的故事。它具有浓厚的理想浪漫色彩,包括石头神话,太虚幻境的构想,正副"金钗"图的谶应暗示等。

三、大观园故事的浪漫想象和描写与现实生活密切相关,其现实背景,是贵族之家贾府的衰败。但还没有贾宝玉的园外(或府外)社交和关系贾府盛衰的元春省亲等重要情节。后来进入脂本《石头记》的这些情节,应来自《风月宝鉴》

---

① 陈庆浩《新编石头记脂砚斋评语辑校》603页。
② 陈庆浩《新编石头记脂砚斋评语辑校》278页。

旧稿和《石头记》初稿。

四、《红楼梦》初稿已经写完,包括黛玉病死,金玉姻缘的失败,众年轻女性的沦落流散,贾宝玉贫穷出家等等,明义看到了完成稿。

五、曹雪芹是在增删的最后阶段才"纂成目录,分出章回",《红楼梦》初稿的形态还是一个长篇故事。

六、曹雪芹一直珍视这个早期稿本,在脂砚斋等坚持以"石头记"为增删稿名以后,他仍然坚持《红楼梦》的书名并收藏,所以明义说"惜其书未传,世鲜知者",并欣喜"余见其钞本焉"。

这样,明本《红楼梦》即《红楼梦》初稿的文本史意义应该就很清楚了。

过去,对于这个问题,大体有如下四种意见,三种取向。

一种是认为明本《红楼梦》是一部独立书稿。吴世昌先生把它称为《红楼梦》初稿,他说:"雪芹有一部《红楼梦》手稿给明义看,后者为他题了二十首七绝称咏书中女子,其中故事与今本《红楼梦》似乎有些出入。当雪芹修改《风月宝鉴》时,有没有把那部较短的《红楼梦》初稿合并写在一起?"①他最早提出了《红楼梦》创作过程的"合成说",不过他当时坚持认为曹雪芹对《风月宝鉴》旧稿只是加工增删,质疑曹雪芹对全书的初始著作权,因而难以为人接受。但吴先生后来对自己观点有所修正。

一种是认为明本《红楼梦》与脂本《石头记》的差异说明,明义所见《红楼梦》只是曹雪芹的一次增删稿。陈庆浩认为《风月宝鉴》、明义所见《红楼梦》和《脂砚斋重评石头记》分别是《石头记》初稿、某次增删稿和未完成定稿。② 朱淡文则具体考定它们依次是第三次、第四次和第五次增删稿,即明义所见《红楼梦》是曹雪芹"增删五次"的第四稿,并详细考察了它们之间的关系。③ 不过,这种忽视创作主体单纯进行细节比对的方法,容易陷入主观臆想,引起歧义。

第三种意见质疑这种"增删稿"说。笔者认为,明义所见《红楼梦》是作者在《风月宝鉴》旧稿、《石头记》初稿之外的又一部完整书稿,是曹雪芹已完成的写闺友闺情、"备记风月繁华之盛"的小说,此书可称为《红楼梦》初稿。脂本《石头记》(即今本《红楼梦》前80回)是作者曹雪芹以《石头记》初稿和《红楼梦》初稿两个稿子为基础,并吸收《风月宝鉴》部分内容合成。其成书过程的特点是,先剪接增删穿插合成长篇故事,再"纂成目录,分出章回",完成全稿。这是不同于

①　吴世昌《论石头记的旧稿问题》,载《红楼梦著作权论争集》,山西人民出版社1985年版。

②　陈庆浩《八十回本石头记成书初考》,载《文学遗产》1992年第2期。

③　朱淡文《红楼梦论源》第二编第三章。

吴世昌"合成"意见,也不同于"一稿多改"的"增删稿"说,强调曹雪芹全部著作权的"合成说"。① 马瑞芳也认为,"明义所见《红楼梦》,非今存任何一个脂砚斋评本,而是一部早期的、原创性、内容单一而首尾齐全的《红楼梦》"。但她没有进而论述明义所见《红楼梦》与今本《红楼梦》的关系。②

以上三种意见,可以概括为"初稿"和"增删稿"两种取向。共同点是,都认为明义所见《红楼梦》与今本《红楼梦》并非同一文本,因而对《红楼梦》创作过程的研究具有不可否认也不可忽视的重要意义。它们都属于肯定性意见。不同点是,认为明本《红楼梦》是一部早期的独立书稿(《红楼梦》初稿),坚持"合成"创作阶段的存在;而认为只是曹雪芹的一次增删稿,则否定"合成"过程,坚持"一稿多改"的创作过程。

第四种意见是否定性的。沈治钧在《红楼梦成书研究》专著中,关于明义所见《红楼梦》,提出了很不相同的观点。他认为,明本《红楼梦》就是脂本《石头记》,因而明义题诗"广义的成书研究自然应当把它纳入学术视野。但是,具体到曹雪芹的创作过程研究,它能够起的作用就相当有限了"。结论是:"简单地说,在这个领域明义组诗不能作为立论的主要根据,甚至作为辅助证据它也是不够格的。"③他从多方面论述了曹雪芹以《风月宝鉴》为基础"一稿多改"的创作过程,提出了许多创见。明义题红则置于全书末章倒数第二节,显示其"甚至作为辅助证据也是不够格的"弃置态度。沈治钧先生的著作很有分量,但在这个问题上,似乎有失偏颇。

限于篇幅,本文不拟进一步讨论成书过程问题。仅以所论明义题红绝句中的两处"缺失",提出己见,以供进一步深入讨论。

2019 年 4 月写于深圳

(原载《红楼梦学刊》2019 年第 5 辑)

---

① 刘上生《走近曹雪芹——〈红楼梦〉心理新诠》第六章第二节,331 至 337 页。

② 马瑞芳《一部早期的、内容单一的红楼梦——对明义〈题红楼梦〉绝句二十首的考察》,载《红楼梦学刊》2003 年第 2 辑。

③ 沈治钧《红楼梦成书研究》498 页。

回目聚焦　真情揆理

——《红楼梦》第 58 回散论

叙事转向

第 58 回的情节转向，创造了《红楼梦》①新的广阔艺术空间。

《红楼梦》继承章回小说传统，各回情节之间大多紧相衔接，第 58 回比较特别，开头接过上回，三言两语收束，随即以一大段概述文字，为转向作铺垫。主要内容，一是老太妃去世（第 56 回开头有老太妃病的预叙），贾母等命妇皆须入朝随祭，只得留下尤氏、李纨管理家务；二是因国丧禁筵宴音乐，贾府家庭戏班解散。这两件事又内在关联。前者暗示国事与家事的牵连，实际上是后来元妃病逝与贾府衰败关联的预伏；后者则是家事与情事的内在关联，管理松弛，家政混乱，女伶为婢，众多小人物走到前台，大观园里种种矛盾错综交织。由此，小说叙事方向发生了重要转变，从上层贵族转到下层奴仆，特别是进入大观园的童奴女伶成为叙事焦点。从第 58 回到 61 回，是《红楼梦》写小人物最多最出色的篇章。而芳官、藕官等主要女伶命运描写，一直延续到前 80 回的 77 回。把上层叙事和下层叙事连接起来的贯串性人物，则是身处上层却对下层深怀同情的贵族公子贾宝玉。

女伶是《红楼梦》中一个特殊奴婢群体。她们年龄幼小，②进入贾府前，生活于比较开放自由的平民社会，在昆曲戏班里，长期接触和表演流行的才子佳人戏剧。耳濡目染，使得她们中一些人更容易早熟，萌发情愫。来到贾府后，她

---

① 本文所引《红楼梦》内容和原文，除特别注明版本外，均据中国艺术研究院红楼梦研究所校注本《红楼梦》，人民文学出版社 1982 年版。

② 晚明以来，家班女伶一般由 12 岁左右的角色齐全的 12 个女孩组成，参见董昕《明清家班的兴盛和昆曲的传承》，载《名作欣赏》2014 年第 14 期。

们以技艺为家主提供特殊服务。虽然身份卑微,然而特殊技艺尚能使其养尊处优,有的还发展出独立人格个性(如龄官)。戏班解散成为女伶命运的转折点。微弱的优势完全丧失,能走的走了,多数不能走的分到各处成为丫鬟:"也有说父母虽有,他只以卖我们为事,这一去还被他卖了;也有父母已亡,或被叔伯兄弟所卖的;也有说无人可投的;也有说恋恩不舍的。"(第 58 回)外面的世界更加悲惨,但留下的日子也并不好过。一方面,她们处于比一般小丫头更受人歧视的地位,连赵姨娘都如此辱骂:"你是我银子钱买来学戏的,不过娼妇粉头之流,我家里下三等奴才也比你高贵些的!"(第 60 回)这不能不激起她们的本能反抗。在失去家庭温暖和外在关爱的情况下,更加珍惜情谊,抱团取暖。另一方面,她们来自市井,生性活泼好动,擅长唱曲表演,却缺少贵族家庭需要的家务技能和习惯教养,而多一些散漫野性。特点和弱点都很突出。从保守观念看来,"大概不安分守理者多"(第 58 回)。引起其他奴仆,尤其是园内承包利益守护者婆子们的不满。可以说,她们进入大观园,成为丫鬟群体中的另类,冲击原来的规矩秩序,激荡出新的生活浪花。这样一个身份至卑年龄至幼个性突出的弱势群体受欺压的现实,更加激起了主张"世法平等"(第 41 回)的贾宝玉"物不平则鸣"(第 58 回)的仁爱情怀,由此演出了一系列有声有色意蕴无穷的动人故事。

　　就具体情节而言,第 58 回主要写了几件事:宝玉病后出门,藕官烧纸风波,芳官洗头风波,宝玉向芳官询问藕官故事。这里两条线索:一条是女伶与婆子的关系,一条是女伶之间及其与贾宝玉的关系,都向后延伸出一系列事件。

　　前一条线揭露底层的噬利与欺压。欺负藕官、芳官的婆子竟然都是她们自己的干妈。藕官烧纸痛哭,要把她拉去见"奶奶"的是夏婆子,克扣芳官的是春燕的母亲何妈。其实,姐妹俩都是贾府的世代家奴,但她们对无家可归的女伶没有丝毫同情怜悯,反而借干妈的身份肆行欺辱。遇到反抗,又动用伦理权威压迫。这就难怪尽力保护她们的宝玉会恨恨地说:"这些老婆子都是些铁心石头肠子!"(第 58 回)春燕说:"只说我妈和姨妈,他老姊妹两个,如今越老了越把钱看的真了。"(第 59 回)作者在家族盛衰即家事主题的描写中,在批判上层"安富尊荣"的同时,对下层边缘群体以利相噬导致良知沦丧极其痛心,以此为起点在以下几回中给予深刻的暴露,这是一种包含人性关怀的艺术匠心安排。

　　但本回的故事主体是后一条线,是紧承 57 回"木石情缘"并与其相互辉耀的女伶间的"假凤虚凰"故事,主旨是对同性情爱的肯定和理解。从"假凤泣虚凰"到"真情揆痴理",贾宝玉完成了对"情"的精神本体的认识。这是作者"大旨谈情"整体构思的又一重要布局。关于这一点,还很少有人关注。本文拟重点论述。

"假凤虚凰":为同性爱恋张目

第58回的情节转向,在"情事"主题上呈现与第57回藕断丝连的特点。

第57回"慧紫鹃情辞试忙玉,慈姨妈爱语慰痴颦"以极为动人的笔墨描写了宝黛的生死之恋,第58回却峰回路转,别开天地。这回叙事内容比较繁杂,但回目"杏子阴假凤泣虚凰,茜纱窗真情揆痴理"却只聚焦一件事,即以藕官烧钱纸为线索和悬念引出的女伶童奴的同性之恋,以及此事在宝玉心中的回响。这是与宝黛异性恋相对应的另类恋爱。"假凤泣虚凰"是因,"真情揆痴理"是果。"假凤虚凰"是故事主体,"真情痴理"为内在思理。由因及果,一脉相连。一般回目皆以对句写两事,概括本回内容。全书中唯独此回目以对句总一事,这种着意聚焦显示了作者的高度重视和精心布局。

查各版本此回回目,大同小异。庚辰本、己卯本、蒙府本(补配)、俄藏本、梦稿本均作"杏子阴假凤泣虚凰,茜纱窗真情揆痴理";甲辰本作"杏子阴假凤泣虚鸾,茜纱窗真情揆痴理";戚序本作"杏子阴假凤泣虚凰,茜红纱真情揆痴理"。这说明在作者修改和作品传抄过程中,这种剪除枝蔓突出主体的回目艺术构思是稳定未变并得到认同的。

"真假"二字,是《红楼梦》的基本语词符号。"将真事隐去,用假语村言","假作真时真亦假",假贾真甄,内涵异常丰富。但在回目中,用"真假"二字,全书仅58回一次,且含义独特。

"杏子阴假凤泣虚凰,茜纱窗真情揆痴理",这一回目揭示了一种为世俗否定的感情形态与作者肯定的价值内容之间的深刻联系。

红研所校注本释"假凤虚凰"云:"因藕官和药官在戏中扮演夫妻,在生活中也俨若夫妻,但她们都是女孩子,故称'假凤虚凰'。"

正确无误。但可以看出对实质性概念"同性恋爱"的有意回避。这是一个敏感话题。

本来,同性恋和异性恋都是出自人性本能的感情形态。古代虽无同性恋概念,但性取向不同是人性的客观存在。只是由于同性恋取向另类和性观念混乱,长期被歧视误解甚至污名化色情化,所谓"龙阳之兴"就是污名化色情化的典型例子。

曹雪芹是人类精神命运的关怀者和思考者。他以同样的仁爱情怀关注异性和同性的各种情感关系。《红楼梦》的第一个爱情婚姻悲剧的男主角，就是具有明显同性恋倾向的冯渊（谐音"逢冤"）。他"酷爱男风，最厌女子"，却对被拐卖的英莲一见钟情，并发誓再不交接男子，也不再娶。然而，这样一位能"定情于一人"的好男人却被既霸占女性、又玩弄男性的豪富纨绔薛蟠打死。很明显，"薄命女偏逢薄命郎"（4 回）的故事，不只是为了写英莲（香菱）的不幸，也包含着对同性恋者命运的关怀。

曹雪芹在第 5 回借警幻仙姑之口阐述"淫虽一理，意则有别"，划分"意淫"（痴情）与"皮肤滥淫"的界限，作为其"情观"的基本纲领。以此统领，他描写了宝玉与秦钟、蒋玉菡、柳湘莲、北静王等的同性情谊，如与秦钟"恋风流情友入家塾"（9 回），秦钟病重时置元春封妃于不顾，前往临终诀别（16 回）；与蒋玉菡初见便交换汗巾，挨打不悔（28 回、34 回）等；也写到这些俊俏男子之间"惺惺惜惺惺"的相互爱慕（如北静王与蒋玉菡，柳湘莲与秦钟之交）等等。同时，他也描写了薛蟠借上书塾玩弄金荣、香怜、玉爱等男童的"龙阳之兴"（9 回）；描写了贾珍、琏、蓉等包括同性在内的淫乱不堪（21 回、75 回）；甚至描写了两类人的冲突，如薛蟠调情遭柳湘莲痛打（47 回），形成美丑鲜明映照。所有这些，都是为了划清"意淫"（痴情，真情）与"皮肤滥淫"的界限。其实质，乃是为同性情谊和同性恋正名。

应该说，这才是曹雪芹"假凤虚凰"意象和故事的心理动因，并成为作者"大旨谈情"总体构思的重要组件。

凤凰是古代传说中象征祥瑞的神鸟，从《诗经·卷阿》"凤凰于飞，翙翙其羽"，《尚书·益稷》"箫韶九成，凤凰来仪"以及《楚辞》《庄子》的高贵意象，到《左传》以"凤凰于飞，和鸣锵锵"喻美好婚姻，①再到传说司马相如借弹琴曲《凤求凰》表达热烈爱情，②凤凰意象有着丰厚的历史文化积淀。曹雪芹继承这份珍贵遗产，创造"假凤虚凰"意象为同性恋张目，并把这一优美深闳而又带有悲剧性的意象献给身份卑贱的童伶女奴。这是一种诗意化的构想。

"假凤虚凰"的同性恋爱故事，是本回的故事主体，但在小说中并未有正面描写。它是通过清明节藕官烧纸祭奠引出悬念，直到回末芳官叙说侧面介绍完成的：

> 这里宝玉和他只二人，宝玉便将方才从火光发起，如何见了藕官，又如

---

① 参见《左传·庄公二十二年》《史记·田敬仲完世家》。
② 参见《玉台新咏》卷九《司马相如琴曲二首》，王实甫《西厢记》中"琴挑"折等。

何谎言护庇，又如何藕官叫我问你，从头至尾，细细的告诉他一遍，又问他祭的果系何人。芳官听了，满面含笑，又叹一口气，说道："这事说来可笑又可叹。"宝玉听了，忙问如何。芳官笑道："你说他祭的是谁？祭的是死了的药官。"宝玉说道："这是友谊，也应当的。"

芳官笑道："那里是友谊？他竟是疯傻的想头。说他自己是小生，药官是小旦，常做夫妻，虽说是假的，每日那些曲文排场，皆是真正温存体贴之事，故此二人就疯了。虽不做戏，寻常饮食起坐，两个人竟是你恩我爱。药官一死，他哭的死去活来。至今不忘，所以每节烧纸。后来补了蕊官，我们见他一般的温柔体贴，也曾问他得新弃旧的。他说：'这又有个大道理。比如男子丧了妻，或有必当续弦者，也必要续弦为是。便只要不把死的丢过不提，便是情深意重了。若一味只是因死的不续，孤守一世，妨了大节，也不是理，死者反不安了。'你说可是又疯又呆？说来可是可笑？"

芳官没有想到，这番"可笑又可叹"的话，却引起宝玉的强烈共鸣和极大震撼：

宝玉听说了这篇呆话，独合了他的呆性，不觉又是欢喜，又是悲叹，又称奇道绝，说："天既生这样人，又何用我这须眉浊物玷辱世界。"

接着，他嘱咐芳官转告藕官："以后断不可烧纸钱……"

芳官是藕官的朋友，也是唯一了解藕官故事的局外人，却讥笑她们"又疯又呆""可笑"。因为她无法理解，同性之间有超越友谊的"你恩我爱"，而且所爱者故去后，有新欢而又不忘旧情。这反映世俗眼光对"假凤虚凰"的否定和"真情"追求者的孤立。

然而宝玉不但在不知内情时出自本能地保护藕官，而且在知情后，对芳官对于藕官的非议，他作出完全不同的反应。这表明宝玉与世俗观念的对立，对"假凤虚凰"的完全理解和接受。藕官的"呆话"，合了宝玉的"呆性"，意味着"木石情缘"和"假凤虚凰"的不同情感形态，实现了"真情痴理"的完全沟通。

没有俗笔和秽笔，同"木石情缘"一样，"假凤虚凰"也是一种纯真圣洁的感情，"你恩我爱""温柔体贴"。然而，它们都为世俗所不解、不容，同样孤独无助。

比较起贵族子女的"木石情缘"，"假凤虚凰"因为是卑贱者的"无果之花"，要承受外在奴役和世俗观念双重恶的压迫，更有绝望之痛。

在这个冰冷无情的世界里，理解就是最大的温暖和支持。

这就是贾宝玉与藕官隔空对话的意义。

这是贾宝玉的声音,也是曹雪芹对同性恋者发出的声音。

也就是本回回目嵌入"真假"二字的意义。

当然,宝玉的同情和作者的诗性用笔,并不能改变"假凤虚凰"的命运。和"木石情缘"的主角贾宝玉一样,藕官和蕊官最终也都遁入空门(77 回)。

只是,人们在思考《红楼梦》"情"的悲剧意义时,总是有意无意地放过了"假凤虚凰"这个闪光点。

内省自否

贾宝玉对"假凤虚凰"的反应方式和强度耐人寻味。

贾宝玉对他所倾慕的美,对他所服膺的真理的崇拜是极为强烈而无条件的。这突出表现在具有其情感和思维特质的内省自否态度上。在小说中,我们多次听到这种声音,那是女性美(包括具有女性气质的男性)使他倾倒的强烈反应:

第 7 回第一次见到秦钟"粉面朱唇,身材俊俏,怯怯羞羞,有女儿之态"时:

> (宝玉)心中似有所失,痴了半日,自己心中又起了呆意,乃自思道:"天下竟有这等人物,如今看来,我竟成了泥猪癞狗了! ……'富贵'二字,不料遭我荼毒了。"

第 19 回第一次到袭人家,看到他的姨妹,不由赞叹,回家后向袭人说道:

> 我不过是赞他好,正配生在这深堂大院里,没的我们这种浊物倒生在这里。

第 49 回宝琴等来到贾府,一批新人进入大观园,宝玉不胜赞叹:

> 老天老天,你有多少精华灵秀,生出这些人上之人来! 可知我井底之蛙……

鲜明的平等观念和人本位意识,必然导致对贵族等级制度和贵族身份的自我否定。

这次听了芳官所述藕官故事,宝玉竟"又是欢喜,又是悲叹,又是称奇道绝",反应更为强烈。又说此话:

> 天既生这样人,又何用我这须眉浊物玷辱世界。

但仔细读来,这些描写并非简单的重复。如果说,前面几次自否,是一种对美的偶像崇拜,那么,这次反应却表现为对真理("真情痴理")的崇拜,令他折服的,是"这样人"的所作所为所言语的真理性认识的力量。

贾宝玉话语中的"这样人"是指什么人?

是敢于冲破世俗偏见追求爱和深悟爱的真谛的人,是作为"假凤虚凰"故事主角的童伶女奴。

在这一点上,"这样人"的所作所为所言语为"木石情缘"所远不及。宝黛敢爱却不敢追求爱的实现,黛玉甚至害怕爱的表白,忍受着爱的痛苦折磨,更不用说去享受爱的幸福,领悟爱的真谛。

王夫人说他们"装丑弄鬼",是"狐狸精",赵姨娘骂她们"不过娼妇粉头之流",连同样来自苏州的林黛玉,都为把她"比戏子"而大动肝火——然而,她们却是封闭的大观园里真正的春的使者。

这些贫寒之家的孩子,呼吸了晚明以来商品经济市民文化的新鲜空气,特别接受着优秀爱情戏曲及其表演实践的滋养,成了人性觉醒和个性觉醒的先行者。在一定意义上,也是贵族子女宝黛人性觉醒和个性觉醒的引路人。

茗烟弄来的传奇脚本《西厢记》催开了宝黛内心潜藏待萌的爱情之花(23回);梨香院传出的《牡丹亭》艳曲唤醒了林黛玉的青春芳心(23回);"龄官画蔷"让贾宝玉感受了异性痴恋(30回),也是龄蔷之恋让贾宝玉懂得了"人生情缘,各有分定",坚定了在"木石"与"金玉"间的选择态度(36回)。

现在,又是"假凤泣虚凰"让贾宝玉"真情揆痴理",完成了情观的认识。

所以,贾宝玉为之倾倒:"天既生这样人,又何用我这须眉浊物玷辱世界。"这已不是幼稚单纯的女性美崇拜,而是带着成长轨迹的对时代先声的向往的贵族自我批判了。

真情痴理:"情"的超越性本体观

现在,我们进一步研讨本回的主旨"真情揆痴理"。

细读文本,可以体会到,所谓"真情痴理",就是贾宝玉获得的"情观"认识,"揆"就是他获得认识的思考过程。

这种"情观"认识包含以下内容:

"情"的所有形态:友谊,恋爱(包括同性恋爱),恩爱婚姻(包括再婚),都是值得肯定和应该被接受的;

"情"的本质内涵,是"诚心",即自我的真情和对所爱者的感情奉献,是

"敬"，即对对方感情和人格的尊重。

反对"情"的物质化等级化形式化，回归和实现"情"的平等精神本体。

这是贾宝玉的情观，也是曹雪芹借以表达的自己的情观。曹雪芹反对对一切符合人性本能的各种"情"的形态的压抑和否定，也反对非理性的放纵自我的"皮肤滥淫"和"妄动风月之情"。他的"情"观的核心，是对"情"的精神本体的确认。这种精神本体，就是超越性别、婚姻，超越现实物质和等级制度等一切形式的洁净"诚心"，但它为当时社会所难以接收，反被看作"呆""傻"，因而是"痴理"。

就贾宝玉而言，他的"情"观，从警幻仙姑梦中"意淫"之教和性的启蒙（5回），直到"真情揆痴理"对"情"精神本体认识的完成（58 回），经历了从朦胧到成熟的过程。作者对此作了清晰描述。我们可以看到，比较警幻仙姑"好色即淫，知情更淫"的"情""淫"难分，它更强调"情"的精神层面和精神本质（"你恩我爱""情深意重""诚心""敬"），显然是一种超越和进步。

由此，我们看到作者的精心布局：57 回写宝黛的生死之恋和 58 回写藕官等的同性之恋，是在一个"情"的太阳下的相互辉映，或者说，后者是对前者的重要补充，完整地体现"情"的丰富形态和作者的博大情怀。

同时，"真情揆痴理"中以"情"揆"理"的观念，又是对生死以之的至真纯情的一种补充。藕官在药官死去后，与蕊官的"一般温柔体贴"，和她对男子续弦仍可"情深义重"的议论，实际上是对"从一而终"的情感偏执和礼教节烈观的否定。宝玉的赞许，显示出作者开明理性的情感态度。

后文将会论述，藕官和宝玉的议论，则体现了"揆痴理"的"揆"即理性思考的过程。

可以说，"理"即理性的介入和补充，才最后完成了贾宝玉对"情"的认识和态度，也才完成了曹雪芹在《红楼梦》中情观的表述。

这种认识和表述，是对晚明以来主"情"思潮的继承和发展。汤显祖倡"情至"论，《牡丹亭题记》云："生而不可与死，死而不可复生者，皆非情之至也。"贾宝玉认可的情观，反对"分出等例，各式各例"的等级制度，强调"世法平等""情深意重"的"真情痴理"，以"情"揆"理"，以"理"融"情"，体现主"情"思潮已经从浪漫走向成熟，在广度和深度上都得到开拓。

曹雪芹刻意把贾宝玉塑造成"情不情"的"今古未见之人"（己卯本第 19 回批语）①，一个重要意图，就是把"情"从单纯狭隘的两性之爱拓展到人类情感世

---

① 陈庆浩《新编石头记脂砚斋评语辑校》349 页，中国友谊出版公司 1987 年版。

界(包括异性和同性)的方方面面,进行更深层次的社会反映和哲理思考。贾宝玉的情感历程和情感世界极为丰富,他有刻骨铭心的恋爱,也有举案齐眉而不忘旧情的婚姻,有相互倾慕的同性交契,也有疑似"涉性""涉同"的少时腻友,更有一片痴心体贴的种种情感放射和延伸。但不管是哪种情,也不管其对象存逝,他都能做到"诚心"二字。在同藕官的隔空对话里,他特别提到自己:

> 你瞧瞧我那案上,只设一炉,不论日期,时常焚香。他们皆不知原故,我心里却各有所因。

"他们"(按:指怡红院诸人)不知宝玉心中秘密,从文本内容中,我们却可以知晓,他"时常焚香""各有所因"者,是在此前死去的秦钟、金钏等人,也许包括秦可卿。总之,他们在宝玉心中,都是不能舍弃不能忘怀之人。

无须一一去作伦理评判,不是纯而又纯,但却真而又真。宝玉确是一位有着佛性善根的"情之圣者"。宝玉的"情"史,就是一位少年的青春史,人性美善的成长史。同时,也是作者的自我心灵史。

这段"真情揆痴理"不只是从"假凤泣虚凰"就事论事,而且还是"木石情缘"的"草蛇灰线",具有暗示宝黛钗爱情婚姻结局处理的意义。根据《红楼梦》"怀金悼玉"的意旨,和《红楼梦曲》"空对着山中高士晶莹雪,终不忘世外仙姝寂寞林"等曲词,以及脂砚斋批语提供的线索,我们大抵可知作者未完成的"黛死钗嫁"的构思,绝不同于今本120回"钗嫁黛死"的描写。它呈现出另外一种悲剧性,可惜人们已经无法阅读其文本。

需要补充的是,这既是为"木石情缘"伏笔,也是作者自吐衷曲。脂批早就指出二者的内在联系:"以顽石草木为偶,实历尽风月波澜,尝遍情缘滋味,至无可如何,始结此木石因果,以泄胸中悒郁。"(甲戌本第1回眉批)[1]作者不但有苦痛的恋爱史,也有难忘旧情的再婚史。敦诚《挽曹雪芹》诗句"新妇飘零目岂瞑"[2],就透露了其间信息。

可见,曹雪芹不但是"情"的伟大描写者和思考者,也是"情"的追求者和实践者。也正因为曹雪芹有勇敢的追求和实践,他才能成为伟大的描写者和思考者。

---

[1] 陈庆浩《新编石头记脂砚斋评语辑校》18页。
[2] [清]敦诚《四松堂集付刻底本》,北京图书馆出版社2006年版。

"事体情理":版本异文评析之一

在《红楼梦》的流传过程中,第 58 回不同版本出现了一些异文。其中最重要的是脂本与程本的异文。由于以庚辰本为前 80 回主要底本的 120 回本《红楼梦》是当前的普及本,而程本是过去近二百年的《红楼梦》流行本。两峰并峙,二水分流。而版本选择事关阅读研究,学界又尚存不同意见,①因此,比较这两个版本是很有意义的。

本回文字,程甲本与程乙本完全一致。脂评本(己卯、庚辰、戚序等)基本一致,略有差异。如果我们把庚辰本(己卯同)作为端点,程乙本(程甲同)作为终点,审视这一演变过程,大体是:

首先,戚序本(简称"戚本")将"莳官"改名为"药官"。② 胡文彬先生指出:"莳官与藕官二人的名字均与荷花有关……荷根曰藕……荷花结实为莲房(又作莲蓬),其子学名为莳或称莲莳。"这种同根同命的关系,用于二人同性相恋的比喻是极为贴切的。改为"药官"则意境全无了。③ 但这种改易却为甲辰本及程本所继承。

甲辰本开始出现明显删改异文。主要是删改了回末宝玉关于勿烧纸钱的议论,为梦稿本和程本继承(见后文)。④

梦稿本改文与程本完全一致。"梦稿本的形成,最早出于程伟元之手",从稿本可以看得出,这一部分的抄本底本属己卯、庚辰本系统。⑤

因此,我们可以认定,就第 58 回而言,异文主要出于程本对脂本(庚辰本)的修改。

本文不拟全面评价程本对脂本修改的是非功过。仅从 58 回故事主体看,这种修改明显是不妥当的。发生错误的原因:一是由于不明事体情理;二是由于不解作者用意。

兹分论之。

"取其事体情理"是曹雪芹《红楼梦》的创作原则(第 1 回)。所谓"事体情

---

① 参见《白先勇细说红楼梦》前言《大观红楼》,广西师范大学出版社 2017 年版。

② 《戚蓼生序本石头记》(影印本),人民文学出版社 1975 年版。

③ 胡文彬《感悟红楼》,白山出版社 2010 年版。

④ 《甲辰本红楼梦》第 58 回,沈阳出版社 2006 年影印版。

⑤ 《乾隆抄本百廿回红楼梦稿:杨本》杜春耕《梦稿本序》,人民文学出版社 2010 年版。

理"，应指人物性格、情节和细节情境等叙事内容的内在逻辑的合理性。

且看宝玉护庇藕官烧纸摆脱婆子纠缠，婆子离开后的叙事。庚辰本的文字是：

> 这里宝玉问他："到底是为谁烧纸？我想来若是为父母兄弟，你们皆烦人外头烧过了。这里烧这几张，必有私自的情理。"藕官因方才护庇之情感激于衷，便知他是自己一流的人物，便含泪说道："我这事，除了你屋里的芳官并宝姑娘的蕊官，并没有第三个人知道。今日被你遇见，又有这段意思，少不得也告诉了你，只不许再对人言讲。"又哭道："我也不便和你面说，你只回去背人悄问芳官就知道了。"说毕，佯常而去。宝玉听了，心下纳闷……①

在这段文字中，宝玉对藕官的询问，有关切的口吻，有自己的分析推断，完全合乎贾宝玉惯于关心体贴女孩的性格。但程本改作"为谁烧纸？恐非父母兄弟，定有私自的情理"，就变成了咄咄逼人的责问语气和武断的主观推论，哪里还有"情不情"的意味？明显不妥。

难点在"佯常而去"四字。藕官哭着说完话，怎么会"佯常而去"呢？《汉语大词典》释："佯常，又作'佯长'。扬长，大模大样地离开的样子。"②也许因为费解，红学所校注本在此未作注释。而程本改为"快快而去"，合适吗？

笔者尝试就其"事体情理"作出解释。

从前文描写中可以看出，藕官是一个用心缜密而情绪变化很快的女孩子。在烧纸事件中，她从受婆子纠缠，紧张啼哭，得到宝玉庇护后，"转忧成喜"到反过来"益发得了主意，反倒拉了婆子要走"，致婆子求饶。这就是藕官性格的"事体情理"。细读她与宝玉的这段对话，也可以感觉藕官的心理情绪变化，刚才"含泪"说要告诉宝玉，忽然又"哭"着说不便当面告诉，作者没有直接描写她的心理状态即所思所想，而是间接地通过两次话语内容的变化传达出来。其原因，究竟是因为情感另类难以启齿，还是恐怕宝玉难以接受（连芳官都觉得可笑可叹），作者也没有明说，留下了叙述空白。可以想象，从准备说到不愿说，当藕官对宝玉表明态度后，此时她既摆脱了婆子的纠缠可能带来的可怕后果，又下

---

① 本文所引庚辰本原文，据人民文学出版社 1975 年影印本《脂砚斋重评石头记》，程乙本据人民文学出版社 1957 年版《红楼梦》（程乙本），程甲本据北京师范大学出版社 1987 年版《红楼梦》（程甲本）。

② 《汉语大词典》第一卷 1355 页，汉语大词典出版社 1998 年影印扫描版。

决心回避了当面自我陈述的难以为情，心情已经完全放松，"伴常而去"就是很自然的了。相反，如果改成"快快而去"，那才说不过去。《汉语大词典》释"快快"为"不服气或闷闷不乐的神情"①，藕官有什么不服气或闷闷不乐的事情呢？而宝玉从期待听到藕官自述，到突然被拒绝，又眼见藕官"伴常而去"，自然不免"心下纳闷"了。这样，才合乎"事体情理"。

在"真情揆痴理"部分，程本还有两处错改。

宝玉向芳官询问时，庚辰本写芳官："满面含笑，又叹一口气，道：'这事说来可笑又可叹。'"程本改为："眼圈儿一红，又叹一口气，道：'这事说来，藕官儿也是胡闹。'""满面含笑，又叹一口气"的表情与芳官对此事"可笑又可叹"的看法完全对应。芳官年纪最小，对这种超乎友谊的情感不理解，是合乎其性格情理的。相反"眼圈儿一红"倒不可解了。因为"假凤虚凰"故事主体是真情而不是悲哀。况且依其改文，芳官既认为藕官"胡闹"，又怎么会"眼圈儿一红"呢？

更大的错误是对宝玉强烈反应的描写的修改。庚辰本写道："宝玉听说了这篇呆话，独合了他的呆性，不觉又是欢喜，又是悲叹，又称奇道绝，道：'天既生这样人，又何用我这须眉浊物玷辱世界。'"而程本改为："宝玉听了这篇呆话，独合了他的呆性。不觉又喜又悲，又称奇道绝。"不但把生动描写宝玉心态的连续三个排比短语缩成两个，大大降低了表达的强度，而且把宝玉后面两句很重要的话语删去。这真是点金成铁了。须知，原文此处的内省自否式话语正是最典型的贾宝玉思想性格表现。贾宝玉在受到强烈心灵震撼时，产生内省自否，表现出一种十分可贵的平等意识和自我批判精神，而这次，身份卑贱的女伶童奴的"假凤虚凰"故事所表现的"真情痴理"对怡红公子心灵的征服，更具有深刻性和震撼力。然而，程本却对此完全不理解，断然删去，曹公九天有灵，当作何感想？

"谁解其味"：版本异文评析之二

程本对脂本 58 回改易不当的另一原因是不理解作者的写作用意，用曹公自己的话，就是不"解其中味"。

这在"真情揆痴理"部分表现得十分突出。

---

① 《汉语大词典》第七卷 475 页。

客观地说,就文字而言,程本比较简洁顺畅,便于大众阅读。但程本删去了脂本中的许多重要内容,除了把宝玉话中带有时代色彩的"友谊"一词改为传统词语"朋友",以及宝玉的内省自否之语外,特别大量删削了藕官和宝玉话语里的议论成分。现录有关原文如下,以资比较。

其一,删去芳官转述藕官话语里的议论成分。庚辰本见前引,程本文字是:

> 后来补了蕊官,我们见他也是那样,就问他:"为什么得了新的就把旧的忘了?"他说:"不是忘了,比如人家男人死了女人,也有再娶的,只是不把死的丢过不提就是有情分了。"你说他是傻不是呢?

其二,删去宝玉话语中的发挥议论,这一段删削最多。
现分别引出。脂本(庚辰本)文字是:

> 以后断不可烧纸钱。这纸钱原是后人异端,不是孔子的遗训。以后逢时按节,只备一个炉,到日随便焚香,一心诚虔,便可感格了。愚人原不知,无论神佛死人,必要分出等例,各式各例的。殊不知只一"诚心"二字为主。即值仓皇流离之日,虽连香亦无,随便有土有草,只以洁净,便可为祭,不独死者享祭,便是神鬼也来享的。你瞧瞧我那案上,只设一炉,不论日期,时常焚香。他们皆不知原故,我心里却各有所因。随便有清茶便供一钟茶,有新水就供一盏水,或有鲜花,或有鲜果,甚至荤羹腥菜,只要心诚意洁,便是佛也都可来享,所以说,只在敬不在虚名。以后快命他不可再烧纸。

程本文字是:

> 以后断不可烧纸。逢时按节,只备一炉香,一心虔诚,就能感应了。我那案上也只设着一个炉,我有心事,不论日期,随便新茶新水(程乙本作"新水新茶"),就供一盏。或有鲜花鲜果,甚至荤腥素菜都可。只在敬心,不在虚名。以后快命他不可再烧纸。

从纯粹叙事角度看,这种删节似乎并没有影响故事进程。但它却是对《红楼梦》话语体系特别是第58回话语系统完整性的破坏,因为它造成了"真情揆痴理"意义的悬空。

按照程本的删改,只剩下"假凤虚凰"故事叙述和宝玉勿烧纸钱的劝告,读者能了解所谓"真情揆痴理"的"痴理"是什么吗?能说出是怎样"揆痴理"的吗?

而依据庚辰本所写,人们就能体会到,"真情揆痴理"乃是贾宝玉在"假凤虚凰"故事及藕官议论的启发下,对"情"完成的理性思考,是贾宝玉"情观"的一次认识飞跃。被程本删除的议论文字，正是实现"揆痴理"的手段。

曹雪芹在这里借藕官的话说"这又有个大道理"，就表明了要从更高的精神层面"揆痴理"的意图。而藕官与宝玉隔空对话（通过芳官传言实现），包括令他"称奇道绝"的藕官的议论，和他自己的思考议论，则是完成"揆痴理"的理性过程。

可见议论成分，乃为实现主旨所必需。然而，删改者不懂作者深意，"买椟还珠"，令人不胜嘘唏。

在议论部分中，作者的两种手法特别值得注意。一是对各种思想资源的融合吸收，为我所用；二是通过"溢出"的议论直接表意。

程本的失误正是由于"不解其味"。

一是不理解作者对思想资料融合吸收为我所用的艺术手段，任意删削，导致思想意蕴的丧失。庚辰本文字所包含的思想信息是非常丰富的，从原始儒家，神佛宗教观到晚明王学左派。如"友谊"一词，从现知资料看，是晚明开始流行的。其中异端思想家李贽的《焚书》中《朋友篇》[1]尤其著名。李贽称道："去华（潘去华）友朋之义最笃，故是《纂》（指潘著《暗然堂类纂》）首纂笃友谊。"用"友谊"代替朋友之义，有突出朋友在"五伦"中地位的时代新意。"杂学旁搜"的贾宝玉接受了李贽影响，所以在议论藕官时说"这是友谊，也应当的"。然而程本反而改回"朋友"一词。

宝玉厌恶八股科举，但并不反对儒家学说，特别是原始儒家，他用"孔子的遗训"为依据批评烧纸钱陋习，这与他一贯尊孔的态度是一致的（如第 51 回、76回等），也加强了批判世俗陋习的力量。议论中还借用了"诚""敬"等儒学伦理修身基本概念，为"情"所用，阐述"心诚意洁"的情观，其中王阳明的"诚是心之本体"（《传习录》上）尤其有直接影响。在婚姻问题上，作者虽用了包含传统传宗接代观念的"大节"概念。但反对"孤守一世"，实际包含男女两性，男子再婚与女子再嫁实为同理，其批判礼教节操观的用意就很清楚了。所有这些思想资料，除个别词语外，几乎被删削殆尽。

二是不理解作者写实与表意相结合的艺术手段，片面删削，导致表意功能的弱化。可以说，"真情揆痴理"一段，既描写出贾宝玉对"情"的认识的飞跃，同时也寄托着作者自我情观表达的意图。前者是艺术写实，后者是主观表意。总的来说，主观表意是通过艺术写实实现的，但也有"溢出"的内容。其具体表现，

---

[1]　［明］李贽《焚书》卷五《读史·朋友篇》，岳麓书社 1990 年版。

就是人物语言中超出其性格情理逻辑的部分。这些"溢出"部分尤其成为作者直接表意的手段。被删去的藕官议论和宝玉议论都有这种内容。表面看，它们与人物年龄、教养、经历等并不完全吻合，而这正说明是作者在借他人酒杯，浇自己块垒。藕官说"这又有个大道理"，特别是男子"孤守一世，妨了大节"的话，似非童伶口吻。前文已论，此处有暗示黛玉死后，宝玉与宝钗成婚甚至宝玉再娶之伏笔，且因曹雪芹逝世前有"新妇"，其借以自陈情怀的意思就更易体会了。至于宝玉关于祭奠形式的议论，其中"即值仓皇流离之日"几句，绝非宝玉人生经历所能道及，更是作者有所寄托无疑了。宝玉批评烧纸钱是"后人异端"，"无论神佛死人，必要分出等例，各式各例的"，就是因为这种物质化、形式化、等级化的仪式严重背离了"情"的精神本体，也背离了佛家"世（是）法平等"（41 回）的要义。要求实现"情"的心灵化、洁净化，正是作者回归"情"的精神本体这一重要思考之本义所在。引孔子神佛，说"仓皇流离"，不但融合了各种思想资源，也融入了作者本人的家庭人生经历。虽为当时宝玉所无，却为作者所有。可以想象，"历尽风月波澜"[①]"仓皇流离"之苦的作者一瓣心香所祭奠，该有多少我们至今还不了解的沦肌浃髓之痛。而且宝玉对祭奠物质化、形式化、等级化的批评，对心香的倡导，还与前面大肆铺张描写的秦氏之丧、元春省亲、除夕祭祖等遥相对应，暗含"情"对"礼"的批判，包括对家族衰败历史的反思，是一种大的思想布局。然而，所有这些深刻的表意内容，在程本不复可见，只剩下宝玉勿烧纸钱的劝告了。

有必要指出，在叙事中掺入议论，是曹雪芹实现写实与表意相结合的常用手法，且惯用"溢出"的议论直接表意。从纯叙事学，或者说故事的角度，它们容易被视为赘笔而被忽视，甚至遭到处理。庚辰本被删削的例子不只第 58 回一个，另一个著名例证是 63 回贾宝玉为芳官改名及由此所发议论，一千余字被统统删去，在庚辰本发现以前，埋没二百余年。对此，笔者已另有论述。[②]

笔者不否定程本的优点和历史功绩。从程高刻印本取代脂批手抄本，再到今天出现以庚辰本为前 80 回底本配以后 40 回程本"脂程合一"的完整普及本，以及各种版本影印出版研究的百家争鸣，是红学版本史进步的轨迹，"也是新时期红学发展的标志性成果"[③]。在无法得到曹雪芹手稿本的情况下，比较接近

① 陈庆浩《新编石头记脂砚斋评语辑校》18 页，中国友谊出版公司 1987 年版。

② 参见本书中编《贾府的早期家奴和包衣曹家之痛》。

③ 张庆善《读〈红楼梦〉，选哪个本子》，载《光明日报》2018 年 5 月 2 日。

曹雪芹原著面貌且保存又较完整的庚辰本文本的价值是不可低估的。而囿于某种阅读和思维定式,这种低估确实还严重存在。笔者相信,必要的版本辨析比较,将有助于我们走近曹雪芹,走进《红楼梦》。

（原载《红楼梦学刊》2019 年第 1 辑）

试论曹雪芹的尤三姐形象构思

当王昆仑先生在20世纪40年代热烈称颂《红楼梦》中的尤三姐是"一朵怒放在野渎寒塘'出污泥而不染''可远观而不可亵玩'的红荷花"①的时候,他一定还不知道,在曹雪芹笔下的"红楼二尤",最初都是"淫奔女"。今天,这已是《红楼梦》版本史的不刊之论。第65回庚辰本、己卯本回目作"贾二舍偷娶尤二姨,尤三姐思嫁柳二郎",但戚序本、王府本回目作"膏粱子惧内偷娶妾,淫奔女改行自择夫"。根据考证,戚序本、王府本应出自庚辰原本的某传抄本,而庚辰祖本则是作者生前的最后定稿本。② 这表明,在其写作及修改过程中,确曾有回目标示尤三姐为"淫奔女",后来被舍弃。但所依据的文本内容并未改变,就是书中两处有"淫奔"一词(第66回"自然是嫌自己淫奔无耻之流",第69回"你我生前淫奔不才"),都是人物(三姐)自承。程本则将此完全删去,埋没一百余年,直到脂本被发现。由此引起对"两个尤三姐"以及版本的争议。至今,有学者还据此认定程乙本好于庚辰本,或认为不分轩轾。③ 这是完全可以理解的。从阅读心理看,人们更愿意接受一个冰清玉洁的尤三姐形象,然而,却又不能不面对作者写她曾经是"淫奔女"的文本事实。这就提出了一个问题:应该如何理解曹雪芹塑造尤三姐形象的艺术构思?

---

① 王昆仑《红楼梦人物论》93页,1946年上海国际文化服务社版,今见三联书店1983年版。

② 朱淡文《红楼梦论源》323至330页,江苏古籍出版社1992年版。

③ 如白先勇先生认为程本优于脂本(庚辰本),其重要理由之一,就是程本的尤三姐形象优于脂本,参见《白先勇细说红楼梦》65回、66回,广西师范大学出版社2017年版。张俊、沈治钧则认为"两本之尤三姐各臻其妙,莫可轩轾,大似有理",见《新批校注红楼梦》1197页,商务印书馆2013年版。

"淫奔"融入"家事"和"情事"

"淫奔",在中国古代语境里,是一个带有贬斥意味的词语。上古时代除了男女婚礼聘嫁之外,也还保存着自由恋爱、私相奔就结合的习俗。《周礼·地官·媒氏》云:"中春之月,令会男女,于是时也,奔者不禁。"《国语·周语》韦昭注:"奔,不由媒氏也。"《诗经》就有不少反映自由结合习俗的作品如《郑风·溱洧》等,情调健康开朗。但后来儒家作出了礼教的解释。《王风·大车》毛诗序:"礼义陵迟,男女淫奔。"孔颖达疏:"男女淫奔,谓男淫而女奔之也。"贬斥女性意味已很鲜明。后代以保守观点看待自由爱情追求,也斥为"淫奔",如白居易《新乐府》中《井底引银瓶》诗写一个女子"感君松柏化为心,暗合双鬟逐君去",后因"聘则为妻奔是妾",不堪屈辱的悲剧性爱情故事,小序就称"止淫奔也"。毋庸讳言,"淫奔"也的确包括非道德的不端性行为。从《红楼梦》[①]叙事内容可知,二尤自承的"淫奔"应属后者。她们虽未出嫁,但与已婚的贾珍贾蓉父子有"聚麀"行为。文本用"淫奔"一词,表明很可能这种淫乱就发生在尤氏姐妹此前来到宁府之时。秦氏去世后,有"尤氏的几个眷属尤氏姐妹也都来了"一句(第13回),甲戌本夹批云"伏后文"[②]。几年后贾敬去世,"二尤"随老娘来到宁府,贾蓉与二姐打情骂俏,说:"二姨娘,你又来了,我们父亲正想你呢。"尤二姐便红了脸,笑道:"蓉小子,我过两日不骂你几句,你就过不得了……"还有"尤三姐便上来撕嘴"等描写(第63回),可见其来往熟稔的程度。这种"男淫而女奔之"的丑行,在男权时代和贵族社会,贾蓉们可以大言不惭"谁家没有风流事"(第63回),但二尤却因此付出了羞辱一生的沉重代价。在怡红夜宴欢乐,大观园的青春生命正绽放着靓丽花朵的时候,作者突然把笔墨转向这两位拖着污泥浊水的市井女子,是何用意?

首先,这是《红楼梦》创作过程中,《风月宝鉴》旧稿融入作品整体构思的结果。

甲戌本第1回批称:"雪芹旧有《风月宝鉴》之书。"[③]《红楼梦旨义》云:"《风

---

① 本文所引《红楼梦》文本及内容,除特别注明外,均据中国艺术研究院红楼梦研究所校注本《红楼梦》,人民文学出版社1982年版。

② 陈庆浩《新编石头记脂砚斋评语辑校》236页,中国友谊出版公司1987年版。

③ 陈庆浩《新编石头记脂砚斋评语辑校》12页。

月宝鉴》,是戒妄动风月之情。"①"二尤"故事出自《风月宝鉴》旧稿,已成学界共识。出自"旧稿"的还有秦氏贾珍故事,贾瑞故事,秦钟故事以及贾琏和多位女性淫乱故事等等。② 在曹雪芹的笔下,暗喻性爱或情爱的"风月"一词并非贬义(如第5回"可怜风月债难偿"),但对违反社会伦理或缺乏理性制约的"妄动风月之情"却是否定的。质言之,《风月宝鉴》旧稿就是一本以写"淫事"警世的书。从第12回贾瑞故事中那面"专治邪思妄动之症"的"风月宝鉴"仙镜就可以看到"旧稿"寓示的鉴戒之意。这一意旨不无警世醒世之功。但如果只把"邪思妄动"看作纯粹的情欲失控的生理心理行为,不揭示"妄动"的社会原因特别是特定环境的权势压迫和性别压迫因素,所谓"戒妄动风月之情",就很容易变成对罪错的庇护和对弱者(特别是女性)的谴责,甚或陷入"女祸论"的谬误。《石头记》初稿中的"秦可卿淫丧天香楼"的回目,③以及戚序本等以"淫奔女"称呼尤三姐的回目,就明显存留着这种以女为"淫"的不公痕迹。这也许正是曹雪芹不满于"戒妄动风月之情"的《风月宝鉴》旧稿,而在《红楼梦》创作中予以颠覆和超越的重要原因。

《红楼梦》是一个包含着家族悲剧(简称为"家事")和以爱情婚姻为核心的女性悲剧(简称为"情事")的整体人生大悲剧。前者蕴含历史哲学的盛衰之理和社会批判;后者蕴含着作者对两性(特别是女性)和人类精神命运的博大关怀。当写"淫事"的二尤故事融入小说"家事"和"情事"的整体构思中,它就获得了崭新的叙事意义。④

在家族悲剧(家事)方面,"二尤"故事和《风月宝鉴》旧稿的其他故事被融入以宁府叙事(以及与宁府关系密切的贾琏王熙凤一支)为主体的家族败亡批判主题。这种融合形成了特殊的集中叙事板块,其中最重要的板块是两个,这就是以"淫丧"的秦氏故事为中心的包括秦氏姐弟和贾瑞之死的三角,和以"淫奔"的二尤故事为中心的包括贾敬之死和尤氏姐妹之死的三角。它们分别位于前八十回的接近开头的上半区(第10回至16回)和接近收尾的下半区(第63回

---

① 陈庆浩《新编石头记脂砚斋评语辑校》1页。
② 参见《俞平伯论红楼梦》727至766页、960至961页,上海古籍出版社1988年版;朱淡文《红楼梦论源》200页、238至240页,江苏古籍出版社1992年版。
③ 陈庆浩《新编石头记脂砚斋评语辑校》243页。
④ 参见刘上生《走近曹雪芹——〈红楼梦〉心理新诠》340至368页,湖南师范大学出版社1997年版。

至 69 回①），从小说所写家族衰败史看，它们位于末世"烈火烹油鲜花着锦"之盛（从第 17 至 18 回元春省亲，到 53 至 54 回除夕元宵一年）的两端，构成对映对称，显示出淫事与衰败历程的内在联系。而贯串"淫丧"与"淫奔"两个事件的中心线索和共同罪人，则是贾府族长、宁国府的实际当家人贾珍。这是耐人寻味的匠心布局。

从文本构思看，《红楼梦》的贵族贾府叙事，宁府并不是作品描写的重点，但却是批判锋芒最尖锐之所向。第 2 回"冷子兴演说荣国府"，首先说的是宁府，特别是贾珍："如今敬老爷一概不管，这珍爷那里肯读书，只一味高乐不了，把宁国府竟翻了过来，也没有人敢来管他。"第 4 回叙及薛蟠被贾府子侄引诱比过去更坏了十倍的原因时，特意回护贾政"训子有方，治家有法"，而直指"现任族长乃是贾珍，彼乃宁府长孙，又现袭职，凡族中事，自有他掌管"。第 5 回判词和曲词强调"漫言不肖皆荣出，造衅开端实在宁""箕裘颓堕皆从敬，家事消亡首罪宁"。直到柳湘莲痛斥，"东府里除了那两个石头狮子干净，只怕连猫儿狗儿都不干净"（第 66 回）。这里有两个注意点：第一，作者把"家"与"家族"两个概念区分开来，对"家"与"家族"态度明显有别；第二，对同一家族的荣（贾政一支）宁两府态度明显有别，对宁府态度严厉。在这部具有浓厚自叙传成分的小说里，作者对"家"的眷恋，和对家族衰败的痛愤，两种情感，既纠缠难解，又明晰可分，很可能有其家庭与曹氏家族生活原型的某种投影，因而作为一种艺术的双向投射，对荣府（贾政一支）的描写更多地寄托作者的怀旧情结，对宁府的描写则更多地表达家族败亡批判意旨。富贵繁华，不免多所眷恋；箕裘颓堕，尤为痛心疾首。作者"首罪宁"，把《风月宝鉴》旧稿的故事集中纳入宁府叙事，显然有深刻用意。本文不涉及关于"真事隐去"原型和荣宁两府构思过程的具体探讨，②只对"假语村言"的文本意义进行阐释。

作为"假语村言"的文本，作者的贵族社会批判并非只以自己的包衣-仕宦之家为蓝本，他所设计的宁荣二府婚姻结构和家庭关系的类型差别，具有丰富广阔的概括意义和厚重的社会历史思考：荣府是世家的门第婚姻，而宁府却是富贫的差第婚姻。前者因为家族背景，女性对男性有较大的牵制力量，因而礼法秩序较稳定，而安富尊荣，其败在奢，造成物质的"后手不接"；后者因缺乏家庭和礼法制约力量，更易出现男性的放纵，子孙不肖，其败在淫，导致精神的堕

---

① 今庚辰本缺 64 和 67 两回，可能说明曹雪芹的修改并未完成。

② 参见皮述民《苏州李家与红楼梦》115 至 176 页，台湾新文丰出版公司 1996 年版；沈治钧《红楼梦成书研究》1 至 32 页、274 至 378 页，中国书店 2004 年版。

落毁灭。① 二者又相互错综交织,加上自杀自灭的内部争斗,外力打击,终致一败涂地。在作者看来,在以两性为纽带的父系家庭和家族结构中,精神堕落,人性特别是性道德的沦丧是最根本的危机;这种认识,与作者对女性命运和人类精神命运的关注联系在一起,重点批判宁府之"淫"乃势在必然。

贾珍是宁府几代不肖子弟(以及与其关系密切的荣府赦琏一支)的主要代表。"淫丧"与"淫奔",前后相映,都是宁府男性贵族淫乐霸权和纵欲丑行加在受害女性身上的恶名,同时也深刻反映了市井女性的柔弱地位和性格缺陷。秦可卿"生的形容袅娜,性格风流,因素与贾家有些瓜葛,故结了亲"(第8回),陷入与贾珍乱伦之恋。贾珍父子勾引更是导致二尤"淫奔"的根本原因。尤老娘说:"我们家里自从先夫去世,家计也着实艰难了,全亏了这里姑爷帮助。"经济依附导致人身依附和人格屈辱。按第64回叙,尤二姐家十几年前有同张华家指腹为婚之事,则此时二姐至多十九岁,三姐至多十八岁。往前推算,秦氏之丧时,更在三四年前,方青春妙龄,情窦初开之际,受市井淫靡风气影响,"情""淫"不分,难禁诱惑,因而失足。② 贾蓉一面调情,一面欺骗尤老娘道:"我父亲每日为两位姨娘操心,要寻两个又有根基又富贵又年轻又俏皮的两位姨爹,好聘嫁这二位姨娘的。"(第63回)事实证明他们的所作所为,都是为了长期玩弄霸占。而且,礼法制度都是保护男性特权的。贾母说"从小儿世人都打这么过的"(第44回),贾蓉宣称"从古至今,连汉朝和唐朝,人还说脏唐臭汉,何况咱们这宗人家"(第63回)。连"锦衣卫查抄宁国府","淫"也不是罪名(第105回)。而"淫丧""淫奔"之名却让受害女性背负,正邪是非就如此颠倒淆乱。

于是,家族败亡批判(即上层社会批判)和男权批判,就在作者笔下汇聚成一个整体批判意旨。一方面,他把《风月宝鉴》旧稿的"淫事",纳入贾府败亡"家事"叙事,从受害女性的特定角度,无情揭露贵族豪富之恶。如果说,在秦氏故事中,还是用"不写之写"的"刺心笔"③,有所隐讳;那么,对二尤故事中的贾珍蓉琏父子兄弟的暴露,则可谓淋漓尽致,鞭挞入骨。直到中秋聚赌玩变童,引出异兆悲音的祖庙警示(第75回),对于这种已到无可收拾地步的家族沦丧,作者悲愤至极。另一方面,作者又把涉"淫"女性纳入"使闺阁昭传"的"情事"构架之

---

① 荣府贾赦一支婚姻状况包含两种类型,其恶行也是家族败亡重要原因。限于篇幅,本文未展开论述。

② 对于秦氏和二尤的失足,段江丽《红楼人物家庭角色论》有精彩分析,参见该书182至187页、217至220页,辽宁人民出版社2019年版。

③ 参见陈庆浩《新编石头记脂砚斋评语辑校》234、235页。

中,以不同具体处理手法,赋予不同意义。对秦氏是"洗白",删去原稿"秦可卿淫丧天香楼"一节,把秦氏改造成关心家族命运深受家人爱重的贤惠重孙媳妇;只在判词和曲词中暗示其"情"的迷误。然而,作者却并不"洗白"尤氏姐妹的"淫奔"历史,而是分别描写她们的不同人生追求的悲剧,突出"大旨谈情"的意旨。其结果,秦氏只能成为一个模糊甚至神秘的影像,而尤氏姐妹却因为忠实于生活而获得了各自生动的艺术生命,特别是尤三姐,从"误为情惑"到"耻情而觉",以女性生命本能追求到个体人格觉醒的人生历程放射出异样光彩。

从"惑"到"觉":"取乐作践准折"

"情"的追求的精神和生命历程,是曹雪芹笔下尤三姐故事的核心。

三姐故事集中在第65、66两回。第65回回目庚辰本等不取"淫奔女改行自择夫",而用"尤三姐思嫁柳二郎",与"贾二舍偷娶尤二姨"褒贬对照,暗讽贾琏淫行,正面肯定三姐的爱情婚姻追求,表明作者决心突破"淫奔"贬斥观念的藩篱。第66回现存脂本及程高本均为"情小妹耻情归地府,冷二郎一冷入空门"。以"情小妹"称尤三姐,不只是对人物的积极评价,更显示了她在"大旨谈情"总体构思中的分量。小说回目以"情"冠人物的,除贾宝玉(第39回"情哥哥")、林黛玉(第29回"痴情女")外,尤三姐是获此殊荣的仅有一位。可见作者已不再用传统眼光写"淫奔女改行自择夫"故事,而是要用另一种价值尺度来重新审视"淫奔"问题。

作为"大旨谈情"的思想纲领,曹雪芹的"情观"充满着哲理思辨和艺术感悟的难以穷尽的内涵。就两性关系而言,它包含着现实和理想两个层面。在现实层面上,"情"是正常人性的发露,是灵与肉的统一体。这就是警幻仙姑所说"好色即淫,知情更淫。是以巫山之会,云雨之欢,皆由既悦其色、复恋其情所致也"(第5回),"情"(灵)"淫"(肉)难分。曹雪芹以此肯定正常人性情欲,反对理学的"存天理灭人欲",和"好色不淫""情而不淫"饰非掩丑的假道学(如明末清初一些才子佳人小说所宣扬)。但在理想层面上,"情"是对"淫"的超越,即灵对肉的超越。它包含着个性自觉、人格自尊、人道情怀等丰富精神内容。这就是与"皮肤滥淫之徒"相对立的贾宝玉的"意淫"(第5回),林黛玉的"痴情"(第29回),宝黛"木石情缘"和宝玉所悟"真情痴理"(第58回)体现的精神境界。秦可卿的"情天情海幻情身,情既相逢必主淫",是在第一个层面上"情"的追求和迷失;而"情小妹"尤三姐的精神历程,却包含两个层面,内涵丰富复杂得多。

三姐死后，作为一种特殊的表意手段，作者设计了三姐诀别柳湘莲之梦，特别值得研读：

> 忽听环佩叮当，尤三姐从外而入，一手捧着鸳鸯剑，一手捧着一卷册子，向柳湘莲泣道："妾痴情待君五年矣。不期君果冷心冷面，妾以死报此痴情。……妾不忍一别，故来一会，从此再不能相见矣。"说着便走。湘莲不舍，忙欲上来拉住问时，那尤三姐便说："来自情天，去由情地。前生误被情惑，今既耻情而觉，与君两无干涉。"说毕，一阵香风，无踪无影去了。

这段文字中三姐的后段话已被程本删去，仅留下"耻情"二字在回目中。然而，程本删去的却是一段极其重要的文字。作者写的虽然是柳湘莲的梦，实际上毋宁看作是设想三姐自杀未死，她与柳湘莲的诀别之辞，其中包含她对自己一生的反思总结，完全从"情"的追求而不是从传统观念的所谓"淫奔""改过"的角度来反思，这是尤三姐的认识飞跃，也正反映了作者新的价值标准的介入。

在这段话中，尤三姐用"前生误被情惑，今既耻情而觉"十二字，总结一生从"误被情惑"到"耻情而觉"的追求"情"的人生道路。概而言之，尤三姐的从"惑"到"觉"，包含两段历程：第一段是与贾珍的关系，从"淫奔"到决裂，即由生存依附人格屈辱到觉醒反抗。三姐"情"的初始阶段，是"淫""情"不分，甚至以"淫"为"情"，它反映了青春少女生命本能觉醒时期的冲动与迷乱，在贾珍的引诱下，陷入"淫奔"是为"惑"，至觉醒刚烈反抗，是为"觉"。第二段是与柳湘莲的关系，从自择到自刎，从感情上说，是从痴恋到幻灭。这是一个更深刻的从"惑"到"觉"的过程，它使三姐用生命完成了自我人格觉醒的过程。最后"来自情天，去由情地"，回归太虚幻境，进入"情"的幻想世界。

从生命本能的追求和迷失，到自我价值的初步觉醒，是三姐第一段"情史"的基本内容。在作品中，三姐与贾珍关系的从"惑"到"觉"的转折，是一种突然的爆发，它使得三姐形象光芒四射，成为小说中最富震撼力的人物特写。

此前的铺垫并不多，只在叙写贾蓉贾琏先后撩拨调情时，以二姐轻佻有意，三姐却"淡淡相对"不理的细节，显示姐妹性格差异。这晚贾珍来到二姐新居喝酒，二姐和老娘回避，"贾珍便和三姐挨肩擦脸，百般轻薄起来"，"两个自在取乐，不知作些什么勾当"。表明三姐确与贾珍有淫情。然而当贾琏闯进来，拉尤三姐陪酒，贾珍在旁配合，形成兄弟二人共同调戏的局面时，场面气氛突变：

> 尤三姐站在炕上，指贾琏笑道："你不用和我花马吊嘴的，清水下杂面，你吃我看见。见提着影戏人子上场，好歹别戳破这层纸儿。你别油蒙了

心,打谅我们不知道你府上的事,这会子花了几个臭钱,你们哥儿俩拿着我们姐儿两个权当粉头来取乐儿,你们就打错了算盘了。"

这是内心积压已久的屈辱和愤懑的爆发。三姐之所以拿贾琏开刀,是因为贾琏的无耻和得寸进尺比贾珍更甚,何况她已从二姐与贾琏的婚事中感受到未来的生存危机。作为完全依附于人的女性弱者,要化被动为主动,唯一的办法是使自己变得精神上强大不可欺凌。面对这两个拥有金钱权势并成为她们寡母孤女生活依靠的贵族淫棍,三姐显示了她的胆力和智慧,用"以浪制淫"的逆袭手段打败了对方。

在传统眼光里,女性的"绰约风流""淫态风情"只能供男人玩弄,满足其淫欲,这时却成了嘲笑取乐对方的手段。位置的颠倒,关系的颠倒,使对方丑态百出,变得猥琐不堪,"竟真是他嫖了男人,并非男人淫了他":

> 仗着自己风流标致,偏要打扮的出色,另式作出许多万人不及的淫情浪态来,哄的男子们垂涎落魄,欲近不能,欲远不舍,迷离颠倒,他以为乐。

三姐觉醒的标志,是对自身生命与人格价值的初步认识:

> 咱们金玉一般的人,白叫这两个现世宝玷污了去,也算无能。……趁如今我不拿他们取乐作践准折,到那时白落个臭名,后悔不及。

懂得珍惜自己"金玉一般"的价值,懂得人格尊严高于生存和情欲需求,从甘心被贾珍父子聚麀玩弄,到"将贾琏、贾珍、贾蓉三个泼声厉言痛骂,说他爷儿三个诓骗了他寡妇孤女",从昔日"拿着我们姐儿两个权当粉头取乐"的卑贱脏污,到今日"拿他们取乐作践准折"的勇敢泼辣,这不只是对珍、琏、蓉淫欲的制服,而且是对男权淫乐的宣战。

然而,所谓"取乐作践准折",仍然不过是意识到自我生命价值后对所受凌辱的发泄式报复,离幸福追求还很遥远。三姐必须找到未来的归宿。

从"惑"到"觉":"与君两无干涉"

在《红楼梦》所有年轻男女的爱情婚姻观中,从"惑"到"觉"的尤三姐是最明确也是走在最前面的:

> "终身大事,一生至一死,非同儿戏。我如今改过守分,只要我拣一个素日可心如意的人方跟他去。若凭你们拣择,虽是富比石崇,才过子建,貌

比潘安的，我心里进不去，也白过了一世。"

拒绝"父母之命"，也拒绝一切外来干预和财富才貌等外在条件诱惑，忠实于自己内心的选择，并以贞操坚守，以生命相殉。在小说中，如此宣言和行动，没有第二人。

尤三姐不是没有眼光的人。在与兴儿、二姐议论贾府诸人时，唯独她看到了贾宝玉关爱女儿的可贵品质。她选择了五年前一面之缘的柳湘莲，应该也是一种不错的直觉。

为了等候和实现自己的选择目标，她表现了斩钉截铁的意志。在与珍、琏决裂之后，她态度坚决："若有了姓柳的来，我便嫁他。从今日起，我吃斋念佛，只伏侍母亲，等他来了，嫁了他去，若一百年不来，我自己修行去了。"从此"安分守己，随分过活"。在得到了柳湘莲的订婚礼物鸳鸯剑后，更是"喜出望外，连忙收了，挂在自己绣房床上，每日望着剑，自笑终身有靠"。

正因为如此，当柳湘莲前来悔婚取剑，三姐便陷入完全的绝望之中："好容易等了他来，今忽见反悔，便知他在贾府中得了消息，自然是嫌自己淫奔无耻之流，不屑为妻。"但她不愿乞求，更不愿贾琏出去"无法可处"，自讨没趣，连忙摘下剑来，泪如雨下，毅然回肘自刎。

"以死报此痴情"。这就是三姐最后的选择。

事实证明，三姐的情，只是一面之缘一厢情愿的幻想寄托。按二姐所叙，五年前随母亲给老娘拜寿，"他家请了一起串客，里头有个做小生的叫作柳湘莲。他看上了，如今要是他才嫁"。依64回所叙推算，五年前的三姐还只是十二三岁刚进入青春期的小女孩。用今天的话，不过是前来串戏的柳湘莲的一个狂热"粉丝"。只有偶像崇拜，尚无爱情可言。所谓"可心如意"只是表面的直觉印象。何况在这五年中，她们姐妹还被贾珍父子"当做粉头取乐"。三姐对柳湘莲说"妾痴情待君五年矣"，这话有些夸大。实际情况要复杂得多。应该是，三姐一方面内心深处藏有对柳湘莲的美好印象，甚至作为理想夫君的幻象；但另一方面，在现实生活中，她又抵挡不住贾珍等的情欲诱惑，一度过着放荡的生活。直到"耻情而觉"，与贾珍决裂，在考虑未来婚姻时，她才重新唤起当年回忆，决心非柳不嫁。也许由于对现实环境的完全失望，柳湘莲，这个当年的偶像级幻象，对于她才具有那么强大的吸引力，成为用以抵挡现实诱惑追求正常爱情婚姻的精神支撑。然而柳湘莲甚至都不认识她，这种完全不具备现实可能性的情感幻想，就使三姐又一次陷入"误被情惑"的悲剧。后面情节的戏剧化演进，贾琏偶遇湘莲、订婚、悔婚等等，有许多不合情理之处，也有损于柳湘莲"重然诺"

的"素性爽侠"的形象,只是成为三姐之死的铺垫。但从悲剧构思和描写的角度看,湘莲悔婚却具有极其深刻的意义。这里,不必追究贾琏求婚时没有主动介绍三姐的痴情等候,也不必责备贾宝玉与柳湘莲对话时的含糊和赌气,导致柳湘莲悔婚的根本原因,是他头脑中根深蒂固的男性霸权主义。

柳湘莲的择偶标准,不同于贾宝玉,要志同道合的人生知己。他所谓"定要一个绝色的女子",不过是把女性美色作为男性的附庸和享受品,在这一点上,他同珍、琏、蟠等惟知以美色娱己的皮肤滥淫之徒并无不同。既然如此,贾宝玉也称赞"难得这个标致人,果然是个古今绝色,堪配你之为人"。但他随后又产生种种疑惑,特别是质疑三姐"品行"(订婚前为何不问品行?),明确表示"我不做这剩忘八",把"贞洁"作为"品行"的首要标准。而柳湘莲自己却是一个"不拘细事,酷好耍枪舞剑,赌博吃酒,以至眠花卧柳,吹笛弹筝,无所不为"的"世家子弟"(第47回),男性自我放纵却对女性提出片面的苛刻"贞洁"要求。随意交付鸳鸯剑,又贸然索回,毫不考虑女性的地位和感受,决定命运的一切言行都在湘莲与贾琏两个男人间进行,而被决定的女性没有任何权利。所有这些,都显示出一种赤裸裸的男性婚姻霸权。

冷心冷面,似乎是柳湘莲的性格标签。人称"冷二郎"。但从叙事内容看,湘莲的"冷",有很鲜明的性别歧视色彩。突出表现为对女性的严苛和对男性的宽容。不用说他对宝玉秦钟等朋友的情义,即以对薛蟠态度而言,他惩办过呆霸王的调戏,但后来二人结为生死兄弟,毫不计较他过去的丑行,这与对三姐的态度天壤之别。以上种种表明,三姐的自主择婚确是又一次"误被情惑"了。

湘莲的悔婚,给沉迷于痴情幻想中的尤三姐以毁灭性的精神打击。如果说,跟贾珍之流淫乐,她付出的仅仅是肉体;那么,对柳湘莲,她付出的却是全部精神的爱和对未来的期望。但是,这个男人却无情地拒绝了她,甚至不给她见面的机会和平等对话的权利。她感到作为"淫奔无耻之流"被人歧视轻贱没有出路的绝望,也痛感男性婚姻霸权对女性命运的羞辱。这严重伤害了三姐的人格自尊。绝不乞求,以死明志,这就是三姐又一次的"耻情而觉"。

三姐的自主择夫,并非真正的人格觉醒,只是寻找理想的终生依靠即人身依附对象,如同妓女从良,一旦所择非人,便使自己陷入绝境。三姐自刎,与杜十娘沉江一样。不同的是作者还继续写了她的觉醒,虽然有不舍托梦前来诀别,柳湘莲也悔恨不已,但三姐仍决然分手,"与君两无干涉"。应该说,这种"耻情而觉"才是女性不再依附于男性的独立人格觉醒。三姐自刎,不仅是"以死报此痴情"(非报湘莲)的悲愤之举,更是用生命对男性婚姻霸权的壮烈挑战!

三姐生前柳湘莲拒不相见，死后才看到"原来尤三姐这样标致，又这等刚烈，后悔不及"。湘莲的可贵之处，是他勇于自责和担当。当贾琏在二姐劝说下，放走湘莲时：

> 湘莲反不动身，泣道："我并不知是这等刚烈贤妻，可敬！可敬！"湘莲反伏尸大哭一场。等买了棺木，眼见入殓，又俯棺大哭一场，方告辞而去。

主动称三姐为"贤妻"，表明湘莲已经不是从"贞洁"而是从爱情来认识婚姻的根本条件了。这种从男性自我反思的角度否定男性婚姻霸权，才真正显示了柳湘莲的"爽侠"气质。但一切为时已迟。三姐已经明确"与君两无干涉"，"耻情而觉"了。

"来自情天，去由情地"

"耻情而觉"，摆脱了依附男性心态，"与君两无干涉"的三姐灵魂归向何处？

在《红楼梦》前八十回夭逝的几位年轻女性（秦氏、金钏、尤三姐、晴雯）中，唯有尤三姐被描写死后回到太虚幻境，在柳湘莲的梦中，"一手捧着鸳鸯剑，一手捧着一卷册子"自称"妾今奉警幻之命，前往太虚幻境修注案中所有一干情鬼"，与柳诀别，而后一阵香风无踪无影（第66回）。按"修注"不见古今辞书。据《中国历代官制大辞典》，南宋孝宗时，史官设侍立修注官，应是记载之职。[①]这是作者赋予"情小妹"尤三姐的特殊地位。在一个以展示贵族女子及其奴婢命运为主的小说虚构的"太虚幻境"里，设置一位有过"淫奔"历史的市井女子担任唯一的修注之职，这至少透露出两个重要信息：一是破除以贵贱为等级的平等地位观；二是否定苛求女性"贞洁"的生命价值观。

曹雪芹的平等观念，是对中国古代和前近代平等思想以及佛家平等观的吸收继承，并与包衣曹家追求人格平等的反奴精神传统一脉相承。[②]在小说中，通过贾宝玉"世法平等"观念直接表达。警幻仙姑为主神的"太虚幻境"就是一个以警幻仙姑为主神的平等世界。其各司中贮着"普天之下所有的女子过去未来的簿册"，命运面前人人平等。市井女子尤三姐修注"所有一干情鬼"，正是平等精神的体现。

---

① 吕宗力主编《中国历代官制大辞典》修订版562页，商务印书馆2015年。

② 参见刘上生《论曹寅童奴生涯和〈红楼梦〉的反奴文化创造》，载《红楼梦学刊》2018年第1辑。

反传统"贞洁"观的实质,是反对男性的性别霸权,即男女不平等的生命价值观。贾宝玉的"女清男浊""泥水骨肉说"一开始就举起了反叛的旗帜。男女的生命本能和情感追求(即"淫"与"情")是平等的,不能以对女性的"贞洁"苛求维护男性的情欲放纵和婚姻霸权,这就是作者通过尤三姐的鲜血和生命作出的警示。段江丽指出,二尤悲剧的独特内涵就是揭示和批判"男权社会对男女两性在性道德上所持的双重标准"①。

这两个方面,曹雪芹都走在时代的前列。

作者赋予尤三姐特殊地位,是因为"情小妹"的一生,她的追求"情"的精神和生命史,体现着作者"大旨谈情"的基本意旨:从生命本能的追求,到自我价值的认识;从个体情感的热恋,到独立人格的觉醒。他特别关注女性独立人格的觉醒。兴儿在介绍贾府诸人时,说"咱们姑太太的女儿,姓林,小名儿叫什么黛玉,面庞身段和三姨不差什么"(第65回),这是作者的特笔。在《红楼梦》中,其他具有独立人格个性的女子如晴雯、龄官,也都在外貌上与黛玉相似,形成形神兼备的人物系列。而"情小妹"三姐与"情情"黛玉以完整的"情"的精神和生命史尤其形成鲜明映照。她们都是用生命追求爱情的女性,又是在追求中获得独立人格觉醒的女性。但又具有贵族少女和市井女性的不同特点:就婚姻自主意识而言,尤三姐鲜明大胆,而林黛玉却难以突破传统;就精神情操境界而言,林黛玉高雅脱俗,而尤三姐却曾被严重污染。黛玉以"质本洁来还洁去"的超逸高远和"抛珠滚玉只偷潸"的缠绵哀婉打动人心;三姐以其从"误被情惑"到"耻情而觉"的曲折历程感悟人心。黛玉身上更多体现"情"的内涵的超越性人性理想,三姐身上更多体现"情"的复杂现实表现和变化。如果说,林黛玉身上概括了古代社会中上层才女情女的性格特色;那么,尤三姐形象则是作者对社会下层备受歧视却不甘屈辱的市井女性包括风尘女子的概括。这就是作者为什么把黛玉作为"洁净女儿"而把尤三姐作为"淫奔女"刻画的原因。只有这样,才能充分显示"千红一哭万艳同悲"的广泛意义,而如果把尤三姐形象理想化洁净化,虽然可以满足阅读者的良好期待,却可能大大缩小其反映现实的深刻意义。

对女性的片面"贞洁"要求是男权文化的专利。晚明以来,随着商品经济的发展和社会生活的开放,这种观念似乎出现了某些松动,"秦淮八艳"与众多名士的交往和婚姻,如钱柳姻缘,以及卖油郎独占花魁故事等,都曾传为美谈;但清代重新强化理学统治,引起女性同情者的关注。曹雪芹祖父曹寅,就曾以明

---

① 参见段江丽《红楼人物家庭角色论》225页。

万历秦淮名妓马湘兰痴恋名士王稚登，为其所拒，礼佛而死的故事，为马湘兰所画兰花一连写了三首长诗，寄以深厚同情，其中"琢玉难求并命人，艺香枉化空心草"，"猛拚纫结随君稿，谁掇英华问女饥"等诗句，猛烈批判男性负心和男权主义。尤三姐为柳湘莲所拒而死，与其何其相似。曹雪芹的"悼红心性"和仁爱人道情怀，是对古代和当代优秀民主文化，其中也包含了对包衣曹家特别是曹寅情观和女性观积极成果的继承。①

　　"太虚幻境"是曹雪芹《红楼梦》的神性创造。他用这个理想的"清净女儿之境"与浊臭的男权主导的现实世界对立，关注着普天下所有女子的命运。三姐回归"太虚幻境"，这是意味深长的安排。"情小妹"尤三姐的一生，以两度从"惑"到"觉"的历程，从成为男权淫乐和男性婚姻霸权的牺牲品，到向男权淫乐和男性婚姻霸权进行勇敢挑战，并使自己完成了个体精神人格的觉醒。这在"使闺阁昭传"的《红楼梦》中，是绝无仅有的案例。"二尤"是大观园外的平民女子。如果说，大观园作为"太虚幻境"的人间投影，还能暂时保护贵族少女和丫鬟（噩运也即将到来）；那么，二尤则是一无所有地暴露在黑暗之中任其吞噬。二姐已经陷没，三姐以生命拼搏。可悲的是，即使"耻情而觉"，在男权世界的现实仍无路可走，只能"来自情天，去由情地"。作者在第63回怡红夜宴之后，紧接着叙写贾敬之死和二尤故事，具有强烈的喜悲映照和关联用意。而较之大观园诸艳，园外的贫寒平民女性尤为悲惨。让三姐回到理想的清净女儿之境——太虚幻境，是一种最大保护，也是无奈安排。它显示出作者关注和思考女性命运的迷茫心态，因为这是现实无法给出答案的"娜拉走后怎样"式的难题。

　　曹雪芹是超前的，又是属于那个时代的。"女祸论"是男权时代的沉重阴影，这位18世纪中国男权文化的伟大批判和自省者，也难以完全摆脱。他既为秦氏"洗白"，又在《好事终》曲中写下"擅风情，秉月貌，便是败家的根本"的句子；他笔下的尤三姐既勇敢觉醒决绝，却又多次以"淫奔"自责，还在二姐梦中对她说："你我生前淫奔不才，使人家丧伦败行，故有此报。""你虽悔过自新，然已将人父子兄弟致于聚麀之乱，天怎容你安生？"甚至主张女性自残，"将此剑斩了那妒妇（王熙凤），一同归至警幻案下，听其发落"。一百年前鲁迅先生发表《我之节烈观》，还沉重感叹："社会的公意，向来以为贞淫与否，全在女性。男子虽

---

①　参见刘上生《曹寅与曹雪芹》第七章第三节，海南出版社 2001 年版。[清]曹寅《楝亭集》卷七《题马湘兰画兰长卷》《再叠前韵》《卷末一丛无叶……三叠前韵》，上海古籍出版社1978 年影印本。

然诱惑了女人，却不负责任……历史上亡国败家的原因，每每归咎女子。糊糊
涂涂的代担全体的罪恶，已经三千多年了。"①

历史在前驱者的引领下艰难前行。

2019 年 3 月 23 日写定

（原载《曹雪芹研究》2019 年第 3 期）

---

① 鲁迅《我之节烈观》写于 1918 年 7 月，载《鲁迅全集》第一卷，人民文学出版社 1981
年版。

林黛玉的雅谑和曹雪芹的用笔

——关于"母蝗虫"入回目的再思考

双重嘲谑的回目

曹雪芹的用笔总是耐人寻味。

刘姥姥随贾母游大观园,被林黛玉讥为"母蝗虫",这是刘姥姥离开贾府以后的情节。第 42 回①贾母命惜春画园,探春埋怨:"都是刘姥姥一句话。"林黛玉便笑道:"他是那一门子的姥姥? 直叫他是个'母蝗虫'就是了。"这话得到薛宝钗点赞。黛玉意犹未尽,又借题发挥,要惜春画"携蝗大嚼图",引起哄堂大笑。这是一件寥寥数百字的小事,小姐妹群里说笑,完了就完了,没有任何影响。但作者明显把事情放大。第 41 回回目就是"怡红院劫遇母蝗虫",把"母蝗虫"谑语前移了,并且用表示巨大灾难的语词"劫"②作为施动,造成极大夸张度和视觉冲击感。这是小说中从未有过的一种非常规处理。紧接着第 42 回回目又是"潇湘子雅谑补余香"。这样一来,林黛玉对刘姥姥的嘲谑就在回目里连续出现而被强化了。

这两回回目存在于接近曹雪芹生前定稿的庚辰本,③而在同属脂批本系统

---

① 本文所引《红楼梦》原文,均据中国艺术研究院红楼梦研究所校注本《红楼梦》,人民文学出版社 1982 年版。

② "劫"源自梵文音译,经佛教吸收,转化为包含"成住坏空"宇宙生灭过程的时间概念,故后亦用指巨大的毁灭性的灾难,参见任继愈主编《宗教词典》484 页,上海辞书出版社 1981 年版;冯其庸、李希凡主编《红楼梦大辞典》178、180 页,文化艺术出版社 2010 年版。

③ 关于此回回目的研究,参见刘上生《探骊:从写情回目解味红楼梦》211 至 212 页,浙江古籍出版社 2019 年版。

的戚序本,第 41 回的后句是"刘老妪醉卧怡红院",甲辰本等为"刘姥姥醉卧怡红院"。从版本学的角度,人们有理由推想,在曹雪芹拟定该回目的过程中,"刘老妪(或'刘姥姥')醉卧怡红院"或可能是其选项。比较起来,作为回目标题,"刘老妪醉卧怡红院"有其优点,它切合叙事内容,而"怡红院劫遇母蝗虫"不但夸张了事件性质,还把此回所没有的下一回林黛玉嘲谑塞入回目,不符合拟定回目的规范性要求。但曹雪芹却舍彼而取此。

而且,短短八字回目包含双重嘲谑——书中人物林黛玉的嘲谑和作家所拟回目的嘲谑,后者是对前者的认同和艺术处理。显然,这一切都是曹雪芹的精心用笔。

曹雪芹为什么这样做?林黛玉的"母蝗虫"嘲谑不是"涉嫌人格侮辱"的贵族小姐意识的流露吗?

在《红楼梦》的研读中,这似乎是一个未解之题。网上早有争议。笔者曾经著文做过探索,也引出不同意见。① 今天看来,还有进一步研究的必要。

人格碰撞与做戏智慧

批评林黛玉的贵族意识似乎是顺理成章之事,不过细究便觉明显难圆其说。贵族贾府的最高统治者是贾母,实际掌权者是王夫人、王熙凤。她们自然是贵族意识的代表。为何"母蝗虫"之谑不出自她们之口,反倒出自林黛玉?而且可以推想,倘若这种嘲谑传到她们耳中,一定会遭到斥责而不会认同。因为这有违贵族之家贾府怜老惜贫的传统。简单化的帽子标签并不能说明问题。我们应该依据作品提供的信息作更深入的符合实情的探讨。

梳理情节脉络,可以看出,黛玉对刘姥姥的反感并不是因为其庄稼人身份低微引起的。虽然她们本来生活在两个世界里。但黛玉并非冷漠无情之人,看第 45 回黛玉与宝钗派来送燕窝的婆子交谈的体贴话语还给钱打牌消夜就可见其内心深藏着一份仁厚。当贾母留下刘姥姥说乡下故事的时候,"彼时宝玉姊妹们也都在这里坐着,他们何曾听见过这些话,自比那些瞽目先生说的书还好听"(第 39 回)。这里就包括黛玉。这时,实际上还是两个世界信息的平等交流。虽然黛玉讥讽贾宝玉过于关心雪地抽柴火的小姑娘,也许包藏着对刘姥姥

---

① 参见刘上生《人格意志和仁爱情怀》,古代小说网 2018 年 4 月 20 日;《探骊:从写情回目解味红楼梦》211 至 224 页。

故事的不满,也许她已敏感发现刘姥姥善于迎合的特点。但黛玉的强烈反感,实在是由于刘姥姥非常态的出乖露丑所引起。

鸳鸯和凤姐商议,要把刘姥姥当帮闲凑趣的"女篾片",刘姥姥欣然承诺,为了"哄老太太开心",于是就有了造成哄堂大笑的自我贬损表演:

> 贾母这边说"请",刘姥姥便站起身来,高声说道:"老刘,老刘,食量大似牛,吃一个老母猪不抬头。"自己却鼓着腮不语。众人先是发怔。后来一听,上上下下都哈哈的大笑起来……(第40回)

以下便是一段《红楼梦》各人不同笑态的著名描写。这是刘姥姥第一次自我贬损,把自己非人化。没有谁强迫刘姥姥这么做,都是她自为的(作品中的确描写了鸳鸯几番嘱咐提醒刘姥姥,但没有任何细节表明刘姥姥的表演来自鸳鸯所授,何况还有以下多次表演)。

当刘姥姥喝了几杯酒,不禁手舞足蹈起来时,有如下描写:

> 宝玉因下席过来向黛玉笑道:"你瞧刘姥姥的样子。"黛玉笑道:"当日圣乐一奏,百兽率舞,如今才一牛耳。"众姐妹都笑了。(第41回)

这是林黛玉第一次嘲弄刘姥姥,以"刘"为"牛",并非她的发明。而是来自刘姥姥的自比。后来的"母蝗虫"与此一脉相承。自辱者必为人所辱,从来如此。

在以后的游园过程中,刘姥姥不断重复这种自辱取笑的丑角表演。甚至在自己年长和农村生活经验丰富的优势领域里,她也卖萌做傻装无知,明明是鸽子蛋,偏说"这里的鸡儿也俊,下的这蛋也小巧,怪俊的"(第40回)。明明"成日家和树林子作街坊,困了枕着他睡,乏了靠着他坐,荒年间饿了还吃他",却故意说黄杨木杯"断乎不是杨木,一定是黄松的"(第41回)。引起一场场哄堂大笑。她的那些"一个萝卜一头蒜""花儿落了结个大倭瓜"的酒令,以俗媚雅,取得了很好的笑场效果。面对贾府珍肴美味的罗列炫耀,她一面赞不绝口,巧辞以满足贾母、王熙凤等的虚荣心(如"茄鲞",说一只茄子"倒得十来只鸡来配他",其实从凤姐的介绍中根本得不出这个结论),一面趁机大快朵颐,饱口腹之欲,直到喝得醉醺醺的闯进怡红院。黛玉的"母蝗虫"比拟,"携蝗大嚼图"的谑笑,就是针对这种她所厌恶的媚语吃态而发。固然语涉刻薄,但正如宝钗所言,确实"把昨儿那些形景都现出来了"。

从生存境遇看,林黛玉与刘姥姥有共同之处,她们都是有所求之人,而黛玉更甚。她父母双亡,寄人篱下,曾自叹是"草木之人"。但她始终把生命的自我尊严即人格价值放在人生追求的首位。即使对她最心爱的贾宝玉也是如此,而且要求更加严苛。用她自己的话:"我为的是我的心。"所谓"孤高自许,目无下尘"(第5回)、"孤标傲世"(第38回《问菊》)、"篱畔秋酣一觉清"(第38回《菊梦》)、"质本洁来还洁去"(第27回《葬花吟》)等等,就是她的价值宣言。正因为如此,她对维护人格尊严特别敏感,也必然对践踏人格尊严,特别是自我践踏、人格自辱会特别反感。从刘姥姥自比为牛,到讽她为牛,到"母蝗虫""携蝗大嚼图"之"雅谑",林黛玉绝不是卖弄聪明,更不是歧视贫穷,在上述意义上,乃是自尊与自损两种人格的碰撞。

应该承认,在作品里,刘姥姥并不是有严重人格缺陷的人物,但却是一个性格表现和内涵都极为丰富的艺术形象,是鲁迅所称赞《红楼梦》的"真的人物"。她有庄稼人的朴实,也不乏老世故的精明。如果说她第一次进贾府,抱着来"打秋风"的目的,难免表现出"足将进而越趄,口将言而嗫嚅"的畏葸和难堪,这一次来,则完全是为了感恩,送来新鲜瓜果菜蔬给贾府作"野意儿"。这是庄稼人的朴实情怀,并没有继续攀援的功利之心,态度也显得落落大方。但地位的悬殊和受恩者的身份使她无法改变对贾府的仰承视角。当精神空虚无聊的贾母正需要有人替她增添生活乐趣,把她留了下来,而善于揣摩老祖宗心思的鸳鸯和王熙凤看准了刘姥姥可以做凑趣的"女篾片","拿他取个笑儿"(她们对赖嬷嬷等老人就绝不敢如此,可见骨子里还是有等级观念支配)。世故的刘姥姥,知道这是为了"哄老太太开心",而且也显然意识到这样做可能得到的回报,于是便满口承诺(也无法拒绝),着意迎合。既为"哄",便得以假作真地表演。庄稼老人面对豪门,有怎样的优势和劣势,她是一清二楚的。为了满足豪门的虚荣心,毁弃尊严,自我贬损,出乖弄丑,便是唯一有效途径。这便是刘姥姥面对贾府权势、盛情和逗乐要求自愿却又无奈的生存智慧选择。

刘姥姥逢场作戏的本领是极为出色的。除了酒令是鸳鸯事先设计,其他都是她现场自导自演。从第一次逗笑"老刘老刘,食量大似牛……",就可以看出她的出手不凡:短短三句话,有自嘲手法,押韵诗句,带有文言成分的语汇,匪夷所思的"大胃王"夸张想象。难怪爆场效果空前。由此看来,后面鸳鸯行酒令到她,"左边是个人",刘姥姥想了半天,才说出"是个庄稼人吧",惹出又一番哄堂,以及后面一次次地逗笑,完全是装出来的。这哪里像一位目不识丁的庄户老妪?分明是颇知文理的逗笑表演老手。在某种意义上,她以自己的滑稽表演掌控着游园的喜剧场景,使沉醉于炫耀享乐的贾府贵族的虚荣心得到了极大的满足。她的自我贬损完全是表演技巧。她把自我委屈和自我保护拿捏得恰到好处,并没有导致对自我人格的否定。当她临走告别时,奉承感激这几天"把古往

今来没见过的、没吃过的、没听见过的,都经验了",之后,也直率地指出贾母和
大姐儿身体不适的原因:"老太太有年纪的人,不惯十分劳乏的。""富贵人家养
的孩子多太娇嫩,自然禁不得一些儿委屈……以后姑奶奶少疼他些就好了。"
(第 42 回)当作品着意描写到她的健康观念与给贾母看病的老御医不谋而合
时,这位饱经风霜历练的庄稼老人对于贵族豪门的生命力和生命意识的优势就
显露出来了。连王熙凤请刘姥姥为女儿取名字时也不能不承认:"你们是庄稼
人,到底贫苦些,只怕压的住他。"刘姥姥就在"巧姐"之名"逢凶化吉,遇难呈祥"
的预言中带着满车馈赠离开了贾府。

两天游园,其乐融融,充满欢笑。贾府炫耀富贵,寻欢作乐,却也怜老惜贫,
礼节得当;刘姥逢迎趋奉,自甘贬损,笑料迭出,却内藏辛酸,但最终又显示出某
种精神优势。人性的碰撞较量是极其复杂的利益和心理过程。作者隐去了对
刘姥姥内心世界的展示,但脂批分明感受到了有意承欢时的屈辱和无奈。王府
本第 40 回有回末总批:

> 写贫贱辈低首豪门,凌辱不计,诚可悲夫![1]

然而,这种贫贱辛酸的沉重背负,深处闺阁的少女怎能知晓体味?她们的
内心感受,是哄笑后的轻蔑。林黛玉对刘姥姥弄丑表演的不满和轻蔑,来自身
份地位本能和自尊人格本能,见其表不知其里,是可以理解的。从人格意识的
角度看,林黛玉是满堂醉人中的最清醒者。寄人篱下的黛玉,倾向于以自我感
受为中心;多一份敏感和深刻,而不免少一份"理解的同情"。她的恋人贾宝玉
却多一份体贴之心。虽然也不满于其人格自贬,却理解贫婆子的艰难,把妙玉
要扔掉的定窑茶盅要来送给刘姥姥卖了度日。这正是"情不情"与"情情"的差
异,也是黛玉虽为作家钟爱却唯有贾宝玉成为作家笔下"今古未有之一宝玉"理
想形象的原因所在。

雅谑构想

曹雪芹为何反常规把"母蝗虫"前移纳入第 41 回回目并有意造成双重嘲
谑? 这个难题尚待索解。但有两点是可以肯定的:一是认同,二是强化。

那么,曹雪芹是在何种意义上认同"母蝗虫"的嘲谑呢? 第 42 回回目"潇湘子
雅谑补余香"表明,他把林黛玉的嘲谑定位为"雅谑"。这就是说:其一,这是一种

---

① 陈庆浩《新编石头记脂砚斋评语辑校》570 页,中国友谊出版公司 1987 年版。

高雅情趣的表现；其二，这是一种喜剧情趣；其三，"善戏谑兮，不为虐兮"（《诗经·淇奥》），在中国诗学传统里，这是一种善意的有分寸的批评嘲讽。不能因为以动物喻人就指斥为人格侮辱，甚至加上阶级符号。第 37 回探春取号"蕉下客"，黛玉马上笑说："可不是一只鹿了？快做了鹿脯来。"第 41 回宝玉要用盒喝茶，妙玉说："三杯便是饮牛饮骡了。你吃这一海便成什么？"都是戏谑。而曹雪芹既非出身贵族，写作时本人也已沦入社会下层。由此看来，那种批评林黛玉以贵族意识侮辱下层人民并且得到曹雪芹认同的观点至少是不符合作家的创作实际的。

　　"蝗虫"因其食稼与民生有密切关系，很早进入文学语汇。《诗经·大田》"去其螟螣，及其蟊贼，无害我田稚"，所提就包括蝗虫。《螽斯》篇表达先民对"蝗神"繁殖力强的敬畏，蝗群所过，禾稼尽毁，甚至赤地千里。历代对蝗虫为害的描述感叹，史不绝书，诗不断代，称为"灾""妖""孽"。① 但以"母蝗虫"喻人为谑却是作家替黛玉所创造的。薛宝钗称赞林黛玉"用《春秋》的法子把'市俗的粗话'撮其要，删其繁，再加润色比方出来"。所谓"市俗的粗话"，大概就是流行民间的关于蝗虫（蚂蚱）的许多俗语、歇后语，以及有关女性（母性）"母大虫""母夜叉"（俱见《水浒传》）"河东狮"之类绰号。所谓"用《春秋》的法子"就是寓褒贬，有意蕴。如果说，"母大虫""母夜叉"之类江湖绰号包含某种原始母性崇拜的残留，那么，"母蝗虫""携蝗大嚼图"的"雅谑"，从以蝗为灾变为以蝗为戏，把人类敌害化为调侃对象，则完全是未经农事艰难的稚嫩少女的机灵智慧。

　　因惜春画园而及草虫想象，嘲谑人格自损和饕餮食客，不过是林黛玉表露对刘姥姥不满的一种宣泄方式。从具体语境说，则是林黛玉刚从薛宝钗"读杂书"的对谈批评中脱身后的一种紧张释放，所以她不但连用"母蝗虫""携蝗大嚼图"逗乐，还借宝钗张罗画画用具的机会开宝钗"把嫁妆单子也开过来"的玩笑，显得十分俏皮活泼。这是黛玉性格开朗放松一面的少有展示。在礼法等级森严自己寄人篱下的贾府，除了与宝玉相处，这种机会太少了。在消除对宝钗的敌意后，黛玉从情感追求落落寡合的状态中走出，融入大观园的群体之中。作者两次以"雅谑"入回目，显然表现了对黛玉的钟爱。

　　"母蝗虫"进回目，是作者把刘姥姥游园的喜剧情节推向高潮的重要手段。游园三回，以"醉卧"为终点。如果说，"母蝗虫"出自书中人物黛玉之口，那么，

---

①　如唐白居易新乐府《捕蝗》"课人昼夜捕蝗虫"；贯休《东阳罹乱后怀王慥使君五首》"来似蝗虫争奈何"；宋欧阳修《答朱寀捕蝗诗》"嗟兹羽孽物共恶，不知造化其谁尸"；陈造《喜雨口号呈陈守伯固十二首》"曾是蝗虫盖地皮"；苏轼《寄刘孝叔》"又报蝗虫生翅股"；陆游《开岁连日大雪》"犁不入土蝗虫稠"；明安璿《从军行》"蝗虫岁旱无岁无"；等等。

"怡红院劫遇母蝗虫"就完全是作家曹雪芹的创造性设计。巨害蝗虫与巨灾"劫"施动的语词配合①而以宝玉所居怡红院为处所。所谓"劫遇"事件,乃是来自贾府外社会底层的俗人刘姥姥,醉醺醺地闯入显示贾府极富贵(以罕见的西洋用品为代表)物质生活和高雅(以怡红公子贾宝玉为代表)精神生活水平的怡红院,还带来最凡俗的"酒屁臭气"污染,喜剧意味正是来自这种极度的错位和不和谐。把这种并未造成任何后果的富贫雅俗的偶然碰撞称为"劫遇",艺术化的市俗粗语与佛家观念语词作为调侃要素混合一体,真是太令人捧腹而又意味深长。其实,醉卧的刘姥姥不过是在宝玉床上得到了自由放松,怡红公子醉卧在自己床上,何尝不是"酒屁臭气"满屋? 哪里有雅俗富贫之分? 真正可叹可笑的不是人性之自然常态,而是富贵繁华无法长久依恃的世事沧桑,那才是真正可怕的"劫遇"。作为"劫遇"过来人的作者已经备尝其痛苦。所谓"怡红院劫遇母蝗虫",在当时语境中不过是一场醉人自我表演的独角戏,转化成了作家对表演者的善意调侃。从纵向看,由于它与小说末贾府败落、刘姥姥救援情节的对映联系,形成了一种深度反讽。在真正的浩劫到来之际,被嘲谑的"母蝗虫"成了道义崇高的救助者。这种盛衰喜悲的遥相映照,令人生无穷感叹。从横向看,在本回里,"怡红院劫遇母蝗虫"与前面的"栊翠庵茶品梅花雪"形成极俗与极雅的情境映照,妙玉的"过洁"矫情②与刘姥姥的醉后放松都充满喜剧情趣,而以前者对后者的映衬将其推向谐谑顶点。从全书布局看,游园是显示贾府繁华乐趣的顶点,至第 42 回刘姥姥回家,黛玉雅谑为"余香",自第 43 回凤姐生日,琏凤冲突爆发,各种矛盾迭现,全书基调就进入由喜转悲由盛转衰的下行道了。作者把特制的"怡红院劫遇母蝗虫"回目作为游园也是全书喜剧描写的高潮和终点,堪称匠心之笔,不可等闲视之。

在小说中,"劫"在第 49 回还被林黛玉戏谑地用过一次,史湘云同宝玉等在芦雪庵烧鹿肉,黛玉道:"今日芦雪庵遭劫,生生被云丫头作践了!"引出史湘云"是真名士自风流"的反驳。那也是在欢乐之时。这里的"遭劫"与第 41 回"劫遇"颇有对应之妙。但那是人物语言,不同于此处进入回目的特殊用意。这也说明,曹雪芹很善于通过庄词谐用重词轻用的修辞手段创造特殊的审美效果。

---

① 据本人查找,在《红楼梦》之外,"蝗虫劫"词语见于民国二十年(1931)间的《陕西荒年歌》中"谁料想有那种恶虫出现,竟遭了蝗虫劫蔽日遮天",载《中国歌谣集成》(陕西卷),中国民间文学集成全国编辑委员会 2009 年版,参见柳育龙《焦岱史话》补遗,团结出版社 2013 年版。当代作家北芳有散文《蝗虫劫》。

② 关于妙玉的矫情,参见本人《探骊》,有较详细分析。

自我投射

早在《石头记》流行初期,戚蓼生就发现小说"一声也而两歌,一手也而二牍"的特点,也就是说,曹雪芹善于以一支笔做几支笔用。塑造刘姥姥形象,乃至以"母蝗虫"入回目,也具有多重意义。

就其本体意义言之,刘姥姥是作者创造的一个体现下层社会生活辛酸和道义理想的"真的人物";就其功能意义言之,刘姥姥是作者在小说中设置的一个特殊视点,从外界下层观察和感知贵族贾府盛衰的见证人;就其寄寓意义言之,刘姥姥是映射历经沧桑的作者自我对世态人生感受的影像式形象。在"母蝗虫"回目里,最值得注意的是刘姥姥形象上的作者自我投射。

刘姥姥形象在小说回目中出现频率,居贾府外人物首位。依次为"刘姥姥一进荣国府"(第6回),"村姥姥是信口开河"(第39回),"怡红院劫遇母蝗虫"(第41回),"忏宿冤凤姐托村妪"(第113回)①。可以看出,作为回目主词(主语或宾语)的刘姥姥唯独在第41回发生了突变,偏离了身份本体,而且由于包含双重嘲谑而涵义负面。这就不能不使人们关注作者特殊用笔的附加意义。笔者认为,这种附加意义,就是既寄寓着作者家庭和个人沦落后的深切贫寒体悟,又包含着某种人格自我反思。

其实,这种附加意义在刘姥姥初进荣府时已经显现。第6回己卯本、梦稿本所存回前诗"朝叩富儿门,富儿犹未足。虽无千金酬,嗟彼胜骨肉",庚辰本等回末联语"得意浓时是接济,受恩深处胜亲朋",与第1回甄士隐(真事隐)家事破败后,遭岳父封肃(谐"风俗")冷遇,第5回巧姐判词"势败休云贵,家亡莫论亲"遥相呼应,显然包含自己的切身感受。但这些只是形象和情节之外的感叹。刘姥姥到贾府得到接济的幸运遭遇,成为作者自我"叩富儿门"所受冷遭的对映。二进贾府及游园的笔墨却要丰富复杂得多。刘姥姥形象和情节很可能融入了作者的自我经历与感受。我的依据是:乾隆二十二年(1757),他的朋友敦诚从远在山海关附近的喜峰口写诗《寄怀曹雪芹霑》,其中几句劝告特别引人注意:"劝君莫弹食客铗,劝君莫叩富儿门。残杯冷炙有德色,不如著书黄叶

---

① 80回以后虽非曹雪芹原稿,但第113回回目称"村妪"与前文一致,应不违作者本意。

村。"①诗中用了冯谖弹铗之典和杜甫自述经历的诗句:"朝叩富儿门,暮随肥马尘。残杯与冷炙,处处潜悲辛。"②朋友念念于兹,谆谆嘱咐,可知曹雪芹在此之前必有过乞求亲友而受冷落屈辱的痛苦遭遇。对此,周汝昌、徐恭时等前辈学者做过一些考证,③虽然难以确证细节,我们也可以从对刘姥姥人格自辱自损的描写中发现和感知相似点。包衣曹家有戏曲传统,曹雪芹的祖父曹寅不但有戏剧创作,而且有"粉澡"即化妆表演的爱好,④曹雪芹本人也有"杂优伶中"的经历,⑤当为衣食谋低首豪门时,是否也有不得不逢场作戏或为人作乐的时候?借用敦诚诗句,如果说,写刘姥姥初进荣府是首次"叩富儿门";那么,这次进荣府游园就确实是"弹食客铗"了。不过他没有冯谖后来得到孟尝君礼遇的幸运,前引第40回末王府本批语:"写贫贱辈低首豪门,凌辱不计,诚可悲夫!"⑥也许这就正是曹雪芹要发出的声音。

曹雪芹是一位有着独立不羁个性被朋友称赞为"傲骨如君世已奇"(敦敏《题芹圃画石》)的人。小说第2回,他就借贾雨村之口("假语村言")作人格宣示:"纵再偶生于薄祚寒门,断不能为走卒健仆,甘遭庸人驱制驾驭。"为贫穷所迫,依食豪门的屈辱经历正是其内心隐痛。而曹雪芹的人格理想,恰恰是通过"孤标傲世"的黛玉、"身为下贱心比天高"的晴雯等艺术形象传达出来的。从这个意义上看,被黛玉嘲谑为"母蝗虫"的刘姥姥,乃是作者自我的投影。黛玉对刘姥姥的人格自损和食客丑态的嘲谑,和曹雪芹的有意强化,就是作者自我"弹食客铗"的人生体验和人格反思,是一种包含着严肃自省的人格洗礼,是以喜剧之笔写悲情之思,表达对人格尊严理想追求的坚守。这样看,也许不违曹公之笔用意吧?

2020 年 9 月 14 日

(原载"光明网"2020 年 9 月 16 日"名家评红楼"专栏,收入本书时略有补充)

---

① [清]敦诚《四松堂集》,一粟编《古典文学研究资料汇编红楼梦卷》卷一,1 页,中华书局1963 年版。此诗应作于乾隆二十二年(1757),参见周汝昌《红楼梦新证》719 页,人民文学出版社 1976 年版。

② 杜甫《奉赠韦左丞丈二十二韵》。

③ 参见周汝昌《泣血红楼 曹雪芹传》213 至 216 页,作家出版社 2014 年版;徐恭时《红雪缤纷录》80 至 87 页,阅文出版社 2019 年版。

④ 参见本书上编《曹寅童奴生涯探析》。

⑤ 参见周汝昌《红楼梦新证》701 页所引善因楼梓本《红楼梦》所附朱批,人民文学出版社1976 年版。

⑥ 陈庆浩《新编石头记脂砚斋评语辑校》570 页。

关于"黛玉之死"的研读和思考

问题的提出

"黛玉之死"历来是研红谈红的热门话题。聚讼纷纭，莫衷一是。概而言之，大体是两种取向：

一种是"唯曹观"。因为120回本《红楼梦》中的"黛玉之死"并非曹雪芹的原作，出于种种不满意，学者们热衷探佚，20世纪80年代以来迄今的一批续《红》之作，则以"脂批"为依据，重写"黛玉之死"；专家参与指导的电视剧等也力图恢复曹雪芹"黛玉之死"的原貌。

一种则是文本观。不论续作者是谁，从程高刻印本问世至今，绝大多数读者和文学评论者都认可"黛玉之死"的文本。作为现代红学诞生的标志性著作，写作于1904年的王国维《红楼梦评论》，从对"黛玉之死"的评论中，提出了"悲剧中之悲剧"的经典论断。王昆仑、蒋和森、何其芳等前辈评论家名作迭出。许多人更是像笔者一样，以"黛玉之死"受到的震撼和感动为起点，产生了对《红楼梦》和曹雪芹的终身热爱。这种震撼和感动，即使面对学界企图还原曹雪芹笔下的"黛玉之死"的热闹纷纭，也不曾改变。因为它是来自心灵深处的审美感受。

上述情况，深刻反映着《红楼梦》接受流传中学界与读者、探佚与欣赏、小众与大众的距离。专家们对后40回的"黛玉之死"非议不止；民众则对探佚续写"黛玉之死"反应冷淡。这在古典文学接受史上也是绝无仅有之事。现在依然如此。学术刊物上连篇累牍地发表曹雪芹笔下"黛玉之死"的考证探佚，却很少有人研究后40回"黛玉之死"的魅力所在，其结果，就是上述二者的距离越来越远，红学研究也越来越脱离大众。

这种状况，很值得注意和思考。

　　笔者认为,由于续作"黛玉之死"是唯一流传的文本,而对立观点又聚焦于此,当前强调研读文本很有必要。但这种研读,不能是"唯文本论",必须吸收当代红学包括作者研究和探佚研究的成果。它主要应该回答两个问题:怎样客观评价续作"黛玉之死"的得失成败? 怎样看待续作与原作(佚稿)的关系?

　　在讨论之前,我们先应该有一个共识。判断续作"黛玉之死"的成败得失,究竟是以其是否符合曹雪芹的原意为标准,还是以其为读者接受的思想艺术创造的成就为标准? 回答无疑是后者。因为文学接受,归根结底是作品接受,而不是作家接受。当然,由于是续作,人们自然也期望与原作的衔接与吻合。但这是第二位的,不能是首要标准。

复合叠加:悲剧构想的突破

　　1.毫无疑问,续作"黛玉之死"并不符合曹雪芹原作的设计意图。第 42 回"钗黛和解"以后"金玉"之说几乎已经淡出人们的视野,也不成为宝黛钗之间的心理障碍。可是,"黛玉之死"恰恰由于"金玉"成婚而致。这一变化来自续作者的悲剧新构想。这一构想的中心,是要强化家长意志与自主爱情的冲突,并把这一冲突扩展为包括家族利益、世态炎凉和当事人的情感隔离诸因素复合叠加的对爱情和生命的摧残,成为"悲剧中之悲剧"。

　　就回目而言,"黛玉之死"的完整过程应包括第 96 回《瞒消息凤姐设奇谋　泄机关颦儿迷本性》、第 97 回《林黛玉焚稿断痴情　薛宝钗出闺成大礼》、第 98 回《苦绛珠魂归离恨天　病神瑛泪洒相思地》三回。从情节脉络上,"黛玉之死"远接前 80 回中第 77 回的"晴雯之死",近承后 40 回第 82 回的"潇湘噩梦"。如果说,"晴雯之死"只具有某种暗示性;那么,一进入后 40 回,宝黛悲剧就开始呈现"山雨欲来风满楼"之势了。

　　这是因为与前 80 回的后半部重点写贾府盛衰而淡化爱情描写不同,续作艺术构思的重点转到了爱情描写,强化了爱情追求与家长意志的矛盾,特别是最高权威——贾母态度的变化被凸显出来。这是具有关键意义的改变。让曾经抱着"心肝肉儿"痛哭的外祖母成为罪人,这是与家族有着千丝万缕情感联系的原作者曹雪芹不忍做也无法做到的事,却成为续作"黛玉之死"构想的最大突破。①

在前 80 回，贾母对宝玉婚事的态度一直令人难以捉摸。尽管元妃和王夫人有明显撮合"金玉"的意图，但从第 29 回回答张道士提亲，到第 50 回向薛姨妈打听宝琴，想给宝玉说亲，老祖宗似乎都是在钗黛之外考虑未来孙媳的选项。这也许是她面对家族联姻和至爱亲情矛盾困境的策略性处置手段。正是这种模糊，给宝黛留下了微茫的希望。以至于第 57 回薛姨妈承诺向老太太提宝黛亲事，人们都充满期待。然而，另一个明显的事实是，贾母曾不止一次当众夸奖宝钗，甚至有一次宝玉想有意引起贾母夸黛玉，贾母还是夸了宝钗（第 35 回），而这种夸奖林黛玉一次也没有得到过。第 54 回贾母对女孩子爱情心理的抨击："只一见了一个清俊的男人，不管是亲是友，便想起终身大事来，父母也忘了，书礼也忘了，鬼不成鬼，贼不成贼，那一点儿是佳人？便是满腹文章，做出这些事来，也算不得是佳人了。"虽然不是针对黛玉，但其表露的传统保守观念，与自由爱情尖锐对立是很明显的，这是一种本质的对立，它暗示了宝黛恋爱绝不可能得到贾母保护支持。这些描写，为贾母态度变化——由模糊到明朗提供了事体情理的逻辑线索。第 82 回"潇湘噩梦"的意义，就是通过梦的预示性功能隐喻这一变化的严重性质。

贾母态度的转变，从根本上说，是家族利益与至爱亲情权衡的结果。贾母并不强调家族联姻，一再说不论对方家底贫富，这是与王夫人等倾心"金玉"不同之处。作为贾史两家联姻的代表，她长期撇开钗黛寻找未来孙媳，可能包含某种利益考量：不希望通过家族联姻造成别家（王家薛家）独大的局面。她强调的是"模样性格儿难得好的"（第 29 回）、"姑娘的脾性儿好"（第 84 回），即有符合传统闺范适应环境要求的"性格""脾性"，因此，在对外寻找无果以后，她在"孤高自许"的黛玉和"随分从时"的宝钗之间作出了明确选择：

> 我看宝丫头性格儿温厚和平，虽然年轻，比大人还强几倍……那给人家作了媳妇儿，怎么叫公婆不疼，家里上上下下的不宾服呢。（第 84 回）
>
> 林丫头的乖僻，虽也是他的好处，我的心里不把林丫头配他，也是为这点子。况且林丫头这样虚弱，恐不是有寿的。只有宝丫头最妥。（第 90 回）

从贾母的观念、地位和家族责任看，她的认识无可厚非。一直回避"金玉"

---

① 参见刘上生《走近曹雪芹——〈红楼梦〉心理新诠》第二章，湖南师范大学出版社 1997 年版；本书下编《曹雪芹的创作难题和程高本的突破——试论〈红楼梦〉艺术构思的内在矛盾》。

联姻的贾母表示了对"金玉"的认同,贾府家长们对宝玉婚事的意见取得了完全一致,并背着宝黛开始议婚,这使宝黛爱情面临前所未有的压力;从另一方面看,宝黛却从未改变被动依附的态度,贾母的宠爱曾经一直是他们唯一的亲情和精神依靠,这种依靠至此完全崩塌。而黛玉对婚姻前途疑虑重重,对外来信息高度敏感,以致出现"绝粒"这样暴露内心隐秘的事件,身体状况日益恶化,"心重""病重"都强化了贾母对她的疏离嫌弃。这样,一场爱情追求者与婚姻决定者之间的悲剧性冲突已不可避免。

2. 宝黛悲剧不是孤立发生的,围绕着最后一搏,作者描写了一系列事件:元妃薨逝,薛蟠出事,王子腾病死,贾政升官外差,宝玉失玉,使家族联姻有着更大的紧迫性。

宝玉失玉疯癫是一个具有象征意义的情节设计。续作者显然从第 25 回"魇魔法宝玉通灵"受到启发,意识到通灵宝玉对于贾宝玉肉体和精神生命的"命根子"意义。这一情节几乎贯串第 94 回以后直到书末,首先作用于宝玉婚事。失玉使宝玉失去了正常的感知和反应能力,并且病势日重。为了便于看护,宝玉被移出了大观园,从此与黛玉隔离。黛玉不了解失玉对宝玉的严重影响,完全失去了与宝玉沟通情感的机会。

失玉疯癫的另一后果,是促使贾府家长们加快实现"金玉"联姻为宝玉"冲喜",尽管正处于元妃国丧期间,只能完成一个仪式,并不具有喜庆色彩,还使薛家和宝钗蒙受屈辱,但却必须服从保宝玉这一更高利益。元春薨逝已使贾府失去政治靠山,宝玉生命和婚姻更成为家族未来血缘所系。从袭人进言透露的爱情信息中,贾府家长们已经估计到他们强行完成的"金玉"联姻,是对贾宝玉追求爱情幸福权利的剥夺,并将导致他所至爱的林黛玉的死亡。但在他们的观念里,家族利益高于一切,恋爱非礼非法,黛玉生死已无足轻重。特别令人心寒的,是"金玉"成婚消息走漏,导致黛玉吐血病势加重。贾母前来探望,贾琏请医生看视。王大夫说:"尚不妨事。这是郁气伤肝,肝不藏血,所以神气不定。如今要用敛阴止血的药,方可望好。"明白表示有治疗希望,贾母却不尽力诊治,而是对凤姐等说:

> 我看这孩子的病,不是我咒他,只怕难好。你们也该替他预备预备,冲一冲。或者好了,岂不是大家省心。就是怎么样,也不至临时忙乱。咱们家里这两天正有事呢。(第 97 回)

这番话表明她已把林黛玉从"咱们家里"剔除出去,并提前宣判了黛玉的死刑。慈祥的外祖母打算彻底抛弃林黛玉了。黛玉何过? 只因为情所困,爱上宝玉:

> 咱们这种人家,别的事自然没有的,这心病也是断断有不得的。林丫头若不是这个病呢,我凭着花多少钱都使得。若是这个病,不但治不好,我也没心肠了。(第97回)

在家族的"礼"与"利"面前,亲情不堪一击,爱情则是不可饶恕之罪。贾母等已经把黛玉看作家族利益的障碍,决心用黛玉的生命换取他们所期待的宝玉婚姻和家族幸福。

由于宝黛这对恋人心心相印,宝玉的任情任性和对黛玉的痴恋,以及宝黛与贾母的亲情关系,贾府家长要想把自己的意志强加给他们,可能引起强烈的反抗和严重后果。为此,他们利用宝玉失玉呆傻的机会,让凤姐设计了"调包计",完全欺骗宝玉,又瞒住黛玉,同时把宝钗作为顶替工具,达到造成既成事实,使宝玉无法反抗和改变的目的。但由于消息走漏,黛玉知情而宝玉不知,使黛玉产生对宝玉的极大误解和怨恨。敏感的黛玉本来就对多情而软弱的宝玉无法完全释然,第82回梦中的宝玉剖心、第91回的疑阵谈禅本质上都是心灵试探,一个弱势女子对男权的潜意识疑惧是完全可以理解的。黛玉最需要的是不断的情感沟通交流。宝黛爱情本来是在不断的情感沟通和纠结中走向成熟的,然而,贾府家长借失玉制造的情感阻隔却从根本上窒息了有情人的生命通道,误解无从解释,阴谋借以得逞。其结果,贾府家长们最害怕的宝黛联手反抗或双双殉情的局面没有出现,"金玉"联姻成功,一对生死情侣关键时刻分手,由黛玉一人承担亲情彻底冷漠、婚姻期待破灭、爱情被抛弃毁灭的全部痛苦。爱情追求者与婚姻决定者的冲突,竟然转化为爱情追求者自身的情感怨恨,而且由于生死睽隔永远无法化解。

令黛玉无法承受的,还不只是贾府家长的绝情、误解中宝玉的背弃,还有面对的世态势利冷漠。"一年三百六十日,风刀霜剑严相逼",自尊的黛玉本来就对寄人篱下的身份处境特别敏感,从刚来不久的送宫花事件(第8回),宝钗送燕窝前的倾诉(第45回),到"惊噩梦"后误听婆子骂人的晕倒(第82回、83回),可以看到她的感受越来越强烈。特别是贾母态度明显变化之后,整个贾府上下都看老祖宗的脸色行事,如果不是傻大姐泄密,没有谁向潇湘馆透露"金玉"联姻的消息;就连颇有同情心的鸳鸯,也懒于向贾母报告黛玉日趋严重的病况;病危之时,林之孝家的还威逼紫鹃去做伴娘欺骗宝玉,以讨好贾母:

> 黛玉向来病着,自贾母起,直到姊妹们的下人,常来问候,今见贾府上下人等都不过来,连一个问的人都没有,睁开眼,只有紫鹃一人。自料万无生理……

黛玉几乎被整个世界抛弃,这是足以摧毁一切生命热力的凛冽冰霜。

家长权力意志,和由此导致的贾府的世态炎凉,恋爱者之间的情感阻隔,如三座大山,是柔弱病重的黛玉的不堪承受之重。尽管黛玉并没有像"绝粒"(第89回)那样,自戕其身,贾府也没有断绝医药料理,但面对绝望的世界,她的病体和精神生命都已无法支撑。人们谴责贾母、王夫人、凤姐甚至宝钗,然而她们之所作为,都是为了维护没落家族命运之所需,并且是在那个时代规定的正常伦理和人际关系秩序中实行和完成的,符合情节发展的内在逻辑。

王国维正是在《红楼梦评论》中分析120回本的"黛玉之死"时,提出了《红楼梦》是"悲剧中之悲剧"的著名论断。他说:

> 由此种种原因,而金玉以之合,木石以之离,又岂有蛇蝎之人物、非常之变故行于其间哉?不过通常之道德、通常之人情、通常之境遇为之而已。由此观之,《红楼梦》者,可谓悲剧中之悲剧也。①

3. 导致"黛玉之死"的家长意志、世态炎凉和情感阻隔复合叠加的悲剧构思,具有极其深刻的社会内容和人性内容,因而具有极大的思想艺术容量。

人类爱情婚姻悲剧的原因,大体说来,可分为当事人因素和非当事人因素。前者主要是爱情双方的意外变故,如背弃、离别、死亡等;后者则主要是影响爱情婚姻的外在因素,特别是家庭利益和家长意志,以及其他外在力量的干预(包括世态人情)等等。在没有爱情自由,婚姻不能自主的时代,"父母之命媒妁之言"对当事人情感意愿的剥夺是造成爱情婚姻悲剧的主要原因,中国传统的儒家孝道文化又强化了对当事人的压力。直到今天,虽然恋爱婚姻自主已经实现,但从"两个人的世界"变成两个家庭的联姻,家庭利益和家长意志还起着重要作用。"有情人终成眷属"在很大程度上还是一种理想。续作"黛玉之死"强化了家长意志与自主爱情的冲突,同时融合了家族利益、人情世态和当事人的情感隔离多种因素,几乎概括了人类爱情婚姻悲剧的基本类型内容,又提供了特别适合当时和后代接受语境的悲剧话语,这就很容易引起处在现实相似语境下各种遭遇的青年男女的广泛共鸣。

应该说,这就是续作"黛玉之死"具有魅力、获得成功的根本原因。而曹雪芹笔下的"黛玉之死"未能完成,其困难也许正在这里。

---

① 王国维《红楼梦评论》,参见一粟编《古典文学研究资料汇编红楼梦卷》255 页,中华书局1963 年版。

散文化叙事:写实艺术的创新

1.《红楼梦》是古代小说写实艺术的高峰。客观地说,这座高峰是曹雪芹和他的续作者共同创造的。前80回,主要由人物对话构成的细节链关系链情节链在个性化生活化艺术化方面达到了很高的水平。① 但作者的诗性叙事特点也多少影响了叙事过程的连续性完整性,出现了碎片化缀段性的情况。② 以林黛玉形象而论,一方面,作者对宝黛爱情纠葛的细节和过程写得惟妙惟肖、精彩灵动,另一方面,又有许多诗化特写和诗性叙事片段,如听《牡丹亭》曲(第23回),春困幽情(第26回),葬花(第27回),题帕(第34回),作《秋窗风雨夕》(第45回),教香菱学诗(第48回),作《五美吟》(第64回),写《桃花行》(第70回),直到改《芙蓉诔》(第79回)等。用诗的心灵感受爱情和世界,固然使她能敏感地捕捉到各种信息,但对于人物的现实生活动态和感受,就难于作真切细致的呈现。这显然是一个缺陷。特别是到79回贾宝玉在月光下读《芙蓉诔》,林黛玉从芙蓉花影中走出,小丫头惊呼见鬼;两人共改诔词到"茜纱窗下,我本无缘;黄土垄中,卿何薄命"时,黛玉心中"有无限的狐疑乱拟,外面却不肯露出"等等,这些描写,作者只是为了创造"诔晴雯"即"诔黛玉"的预示气氛,叙事情境(具体时空环境条件)已经没有任何写实成分。这说明,林黛玉形象必须从"诗化"和"仙气"中走出来,让"诗事"融入人事,"仙气"接上"地气",绛珠仙子"历劫"已经到了一个必须进行写实性呈现的临界点。

这个转折,终于在续作的第82回实现了。第82回"病潇湘痴魂惊恶梦"对于"黛玉之死"乃至整个后40回的布局意义十分重要。这是一个完全的写实之梦。入梦的"刺激源"是宝钗家的老婆子关于宝黛相配的"一番混话",由此引起黛玉的"胡思乱想",这是"把梦与生活相衔接的精神纽带"(弗洛伊德《梦的释义》),随后黛玉梦见贾雨村奉亡父林如海和继母之命来接她去出嫁(续弦),黛玉不愿,向贾母等哀求留下,贾母冷淡厌烦,黛玉深感痛苦,又去找宝玉,怨宝玉"无情无义",宝玉用刀剖心,黛玉惊醒大哭。与前80回的所有梦幻描写不同,"潇湘恶梦"把长期以来黛玉心中的潜意识压抑:对已故亲人的思念,孤独无依的痛苦,对爱情婚姻前途的忧虑,对唯一知己宝玉难以释怀的担心,特别是对外

---

① 参见刘上生《中国古代小说艺术史》第三章第四节,湖南师范大学出版社1993年版。
② 参见张平仁《红楼梦诗性叙事研究》第二章、第六章,首都师范大学出版社2017年版。

祖母家真伪掺半的亲情的体验，转化为一个内容完整的现实生活过程的梦境，是前80回梦幻描写从未有过的写实性笔墨。即使按照现代心理学理论，也是完全可以解释的。其特殊意义，是第一次泄露了对贾母的否定性认识："平时何等待得的好，可见都是假的。"这是原作者曹雪芹所无法做到的。它为后来在贾母主导下的造成黛玉之死的弃黛取钗婚姻作了最重要的情节暗示和情感铺垫。甚至连梦醒后失眠到天亮的过程都历历再现：

> 只听得外面淅淅飒飒，又象风声，又象雨声。又停了一会子，又听得远远的吆呼声儿，却是紫鹃已在那里睡着，鼻息出入之声。自己扎挣着爬起来，围着被坐了一会。觉得窗缝里透进一缕凉风来，吹得寒毛直竖，便又躺下。正要朦胧睡去，听得竹枝上不知有多少家雀儿的声儿，啾啾唧唧，叫个不住。那窗上的纸，隔着屉子，渐渐的透进清光来。

这段描写有从第45回黛玉失眠情景脱胎的痕迹，但那里只有寥寥景语"雨声淅沥，清寒透幕"，此处却是清晰的感受过程，可以看到明显的变化。黛玉的病，以前只写咳嗽、失眠，这里第一次正面写吐血(曹雪芹从不正面写鲜血，包括龄官吐血、三姐自刎)，并且接连三次写痰中带血，吐血，紫鹃雪雁的惊慌悲伤和翠缕翠墨湘云等人的惊骇掩饰，黛玉的察觉灰心等一系列反应，直到第83回误听窗外婆子骂人，气得"两眼反插上去"晕倒救醒。整个过程，景物、人物、动态、心理，所有细节，毫不吝惜笔墨。这种"忠实于生活的现实性的一切细节，颜色和浓淡色度，在全部的赤裸和真实中来再现生活"(《别林斯基选集》第一卷)的写实笔墨在前80回还不曾见到。它奠定了以下描写"黛玉之死"用笔的情感和风格基调，这就是充分发挥细节功能，从重场景写实变为重过程写实，把诗性叙事变为带有诗意的散文化叙事。后40回在这方面并不都做得好，但可以肯定地说，关于"黛玉之死"的描写达到了新的水平，它创造了一种写实艺术新境界。

2. 在从96回至98回长达三回的篇幅里，续作者准确把握了黛玉之死的几个节点，着力描绘了精神迷乱——焚稿断情——临终怨愤三个惊心动魄的情节片段，分别以心理过程写实、动态过程写实和情境写实的精细笔墨，把悲剧一步步推向高潮。

首先是"泄机关颦儿迷本性"，傻大姐泄露"金玉"婚事，黛玉受到轰雷掣电般强烈刺激后一度精神迷乱。《红楼梦》对人物非常态下的心理活动有多次描写，特别是宝玉的"痴狂病"，如第57回听到紫鹃说林家来人要接黛玉，宝玉"呆呆的，一头热汗，满脸紫胀"，终于"眼也直了，手脚也冷了，话也不说了，李妈妈掐着也不疼了，已死了大半个了"等，简洁传神而略带夸张。而"迷本性"一大段,则细笔描写黛玉突然听到"金玉"婚事,如"轰雷掣电般"受沉重打击精神失常到恢复清醒的全部过程。从"颤巍巍"地吩咐傻大姐写起,到要回潇湘馆去,"那身子竟有千百斤重的,两只脚却象踩着棉花一般","颜色雪白,身子恍恍荡荡的,眼睛也直直的,在那里东转西转"。紫鹃来问,却说"我问问宝玉去"。到了贾母处,作者描写两人见面时情景:

> 黛玉却也不理会,自己走进房来。看见宝玉在那里坐着,也不起来让坐,只瞅着嘻嘻傻笑。黛玉自己坐下,却也瞅着宝玉笑。两个人也不问好,也不说话,也无推让,只管对着脸傻笑起来。袭人看见这番光景,心里不大得主意,只是没法儿。忽然听着黛玉说道:"宝玉,你为什么病了?"宝玉笑道:"我为林姑娘病了。"袭人紫鹃两个吓得面目改色,连忙用言语来岔。两个却又不答言,仍旧傻笑起来。

从清醒到半迷半醒到完全迷乱的精神状态变化,续作者体贴入微,写得丝丝入扣,直到离开宝玉后一语双关地说"我这就是回去的时候儿了",快步回到潇湘馆,一口血喷出来倒下,才完全清醒过来。尤其这又是宝黛二人的最后一次见面,两人都处于痴傻状态,却进行着最赤裸的情感交流,即将发生的生死暌隔的旷世悲剧,不以泪水却以傻笑告别,的确震撼人心。王国维《红楼梦评论》极为称赞这一段"动吾人之感情",视为美学价值最高的"其人固氓庶之所共怜,其遇虽戾夫为之流涕"的"最壮美"之一例。[①]

"焚稿断痴情"是林黛玉病逝前生命之火的最后一次强烈闪光。这一行动浓缩了汉乐府《有所思》(乃在大海南)、传说卓文君所作《白头吟》等古代女子维护自我爱情对男子负心勇敢决绝的精神传统,显示了黛玉的人格尊严和傲骨清操。由于出于对宝玉的误解,因而悲剧色彩特别强烈。决心已下,为了避免受阻,黛玉事前并没有把自己的焚稿打算告知紫鹃雪雁,只是挣扎着病体吩咐她们的行动,这种限知叙事造成了阅读的强烈悬念,直到焚稿时真相大白已抢救不及,令人不胜唏嘘。作者用一千余字的篇幅详细描写了紫鹃劝慰、黛玉倾心、挣扎起身,直到焚稿、黛玉倒下的整个过程。撕绢一段,把黛玉在贾府隔离欺骗手段下对爱情绝望对宝玉怨恨的心态表现得淋漓尽致:

> 紫鹃料是要绢子,便叫雪雁开箱,拿出一块白绫绢子来。黛玉瞧了,撂在一边,使劲说道:"有字的。"紫鹃这才明白过来,要那块题诗的旧帕,只得

---

① 王国维《红楼梦评论》。

叫雪雁拿过来递给黛玉。紫鹃劝道："姑娘歇歇罢，何苦又劳神，等好了再瞧罢。"只见黛玉接在手里，也不瞧诗，扎挣着伸出那只手来狠命的撕那绢子，却是只有打颤的份儿，那里撕得动。

黛玉随后要雪雁点灯，笼上火盆，挪到炕上：

> 那黛玉却又把身子欠起，紫鹃只得两只手来扶着他。黛玉这才将方才的绢子拿在手中，瞅着那火点点头儿，往上一撂。紫鹃唬了一跳，欲要抢时，两只手却不敢动。雪雁又出去拿火盆桌子，此时那绢子已经烧着了。紫鹃劝道："姑娘这是怎么说呢。"黛玉只作不闻，回首又把那诗稿拿起来，瞧了瞧又撂下了。紫鹃怕他也要烧，连忙将身倚住黛玉，腾出手来拿时，黛玉又早拾起，撂在火上……

用笔至细，体察至深，连焚稿时紫鹃雪雁的动态都写到，说明事出意外，无法抢救，而黛玉烧帕时，不同动作细微处可见心态微妙变化。张俊、沈治钧批曰："此一顿挫，极为精确，极为传神。黛玉焚帕，一眼不瞧，绝无犹豫，以其乃定情信物也，已无可留恋。此处焚稿，则'瞧了瞧'，然后'又撂下了'，以其不仅记录着痴情心迹，亦记录着生命历程也。"[①]

爱情和诗歌，是黛玉生命的两个支撑点。情是魂，诗是才。宝黛恋爱之后，二者更融合为一。"焚稿"标志着黛玉生命存在意义的终结，是她与浊世的主动决绝。"何事忍教成蝶去，肯容流落俗人囊"，"让平生文思浴火成灰，抹去一切与闺范不符的色彩，不留任何人世口实，是摆脱与社会紧张关系的最彻底的方法，也成为清代女性文人最习见的人生告别方式。"[②]对于林黛玉，则是告别人生与告别爱情同一仪式。"质本洁来还洁去，不教污淖陷渠沟"，一切了结，她义无反顾地走向终点。

3.有了前面描写的充分铺垫，第98回《苦绛珠魂归离恨天，病神瑛泪洒相思地》才能成为《红楼梦》中最撕心裂肺的篇章。回目"绛珠""神瑛"关合"木石情缘"，神性前世与今世生死相互映射，艺术含蕴无穷。但"黛玉之死"的真正魅力，还是来自写实描写的精心布局。就本回而言，场景对比手法的运用尤臻极顶。

这种对比，包含以下方面：一、宝钗成婚与黛玉病逝的"喜""悲"对比，以

---

① 张俊、沈治钧《新批校注红楼梦》1766 页。

② 参见罗时进《清人焚稿现象的历史还原》，载《文学遗产》2017 年 5 期。

"喜"映"悲",写场景;二、贾府婚事的热闹势利与黛玉处境的孤苦冷清的"热""冷"对比,以"热"映"冷",写世态;三、黛玉的怨恨心理与宝玉的痴傻状态以及后来的极度痛疚对照,以"恨"写"爱",以"痛"写"爱",写情感。它们是重合叠加的,统一于情境描写之中。

在叙事内容上,作者采取将同一时间发生的黛玉之死与二宝之婚错综描写的方法,第 97 回"焚稿"后黛玉病势加重,贾府反派人来要紫鹃做伴娘以骗宝玉,由此转入写成婚,第 98 回接写成婚骗局暴露,宝玉重病,宝钗以黛玉死讯告知,使其清醒,而后转入对黛玉之死的补叙,实际时间已在亡故数天之后,最后以宝玉哭灵结束。这样写,三个方面的对照都能鲜明展开,特别是贾府诸人的势利冷漠,令人切齿。黛玉临终,凄凉至极:

> 这里黛玉睁开眼一看,只有紫鹃和奶妈并几个小丫头在那里,便一手攥了紫鹃的手,使着劲说道:"我是不中用的人了。你伏侍我几年,我原指望咱们总在一处,不想我……"说着,又喘了一会子,闭了眼歇着……半天,黛玉又说道:"妹妹,我这里并没亲人。我的身子是干净的,你好歹叫他们送我回去。"说到这里,又闭了眼不言语了。那手却渐渐紧了,喘成一处,只是出气大入气小,已经促疾得很了……探春紫鹃正哭着叫人端水来给黛玉擦洗,李纨赶忙进来了。三个人才见了,不及说话。刚擦着,猛听黛玉直声叫道:"宝玉,宝玉,你好……"说到"好"字,便浑身冷汗,不作声了。紫鹃等急忙扶住,那汗愈出,身子便渐渐的冷了。探春李纨叫人乱着拢头穿衣,只见黛玉两眼一翻,呜呼,香魂一缕随风散,愁绪三更入梦遥!

黛玉临终过程,特别写了三句话:对紫鹃,对贾府,对宝玉。概括展示了黛玉死前绝望心态的三个方面:对生命的绝望;对贾府和世态的绝望;对爱情和宝玉的绝望。正是这种绝望,体现了丑对美的毁灭和美对丑的抗争的深刻意蕴,完成了黛玉的性格刻画:视紫鹃为姊妹,表现了她待人的真诚淳厚;把外祖母贵族之家称作"他们",冷静交代后事,表现了被抛弃后的疏离和憎恶,洪秋蕃所谓"'叫他们'三个字,外而又外之词也"①。"干净"是黛玉的骨气和尊严,更是她对贾府肮脏世界的决裂。没有喊完的"宝玉,宝玉,你好……"是因误解而生的无穷怨恨,但又岂止是怨恨,它包含着相恋以来的无法言说的所有复杂情感,没有人能够说尽这临终之语的内涵。

---

① 参见《冯其庸辑校集》卷二《重校八家评批红楼梦》(四)第 98 回,青岛出版社 2011 年版。

当时黛玉气绝,正是宝玉娶宝钗的这个时辰。紫鹃等都大哭起来。李纨探春想他素日的可疼,今日更加可怜,也便伤心痛哭。因潇湘馆离新房子甚远,所以那边并没听见。一时大家痛哭了一阵,只听得远远一阵音乐之声,侧耳一听,却又没有了。探春李纨走出院外再听时,惟有竹梢风动,月影移墙,好不凄凉冷淡!

喜悲相映,冷热对映,续作者继承了曹雪芹善于在小说中创造情景交融意境的手法,而又有自己的特点,平实贴切,哀婉动人。

林黛玉,这位集种种美质和种种不幸于一身的绝代佳人,大观园的最亮明星就此陨落。续作者继承曹雪芹而又有所发展,完成了这位自由爱情的追求者,自尊个性生命价值的觉醒者,自洁人格的坚守者的病弱女子的人生刻画。这是了不起的成就。

4. 从叙事艺术的角度说,"黛玉之死"是后 40 回散文化写实艺术的高峰。只要把第 27 回的"葬花"、第 57 回的"试玉风波"、第 79 回"改诔词"与第 96 回的"迷本性"、第 97 回的"焚稿"、第 98 回"临终"对照,就可以看到诗性叙事与散文化叙事的区别。从本质上看,诗性叙事还是抒情表意,而不是叙事,因此不需要注意叙事要素的清晰和细节的真实,它的叙事并非写实,而只是写意。而散文化叙事却回归了小说的叙事本体即讲故事。它必须通过能够调动的一切细节再现事件过程和人物情态。

我们还可以进行另一种对照,即对死亡艺术描写的对照。在文学艺术中,死亡不仅是个体生命的终结,更是某种意义的呈现。曹雪芹很少对死亡进行正面描写。前 80 回写了多个人物死亡,其中贾瑞、尤二姐对由病至死的过程有一些写实笔墨。他们都是"戒妄动风月之情"的《风月宝鉴》中的人物,其死亡具有某种鉴戒意味。但对于作者持肯定态度的人物(秦氏、金钏、尤三姐、晴雯)则不正面描写死亡,而用虚化甚至诗化笔墨。尤三姐自刎,只用"揉碎桃花红满地,玉山倾倒再难扶"两句诗写意,宝晴诀别虽然实写,晴雯之死却从宝玉之梦写出,最后通过小丫头的谎言和《芙蓉诔》把晴雯之死诗化,作者竭力避免展示死亡的痛苦、血腥和悲惨,他更重视死者的生命价值和人格呈现,这也许是他用诗化写意而不用散文化写实的原因。

"黛玉之死"不同。续作者同曹雪芹一样,对黛玉的人格怀着极高的崇敬,对黛玉之死倾注了最大的同情,然而却采用完全写实的手法。因为作者认为,林黛玉的死亡过程本身就是生命价值的最强闪光。在写实艺术上,人们可以发现他对《金瓶梅》"瓶儿之死"的"曲曲折折,拉拉杂杂,无不写之"的质实细密笔墨的吸取,但又舍弃了那种流水账似的琐屑饾饤之弊和庸俗淫滥之气,更继承了前 80 回的凝练含蓄之笔,力求有所创新。① 以人物语言的提炼为例,作者做到了精而又精。在上述三个场景中,"迷本性"只有宝黛在痴傻状态下的发自灵魂深处的两句对白:"宝玉,你为什么病了?""我为林姑娘病了。""焚稿"中除了黛玉呼唤的几句短语,便是"于无声处听惊雷"的情感爆发。"魂归"中三句话,除了交代后事,便是那临终使人无法忘记的"宝玉,宝玉,你好……"撕心裂肺的未尽之言。它们内含着爱情的缠绵痛苦悲愤无奈,是千言万语无法替代的,确是"惊心骇目,一字化一泪,一泪化一血珠"②。作者的热烈情感,叙事(包括人物语言)中的情感内蕴,化成一种浓浓的诗意,与林黛玉的诗性气质相和谐。

散文化叙事与诗意创造并不矛盾。后 40 回黛玉诗作只有第 87 回具有某种谶应意味的琴曲四章,但这并没有影响叙事的诗意。除了始终注意刻画黛玉的诗性气质,作者在散文化叙事中的诗句插入也起了很大作用,如"失意人逢失意事,新啼痕间旧啼痕"(第 87 回)、"亭亭玉树临风立,冉冉香莲带露开"(第 89 回)、"瘦影正临春水照,卿须怜我我怜卿"(第 89 回),直到魂归时的"香魂一缕随风散,愁绪三更入梦遥"(第 98 回)等,有些是续作自拟,有些则是借用。如"瘦影"一句,来自冯小青自题画像诗《怨》,明代江南才女冯小青的悲剧命运与黛玉有若干相似处,冯小青又是《牡丹亭》杜丽娘的崇拜者,杜丽娘临死前有《写真》一出,自题画像,冯小青题《牡丹亭》诗"人间自有痴于我,岂独伤心是小青",林黛玉的青春意识又由《牡丹亭》杜丽娘唱词唤醒。冯小青诗句的引入,导致杜丽娘—冯小青—林黛玉三个形象的叠合,把作者没有直接写出的黛玉"绝粒"后对镜自照的消瘦形象和自怜心情艺术展现出来。总的看来,插入诗句增强了抒情气氛,却不影响叙事进程。这与前 80 回以诗词为主体的写法有所不同,更强调叙事的清晰和完整性。这些努力,使"黛玉之死"的散文化叙事达到了雅俗融合诗文融合的很高境界。

可以说,悲剧新构思,写实新境界,这两方面的艺术创新,是续作"黛玉之死"成功的主要原因。续作者显然偏爱林黛玉,在后 40 回中,他给了黛玉那么崇高的位置和重要的分量,为"黛玉之死"耗费了那么多的心血,甚至不惜损害了宝钗、贾母以至宝玉的形象。黛玉之死也几乎耗尽了续作者的才华。在后 40 回里,他再也写不出可以与之比美的好的文字了("贾母之死"尚可,但也无

---

① 参见《实质与空灵 写实艺术的两种美学范本——"瓶儿之死"与"秦氏之丧"的比较研究》,载《红楼梦学刊》1995 年第 3 辑。

② 参见陈庆浩《新编石头记脂砚斋评语辑校》169 页,中国友谊出版公司 1987 年版。

法相比）。

困惑、成功和遗憾

1.把拟想的曹雪芹未完成的"黛玉之死"（佚稿）与后40回的"黛玉之死"进行优劣比较，是没有意义的，因为没有文本可比。① 但对曹公"黛玉之死"的未完成进行学术探讨，以此研究后40回的"黛玉之死"，则是"红学"题中应有之义。

从明义《题红楼梦》绝句可知，他读到了曹雪芹给他看的《红楼梦》初稿的结局，包括黛玉之死。其第十八、十九、二十首云：

> 伤心一首葬花词，似谶成真自不知。安得返魂香一缕，起卿沉痼续红丝？

> 莫问金姻与玉缘，聚如春梦散如烟。石归山下无灵气，纵使能言亦枉然。

> 馔玉炊金未几春，王孙瘦损骨嶙峋。青蛾红粉归何处？惭愧当年石季伦。②

从诗意知道，黛玉因病而逝，时间在《葬花词》所写的"春残花渐落"之时；黛玉死后金玉联姻，但宝玉在历尽家族败亡穷愁潦倒后出家，顽石回归大荒山下。这就意味着，在曹雪芹笔下，黛玉"泪尽夭亡"③，黛死而后钗嫁。黛钗并不构成爱情婚姻悲剧的对立面。这与第42回"钗黛和解"，第45回"金兰相契"，"金玉"之说完全消解的脉络完全一致。而与120回本"钗嫁黛死"，金玉联姻，钗嫁成为黛死的直接原因大不相同。

从甲戌本有"至脂砚斋甲戌抄阅再评，仍用《石头记》"的话，可知曹雪芹应该在甲戌年（1754）前一两年就完成了全书写作。但至己卯年（1759）、庚辰年（1760）本脂砚斋四批时仍然只基本完成前80回的修订。"黛玉之死"佚稿未定未传世。

---

① 蔡义江《曹雪芹笔下的林黛玉之死》曾经有详尽的推想，但终无文本可证。见《蔡义江点评红楼梦》1至42页，团结出版社2004年版。

② ［清］富察明义《绿烟琐窗集》，参见一粟编《古典文学研究资料红楼梦卷》，中华书局1963年版。

③ 庚辰本第22回批语，见陈庆浩《新编石头记脂砚斋评语辑校》413页。

那么,为什么曹雪芹没有按照自己的构想修改完成宝黛钗的故事和《红楼梦》的结局呢?学界有各种推论:政治环境、家庭生活条件、作者行踪、借稿"迷失"等等,本人曾经提出"双重创作主旨的矛盾"影响作家修改和完成结局的观点。① 简而言之,《红楼梦》包含着"大旨谈情"(情事,为闺阁昭传)和写家族盛衰(家事)两大主旨,而其形象体系却是以宝玉—宝黛—宝黛钗—金陵十二钗为主体的一元化格局,特别是宝黛处于中心地位。第 1 回继顽石神话后的"木石情缘"就表明"全部之主惟二玉二人"(甲戌本第一回批)②。第 3 回黛玉进府,第 4 回宝钗进府,第 5 回作为总纲通过太虚幻境簿册和《红楼梦曲》完成形象体系的构建。这种一元化的形象格局与二元化的创作主旨必然产生矛盾。

为了解决这个矛盾,前 80 回在第 5 回后,以第 42 回为界线,设置了两大叙事板块,前一板块主要写情事,贯穿"金玉"与"木石"的冲突,实际上是爱情追求与家长意志家族利益的矛盾。简而言之,这是以情事为主体以家事为背景的叙事板块。后一板块重点写家事,"钗黛和解"导致"金玉"与"木石"冲突的消解,情事退居一隅。爱情追求与家长意志家族利益的矛盾变得模糊不清,黛玉似乎回归"淑女",但病情渐重已预示"薄命"结局,这从《芙蓉诔》"诔晴雯即以诔黛玉"的暗示预兆就可看出。而贾府内部各种矛盾已充分显露。总体来看,这是以家事为主体以情事为线索的叙事板块。

两大板块布局和走向完全不同。从明义诗句提供的线索,可以想象,曹雪芹的宝黛钗故事是沿着 42 回以后的走向发展,首先完成黛玉的"薄命"爱情悲剧即所谓"证前缘"③,再结合贾府衰败写宝钗婚姻悲剧和宝玉出家。这样,家长意志不成为悲剧主要因素,宝钗也不承担黛玉之死的罪责,无损其美德。黛钗各有其美,但在爱情婚姻遭遇上,皆不能遂愿。这符合《红楼梦》第 5 回的钗黛共一簿册的设计,"可叹停机德,堪怜咏絮才。玉带林中挂,金簪雪里埋"和《终身误》曲词"空对着山中高士晶莹雪,终不忘世外仙姝寂寞林。叹人间美中不足今方信。纵然是举案齐眉,到底意难平"的品评和遗憾。"爱而不得所爱",在人类爱情婚姻悲剧当事人因素和非当事人因素两种基本类型中,曹雪芹的构思,似乎有意强化当事人因素,而弱化非当事人特别是家长因素。这与小说写

① 参见本书下编《曹雪芹的创作难题和程高本的突破——试论〈红楼梦〉艺术构思的内在矛盾》;刘上生《走近曹雪芹——〈红楼梦〉心理新诠》第六章第四节,湖南师范大学出版社 1997 年版。

② 陈庆浩《新编石头记脂砚斋评语辑校》19 页。

③ 陈庆浩《新编石头记脂砚斋评语辑校》692 页。

"家族盛衰"主旨具有某种自传成分,作者对家庭有着千丝万缕的情感联系有关。洪秋蕃云:"《红楼》为宝玉自传之书,故于贾母、王夫人多曲笔,为亲者讳也。"①这样一来,宝黛悲剧就成为当事人有"缘"无"分"的宿命式悲剧,正与绛珠神瑛前世"木石情缘"相吻合,也与第63回黛玉所抽花签诗句"莫怨东风当自嗟"及其隐去的前一句"红颜胜人多薄命"的内涵相吻合,"黛玉之死"也就被纳入了"红颜薄命"的传统框架之中。但这难道是"立意新奇""令世人换新眼目"的曹雪芹所希望的吗?

更重要的是,按照这种思路,"情事"与"家事"完全分离,当80回以后家族败亡成为中心情节之后,黛玉不但将延续第42回以后的退处一隅,宝黛爱情悲剧和"黛玉之死"将进一步边缘化,成为"千红一哭"的一个组成部分而失去其中心地位。而黛玉正是他所钟爱。这就违背了"大旨谈情"的意旨和"全部之主惟二玉二人"的基本设想。实际上这正是一元化形象格局和二元化创作主旨矛盾,"家事"与"情事"相互游移的结果。

曹雪芹显然陷入了难解的困惑。也许,这才是作者不能不搁笔,在80回后停止修改的原因。曹雪芹不得已,把他的遗憾留给了后人。

2.以原作和脂批提供的某些线索对照,续作"黛玉之死"确实不能吻合。黛玉死前对宝玉的怨恨,不同于"眼泪还债""证前缘"的殉情;"竹梢风动,月影移墙"的风景,也不能体现《葬花吟》中"春残花落,红颜老死"的谶应预示。还有提出"自缢说"依据的"玉带林中挂","投湖说"的"冷月葬诗魂"等等。这就难怪各种"探佚"盛行一时。②

但是,无可否认的基本事实是,曹雪芹由于创作困惑而被迫搁笔,续作"黛玉之死"和后40回却保证了《红楼梦》的完整和成功。其原因,就在于续作者在一定程度上实现了突破,解决了曹雪芹的创作难题——一元化的形象格局和二元化的创作主旨的矛盾。本人在《曹雪芹的创作难题和程高本的突破》和《走近曹雪芹——〈红楼梦〉心理新诠》等著作中,从后40回的整体布局对"黛玉之死"

---

① 参见《冯其庸辑校集》卷一《重校八家评批红楼梦》(一)131页,青岛出版社2011年版。

② "自缢说"如胡文彬《魂牵梦萦红楼情》8页,中国书店2000年版;"赴水说"如端木蕻良《林黛玉之死》,载《红楼梦学刊》1993年4辑,周汝昌《冷月寒塘赋宓妃》,载《河北师范大学学报》(哲学社会科学版)1984年第2期;"精神自杀说"如辛若水《从林黛玉葬花吟的魅力到精神自杀》,载《红楼梦学刊》2002年第4辑。梁归智《石头记探佚》中《钗黛合一与儒道互补》提出,林黛玉死于赵姨娘等构陷,山西人民出版社1983年版,周汝昌也持此论;蔡义江认为死于一次贾府变故和贾宝玉遇祸的沉重打击,见《红楼梦诗词曲赋鉴赏》74页,中华书局2001年版。

进行了论述。

本人认为,续作恢复了 42 回以前以爱情为主体以家族为背景的结构格局,坚决地把宝黛爱情摆到中心地位上来;同时,又改变了原作弱化和淡化爱情与家族冲突,造成两大生活内容相互游移的构想,着力揭示和强化家族对爱情的干预和破坏,特别是把矛头指向原作竭力维护的以贾母为代表的正统派。"家事"与"情事"的纠结,不但使"大旨谈情"的主题得到深化,而且把两大创作主旨融为一体。第 82 回"病潇湘痴魂惊噩梦"一曲定音,让黛玉回到她失落几十回的主人公位置上,为笼罩整个后 40 回的宝黛爱情悲剧奠定了基调,尤其是,作者通过梦境,第一次正面揭露贾府最高统治者"老祖宗"的冷酷和虚伪以及她对黛玉的厌弃,这样,就使爱情与家族的矛盾鲜明地凸现出来,使小说的两大生活内容发生了有机的内在联系。此后,便是紧锣密鼓的爱情悲剧的情节进展,从虚到实,似假实真,几番波澜,几多曲折:宝玉提亲(第 84 回)、黛玉抚琴(第 87回)、颦卿绝粒(第 89 回)、宝玉谈禅(第 91 回)、失玉疯癫(第 94、95 回)、设谋泄密(第 96 回)、黛玉焚稿(第 97 回),直到钗嫁黛死(第 98 回),而其间穿插的薛蟠案件(第 85 回以后)、元妃薨逝(第 95 回)、王子腾之死(第 95 回)等一系列事件,既预示贾王薛诸家的急剧衰落,又加强了家族联姻互相扶助的现实需求,成为爱情悲剧的重要背景。而从凤姐设谋到钗嫁黛死,则使家族势力的各种代表人物与爱情追求者的矛盾全部集中、纠缠和空前激化起来,这对心心相印的恋人又被处理成一痴一傻,情感暌隔,至死不得沟通。这一切,都凝聚成一场惊心动魄的悲剧冲突,使《红楼梦》攀上了我国古代也是世界文学史上爱情悲剧的顶峰。这种效果,远不是"泪尽夭亡"所能比拟的。黛玉死后,续作者又写了感幽魂(第 101 回)、触余情(第 104 回)、闻鬼哭(第 108 回)、候芳魂(第 109 回)、释旧憾(第 113 回)、游幻境(第 116 回)、却尘缘(第 119 回)等,突出宝玉对黛玉的思恋愧疚和最后的决绝,作为爱情悲剧的延续,这样就把爱情悲剧和"二玉二人"在全书的中心地位贯彻到底了。

3. 有得必有失。从艺术形象创作角度看,续作"黛玉之死"的最大成功是林黛玉形象的完成,最大遗憾则是对薛宝钗形象的损害。钗嫁黛死的强烈映照,使前 80 回作者精心塑造的"淑女"美德严重损毁,"钗黛和解"以来的金兰姊妹成为催命罪人。虽然以婚姻为重病"冲喜",用顶替欺骗丈夫,都是出于家长意志,甚至只为谋取贾府一方之利益,非宝钗所想,自己也深感屈辱,但她仍以"女德"为重,心甘情愿地任人驱使。而且在黛玉死后并无哀伤自疚,只是冷漠地告知宝玉死讯,以令其清醒,显示出性格中极其自私无情的一面。这与前 80 回中闻金钏死讯和三姐自刎湘莲出家时的冷酷反应不但一脉相承，而且暴露更为彻底。这就难免引起阅读者的极大反感，以至于把她以前可能是真心的情感交流（如第 42 回的"兰言"，第 45 回的送燕窝，第 86 回给黛玉的诗信）都看作一个"阴谋"过程的手段。这是造成长期以来"钗黛优劣"争持难下的重要原因。比起林黛玉的真性情，薛宝钗形象本来有其复杂性，"黛玉之死"在一个特殊情节里加倍放大了她的负面性格。虽然这样做，在社会学上有其价值（如批判礼教），就审美创造而言，对其形象的完整统一显然有所影响。可以想象，按照曹雪芹"怀金悼玉"的构想，黛钗的爱情婚姻悲剧不但都是"千红一哭万艳同悲"总主题的组成部分，而且各有其特殊意义，各有其美学范畴。"钗黛合一"难以推想，"钗黛互补"在第 42 回以后已见雏形，可惜我们已经无法看到它的完成形态。只能说，续作"黛玉之死"对此造成的损害，是它为成功付出的代价。

续作"黛玉之死"成功的原因是多方面的。从创作观念看，既忠实于原作，又不亦步亦趋，敢于突破，有所创造，这是根本。续作的悲剧构思和写实艺术的创新都是这样完成的。从生活经验看，续作者不像原作者，与所写"家事"和家族有着千丝万缕的情感联系，因而能够不受束缚地处理好作品中"家事"与"情事"的关系。当然，也正由于缺乏生活体验，后 40 回的贵族"家事"描写明显不如前 80 回，后人疵议甚多。这又是一种代价的付出。

伟大不是完美无缺，但真正的伟大一定永恒。人们期待曹公"黛玉之死"佚稿的发现和还原，也将珍惜续作"黛玉之死"二百多年来带来的震撼感动和享受。它还必将伴随《红楼梦》的流传，永远泽被后人。

（发表于《红楼梦学刊》公众号 2018 年 11 月）

后 记

少小红楼初结缘， 绛珠零泪玉生烟。

此生岂是梦中客？ 白首犹思奋彩笺。

结缘红楼而入"梦"，是我此生之大幸。

虽然我在少年时代就熟读《红楼梦》并产生浓厚兴趣，但能长期从事《红楼梦》教学和研究，且有所著述，还是得益于改革开放的大环境，得益于师友和红学家前辈同仁的关怀帮助。

我的第一篇红学论文《论贾宝玉的女性美崇拜意识及其人性内涵》写作发表于 20 世纪 80 年代中期，那正是一个思想解放探索活跃的时代，论题的选择和思考方向都表明，我正在努力跟上这个时代。我的努力得到著名文史学家恩师马积高、宋祚胤先生的热烈支持和肯定，马先生后来又抱病为我的第一部专著《中国古代小说艺术史》审稿作序，这本书包含着《红楼梦》专章专节论述，先生赞扬"堪称是新见迭出的别开生面的著作"。此后我集中精力于"红学"，先生继续热忱关怀。在写作《走近曹雪芹——〈红楼梦〉心理新诠》及其他红学论文遇到困惑的时候，我经常向先生请教，听他拨云开雾式的指点；我因研究方向受到质疑而陷于困惑之时，先生又细读拙著，为我把舵导航。而在这段时间，他的病情却日益严重。直到 2001 年 5 月，我的《曹寅与曹雪芹》出版，书还未能送到，先生已与世长辞，留下的是我永远无法报答的恩情和永远无法弥补的遗憾。我只能借此机会，再一次向先生表达感谢和敬意。还有指点我学习古典诗词的著名湖湘诗人刘家传（廉秋）先生，浩劫被难之际，他还牵挂着我，寻找信息，继续指教，但后来我因专研古代小说，于诗词竟少有长进，愧对恩师。

以前曾听人说，"红学"的门进不得，里面关系太复杂。三十多年过去，平心而论，我从与同仁的学术交流中获益良多，特别是前辈的帮助指导。1989 年，我在《红楼梦学刊》上发表了第一篇文章《曹雪芹的创作难题和高鹗的突破》。以前我同《学刊》和冯其庸先生并无交往，冯先生的观点与我也并不相同，但他仍然给了我鼓励和支持,以后又多次通信赐教,推荐我加入红学会并任理事。

从"曹学"到"红学",周汝昌先生的著作使我受益良多,我同周老从未谋面,遇到难解之处,也曾大胆写信向他请教。先生双目几近失明,仍然一次次回信赐教,并且鼓励我"写一本棟亭专著,嘉惠士林",字体歪斜重叠的信件凝聚着先生晚岁对后辈的期待。

两位先生都是我尊崇的红学大师,周汝昌《红楼梦新证》和冯其庸《曹雪芹家世新考》是我最重要最基本的红学参考书籍。现在二老和许多红学前辈都已仙逝,留给我的是充满温情的回忆,我永远感念他们。

在致力于沟通"曹学"与"红学"、探寻走近曹雪芹心灵通道的路途上,我得到"红学"界领导师友的支持。我探索《棟亭集》和《红楼梦》的关系的努力曾受到某些质疑,张庆善会长在为胡绍棠《棟亭集笺注》作序时,特别提到拙文,他说:"对刘先生的具体观点人们可能会有不同的见解,但我认为这样的研究是很有价值的。"

张书才先生是我的神交师长。几十年前,他的考证著述和成果就给我以很多启示。他还通过书信给我指教,拙著得到他的热情鼓励和评价。即使我退休蜗居十来年,他仍然勉励我重返学界,于耄耋高龄指点和肯定我的每一步努力。和他相处,我真正体会到学人境界的纯净和高尚。向彪和我相处只有一年,却对我一片真诚,一再揄扬我的学术成果,给我提供学术信息。没有他和书才老的真诚帮助,我绝不可能有"红学"生命的第二个春天。

"白首犹思奋彩笺"。这个春天,是在十年前白内障手术成功恢复视力,并学会上网以后到来的。自丙申(2016)秋以来,竟一发而不可收,陆续在《红楼梦学刊》《曹雪芹研究》《红楼梦研究》及光明网、古代小说网、"红楼梦学刊"公众号发表拙文,出版学术随笔集《探骊——从写情回目解味〈红楼梦〉》,重新融入《红楼梦》的研读热潮之中,焕发出一种青春热力。我尊敬的两位"红楼女杰"——刘敬圻先生戏称我潜能"逆生长",一再鼓励我的新作;吕启祥先生抱目疾读了拙著《探骊》,来信称赞"含金量高,解惑发昧,多有我想说而说不出的话"。著名文史学者、老友陈蒲清一向关心我的事业,给我以极其宝贵的支持鼓励。新时代的春风吹开了老树蓓蕾,归根结底,都是曹公通过《红楼梦》召唤的结果。

在这段时间里,我还得到了胡文彬、梅新林、段启明、段江丽、孙伟科、位灵芝、胡鹏、何卫国、张云、陶玮、卜喜逢、石中琪、苗怀明、顾斌、李姝昱、刘冰雅、周勇等前辈及新老朋友的帮助。陈小林博士特约我写作《探骊》一书,使我有机会把自己以回目为窗口研读《红楼梦》的心得集中写出来,作为"红学"从书斋走向市场大众的有益尝试。2020年,《探骊》荣幸地获得了中国艺术研究院的首届"冯其庸红学论著学术提名"。

我还要特别感谢北京曹学会,胡德平会长和各位领导专家倡建"曹学文库",拙著《从曹学到红学》和《曹寅与曹雪芹》(增订本)有幸入列出版。位灵芝、雍薇女士为"曹学文库"的建设和拙著的出版付出了大量辛劳和心血,感谢浙江古籍出版社对"曹学文库"的鼎力支持。

"红学"是专家的,也是大众的。大众因为热爱《红楼梦》而喜欢"红学"。相识和素不相识的"红迷"因此与我结缘。湖北十堰的退休老人刘可立志修改后40回,以工笔小楷屡易其稿,终于在九十高龄得以出版。长沙"红迷"易星元为实现交响音画《红楼梦》之"梦",奔走京湘,耗尽家财和心力。老学生张裔双,几十年来一直关注记录着我的每一次"红学"动态。妻子石福云几十年陪伴守护着我的"梦",全家同我一起沐浴"梦"的温馨。亲情,友情,师生情,红楼情,融合成"情"的世界。

"结庐在人境,而无车马喧"。爱"曹"读"红",研"曹"品"红"是我的人生乐趣。伟大的曹雪芹和《红楼梦》将伴我终生。"红学""曹学"正在热烈与喧闹中前行,大浪淘沙,万木逢春。我虽已老迈,僻居一隅,仍愿伴随姹紫嫣红满园馨香,像一朵小花静静地开谢。

百年乔木已成材,三径抛荒惜莓苔。

纷纷粉蝶馨香外,独有幽花自在开。

刘上生

2023年9月写定于深圳